Theological Reflections
on
Presbyterian Church History

신학적 입장에서 본 장로교회사

신 종 철 著

The Humble
ADVICE
Of the
ASSEMBLY
OF
DIVINES,
Now by Authority of *Parliament*
fitting at WESTMINSTER,
Concerning
A Confeßion of Faith:
With the QUOTATIONS and TEXTS of
SCRIPTURE annexed.
Presented by them lately to both Houses of Parliament.

Printed at LONDON;
AND

Theological Reflections on Presbyterian Church History

by

Shin, Jong Cheol

신학적 입장에서 본 장로교회사

2012년 11월 15일 초 판 1쇄 인쇄
2012년 11월 20일 초 판 1쇄 발행

저 자 • 신 종 철
발행인 • 조 경 혜
발행처 • 도서출판 그리심
156-763 서울시 동작구 사당5동196 인정 B동(B01)

등록번호 • 제 7-258호(1998. 4. 23)
출 판 사 • 전화 523-7589 팩스 523-7590
홈페이지 • http://grisim.biz
전자우편 • grisimcho@hanmail.net

값: 표지 뒷면에

ISBN 978-89-5799-315-6 (93230)

Korean Edition

저자 소개

<학 력>

- 서대전 고등학교 졸업
- 총신대학교 신학과 (B. A.)
- 총신대학교 신학대학원 (M. Div.)
- 총신대학교 일반대학원 (Th. M.)
- 총신대학교 일반대학원 (Ph. D.)

<목회 경력>

- 서울 충정교회(현 일산소재)교육전도사(유 · 초등부, 중 · 고등부)
- 실로암 군인교회 개척 헌당 (52사단 97연대 8361부대 1대대)
- 성남 성산교회 부교역자〈행정, 교구, 교육(유 · 초등부, 중 · 고등부 담당〉
- 서울 혜성교회 부교역자(행정, 교구, 청년부 담당)
- 대전 한우리교회 (백화점 Say 內 창립, 1998-2003, 2) 담임목사

(현재) 예인교회 (대전 소재, 2003년 3월 개척) 담임목사

<교수 경력>

- 총신대학교: 칼빈주의, 장로교회사
- 총신대학교 계절학기: 칼빈주의와 신앙, 칼빈주의와 문화
- 한국성서대학교: 세계교회사 1 (초 · 중세), 세계교회사 2 (종교개혁 · 현대)
- 한국성서대학교 대학원: 초 · 중세 교회사, 종교개혁사 종교개혁사이해

(현재) 아세아연합신학대학교: 한국 근 · 현대사, 서양사
아세아연합신학대학교평생교육원: 근대교회의 역사와 신학, 한국교회사
칼빈대학교 신학대학원: 근 · 현대교회사

<논문 및 저서>

- 근본주의가 한국장로교회에 미친 영향(Th. M, 석사논문)
- 미국장로교회 역사에서 표현된 웨스트민스터 신앙고백이 한국 장로교회에 끼친 영향(Ph. D. 박사논문)
- 계몽주의 사조가 기독교에 끼친 영향(「대학과 복음」제7집)
- 웨스트민스터 신앙고백서 개정 논의(1887년-1893년)에 관한 고찰(「신학지남」 2012년, 가을호)
- 손에 잡히는 성경의 세계(도서출판 그리심, 2008 수정판)
- 알기 쉬운 성경의 세계(개혁주의 신행협회)
- 한국 장로교회와 근본주의(도서출판 그리심, 2003)
- 우리집 가정예배(어린이용, 부모용, 도서출판 아가페)

(근간) 웨스트민스터 신앙고백과 한국장로교회

감사의 글

본인의 졸저(拙著)인 「한국 장로교회와 근본주의」가 출판(2003년도)된 지 어언 10년이 되어 간다. 부족한 가운데 출판된 이 책은 그동안 많은 목회자들과 신학생들에게 관심을 받았다. 여러 신학대학교 강단에서 이 책을 소개하고 신학생들과 같이 토론하면서 한국 장로교회 신학을 소개하는데 도움이 되었다. 하지만 10년 가까운 세월을 거쳐 오면서 필자가 발견하지 못했던 이 부분에 대한 자료들과 이에 관련된 논문들이 발표되어 책을 개정할 필요성을 있지 않을까? 생각하게 되었다. 이러한 필자의 생각 때문에 이 책은 재판한 후에 더 이상 인쇄되지 못했고 시중에 책이 품절된 지 2년이 흘렀다. 그러나 장로교회 역사에 관심을 표현하는 사람들의 요구와 출판사의 부탁에 따라 책을 다시 쓸 수밖에 없었다. 결국 「한국 장로교회와 근본주의」의 후속편으로 「신학적 입장에서 본 장로교회사」가 세상에 나오게 되었다. 이렇게 느지막하게 책이 나오게 된 이유는 여러 가지 사정이 있겠으나 가장 중요한 것은 필자의 연약함과 부족함 때문이다.

새롭게 선보인 이 책은 이전의 것을 토대로 하고는 있으나 좀 더 깊게 연구하고 토론할 수 있는 새로운 부분을 많이 보완하였다. 보완된 어떤 내용들은 필자의 박사학위(Ph. D.) 논문의 일부분에서 발췌하였음을 밝힌다. 죄송스러운 것은 본서가 필자의 박학(薄學)함으로 인해 만족스럽게 작업하지는 못하였다. 많이 부족한 부분은 필자의 박사학위 논문이 출판(가제: 한국장로교회와 웨스트민스터 신앙고백) 될 때 좀 더 세밀하게 연구하여 소개 할 것을 약속드린다.

본서가 나오기까지 필자는 많은 분들의 도움을 입었다. 먼저 필자의 박사학위 논문을 꼼꼼하게 지도해주시고 깊은 연구를 할 수 있도록 독려해 주신 박희석 교수님(총신대학교 신학대학원장)께 심심한 감사를 드린다. 교수님의 지도와 격려는 필자의 학문적 세계를 좀 더 넓히고 깊게 들어가는 디딤돌이 되었다. 박응규 교수님(아세아연합신학대학교)에게도 필자는 많은 지도와 사랑을 받았다. 교수님은 학창시절부터 오늘까지 필자를 여러 방면에서 따뜻함과 격려를 아끼지 않으셨다. 필자의 생각에는 박응규 교수님이야 말로 한국에서 미국 장로교회사에 대해 최상의 조예(造詣)를 갖고 계신 분이라 사려된다. 백석대학교 임원태 교수님께도 감사드린다. 교수님은 국내에서 구할 수 없는 12신조 연구에 필요한 중요한 자료를 기쁨 마음으로 제공해 주셨다. 또한 본서를 저술하는 데 필요한 미국 장로교회 자료를 기쁨으로 보내준 이국진 목사에게도 감사를 표한다. 이국진 목사는 미국 필라델피아 사랑의 교회를 목회하면서 필자의 박사 학위(Ph. D.) 논문과 이 책에 관련된 자료들을 미국 웨스트민스터 신학교 도서관과 여러 곳에서 찾아 보내 주었다. 이국진 목사는 올해(2012년) 미국 목회사역을 마치고 대구 남부교회에서 사역하는 나의 절친한 친구이다.

또한 오찬규 목사님(주함께 교회)에도 감사를 표한다. 목사님은 같은 노회를 섬기는 후배로서 이 책의 부록에 실려 있는 패튼(Francis Landey Patton)의 글을 성실히 번역해 주셔서 1800년대 미국 장로교회의 자료를 한글로 읽을 수 있는 귀한 일을 담당해 주셨다. 오찬규 목사님의 수고로 인해 본서는 좀 더 풍성함과 깊이를 간직한 작품이 되었다.

그리고 오늘까지 목회현장에서 선배로서 필자를 격려하는 오정호 목사님(새로남교회)과 김양흡 목사님(대동교회)께 감사드린다. 두 분의 목사님은 목회현장에서 뜨거운 열정이 무엇인가를 보여주셨고 지금도 필자와 더불어 한국교회 믿음의 2세대에 대한 비전을 같이 공유하고 기도하고 있다.

아울러 옥성석 목사님(일산 충정교회), 장봉생 목사님(서울 서대문교회), 박광옥 목사님(서울 혜성교회 원로), 김영계 목사님(서울 하늘문 교회), 한종근 목사님(인천 옥련중앙교회) 등 많은 목사님들의 격려를 필자는 잊을 수 없다.

특별히 복음전도의 전략기지로 세워진 예인교회에서 필자와 더불어 기꺼이 값비싼 사랑의 수고와 댓가를 믿음과 기쁨으로 성실하게 담당해 주고 있는 나유복 장로님과 유영만, 김성은 안수집사님 외 예인교회 모든 성도들에게 말할 수 없는 깊은 감사를 드린다.

하나님의 귀한 선물 나의 아들 동관이와 딸 진주, 그리고 많은 연약함과 부족함을 가진 필자를 위해 가장 가까이에서 때로는 눈물과, 때로는 충언으로 신실하게 도와주며, 그리스도 안에서 모든 것을 함께 나누고 있는 사랑하는 아내 경숙에게도 감사 드린다. 이 책을 출판하는데 기쁜 마음으로 수고를 아끼지 않으신 그리심 출판사 대표 조경혜 권사님과 편집에 최선을 다해 주신 장종길 장로님, 이밖에 함께 수고하시는 도서출판 그리심의 가족들에게도 감사드린다.

Soli Deo Groia

2012년 11월, 겨울이 오는 길목에서

申 宗 澈

차 례

제3장 근본주의에 대한 해석 및 성격

제4장 한국 장로교회의 신학사상

제5장 한국 장로교회에 미친 영향

[표 목차]

Theological Reflections
on
Presbyterian Church History

제1장

들어가는 말

칼빈이 목회한 성 피에르 교회당 내부(스위스 제네바 소재)

제1장 들어가는 말

선교 초기의 한국교회, 특별히 장로교회는 '보수주의적 복음주의' 였다. 한국 장로교회가 처음부터 보수주의로 출발한 것은 한국 초대 장로교회의 역사가 한국에 기독교 신앙을 가지고 온 선교사들에 의해 주도되어 졌고, 그들의 신학이 복음주의적 전통에 깊숙히 뿌리 박혀 있었기 때문에 한국 장로교회는 그 전통을 그대로 이어 받았기 때문이다. 초대 즉 그 형성기간에 있어서 장로 교회를 이끌어 나간 선교사들은 건전한 신앙을 가진 사람들이었으며 이 선교사들은 그러한 신앙을 교회에 가르치기를 주저하지 않았다.

「미국 장로 교회의 연례 보고서(*The Annual Report*. 1922)」는 주한 선교사들의 교육적 배경에 대한 흥미로운 정보를 제공하고 있는데, 당시 1893년에서 1901년까지 한국에 있던 40명의 선교사 중에서 프린스톤(Princeton) 신학교 출신이 16명으로 제일 많고, 맥코믹(McCormic) 신학교 출신이 11명이었고 산 앤셀모(San Anselmo) 출신이 4명, 그리고 뉴욕의 유니온(Union) 출신이 3명, 그 외는 무디(Moody) 성경학교와 뉴욕의 비브리칼(Biblical) 신학교 출신[1])이라고 밝히고 있다. 특기할 사실은 비록 숫적으로는 프린

---

1) *Korea Mission Presbyterian Church U. S. A, Annual Report*, 1922, 17; 이근삼, '한국 장로교회의 신학과 신앙고백의 정착화,' 고신대 논문집 제7집, 1979, 14 재인용.

스톤 출신이 맥코믹 출신보다 5명이 더 많았지만 선교지에서 가장 많은 영향을 미치고 있던 선교사들은 프린스톤 출신이 아니라 맥코믹 출신이었다는 점이다.[2)] 이러한 신학교들은 모두 청교도적 전통에 서 있는 구학파(Old School)에 속한 것들이었다. 그러나 오늘날 지도적인 한국 진보주의 신학자들과 교회사가들 가운데 지배적인 경향은 초기 선교사들과 1930년대 길선주 목사와 더 나아가서 박형룡 박사에 의해 형성된 소위 "근본주의"와의 신학적 단절을 추구한다는 점이다. 이런 진보주의 경향을 대표하는 신학자 중의 한 사람인 이장식 교수는 다음과 같이 주장한다.

---

2) 1916년 당시의 평양 신학교 요람에 따르면 평양신학교 교장이자 신학, 교회정치, 성례와 선교를 16년동안 가르쳤던 마포삼열, 기독교 윤리와 구약 및 신약 주경학을 가르쳤던 곽안련, 그리고 9년동안 신학교육에 헌신한 이길함이 맥코믹 신학교 출신이며 그 외 4년 내지 1년동안 평양 신학교에 몸 담은 블레어, 무어, 로스, 편하설, 아담스 선교사도 모두 맥코믹 출신이었다. 박용규, 「한국 장로교 신학 사상사」(서울: 총신대학교 출판부, 1992), 67에서 재인용. 이호우 교수는 그의 박사학위 논문에서 "1884년에서 1920년까지 초창기 한국 선교를 담당했던 맥코믹출신 선교사들과 프린스톤 출신선교사들의 선교 기간이 어떠했는가를 잘 표현해 주고 있다 Lee Howoo, "Charles Allen Clark(1878-1961): His Contribution to the Theology Formation of the Korean Presbyterian Church," Ph. D., dissertation. Westminster Theological Seminary, PA., 1999, 50.

〈표 1〉 맥코믹 출신 선교사들과 프린스톤 선교사들의 한국 선교기간 비교

한국 선교를 위해 머문 기간	맥코믹 출신	프린스톤 출신
1 - 4년	1 명	5 명
5 - 9년	0 명	0 명
10 - 14년	1 명	8 명
15 - 19년	3 명	1 명
20 - 25년	4 명	0 명
30 - 35년	1 명	0 명

도표에서와 본 바대로 초기 한국교회 선교에 있어서 가장 큰 영향을 미쳤던 학교는 맥코믹이었고 30년이 넘게 한국 땅에 머물면서 한국장로교신학에 큰 영향을 미친 사람 중의 한분은 곽안련 선교사였다.

> 장로교의 신학은 다소 보수적인 칼빈주의였으나 선교초기의 평양 장로회 신학교 선교사 교수들은 온전한 보수주의자라고 말할 수 있다. 1918년부터 간행된 평양장로회 신학교의 연구지 「신학지남」에 발표된 그의 성경관은 1930년경부터 나타난 성서관과는 차이가 있었다. ... 1930년경부터 성서의 교리주의적 해석을 주장하는 근본주의적 성경관이「신학지남」에 많이 실리게 되었는데, 근본주의는 성서의 문자적 무오, 처녀탄생, 인간의 전적타락과 그리스도의 대속적 죽음, 예수의 육체적 시급한 재림 및 육체적 부활 등이 그리스도교의 성서적 교리의 요체이며, 구원을 위한 기본 교리인 것과, 그리고 성서해석도 이러한 교리에 일치해야 할 것이라고 주장하였다. 이것은 미국 장로교에서 겪었던 근본주의 신학의 한국판이었다.[3]

이장식 교수에 의하면 초기 선교사 신학 즉 온전한 보수주의 신학과는 다르게 1930년대 한국교회를 이끌어 나간 한국인 장로교 신학자들의 신학은 '근본주의 신학' 이었다는 점이다. 즉 선교사들의 보수주의 신학과 한국 장로교 신학자들의 불연속성을 말하고 있다. 그런데 출판되지 않은 전성천 박사의 논문에서 보면 이장식교수와는 다르게 더욱더 초기 선교사들에 대해 이렇게 혹평하고 있다.

> 한국의 초기 선교사들은 거의 대부분 구(舊) 프린스톤 신학이 만연한 지역의 출신이었다. 뉴잉글랜드 출신의 몇 몇 감리교 선교사들만이 예외적이었다. 네비우스(Nevius)박사와 그의 한국인 동료들이 이러한 사상적 조류에 따라 교육을 받았으므로 그들이 극보수주의자들이며 근본주의자였다는 것은 당연하였다.[4]

---

3) 김이곤, "성서해석과 한국교회," 「기독교사상 20」(1976년3월), 63; 이종성, "한국 신학계의 좌와 우," 「기독교사상 20」(1976년 3월) 61-71; 박용규, 「韓國長老教思想史」(서울: 총신대학출판부, 1992), 20.

4) Chun Sung Chun, "Schism and Unity in the Protestant Churchs of Korea" (미간행 박사학위 논문, 예일대, 1955), 67.

영향력 있는 발트주의 신학자 이종성도 "정통 칼빈주의"를 "엄격한 근본주의" 그리고 '신 바리새주의'라고 조소적으로 비판하였다. 더 나아가 이종성 목사는 그들은 "그들의 고정된 교리와 동의하지 않는 모든 다른 교회와 특징을 판단하기 위해 정통주의 검을 휘둘렀다"고 비난한다.[5)]

이런 이유 때문에 그는 한국 장로교 보수주의자들을 "극단주의적 보수주의적 근본주의자들," "돌대가리"라고 혹평했던 것이다.[6)]

이들은 신학적 보수주의에 대한 공격으로 끝나지 않고 신학적 문제를 넘어 인격적 공격으로까지 비화시키고 있었다. 한완상 박사도 한국 장로교 보수주의가 '근본주의 성향' '반지성주의' 그리고 '반 세속화'와 같은 수많은 반 기독교적 특성들을 포함하고 있다고 말하고 있다. 김재준 목사도 장로교 보수주의를 마치 "반대를 위한 반대" 논법처럼 "정통주의를 위한 정통주의"를 고수하는 교단이라고 혹평하였다.[7)]

그렇다면 이러한 평가가 과연 올바른 것인가? 한마디로 말하면 이것은 올바른 평가는 아니다. 왜냐하면 이들의 평가는 개혁주의 신학의 기초라 할 수 있는 성경의 무오와 영감, 절대적 권위를 지키기 위한 한 운동으로서의 근본주의를 너무 평가절하고 있기 때문이다. 그리고 이들은 미국 장로교회에서 일어났던 근본주의 운동의 배경에 대해 제대로 고찰하지 못했다. 다시 말해 이들은 역사적인 안목이 부족한 상태에서 평가를 내리고 있어서 그들이 그렇게 비판하고 있는 '반지성주의'적인 모습을 그대로 보이고 있다.

그래서 필자는 미국 장로교회 역사를 초창기부터 1930년대까지 신학적인 흐름을 중심으로 고찰하였고 19세기 초, 20세기 말에 발생된 소위 '근본주의 對 현대주의 논쟁'을 깊이 있게 다루었다. 또한 초창기 한국 장로교회의 신학으로부터 박형룡 박사와 박윤선 박사의 신학을 살펴봄으

---

5) 이종성. "현대신학의 동향." 「신학논단」, 5(1959. 9): 86-7.

6) Lee Chong Sung, "Types of Church Leaders Today," in *Korea Struggle for Christ*. 142. 박용규, 「韓國長老敎思想史」 306에서 재인용.

7) 박용규, 「韓國長老敎思想史」, 306-7.

로서의 초기 미국 선교사들의 신학과 보수주의 한국 장로교 신학자들의 관계의 연속성을 증명하였다.

이러한 고찰은 소위 자유주의 진영에서 너무나 빈번하게 사용하고 있는 용어 '근본주의,' 즉 비난과 비판으로 얼룩진 '한국 장로교회 보수교단의 신학은 반지성적 근본주의 신학이다'라는 평가는 정당한 평가가 아니었음을 보여주게 되었다.

이를 위해 근본주의 무엇이었고, 한국장로교회에 끼친 영향은 무엇이었는가? 가를 신학적 입장에서 정리하였다. 이러한 연구를 통해 위에서 언급된 이장식, 이종성, 전성천 등 소위 자유주의 신학자들의 비평에 어떤 점이 미흡하고 무엇이 문제인가를 밝혔다.

이 책의 마지막 부분에서는 '개혁주의 신학'의 입장에서 미국 장로교 역사에서 나타난 근본주의 신학의 장 · 단점을 평가함으로써 초창기부터 한국 장로교 신학은 '구 프린스톤 신학에 근거한 청교도적 개혁주의 전통'에서부터 시작되었다는 점을 명백하게 강조했다.

Theological Reflections on Presbyterian Church History

제 2 장

미국 장로교회 신학사상의 흐름

칼빈이 목회한 성 피에르 교회당 내부(스위스 제네바 소재)

제2장 미국 장로교회 신학 사상의 흐름

미국 장로교회 신학사상의 흐름을 고찰하려면 미국 장로교를 형성한 구성원들[1]에 대해 살펴보는 것이 매우 중요하다. 미국에 이주한 장로교인들의 계보를 보면 다음과 같다.

첫째, 영국의 왕 제임스 1세는 정책적으로 미국의 버지니아를 개척하기 위해 제임스 타운에 이민을 보냈다. 이주민들은 주로 상업적인 이유로 갔으며 국왕의 특허장을 가지고 갔기 때문에 대부분의 종교생활은 영국국교를 채택하고 있었다. 1607년 버지니아의 제임스 타운에 영국에서 건너온 최초의 이주민이 도착했다. 이 타운은 영국 국교회의 정착지이지만 칼빈주의적인 퓨리탄이 이민자들 중에 있었다.

둘째, 1620년에는 매사추세츠의 플리머스(Plymouth)에 청교도들이 도착하였다. 이들은 영국 국교회와 단절하고 홀란드(Holland, 和蘭, 네델란드)에 이민을 갔다가 다시 미국으로 이주한 퓨리탄들이었다. 얼마 후에는 퓨리탄들이 영국으로부터 직접 이곳으로 이주하거나 뉴잉글랜드의 타지역으로 이주해 왔다. 이들은 엄격한 칼빈주의자들이었고, 그들의 대다수는

1) 이 부분에 자세한 내용은 Stanford W. Reid, *John Calvin: His Influence in the Western World*, 홍치모 · 이훈영 옮김, 「칼빈이 서양에 끼친 영향」 (서울: 크리스찬 다이제스트, 1993), 295-323을 보라.

교회 직제면에서는 회중교회의 형태를 취하고 있었다. 하지만 일부는 장로교 주의를 지지하였다. 수년이 지난 후에는 그들의 많은 후예들이 장로교주의자로 변하였다.

셋째, 1623년에는 홀란드로부터 직접 이주해 온 칼빈주의자들이 뉴욕에 도착하였다. 그들은 장로교회의 직제를 신봉하였다. 그들과 후예들은 미국 화란 개혁파 교단을 창설하였다.

넷째, 프랑스에서 박해를 받던 휘그노들이 미국으로 일찍이 이주해 왔다. 이들은 뉴잉글랜드와 뉴욕에 도착하였다. 그리고 버지니아, 남캐롤라이나 그리고 죠지아주에 정착하였다. 이들은 칼빈주의자들이었고 장로교주의를 신봉하였다.

다섯째, 초기 이민시대에 스코틀랜드로부터 많은 장로교인들이 직접 미국으로 이민해왔다. 그들은 뉴저지, 북케롤라이나, 남캐롤라이나에 정착하여 사실상 미국의 장로교회의 기초를 놓는데 많은 역할을 담당하였다.

여섯째, 장로교인들의 어떤 그룹보다도 많은 그룹이 북아일랜드부터 미국에 이주해 왔다. 1705년-1775년 사이에 무려 50만명의 스코틀랜드 아일랜드계의 장로교인들이 미국에 온 것으로 평가하고 있다. 그들은 아일랜드인의 혈통이 아닌 스코틀랜드인으로서 북 아일랜드에 살다가 미국으로 이주해 온 무리들이었다. 그들은 주로 뉴저지와 펜실바니아 주에 정착하였다. 그들 중 어떤 이들은 메릴랜드, 버지니아, 남 캐롤라이나로 이주하였다. 펜실바니아에 정착한 이들은 서부지역으로 나가 피츠버그라는 미국에서 가장 눈에 띄는 장로교회 도시를 형성하였다. 또 많은 무리들은 펜실바니아에서 버지니아 계곡과 북 캐롤라이나 지역으로 옮겼다. 이 두 그룹은 남부에서 가장 큰 장로교회를 형성하였다. 이 "스코틀랜드 계 아일랜드" 장로교인들은 미국 장로교회의 등심대를 이루었다.

일곱째, 1700-1770년 사이에는 독일인들이 많이 미국에 이주해 왔는데 그들 중 많은 사람들이 칼빈주의자들이며 장로교회주의자들이었다. 대부분은 펜실바니아 주에 도착하였다. 많은 칼빈주의적 독일인들은 미국의 독일 개혁교회에 속했다. 이들은 이름을 제외하고는 장로교주의자들이었다. 수년이 지난 후 대다수가 장로교회에 흡수되었다.

1. 초기 미국 장로교회의 역사

미국 장로교회를 형성한 계보들을 추적해 보면 크게 두가지 전통이 내포되어 있음을 알 수 있다. 그렉 싱어(Gregg Singer)의 평가대로 첫번째는 "스코틀랜드 아일랜드 계 전통"(Scottich-Irish Tradition)이요 두번째는 "경건주의 전통"(Pietististic Tradition)이다.[2]

첫 번째 그룹인 "스코틀랜드계 아일랜드(Scottish-Irish) 계통"은 미국 장로교회의 큰 주류였다. 이들은 자신들이 정착했던 식민지 발전에 가장 강력한 영향력을 미쳤고 미국 장로교의 전통을 형성하는 데 주된 역할을 하였다.[3] 이들은 수적으로 가장 많았을 뿐 아니라 지역적으로도 가장 광범위하게 정착하였다.

윌리암 스위트(William W. Sweet)는 이 사실에 입각하여 1776년까지 장로교도들이 미국의 교파들 중 최대의 교파가 될 수 있는 최적의 위치에 있었다고 결론을 내렸다.[4]

"스코틀랜드계 아일랜드(Scottish-Irish) 계통"의 사람들은 담대하고 모험심이 강한 민족이었으며 자신들이 신봉하는 종교적 정치적 신념을 위해 죽음까지도 감내할 태도가 되어 있는 사람들이었다. 다시 말해 웨스트민스터 신앙고백에 대한 신실한 서약을 강조하는 그룹이었다. 이들은 존 낙스와 그의 후계자들로부터 상속받은 형태의 장로교에 열렬하게 충성을 바쳤다.[5] 특히 낙스를 통해 칼빈의 직접적인 영향을 받았던 스코틀랜드 사

---

2) C. Gregg Singer, "The Scotch-Irish in America," in *John Calvin: His Influence in the Western World,* Stanford W. Reid, ed(Grand Rapids: Zondervan Publishing House, 1982), 263-4.

3) *Ibid*., 264.

4) William Warren Sweet, *Religion on the American Frontier*, Vol. 2, The Presbyterians, 1783-1840 (New York: Haper and Brothers, 1936), 4.

람들은 언제나 장로교회의 조직과 정신을 가지고 있었다.[6] 스코틀랜드 종교개혁자 낙스(John Knox, 1817-1892)는 제네바에 와서 칼빈의 가장 가까운 친구가 되었고 칼빈의 애모자가 되었다. 낙스는 칼빈이 섬기던 성 피에르 교회 정문 앞에서 스코틀랜드와 영국에서 피난 온 성도들을 목회하면서 칼빈과 함께 종교개혁을 도왔다. 그리고 칼빈은 스코틀랜드에서 일어나고 있는 투쟁이 개신교를 위해서 얼마나 중요한지를 잘 알았기 때문에 낙스에게 모든 성원과 격려를 아끼지 않았다. 그래서 다킨(Dakin)은 "스코틀랜드 사람은 요한 칼빈의 사자였다."라고 표현하였다.[7] 이들은 강력한 칼빈주의 전통을 구성하고 있으며 "교리 중심"인 전통적인 보수주의를 표방하고 있다.

존 낙스
(John Knox, 1817-1892)

둘째는 청교도 전통에서 온 사람들 중 "경건주의적 계통(Pietistic Tradition)"에서 나왔거나 비록 국가는 다르지만 그 전통에 영향을 받은 사람들이다.[8] 이 부류는 영국의 청교도들과 독일인들, 그리고 그 밖의 사람들을 포함한다. 청교도들은 대부분의 경우 뉴잉글랜드에 국한되었다. 독일인 집단들 중 상당수는 경건주의적 입장을 취하고 있었다. 그러나 미국의 "기독교적 기원"이 된 것은 청교도 뉴 잉글랜드였다.

시드니 알스트롬(Sydney E. Alstrom, 1919-1984)은 「미국민의 종교역사(*Religious History of the American People*)」에서 "미국의 종교적 유산에서 청교도주의가 갖는 탁월성"을 강조하고 있다. "미래의 미국은 강력한 도덕

---

5) C. Gregg Singer, "The Scotch-Irish in America," 269.
6) Dakin, *Calvinism* (Philadelphia: The Westminster Press, 1940), 145.
7) *Ibid.*, 149.
8) C. Gregg Singer, "The Scotch-Irish in America," 263.

적 엄격주의, 복음주의 체험주의에의 깊은 전념, 국가가 이러한 윤리적 종교적 사상의 지탱을 책임지겠다는 결심이 결합된 대단히 특별한 형태의 급진적인 개신교를 도입했던 사람들에 의해 결정되고 상당한 정도까지 형성되었다. 따라서 미국은 특히 부흥운동과 도덕적 '율법주의' 및 소위 청교도적 윤리에 지지되는 '행위의 복음'(gospel of work)의 나라가 되었던 것이다."[9)]

이들 외에 또 하나의 구성원을 든다면 "화란의 개혁주의 전통"을 들 수 있다. 화란 계통의 이민자들은 따로 개혁파 교회를 설립하기도 하고 장로교 전통의 한 부류를 형성하여 장로교의 일원이 되기도 했다.

그러므로 미국장로교 안에는 초창기부터 두 가지의 전통 즉 "스코틀랜드 아일랜드 계 전통"(Scottich-Irish Tradition)과 "경건주의 전통"(Pietistic Tradition)이 저변에 흐르고 있었다.[10)]

(1) 프랜시스 매케미와 미국 장로교회의 설립

미국에서 스스로 장로교인이라 부른 최초의 교회는 1640년대와 1650년대 기간에 뉴욕 주(州) 롱 아일랜드에 세워졌었다. 그러나 "미국 장로교회의 아버지"는 프란시스 매케미(Francis Makemie, 1658-1708)였다. 그는 북아일랜드의 돈갈 카운티(Donegal County)에서 태어났으며 정력적인 '스코틀랜드 아일랜드계'(Scotch-Irish)사람이었다. 매케미는 글라스고우에서 수학하고 아일랜드의 라간 노회(Lagan Presbytery)에서 1682년에 안수를 받고 식민지의 선교사로 파송 받았다. 그가 신대륙에 도착했을 때 메릴랜드와 버지니아에 흩어져 있는 수많은 청교도들과 장로교인들을 발견하고 1683-84년에 스노우 힐, 메릴랜드에 교회를 설립하였다.[11)] 그는 엄격한

9) Sydney E. Ahlstrom, *A Religious History of the American People* (New Haven: Yale University Press, 1972), 1090.
10) C. Gregg Singer, "The Scotch-Irish in America," 263-4.

서약 입장을 갖고 있었던 아일랜드 교회에 의해 미국으로 파견되었다.

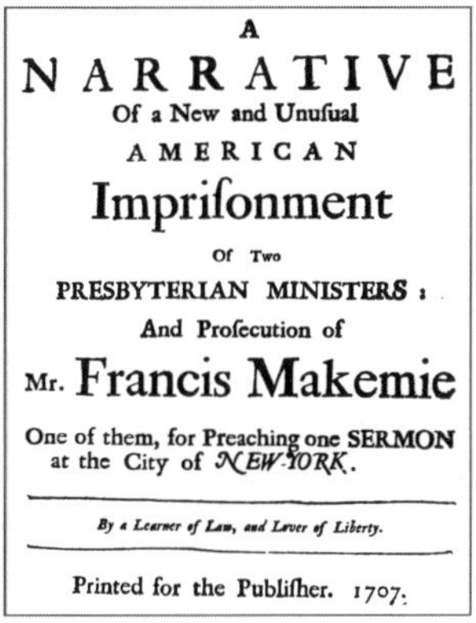
A
NARRATIVE
Of a New and Unuſual
AMERICAN
Impriſonment
Of Two
PRESBYTERIAN MINISTERS:
And Proſecution of
Mr. Francis Makemie
One of them, for Preaching one SERMON at the City of NEW-YORK.

By a Learner of Law, and Lover of Liberty.

Printed for the Publiſher. 1707.

프란시스 매케미의 설교집

프랜시스 매케미의 지도하에 최초의 미국 장로교회 노회는 1706년 12월26일에 설립되었다. 첫 노회의 구성원들을 보면 스코틀랜드 아일렌드계가 4명, 뉴잉글랜드 출신이 3명이었다.[12] 1706년 7명의 목사들은 필라델피아에 모여 거기서 매케미를 노회장으로 최초로 미주 노회를 형성하였다. 이 최초 노회 회원이 된 인물들이 미국 장로교를 형성하게 된 몇 가지 요소를 잘 설명한다. 프란시스 매케미, 즉 노회장은 스코틀랜드 아일랜드계'(Scotch-Irish)사람이었다. 델라웨어의 루웨스(Lewes)에 있던 목사 사무엘 데이비스(Samuel Davis)는 북아일랜드에서 왔다. 필라델피아 교회의 여디디야 엔드류스(Jedidiah Andrews)는 뉴잉글랜드 본토인이며 하버드 대학을 졸업하였다. 존 왓슨(John Watson) 역시 뉴잉글랜드인이며 인크리드 마터(Increase Mather)와 코든 마더(Cotton Mather)의 추종자였다. 나타나엘 테일러(Nathaniel Tayer) 역시 뉴 잉글랜드 출신으로 메릴랜드에 있는 한교회의 목사였다. 런던의 장로교회와 회중교회의 연합회에서 파송한 조지 맥니쉬(Geroge McNish)와 존 햄프톤(John Hampton) 두 목사는 그 전자는 스코틀랜드 사람이고 후자는 스코틀랜드 계 아일랜드 사람인데 두 사람은 글라스고우(Glasgow) 대학교에서 교육을 받았다. 그런데 유감스럽게도, 미국 장로회 노회 의사록의 첫 번째 페이지는 분실되어 어떤 조건에 따라 연합이 이루어졌는지는 잘 알 수 없다.

---

11) Morton H. Smith, *Studies in Southern Presbyterian Theology*(New Jersey: Presbyterian and Reformed Publishing Company, 1962), 19.

12) William Warren Sweet, *The Story of Religion in America* (New York; Harper & Brother Publishers, 1950), 120.

1707년 프란시스 매케미의 재판

하지만 애쉬벨 그린(Ashbel Green, 1762-1848)은 첫 번째 페이지는 장로회가 형성된 교리와 훈련에 대한 모든 원칙들이 진술되어 있을 것이라고 힘주어 주장하였다.[13]

찰스 핫지(Charles Hodge, 1797-1878)는 각 노회들과 1717년에 조직된 대회는 소속된 모든 자들이 건전한 신앙을 소유하고 있었음을 분명히 확인 했을 것이고 그들 대부분은 관대한 복음주의자가 아니라 칼빈주의자들이었음을 말하고 있다.[14] 그러면서 핫지는 다음과 같이 결론을 내리고 있다. “초창기 교회의 모든 목회자들은 칼빈주의가 왕성하게 가르쳐 지는 곳에서 왔을 뿐만 아니라 절대적이며 본질적 교리를 약화시키는 당시의 시대정신을 따르지 않았음이 분명하다.”[15]

(2) 서약 논쟁

1492년 콜롬버스가 신대륙을 발견한 이후에 초창기 수많은 이민자가 그곳에 몰려들었고 신대륙의 사회는 인구의 증가와 더불어 혼란하여지기 시작하였다. 음주와 방탕이 사회 구석 구석까지 파고 들었다. 심지어 목사들도 알코올 중독에 빠지는 경우가 많았다. 어떤 이는 안식일을 범하여

---

13) Charles Hodge, *The Constitutional History of the Presbyterian Church in the United States of America* (Philadelphia: Presbyterian Board of Publication, 1851), Vol. I, 88.

14) *Ibid.*, 84-86.

15) *Ibid.*, 86.

교회의 치리를 받았고, 다른 이는 거짓맹세와 위증, 또는 간음죄를 범하여 노회의 치리를 받았다. 심지어는 마술을 행하는 자들도 있었다. 한 목사가 스코틀랜드에 보낸 편지를 보면 당시의 시대상을 엿 볼 수 있다.

> 그곳으로부터 온 수많은 젊은 청년 장사꾼들은 집에서 진지하게 교육받고 자라났다. 그런데 그들이 이곳에 도착하면 그들은 단순한 도박으로 돈을 끌어 모으고, 계속 죄를 범하고, 욕설에, 매음에, 안식일을 범하고, 술 취하는 것이 보통 범죄이고, 대다수가 이런 것쯤은 죄를 범하는 것이 아니라고 생각한다...[16]

통신에 의하면 이민자들은 고국을 망신시키고, 미국에서 "모든 종교에 완전한 스캔들"이었다. 이런 까닭에 18세기에 목회자와 당회는 아직 조직적인 시민생활이 정착되지 않은 거친 미국에서 도덕법원으로서 과중한 봉사를 해야만 했다.[17] 이와같이 사회 기강이 문란해진 가운데 인간의 완전타락을 부정하며 이성의 최종적인 권위를 주장하는 알미니우스주의(Arminianism)와 아리우스(Arianism)와 소시누스주의(Socinianism)와 같은 합리주의 신학이 신대륙에 상륙하게 되자 장로교회는 신앙의 동질성을 유지하기 위해서 신앙고백을 중심으로 하나가 될 필요성을 느끼게 되었다. 이러한 인식은 "스코틀랜드계 아일랜드" 계통에 있는 목사들을 중심으로 일어났다. 그들은 신앙을 보존하기 위한 한 방법으로 모든 목사 후보생이 「웨스트민스터 신앙고백」, 「대요리문답」, 「소요리문답」이 "기독교 교리의 가장 기본적이고 중요한 조항이요, 건전한 표현일 뿐 아니라 체계"임을 고백하고, 서명할 것을 요구하였다.[18] 이것이 초창기부터 미국의 장로교에서 문제가 된 주요 쟁점의 하나가 되었다. 즉 「웨스트민스터 신앙고백」

---

16) James H. Smile, *A Brief History of The Presbyterians*, 김인수 역, 「간추린 미국 장로교회사」 (서울: 대한기독교서회, 1998), 76.

17) *Ibid.*,

18) 오덕교, 「장로교회사」(수원: 합동신학대학원출판부, 2000), 120에서 재인용.

과 「대 · 소요리문답」의 위상이 교단 내에서 어느 정도의 위치에 있어야 하는 것이었다.

1716년에 시작된 최초의 대회가 필라델피아에서 열렸다. 이 대회는 3개의 노회로 이루어졌으며 지역 노회에서 파송된 17명의 목사와 장로들이 참석하였다. 원래는 4개의 노회가 있었다. 펜실바니아의 필라델피아 노회, 델라웨어의 뉴캐슬노회, 메릴랜드의 스로우힐 노회와 뉴욕과 뉴저지의 롱아일랜드 노회였다. 최초의 대회가 모일 때는 메릴랜드의 스노힐 노회가 불참하였다.[19] 17명의 목사 가운데 뉴잉글랜드인 2명, 웨일즈인 2명, 영국인 1명, 스코틀랜드 아일랜드 계통이 12명이었다. 이 구성원들을 보면 대회에 참여한 이들은 크게 두 종류로 나눌 수 있다. 첫째는 "스코틀랜드 계 아일랜드" 출신이요, 둘째는 "뉴잉글랜드 출신(경건주의 계통)"이었다.[20]

대회의 구성원들을 좀 더 분석해 보면 수적으로나 영적으로 우세한 스코틀랜드 아일랜드 계통의 목사들이 대회를 주도하고 있음을 알 수 있다. 위에서 언급한 대로 전자는 칼빈주의 신학을 고취하고 있었고 후자는 좀 자유스런 입장을 갖고 있었다. 1706년의 첫 노회 이후 1729년까지 미국 장로교회에서는 공식적인 교리적 표준이 채택되지 않았다. 뉴잉글랜드의 영향아래 있던 어떤 이들은 성경이 교회의 순결과 일치를 유지하는 표준으로 충분하다고 주장하였다.

---

19) Winthrop S. Hudson, *Religion in America* (New York: Charles Scribner's Sons, 1973), 42; 오덕교, 「장로교회사」, 248.

20) 뉴잉글랜드는 매사추세츠, 뉴 헴퓨셔, 커네티컷, 로드 아일랜드 등 미국 동북부에 위치한 4개의 주를 포함하는 지방이다. 뉴잉글랜드는 영국 국교회의 관용정책 때문에 장로교회와 회중교회가 서로 공존 할 수 있는 장소였다. 이 뉴잉글랜드에서의 장로교회와 회중교회는 하나의 공통적인 사상 즉 뉴잉글랜드 신학으로 연합할 수 있었다. 물론 양자 간에 보이지 않는 갈등과 대립이 있었지만 제 1차 대각성 운동은 양자를 수용하기에 충분하였던 것이다. 그러므로 이들의 신학적 입장은 관용적으로 발전하기 시작한 것이었다. 홍치모, 「英美 장로 교회사」(서울: 개혁주의신행협회, 1998), 167-79.

그러나 스코틀랜드와 북 아일랜드에서 온 목사들은 "교회의 순결 유지를 위해 고백적 서약이 필수적이다"라는 견해를 가지고 있었다.

첫 논쟁은 미국 장로교인들 사이에 적절한 규칙(proper order)에 관한 것으로, 1720년에 일어났다. 그것은 뉴 캐슬 노회의 목회자였던 로버트 크로스(Robert Cross, 1689-1766)의 간음죄 징계 사례에 관한 것이었다. 물론 로버트 크로스 이전에도 목사의 부도덕이 신대륙에서 많이 발생하였다. 화란 혈통의 반 비크(Van Vieck) 목사는 중혼죄로 고소되었다. 우드브리지(Woodbridge)에서는 성도들과 그들의 목사 와데(Wade) 사이에 불행한 충돌이 있었다. 또 한 목사는 "여러 차례 술에 만취하였으며" 또 욕설을 쓰며 사람을 중상하고 싸움으로써 고소를 당하였다. 또 다른 목사는 말(馬)을 계약하는 과정에서 거짓말을 한 것으로 고소되었고, 어떤 목사는 부도덕한 행위와 복음을 전하는 목사로서 부적당하게 경솔함으로 고발을 당하였다. 레잉(Laing) 목사는 주일을 범하여 계천에서 몸을 씻음으로 일시적으로 목사정직을 당하고 비난을 당했다.[21]

1720년 로버트 크로스 목사는 간통으로 인해 대회 앞에 소환되었다. 그리고 그는 "큰 심각성과 겸손과 진정한 회개로서" 고백하였다. 이러한 그의 태도를 대회는 받아들여 대회는 크로스를 4주 동안 설교강단에 서지 못하게 하되, 사람들이 원할 경우 그의 목회 사역 복귀를 허용하는 방식으로 그를 견책하였다.[22] 뉴 캐슬 노회의 동료 목회자였던 조지 길레스피(George Gillespie, 1683-1760)는 이러한 크로스에 대한 대회의 가벼운 처리에 항의했다. 그러나 이 항의는 무시되었다. 이듬해 조지 길레스피는 부도덕한 행위를 한 자들을 제재 할 수 있는 교회의 새로운 정치와 치리 규정을 제안하며 이를 허락해 달라고 제안했다. 대회는 이 법안을 승인하였다.

1721년 필라델피아 대회에서 뉴캐슬 노회의 조지 길레스피(George

21) William Warren Sweet, *The Story of Religion in America*, 122.
22) Randall Balmer & John R. Fitzmier, *The Presbyterians* (Westport: Praeger, 1994), 25.

조나단 디킨슨
(Jonathan Dickinson, 1688-1747)

Gillespie)는 미국 장로교회에 성직자들의 권징을 좀 더 엄격히 하는 규정을 도입해야 하며 웨스트민스터 표준문서에 대한 신실한 서약이 필요하다고 주장했다. 이러한 길레스피의 주장은 "스코틀랜드계 아일랜드" 출신 목회자들과 동일한 것이었다. 그들은 신앙을 보존하기 위한 한 방법으로 모든 목사 후보생이 「웨스트민스터 신앙고백」, 「대요리문답」, 「소요리문답」이 "기독교 교리의 가장 기본적이고 중요한 조항이요, 건전한 표현일 뿐 아니라 체계"임을 고백하고, 서약할 것을 요구하였던 것이다.[23] 그런데 이것이 초창기부터 미국의 장로교에서 문제가 된 주요 쟁점의 하나가 되었다. 즉 '「웨스트민스터 신앙고백」과 「요리문답」이 교단 내에서 위상은 어느 정도이며 얼마나 그 권위가 있는 것인가?' 하는 것이었다.

조나단 디킨슨(Jonathan Dickinson, 1688-1747)을 비롯한 죤스, 모르간, 피어슨, 웨브, 그리고 데이비드 에반스등 5명의 영국과 뉴잉글랜드 출신의 목사들은 이의를 제기하였다. 조나단 디킨슨은 예일 대학교를 졸업한 매사추세츠 출신의 청교도 목사로 「기독교의 합리성(*The Reasonableness of Christianity*)」과 「칼빈주의 5대 강령(*The Five Points of Calvinism*)」을 저술하였고, 뉴저지의 엘리자벳타운(Elizabethtown) 교회를 목회하였다. 그는 1722년 뉴저지 노회의 개회 예배 설교에서 성경만이 신앙과 예배의 유일한 규칙이며, 성경에 대한 인간의 해석은 그리스도인의 양심을 묶어 놓을 수 없으므로, 서약을 강조하는 것은 양심과 개인적인 자유를 제한하는 죄악이라고 지적함으로 서약운동에 반대하는 입장을 나타냈다. 교회 안에 신앙고백에 대한 보다 느슨한 입장을 취한 그는 다음과 같이 주장했다:

---

23) Morton H. Smith, *Studies in Southern Presbyterian Theology* (New Jersey: Presbyterian and Reformed Publishing Company, 1962), 263.

> 그리스도의 사역자들은 그의 율법을 해석할 권한을 가지고 있다는 것이 사실이다. 또한 이것은 그의 마음과 뜻을 연구하여 그의 백성들에게 그의 전 경륜을 선포하도록 그 적용에 관심을 가지도록 하게 한다. 그러나 무오를 주장할 수 없는 이것은 그 해석을 부과할 아무런 권한을 가질 수 없다. 또한 그 해석이 자기에게 올바르고 참이라는 것 외에 어떤 사람도 절대적으로 그것을 받아 들이도록 강요 할 수 없다.[24]

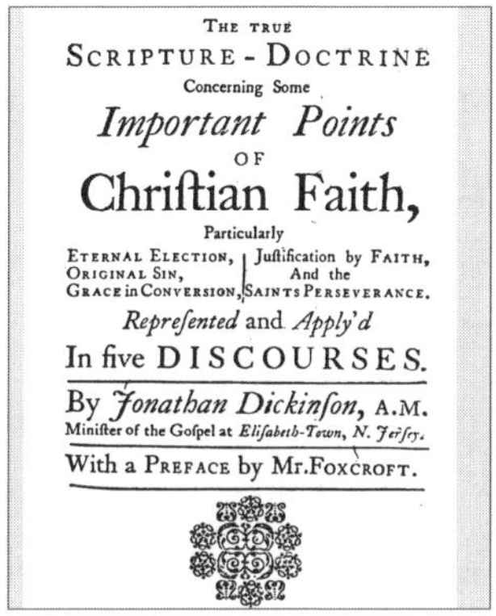
THE TRUE
SCRIPTURE-DOCTRINE
Concerning Some
Important Points
OF
Chriſtian Faith,
Particularly
ETERNAL ELECTION, | Juſtification by FAITH,
ORIGINAL SIN, | And the
GRACE in CONVERSION, | SAINTS PERSEVERANCE.
Repreſented and *Apply'd*
In five DISCOURSES.
By *Jonathan Dickinſon*, A.M.
Miniſter of the Goſpel at *Eliſabeth-Town, N. Jerſey.*
With a PREFACE by Mr. FOXCROFT.

조나단 디킨슨의 저서

이러한 디킨슨의 반발과 함께 미국 장로교회 안에 서약논쟁이 시작되었다.[25] 그러나 존 톰슨(John Thomson, 1690-1753) 목사는 신앙고백 표준이 없는 교파는 "성벽 없는 도시"와 같다고 주장하였다. 그는 다음과 같이 강조하였다.

> 자 신앙고백이 없는 교회는 무엇과 같을까?... 나는 우리가 매우 방어 할 수 없는 상태에 있게 된다고 생각한다. 만약 우리가 대회의 결의에 의해 우리의 것이 된 신앙고백에 서약하지 않거나 또한 인정하지 않는다고 한다면 교리적인 것에 부패한 자들을 목회에서 제거하는데 사용될 제도적 장치가 없게 된다. 이런 자들은 자신의 부패와 교리를 포기하지 않은 채 목회에 영입될지도 모른다... 알미니안주의, 쏘시니안주의, 자연신론, 자유 사고등이 기성교회나 분리한 교회를 막론하고 개혁파 교회 위에 이 정도로 홍수처럼 범람하는 때 우리의 안전을 지키기 위한 이유를 갖지 못한다는 말인가?[26]

---

24) George P. Hutchinson, *The History Behind the Reformed Presbyterian Church, Evangelical Synod*(Chery Hill: Mack Publishing Co,. 1974), 116. 김길성, "개혁주의 신학 전통," 「개혁신앙과 교회」(서울: 총신대학출판부, 2002), 47에서 재인용.

25) *Ibid.*,

26) Charles Hodge, *The Constitutional History of the Presbyterian Church in the*

그는 장로교도들을 그리스도인들의 신앙과 생활에 대해 이신론자들의 치명적인 공격으로부터 보호하기를 원했다. 따라서 모든 목사들은 그들의 믿음과 동의의 표현으로써 「웨스트민스터 신앙고백」과 「요리문답」에 대해 아일랜드에서 그랬던 것과 같이 이 교리들을 설교하고 가르치기로 공적 맹세를 하는 것에 서약해야 했다.[27] 즉 서약파와 비서약파의 논쟁이 내면적으로 시작되었던 것이다. 다시 언급하자면 뉴잉글랜드의 영향에 고무 받은 몇몇 사람이 오직 성경만이 교회의 질서와 순결을 유지하기에 충분한 표준이 된다고 주장하였으나 "스코틀랜드 계 아일랜드 출신"의 목사들은 신앙고백의 수락을 교회의 교리적 순결 유지에 불가결한 것으로 생각하였던 것이다. 이러한 서약 논쟁은 거의 10여년이 걸렸다. 목회자 후보생들 역시 이 중요한 서약을 하는 것에 다양한 의견들이 있었다. 아주 문자적인 의미로서 받아들이는 것인가, 아니면 적어도 고백에서 말하는 모든 교리들을 수용하는가, 혹은 "느슨한 서약"으로서 주요한 조항들에 전체적인 동의를 하는 것인가?라는 물음이 있었다. 이런 논쟁이 있은 후 양자 간의 합의로 논쟁의 해결은 결국 1729년 신학적 입장에서 미국 장로교회의 견해를 확립한 「교리 채택안(Adopting Act)」으로 나타났다.

(3) 교리 채택안(Adopting Act)

1727년 웨스트민스터 표준을 채택하자는 건의에 대한 응답으로서 대회는 1729년 새로운 교회의 표준으로서 「웨스트민스터 신앙고백」과 「요리문답」을 채택했다. 1729년 9월 19일 아침에 대회는 대회원 각자가 「웨스트민스터 신앙고백」의 "필수 불가결한 신조들"에 수락 동의 할 것을 다음과 같이 가결하였다.

United Church of America (Philadelphia: Presbyterian Board of Publication, 1851), Part, 137 ff. 김길성, 「개혁신앙과 교회」, 47-8에서 재인용.

27) James Smylie, 「간추린 미국 장로교회사」, 77.

우리는... 본 대회의 모든 목사들이...웨스트민스터 신앙고백서와 대 · 소요리문답이 본질적이고 필수적인 그 모든 조항에 있어서, 건전한 말의 바른 형태와 기독교 교리의 체계인 것으로 동의하고 수용하는 것을 선포할 것을 동의한다. 또한 동 신앙고백서와 대 · 소요리 문답을 우리의 신앙고백으로 채택하는 바이다.

...모든 노회들은... 동 신앙고백의 본질적이고 필요한 모든 조항과 의견의 일치를 선언하지 않고서는 어떤 목사 후보생도 받아들이지 않도록 항상 조심할 것이다....어떤 목사... 또는 목사 후보생이 동 신앙고백과 대소요리문답의 어떤 조항 또는 조항들과 관련하여 어떤 거리낌이 있는 경우에 그가 상기 선언을 할 때 노회나 대회에 자기의 취지를 선언할 것이며, 대회나 노회가 그의 거리낌이나 실수가 교리, 예배, 정치에 있어서 본질적이고 필수적이 아닌 조항에 관한 것 뿐이라고 판단한다고 하면, 노회나 대회가 그를 목회 사역에 받아들일 것이다.

그러나 이러한 목사나 후보생이 신앙의 본질적이고 필수적인 조항에 있어서 오류가 있다고 대회나 노회가 판단한다면, 대회나 노회는 그들과 교제를 나눌 수 없다고 그들에게 선언할 것이다. 또한 우리들 중 어느 누구도 비 본질적이고 필수적이 아닌 교리 조항에 있어서 우리와 다른 사람들을 비방하거나 또는 모욕적인 언사를 사용하지 않을 것을 대회는 엄숙히 동의하는 바이다.[28)]

같은 날 오후에 그들은 대회 회원들을 난처하게 만든 유일한 "거리낌들"은 20장과 23장에 있는 "몇 가지 조항들" 관한 것이라고 선언하였는데 이 조항들은 국가의 위정자들이 교회의 대회를 관리할 권력과 교회 징계를 실시할 권세를 가진다는 것을 시사하는 것이었다. 그래서 오후 개회된 대회는 다음과 같은 것을 가결하였다.

오후 3시 기도 후 개회하다. 현재 출석한 본 대회의 모든 목사들은 스스

---

28) Armstrong and Loetscher eds, *The Presbyterian Enterprise: Sources of American Presbyterian History*(Philadelphia: Westminster, 1955), 31-2.

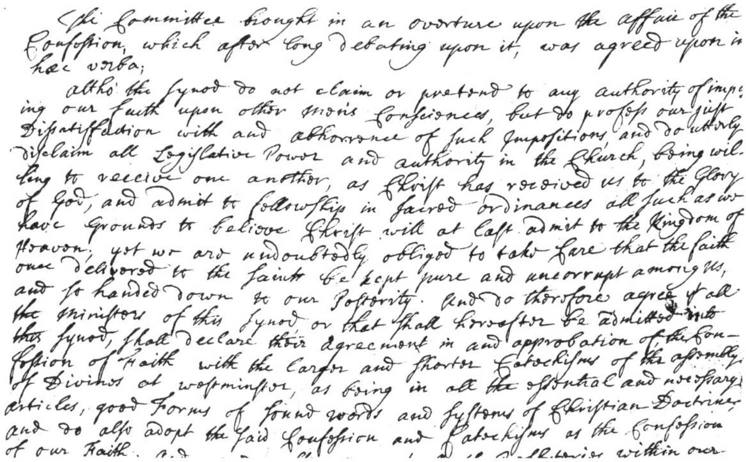
The Committee brought in an overture upon the affair of the Confession, which after long debating upon it, was agreed upon in hæc verba;
altho' the Synod do not claim or pretend to any authority of imposing our faith upon other men's Consciences, but do profess our just Dissatisfaction with and abhorrence of such Impositions, and do utterly disclaim all Legislative Power and authority in the Church, being willing to receive one another, as Christ has received us to the Glory of God, and admit to fellowship in sacred ordinances all such as we have Grounds to believe Christ will at last admit to the Kingdom of Heaven; yet we are undoubtedly obliged to take Care that the faith once delivered to the Saints be kept pure and uncorrupt among us, and so handed down to our Posterity. And do therefore agree y't all the Ministers of this Synod or that shall hereafter be admitted into this Synod, shall declare their agreement in and approbation of the Confession of Faith with the Larger and Shorter Catechisms of the assembly of Divines at Westminster, as being in all the essential and necessary articles, good Forms of sound words and systems of Christian Doctrine, and do also adopt the said Confession and Catechisms as the Confession of our Faith.

교리 채택안(The Adopting Act, 1729)

로 준비가 되지 않았다고 선언한 한 사람을 제외하고는 여디다야 앤드루스(Jedidiah Andrews), 토마스 크리드헤드(Thomas Creaghead), 존 톰슨(John Thomson), 앤더슨(Ja. Anderson), 피어슨(Jno. Pierson), 겔스턴(Sam. Gelston), 조셉 휴스톤(Joseph Houston), 길버트 테넌트(Gelbert Tennant), 아담 보이드(Adam Boyd), 요나단 디킨슨(Jonathan Dickinson), 브래드너(Jno. Bradner), 알렉산더 허치슨(Alexder Hutcheson), 토마스 에번스(Thomas Evans), 휴 스티븐슨(Hugh Stevenson), 테넌트(Willam Tenant), 휴 콘(Hugh Conn), 조지 길레스피(George Gillespy) 그리고 존 윌슨(John Willson)은 그들 중 아무나 신앙고백서와 웨스트민스터 대 · 소요리문답서에 있는 어떤 조항과 표현에 거리낌이 있는 모든 의문점들을 신청한 후에 그 의문점들을 해결함에 있어 그리고 제20장 및 제23장에 있는 몇 구절만을 제외하고 전술한 고백서와 문답서를 그들의 신앙고백서로 선언함에 있어 만장일치로 찬성하였다. 위의 제외된 구절들에 관하여는 대회는 그 조항들을 받아들일 때 국가 위정자들이 직무상의 권위를 행사함에 있어서 대회들에 대한 통치권을 가진다든지 또는 신앙 때문에 누구든지 핍박할 권세를 가진다든가, 어떤 의미에서든지 대영제국의 개신교적 왕위 계승권에 배치되는 권세를 가진다고 상상할 만한 뜻으로 받아들이지 않기로 만장일

> 치로 선언한다. 대회는 고백서의 사안에 관계된 그들의 모든 심의와 결정에 나타난 합의, 평화, 그리고 일치를 준수하여 엄숙한 기도와 찬양으로 하나님께 감사 드리기로 만장일치로 찬성하였다.[29]

채택된 조항들은 주로 존 톰슨에 의해 초안되었는데, 엄격한 서약을 요구했던 무리와 교회에 공식적으로 고백적 입장을 갖기 원치 않는 무리들 사이의 수용할 수 있는 타협적인 부분이다. 그 후 많은 1729년 채택안의 해석을 두고 많은 논쟁들이 소용돌이쳤다.

위에 설명된 「교리 채택안」을 보면 목사나 목사후보생은 그 임직 때에 「웨스트민스터 신앙고백서」와 그 「대요리문답」과 「소요리문답」을 그들이 따라야 할 건전한 신앙고백이라고 서약하는 대신 입으로 고백하게 하였다. 그리고 신조 가운데 승인할 수 없는 부분이 있다면 노회에 그것이 무엇인지 밝힐 것을 요구하였다. 또한 노회는 후보생이 받아들이기를 주저하는 '거리낌들'이 신앙의 본질적인 것과 상치되지 않는 한 목사 회원으로 받아들이기로 한 것이었다. 그러나 이러한 「교리 채택안」은 비록 성공은 하였지만 그 내면에 두 부류의 신학사상이 잠재되어진 채 진행 해오고 있음을 주목해야 한다. 「교리 채택안」에 대하여 최근의 역사가들은 이 최근 결의를 서술할 때 그 결의가 목사들에게 신앙고백에 불일치하는 것을 허용하였기 때문에 신앙고백의 서약에 반대하는 파를 유리하게 만든 하나의 절충으로 서술해 왔다.[30] 다른 역사가들, 주로 구학파(Old School) 장로교와 관련된 사람들은 그 채택 결의가 대회의 나중 결의들[31](1730년과 1736

---

29) *Ibid.*,

30) 이에 대한 내용은 Charles Augustus Briggs, *American Presbyterianism* (New York: Charles Scribner's Sons, 1885). 208-21를 보라.

31) 1730년 「선언상의 결의서(The Declaratory Act of 1730)」는 다음과 같다: "어떤 사람들이 고백서와 문답서에 관한 지난해 합의 사항을 표현한 어법에 불만족하여 다소의 표현들은 신입자들에게 구속력이 충분하지 않다고 추정하므로 제안하되, 신입자들이나 후보자들의 가입에 관련된 구절들을 그때 출석했던 대회 회원들과 똑같은 방식으로 이해하고 가입시 똑같이 완전하게 고백서와 문답서를 받아들이고 채택할 의무

년)에 비추어 엄격한 신앙고백의 수락을 바라던 파의 승리라고 반박하였다.[32] 그러나 이 논쟁의 중요성은 '무엇이 목사안수 서약을 위반함이 되

가 있다는 뜻으로 이해할 것을 이제 대회가 선언하라는 제안이 있었으며, 이 제안을 대회는 만장일치로 찬성하였다."

「1736년 해석상의 결의서(The Explanatory Act of 1736)」는 이렇게 시작된다;

팩스턴(Paxton)과 데리(Derry)의 교인들의 탄원에 관한 위원회의 제안이 제출되었으며 그것은 다음과 같다. 대회는 선언하기를 많은 우리의 신도들은 이전에나 근래에나 우리가 웨스트민스터 신앙고백서와 문답서 등을 받아들이거나 채택하는 일에 관련하여 인쇄물에 담겨 있는 바 우리 대회의 제 1 또는 예비결의에 나타나 있는 어떤 표현들이나 특이성들에서 불쾌감을 느끼는 줄로 이해하는 까닭에 전술한 특이성들과 표현들의 이유로 우리 교인들 중 어느 사람의 마음에 일어났었거나 또는 일어날지 모를 전술한 불쾌감과 모든 의혹을 제거하기 위하여, 대회는 조금도 변동이나 내용 변경 없이 그리고 전술한 특이성과는 상관없이 웨스트민스터 신앙고백과 대·소요리문답서 그리고 예배규칙을 그대로 채택하였으며 또 여전히 고수할 것을 선언한다. 그리고 우리는 다음과 같은 우리의 채택결의에 의해 특별히 나타나는 바와 같이 이것은 전술한 고백서를 우리가 처음 채택할 때의 우리의 의도요 진의였음을 한층 더 선언한다. 현재 대회에 출석한 모든 목사들(준비 미비를 스스로 선언한 한 사람을 제외하고 모두 합쳐 18명임)은 그들 중 아무나 신앙고백서와 웨스트민스터 대·소요리문답서에 있는 어떤 조항들과 표현들에 대해 반대할 것이 있는 모든 의문점들을 신청한 후에 그 의문점들을 해결함에 있어 그리고 제20장 및 23장에 있는 몇 구절만을 제외하고 전술한 고백서와 문답서를 그들의 신앙고백서로 선언함에 있어서 만장일치로 찬성하였다. 위의 제외된 구절들에 관해서는 대회는 그 조항들을 받아들일 때 국가 위정자들이 직무상의 권위를 행사함에 있어서 대회들에 대한 통치권을 가진다든가 또는 신앙 때문에 누구든지 핍박할 권세를 가진다든가, 어떤 의미에서든지 대영제국의 개신교적 왕위 계승권에 배치되는 권세를 가진다고 상상할 만한 뜻으로 받아들이지 않기로 만장일치로 선언한다. 그리고 우리는 일호의 변동이나 내용 변경 없이 전술한 고백서에 담겨 있는 우리의 훌륭한 옛날의 표준 교리들에 대해 우리가 가진 굳은 애착심에 대해서는 이번 우리 대회의 선언과 설명이 우리의 모든 교인들을 만족시킬 것을 그리고 또 그들은 위에 암시한 표현들과 선언들의 이유로 마음에 품었던 그들의 의혹들을 무근거한 것으로 제쳐버릴 것을 희망하며 바라마지않는다." 이 제안은 만장일치로 채택되었다. Guy S. Klett, ed., *Minutes of the Presbyterian Church in the U. S. A.* 1706-1788 (Philadelphia: Presbyterian Historical Society, 1976), 103-4, 108, 141-2.

32) Charles Hodge, *The Constitutional History of the Presbyterian Church in the United States of America* (Philadelphia: Presbyterian Board of Publication, 1851), 62-215를 보라.

는가?'에 대해 구체적으로 명확하지 않았다는 사실에 있다. 이런 모호성이 1800년대 후반의 장로교 강단들을 독특한 장로교 교리들 뿐만 아니라 역사적 기독교의 근본교리들까지 찬성하지 않은 사람들로 가득차게 허용했던 것이다.

(4) 부흥운동 논쟁 –구파(Old Side)와 신파(New Side)

또 하나의 대립은 부흥운동에 대한 시각이었다. 1730년대 후반에 미국 장로교내에 부흥운동이 일어나게 되었다. 이것을 "1차 대각성 운동"이라고 한다. 전국을 휩쓸고 또 미국의 민주화(ex. 노예문제)에 큰 영향을 미친 이 대각성 부흥운동은 주로 교회의 강해나 성경공부 보다는 감정에 호소하는 경향이 없지 않았다. 그래서 그들은 성령에 충만한 기독교인과 중생과 회개의 체험이 있는 기독교인의 생활을 강조하게 되었다. 이러한 목적하에서 부흥운동가들의 강단 교류는 자유로울 수밖에 없었다. 특히 코네티컷을 중심으로 뉴 잉글랜드 지역의 회중교회, 영국 국교도, 그리고 독립교회들은 서로 친숙하다 보니 장로교회의 특수한 의회 정치제도, 혹은 당회중심제도를 완벽하게 시행하는 것을 거북스럽게 생각하던 차였다. 더 나아가 '대각성' 이라는 슬로건 하에 감정과 성령의 은사만을 강조하다 보니 자연히 「웨스트민스터 신앙고백」에 얽매여 설교하고 강론하는 것을 싫어하게 되었다. 특히 1724년 「웨스트민스터 신앙고백」을 채택할 때 반대하였던 그룹들은 더욱 그러하였다.

이러한 부흥 운동 논쟁에서 '통나무 대학' (The Log College)이 논쟁의 화두가 되었다.

통나무 대학(The Log College)

통나무 대학(The Log College)[33]은 윌리암 테넌트(William Tennent, 1673-1746)와 그의 아들 길버트 테넌트(Gilbert Tennent, 1703-1764)에게서

통나무 대학 (The Log College)

시작되었다. 1673년에 태어난 윌리엄 테넌트(William Tennent)는 아일랜드의 수도인 더블린(Dublin)의 트리니티(Trinity) 대학에서 교육을 받았다. 그는 1707년 7월1일 영국 국교회의 집사로 임명 받았고 1706년 9월 22일 영국 국교회 성직자로 임명 받았지만, 독립적인 성향을 가지고 있어서 영국 국교회에 적응하기가 쉽지 않았고, 결국 그는 평범한 교구 담당 목사가 되는 대신 아일랜드 귀족들을 위한 궁정 목사로 봉직했다. 1718년 윌리암 테넌트와 그의 가족들은 아일랜드에서 미국의 필라델피아로 이주했다. 그 곳에 도착한 즉시 그는 장로교 목사가 될 수 있게 해 달라는 청원서를 장로교 노회에 제출했다. 그 이유는 영국 국교회가 가진 정치 형태와 알미니안주의적인 교리가 맘에 들지 않았기 때문에 영국 국교회와의

33) 통나무대학(Log College)에 대한 자세한 내용은 다음을 참조하라: Thomas Murphy, *The Presbytery of the Log college: or the cradle of the Presbyterian Church in America*(Philadelphia: Presbyterian Board of Publication and Sabbath-School Work. 1889); Archibald Alexander, *The Log College: biographical sketches of William Tennent and his students, together with an account of the revivals under their ministries*(Birminhham: Solid Ground Christian Books, 2008); Symmes, Frank Rosebrook, *History of the Old Tennent Church*(G. W. Burroughs, printer, 1904).

관계를 단절하기 위해서였다. 그의 청원은 받아들여졌고 그는 추가의 교육과정 없이 장로교회의 목사로 임명되었다. 그는 먼저 뉴욕에서 목사직을 맡았고 이어서 1726년에는 펜실베니아의 네사미니(Neshaminy)로 이주한 후 그곳에서 교회를 이끌었다.

길버트 테넌트
(Gilbert Tennent, 1703-1764)

그 곳에 도착한 후, 윌리암 테넌트는 그의 아들들과 장로교 목사가 되기를 준비하는 젊은이들을 가르치기 시작했고, 1735년에 그는 학교로 사용하기 위해 자신의 땅에 간단한 통나무 건물을 세웠다. 그래서 그 건물은 '통나무 대학' (The Log College)으로 알려지게 되었다. 그가 통나무 대학을 세운 유일한 이유는 미국에 더 많은 장로교 목사를 양성하기 위함이었다. 지금까지 목사 후보생들은 신학 훈련을 받기 위해서 뉴잉글랜드나 다른 먼 곳으로 가야만 했다. 그러나 윌리암 테넌트가 개인적으로 자신의 사비를 들여 만든 통나무 대학은 목사양성에 여러 면에서 도움이 되었다. 알렉산더(Archibald Alexander)는 테넨트가 세운 통나무 대학을 신대륙의 '최초의 신학교'라고 명명했다.[34] 시간이 흐름에 따라 윌리암 테넌트의 탁월한 교수법과 깊은 신앙, 그리고 경건한 삶은 미국 전역에 퍼져나게 되었다.

또한 그에게는 4명의 아들들이 있었는데 장남인 길버트 테넌트(Gibert Tennent), 윌리암 테넌트 2세(William Tennent, Jr), 존(John), 찰스(Charles)였다. 이들 중 장남 길버트를 제외하고 3명의 아들과 15명의 젊은이들은 목사가 되기 위한 신학 훈련을 이 통나무 대학에서 받았다. 윌리암 테넌트의 통나무 학교는 적어도 20년 동안 지속되었다. 나중에 윌리암 테넌트의 4명의 아들은 모두 중부 뉴 저지(New Jersey)의 장로교 목사들이 되어 1차

34) David B. Calhoun, "The Log College: A New Introduction," ii; in Archibald Alexander, *The Log College*, 9.

대각성 운동(The First Great Awakening)의 주역들이 되었다.[35]

테넌트의 통나무 대학에 대한 비방자들이 없었던 것은 아니었다. 사실 '통나무 대학' 이라는 이름부터가 초라함과 보잘 것 없음을 내포하고 있다. 장로교 교회 내부의 많은 사람들이 그 보잘 것 없고, 멀리 떨어져 있는 대학이 과연 적절한 훈련을 제공할 수 있을 것인지에 의구심을 품었다. 게다가 그 대학의 후원자였던 사람들이 더욱 공격적 전도의 성향을 띠기 시작하자 긴장은 더해갔고, 그들(대학의 후원자들)은 조지 휫필드와 그의 방법들을 수용했는데 그것은 그 당시에 매우 논쟁적이었다. 비록 많은 사람들이 통나무 대학의 단순함을 폄하했음에도 불구하고 조지 휘필드(George Whitefield, 1714-1770)는 통나무 대학을 존중했다. 그래서 그는 저널(*Journals*)에 이렇게 썼다.

> 지금 젊은이들이 공부하고 있는 그 장소는 무시당하면서 '대학' 이라 불리고 있다. 그것은 20피트 정도의 길이에 그와 비슷한 폭을 가진 집인데, 그것은 나에게 그 옛날의 선지자들의 학교처럼 보인다... 이 무시당하는 장소에서 최근 7,8명의 그리스도의 소중한 사역자들이 배출되었고, 더 많은 이들이 보냄을 받기 위해 거의 준비되었다.[36]

윌리엄 테넌트가 많은 나이와 약한 건강 때문에 하나님의 부르심을 받았을 때 문을 닫았다. 하지만 그는 1746년 5월 6일에 세상을 떠났다. 그러나 통나무 대학의 후원자들은 여러 장로교인들과 힘을 합하여 뉴저지(New Jersey) 대학을 설립하게 되었다. 뉴저지 대학의 설립 이사들 중 4명이 테넌트의 아들 두 명을 포함하여 통나무 대학의 졸업자들이었다. 통나무 대학 출신의 또 한 사람의 이사인 사무엘 핀리(Samuel Finley, 1715-1766)는 그 대학의 5대 총장이 되었다. 통나무 대학의 계승자인 뉴저지 대학이 바로 오늘날 우리가 알고 있는 구 프린스턴(Old Princeton) 대학교이다.

---

35) William Warren Sweet, *The Story of Religion in America*, 140.

36) *George Whitefield's Journals*, 354-5;

길버트 테너트(Gilbert Tennent)와 장로교 1차 분열, 그리고 합동

그런데 통나무 대학(The Log College) 출신의 목회자들이 문제가 되었다.[37] 윌리엄 테넌트(William Tennent)는 통나무 대학 출신을 노회나 대회의 인허 없이 목사로 파송 시켜 목회를 하게 하고 부흥운동에도 더욱 열심을 기울이도록 한 것이었다.

“스코틀랜드계 아일랜드 계통”의 목사들은 제대로 교육을 받지 않고 열정만 가진 목사들이 장로교에 범람할 것을 염려하여 이러한 속성 목사 제도를 반대하였다.[38] 이러한 염려 때문에 대회는 노회로 하여금 정식 시험을 치르도록 하였고 뉴 잉글랜드 혹은 구라파 대학들을 졸업한 후보자들만을 안수하도록 허락하는 법칙을 통과시키게 하였다.[39] 물론 이 행위는 통나무 대학의 활동을 저지하고 그 졸업생들의 입회를 막으려는 의도로 된 것이다. 그러나 이러한 행위의 진정한 동기는 부흥운동에 대해 보수적인 목사들의 심한 반대였다.

교리중심의 "스코틀랜드계 아일랜드 계통"의 사람들은 회중들이 "순회전도"(itinerary)와 함께 소위 "열광"(enthusiasm)에 하는 것에 대해 경악하였다. 즉 청중들이 부흥운동가들의 설교에 따라 절제를 잃고 울고, 소리지르고, 기절하고, “지랄발광”(epileptic fits)하는 사건으로 해서 교회가 어지럽게 되었다고 생각했다. 그들은 이 모든 것이 회중들과 개인생활과 성장을 저해하는 것으로 이해하였다.[40] 그래서 부흥운동가는 교리를 모르는 무식한 목사이니 그들은 칼빈주의자도 아니요 또 장로교 목사가 될 자격도 없다고 반격했던 것이다.

그러자 부흥운동가들은 딱딱한 교리공부와 신학 교육은 목회에서 영적 체험이나 성령의 은사를 받은 것보다 중요하지 않다고 맞서게 되었다. 특

37) Alexander Archibald, *The Log College*, 24.

38) William Warren Sweet, *The Story of Religion in America*, 141.

39) *Ibid*.,

40) James H. Smylie, 「간추린 미국 장로 교회사」, 82.

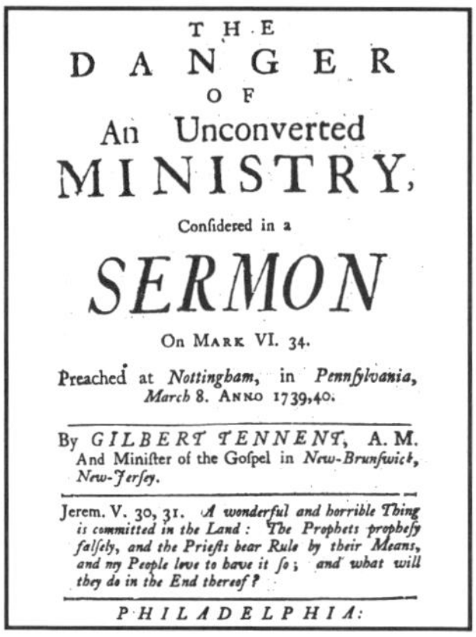

THE
DANGER
OF
An Unconverted
MINISTRY,
Considered in a
SERMON
On MARK VI. 34.
Preached at *Nottingham*, in *Pennsylvania*, *March* 8. ANNO 1739,40.

By *GILBERT TENNENT*, A. M.
And Minister of the Gospel in *New-Brunswick*, *New-Jersey*.

Jerem. V. 30, 31. *A wonderful and horrible Thing is committed in the Land: The Prophets prophesy falsely, and the Priests bear Rule by their Means, and my People love to have it so; and what will they do in the End thereof?*

PHILADELPHIA:

길버트 테넌트의 "회심 받지 못한 목회자의 위험" 설교집

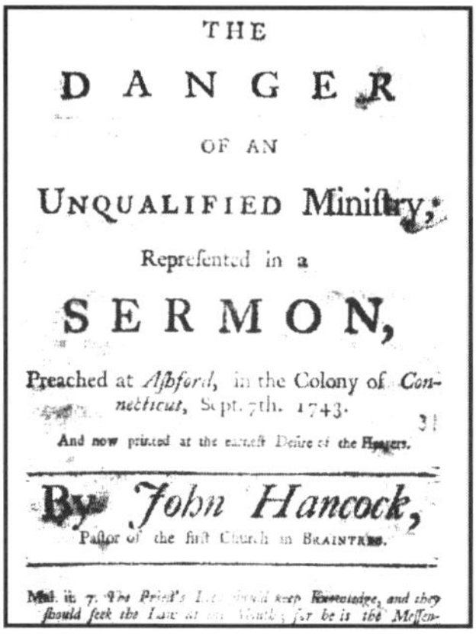

THE
DANGER
OF AN
UNQUALIFIED Ministry,
Represented in a
SERMON,
Preached at *Ashford*, in the Colony of *Connecticut*, Sept. 7th. 1743.
And now printed at the earnest Desire of the Hearers.

By *John Hancock*,
Pastor of the first Church in BRAINTREE.

Mal. ii. 7. *The Priest's Lips should keep Knowledge, and they should seek the Law at his Mouth; for he is the Messen-*

존 핸콕의 "자질을 갖추지 못한 목회자의 위험성" 설교집

히 경건주의 계통 특히 뉴잉글랜드 지역의 목회자들은 부흥운동에 대단한 지지를 보냈는데, 이러한 현상은 자연히 앞으로 교단 진로 문제와 연관되었다. 결국 부흥운동의 문제를 놓고 그것을 찬성하는 쪽과 반대하는 쪽으로 갈라지게 되었다.

이 분열에 결정적인 역할을 한 사람이 길버트 테넨트(Gilbert Tennent)였다. 1738년 새로 설립된 뉴브른스위크(New Bruswick) 노회 소속 목사인 그는 부흥운동을 지지하는 신파소속의 목사였다. 신 · 구파의 입장 차이로 긴장이 고조되어 있던 1740년 3월 8일 펜실바니아 노팅햄(Nottingham)에서 행한 길버트 테넨트의 설교는 화약고에 불을 붙이는 결과를 초래하였다.

그는 '회심 받지 못한 목회자의 위험'(The Danger of Unconverted Ministry)이라는 설교에서 구파의 목사들을 회심하지 못한 사람들로 비유하면서 다음과 같이 질문을 던졌다.

---

41) Gilbert Tennent, "The Danger of an Unconverted Ministry," in Maurice W. Armstrong, L. A. Loetscher, eds, *The Presbyterian Enterprise: Sources of American Presbyterian History*(Philadelphia: The Westminster Press, 1956), 42.

> 장님이 위험한 길에서 길잡이가 될 수 있는가? 죽은 사람이 다른 사람을 다시 살릴 수 있는가?…일생동안 한번도 바다에 가본 적이 없는 무식한 촌뜨기가 항해사가 될 수 있겠는가?…회심 받지 못한 목사들은 마치 자신이 수영을 배우기도 전에 남에게 수영을 가르치려다가 물에 빠져 죽은 얼간이와 같지 않는가?[41]

그러면서 그는 "회심 받지 못한 목사는 바리새인의 교사이며, 맹인을 인도하는 맹인과 같다"[42]라고 말하면서 청중들에게 이러한 교회를 떠나 말씀이 있는 교회로 갈 것을 촉구하였다.[43] 이 설교는 당대의 목회자들에게 충격적인 파문을 던졌다. 신파의 도전에 대해 구파 목사들이 응전하였다. 구파 목사들은 테넌트를 "새로운 빛"(New Lights)라고 불렀다. 그들은 아일랜드에서 그랬던 것처럼 이단을 암시하는 이름을 붙여주려 했던 것이다. 그러는 동안에 뉴잉글랜드 계열에 속하는 통나무 대학생들(the Log College men)은 신파가 되었다. 구파 목사들은 그들 자신들의 모임의 범위를 넘어서서 설교한 사람들에 대해 강하게 항의했다. 특히 뉴 잉글랜드의 존 핸콕(John Hancock)은 '자질을 갖추지 못한 목사의 위험성'(The Danger of Unqualified Ministry)이라는 설교로 테넌트의 설교를 반박하였고, 같은 해 10월 펜실바니아 주의 뉴런던더리(New Londonderry) 목사 존 칼드웰도 "소위 거듭났다고 하는 자들에게서 볼 수 있는 음성을 높이는 것, 비판적인 성향, 사랑이 없는 행동은 성령의 열매가 아니다." 라며 신파를 비판하였다.[44]

통나무 대학 출신과 부흥운동을 반대하는 서약론자의 싸움은 1741년 대회에서 절정을 이루었다. 부흥운동에 대한 의견이 엇갈리면서 설전이 계속되고 교회 분열의 조짐이 있자, 대회는 규칙에 따라 투표로 이 모든 문제를 해결하려고 하였다. 그러나 통나무 대학 출신들이 수적으로 밀릴

---

42) Winthrop S. Hudson, *Religion in America*, 69.

43) Maurice W. Armstrong, *The Presbyterian Enterprise*, 44.

44) *Ibid.*, 45.

것을 예상하고 대회에 참석하지 않음으로 그들의 회원권은 몰수 되었다.

당시 구파는 27명 신파는 22명의 목사가 있었다. 1741년 대회의 회원들은 길버트 테넨트를 정죄하고 소속노회를 징계하였다. 결국 1741년 교단은 부흥운동을 찬성하는 신파(New Side)와 반대하는 구파(Old Side)로 분열되었다.[45)]

그렉 싱어(C. Gregg Singer)는 이 부분을 이렇게 평가하고 있다.

> 그는 당대의 다른 어느 장로교 지도자들 보다도 신파와 구파 사이의 분열을 가져왔던 그 문제 제기의 책임이 있었다. 분열로 인해 테넨트 일가는 교회내의 스코틀랜드 아일랜드 파에 대항하게 되었다. 비록 목회의 제반 문제들이 직접적인 원인이었지만 교리채택 문제가 분열의 핵심을 이루었던 것으로 보인다. 스코틀랜드 출신들은 1729년의 서약 채택령(Subscription Act of 1729)을 강력하게 지지했고 테넌트가 지도자로 떠올랐던 신파 측의 부흥 운동식 기법을 강력하게 반대하였다.[46)]

이것은 미국 장로교회사에 있어서 첫 번째 분열(1741-1758)이었다. 이 분열에 있어서 구파(Old Side)에서는 목사의 자격에 있어서 질적 교양과 교육을 아주 중요하게 생각하였고 신파(New Side)에서는 목사의 자격에 있어서 질적인 교육 보다는 내적 성령의 체험을 더 중요하게 생각하였던 것이다.

1741년 대회의 결정에 화가 난 뉴브런스윅 노회는 1745년 이웃노회들 즉 뉴욕노회와 뉴케슬 노회와 연합하여 대회를 조직하였는데 이것이 '뉴욕 대회'(Synod of New York)였다. 결국 기존의 '필라델피아 대회' (Synod of Philadelphia)와 대립하는 현상이 발생하였다. 분열 후 신파 장로교회 목사들은 계속해서 신앙부흥운동을 지원했고 전도에 박차를 가하기 시작했다. 그러다가 1758년 구파와 신파는 연합하게 된다. 필라델피아 대회와

45) Winthrop S. Hudson, *Religion in America*, 70.
46) C. Gregg Singer, "The Scotch-Irish in America," 272-3.

뉴욕대회는 1758년 5월 29일, 양 대회에 의해 검토되고 승인된 연합 계획에 기초하여 다시 결합하였다. 이 합동 회의에서 선언된 것은 바로 "양 대회는 같은 신앙의 원칙들을 고백하기를 계속하며, 같은 예배, 정치, 훈련의 형식을 고수한다"[47]는 것이었다. 그 중에서도 그들이 뉴욕과 필라델피아 대회라는 이름하에 하나로 연합하였던 기초가 된 계획은 다음과 같다.

> I. 양 대회는 언제나 웨스트민스터 신앙고백서와 요리문답을 탁월한 정통의 기독교적 교리로서 하나님의 말씀 위에 세워진 것으로 인정하고 수용해 왔다. 또한 우리는 여전히 같은 것을 우리의 신앙고백으로서 받아들이고 웨스트민스터 예배 규칙서에 담긴 예배, 정치, 훈련의 방안을 고수하며, 우리의 모든 회원들과 목회 수습생들에게 앞서 말한 신앙고백서와 요리문답에 있는 건전한 언어 형식에 따라 설교하고 가르치기를 엄격하게 준수하고 그것에 반대되는 모든 오류를 피하고 반대하라고 명한다.
> VI. 장로회는 어떤 후보자도 그가 웨스트민스터 신앙고백서와 요리문답을 그의 신앙고백으로 받아들인다고 선언하고 웨스트민스터 규칙서에 있는 장로교 정치 방안에 따르기로 서약하기 전에는 목회 사역의 자격을 주거나 안수를 줄 수 없다.[48]

이 합동운동은 당시 다수를 차지하고 있던 신파를 중심으로 전개되었는데 구파는 지도력의 빈곤과 교회의 지지를 잃어 힘이 없는 상태였다. 이 연합의 배경에는 교회의 분열로 인해 모두 아쉬운 마음과 스스로의 각성론이 없지 않았다. 그리고 자체 분열로 인해 대외적으로 할 일이 많은 때 힘을 약화시킨다는 것은 비생산적이었다. 그래서 구파대회는 1741년의 대회 결정은 공식적인 결정이 아니라 몇몇의 개인들에 의한 부당한 결정이었으니 무효로 하자는데 의견을 모으고, 목회자는 종교적 활동 경력과

---

47) *Records of the Presbyterian Church in the United States of America*, 1758, 245.
48) *Ibid*., 286.

아울러 성령의 체험이 필요하다는 선으로 양보하고 신파에게 사과하는 조건으로 결합안을 결정했다.

반면에 신파에서는 앞으로 목사가 되려고 하는 모든 자는 소정의 교육을 필수로 하며 대회의 인준을 받아야 된다는 것, 동료 목사를 욕하지 않을 것, 초청 받지 않고는 타 교회에 임의로 들어가지 말 것 등을 양보했다. 또한 「웨스트민스터 신앙고백」과 「대 · 소요리 문답」이 성경말씀의 가장 중요하고 정통신학을 간추린 교리로 인정하고, 예배, 교회정치, 권징은 웨스트민스터 권징조례를 철저히 따라 하기로 했다. 그리고 모든 교인과 목사는 「웨스트민스터 신앙고백」에 기록된 대로만 가르치되, 신앙고백과 반대되거나 합당치 않는 것들은 거부한다는 데 동의한다는 신앙의 일치를 보게 되었다. 결국 필라델피아 노회와 뉴욕 노회가 하나로 합동하였기에 '뉴욕-필라델피아 대회'(Synod of New York-Philadelphia)라는 이름으로 명명되었다.

합동 원칙으로 (1) 목사 후보생의 훈련과 그들의 학문과 경건을 시험하는 일을 노회의 관할에 두기로 하였고 (2) 목사는 그가 속한 교구를 떠나서 설교할 때 반드시 그 교구 목사의 승낙을 받도록 하였으며 (3) 1741년 뉴브런스윅 노회를 제명하였던 뉴욕대회의 결정은 불법으로 간주한다고 하였다.[50] 교단의 합동으로 뉴욕-필라델피아 대회는 200여 개의 교회, 100여 명의 목사, 10,000여 명의 교인을 가지는 교단으로 성장하였다. 연합할 당시 100여명의 목사 가운데 신파가 73명, 구파가 27명이었다.[51] 허드슨(Winthrop S. Hudson)은 이 부분에 대하여 이렇게 평가하고 있다.

부흥사 그룹들이 축출될 때 반대파들이 27명이었고 길버트 파는 22명으로

---

49) 박희석, 「미 출간된 미국 장로교회사 강의안」(서울: 총신대학교), 1985.

50) Maurice W. Armstrong, *The Presbyterian Enterprise*, 65-68.

51) *Ibid.*, 1741년 분열당시 27명이었던 구파의 목회자수는 1758년 연합할 때에는 23명으로 줄어든 반면 1745년 22명에 불과했던 신파 목회자들은 1758년 신、구파 연합 당시 73명으로 불어나 구학파 목회자수의 3배나 되었다. Robert T. Handy, *A History of the Churches in the United States and Canada* (Oxford: The Clarendon Press, 1976), 84.

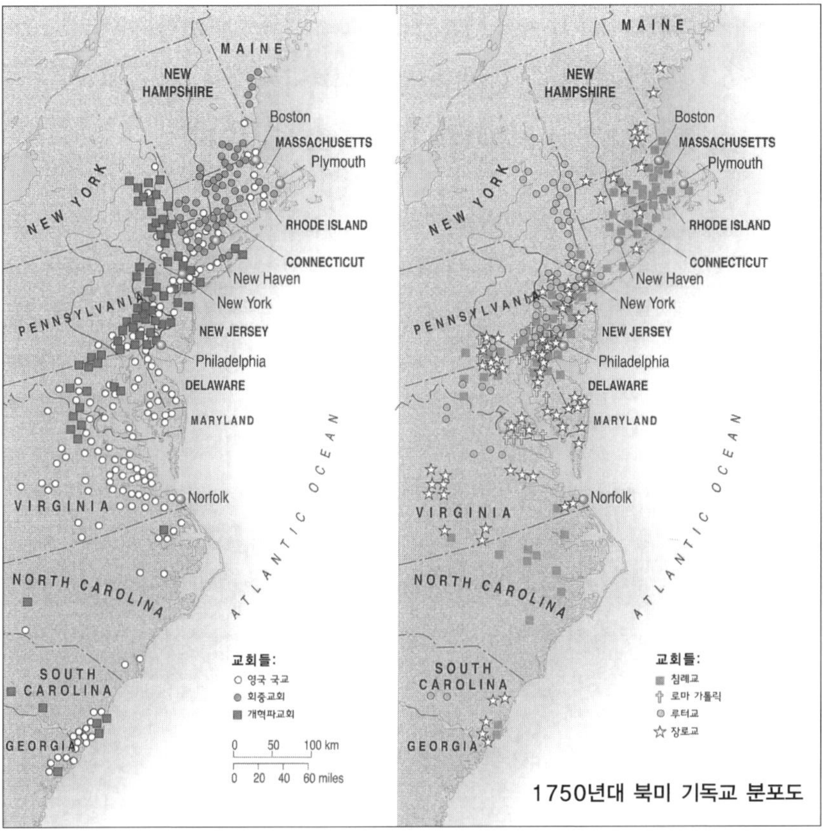

1750년대 북미 기독교 분포도

그들의 우세가 그리 대단한 것은 아니었다. 그러나 17년 후인 1758년 뉴욕 및 필라델피아 노회의 구성으로 마침내 이 분열이 치유되었을 때 옛 필라델피아 노회 소속의 부흥운동 반대파의 수가 23명으로 줄었고 반대로 새로운 뉴욕노회 소속 목회자들의 수는 세배가 넘는 73명이었다. 초기의 패배는 부흥운동 반대파의 축소와 길버트 테넨트가 표현한 화해의 정신에 의해 궁극적 승리로 바뀌었다.[52)]

비록 구파와 신파가 다시 연합하였지만 둘 사이의 갈등은 여전히 장로

52) Winthrop S. Hudson, *Religion in America*, 70.

존 위더스푼
(John Witherspoon, 1723-1794)

교회의 역사 속에 흐르고 있었다.[53] 구파와 신파의 연합으로 미국 장로교회는 10년 동안 계속적으로 확장되고 성장했으며 마침내 총회가 조직되었다. 첫 번째 총회는 1789년 필라델피아에서 열렸고 총회장은 존 위더스푼(John Witherspoon, 1723-1794)이었다. 미국 장로교 총회의 형성에 관해 한 가지 주목할 점은 1788년 대회에서 공적인 법(장로교 헌법)을 채택했고 같은 해에 미국헌법이 제정되었다는 것이다.

1788년 대회에서 채택된 장로교 헌법은 성경 다음으로 "장로교회 최고의 권위"였다. 장로교 헌법을 준비하면서 웨스트민스터 표준문서가 채택이 되었는데 신앙고백 22장, 23장, 31장과 대요리문답의 109문항을 약간 변경해서, 그리고 정치의 형태에 대해 수정해서 받아들였다. 스마일리는 이 부분에 대해 다음과 같이 평가했다

> 이것은 장로교인들이 공식적으로 과거보다 더 관용적이 된다는 것을 의미하고, 로마 가톨릭과도 보다 좋은 관계를 유지할 수 있는 길이 열린 것이다. 예를 들면, 볼티모어의 성직자 페트릭 엘리슨(Patrick Alison)은 미국 가톨릭 역사에서 최초의 주교가 된 존 케롤(John Carroll)과 깊은 교제를 나누었다. 그리하여 장로교인들은 새로운 종교적, 정치적 상황에 적응케 되었고, 그들의 생각을 다양하게 정리할 수 있게 되었다.[54]

스마일리의 언급을 깊이 묵상해보면 차라리 연합하지 않았더라면 오늘의 미국 장로교회는 휠씬 보주주의적인 교회가 많았을 것이라 사려된다.

---

53) John M. Mecklin, *The Story of American Dissent*(New York: Harcourt, Brace and Company, 1934), 239.

54) James H. Smylie, 「간추린 미국 장로교회사」, 104.

언급한 대로 '웨스트민스터 신앙고백서에 대한 태도'와 '부흥운동의 시각의 차이'로 인해 미국 장로교회는 두 파로 갈리게 되고 결국 이로 인해 첫 번째 분열이 일어났다. 그러나 분열의 핵심은 성직자의 교리수락에 대한 부분, 즉 신학 사상의 문제였다. 바로 이러한 미국 장로교회의 초창기 환경은 앞으로 전개될 구학파와 신학파의 대립을 전망하게 하였고 19세기 말에서 20세기 초에 일어났던 '근본주의 대(對) 현대주의' 라는 신학 노선의 대립을 잉태하고 있었던 것이다.

2. 구학파(Old School)와 신학파(New School)

미국 장로교회의 두 신학적 사상의 흐름의 지름길은 소위 구학파(Old school)와 신학파(New school)의 두 가지의 신학사상에 대한 이해이다. 그렇다면 구학파와 신학파는 어떻게 탄생되었을까? 이미 위에서 언급했던 바와 같이 초창기 미국 장로교회를 구성했던 부류는 보수주의적 칼빈주의 전통에 있었던 "스코틀랜드계 아일랜드 출신들"이었다. 이들은 설립초기부터 교리로 뭉쳐진 사람들이었다. 반면에 경건주의 계통에 서 있었던 사람들, 특히 뉴잉글랜드 지방에 정착했던 사람들은 사회문제와 부흥운동을 강조했던 사람들이었다. 바로 전자가 구학파(Old School)의 주 멤머였고 후자가 신학파(New School)를 이루게 된다. 두 진영은 미국 장로교회의 양대 전통이 되었다. 스미스(Smith), 핸디(Handy), 래춰(Loetscher)는 미국 장로교회안에 있는 양대 전통을 다음과 같이 요약하고 있다.

> 미국 장로교회에 있어서 ... 개혁주의 유산의 이들 두가지 형태는 두 개의 다른 국가적 전통에 의해 각각 강조되었다. 영국 청교도나 뉴잉글랜드 청교도를 배경으로 하는 장로교는 장로회 주의의 개념에 대해 "낮은 교회"(Low Church)나 강조된 주관주의와 권위적인 경향을 갖는다. 그러나 그것은 18세기에서는 신파(New Side)라고 불리웠고, 19세기에는 신학파(New School)이라고 불리웠다. 반면에 스코틀랜드 아일랜드 배

> 경을 가진 장로교는 유산의 개념에 대해 "높은 교회"(High Church)나 강조된 객관주의와 권위주의적 경향을 갖는다. 이들은 18세기에 구파(Old Side)라고 불리웠고, 19세기에는 구학파(Old School)라고 불리웠다. 어떤 면에서 역사, 특히 신학 역사에 있어서 미국 장로주의는 이들 두 극점을 중심으로 움직인다고 볼 수 있다.[55)]

신파와 구파의 통합 이후에 장로교회는 또 다시 구학파와 신학파로 분열하고야 만다. 이것이 미국 장로교회의 두 번째 분열(1837-1869)이었다. 이 분열의 배경에는 몇가지 원인이 작용되었다. 가장 큰 원인은 신학문제, 즉 신학사상의 차이였다. 그 원인들을 살펴보면 어떤 신학사상이 깔려 있고 갈등이 무엇인가를 자연스럽게 알 수 있을 것이다.

(1) 통합안(The Plan of Union) 및 새로운 신학(New Divinity)

19세기 미국 개신교 신학은 미국인의 종교적인 삶을 지배했던 복음부흥운동의 맥락에서 관찰되어야 한다. 부흥운동은 널리 퍼져나가는 종교적인 힘이었다. 이러한 부흥운동의 정신에는 미국이 정신적, 도덕적으로 살아남게 된다면 개인 영혼이 구원될 수 있다는 가장 마음을 빼앗는 사실에 있었다. 2차 부흥운동은 미국인의 삶 전체를 정신적, 도덕적, 지적으로 기독교화하기 위해 고안된 포괄적인 프로그램이었다. 실로 미국 문화에 끼친 부흥운동의 영향력은 막대한 것이었다. 특히 부흥운동으로 인해 감리교, 침례교, 장로교인들은 놀라운 비율로 성장했다.

그런데 대다수의 부흥운동은 반지성적인 색채를 띠고 있었다. 이것은 특히 서부지역에서 나타나게 되었는데 그곳은 감리교도와 침례교도가 많

55) H.Shelton Smith, Robert T. Handy, and Lefferts A. Loestscher, *American Christianty: An Historical Interpretation with Representative Documents*(New York: Charles Scribner's Sons, 1960-63), Ⅰ, 262. Kim Kilsung. "J. Gresham Machen's Doctrine of the Church." Ph. D., dissertation, Westminster Theological Seminary, PA., 1992, 197에서 재인용.

이 분포해 있었고 찰스 피니(Charles G. Finney, 1792-1875)의 영향력이 대단한 곳이었다. 또한 신학적인 논쟁으로 인해 거리낌 없는 각 교파 간의 유대를 위한 열정은 복음을 가장 단순한 원리로 축소시키려는 경향을 가져왔다. 장로교회와 회중교회는 식민지 기간 동안에 서로 친밀한 관계를 갖고 있었다. 양자는 칼빈주의 교리를 갖고 있었고 청교도적인 단순한 예배 형태를 채용하였다. 특별히 둘 사이의 차이는 교회정치 형태였다. 회중교회는 장로제도를 갖고 있지 않았다.

찰스 피니
(Charles G. Finney, 1792-1875)

1800년 초에 2차 대부흥운동이 미국전역을 휩쓸면서 장로교 안에 선교열을 고취하였다. 장로교 선교사들은 선교지에서 타교파 출신, 특별히 회중교회 파송 선교사들과 불필요한 경쟁을 하게 되었다. 이것이 가장 심한 곳이 뉴욕 서부였던 것이다. 그래서 선교지에서 불필요한 경쟁을 피할 필요성이 요청되었다. 특별히 오하이오, 인디애나, 켄터키, 테네시 뉴욕 서부 등의 프런티어 지역으로의 이민운동이 일어나서 이민자들이 가는 곳마다 교회가 세워지게 되자, 많은 목회자가 절실히 요구되었다. 그러나 장로교회는 목사의 신학적인 자질을 높게 요구하였기 때문에 목사를 만들기 위해 많은 시간이 요구되었다. 그래서 프런티어 지역의 교회들은 요구하는 만큼의 목사들을 배출하지 못하였다.

이와같은 상황에서 장로교회는 선교지에서 같은 칼빈주의 신학을 믿고, 같은 예배 형태를 추구하는 회중교회와 경쟁하므로 쓸데 없는 인력과 경비를 낭비하고 있었다. 그래서 교회 지도자 사이에 내지 선교 사역에서 회중교회와의 협력을 도모하고자 하는 움직임이 일어났다. 1791년 장로교 총회는 장로교회와 회중교회 사이의 연대 관계가 필요하다고 선언하고 위원회를 결성하였고 1795년 장로교 총회와 회중교회 총회는 장로교 총회의 제안을 따라 상호 교류를 가결하였다. 1800년 조나단 에드워드 2세가 코네티컷에서 열리던 회중교회 모임에서 회중교회와 장로교회의 합동을 제안하고 1801년 장로교 총회애 참석하여 서부 선교에 상호 협력할 것을 다짐하였다. 이 결과 1801년 두 총회에 의하여 통합안(The Plan of Union)이 채택되어 교단 통합이 이루어졌다. 이들은 다음과 같이 4가지 원칙에 합의했다.

> (1) 새 개척지에서 모든 선교사는 상호 협력한다. (2) 회중교회에서 장로교회 목사가 일하다가 문제가 발생할 경우, 그가 속한 장로교 노회에 보고하여 문제를 해결하도록 한다.(3) 장로교회가 회중교회 목사를 초청할 경우 장로교회 헌법을 따라서 하도록 한다. 그러나 목사와 교회 사이에 문제가 발생할 경우 목사가 속한 연합회에 보고하도록 한다.(4) 상임위원회를 둔다. 회중교회라면 모든 남자 회중에 보고하여 문제를 해결하고, 장로교회라면 장로교회 법에 따라 치리하도록 한다.[56]

1801년 결의된 통합안으로 인해 복음전도의 효과를 위하여 양 교회는 새로 개척되는 지역에서 혼합적인 교회 정체를 가진 단일 교회로서 출발하게 되었다.[57] 이 통합안으로 인해 회중교회 목사를 장로교에서 선출할 수 있었고 회중교회 역시 장로교 목사를 선출할 수 있었다. 그런데 이 통합안이 갈등의 요인이 되었다. 실리적이고 회중교회 배경을 갖고 있는 부흥운동을 지향하는 신학파는 통합안을 찬성하였으나 구학파는 교리가 다른 회중교회와 통합한다는 것은 달가운 일은 아니었다. 장로교 교리적

56) Armstrong, *The Presbyterian Enterprise: Sources of American Presbyterian History,* 30-32.

57) 통합안의 결과로 일어난 성장은 1800년의 통계와 1837년의 통계를 다음과 같이 비교해 보면 알 수 있다.

〈표 2〉 통합안으로 인한 1800년과 1837년의 교회성장 비교

1800년	1837년
180명의 목사 449개 교회 20,000명의 교인	2,140명의 목사 2,965개 교회 220,557명의 교인

브로드웨이 예배 광경

전통을 중시한 구학파는 1801년 통합안을 반대하였다. 그러나 통합에 찬성하여 1801년 본래의 장로교회와 합동한 회중교회는 새로운 세력으로 부상되어 소위 신학파(New School)을 형성하게 되었다. 이러한 신학파는 그 나름대로의 다음과 같은 독특한 특징을 지니게 된다. 첫째로 신학파는 미국으로 하여금 새로운 복음적 제국으로 형성시키겠다는 웅장한 꿈과 포부를 가지고 있었다. 그러므로 19세기에 있어서 미국인의 행동적 정신을 그들 가운데서 찾아 볼 수 있을 것이다. 그들은 국가를 복음화 시키기 위해서 교파의 단결을 호소하였고 보수적 구학파에 반대하여 국민의 윤리와 도덕의 혁신을 강조하였다. 그리하여 국민의 절대 금주와 노예제 폐지를 부르짖게 되었다.[58] 둘째로 신학파의 중심적 프로그램은 부흥운동이었다. 이것이 구학파와 신학파 사이의 긴장을 더욱 조성시키는 요인이 되었다. 찰스 피니(Charles G. Finney)와 같은 순회 설교자들은 소위 "새로운 방법(New Measures)"[59]으로 신자들에게 심리적 압박을 줌으로써 즉각적인 회

---

58) George Marden, "The New School Heritage and Presbyterian Fundamentalism," *WTJ* Vol. 32. No. 2 (May, 1970), 132 ; 홍치모, 「영미 장로교회사」, 197에서 재인용.

59) 찰스 피니는 「부흥에 관한 강의(*Lectures on Revival*), 1835」에서 그는 새로운 접근법을 약술한다. 그는 하나님께서 자연계에 법칙을 세운 것처럼 영적인 세계에도 법칙

조나단 에드워드
(Jonathan Edwards, 1703-1758)

심의 효과를 노리곤 하였다. 이와 같은 전도 방법에 대해서 구학파는 못마땅하게 여기고 있었다. 셋째로 교리에 대한 새로운 해석은 신학파의 신학사상과 일치하게 되었다. 당시 유럽대륙에서 밀려오고 있던 계몽주의 사상과 합리주의 사상은 교회에까지 영향을 주었다. 이러한 합리적 사고로 전통적 교리를 맨 처음으로 해석하려고 했던 사람이 바로 사무엘 홉킨스(Samuel Hopkins, 1712-1803)였다. 그는 회중교회 목사로서 조나단 에드워드의 후계자였으며 "뉴잉글랜드 신학"(New England Theology)의 창시자가 되었다.

뉴 잉글랜드 신학(New England Theology)

뉴잉글랜드 신학은 조나단 에드워드(Jonathan Edwards 1703-1758)의 사상으로부터 발전했다가 여러 단계를 거쳐서 1880년대 후반에 이르러서는 소멸해 버렸다. 조나단 에드워드는 계몽사상의 영향을 받은 자유주의자들의 주장에 반박하여 말하기를, '인간은 자기 마음의 선택에 따라서 행동할

을 세우셨다고 주장하였다. 만일 우리가 부흥에 관한 하나님의 규칙에 순종한다면 우리는 분명 부흥하게 될 것이라고 그는 말한다: 부흥을 위한 바른 수단의 사용과 부흥의 상관관계는 알곡을 거두어들이기 위한 바른 수단의 사용과 밀 수확의 상관 관계처럼 철학적으로 확실하다(과학적이다). 그의 사고 방식에 의하면 부흥은 기적이 아니었다(요나단 에드워드는 기적이라고 하였다.): 확실한 단계만 밟으면 부흥은 진전될 수 있었다. 그리하여 그는 "새로운 방법"을 강조했는데, 즉 예배의 순서를 갑자기 바꾸는 것, 예배를 연장하는 것, 거칠고 통속적인 말을 사용하는것, 불안감을 안겨주는 집회(예를 들면, 기도와 설교에서 개인의 이름을 거명하는 것과 예배시 설교단에서 가까운 사람에게 질문하는 것 등등), 불안감을 안겨 주는 좌석(일명 '금(金)좌석" 이라고 불리는데 자신의 죄를 깨닫는 죄인들이 맨 앞자리에 가서 상담을 받는 것이다.)등이 중생의 체험을 보장해 준다고 하였다. Charles Finney, *Lectures on Revival* (Virginia Beach, 1978), 27.

능력이 있음에도 불구하고 그의죄성 때문에 의를 행하지도 못한다'고 하였다. 에드워드의 이론은 인간의 자유선택과 도덕적 책임에 대한 여지를 남겨 놓았는데 그것은 알미니안 주의에 반대하여 칼빈주의를 옹호하기 위한 것이었다. 즉 하나님의 주권을 강조하면서 동시에 인간의 도덕적 책임에 보다 큰 비중을 두었던 것이다. 그러나 이것은 구학파의 입장에서 볼 때 역사적 칼빈주의를 약간 떠난 것으로서 종래의 견해에 대해서 약간 수정을 가한 셈이다. 이와 같은 주장을 "새로운 신학(New Divinity)[60]"이라고 불렀다. 사변적인 관념론에 기초를 두었던 뉴잉글랜드 신학은 기초를 위태롭게 하면서도 정통성의 겉모습을 지키고 있었다. 많은 뉴잉글랜드 신학 주장차들은 제2차 대각성운동(Second Great Awakening)에 참여했던 복음주의적 설교가들이었다. 비록 그들은 성경을 의심하지도 않았고 성경의 권위를 문제삼지도 않았지만 이 사람들은 칼빈주의를 방어하고 부흥운동을 증진시킨다는 명목으로 얼마간 옛날의 청교도적 강조점으로부터 떠나 버렸다. 두가지 주요 교리적 주안점이 뉴잉글랜드 신학을 특징 있게 하였다.

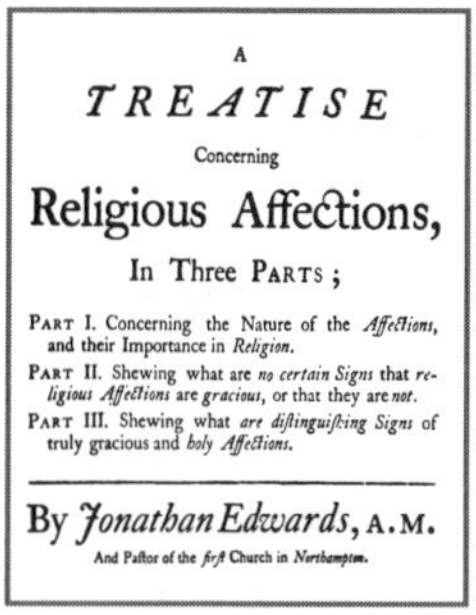
A

TREATISE

Concerning

Religious Affections,

In Three PARTS;

PART I. Concerning the Nature of the *Affections*, and their Importance in *Religion*.

PART II. Shewing what are *no certain Signs* that *religious Affections* are *gracious*, or that they are *not*.

PART III. Shewing what *are distinguishing Signs* of truly gracious and *holy Affections*.

By *Jonathan Edwards*, A.M.

And Pastor of the *first* Church in *Northampton*.

조나단 에드워드의 저서
「종교적 애정」

첫째, 화란 법학자 위고 그로티우스(Hugo Grotius, 1583-1645)가 처음으로 발전시켰던 통치적 속죄설(Govermental Theory of the Atonement)이 그리스도 사역의 대리 속죄적 측면과 및 그것이 하나님의 진노를 가라 앉힘에 관한 조나단 에드워드의 역설을 교묘하게 무색하게 하였다. 그로티우스의 견해는 하나님을 묘사하기를 그의 속죄의 일차적 목적이 하나님 자신의 법에 대한 존경을 유지함에 있는 그런 우주의 "도덕적이고 인정 많은 통치자"(Moral and Benevolent Governor)로서 묘사하였다. 에드워드 1세

60) William Warren Sweet, *The Story of Religion in America* (New York: Haper and Row, 1950), 제9장 참조. 홍치모, 「영미 장로교회사」, 198에서 재인용.

사무엘 홉킨스
(Samuel Hopkins, 1721-1803)

밑에서 각각 사사하였던 조나단 에드워드 2세와 조셉 벨라미(Joseph Bellamy, 1719-1790)에 의해 진척되고 대중화 된 통치설은 그리스도는 죄에 대한 하나님의 진노를 가라 앉히기 위해서라기 보다는 그의 공의의 표준을 충족시키기 위해 죽으셨다고 표현하였다. 이것은 하나님의 거룩하심의 요구들에 대한 강조를 사실상 생략해 버린 것이었다.

둘째로, 뉴잉글랜드 신학의 주창자들은 죄가 세상에 들어오도록 하나님이 허락하신 일차적 목적은 인간의 궁극적 행복과 유익 때문이었다고 강력히 역설하였다. 이런 사상을 촉진시켜 조셉 벨라미와 사무엘 홉킨스(Samuel Hopkins, 1721-1803) 이 두 사람은「죄를 허락하신 하나님의 지혜'(*The Wisdom of God in the Permission of Sin*: *1758-59*)」라는 제목의 설교집을 출간하였다. 이런 실용주의 교리에 의하면 죄가 들어온 것은 최대의 선을 위한 필요 수단이었다는 것이다. 그 증명으로 홉킨스는 요셉의 형들이 요셉을 종으로 팔아버린 경우를 인증하였다. 하나님은 선을 위해 이것을 하셨다"는 것이었다. 즉 그들은 하나님은 자기 자신의 궁극적인 영광을 위해서는 죄를 허용할 수 없으셨다고 하는데 그 이유는 그 인정 많은 통치자는 자기자신의 속성에 관심을 가지는 동안은 덕스러울 수 없었기 때문이라는 것이다.[61]

사무엘 홉킨스는 칼빈주의의 제한 속죄설을 포기하지 않았던 에드워드의 신학 사상을 넘어서 일반 속죄설(만인 구원설과 가까운 주장임)을 제창하였다. 그는 공적인 하나님의 심판에 대한 전통적인 개혁주의 관점을 생략하면서 인간의 기질과 행위들에 일어나는 죄를 부인했다. 그는 인류에 대한 아담의 죄의 전가를 부인했고 능동적이고 자발적인 모든 죄의 본성만

61) David O. Beale, *In Pursuit of Purity American Fundamentalism Since 1850*, 김효성 譯,「근본주의 역사」(서울: 기독교 문서 선교회, 1994), 94-5.

나다나엘 테일러
(Nathaniel W. Taylor, 1786-1856)

을 강조했다. 그는 "모든 인류는 아담이 했던 것과 같은 죄인이다."[62] 라는 하나님이 신적인 법에 의해 정해진 범위 안에서만 본성에 의해 타락되었다고 언급했다. 더 나아가 그는 타락한 인간은 비록 "그가 선을 행할 수 있는 능력을 상실하였다" 하더라도 전적으로 그의 도덕적 타락에 대하여 책임을 져야 한다고 말했다. 이와 같은 방법으로 사무엘 홉킨스와 그의 추종자들은 인간의 전적 타락과 선을 행할 수 있는 전적인 도덕적 무능력을 유지하게 되었다.[63] 홉킨스는 비록 이단으로 몰릴 정도로 「웨스트민스터 신앙고백」의 표준에서 멀리 떠나지는 않았지만 구학파 소속의 프린스톤 신학교의 교수들로부터 "홉킨주의자의 과오"(The Hopkinsian Errors)라는 비판을 받게 되었다.[64]

뉴 헤이븐 신학(New Haven Theology)

"뉴 잉글랜드 신학" 속에 잠재해 있던 합리주의 내지 도덕주의 요소는 나다나엘 테일러(Nathaniel W. Taylor, 1786-1856)에 의해 계승되었다. 테일러는 신앙을 설명할 때 종종 스코틀랜드에서 발생한 상식 철학을 도입하여 인용하였는데 특별히 그는 속죄론 또는 원죄론에 있어서 펠라기우스의

---

62) Samuel Hopkins, *The Works of Samuel Hopkins*(1793: rpt. Boston: Doctrinal Tract and Book Society, 1852), Ⅰ, 231. Kim Kilsung, "J. Gresham Machen's Doctrine of the Church." 210.

63) *Ibid*.,

64) George Marsden, *Fundamentalism and American Culture*: *The Shaping of Twentieth Century Evangelicalis 1870-1925*, 박용규 역, 「근본주의와 미국문화」(서울: 생명의말씀사, 1997), 133.

알버트 반즈
(Albert Barnes, 1798-1870)

논법을 따르는 결과를 초래하였다. 즉 인간은 선을 선택할 능력이 있는 한 악을 선택하는 죄를 범할 수 없다는 것이었다. 이런 입장은 자연스럽게 아담의 범죄가 후손에게 전가되었다는 정통신학의 입장을 거부하게 만들었다. 1828년 예일 신학교 졸업식에서 테일러는 그가 선포한 설교에서 그의 입장을 더욱 더 구체적으로 표현하였다. 인간과 죄의 교리에 관련해서 그의 기본적인 전재는 사람의 본성이 '기본적으로 부패하지 않았다' 는 것이고 인간은 초자연적 은혜를 의존하지 않는 자유롭고 도덕적인 대행자라는 것이다. 그는 인간의 죄와 죄책감을 인간의 자발적인 행위로 묘사했고 인류에 대한 아담의 죄의 전가를 전적으로 거부했다. 그는 다음과 같이 주장했다.

> 그러한 것은 그들의 본성 즉 그들에게 적합한 상황입니다. 그들은 그들이 죄를 지으려고 할때만 오직 죄를 범할 것입니다.[65]

이로 인해 테일러는 구학파의 거장이었던 찰스 핫지와 열띤 논쟁을 하였으나 문제는 해결되지 않았다. 아취발트 알렉산더와 찰스 핫지는 '테일러의 잘못' (Taylorite errors)에 대하여 「프린스톤 평론(*Princeton Review*)」지에 7개의 글을 기고했다. 그러나 구학파와 신학파의 사상적 대립에 결정적인 역할을 한 사람은 알버트 반즈(Albert Barnes, 1798-1870)였다. 그는 뉴저지(New Jersey)주 모리스타운(Morristown) 회중교회에서 목회하면서 1829년에 행한 설교에서 테일러 박사의 신학을 강력하게 지지하는 설교를 했던 것이다. "구원의 길"(The Way of Salvation)이라는 제목 하에 반즈

65) Kim Kilsung, "J. Gresham Machen's Doctrine of the Church," 203.
66) 박희석, 총신대학교 "장로교회사 강의" 중에서.

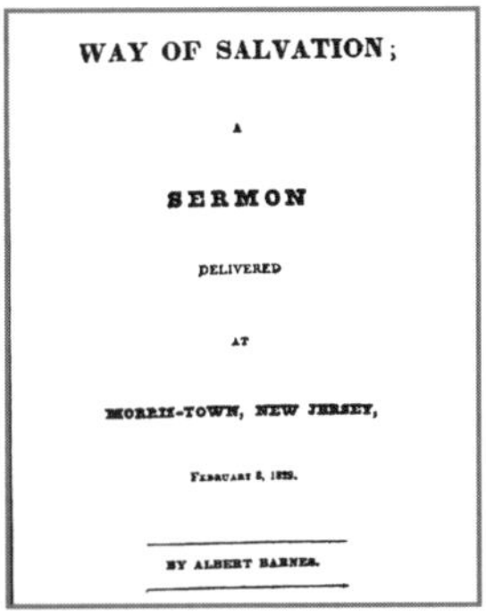
WAY OF SALVATION;

A

SERMON

DELIVERED

AT

MORRIS-TOWN, NEW JERSEY,

FEBRUARY 8, 1829.

BY ALBERT BARNES.

알버트 반즈의「구원의 길」 설교집 표지

는 이렇게 선포했다. “나는 하나님의 사자로 확신을 가지고 여기에 서 있습니다. 모든 사람은 구원 받을 것입니다. 속죄는 완전하고 자유로운 것입니다. 설사 죽을 지경이 된다 할지라도 그것은 사람들이 하나님에 대한 심판(진노)에 의한 것이 아니고 사람들이 죽음을 선택했기 때문입니다.”66) 그의 설교에서 모든 인류에게 미친 아담의 죄의 전가를 부정했고 선택에 의해 구속을 받는다는 속죄의 교리는 부인되었다. 그리고 죄인의 무능력은 의지에 대해 제한 되었으나 사람들은 구원에 있어서 도움을 주는 의지의 능력이 있다고 말했다. 결국 그가 말하는 “구원의 길이란 모든 사람이 구원 받을 것이다” 라는 것이었다. 알버트 반즈의 이 한편의 설교는 정통신학에서 떠난 뉴잉글랜드 신학, 더 나아가 뉴헤이븐 신학이 갖고 있던 모든 오류들을 다 표출하고 있었다. 이 일로 인해 반즈 목사는 1836년 구학파의 거두 조지 전킨(George Junkin, 1790-1868) 박사에 의해 이단으로 고발되어 강단에서 설교를 하지 못하도록 금지 처분을 받았지만 그 다음 총회에서 그 결의가 번복되었다.67)

결국 부흥운동으로 인해 조나단 에드워드는 칼빈주의를 수정하려는 경향이 보였고 사무엘 홉킨스는 많은 부분 칼빈주의를 수정 발전 시겼으며 나다나엘 테일러는 칼빈주의를 부흥운동에 맞게 수정하여 소위 ‘뉴헤븐 신학’ 을 주창 하였던것이다. 뉴 헤이븐 교리에 의하면 사람이 죄를 짓기 때문에 죄악 되지, 죄악되기 때문에 죄를 짓는 것이 아니라는 것이다. 나다나엘 테일러와 찰스 피니(1792-1875) 같은 이 교리의 제창자들은 아담의 죄와 죄책이 그의 후손에게 전가된다는 교리를 부인하였던 것이다. 이것은 뉴 헤이븐 신학이었고 이 신학(신학파의 신학)을 구체화 한 인물이 알버

67) 홍치모,「英美 장로교회사」, 199.

트 반즈였던 것이다.

이렇듯 신학파의 입장은 뉴잉글랜드 신학에 영향을 입은 수정 칼빈주의였다. 이들은 인간이 실제로 체험하는 주관적 관점에서 칼빈주의를 재진술하는 경향이 있었던 것이다. 그 결과 신학파는 죄를 '자기애'(Self-Love)로, 그리고 덕행을 '사심없는 박해'(disinterested benevolence)로 재 정의하였다. 이들은 아담의 죄가 그의 자손에게 직접 유전된다는 교리를 배척하고 모든 죄를 개인적이고 의지적인 것으로 보았다. 바꾸어 말하면 "선천적인" 죄책이란 없으며, 인간들은 죄인이기 때문에 죄짓는 것이 아니라 오히려 죄짓기 때문에 죄인이라는 것이다. 이러한 수정된 칼빈주의가 신학파 신학을 특징 지웠다. 이런 연유로 리안(Edwin H. Rian)은 현대주의는 "신학파 신학의 자식"이라고 결론을 내렸던 것이다.[68)]

이러한 상황들을 목도하면서 구학파는이 모든 원인은 장로교회와 회중교회의 통합에서 기인되었다고 주장하고 이런 악을 제거하기 위해서는 1801년의 통합안을 폐지해야 한다는데 힘을 쏟았다. 그리고 1801년 통합안에서 조직된 4개의 대회는 미합중국 장로교회의 교회적 연관을 거부하는데 노력했다. 그들은 1837년 총회 석상에서 그들이 다수임을 확인하고 (1)1801년의 통합안의 폐지와 (2)초교파적인 단체들과의 관계를 단절할 것을 주장하고 (3) 통합안에 의하여 조직된 웨스턴 리저브 노회, 위티커 노회 제네바 노회, 제니시 노회등으로 구성된 웨스턴 리저브 대회가 불법적으로 조직되었다고 주장하면서 신학파를 총회에서 제거하였다. 그 결과 28개의 장로교회, 509명의 목사, 60,000명이 교인들이 그 교단에서 축출당했다. 1837년 신학파는 뉴욕의 어번에 모여 그들의 신학을 해명하는 성명서를 작성하여 발표하였다. 그후 1838년 구학파 총회에 회원권을 요청하였으나 구학파가 이를 묵살하자 그들을 떠나 새로운 총회를 구성하였다. 따라서 미국 장로교 총회는 둘로 나누게 되었다.[69)]

---

68) Edwin H. Rian, *The Presbyterian Conflict*(Grand Rapids: Eerdmans, 1940), 23.
69) 오덕교, 「장로교회사」, 236-7.

(2) 노예 폐지(The Abolition of Slavery) 문제

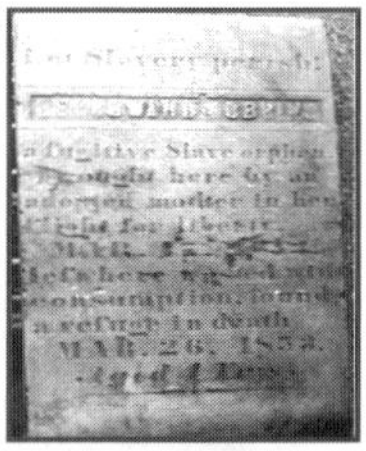

1853년3월26일 버려진 네살 된 노예 고아의 비석

장로교 2차 분열의 두 번째 원인은 노예문제였다. 식민지 미국에서는 남북이 모두 흑인 노예나 인디언 노예를 소유했다. 남부는 대규모 집단 농장에 주력했기 때문에 북부보다 더 많은 수의 노예를 소유했지만 북부는 아프리카 해안을 기습하여 더 많은 노예들을 잡아와 남부에 팔았다. 뉴잉글랜드에서는 사무엘 홉킨스(Samuel Hopkins)가 남북 전쟁의 전야에 로드 아일랜드의 뉴포트에 자리 잡은 부유한 회중교회의 목사로 부임하게 되었다. 이 도시는 노예매매를 통해 부를 축적하고 있는 상황이었다. 홉긴스는 이렇게 열광적으로 설교했다.

> 우리는 아프리카인들에게 술을 마시워 서로 전쟁하게 하고 포로들을 노예로 사옵니다. 그들을 가축처럼 함께 모아 놓고 건강 여부를 판단한 다음 달군 쇠로 낙인을 찍고, 족쇄를 채워 배에 가두고는 서인도 제도로 운송합니다. 운송 도중 100명당 30명 꼴로 죽는데 그것은 하루에 30,000명이 죽는다는 뜻입니다. 가족은 뿔뿔히 흩어지고 불구자와 허약자와 자식이 딸린 부녀자도 장정들과 함께 일해야 하며, 만약 뒤처지면 채찍질을 당합니다. 혹사가 너무 심하기에 그들의 수는 출산으로는 늘지 않고, 따라서 부족한 수가 새로운 수입으로 대체 됩니다. ... 즉각적인 노예 해방이 불가능하다고 반대하시겠습니까?... 우리 어린 것들이 알제리에 끌려가 노예 해방을 하고 있다고 가정해 봅시다. 아메리카 식민지에 사는 가족치고 친척 중에 노예로 끌려간 한 두사람이 없는 가족이 없다고 가정해 봅시다. 그런데 어째서 우리는 흑인들을 노예로 부리면서 가슴 아파하지 않습니까? 만약 우리 꼬마들이 왕의 배에 노예로 실려 갔다면 부모가 얼마나 슬프겠습니까? ... 여러분은 "흑인들은 해방되면 생활이 더 심해진다"고 말합니다.... 물론 그러면 노예들의 생활이 더 열악해지겠지요, 그러나 그들을 비참한 상태로 떨어뜨렸으니까 그 상태를 계속 유지해야 할까요?[70]

아브라함 링컨
(Abraham Lincoln, 1809-1865)

1830년대부터 1861년까지 노예문제는 국가의 중심문제였다. 1830년부터 급진적인 민주개혁을 부르짖었던 잭슨(Andrew Jackson)이 대통령으로 당선되면서 새로운 시대를 맞은 것이다. 곧 미국 장로교회는 1830년부터 1862년까지 노예문제를 놓고 노예제도를 찬성하는 쪽과 반대하는 쪽이 같은 교단 내에서 대립하는 결과를 초래했다. 노예폐지를 주장하는 폐지론(abolition)의 중심지는 오하이(Ohio)와 뉴욕(New York)이었다. 특히 찰스 피니의 부흥운동으로 인해 뉴욕은 노예폐지의 중심이 되었다. 1818년 총회는 "한 종족이 다른 한 종족을 노예화 한다는 것은 하나님의 법과 일치하지 않는다"는 상당히 강력한 노예반대 결의안을 채택하였다. 그런데 이 결의안으로 인해 교회 안의 일치를 위협하고 교회의 분열의 위기까지 몰고 올 것을 예견한 총회는 1836년 노예문제에 대한 토의를 연기한다는 결정을 하였다. 그러나 노예문제로 인해 미국 장로 교회는 이미 금이 가 있었다. 구학파에 소속된 남부의 성직자들은 노예제도를 성경적인 행위로 옹호하였다. 그들은 성경이 실제로 노예제도를 금지하지 않는다는 논리를 펴서 노예제도 폐지를 반대하였고 반면에 신학파는 "일부다처제도 성경에 금지되어 있지 않는데 그렇다면 그런 이유로 그 제도를 되살려야 한단 말인가?"하고 반박했다. 찰스 피니의 영향력으로 인해 노예제도 폐지를 강력히 주장하였던 것이다. 구학파가 명백하게 노예제도가 죄임을 가르치고 있지 않다는 것이었다. 특히 핫지는 성경이 노예제도를 죄라고 비난하는 명백한 언급이 없다고 말하면서 교회가 노예제도에 대하여 법을 만들거나 양심을 묶는 그런 필요성이 없다고 가르쳤던 것이다.

---

70) Samuel Hopkins, *Works*(Boston, 1852), Ⅱ, 553-81, 축약함. Roland H. Bainton, *Christendom*, 이길상 옮김, 「기독교의 역사」, (서울: 크리스찬다이제스트, 1997), 438에서 재인용.

결국 1837년 장로교는 '통합안' 과 '노예폐지 문제' 로 인해 구학파와 신학파로 분열하고 말았다. 그러나 이러한 분열은 외형적인 요소에 불과했다. 그 내면에는 신학적인 사상의 차이가 있었던 것이다. 좀 더 확대해서 해석하자면 미국의 신학적 사상의 흐름은 '정통신학에서 뉴잉글랜드신학' 으로, 그리고 '뉴디비니티 신학에서 찰스 피니 신학' 으로 전환하고 있었다. 분열의 시기는 피니의 시대라 할 수 있으며 피니의 영향을 받은 반노예주의자들은 교회를 부흥시키고 그들이 원하는 대로 노예 해방을 위해서 철저한 헌신을 하고 있었던 것이다.[71] 비록 교단은 분열되었지만 선교열은 식지 않았다. 신학파와 구학파로 분열되던 그 다음해 1838년 구학파 총회는 장로교 해외 선교본부를 설립하고 총회의 관할 하에 운영되었다. 총회가 해외선교에 직접 관여한 것이었다.

남북 전쟁이 발발하자, 신구학파 모두가 남북의 신자들을 가지고 있었기 때문에 1837년의 분열은 더욱 복잡한 양상을 띠게 되었다. 1837년 두 개로 갈라진 장로교 중 신학파 총회 안에서 또 다른 분열의 조짐이 보였다. 이것은 아직까지 신학파 안에서 노예문제가 완전히 해결치 못했다는 것을 의미하였다. 1853년과 1857년 신학파 총회에서는 노예문제가 다루어 졌다. 그런데 신학파의 구성원들 대부분이 북부 뉴욕 지방 출신으로 구성되어 있었다. 이미 언급했듯이 당시 미국 경제 구조상 북부는 노예가 필요 없었다. 왜냐하면 북부는 상업과 공업 중심이었기 때문이다. 그러나 남부는 농업 특히 목화재배를 위해서는 많은 노동력이 필요했고 이것으로 남부는 막대한 경제적 자산을 획득할 수 있었고 생계를 유지할 수 있었기에 자연히 노예가 필요했다.

1853년과 1855년 신학파 총회에서 노예 반대를 선언하자 결국 1857년 노예문제를 반대하는 총회를 남부 교회들이 탈퇴하여 소위 "미국 연합대회 장로교회"(The United Synod of the Presbyterian Church in the United States of America)가 출현하게 된 것이다. 이제 장로교는 구학파와 두 개의 신학파 등 세 조각이 났다.

71) 홍치모, 「영미 장로교회사」, 183.

3. 미국 북장로교(P.C.U.S.A) 와 남장로교(P.C.U.S)의 설립

1860년대에 미국 남북전쟁이 발발했다. 링컨이 이끄는 북부공화국은 흑인 매매 제도를 금지한다는 슬로건을 걸고 북부 주민들의 지지를 받으면서 남부를 맹공하였다. 남북전쟁의 분깃점은 슘타(Sumta) 요새지였는데 링컨이 슘타를 공격할 때 구학파는 1861년에 필라델피아에서 총회를 열었다. 그런데 구학파 속에는 아직 많은 수의 남부 출신이 합류 되어 있어 흑인 노예문제를 쉽게 거론 할 수가 없었다. 그러나 개회 3일째 가드너 스프링(Gardiner Spring, 1785-1873)이 북부 공화국을 지지하자는 발언을 했으나 묵살되었다. 왜냐하면 국가의 운명이 전쟁하에서 어떻게 전개될지 모르는 상황에서 함부로 그들의 내심을 표현할 수가 없었다.

그러나 몇일 후에 스프링(Dr. Spring)이 다시 발언을 해서 5일간의 논쟁 끝에 구학파 총회는 북부 연방정부를 지지한다는 안건이 채택하였다. 이 안건이 채택되자 남부 출신의 총대들은 모두 탈퇴하여 북부에 또 하나의 교단이 생겨 결국 이제 장로교는 네 조각이 되었다. 이런 상황 속에서 남북전쟁은 모든 면에서 연합의 분위기를 만들어 주었다. 남북전쟁은 미국 역사의 분수령일 뿐만 아니라 미국장로교회사에 있어서 재 연합의 획을 그어주었던 것이다. 1864년 남부에서 신학파 대회와 구학파 교회가 합병되어 **'남장로교회'(Presbyterian Church in the U. S., South)**로 출발하게 되었다. 전쟁이 끝난 이후 남장로교는 전후 복구와 폐허된 교회재건 경제발전 등에 많은 심혈을 기울여야만 했다. 전쟁 중에 많은 목사들은 종군목사로 나가 전사하고 돌아오지 못했고 또 젊은 신학생들도 학업을 중단하고 전쟁터로 나가야만 했었다. 이런 까닭에 버지니아의 유니온 신학교, 북캐롤로니아 콜롬비아 신학교는 극심한 경제적 곤란을 면치 못했다. 대다수의 교회들도 경제적 어려움을 겪었다. 그러나 1880년경부

가드너 스프링
(Gardiner Spring, 1785-1873)

필라델피아에 있었던 구학파 총회(1861년)

터 미국 남부는 회복기에 들어가기 시작하였다. 수력, 석탄, 철광으로 인해 산업화가 이루어 졌으며 또 많은 목화 재배를 통해 수입을 넓혀 나갔다. 따라서 교회도 안정이 되어가고 나아가 교회는 전도에 힘을 기울여 전도에 점점 확산되어 성장하였다. 이 당시에 미국에서 활약했던 대표적인 부흥사는 평신도 복음주의자인 무디(Dwight L. Moody, 1837-1899)였다. 그는 가장 뛰어난 부흥사였다. 맨슈랙(Clyde L. Manschreck)은 그의 저서 「세계교회사(*A History of Christianity in the World*)」에서 무디에 대하여 이렇게 말하고 있다.

> 남북 전쟁 후에 평신도인 무디의 복음주의는 제2차 대각성운동을 만들어 냈다. 그는 영국과 미국을 순회하면서 도덕적인 죄와 음주 등에 대하여 설교 했으며, 이성주의와 과학주의 사조에 대하여 성경의 무오류와 권위를 주장하였다. 그는 열정적인 기도회, 성경연구모임, 부흥사회를 조직하면서 교파를 초월하였으며, 세계 선교에 있어서 연합적인 사역을 환영했다. 느트필드 여학교, 헬몬산 남자학교, 평신도를 위한 무디 성경학원을 통하여 수천의 복음주의 사역자들이 훈련 받았다.[72)]

---

72) Clyde L. Manschreck, *A History of Christianity in the World,* 심창섭 · 최은수 역, 「세계교회사」(서울: 총신대학출판부, 1991), 518.

복음을 전하는 무디

맨슈랙의 평가대로, 무디는 지칠 줄 모르는 조직가요, 정력적인 설교자이자 개신교 역사에서 강력한 세력이었다. 그는 한때 보스턴과 후에는 시카고에서 점원 노릇을 했다. 중년시절부터 무디는 찬양사역자 생키(Ira D. Sanky, 1840-1908)와 함께 전도여행을 하였다. 생키는 대부분이 미국에서 만들어진 새로운 형태의 찬송가를 힘차게 부름으로 무디의 전도사역을 도왔다. 그리고 무디와 생키는 1873년과 1883년에 영국에서 집회를 열었다. 무디는 시카고에 성경학교(Bible Institute)도 세웠다. 이러한 영향으로 미국의 북장로교와 남장로교는 그리고 교단 내에 많은 기구도 설립, 활성화가 되었다. 미국교회의 활동 가운데 두드러진 역할을 한 한가지 분야가 있었다. 그들은 부활하신 그리스도께서 "너희는 온 천하에 다니며 만민에게 복음을 전파하라"(막 16:15)고 하신 명령을 마음속에 새겨 두고 있었다. 19세기를 마감하면서 그들은 더욱 많은 일꾼들을 하나님의 밭에 내 보냈다. 거기에는 열심과 활동력이 뛰어난 남녀들이 동원 되었고 부강해진 그 나라 백성들은 세계적인 선교기관을 후원하기 위하여 상당한 액수의 돈을 지원하였다. 그들의 마음속에는 이 예언의 말씀이 자리잡고 있었을 것이다.

이 천국 복음이 모든 민족에게 증거되기 위하여 온 세상에 전파되리는 그제야 끝이 오리라(마 24:14).

찬양 사역자 이라 생키
(Ira D. Sanky, 1840-1908)

활동하는 것은 미국 국민의 특징이었다. 자신이 미국인 이었으며 런던에 있는 메트로폴리탄 교회(Metropolitan Tabernacle)에서 스펄젼(C.H. Spurgeon)의 후임자가 된 아더 피어슨(Arthur T. Pierson)은 그의 저서 「새로운 사도행전」(*New Acts of the Apostles*) 가운데 한 장을 다음과 같은 말로 끝맺고 있다.

기회는 기다려 주지 않는다. 브라질의 황제는 브라질이 미국 보다 열등하게 된 원인을 한 마디로 이렇게 말한다. '우리나라 사람들은 항상 '내일, 내일' 이라고 말한다. 그러나 미국 사람들은 '오늘' 이라고 말한다.[73]

이런 분위기속에서 미국내의 전 교파는 선교사들을 세계 각지로 많이 파송하게 되었다. 특히 한국 선교를 위한 남장로교[74] 선교부에서 한때는

---

73) Sidney M. Houghton, *Sketches from Church History*, 「기독교 교회사」(서울: 도서출판 나침반, 1988), 383에서 재인용.

74) 미국 남장로교회의 한국 선교는 북장로교회보다 7년 늦은 1892년에 시작되었다. 1891년 언더우드가 안식년으로 미국에 갔을 때 시카고에 있는 맥코믹 신학교에 가서 한국 선교에 대한 연설을 하게 되었다. 이때 신학교의 학생이었던 테이트(L. B. Tate 최의덕)가 많은 감동을 받아 한국에 선교사로 갈 결심을 하게 되었다. 같은 해 10월에 테네시주 내쉬빌(Nashiville)에서 미국 신학교 해외 선교 연맹(Inter-Seminary Alliance for Foreign Mission) 집회가 열렸다. 언더우드는 이곳에서도 연설을 하였고 당시 밴더밸트 대학에 재학하고 있던 개화 사상가인 윤치호도 강연을 했다. 이들의 강연을 들은 학생들 중에 버지니아주에 있는 유니온 신학교의 학생이었던 존슨(C. Johnson), 레이놀즈(W. D. Renold, 이눌서) , 테이트(L. B. Tate, 최의덕)이 집

150여명 가량 선교사들이 주둔한 때가 있었고 이들은 신사참배 반대 운동이 일어 날 때 아주 분명하고도 확실한 반대 입장을 밝혀서 다른 모든 선교부와 대조적 현상을 낳기도 했다. 신사참배에 대한 남장로교 선교부의 태도는 당시의 총무 풀톤(C. Darby Fulton)의 박사가 그 정황을 잘 설명해 주고 있다.

> 우리 선교부는 근본적으로 기독교 교리가 허락하지 않는 한 결코 신사참배를 할수 없다는 의견에 아루런 이의가 없었다. 우리는 기독교 신앙에 있어서 비본질적인 것에 해당하는 어떤 사소한 문제를 다루고 있는 것이 아니라 기독교의 근본적인 신앙문제를 다루고 있었다. 즉 그것은 유일신교를 택할 것인가 아니면 다신교를 선택할 것인가 할 정도로 아주 기초적인 문제 였다.[75)]

북장로교 선교부와는 대조적으로 남장로교 선교부는 그들이 운영하던 학교를 남장로교 선교부가 항상 지지해 오던 기독교적인 표준대로 학교를 운영할 수 없는 운영자에게 결코 팔거나 세를 주거나 물려 주지를 않았

회 후에 한국 선교를 결심하여 자원하였고 전킨(W. M. Junkin)이 합류하였다. 언더우드의 형인 존 언더우드가 한국 선교에 써달라면서 2,500달러를 남장로교회 해외선교부에 보내 왔을 무렵 남장로교회의 선교지였던 그리스(Greece)가 정치적 변동으로 인하여 선교를 중지할 수밖에 없게 되자 남장로교회는 한국 선교를 착수하기로 결정학 1892년 2월 7명이 선교사를 임명하였다. 남장로교회는 테이트와 그의 누이 메티(Mattie S. Tate)양, 리니 데이비스(L. Davis) 양, 레이놀즈 부부, 그리고 전킨 부부를 한국의 첫 선교사들로 임명했다. 데이비스 양은 1892년 10월 18일에, 그리고 나머지 사람들은 11월 3일 내한하여 북장로교회 선교사 마포삼열의 영접을 받았다. G.T.Brown, *Mission to Korea*, Board of Foreign Mission P.C.U.S.,1962, 23; 「장로교신학대학교100년사」 (서울: 장로회신학대학교 2002, 50에서 재인용. 이들은 서울에서 1년동안 한국어를 수업하고 한국의 서남쪽인 전라도 지방을 선교구역으로 정하고 선교에 임했다. 그후 전주를 중심으로 군산, 목포, 광주, 순천 등지의 선교가 확장되면서 남장로교회 선교는 순조롭게 이어졌다.

75) C. Darby Fulton, *Star in the East,* Presbyterian Committe of Publication, Presbyterian Church, U.S., 1938, 210; 간하배, 「한국장로교신학사상」, 81.

다.[76] 남장로교는 한국 뿐아니라 전 세계적으로 큰일들을 많이 담당한 개혁주의적인 건전한 교단이었다. 북부교회들로 통합의 분위기가 이루어 지기 시작하였다. 남북 전쟁 기간 동안 남쪽 교회는 신학을 초월하여 남쪽 교회들끼리 북쪽 교회는 북쪽 교회들끼리 친숙하기 시작하였다. 왜냐하면 전쟁 기간 동안에 교회들은 협력해서 전쟁을 지원해야만 했기 때문이다. 군종활동, 의료활동, 위문품, 문서 활동등의 공동 작업을 하면서 지난날의 원수였던 구학파, 신학파는 친구가 되어가기 시작하였고 이젠 원수는 오직 남쪽 연방정부만 남았을 뿐이었다.

그리고 이들은 이런 분위기 가운데 구학파와 신학파가 재통합을 한다면 선교적 사명을 보다 힘차고 효과적으로 수행해 나갈 것이라고 믿었다. 신학파는 진보적 신학적 입장을 크게 내세우지 않았다. 이유는 전쟁을 겪으면서 겸손을 배운 것이다. 즉 인간이 하나님 앞에 자력으로 구원 얻기란 어렵다는 것을 전쟁이 무엇보다 뚜렷하게 잘 가르쳐 주었기 때문이다. 인간이 인간을 죽이는 살인극을 보면서 인간의 마음속에 선을 행할 무엇이 있다는 것은 모순이 아닐 수 없었다. 그리고 구학파에서도 신학파의 신학적 진보성을 크게 문제 삼지 않았다.

이러한 연합의 분위기에 따라 결국 구학파 총회와 신학파 총회는 1869년 「웨스트민스터 표준들(신앙고백, 대 · 소요리문답)」을 근거로 극적인 연합을 이루어서 **'미국 북장로교회'** (**Presbyterian Church in the United States of America**)를 형성한 것이었다. 그러나 이 연합은 신학적 입장이 동일했기 때문에 이루어 진 것이 아니었다. 많은 역사가들은 이러한 재통합에 대해 많은 유감을 표시하였다. 특히 찰스 핫지는 1869년 총회에 참석하지도 않았으며 마지막까지 재연합에 반대하였다. 이러한 우려 속에서도 1870년대까지 북장로교와 남장로교는 칼빈주의 전통을 이어가고 있었다.[77]

---

76) *Ibid*,.

그러나 19세기에 들어오면서 교단 내에 신앙의 이질감들은 점점 뚜렷히 나타나게 시작했다. 결국 이러한 신학적 일치가 없는 구학파와 신학파의 통합으로 형성된 북장로교는 19세기말 20세기에 나타난 "근본주의 대

77) 〈표 3〉 1890년대 미국 각 교단 내 칼빈주의자들의 수(數)

교 단	교인수(數)	칼빈주의자들로 간주되는 인원	칼빈주의자들의 총 수
미국 북장로교	472, 023	90%	425,000
미국 남장로교	93,903	100%	93,903
북미연합장로교	73,452	100%	73,452
북미개혁장로교	8, 752	100%	8,752
미국 북개혁장로교	10,009	100%	10,009
북미연합개혁교회 및 소수 교단	30,000	90%	27,000
장로교단 칼빈주의자들 총수(總數)			**638, 116**
개혁교회	67, 123	100%	67,123
그리스도개혁교회	10,000	100%	10,000
미합중국 개혁교회(독일)	130,299	20%	26,000
개혁교단 칼빈주의자들 총수(總數)			**103,123**
정규 침례교도들(북부와 남부)	1,585,232	70%	1,110,000
반 선교 침례교도	40,000	100%	40,000
침례교단 칼빈주의자들의 총수(總數)			**1,150,000**
회중교회	318,916	50%	159,000
성공회	239,218	25%	60,000
웨일즈 칼빈주의 감리교	2,000	100%	2,000
기타교단 칼빈주의자들 총수(總數)			**221,000**
총 계			2,112,239
복음주의 개신교인 총수(總數)			**7,399,888**

이와같이 1870년대 미국 복음주의자들의 약 30%는 칼빈주의자들이었다. 주목할 것은 미국 장로교회 중 북장로교의 90%, 남장로교의 100%가 칼빈주의 신앙을 갖고 있었다. Philip Schaff and Samuel Ⅰ. Prime, *History, Essays, Orations and Other Documents of the Evangelical Alliance*(New York: Harpers, 1874), 752.

(對) 현대주의 논쟁"이 대두될 수밖에 없는 환경을 안고 있었다. 이러한 신학적 이질감들은 미국 장로교회사에 있어서 세 번째 분열(1924-1936)을 야기시켰다.

4. 구 프린스톤 신학(Old Princeton Theology)

프린스톤 신학은 두드러지게 미국적이며, 전통적인 개혁주의 신학의 19세기 표현이었다. 이것은 칼빈주의적 개혁주의 신학의 확실한 표현이었다. 그러므로 근본주의 운동을 제대로 평가하려면 프린스톤 신학에 대한 이해를 하지 않으면 안된다. 왜냐하면 이 프린스톤 신학이야말로 근본주의 신학의 매우 중요한 골격을 제공하였기 때문이다. 1812년 뉴저지 프린스톤에 프린스톤 장로교 신학교가 설립되고 부터 1929년 신학교가 개편될 때가지 프린스톤 신학은 첫 교수 아치발트 알렉산더(Archbald Alexander, 1772-1851)에 의하여 시작된 이래 1세기가 넘도록 변함없이 개혁주의 신학을 공식적인 신학체계로 삼아 단일성을 유지하여 왔다. 이 신학적 단일성 유지와 학적 공적을 크게 세운 대표적인 신학자들로 아치발드 알렉산더와 찰스 핫지(Charles Hodge, 1787-1878)와 벤자민 워필드(Benjamin B. Warfield, 1851-1921)를 손꼽는 것은 미국 개혁주의 연구가들의 공통된 견해로 여겨져 왔다.[78] 특히 프린스톤 신학 또는 오늘의 관점에서 일컬어 구 프린스톤 신학은 정통 칼빈주의, 스코트랜드 상식철학, 그리고 온전한 부흥운동적 영성의 특별한 혼합을 나타내었던 것이다. 그런데 뭐니뭐니해도 프린스톤 신학이 계속 중요시되는 주된 이유는 프린스톤 신학자들의 확신 때문이다. 그 확신들은 다음과 같이 표현된다.

첫째로 프린스톤은 개혁파 고백주의를 명백히 표현해왔다.

---

78) 이 부분에 대한 자세한 학술적 고찰은 다음을 참조하라. W. Andrew Hoffecker, *Piety and the Princeton Theologians*, 홍치모 역, 「프린스톤 신학의 3대 거성」(서울: 이구출판사, 1985).

아치발드 알렉산더
(Archbald Alexander, 1772-1851)

성경의 권위와 영감에 대한 그들의 확고한 자세는 단지 지성적 차원에만 머문 것이 아니라, 그들의 가슴 속에도 고이 간직되어 있었다. 이러한 성경적 진리를 체계화한 신조나 신앙고백은 그 자체로서 의미와 중요성을 지닌다기보다는 그것들이 성경에 근거해 있기 때문에 의미와 중요성이 있다. 그들은 여러 신앙고백들 중에서 웨스트민스터 신앙고백을 선호하였다. 왜냐하면 웨스트민스터 신앙고백이야말로 교회가 이단의 도전에 효과적으로 방어하고 대응할 수 있도록 돕고, 기독교 신앙의 본질적인 요소들이 포함되어 있을 뿐만 아니라, 심오하고 정확한 진리들을 통해 역사상 나타났던 이단사상들과 신학적 논쟁들에 대하여 바른 판단을 내릴 수 있는 안목을 제공한다[79]고 보았기 때문이다.

그들에게 있어서 웨스트민스터 신앙고백은 장로교회로 하여금 신학적인 통일성을 유지하게 하는 교리적 상징(their unifying doctrinal symbols)이며 교단의 자화성(the self-image of denominations)이었다. 이러한 사고는 1812년에 설립되어 1929년에 신학교가 재편되기 전까지 소위 "구 프린스톤 신학"(Old Princeton Theology)을 충실하게 추구했던 시기에 교리적 통일성을 유지하는 주된 요인이 되었던 것이다.[80] 이러한 구 프린스톤 신학자들의 신조를 중시하는 특성은 성경에 대한 경건하고 헌신적인 사랑에서 비롯되었다. 신학교의 교수들은 공식적으로 자신들이 어떤 새롭거나 고유한 신학을 가르치는 것이 아니고 성경이 교리를 잘 표현한 웨스트민스터

79) William Hetherington, *History of the Westminster Assembly of Divines* (Edmonton, AB: Still Waters Revival Books, 1991), 349-351.

80) D. B. Calhoun, "Old Princeton Seminary and the Westminster Standards," in *The Westminster Confession into the 21st Century*, Vol. 2, ed. Ligon Duncan (Geanies House: Mentor, 2004), 33-36.

프린스톤 신학교 (Princeton Theological Seminary)

신앙고백에 나타난 대로의 칼빈주의 체계를 성실하게 방어하고 전파할 뿐이라고 표현하였다. 그러므로 프린스턴 신학교의 교수들은 다음의 내용에 서약하도록 요구되었다.

> 하나님과 이 신학교의 이사들 앞에서 나는, 미국 장로교회의 신앙고백과 요리문답을 나의 신앙고백으로 또는 성경에 쓰여져서 하나님으로부터 인간의 구원을 위해서 계시된 교리와 신앙의 체계의 요약과 바른 표현으로 엄숙히 그리고 성심껏 채택하고 받아들여 준수한다. 그리고 나는 위의 교단의 정치형태를 영감된 성경에 일치하는 것으로 받아들일 것을 엄숙히 그리고 성심껏 선언한다. 그리고 나는 이 신학교에 교수로 재직하는 동안 장로교회 정치의 근본적 원리들에 반대하지 아니하며 위에 말한 신앙고백이나 요리문답에 직접 또는 간접으로 모순되거나 위반되는 어떤 것을 설득시키거나 가르치거나 암시하지 않을 것을 엄숙히 서약한다.[81]

사실상 프린스턴의 교수들은 이 서약을 충실히 준수했을 뿐 아니라 장로교단 내외에서 이 서약의 내용을 직접적, 간접적으로 공격하는 신학과

81) *The Presbyterian Digest*, Vol. 2 1930, 435; Edwin H. Rian, *Conflict*, 61-62.

사무엘 밀러
(Samuel Miller, 1769-1850)

싸웠다. 아치발트 알렉산더 시절부터 교수들은 자신들의 적을 명백히 정의하였다. 즉 그들이 싸울 대상은 "장로교회의 근본적 원리"들을 약화시키는 모든 경향들이었다. 하지만 이 원리들은 벌써 수백 년이나 된 것이었다.

신앙고백에 대한 서약은 1830년대에 장로교회 안에서 "구학파"와 "신학파"로 파벌이 나뉘면서 논점이 되었다. 구학파의 지도자였던 애쉬벨 그린(Ashbel Green, 1762-1848)은 구학파와 신학파의 주된 차이점은 신학파가 웨스트민스터 신앙고백 서약에 대한 관점에서 훨씬 더 큰 자유를 허락한다는 것이라고 생각했다. 그린은 "요즘 장로교회에서는 우리의 공적인 표준서들과 일치하지 않는 교리들이 설교단에서부터 신문 지상(잡지)에까지 자유로이 공포된다"[82]고 진술하였다. 그는 이단재판을 추진하기 시작하였고, 만약 필요하다면 교회의 분리도 생각하였다.[83]

교회 정치를 가르쳤던 사뮤얼 밀러(Samuel Miller, 1769-1850)는 신앙고백서들의 중요성을 강조하는 데 비상한 관심을 갖고 있었다. 1824년에 볼티모어에서 온 장로교 목회자 존 던컨(John Duncan) 목사가 프린스톤 신학교의 이사회에 선출되었다. 그가 이사회에 들어온 그 날, 던컨은 이사들과 교수진, 학생들 앞에서 신조와 신앙고백서를 공격하는 설교를 했다. 이에 대하여 사무엘 밀러 교수는 "신조와 신앙고백의 유용성과 중요성"(The Utility and Importance of Creeds and Confessions)이라는 강좌를 통하여 신조와 신앙고백 그 자체가 "그리스도의 집의 법"(laws of Christ's house)라고 주장하는 것이 아니라, "성경이 가르치는 주된 진리들의 기록"(a list of the leading truths which the Bible teaches)이라고 반박하였다. 더 나아가

82) *The Spruce Street Lectures: by several clergyman. Deliverance during the years 1831-2* (Philadelphia: Presbyterian Board of Publication, 1841), 14.

애쉬벨 그린
(Ashbel Green, 1762-1848)

밀러는 완벽한 신조나 신앙고백이야말로 교회의 화목(harmony)과 순수성(purity) 유지에 필수불가결한 요인이라고 역설하면서 신학생들에게 신앙고백의 내용과 교회행정과 치리, 그리고 대소요리 문답의 내용에 익숙할 것을 강조하였다.[84] 사뮤얼 밀러와 프린스톤 사람들은 성경만을 신학적 진리의 자원으로 삼으려는 그들의 전심어린 헌신과 신앙 고백적 진술에 대한 그들의 지지 사이의 모순을 인식하지 못했다.

애쉬벨 그린(Ashbel Green)은 "신앙고백서와 교리문답은 성경적인 정통 교리의 유지를 목적으로 보급하기 위해 노력한다. 그러나 그것들은 또한 성경의 학습과 신학적 지식의 모든 현실적 발전을 활짝 열어둔다"고 기록하였다.[85] 프린스톤 신학교 학생들은 웨스트민스터 표준서들을 익히고 최소한 소요리 문답을 외우도록 되어 있었다. 닥터 그린이 작성한 신학교의 계획에 따라, 모든 학생들은 졸업 전에 "성경 본문들을 즉석에서 적절하고 풍부하게 인용하여" 신앙고백서와 교리문답의 교리들을 뒷받침할 수 있어야 했다.[86] 이와 같이 프린스톤의 교수들은 웨스트민스터 표준서들을 가르쳤고 옹호하였다. 프린스톤의 이사들과 교수진뿐 아니라 그

---

83) D. B. Calhoun, "Old Princeton Seminary and the Westminster Standards," 44.

84) 이 강좌가 밀러의 *The Utility and Importance of Creeds and Confessions*(Philadelphia: Presbyterian Board of Publication, 1824)라는 저서의 근간이 되었으며, 후에 수정 및 증보판이 *Doctrinal Integrity*: *On the Utility and Importance of Creeds and Confessions and Adherence to our Doctrinal Standards* (Philadelphia: Presbyterian Heritage Publications, 1989)제목으로 출판되었다. Miller, *The Utility and Importance of Creeds and Confession* (Philadelphia: Presbyterian Board of Publication, 1824), 7, 8, 114. cf, D.B. Calhoun, "Old Princeton Seminary and the Westminster Standards," 37.

85) Green, *Lectures on the Shorter Catechism*, Vol. 1, 26.

86) *Ibid.*,

후원자들도 신학교가 웨스트민스터 표준문서들에 헌신하도록 하는 그들의 결정에 동의하였다. 1843년 5월 5일, 기부자 제임스 레녹스(James Lenox)가 새 도서관의 소유권을 신학교 측에 양도하였을 때, 그는 프린스톤 신학교가 영원히 이 교리들을 가르칠 것을 요구조건으로 제시하였다.

> 만약 향후 언제든지 두 번째 부분에서 언급된 단체들이 지금은 일반적으로 구학파 총회와 그 후계자들로 알려져 있는 미합중국 장로교회 총회의 감독과 지휘 하에서 벗어나거나, 혹은 장로교회의 신앙고백서와 교리문답에서 선언된 전적 부패, 선택 교리, 속죄의 교리, 아담의 죄가 모든 후손들에게 전가된 것과 그리스도의 의가 모든 그의 사람들에게 칭의로 전가된 것(아담의 죄의 전가와 그리스도의 의의 전가), 전적 무능 교리와 중생, 개종, 죄인의 성화에 있어서의 성령의 영향력의 필요성 등 주요 교리들이 전술한 구학파 총회에 의해 이해되고 해석된 것과 같이 신학교 내에서 가르쳐지지 않을 경우, 또한 둘 모두일 경우에, 이 문서에 의해 작성된 수여와 양도는 중단될 것이고 무효가 될 것이다.[87)]

1876년 알렉산더와 로버트 L. 스튜어트(Robert L. Stuart)는 신학교가 장로교회의 지휘 하에 남고 웨스트민스터 표준문서들에 대한 구학파의 교리해석이 계속해서 "가르쳐지는" 조건으로 프린스톤 신학교에 스튜어트 강당을 기부했다.[88)] 초기 스코틀랜드 이민자인 로버트(Robert)와 마리안 홀(Marian Hall)은 프린스톤에서 장학금을 수여하도록 2500달러를 기부했다. 그 장학금을 홀 장학금으로 부르자고 제안했을 때, 마리안 홀은 "나는 내가 죽은 후에 내 가치 없는 이름이 기억되기를 원치 않습니다. 하지만 나는 진정한 종교를 위해서 진리를 지킬 무언가를 하고 싶습니다. 그러므로 스코틀랜드 교회가 이끄는 한, 장학금을 '에드(Ed)라고 불렀으면 합니다." 그 이름의 의미를 묻자 그녀는 대답했다. "젊은 수도사들이여, 당신

---

87) William K. Selden, *Princeton Theological Seminary: A Narrative History, 1812-1992* (Princeton University Press, 1992), 39.

88) *Presbyterian Encyclopedia*, 724.

들은 알지 못하나요? 바로 성경을 읽어보세요." 그녀는 여호수아 22:34의 질문자를 가리켰다. 거기서는 르우벤과 갓 자손들이 요르단 강가의 제단을 에드(Ed)라 불렀는데, "그것이 우리 사이에 주께서 하나님이시라는 증거"이기 때문이었다. "나는 성경의 교리들을 신앙고백서와 장로교회 대 · 소요리 문답에 표현되어 있는 대로 믿습니다." 늙은 노부인은 말했다. "그리고 나는 우리와 신학교사이에 주께서 하나님이 되신다는 증거로써 그 장학금이 에드(Ed)라 불리길 원합니다."[89)]

이와 같이 애쉬벨 그린, 아치발트 알렉산더, 사뮤얼 밀러가 내세웠고 제임스 레녹스, 스튜어트 형제와 홀 부부가 보존하고자 했던 것, 그리고 핫지와 워필드와 메이첸이 지키고자 했던 것은 웨스트민스터 표준문서들이었다.

1904년 워필드는 "칼빈주의"란 단지 순수한 종교이다. 그러므로 우리는 단지 순수한 종교, 즉 칼빈주의를 인식하여야 한다"고 기술하였다.[90)] 워필드의 이 언급은 그가 역사적 칼빈주의에 충실하였음을 보여준다. 이처럼 프린스톤은 처음부터 칼빈주의적 개혁주의 교리 체계를 신학의 기초로 하였다. 1904년 워필드는 그 교리적 기반을 이렇게 공헌하였다.

> 칼빈주의는 교리적으로 순수한 고백종교이다. 우리는 교회적 순수성을 강조하며 오직 그것이 칼빈주의이다. 칼빈주의적인 것을 배제하고 지상에 참 종교는 없다. 본질상으로나 의미상으로 칼빈주의적 일 때만이 참 종교라 할 수 있다.[91)]

상술된 바와 같이 프린스톤 신학은 개혁주의 신학에서 발산하는 보다

---

89) *Presbyterian Magazine*, 1857, 24-5.

90) Mark A. Noll, "The Princeton Theology," David F. Wells ed, *Reformed Theology in America*, 박용규 역, 「프린스톤신학」, (서울 : 도서출판 엠마오, 1992), 36에서 재인용.

91) John E. Meeter, *Selected Shorter Writings of Benjamin B. Warfield* (New Jersey: Presbyterian and Reformed Publishing Company, 1970), 389, 392.

광범위한 세계관이었다. 이런 매력 있는 칼빈주의 가르침은 프린스톤 신학자들의 심장이었다.

프린스톤 칼빈주의는 개혁주의 전통을 특별히 강조하였다. 인류의 타락은 완벽한 창조를 반전 시켰으며, 하나님의 정죄를 받아 인간의 죄성을 정착시켰다. 아담의 죄는 모든 인간에게 전가되어 모든 인간은 정죄 받을 존재들이다. 똑같이 아담 안에서 죄로 말미암아 죽었던 인간이 그리스도를 믿음으로 그리스도의 의가 인간에게 전가됨으로 의롭다 함을 받는다. 하나님께서는 그리스도로 말미암아 구원을 주실 것을 언약하심으로 자신의 구원의 목적을 표현하셨다. 반역적인 본성으로 말미암아 하나님으로부터 돌아선 죄인들은 하나님께서 말씀, 양육, 설교, 그리고 성례를 통해 그들의 마음을 변화시키실 때까지 죄의 욕망에 사로 잡혀 있다. 비록 타락의 영향을 받기는 하지만, 구속받은 죄인들은 성령으로 말미암아 하나님 나라에서 풍요한 사역을 감당할 수 있도록 변화를 받는다. 모든 다른 중요한 관심사들과 함께 이런 원리들이 프린스톤 신앙의 핵심이 되었다.[92] 개혁주의는 그 자체가 성경의 기본적 교리의 토대 위에서 항상 주어진 컨텍스트(context)를 분석하고 텍스트(text)를 적용함에 있어서 개혁과 발전이 있어야 함을 주장하고 있다. 그 점에서 존 칼빈은 훌륭한 개혁주의자였고 프린스톤 교수들도 그 뒤를 따라 개혁주의 전통을 대변한 중요한 인물이었다.

둘째로 처음부터 끝까지 프린스톤 신학자들은 '성경의 영감과 권위' 를 대단히 존중하였다. 1812년 취임 연설에서 알렉산더는 성경이 신학교 존립을 위한 기초로 설정하기 위하여 요한복음 5:39를 가지고 "성경을 찾으라" 는 제목으로 설교를 하였다.[93] 그는 목회자로서 많은 설교를 하였다. 그런데 100편이 넘는 원고들 가운데서 발견되는 가장 놀라운 특징은 성

92) Noll, "The Princeton Theology" 38.

93) Archibald Alexander, *The Sermon, Delivered at the Inauguration of the Rev. Archibald Alexander*(New York: J. Seymour, 1812). Noll, "The Princeton Theology," 39 재인용.

경의 본문들이 원고 그대로 설교 안에 섞여 있다는 사실이다. 시편 97:1에 관한 설교를 보면 모두 132행으로 구성되어 있는데 그 가운데 97행이 그 주제에 관련된 절들을 모아 놓은 문선(文選)과도 같이 다른 성경단락에서 문자 그대로 인용한 인용문들이다.[94] 성경은 그리스도를 인식하는 도구이기 때문에 알렉산더는 진정한 종교적 신앙을 전달하는 도구로서 오직 성경만을 사용하였던 것이다.

1915년 워필드는 "성경은 완전히 하나님의 책이며, 하나님의 능력에 의해 만들어졌고, 성경의 모든 부분에서 하나님의 권위로 독자의 마음에 직접적으로 말씀하신다[95]는 영감의 전통적인 해석에 동의함으로써 영감의 주제에 대한 그의 일생의 작업을 요약하였다. 찰스 핫지는 19세기 중엽 미국에 침투한 고등 성경 비평에 대한 응전으로 알렉산더의 성경관을 처음으로 진지하게 재 확인할 필요를 느꼈다. 핫지는 1872-73년에 출판된 그의 「조직신학(*Systematic Theology*)」에서 금세기 초 그가 부딪힌, 특별히 로마 카톨릭과 주관주의적 경건주의자들의 입장을 비판하면서 성경관을 제시하였다. 핫지의 신학은 그의 축자 영감 신앙에 근거한 성경관에서 출발하고 있다. 그에게 있어서 신학은 성경의 체계적 학문이요 성경은 하나님의 언어를 그대로 적어 놓은 것이었다.

> 영감에 관한 교회의 일반적 교리는 하나님께서 특정한 선택된 사람들의 마음을 성령으로 감동시킨 다음 그들을 하나님의 도구로 사용하여 무오하게 하나님의 말씀을 전하게 하였다고 믿는 것이다. 성경 저자들은 하나님의 도구로서 사용되었기 때문에 그들의 말한 바는 곧 하나님이 말씀

---

94) John O. Nelson, "Charles Hodge, Nester of Orthodoxy." *The Lives of Eighteen from Princeton*, ed. Wilard Thorp, 209; Hoffecker. W. Andrew, 「프린스톤 신학의 3대 거성」, 43에서 재인용.

95) B. B. Warfield, "Inspiration," in *International Standard Bible Encyclopedia*(Chicago : Howard-Severance, 1915), as reprinted in The Works of Benjamin B. Warfield, vol. 1, *Revelation and Inspiration*(Grand Rapids: Baker Book House, 1981), 96. Noll, "The Princeton Theology," 39에서 재인용.

하신 바다.[96)]

성령은 성경 저자들을 감동시키되 절대로 무오하게 성경을 쓰도록 하셨다. 영감은 신자의 마음속에 단순한 영적인 조명이나 성화하는 능력이 아니고 초자연적인 영향으로 성경을 기록하게 하는 것이다. 그것은 계시와도 다르다. 계시의 목적은 지식의 전달이요 영감의 목적은 오류를 막는 것이다. 따라서 그 결과도 다르다. 계시를 받은 자를 지혜롭게 하고 영감은 받는 자를 오류에서 보호한다.[97)] 이 영감 교리는 예수님 자신이 주장하신 바요, 사도들이 성경 전체를 하나님의 말씀으로 여러 곳에서 주장하고 있다.[98)]

그러나 새로 유입된 고등비평을 구체적으로 분석 비판한 것은 그의 아들 핫지(A. A Hodge, 1823-1886)와 워필드(B. B. Warfield)에 와서였다. 그들은 1881년에 출판된 길이 기억될 「영감」(*Inspiration*)이라는 글에서 이 문제를 완벽하게 다루었다. 여기서 그들은 성경의 축자와 사상에 관한 교회의 역사적 확신을 기술하고 당대의 양측의 전제들을 기술한 후 성경의 자증에 기초한 전통적인 성경에 동의 하였다.[99)]

성경의 본질에 관한 프린스톤의 가르침은 이렇게 표현될 수 있다. 성경은 하나님의 기록된 말씀이며 성경은 역사적으로 연구 될 수 있는 인간 활동의 참된 산물이다. 성경은 또한 가장 완벽한 진리의 제시이며 인간 저자들은 성령의 영감 아래 그것을 확신하였다. 성경은 성령의 회심과 성화 사역을 수행하는 데 효과적이다.

셋째로 프린스톤 신학은 스코틀랜드 상식철학[100)](Scottish Commem

---

96) Charles A. Hodge, *Systematic Theology*, Vol I (New York: Charles Scribner's Sons, 1872-1873), 17.

97) *Ibid*., 155.

98) *Ibid*., 163-4.

99)A. A. Hodge and Warfield, *Inspiration, introduction* by Roger R. Nicole(Grand Rapids: Baker Book House, 1979); Noll, "The Princeton Theology," 40.

프린스톤 신학교 교수진(1888)

앞줄 왼쪽부터 : James C.Moffat, Francis L. Patton, W. H. Green, William M. Paxton
뒤줄 완쪽부터 : C. W. Hodge, William B. Greene, B. B. Warfield

---

100) 19세기 중엽 미국을 휩쓴 이 철학은 장로교 보수주의, 특히 프린스톤 신학자들의 개혁파 교리를 방어하는 도구로 간구 하였다. 이것은 본래 흄(Hume)의 회의주의나 버클리(Berkeley)의 주관적 관념론에 대항해온 사상의 흐름이었다. 상식철학은 상식적으로 받아들여지는 것들에 확고한 형이상학적 실체를 제공하기 위해 비이성적인 궤변이나 불합리를 떠난 입장에서 보려는 시도인 것이다. 이 철학은 스코틀랜드에서 유입되었는데 찰스 핫지는 다음과 같이 말하였다. 1. 신학은 순수한 과학이므로 신학자들은 성경에서 얻어지는 모든 자료들을 잘 분석하여 질서대로 맞추고 잘 정리하여 그 조화와 구성에 있어 확실히 믿을 수 있도록 사는 것이 그 의무이다. 2. 모든 체계는 선천적인 것과 후천적으로 그 자체 진리를 가지고, 이 두 개의 체계를 짜 맞추는 작업이 바로 귀납법이다. 이 철학은 베이컨주의라 할 수 있는데 보즈만(Bozeman)은 스코틀랜드 상식철학자들에 의해 설명된 베이컨주의의 주요 요소들을 다음과 같이 요약했다; 1. 자연과학에 대한 열정 2. '감각의 신뢰와 상식철학과의 판단' 에 의한 외부세계와 실체 사이의 차이에서 시작되는 대단히 세밀한 경험주의. 3. 사실을 계속적으로 탐구하여서 일반화를 귀납적 방법으로 제한하여 과학적 방법을 강조하고 자신의 한계를 지적한다. 그러므로 관찰 자료로 뒷받침되지 않는 추상적 개념들은 과학적 설명의 근거를 잃게 된다. 4. '베이컨 선생' 을 귀납적 과학의 시조로 강조함: 뉴톤의 방법과 베이컨의 귀납법을 동일시함. Bozeman Theodore Dwight, *Protestants in an Age of Science: The Bacon an Ideal and Antebellum American Relogious Thought*(Chapel Hill: University of North Carolina Press, 1977), 21.

찰스 핫지
(Charles Hodge, 1787-1878)

Sense Philosophy)을 신학적 방법론으로 삼았다. 18세기 스코틀랜드 철학자 프란시스 허치슨(Francis Hutcheson. 1694-1746)과 토마스 리스(Thomas Reid, 1710-1796)에 의하여 제창된 상식철학은 프린스톤 체계에 신학적 방법론을 제공하였다. 19세기에 미국에 풍미한 이 철학은 미국의 보수주의 신학자들이 개혁주의 신학을 방어하기 위한 도구 사용하였다. 상식 철학은 상식적으로 받아들여 지는 것들에 확고한 형이상학적 실체를 제공하기 위하여 비이성적인 궤변이나 불합리를 떠난 입장에서 인식하려는 철학적 시도였다. 마스덴은 그의 저서 「근본주의와 미국문화(*Fundamentalism and American Culture*)」에서 이 상식 철학이 당시 미국 문화의 이상에 아주 잘 적용되어 지는 몇 가지 이유를 제시하고 있다.[101] 첫째로 그것은 민주적이요 반 엘리트적이었다. 상식 철학은 개개인이 누구나 실제 세계를 직접 인식할 수 있다고 했다.

둘째로 과학적 방법으로 실체에 접근하는 확고한 기반을 제공한다. 뉴턴의 물리학에서처럼 과학의 할 일은 창조주에 의하여 만들어진 법칙을 찾아내는 일이다.

셋째로 국가의 도덕적 질서를 새로 시작된 신생국가에 제공하였다. 상식 철학은 누구나 실체를 인식 할 수 있는 것처럼 분명하게 도덕이라는 첫째 원리를 직관적으로 알 수 있다. 이러한 상식 철학이 과학적 방법이 종교적 진리를 변호하는데 특히 성경의 권위를 위한 교리로 적용되어 졌다. 핫지는 "성경을 알기 쉬운 책이다." 사람들은 스스로 그것을 읽고 알 수 있어야 하며 해석할 권리가 있다. 그래서 그들의 신앙이 교회의 가르침보다 성경의 권위 위에 세워져야 한다"고 가르쳤다.[102]

---

101) Marsden, 「근본주의와 미국 문화」, 9-15.

찰스 핫지의 「조직신학」

이러한 핫지의 주장은 인간의 상식에 속한다는 스코틀랜드 철학의 일반적인 이론에서 기인된다. 곧 기본적 진리는 언제 어디에서나 항상 같은 것으로 적용된다는 것이다. 이 상식철학은 프린스톤 신학을 도운 '위장된 축복'(a disguised blessing)이었다.[103)]

마지막으로 프린스톤 신학자들은 종교 경험의 중요성과 성령의 역사의 중요성을 끊임없이 강조하였다.[104)] 개혁주의 신학자들처럼 프린스톤 신학자들은 항상 성령은 "거룩한 수단"을 통해 역사 한다고 주장하였다. 알렉산더는 자신의 종교 체험에 대하여 이렇게 언급하고 있다.

> 나는 기도하고 성경을 읽었다. 나는 이 일을 지칠 때까지 계속했다.... 그러나 내가 애를 쓰면 쓸수록 내 마음은 더욱 굳어 졌고... 내 마음속에 자리잡고 있던 모든 진지하고 온화한 감정은 메말라 버렸다.... 내가 이 노력을 중지하려고 하는 순간 내 머리 속에는 퍼뜩 이런 생각이 떠올랐다. 「나는 무력하고 내가 처한 상황은 거의 절망에 가깝지만 이런 극단적인 상황 속에서 나를 도와 달라고 하나님께 부르짖는 것이 오히려 좋은 일일 것이다.」 나는 땅바닥에 꿇어 앉았다.... 나는 아주 간단한 한 마디의 간구만을 쏟아 놓았다. 갑자기 십자가에 못박히신 그리스도의 모습이 떠올랐다. 이전에는 한번도 체험해 볼 수 없는 일이었다. 하나님의 은총이 담긴 구원의 계획이 대낮처럼 명료하게 내 앞에 전개되었다. 하나님은 내 모습 이대로 나를 받으시리라는 확신을 들었고 내가 전에는

---

102) Hodge, *Systematic Theology*, 111.

103) Noll, "The Princeton Theology," 46.

104) 이 부분에 대해서는 Hoffecker. W. Andrew, *Piey and Princeton Theologians*, 홍치모 역, 「프린스톤 신학의 3대 거성」을 참조하라.

한번도 구속의 자유를 이해하지 못했었다는 생각이 들었으며 내가 지금까지 해 온 일은 내 손에 얼마간의 돈을 움켜 지고 그리스도를 받아들일 준비를 하고 있었다는 느낌이 들었다. 이제 나는 그 순간 전폭적으로 그를 영접할 수 있음을 발견했다.... 나는 참으로 말로 표현할 수 없이 영광으로 가득찬 기쁨을 맛보았다."[105]

찰스 핫지의 아들이 쓴「찰스 핫지의 생애(*The Life of Charles Hodge*)」에 보면 핫지의 어린 시절의 종교적 체험에 대해 다음과 같이 묘사하고 있다.

만일 어린 시절에 나의 종교적 체험이 시작되지 않았다면 오늘날 나의 종교적 체험은 참으로 보잘 것 없는 것이 되고 말았을 것이다. "쉬지 말고 기도하라" 는 사도 바울의 명령을 가장 성실하게 준행했던 때가 바로 어린 시절이었던 같다. 지금 돌이켜 볼 때 나는 받은 것에 대해서는 모두 하나님께 감사하고 필요한 것이 있으면 모두 그분께 구하는 습관을 가지고 있었다. 내가 책을 잃어버리거나 장난감을 잃어버렸을 때는 그것을 다시 찾게 해 달라고 기도했다. 나는 길을 걸어 갈 때, 학교 안에서나 학교 밖에 있을 때, 놀 때나 공부할 때나 항상 기도했다. 나는 어떤 정해진 규율에 따라 이 일을 행한 것은 아니었다. 그것은 아주 자연스럽게 이루어졌다. 내가 생각한 하나님은 세상 어디에나 계시는 존재였으며 인자와 사랑으로 가득찬 분이셨으며 어린아이들이 말하려 할 때는 언제나 기꺼이 들어주시는 분이었다.[106]

핫지의 이런 '종교적 체험에 대한 강조' 와 '성령의 역사' 가 신학자의 과업에 어떤 영향을 주는가에 대하여 이렇게 설명하고 있다.

참된 신학 방법은 종교적 체험의 사실들을 있는 그대로 받아들일 것을

105) Andrew W. Hoffecker,「프린스톤 신학의 3대거성」, 8.

106) A. A. Hodge, *Life of Charles Hodge*, Hoffecker,「프린스톤 신학의 3대거성」, 59-60 재인용.

요구하며 그것들이 성경에 의해 적절한 권한을 부여받게 되면 하나님의 말씀 중에서 특히 교리적인 언명들을 해석할 권리를 부여받는다. 이와 같은 성령의 내면적인 교훈은 대단히 정당하고 또 강력한 것이기 때문에 두가지 형태의 신학 곧 지성의 신학과 감정이 신학이 형성되어 있다고 해서 그리 놀랄 만한 일은 못된다. 전자들은 신조들과 신성의 체계들 속에 표현되어 있으며 후자는 기도와 찬송 안에 표현된다. 모든 교파에 속한 참된 기독교인들의 경건한 저서들의 뒷받침을 받지 아니한 것은 무엇이든지 신학 속에 받아 들여서는 안 된다는 확고한 결의가 필요하다.[107)]

위에서 살펴본 대로 찰스 핫지는 "무미건조한 신학자"가 아니었다. 학생들은 그가 수업시간에 그리스도의 사랑에 관해 이야기하면서 눈물을 흘리는 것을 보았다. 그는 옛 청교도의 금언인 "강한 두뇌에 차디찬 심장을 조심하라"를 따랐다. 웹스터(W.S.C. Webster)라는 한 학생은 핫지가 어느 날 예배실에서 찬송을 인도하던 모습을 상세히 적고 있다. "그는 찬송을 읽어 내려 가다가 '그 피가 더러운 죄 씻겨 주니, 그 피가 내 죄를 씻었네' 라는 구절에 이르렀다. 그러나 그는 읽어 내려가려고 애를 써도 그 구절을 읽어 내려 갈 수가 없었다. '그 피가 내 죄를 씻었네' 그 구절을 그는 더 넘어 갈 수가 없었다. 그 강한 사람은 감정의 폭풍 앞에 머리를 숙였고 자기 의지에 내려앉아서 얼굴을 그의 두손에 묻었다. 그러나 우리 학생들은 아무 어려움 없이 찬송가 전부를 불렀다."[108)]

프린스톤의 변증학자 워필드 역시 종교체험과 성령의 역사를 대단히 강조하였다. 워필드는 1887년 프린스톤의 신학 교수직을 받아들일 때 자신의 신학적 유산과 찰스 핫지에 의해 성공적으로 진행되어온 작업을 계속 발전시켜 나갈 것이라고 말했다. 특히 그는 이 연설에서 신학자의

---

107) *Ibid.*, 76.

108) *Five Thousand Best Modern Illustrations* (New York: George H. Doran, 1927), 136.

벤자민 워필드
(Benjamin B. Warfield, 1851-1921)

가장 중요한 작업은 신학적 논법을 형성하는 것이 아니라 인간의 종교적 감정에 감동을 주는 것이라 했다. 신학자의 소명에 대하여 그는 다음과 같이 언급했다.

> 전심으로 하나님을 사랑하고 또 이웃을 자기 몸과 같이 사랑하는 능력을 통해 사람들을 감동시키는 것이다. 영혼의 구주와 함께 분깃을 나누며 그분의 귀중함을 발견하고 그분을 굳게 붙들며 성령의 감미로운 영향을 인식하고 거기에 굴복하는 것이다.... 그는 이러한 진리를 냉랭하고 단지 과학적인 정신만으로 감히 다루진 못할 것이다.
> 그는 마땅히 그것의 귀중함과 실제적인 목적을 염두에 두면서 어떤 정신으로 그 진리를 다룰 것인가를 결정하지 않으면 안된다. 그는 경외 적인 사랑을 일깨워서 그런 정신을 가지고 진리와 지신과의 상호관계를 탐구해야 한다. 이 일을 하기 위해서 그는 항상 자기 앞에 놓인 계시가 말로 표현 할 수 없을 만큼 고귀한 가치를 지니고 있다는 사실과.... 하나 하나의 진리들이 모두 그 자신의 가슴과 생활에 파고들어 와 있다는 사실을 깨닫고 있어야 한다. 그는 그가 다루고 있는 위대한 교리들에 대해 충만하고, 풍부하고, 깊이 있는 경건한 체험을 했어야 하고 또 하고 있어야 한다. 그는 항상 하나님 곁에서 살아야 하며 구속자의 품안에서 늘 안식을 취해야 하고 언제나 성령의 명백한 영향으로 충만해 있어야 한다.[109)]

위에서 고찰해 본바와 같이 '개혁파 고백주의,' '성경의 영감과 권위 및 무오류,' '스코틀랜드 상식철학,' '종교적 경험과 성령의 사역' 이라는

109) " Proceedings Connected with Semi-Centennial Commemoration of the Professorship of Rev. Charles Hodge," D. D., LL. D., April 24, 1872, 39 ; Hoffecker,「프린스톤 신학의 3대거성」, 129.

특색을 가지고 프린스톤 신학이라고 불리는 신학 체계는 19세기 초엽부터 20세기 초반까지 한 세기 동안 유지되었던 것이다. 이러한 프린스톤 신학은미국 장로교 근본주의 운동의 신학적 골격을 제공해 주었다. 알렉산더 교수가 교수직에 취임하던 1812년과 워필드가 세상을 떠났던 1912년 사이에 100년동안 미국의 역사적 신학적 상황은 크게 변하였다. 알렉산더와 핫지가 구학파에 속했던 1837년, 신학파 논쟁이 장로교인들 사이에서 전개되어 분열이 발생하였다. 그들은 두 학파를 중재시키려고 노력하긴 했지만 문제시 된 모든 교리와 정책에 대해서는 구학파를 지지하는 입장이었다. 알렉산더와 핫지는 칼빈주의를 옹호하기 위해 투쟁하고 있었는데 이 때는 이미 칼빈주의가 미국 문화의 중요한 사상 세력으로서의 위치를 상실해 가고 있는 때였던 것이다.

예컨대 핫지는 뉴 해이븐의 신학과 그 신학의 실천신학적 적용인 찰스 피니의 「새로운 방법」에 반대하는 많은 논문들을 썼다. 핫지는 노년기에 알미니안주의의 침입에 직면했을 뿐만 아니라 여러 가지 형태의 비평주의를 맞이하게 되었다. 그는 사실상 성경의 권위를 굳건하게 옹호함으로써 근본주의에 기여하였다. 워필드는 핫지의 견해를 계승하여 자유주의의 공격으로부터 성경을 옹호하였다.

그러나 워필드가 칼빈주의를 당대의 교회가 선택해야 할 생명력 있는 신학으로 간주했던 반면 대부분의 미국 사상가들은 알미니안 주의와 비평주의를 채택하였다. 워필드가 자유주의와 보수주의의 갈등을 잘 인식하고 있었다는 사실은 예비적인 신학 분야인 변증학에 철저하게 몰두했었던 사실을 통해서 알 수 있다. 따라서 프린스톤 신학이 절정에 달했던 시대는 완전히 다른 두 가지 역사적 상황들이 대립되어 있던 시대였다. 이러한 상황에서 개혁주의 신학을 파수(把守)하는데 있어서 프린스톤 신학이 미친 영향력은 실로 막강한 것이었다.

5. 근본주의 대(對) 현대주의 논쟁

(1) 19세기 말 미국의 정황 (Sitz im Leben)

근본주의 운동을 이해하는데 또 하나의 열쇠는 19세기 말 미국의 정황을 정확하게 이해하는 일이다. 19세기말 미국 개신교는 엄청난 도전에 직면했다. 그 도전은 19세기 미국의 사회적 정황과, 유럽의 신학사상의 변천, 독일에서 오는 고등비평, 영국에서부터 온 다윈의 진화론, 등을 들 수 있다. 이러한 요인들은 미국인들의 삶 전체뿐만 아니라 교회에 적지 않은 영향을 미치기 시작하였다. 이와 같은 요인들을 살펴보면 다음과 같다.

1) 미국사회의 사회적 정황

19세기 후반 미국은 미국의 농업국가의 대열에서 이탈하여 세계 주요 강국의 대열에 합류하기 시작했다. 섬유 생산은 50년 동안에 무려 700%가 껑충 뛰었고 철과 강철의 생산은 10배가 증가했다. 산업화로 인해 도시는 남북전쟁 이전보다도 적게는 몇 배 많게는 수십 배 증가했고 국민총 생산액도 무서운 속도로 증가했다. 1860년 180억 달러이던 국민 총생산이 1890년에는 870억 달러로 증가하였다. 그러나 이러한 산업화 보다도 미국인의 생활에 더 중요한 영향을 미쳤던 것은 이와 동시에 발전하였던 도시들의 성장이다. 바로 이 도시들이 그 후에는 농경지들을 통제하게 된다. 남북전쟁에서 승리를 거둔 북부는 그때까지 농업위주의 서부와 남부에 눌러 있었던 세력들을 분출시켰다. 이들의 금융적, 산업적 자본주의 사회뿐만 아니라 정부도 장악하게 되었다.[110]

남북 전쟁기에 2500만이 넘은 인구 중에서 겨우 1/5만이 “도시”에 살았다. 1900년까지 도시 거주자는 전체 인구의 40%로 늘어났고, 1920년

---

110) James Hasting Nichols, *History of Christianty 1650-1950: Secularization of the West*, 서영일 역, 「현대교회사」(서울: 기독교문서선교회, 1994), 306.

에는 50%를 넘어섰다. 거대한 도시 중심지들의 천문학적인 증가는 미국을 뒤흔드는 변화들 중에서도 단연 돋보였다. 시카고의 인구는 1860년에서부터 1900년까지 40년동안에 10만9천명에서 170만으로 치솟았고 피츠버그는 6만7천에서 45만으로 증가하였고 뉴욕은 100만이 조금 넘던 정도에서 340만으로 늘어났다.[111) 이러한 도시의 증가는 드디어 메트로폴리탄이라는 형태의 새로운 문명을 출현시켰다. 이로인해 19세기 미국 농촌에 그렇게 친숙했던 공동체, 책임감, 그리고 동질감 같은 감각이 도시의 이질감과 익명성에 굴복하며 사라져 갔다.[112) 도시적 사고방식이 점차로 전체 문명과 문화를 압도하게 되었다.도시민들은 일반적으로 농부들을 '촌놈' 이라고 생각하게 되었으나 사실 농부들은 이제 농촌에 자리잡은 기업가의 모습으로 변신하고 있었다.[113) 도시의 발달은 농촌에서 거대도시로의 이동뿐만 아니라 외국으로부터의 이민의 결과였다. 대략 1400만의 유럽인들이 19세기의 마지막 40년동안에 미국 해안으로부터 왔으며 그결과 미국 인구의 1/3이 이민자들과 그들의 자녀들로 구성되었다.

이러한 이주자들은 헌신적인 개신교들에게는 전혀 기독교적이 아닌 대륙적인 안식을 제도를 준수하였다. 이들은 안식일에 술을 마시고 춤을 추었으며 이 외국인들은 미국의 백인, 앵글로 색슨, 개신교 비전을 깨트리고 위협했다. 주요한 개신교 종파들은 1860년에서 1900년사이에 숫자가 5백만에서 1600만으로 세배가 증가 했지만 종교는 미국 생활의 대부분의 영역에서 더욱더 축소되어 갔다.[114) 각도시들의 증가, 즉 이런 산업화로 인

111) Patterson, *America in Twentieth Century*, 26; Longfield, *The Presbyterian Controversy: Fundamentalist, Modernists, and Moderates*, 이은선 옮김, 「미국 장로교 논쟁」(서울: 아가페출판사, 1998), 31.

112) George Marsden, "The Era of Crisis: From Christandom to Pluralism," in *Eerdman's Handbook to Christianity in America*, ed. Mark Noll et al. (Grand rapids: William B. Eerdmans, 1983), 285.

113) *Ibid.*,

114) George Marsden, "The Era of Crisis: From Christandom to Pluralism," in *Eerdman's Handbook to Christianity in America*, ed. Noll, 285-86. Longfield, 「미국 장로교 논쟁」, 32에서 재인용.

해 영적인 가치를 존중하던 청교도전통이 상당한 도전을 받으면서 물질만능주의 사고가 미국인 사고가 미국인들의 사고를 지배하기 시작했다. "다이아몬드 에이커"라는 설교로 널리 알려진 러셀 콘웰(Russel H. Conwell, 1843-1925) 은 그리스도인이라면 반드시 부자가 될 책임이 있다고 하면서 이렇게 외쳤다.

> 부자가 되는 것은 당신의 의무입니다.... 왜냐하면 당신은 돈 없는 것보다 돈이 있으면 좋은 일을 더 많이 할 수 있기 때문입니다.... 이 복음의 원리, 매일의 상식적인 이 원리를 가지고 살아야 하며 살도록 하십시오.[115)]

이것은 물질주의 세속화가 얼마나 미국의 기독교에 영향을 미쳤는가를 단적으로 말해 주고 있다. 더욱더 많은 미국인들은 반 종교적이라기보다는 무종교적이 되어갔다. 야외로 소풍나가는 것, 공놀이, 그리고 주일극장이 주일예배 참석에 대한 무감각을 부채질하였다. 주일신문이 발행되는 것, 7일내내 일하는 주간의 점차적인 확대, 주일에 철도 사용이 눈에 띠는 증가, 그리고 지방클럽의 설립등의 모든 것이 전통적이니 개신교 가치관으로부터 이탈을 보여 주었다.[116)] 세기 전환기의 대부분의 사업가들의 경제철학은성경의 원리가 아닌 "적자생존"과 경제적 편의가 시장을 지배했다. 그러나 미국 문화의 세속화를 가장 잘 보여주는 것은 단과 대학(College)들이었다.

롱필드는 이렇게 말하고 있다.

> 미국의 단과 대학들은 설립된 이래로 학문의 경건의 훈련장이었다. 1850년에 압도적인 다수의 단과 대학들이 교회와 연관되어 있었고 성직

---

115) Woodbridge, Noll, Hatch, *The Gospel in America*(Grand Rapids: Zondervan, 1979), 239.

116) Weisenburger, *Ordeal of Faith*, 46-48; Longfield, 「미국 장로교 논쟁」, 34.

자를 학장으로 모시고 있었다. 교육은 지적인 날카로움 뿐만 아니라 건전한 신앙과 도덕적인 온화함을 발전시키려고 노력했다. 남북전쟁이후 독일 대학 모델의 수입, 직업주의의 도래, 그리고 과학적 실증주의와 역사주의의 발달은 많은 복음적인 단과 대학들을 과학적 연구의 세속적인 중심지로 바꾸는데 상호 연합하여 작용했다. 통합된 고전적인 교육 과정은 점차로 전문화에 길을 내주게 되었고 과학과 신앙 사이의 점점 증가하는 적대감은 종교를 학문적인 주류에서 더욱더 멀어지게 하였다. 특별히 1900년 이후에 더우더 많은 교수들이 예일 대학에 있는 윌리암 그라함 섬너(William Graham Summer, 1840-1910) 교수와 같이 어느날 각성이 이루어지면서 그들의 신앙이 사라진 것을 발견하였다.[117)]

---

101) Longfield, 「미국 장로교 논쟁」, 33.

〈표 4〉 1870년대 미국 내 칼빈주의자들이 운영하는 대학들과 신학교 수(數)

교 단	대학교 수(數)	칼빈주의자들 백분율(%)	칼빈주의 대학 수(數)
회중교회	21	50%	10
성공회	18	25%	4
침례교	38	70%	26
장로교	31	90%	27
개혁파(화란 및 독일)	6	60%	3
합 계			70
복음주의 대학 총수(總數)			194
교 단	신학교 수(數)	칼빈주의자들 백분율(%)	칼빈주의 신학교 수(數)
회중교회	8	50%	4
장로교	19	90%	17
침례교	22	70%	15
성공회	12	25%	4
개혁파(루터란 및 독일)	21	10%	2
복음주의 신학교들 총수(總數)			97

1870년대 까지 미국 신학교들 중 43%가 칼빈주의자들에 의해 운영되어졌다. Philip Schaff and Samuel Ⅰ. Prime, *History, Essays, Orations and Other Documents of*

한마디로 말하자면 19세기에 미국은 점차로 신과 관련이 없는 이방민족이 되어 가고 있었던 것이다.

2) 유럽 신학 사상의 변천(19세기 독일 신학)

독일은 여러 가지 이유로 19세기 신학적 혁신 운동의 지도적 위치에 있게 되었다. 대개는 다른 나라들 보다 거기에 더 큰 관용이 있었고 또 세부적 학문에 대한 관심과 존경이 있었기 때문에 독일은 새로운 신학사상의 온상이 되었던 것이다.수많은 미국인들이 독일에서 공부를 시작한 것이 1800년대 후반에 와서 부터였기에 독일 신학의 영향은 대개 영국의 저자들을 통해 미국에 중개되는 것이 보통이었다.

특히 1870년 당시 기독교에 대한 과학적 연구가 한창 전성시대를 구가하고 있던 독일에서는 18세기 유럽 계몽주의의 토대 위에 구축한 자유주의 신학이 한창 꽃을 피우게 되었다. 계몽주의의 과학적 사고에 기초한 '독일의 자유주의 신학' 은 기독교 신앙을 잠식하면서 인본주의와 세속주의를 크게 발전시켜 이제 더 이상 인간의 이성이나 과학에 배치되는 신화들은 성경에서 제거되어야 한다고 외치고 있었다.

심지어 기독교를 고대 근동의 다수 마술적 종교들 가운데 하나로 간주하는 경향까지 나타났다. "기적들은 원시적 상상력이 낳은 허구에 불과하기 때문에 성경에 기록된 예언, 병 고침 및 기타 이적들은 날조된 이야기들임에 분명하다는 것이다."[118] 이러한 자유주의 사상을 기초한 대변자는 프리드히 슐라이어마허(Friedrich Schleiermacher, 1768-1834)와 알브레히트 리츌(Albrecht Ritschl, 1822-1889)이라 할 수 있다.

---

the Evangelical Alliance, 753-4. 주목할 것은 장로교에서 운영하는 대학과 신학교 90%가 칼빈주의 신학을 고취하고 있었다. 반면에 회중교회는 50%에 불과했다. 그러나 1900년대에 들어오면서 장로교 칼빈주의적 전통을 고수했던 대학들과 신학교들은 점차로 그 신앙을 잃어갔다.

118) *Ibid.*, 51.

슐라이어마허의 이름은 현대신학의 연보에 큰 모습을 드러내고 있다. 그는 경건주의 자들 중에서 양육을 받았고 또 낭만주의자들의 영향을 받았기 때문에 그의 신학은 경험에 대한 역설을 반영하고 있다. 그는 종교의 본질은 '하나님께 의지하는 감정' 이라고 가르쳤다. 감정이란 하나님이 인간 안에서 일하시는 결과로서 나타나는 것이기에 곧 경건이라 말할 수 있다. 이 유한한 인간과 무한한 하나님이 만나는 자리가 바로 감정이다. 소위 '절대 의존의 감정'이다. 절대 의존의 감정이란 유한한 인간 속에서 무한한 하나님이 보여주는 계시, 하나님 안에서 유한한 인간을 보여주는 계시이기도 하다. 그러므로 참 종교란 무한한 하나님을 맛보고 감각하는 것이다.[119] 신학은 성경이나 또는 교회의 권위로부터 유래된 한 묶음의 지적인 명제들이 되어서는 안되며 오히려 기독교적 체험의 정밀 작업이어야 한다. 사실 기독교는 체험에 토대를 두고 있으므로 과학 또는 철학 같은 범주가 다른 형태의 지식을 다루는 학문으로는 논박할 수 없는 것이다.

이런 전제하에서 슐라이어마허는 기적을 세속화 시켰다. 기적은 실제적인 사건이라가 보다는 그에게 있어서는 상징(Sign)이었다. 모든 유한한 것(every finite things)은 무한자(The infinite)의 상징이라고 보았다. 그래서 모든 자연적이고 평범한 사건은 그것이 종교적인 해석을 가하자마자 기적이 되어 버린다. 우리가 더욱 종교적이 되면 될 수록 우리는 더욱 기적을 모든 곳에서 볼수 있게 된다는 것이다.[120] 이런 까닭에 그에게는 예수님의 동정녀 탄생, 부활, 승천, 재림등은 중요한 교리 내용으로 역설되지 않았다. 그런것들은 기독교 교리에 포함될 수 없다고 그는 강조하였던 것이다. 슐라이어마허는 교회는 각 시대의 역사적 상황에서 발생하는 것이며 따라서 교회의 교리는 세대에서 세대로 급진적으로 변할 수 있다고 가르쳤다. 그는 자기에게 호소력 없는 교훈은 자유로이 버려도 되는 것으로 느꼈다. 그는 일종의 범신론을 가르쳤으며 분명히 인격의 불멸을 부인하였다. 어

---

119) Friedrich Schleiemacher, *On Religion* (New York: Harper&Row, 1958), 36, 39, 45.

120) *Ibid.*, 88.

떤 면에서 슐라이어마허의 신학은 독일 합리주의의 냉기로부터 탈피하는 신선한 변화로 보이기도 하였다. 기독교가 다시 한번 지성만의 종교가 아닌 마음의 종교가 되었기 때문이다. 결국 이런 사상은 성경이 기독교적인 체험의 기록으로 밖에는 타당치 못하게 만들어 버렸다.

독일 신학에 등장하는 또 다른 주요 이름은 알브레히트 리츌이다. 헤겔의 형이상학, 교의적 정통성, 슐라이어마허의 신학체계를 물리치고 리츌은 종교적 지식은 역사적 사실에 기초를 두고 있지 않고 저들 사실에 대하여 우리가 내리는 가치 판단에 기초를 두고 있다고 가르쳤다. 그는 교회는 사회공동체이며 의롭다 하심은 직접 개인에게 전달되는 것이 아니라 공동체를 통하여 중재되는 것이라고 역설하였다. 리츌은 인격적 하나님, 기독교 교리의 원천으로서의 성경(그러나 물론 우리의 가치 판단에 의해 해석된), 그리고 그리스도의 유일성을 믿었다. 그러면서도 그는 또 그리스도의 선재, 속죄의 형벌설, 죄의 유전 같은 교리들을 거리낌 없이 배격하거나 수정하였다. 이러한 사고는 특히 영국과 미국으로 리츌주의(Ritschlianism)라는 이름으로 퍼져 나갔다. 이러한 자유주의 신학은 소위 '신신학' (New Theology)[121]이라는 이름으로 미국 기독교에 정착되기 시작한 것이다. 이

---

121) 코텐(K. Cauthen)은 그의 저서「미국적 자유주의 신학의 영향력(*The Impact of American Religious Liberalism*)」에서 아주 요약적이고 명백하게 자유주의 신학의 원리를 진술하고 있다. 그는 연속성(continutity), 자율성(autonomy), 그리고 역동성(dynamism)이라는 세 가지 개념을 가지고 미국 자유주의의 본질을 발견했다. 자유주의는 기독교로 하여금 과학과 또 과학이 제시하는 것과 같은 우주와 모순되고 충돌되는 것을 일체 제거하고 하나님, 인간, 그리고 창조 사이를 하나의 연속성을 강조한다. 이런 연속성 속에서는 성경이 과학과 모순되거나 충돌되는 것은 없다. 코텐은 자유주의의 바로 이 연속성 적용으로 인해 나타난 9개의 결과에 대해 다음과 같이 제시한다. (1) 자연과 은총, 자연과 초자연이라는 역사적 구별이 제거되고, 새로운 신의 우주 편재라는 이론이 나오게 되었다. 초자연적인 것은 더 이상 우리 인간의 시공(時空) 세계를 파고 들어온 하늘에서부터 수직적으로 내려오는 사건이 아니라. 우주의 자연질서 속의 단지 하나의 수평적 사건이다. (2) 정통주의 변증론에서 주요소가 되어 왔던 기적 형태의 초자연적인 것들이 거부되고 있다. (3) 계시는 죄인인 사람이 결코 획득할 수 없는 지식을 가지고 하늘에서부터 우리 인간의 세계

런 신신학 특히 리츌의 영향을 받은 사회복음의 창시자 미국 침례교의 월터 라우센부쉬(Walter Rauschenbusch, 1861-1918)가 이런 시대적인 조류에 합류해 다음과 같이 사회복음을 외쳤다.

사회복음은 옛 구원의 메시지가 확장되고 강화된 것이다. 개인주의적 복

로 뚫고 들어오는 행위가 아니다. 특수한 계시도 없으며, 구원적 계시도 없다. (4) 인간은 비록 정도(正道)에서 벗어나는 경우라도 선한 존재로 강조된다. 인간은 확실히 전적으로 타락된 것은 아니다. 신학상의 전반적인 자유주의 프로그램은 하나님께서 진노와 심판으로 반응을 표시하게 될 하나님의 거룩이나 공의에 대한 반항으로서 죄를 부인하는 일이다 (5) 역사적 기독론에 대해 급진적인 변화가 있었다. 나사렛 예수 안에서 아들이신 하나님께서 성육신 하셨다는 역사적 정통적인 교리, 세상 죄를 위해 그리스도의 십자가상에서의 희생적인 죽음, 그의 신체적 부활, 하늘로의 승천 등이 부정되거나 또는 급진적인 재해석이 붙여져서 마침내 원래의 정통적인 내용이 없어지고 말았다. (6) 특별히 미국에서는 "하나님의 부성(Fatherhood)과 인간의 형제성(brotherhood)"이라는 슬로건이 자유주의 신학의 가장 기본적인 주장이 되었다. 한편 그것은 보편 구원설의 주장인 것이다. "구원을 받았다"(saved)와 "멸망을 받았다"(lost)라는 범주들은 만인이 형제들이며 따라서 하나님의 자녀들이라는 점에서 없어진 범주들이다. 하나님이 모든 개개인의 아버지라면 만인이 하나님의 자녀라는 것은 옳은 말일 것이다. 이것은 사회복음에 함축되어 있다. 개인적 및 집단적으로, 사적 및 사회적으로, 모든 사람들은 사랑의 윤리를 가지고 우대를 받아야 한다. (7) 전통적인 종말론이 거부된다. 전통적인 의미의 천국이나 지옥은 없다. 영생은 여기 이생에서 시작되는 영적 생활의 성격이다. 자유주의는 개인적인 불사론(不死論)을 가르치는 데에는 강하지만, 신체적 부활을 "조잡한 물질적 개념"이라 하여 강력하게 부인하고 있다. (8) 그리스도인 비그리스도인, 구원받은자와 멸망받은자, 신자와 불신자의 개념이 상관적이다. 만일 어떤 사람이 예배 및 도덕에 있어서 기독교의 삶의 방법을 의식적으로 따르려 하면 그는 그리스도인이라 칭할 수 있지만, 그렇지 않으면 비그리스도인이다. 그러나 미래 세계에서의 두 개의 분리된 운명을 지니는 구원받은 자와 멸망 받은 자의 절대적 구분은 배격되고 있다. (9) 교회 및 세상의 개념이 상호 의존적이다. 교회는 참으로 세상을 향하여 개방되어 있다. 교회와 하나님 나라는 거의 문자적 의미 그대로 이 세상 안에 함께 숨겨져 있다. 교회는 세상을 기독교화해야 하는데 이것은 곧 모든 인간의 기구들이 기독교의 윤리에 따라 기능을 발휘하도록 유도한다는 의미이다. Bernard Ramm, *The Evangelical Heritag*, 권혁봉 역, 「복음주의 신학의 흐름」(서울: 생명의 말씀사, 1977), 105-7.

> 음은 우리가 모든 인간의 마음속에 있는 죄성을 보도록 가르쳤고 하나님께로 오는 모든 영혼을 구원하기 위하여 하나님의 뜻과 권능안에서 믿음을 갖도록 고취시켰다. 그러나 그것은 사회 질서의 죄성이나 사회속에서 모든 개인들이 죄를 함께 지니고 있다는 사실을 분명하게 이해시키지는 않았다. 그것은 인간 사회의 부동의 제도가 억압과 착취를 반복하는 죄로부터 구원받기 위해서 하나님의 뜻과 권능안에서 믿음을 가져야 함을 깨우치지 않았다. 우리의 죄의식과 구원에 대한 믿음은 그런 가르침 아래서 실상을 파악하지 못했다. 사회복음은 우리가 집단적 죄를 회개하고 더욱 민감하고 현대적인 의식을 갖도록 모색한다. 그것은 우리에게 열국의 구원을 믿은 옛 선지자들이 신앙을 갖도록 촉구한다.[122]

계속해서 그는 사회복음에 대해 강하게 강조하면서 이렇게 말했다.

> 만일 죄가 이기심이라면 구원은 인간을 자신으로부터 하나님과 인류에게로 바꾸는 변화가 되어야 한다. 인간의 죄성은 이기적인 태도에 있다. 그안에서 자신이 우주의 중심이 되고 하나님과 동료들은 자신의 향락을 위해 섬기고 자신의 부를 증대시키고 이기심을 충족시키기 위한 수단이 된다. 그러므로 완전한 구원은 사랑의 태도에 달려 있다. 그 안에서 하나님이 영이 주는 사랑의 충동에 순종하여 기꺼이 자신의 삶을 동료들의 삶과 조화시키는 것이다.... 구원은 자발적으로 영혼을 사회화하는 것이다.[123]

라우센부쉬의 이런 사상과 그의 후예들은 사회적인 증인으로서의 기독교를 강조하기보다는 한층 더 복음과 동떨어진 사회복음을 주창함으로써 복음의 본질을 왜곡시키고 말았다. 라우센부쉬는 개인적 차원의 종교나

---

122) Walter Rauschenbusch, A *Theology for the Social Gospel* (New York: Abingdon, 1945), 5f.

123) *Ibid*.,

사회적 차원의 종교나 모두 회개와 믿음이 요구되며 그리스도인이라면 "우리 사회의 죄악들에 대한 회개, 그리고 새로운 사회질서의 가능성에 대한 믿음"이 있어야 한다고 외쳤으나 그의 추종자들은 개인적 회개와 믿음을 망각하고 기독교 신학을 사회개량을 위한 단순한 대안으로 변질시키고 말았던 것이다.[124] 리빙스톤은 이에 대하여 이렇게 비판하였다: "죄에 대한 그의 생각은 대부분의 자유주의자들이 생각하는 것보다는 훨씬 훌륭했지만 인간의 영적 자유의 부패인 죄의 깊이를 측량하는 데는 실패하였다.[125]" 결국 사회복음은 복음 없는 '교회 사회 각성'을 촉구하는 데는 어느 정도 성공했지만 하나님의 말씀에 근거하지 않는 사회개혁, 개인구원에 기초하지 않은 사회복음은 아무런 가치가 없다는 사실을 입증해 주었던 것이다.[126]

3) 독일의 고등비평

'성경비평' (Biblical Criticism)이란 역사의 원칙들을 성경에 적용한다는 의미의 단어이다. 그런데 여기 '비평'이라는 단어는 잘못 오해 될 소지가 있다. 그 가장 큰 목표는 성경을 갈기갈기 찢어 놓은 것은 아니다. 성경비평은 흔히 '하등(Lower)'과 '고등(Higer)' 두 종류로 나눌 수 있다. 하등비평은 본문의 문제들과 씨름하며, 여러 성경 사본들을 서로 비교하고 분석하여 가장 오래되고 원본에 가까운 본문을 찾아내고자 하는 것이다. 따라서 하등비평은 정통신앙의 입장에서 볼 때 거의 문제 될 것이 없다. 그러나 소위 고등비평은 이와는 전혀 다른 모습을 보이고 있다. 고등비평가가 주로 관심을 갖는 것은 본문의 정확성이 아니다. 그는 단어들의 의미에 흥미를 갖는다. 그는 행간을 읽어서 본문을 뛰어넘어 본문에 묘사한 사건들이 실제로 어떻게 벌어졌는가를 파악한다. 따라서 이를 위해서는

---

124) Woodbridge, Noll, Hatch, *The Gospel in America*, 69.
125) Livingston, *Modern Christian Thought*, 267; *Ibid*., 153.
126) *Ibid*.,

성경의 각 구절들이 언제 기록되었는가, 누가 기록하였는가, 누구에게 어떤 이유로 쓰여졌는가를 발견해야만 하는 것이다. 고등비평가는 우리들이 그 배경을 통해서 볼 때에만 성경을 이해할 수 있다고 믿고 있다. 예를 들어 어떤 시편 하나를 보더라도, 이것이 전통적으로 믿어왔듯이 다윗에 의해 쓰여진 것이 아니라, 포로 상태에 있던 이스라엘인들의 민요로부터 발전된 것이라고 할 때는 그 의미가 매우 달라지게 된다. 이러한 고등비평의 방법론이 비록 새로운 것은 아니라 할지라도 그때까지는 오직 성경 이외의 책들에만 적용되어 왔다. 그러나 19세기에 들어와서는 성경도 다른 고대 서적들과 마찬가지로 역사적 방법론에 기준을 거쳐야 하는 것처럼, 성경에 이러한 방법론이 그대로 적용되기 시작하였다.[127]이 방법은 독일에서 꽃을 피우고 있었다. 이러한 고등비평은 전통적으로 믿고 내려왔던 성경의 영감과 권위에 대한 의문을 제기하였다. 그들은 전통적으로 믿어 왔던 대로 모세가 성경의 첫 다섯권의 책을 썼다고 믿지 않았다. 대신에 그것들은 적어도 네명의 다른 저자들에 의해 쓰여졌다고 하였다.[128]

---

127) Bruce Shelley, *Church History in Plain Language*, 박희석 옮김, 「현대인을 위한 교회사」(서울: 크리스찬다이제스트, 1993), 503.

128) 소위 '문서설' 이라 불리는 이 부분에 대해 아주 간략한 개요를 해두려고 한다. 진 아스트릭(Jean Astruc, 1753)은 창세기의 하나님의 이름의 다양성을 처음으로 유의하게되어 창세기는 여러 가지 다른 자료들의 종합이었다고 결론을 내렸다. 모세는 두 개의 역사적 자료를 사용하였는데 하나는 하나님이 명칭을 "야훼" 혹은 여호와로 다른 하나는 하나님이란 뜻인 '엘로힘' 을 사용하는 자료들을 사용하였다고 주장하였다. 그리하여 후대 저자들은 이 문서설을 5경에 뿐 아니라 후기 작품들에까지 확장시켰던 것이다. 그들은 5경은 모세의 작품이 아니라 다른 무명의 손에 의하여 쓰여진 역사적 단편들을 모은 것에 불과하다고 선언하였다. 이 가설은 독일인 아히호른(Eichorn, 1823)에 의하여 발전되고 후펠드(Hupfeld, 1853)가 수정하고 그라프(Karl H. Graf)에 의해 다시 수정되고 이것이 벨하우젠(Julius Wellhausen, 1873)에 의하여 대중화되었다. 이 문서설 가설의 개략을 통해서 성경의 무오성과 특히 그리스도의 말씀의 진실성을 믿는 자들이 왜 그렇게 크게 관심을 가지는 지를 알기가 쉽다. 오경은 통일체라고 주장하는 것은 명약관화한 일이다. 이는 5경외에 구약의 다른 책들이 5경을 모세의 율법으로 인용하였고 그리스도께서 오경을 참된 자신에 대하여 예언한 모세의 작품이라고 인용하였기 때문이다. 신약성경을 포함한 전 성경의 완전 진실성에 대한 부정적 견해가 널리 퍼진 것은 고등비평의 결과이다.

계속해서 비평가들은 미래를 예언하는 예언서들마저 그들이 예언한 사건들이 뒤에 쓰여진 것이라 믿었으며, 정통적으로 믿어왔던 요한복음도 사도 요한에 의해 쓰여진 것이 아니라고 주장했다. 그러나 이 세부적인 것보다 더욱 중요한 것은 성경이 절대 무오의 권위를 갖고 있다는 사실에 의심의 구름을 더했다는 것이었다.[129)]

고등비평의 중요한 발전의 하나는 "역사적 예수"를 찾아내는 것이었다. 이것은 실제적으로 역사에서 산 예수는 복음서에 기록된 예수와는 다른 것이라는 것을 암시하기 때문에 비평가들은 예수가 실제적으로는 어떠했을까 하는 것을 찾아내기 위해 본문 구절 하나하나를 읽으려고 노력했다. 초기 교회와 복음서의 작자들은 성경적 이해에 많은 것을 덧붙였으므로 후기 부록에서 예수의 진실한 말씀과 행적을 정밀히 조사하는 것이 그들의 목표가 되었다. 19세기 동안 예수의 삶에 대한 수십 가지의 책이 쏟아져 나왔다. 그중 가장 잘 알려진 것은 프레드릭 스트라우스(David Friedrich Strauss, 1808-1874)의 「예수의 생애(*Life of Jesus*)」와 르낭(Ernest Renan, 1823-1892)의 「예수전(*La Vie de Jésus*)」이다. 이들은 예수의 다양한 삶에 대하여 여러 가지 점에서 상충되는 점을 드러냈으나 예수의 생애에 있어서 기적적 요소를 제거하는데 동의하였다. 그리고 과학이 기적을 증거하기에 불가능함으로 실제로 그가 메시야로서 하나님 나라를 건설하기 위해 다시 오실 때 세상이 종말에 이를 것이라는 것을 예수는 실제로 가르치지 않았다고 생각하는데 일치하였다. 이 비평가들 중에는 복음서의 기록이 너무 믿을 수 없으므로 예수는 결코 존재하지 않았다고 말하므로 터무니없는 논리를 정당화하고자 하였다. 예수는 초대교회가 만들어 낸 신화였다는 것이다.[130)] 그런데 이러한 독일로부터 밀려온 고등비평은 지금까지

바로 고등비평의 결과로 그리스도는 부인되고 혹은 그를 단순한 인간으로 변형시키게 된 것이다. R. Laird Harris, *Inspiration and Canonicity of the Bible*, 박종칠 옮김, 「성경의 영감과 정경」(서울: 개혁주의 신행협회, 1982), 17, 21, 20.

129) William Hordern, *A Layman's Guide to Protestant Theology*, 신태웅 옮김, 「현대 신학 이해」(서울: 풀빛목회, 1987), 52.

130) *Ibid.*,

견지해 오던 성경본문의 진위성에 대한 확신에 적지 않은 의심을 불어넣었던 것이다. 지금까지 청교도 선조들로부터 소중히 간직되어 오던 전통적인 성경관, 곧 성경이 영감된 하나님의 말씀이라는 사고가 무너지고 이제 성경은 유대인들이 자신들의 신앙을 정당화시키기 위해 만들어 놓은 신앙의 산물에 불과하다고 생각했다. 당시 독일은 그 학문적인 명성에 힘입어 미국 기독교 지도자들의 학문적 메카 역할을 하고 있었다.

수많은 미국인들이 독일에서 공부를 시작한 것이 1800년대 후반에 와서 부터였다. 독일 신학의 경향은 이렇게 독일에 유학 온 유학생들을 통해 또는 대개 영국의 저자들을 통해 미국에 중개되는 것이 보통이었다. 특히 1870년 당시 기독교에 대한 과학적 연구가 한창 전성시대를 구가하고 있던 독일에서는 18세기 유럽 계몽주의의 토대 위에 구축한 자유주의 신학이 한창 꽃을 피우게 되었다. 웨스트민스터 신앙고백 개정을 강조했던 찰스 브릭스(Charles Briggs, 1841-1913)는 이렇게 자유주의 신학의 전성기에 독일 베를린 대학에서 1866년에서 1869년까지 공부했다.[131] 또한 신앙고백 개정을 주도했던 헨리 반 다이크(Henry Van Dyke, 1852?1933)도 1877년부터 1879년 이작 도르너(Isaak Dorner, 1809-1884) 밑에서 베를린 대학에서 연구했다.[132] 베를린 대학은 계몽주의 시대의 사조를 지배한 헤겔(Hegel, 1770?1831)과 슐라이에르마허(Schleiermacher 1768-1834)가 철학과 신학을 강의했던 곳으로 자유주의 신학의 원조 격 이었다.

1900년 미국「인명록(*Who's who)*」에 수록된 700명의 학자들 가운데 무려 300명이상이 독일에서 유학한 이들이었다.[133] 이들의 영향력으로 인해 독일의 고등비평 신학이 깊이 미국 기독교계에 침투한 것은 당연한 결과였다. 이런 성경의 권위에 대한 붕괴는 자연히 전통신앙에 대한 불신과 더불어 하나님께서 말씀으로 이 세상을 창조하셨다는 창조론에 대한 회의로 이어졌다.

---

131) *Dictionary of Christianity in America* (Intervarsity Press, 1990), 188.
132) *Ibid.*, 1210.
133) 박용규,「한국교회를 깨운 복음주의 운동」, 51.

4) 찰스 다윈의 진화론 사상

찰스 다윈
(Charles Darwin, 1809-1882)

영국의 찰스 다윈(Charles Darwin, 1809-1882)의 진화론 사상은 지금까지 소중하게 간직해 오던 창조론에 대한 일대 의심을 부추겼다. 다윈은 1859년에 출판된 「종의 기원(*The Origin of Species*)」을 통해 현재 지구상에 있는 생물의 종류들은 '자연도태'(natural selection)의 과정을 통해 보다 단순한 생명의 형태에서 발전해 왔다는 결론을 내렸다. '적자생존'으로 불리는 이 자연 도태 과정은 곧 생물 중 어느 종이 세계의 조건에 가장 잘 적응하여 재생산 할 수 있는가? 가 자연적 힘에 의해 결정된다는 것이다. 「종의 기원」은 하나님께서 이 세상을 직접 창조하셨다는 창세기의 기록과 완전히 배치되는 것이었다. 더구나 다윈의 인류의 발생도 「종의 기원」에서 묘사된 진화론적 과정에서 벗어 날수 없다는 그 주장을 다음에 출판한 「인간의 혈통(*The Descent of Man*, 1871)」에서 제기했다.

이 책은 자연 도태의 법칙을 인간에게 적용한 것으로서, 그 결론은 아마 인간의 선조는 원숭이 비슷한 동물이었으리라는 것이었다. 이것은 지구상의 인간의 존재를 설명하는데 더 이상 하나님도 성경의 창세기 기사도 필요하지 않다는 것이다. 다윈의 학설은 기독교의 창로론, 죄론, 구원론 등 핵심적인 교리를 위협하는 것이었다. 그뿐만 아니라 진화론은 성경이 인간의 종교적 의식에 의한 진화적인 산물이며, 역사는 완성을 향한 진화의 과정이라고 주장하였다. 인간은 원죄로 인한 죄인이 아니며 따라서 그리스도의 대속적 구원이 필요하지 않다. 이 세상의 종말은 하나님의 개입과 그리스도의 재림으로 이루어 지는 것이 아니라 인간의 노력에 의해서 점진적으로 개선되어 완성에 이르는 것이다. 또한 다윈의 적자 생존의 법칙은 인종간의 우월과 열등이 있다는 생각[134]을 갖게 했으며 윤리의 절대적 근거나 기준이 있다는 것을 부정하는데도 이용되었다.[135]

다윈의 추종자였던 영국의 사회학자 허버트 스펜서(Herbert Spencer,

---

134) 이 부분의 대표적인 예를 독일의 국가 사회주의에서 찾아볼 수 있다. 프랭클린 보머(Franklin L. Baumer)는 이렇게 설명하고 있다. "독일의 국가 사회주의는 보수적 급진주의, 급진적 보수주의를 제시했으나 중요한 차이점이 있다. 나치의 "학설"은 근대 산업사회에 대한 적대감을 훨씬 많이 선언하였으며 국가를 민족에, 그리고 민족을 인종에 종속시켰다. 이것은 알프레드 로젠베르크의 「20세기의 신화」에서 잘 발견될 수 있다. 로젠베르크의 학설은 결코 정치철학이 아닌 "세계관"이자 심지어 종교라고 할 수 있었다. 그러나 그 세계관에는 정치철학 혹은 적어도 사회철학이 뿌리박혀 있어서 진정 독일사회의 급격한 변화를 촉구하였다. 히틀러와 마찬가지로 그는 역사에서의 퇴화에 대하여 여러 번 언급하였다. 그는 이런 퇴화가 부당한 인종 혼합에 의하여 발생되었다고 말하면서, 인간의 모든 행동을 결정하는 "혈통법칙" 혹은 "자연의 통치"로 되돌아감으로써만 교정될 수 있다고 하였다. 20세기에 당면했던 독일인들의 문젯거리는 여기에 있었다. 즉 인종적인 혼돈상태로 후퇴해 버리든가 아니면 민족과 인종에 기반을 둔 "새로운 삶- 신화"를 의지로써 원하느냐의 문제였다. 로젠베르크의 모델은 많은 나치주의자들과 마찬가지로 보다 이른 형태의 사회이자 기독교 이전의 사회였으며, 대체로 농업적이었으며 "혈통과 토양"이라는 원칙에 의하여 주도되는 민족주의적이며 군국주의적인 사회였다. 사실상 나치주의자들은 아리안 인종과 유대인종사이의 인종적인 불평등뿐만 아니라 지배인종 자체 내에서도 사람들 사이에 근본적인 불평등이 존재한다고 선포하였다. 히틀러 자신은 대중들이 빈약한 이해력을 가지고 있다고 말하면서 경멸감을 표명하였다. 그는「나의 투쟁」에서 "본성에 충실한" 사회는 "귀족적인 원칙 위에 서서" "민주적이고 사회주의적인 대중투쟁"을 배척해야 한다고 공개적으로 말하였다. 그리고 이 사회는 그 인종적인 기원이 공통되지만 본질적으로는 귀족적이며, 문화, 국가, 개인과 집단의 생활 등 모든 것에 스며들 수 있는 "민족정신"에 충실한 사회이다. 그리고 이 사회는 그 자체로서 어떤 사회와도 다른 독특한 것이지만 분명히 성장할 수 있거나 "생성"중이기 때문에 정적이지 않다. 결국 로젠베르크는 스스로 믿었던 바대로 게르만적인 중세로까지 소급되며, 사랑보다는 오히려 명예에 기반을 둔 "혈통의 종교"를 설교하였다. 그에 따르면 역사상 기독교에 의해서 방해를 받았으며 궁극적으로는 신비하며, 정의 내릴 수 없는 이 종교는 언젠가 독일인들이 다가오는 제국을 건설한다면 반드시 부활할 것이다." Franklin L. Baumer, *Modern European Thought-Continuity and Change in Ideas, 1600-1950*, 조호연 옮김, 「유럽 근현대 지성사」, (서울: 현대지성사, 1999), 679-81.

135) 이장식, 이형기, 김홍기, 정용석, 황정욱 공저, 「기독교사상사Ⅲ」(서울: 대한기독교

1820-1903)의 「조직철학(*Systematic Philosophy*)」은 더 공격적이었다. 인류는 물론 생명이 있는 모든 존재는 단순한 형태에서 복잡한 형태로, 상대적 불량한 생활방식에서 우량한 생활방식으로, 원시적 상태에서 고도의 복잡한 상태로 전진하고 있으며, 이제 더 이상 "기독교 신앙과 같은 원시적 신념들"은 필요하지 않다는 것이다. 진화론의 등장, 그리고 다윈의 추종자 스펜서의 작품을 읽은 자들은 "기가 막혀 할 말을 잃었다."136)

그러나 상당히 많은 신앙인들은 진화론에 관한 긍정적인 시각을 가지고 있었다. 시간의 흐름에 따라 자유주의 신학사상을 가지고 있는 사람들은 진화론이 기독교의 기초교리들에 모순된 것이 아니라 오히려 보충해 주는 것이라고 생각하게 되었다. 이들은 성장과 발전을 하나님께서 스스로를 인간에게 제시해 보여주시는 방도라고 생각하였다. 이러한 진화론은 유럽에서 보다 미국에서 더 큰 반응을 일으켰다. 한편에서는 진화론을 수용하면서 성경과 기독교 역사에서 합리적이로 객관적인 진리를 찾으려고 하였고, 다른 한편에서는 기독교 신앙과 과학적 세계관을 조화시키려는 현대주의적 입장을 거부하고 무신론적인 과학의 공격으로부터 신앙을 수호하려고 하였다. 미국에서의 다윈주의는 현대주의자들과 근본주의자들 사이에 벌어진 전투에서 항상 중심적인 위치에 있었다.137)

1892년 브룩쿨린 소재 플리머스 교회 목사였던 라이먼 애봇(Lyman Abbot, 1835-1922)은 「기독교의 진화(*The Evolution of Christianity*)」라는 책을 저술했다. 그는 서문에서 다음과 같은 독특한 입장 표명을 하고 있다.

> 신신학은 불신앙으로 기울어지지 않는다. 이것은 그와 반대로 신앙을 보다 이해할 만하고 신빙할 만한 용어로 표현함으로써 신앙을 유지하려는 노력인 것이다. 이 책의 독자들은 내가 진화론자가 되기 위해 기독교의 신앙을 포기한 것이 아니라, 역사적 기독교 신앙은 진화론의 철학의 용

서회, 2002), 134.

136) *Ibid*., 65.

137) *Ibid*., 135.

> 어로 진술될 때 보존될 뿐 아니라 이교적 사상과 정서까지 잘 정화되어 보다 순수하고 보다 강력한 형태로 소개 될 수 있다는 것을 보여 주려고 노력한 것이라는 것을 발견하기 바란다.[138)]

그는 진화가 자연에 임재하시는 하나님의 뜻에 의해 이루어지는 것는 것이기에 인간이 최초의 완전한 상태에서 타락했다는 전통적인 견해를 거부했다.

> 전통적으로 말하는 타락과 구원은 진화론과는 부합되지 않는다. 이 둘을 조화시키기는 불가능하다. 진화가 모든 생명체가 낮은 상태로부터 시작해서 점차적으로 높은 상태로 발전한다고 주장한다.... 타락이란 선사 시대에 인류의 조상들에 의해 저질러진 역사적 불순종의 행위로 인해 죄된 본성이 이어지는 것이 아니다.... 그것은 개인의 영혼이 높은 삶의 유리한 위치로부터 낮은 동물의 삶으로 의식적이고 고의적으로 떨어지는 것이다.[139)]

이런 입장을 증명이나 한 듯이 그는 이 저술에서 "물리적 세계와 아울러 영적 세계에서도 바로 하나님이 그 비밀이시며, 빛의 원천이시다."[140)] 라고 주장하였다. 그리하여 그는 성경, 교회 혹은 영혼까지의 진화를 논하였던 것이다. 작가요 신앙 부흥운동가인 헨리 드러문드(Henry Drummond, 1851-1897)는 진화를 도덕적으로 이해하였다.

> 진화란 무엇인가? 창조의 방법이다. 그 목적은 무엇인가? 더욱 완전한

---

138) Lyman Abbot, *The Evoulution of Christianity* (Boston: Houghton Mifflin, 1894), iv; David O. Beale, 「근본주의의 역사」, 105에서 재인용.

139) Lyman Abbot, *The Evoulution of Christianity* (Boston: Houghton Mifflin, 1894) 206, Livingston, *Modern Christian Thought*, 238-39, 이장식外, 「기독교 사상사Ⅲ」 136에서 재인용.

140) 브루스 셸리, 「현대인을 위한 교회사」, 502 재인용.

생명들을 만드는 것이다. 기독교란 무엇인가? 창조의 방법이다. 그 목적은 무엇인가? 더욱 완전한 생명들을 만드는 것이다. 진화는 무엇을 통해서 일하는가? 사랑을 통해서이다. 기독교는 무엇을 통해서 일하는가? 사랑을 통해서 이다. 진화와 기독교는 같은 창조자, 같은 목적, 같은 정신을 가지고 있다. 기독교는.... 생물의 진화가 작용하는 똑같은 차원에서 인간의 육체와 정신과 영혼을 받아 들인다. 그리고 기독교는 합리적인 법칙이 주관하는 과정을 통해 인간의 상승을 마무리 짓는다.[141)]

제임스 매코쉬

(James McCosh, 1811-1894)

제임스 매코쉬(James McCosh, 1811-1894) 역시 다윈주의의 선봉자의 역할을 했다. 유명한 프린스톤 대학 총장이었던 제임스 맥코쉬는 진화론의 가르침을 대학에 보편화시키는데 결정적인 역할을 하였다. 정통신학을 대변해 온 프린스톤 신학교의 자매 학교인 프린스톤 대학에 반기독교 운동을 주도한 아이러니한 현상이 발생한 것이다.

헨리 워드 비쳐(Henry Ward Beecher, 1813-1887)와 같은 종교 단체에 있는 다른 인물들은 진화론은 "하나님이 사물들을 다루시는 방법"이라는 철학자 존 피스케(John Fiske)의 주장을 반영하면서 신자들에게 진화론 사상의 열정적인 해석자가 되었다.[142)]

이러한 다윈주의는 미국 내 보수주의자들의 거센 반발을 받았다. 그들은 다윈주의를 수용하는 현대주의자들이 성경의 가르침과 기독교 신앙을

---

141) Henry Drummond, *The Ascent of Man*(New York: 1984), 45-46, 428, 438-439. Welch, *Protestant Thought in the Nineteenth Century*, vol. 2, 207f; 이장식 외 「기독교 사상사Ⅲ」, 137에서 재인용.

142) Bradley J. Longfield, 「미국 장로교회 논쟁」, 28.

143) *Ibid.*, 138.

왜곡했다고 맹렬하게 비난했다. 프린스톤 신학교의 찰스 핫지는 다윈주의가 하나님의 창조섭리와 인간의 기원에 관한 성경의 가르침에 정면으로 위배된다고 말하면서 그것은 무신론이라고 단언했다. 이런 그의 입장을 근본주의자들은 자연스럽게 받아들였고 1925년 일명 원숭이 재판이라고 불리는 스콥스 재판(Scopes Trial)을 초래하게 된 것이다.143) 다윈주의는 자연과 인간에 대한 하나님의 섭리와 역사에 대한 재고를 불가피 하게 했다.

> 기독교 사상에 대한 다윈주의의 공헌은 매우 컸다. 그것은 성경에 대한 오래된 해석들에 대해 의문을 제기 했으며, 하나님과 인간에 대한 전통적 개념들에 도전했고, 신학이 새로운 형이상학 범주에서 그 교리들을 다시 인식하게 했다.144)

다윈주의에 의해 제기되었던 문제들은 후일 화이트헤드(Alfred North, Whitehead, 1861-1947)나 하트숀(Charles Hartshorn, 1897-2000)과 같은 과정 철학자들과 과학자이며 신학자인 떼이야르 드 샤르댕(Teilhard de Chardin, 1881-1955)에 의해 계속해서 논의되었다.145)

(2) 근본주의 대(對) 현대주의 논쟁의 실례(實例)

독일의 고등비평, 다윈의 진화론, 19세기 미국 사회의 대 변동등으로 인해 개신교 공동체 전체는 엄청난 변화를 맞기 시작했다. 그 변화 중 하나가 그 당시 점점 세력을 넓혀가고 있는 현대주의 사상의 영향으로 인해 그동안 칼빈주의적 전통을 고수했던 자들이 조금씩 자신들의 입장을 시대에 맞게 조정하려는 움직임이 일어나기 시작한 것이었다. 산업화로 인한 가치관의 혼란, 전통적인 성경권위의 추락, 창조론에 대한 의심 등은 지금까지 없었던 엄청난 혼란을 미국 개신교에 안겨 주었다. 이런 외부로부터

---

144) Livingston, *Modern Christian Thought*, 241; 이장식 외, 「기독교사상사Ⅲ」, 138
145) *Ibid.*,

의 도전에 직면한 미국 기독교는 두 가지의 극단적인 사조로 흐르기 시작하였다. 첫째는 이런 현대사조에 따라 복음을 조정하면서 현대 사회에 적응해야 한다는 움직임이다. 이것이 신학파 입장이었고, 둘째는 전통적인 기독교 신앙을 보존하기 위해서는[146] 현대주의 사조에 대항하여 전통적인 신앙을 사수하고 현대주의 사조와 맞서 싸워 이겨야 한다는 움직임이었다. 이것이 구학파의 입장이었다. 이 두 움직임은 서로 다른 입장 차이로 인해 처음부터 자연스럽게 대립적이고 비판적이었다. 이런 대립은 1870년부터 1925년까지 반세기 동안을 수놓았던 소위 근본주의 對 현대주의 논쟁으로 이어진 것이다.

1) 웨스트민스터 신앙고백 개정에 대한 시도들

남북전쟁이 종결되자 1870년을 전후하여 미국 장로교회는 각기 대열을 정비하여 미국 북장로교회(P. C. U. S. A)와 남장로교회(P. C. U. S)로 새로 출범하게 되었다. 특별히 미국 북장로교의 총회법에 따르면 목사가 되

---

146) 기독교 신앙을 보존하기 위한 '초기 근본주의'에 대한 모습은 다음 글에서 잘 드러낸다. "미국이 도덕적 조상들에 의해 태어났고 영원한 도덕적 기초 위에 새워졌음을 기억해야 한다. 그 선조들은 불로 연단 되고 피로 씻기어진 높은 수준의 그리스도인이었다. 그의 토대는 무오한 하나님의 말씀인 성경이다. 하나님의 손가락으로 쓰여진 십계명은 그의 종교적, 사회적 삶에 있어서 완벽한 안내자이다. 미국의 사상과 삶에서 이런 도덕적 표준이 다소간 약해져 왔다. 이것은 안으로는 사치, 밖으로는 투쟁에서 자유로운 시대의 결과이다. 오직 한가지 처방 밖엔 없다. 나라가 하나님의 말씀의 표준으로 돌아가야 한다는 것이다. 나라는 나라의 성경을 믿고, 사랑하며 살아야 한다. 이것은 저 독일의 파괴적 비평에 대한 반동을 요구하는 바, 그 비평은 마치 빨갱이의 개념과 선전이 그들의 도시 산업 사회에 독소적이고 전복 적인 영향으로 그들의 길을 발견했던 것처럼, 우리 민족의 종교적이고, 도덕적인 삶에 그들의 길을 찾았던 것이다. 성경과 성경의 하나님만이 우리의 유일한 희망이다. 미국은 선택의 폭을 좁혔다. 미국은 가정, 학교, 대학, 교회, 주일학교에서 성경을 그 역사적 위치로 회복시켜야 하며, 이처럼 일상생활과 사상을 통해 그 도덕적 삶과 신앙을 소생시키고 다시 세워야 하는바, 그렇지 않으면 미국은 이 중대한 시기에 세상을 붕괴시키고 무너뜨릴 것이다." Marsden, 「근본주의와 미국문화」 159.

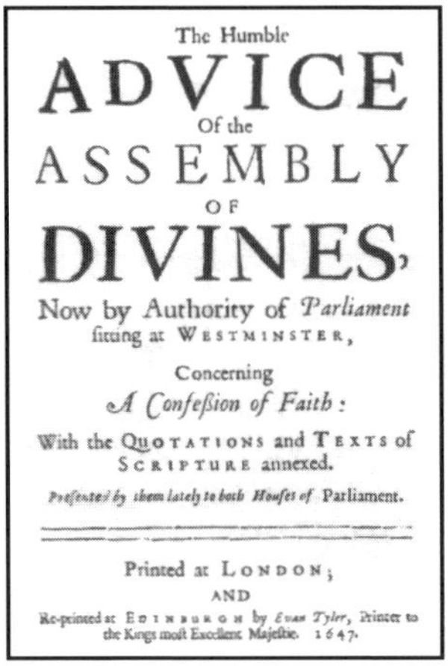

The Humble
ADVICE
Of the
ASSEMBLY
OF
DIVINES,
Now by Authority of Parliament
sitting at WESTMINSTER,
Concerning
A Confeßion of Faith:
With the QUOTATIONS and TEXTS of
SCRIPTURE annexed.
Presented by them lately to both Houses of Parliament.

Printed at LONDON;
AND
Re-printed at EDINBURGH by Evan Tyler, Printer to
the Kings most Excellent Majestie. 1647.

웨스트민스터 신앙고백서(1647판)

기 위해서는 다음과 같은 질문에 대한 긍정적인 답변을 해야 했다.

첫째, 당신은 신 · 구약 성경이 하나님의 말씀이며 신앙과 행위에 있어서 유일무이한 규칙인 것을 믿는가?
둘째, 당신은 성경에서 가르친 교리의 체계를 포함한 교회의 신앙고백을 승인하고 신실하게 받아들이겠는가?
셋째, 당신은 북장로교(P. C. U. S. A)의 정치와 규율에 순종하겠는가?147)

그런데 두 번째 질문에 표현된 "성경에서 가르친 교리의 체계를 포함한 교회의 신앙고백" 즉 웨스트민스터 신앙고백에 대하여 1887년의 후반기 몇 달 동안 「뉴욕 복음지(*the New York Evangelist*)」에 실린 일련의 논문들에서 갑론을박 논평이 있었다.148)

이러한 상황 속에서 롱 아일랜드의 낫소(Nassau) 노회가 가장 먼저 1888년 총회에 신앙고백서 개정안을 헌의했다. 그러나 그 개정안은 회무가 많다는 이유로 "다음 총회에 언급하기로" 했다.149) 다음 총회가 있기까지 낫소 노회는 다른 노회들에게 스코틀랜드와 영국 장로교회의 예를

---

147) Thomas G. Cross, *Historical Background and Development of the Reformed Presbyterian Church Evangelical Synod*(Greenville, South Crolina: T. G. Cross, 1968), 1.

148) 대부분은 신앙고백의 개정에 관한 기사들로 300개 이상 발표되었다. 다음을 참조하라; Winthrop S Gilman, *Confessional Revision: being a collection of 395 articles that have appeared in the religious press between September, 1887, and October 1890, on the subject of revising the Westminster Confession of Faith*. Pittsburgh: [s. n.], 1890; cf., Lefferts A. Loetscher, *The Broadening Church*, 41.

149) *Minutes of The General Assembly of the Presbyterian Church in the United States of America*, 1888, 150.

인용한 전단을 돌렸다. 결국 1889년에 14~15개의 노회들이 나소(Nassau) 노회의 헌의안에 동의하며 웨스트민스터 신앙고백서에 대한 불만을 갖고 약간의 변형을 요구했다. 총회 위원회에서는 각 노회에 다음과 같은 질문에 대한 답변을 요구했다.

1. 신앙고백의 개정을 원하는가?
2. 만약 그렇다면 무엇을 빼고 무엇을 첨가시킬 것인가?[150]

초기 뉴욕 유니온 신학교 전경

이러한 총회의 질문이 나오게 된 배경은 신앙고백개정의 필요성을 강하게 요구하는 자들이 있었기 때문이다. 이와 같이 개정을 지지하는 자들은 필립샤프(Philip Schaff, 1819-1893), 찰스 브릭스(Charles Briggs, 1841-1913), 헨리 반 다이크(Henry Van Dyke, 1852-1933) 등이었으며 개정의 반대했던 신학자들은 윌리암 쉐드(William Shedd, 1820-1894), 프란시스 패튼(Francis Patton, 1843-1932), 벤자민 워필드(Benjamin Warfield, 1851-1921)등이었다. 뉴욕 유니온 신학교가 신앙고백 개정을 주도하는 그룹이었고 프린스톤 신학교는 개정반대 그룹을 주도했다.[151]

필립샤프는 신앙고백서 개정을 지지한 인물로 1889년 총회의 결정을 두고 "1889년 총회는 미국 신학 역사에 새로운 장을 열었다. 옛 칼빈주의는 급속히 사라지고 있다. 우리는 미래의 위대한 사역을 위한 전기를 마련할 신학과 고백을 필요로 한다. 즉 그리스도에 대한 신조에 있어서 기

150) *Ibid.*, 79.

151) George H. Shriver ed, *American Religious Heretics* (New York: Abindon Press, 1966), 94.

필립 샤프
(Philip Schaff, 1819-1893)

독교의 재 연합이다.152)" 라고 표현했다. 샤프는 정통 칼빈주의는 사라지지만 신앙고백의 개정을 위한 총회의 결정을 교회연합의 입장에서 찬성하는 입장에서 이를 평가하였던 것이다. 계속해서 그는 "칼빈주의 체계의 핵심이라 할 수 있는 예정교리는 개정되어야 하며 유기교리는 비성경적이고 하나님의 공의와 선하심에 맞지 않는다" 고 주장하였다.153)

신앙고백서 개정에 대한 반 다이크와 워필드의 견해 비교

반 다이크(Henry J. Van Dyke)는 필립샤프와 찰스 브릭스등 신앙고백 개정에 대한 정당성을 주장하는 대표적인 인물 가운데 하나였다. 그는 웨스트민스터 신앙고백서에 대하여 세 가지 기본 주제들에 대한 개정안을 주장했다. 첫째는 '유기(Reprobation)'에 관한 교리, 둘째는 '유아의 선택(elect infants)'에 관한 문구, 셋째는 '하나님의 보편적 은혜(universal provision)'와 '그리스도 안에서 거저 주시는 구원'(free offer of salvation)에 대한 분명한 설명이 고백서에 부족하다는 것이었다. 개정을 반대했던 워필드는 이러한 반다이크에 대한 주장들을 조목조목 비판하면서 칼빈주의 전통에 근거한 신앙고백의 위상을 높였다. 반다이크와 워필드의 논쟁은 미국장로교회 전체에 걸쳐 벌어진 신앙고백 개정에 대한 광범위한 논쟁들의 도화선이 되었고 특히 세 가지 비평에 그 초점이 모아졌다.

첫째는 유기(Reprobation) 교리이다. 반 다이크는 진정한 칼빈주의자들

152) Philip Schaff, *Creed revision in the Presbyterian Churches* (New York: Scribner, 1890), 12.

153) Philip Schaff, "The Revision of the Westminster Confession of Faith," *The Princeton Review* 10, October, 1888, 534.

은 은혜를 베푸는데 있어서 하나님의 주권과 모든 사람을 위한 하나님의 무한한 사랑은 기독교 신학의 핵심이므로 양자를 모두 수용해야 한다고 주장하면서 웨스트민스터 신앙고백서의 개정을 촉구했다. 그가 쓴 "Revision of the Confession of Faith" 라는 글에서 이 부분에 대하여 구체적으로 언급하고 있다.

> 우리가 불평(항의)하는 것은 교회가 그 교리에 지나치게 매여 있다는 점이 아니라, 그 교리가 어떤 특정한 요소들에 있어서 교회의 믿음을 표현하기에 충분히 명쾌하지 않다는 것이다. 신앙고백서 안에서 우리 중 어느 누구도 믿지 않는 진술들을 고수하는 것은 우리의 사기를 꺾는 것이며 우리의 믿음을 세상에 와전시키는 것이다. 우리는 그러한 진술들이 그 신앙고백서에 있으며, 성경에서 가르치는 교리 체계를 드러내는 데 있어서 한 가지 근본적인 누락과 결점이 있음을 주장한다. 즉, 모든 인간을 위한 하나님의 사랑과, 모든 이를 구원하기에 충분하고 모든 이에게 적용되며 모든 이에게 제공되는 복음의 충만함에 대해서 어디에서도 선언하고 있지 않다는 것이다. 또한 우리는 그 신앙고백서가 성경이나 사실에 뒷받침하지 않는 로마 가톨릭 교회와 관련하여 극도로 보수적인 몇몇 선언이 담겨 있음을 선언한다.[154)]

윗글을 보면 신앙고백서 제3장 하나님의 영원하신 작정에 관한 개정의 필요성을 반다이크는 강하게 언급하고 있다. 그가 신앙고백에 반대하는 이유는 "모든 인간을 위한 하나님의 사랑" 과 "모든 이에게 제공하는 복음의 충만함" 다시 말해 "하나님의 우주적 사랑" 을 제대로 표현하고 있지 않다는 점이다. 반다이크는 하나님께서는 왜 어떤 사람들은 선택하셨는가? 또는 왜 어떤 사람들은 버려 그들이 죄 가운데 멸망하게 하셨는가? 라는 입장에서 하나님의 우주적 사랑이 제대로 표현되고 있지 않다고 지적했다. 이에 대하여 워필드는 "내가 보기에 이것은 정죄의 교리와 웨스트민스터

154) Van Dyke, "Revision of the Confession Faith," *Presbyterian*, August 17, 1889, 1.

신앙고백서의 의도 둘 모두를 잘못(이상한 헷갈림) 이해하여 나온 것이다." 라고 말하면서 다음과 같이 설명하고 있다.

> 개혁주의 교리는 언제나 다양한 이름 아래 '간과'와 '정죄'를 구별해 왔다. 선택이 하나님의 주권에 의한 것이라면 간과 역시 반드시 하나님의 주권이다. 그런데 오직 간과의 결과인 정죄는 "그들의 죄"로 인한 것이다.…인간들이 죄인들이라는 사실은 간과의 주권성에 영향을 미치지 않는다. 그것은 오직 간과에 의해 그들이 받게 될 취급에만 영향을 미칠 뿐이다. 예를 들어, 거룩한 천사들 가운데 하나님은 어떤 몇몇에게는 높은 수준의 섬김을 수행하게 하시며 그들이 그 일에 걸맞도록 특별한 은혜의 선물을 주신다. 나머지 세계를 "버려두는 것"은 타락한 인간의 간과와 마찬가지로 공의로운 것이다. 그러나 그 결과적인 취급은 간과의 "효과"가 아니라 "결과"이다. 선택이 간과의 원인이다. 몇몇을 선택하는 것은 "그 나머지"가 버림을 받는 원인이다. 그러나 죄는 간과된 자들이 어떠한 취급을 받는지를 결정짓는 원인이다. 죄는 정죄의 원인은 아니지만(그렇지 않을 경우, 마찬가지로 죄인들인 택함 받은 자들 역시 정죄 받을 것이다. 인간이 정죄 받을 만한 상태에 있게 만드는 원인이다.155)

---

155) Warfield, "Prof. Warfield's Reply to Dr. Van Dyke," *Herald and Presbyter*, August 21, 28, September 4, 1889, John De Witt, Henry Jackson Van Dyke, Benjamin Breckinridge Warfield, *Ought the Confession of Faith to be revised?* (New York: [s.n.], 1890), 53. 워필드는 신앙고백서 제3장 "하나님의 예정"에 대하여 다음과 같이 극찬하고 있다. "신앙고백서의 제 3장으로 돌아가서 그 구조에 주목하여 보자. 제 3장은 하나님의 일반적인 작정에 대한 가장 훌륭하고 신중하며 아름다운 진술로 시작된다. 이것은 제 1, 2절의 아주 작은 공간에 압축되어 왔다. 그 다음에는 하나님의 피조물들의 운명을 다루는 특별 작정으로 나아가면서, 이 주권은 독특하고 바꿀 수 없는 작정으로서, 피조물의 운명(제 3, 4절)이라는 영역까지 확장된다고 주장한다. 그리고 다양한 계층들에 따른 하나님의 결과적인 다루심에 대한 아웃라인(제 5-7절)을 그린다음, 이러한 위대한 신비를 조심성 없이 다루지 말라는 경고(제 8절)로 끝을 맺는다. 이것은 참으로 적절하며 근본적인 교리에 관한 이 놀랍게도 간결하며 완전하고 신중한 진술을 세부적으로 설명하는 것은 기쁜 일일 것이다."

워필드는 정죄와 간과를 정확히 설명함으로 간과는 하나님의 주권에 속한 것으로 언급한다. 그러므로 신앙고백서 3장을 해석할 때 핵심은 왜 누구는 선택하고 누구는 버렸는가 하는 것이 아니고 왜 선택하고 왜 버렸느냐 데 있다. 즉 하나님의 선택과 유기가 대상에 위한 것이 아닌 선택과 유기 행위의 이유를 묻고 있는 것이다. 그 대답은 "자기 자신의 영광을 위해서이다."[156] 반 다이크는 "그들의 죄로 인해(for their sins)"라는 구절을 3장 3절에 삽입해야 한다고 주장했다.[157] 이러한 반다이크의 주장에 대하여 워필드는 다음과 같이 반박했다.

> 이제 우리는 우리의 관심은 "그들의 죄로 인해"라는 문구를 제 3항에 삽입하기를 열망하는 반 다이크 박사가 제안한 개정사항을 받아들일 경우 어떤 영향을 받겠는가 하는 물음뿐이다. 그는 묻는다. "개정을 반대하는 사람 중에 누구라도 이 단어들을 추가하는 것이 우리 신앙고백서의 완전성을 망가뜨릴 것이라고 주장하는 사람이 있는가?" 나는 주저 없이 "그렇다"고 말한다. 이 단어들을 제3절에 삽입하는 것은 아름답게 정돈되고 신중하게 표현된 이 장에서 이 진술의 논리적 질서와 정확성에 견딜 수 없는 혼란을 불러 올 것이다. 하나의 계층(class)에 대한 하나님의 실제적인 다루심에 대한 근거를 두 계층들이 차별된다는 사실로 조급하게 도입하는 것이다. 그것은 (주권적인) 간과(Preterition)의 다루심과 (죄에 근거한) 정죄를 혼동시킬 것이다. 그것은 제7절을 불필요한 것으로 만들기 위해 전체 장을 심한 혼란 속으로 몰아넣을 것이며, 더욱 풍성한 구절에 대하여 유감스러운 대체물을 제공할 것이다.[158]

---

156) Williamson, *The Westminster Confession of Faith*(Philadelphia: Presbyterian and Reformed Publishing Co, 1980), 34.

157) Van Dyke, "Dr Van Dyke on the Action of the New Brunswick Presbytery," (Herald and Presbyter, July 31, 1889) in John De Witt, Henry Jackson Van Dyke, Benjamin Breckinridge Warfield, *Ought the Confession of Faith to be revised?* (New York: [s.n.], 1890), 44. 하나님은 자신이 영광이 드러나도록 작정을 하심으로서 어떤 사람과 천사들은 영생을 이르도록 예정이 되었고 다른 사람들과 천사들은 **그들의 죄로 인해**(for their sins) 영원한 죽음에 이르도록 예정되었다.

둘째는 선택된 유아(elect infants)와 타락 전 예정설(Suralap-sarianism)에 대한 것이다. 반 다이크 '선택된 유아'에 관한 문구와 타락 전 예정설에 대해 이의를 제기했다.

> 우리는 아무도 유아기에 죽은 유아들이 지옥에 떨어진다는 것을 믿지 않는다. 장로교회 목회자들 그것을 믿는 사람은 아무도 없으며, 그러한 교리를 설교하는 것을 참아 낼만한 회중들도 없다. 지금 우리는 왜 웨스트민스터 총회의 상반되는 관점들 사이에서 하나의 타협으로써 채택되었고, 또한 교회 안팎의 수많은 사람들에게 우리 모두가 거부하는 것을 용인하는 듯 보이도록 하는 구절들을 왜 우리의 신앙 고백 안에 두어야만 하는가? 우리는 유아들이 모두 선택받았다고 믿기에 "선택된 유아들"을 "유아기에 죽은 모든 유아들"로 바꾸는 데서 어떤 피해가 날 수 있겠는가? 혹 그것이 너무 강해보인다면, 모호한 구절들을 줄이고, 유아들이 선택받은 자들 중 특정한 계층이라고 하는 언급들을 생략하는 것이 어떠한가? 우리가 진정으로 믿는 것을 말할 수 없다면, 차라리 아무 말도 하지 못하게 하라.
>
> 다시 말하지만, 우리 중 아무도 타락 전 예정설 곧 하나님께서 인간을 단지 창조물로서의 영원한 죽음에 운명 지으셨거나 혹은 그가 인간을 지옥에 떨어뜨리기 위해 지으셨다는 교리를 믿지 않는다. 우리 전 세대의 어떤 사람들은 그러한 관념들을 붙들었다. 칼빈은 결코 그들이 했듯이 모든 인간 행동이 하나님의 창조물이며 한 사람이 구원받을 수 있기 이전에 반드시 지옥에 떨어져야 한다고 가르치지 않았는데도 불구하고, Emmons와 Hopkins같은 사람들은 탁월한 칼빈주의자로 여겨져 왔다. 웨스트민스터 총회에는 이러한 몇몇 고등 칼빈주의자들이 있었고, 그들이 자신들의 유별난 관점을 신앙고백서의 몇몇 진술들에 가미하는 것이 허용되었다. 하지만 어째서 우리가 우리 중 아무도 믿지 않으며, 모든 신학교수들이 거부하고, 우리의 교리에 치욕이 될 뿐인 것을 우리의 신조 안에 유지시켜야 하는가?[159]

---

158) Warfield, "Prof. Warfield's Reply to Dr. Van Dyke," 53.

159) Van Dyke, "Revision of the Confession Faith," 1.

워필드는 신앙고백서 제3장에 대한 오해들 가운데 두드러진 것은 제10장 3절[160]의 해석이라 표현하면서 '선택된 유아'에 대한 반다이크의 진술을 다음과 같이 거부했다.

> 신앙고백서의 제창자들 가운데에는 이 문제에 대해 "유아기에 죽는 택함 받은 유아들"과 "유아기에 죽는 택함 받지 못한 유아들"이라는 그러한 구분은 없다. 그들이(웨스트민스터 신학자들, 필자 註) 생각한 구분은 "말씀과 성령"에 의해 구원을 받는 "성인으로 성장하는 택함 받은 유아들"과 말씀과는 별개로 성령에 의해 구원을 받는 "유아기에 죽는 택함 받은 유아들"이다. 이것이 바로 그들이 이 구절을 작성할 때 그들이 생각했던 대구(對句, antithesis)이다. 또한 그들은 독자가 "유아기에 죽는 택함 받은 유아들"이라는 단어들을 읽으면서 이것이 성인으로 성장하는 유아들의 반대편이라는 것을 이해하리라 예상했다. 요약하자면, "유아기에 죽는 택함 받은 유아들"은 "택함 받은 유아들 중 유아기에 죽는 자들"이란 말과 동일하며 "유아기에 죽는 유아들 중 택함 받은 자들"이라는 말과는 전혀 다르다. 이것은 사고의 진전에 절대적으로 필요한 것이다. 그러므로 이 문구는 유아기에 죽는 택함 받지 않은 유아들이 있는지에 관한 질문을 야기하지 않는다. 여기에서 그 질문을 제기하는 것은 완전히 불필요하다. 또한 신앙고백서의 작성자들이 이 문구를 쓸 때 이 문제를 염두에 두고 있지 않았으므로, 이 부분에 대한 해석에 있어서 웨스트민스터 신학자들 대부분이 유아기에 죽는 택함 받지 않은 유아들이 있

160) 유아 시에 죽는 택함받는 유아들은 그 기뻐하시는 때와 곳과 방법으로 역사하시는 성령을 통하여 그리스도에 의해 중생(重生)되고 구원을 얻는다. 또 말씀의 사역에 의해 외적으로 부름을 받을 수 없었던 다른 모든 택함 받은 사람들도 유아의 경우와 동일하다(Elect infants, dying in infancy, are regenerated, and saved by Christ, through the Spirit, who works when, and where, and how He pleases: so also are all other elect persons who are incapable of being outwardly called by the ministry of the Word. 10장3절). 워필드는 "문제의 이 구절은 유아기에 죽는 선택받지 않은 유아들을 필수적으로 함축한다는 주장으로 최근 몇 년간 매우 자주 또한 교조적으로 반복되어 왔다."라고 언급한 후 "그러한 함축은 그 구절에 대한 완전한 오해이다"라고 단언했다.

거나 혹은 있을 수도 있다고 믿었다는 증거는 아무것도 없다.[161]

워필드는 웨스트민스터 신학자들이 '선택된 유아' 를 다룰 때 선택이 아닌 '효과적인 부르심' (Effectual Calling)에 대하여 다루고 있고 이것은 하나님의 택함 받은 자들에게 구원이 적용되는 첫 걸음이라고 언급했다. "하나님의 택함 받은 자들은 말씀의 외부적인 부르심 과 성령의 내적인 부르심의 결합을 통하여 구원을 받는다. 하지만 만약 하나님의 택자가 그들이 이 말씀의 외부적 부르심을 받을 수 있게 되기 전에 죽는다면 어떻게 되겠는가? 그러면 그들은 잃어버린 바 되는 것인가? 제 3절은 아니라고 말한다. 유아기에 죽는 하나님의 택자들은 말씀의 중재 없이 성령의 내적인 부르심에 의해 중생되고 구원을 받으며, 다른 그러한 외부적인 부르심을 받을 수 없는 모든 택자들 또한 그렇다."[162] 그러므로 이 문구는 유아기에 죽는 택함 받지 않은 유아들이 있는지에 관한 질문을 야기하지 않는다는 것이다. 계속해서 워필드는 10장 3절에 대하여 다음과 같이 강조하였다.

> 첫째, 유아기에 죽는 모든 사람들이 택함 받았다는 문장을 여기에 넣는 것은 위치와 질서에 어긋난다. 이것은 택함 받은 사람과 받지 못한 사람들에 대해 다루는 곳이 아니라 하나님께서 어떻게 택함 받은 자들을 구원하시는가에 대해 다루는 곳이기 때문이다. 둘째로, 그러한 문장을 어디에 넣든, 그것은 대부분의 장로 교인들이 믿고 있지만 모든 사람들이 그것을 계시된 진리라고 주장하기에 합당하다고 느끼지는 않는 명백한 진술로서 신앙고백서에 불필요한 부담을 지우는 일이 될 것이다. 내 입장에서 나는 유아기에 죽는 모든 사람들이 구원을 받는다고 전심으로 믿으며 그것을 말씀으로 증명할 수 있다고 믿는다. 하지만 나는 그것을 교리에 대한 교조적 정의로 만들어버리는 것보다는, 신앙고백서가 지금

161) Warfield, "Prof. Warfield's Reply to Dr. Van Dyke," 55-6.
162) *Ibid.*,

> 처럼 성인으로 성장하든지 유아기에 죽든지 하나님께서 모든 택자들을 구원하신다고 주장하도록 두는 것이 훨씬 낫다고 생각한다.[163)]

셋째는 구원과 하나님의 우주적 사랑에 대한 것이다. 반 다이크는 그리스도 안에서 이루어지는 자유로운 구원과 하나님의 우주적 사랑을 강조하면서 신앙고백의 개정의 불가피성을 언급했다.

> 우리는 하나님의 작정은 그 누구도 값없이 복음을 들을 때 그가 그리스도를 믿는 것을 막지 않으심을 믿는다. 또한 그리스도의 속죄를 위한 희생은 모든 인간을 위한 충분성에 있어 무한하다고 믿는다. 이런 점들에 대해서는 장로교회의 신학교들 중에 어떤 차이점도 결코 없었고 지금도 없다. 더욱이, 성경은 그 주제에 관한 선언으로 가득하며 우리의 설교 또한 그러하다. 하지만 우리 신앙고백서에는 교회 전체에 너무나 소중한 이 복음의 진리를 다루는 진술은 단 하나도 없다. 이제 성경에 백 개의 증거 본문들이 있는 선언 즉 하나님의 영원하신 작정이 어느 누구든 그리스도를 믿는 것으로부터 방해하지 않는다는 선언을, 더욱 풍부한 증거 본문들이 있는 또 다른 선언 즉 그리스도의 구원은 하나님의 사랑으로서의 그 충분성에 있어서 무한하다는 선언과 함께 하나님의 영원하신 작정에 대한 장에 삽입하는 것이 어떠한가?[164)]

그는 "God's Infinite Love to Men"라는 글에서 이 부분에 보다 명확하게 언급하며 웨스트민스터 신앙고백에 대한 개정을 강조했다.

> 그리스도가 가르친 두 가지 진리는 해와 같이 명확하다.… 첫 번째는 하나님의 주권으로 죄인들에게 은혜를 주신 것이다. 하나님은 스스로 좋아서 이렇게 하셨다. "하늘과 땅을 주관하시는 하나님 아버지 이러한 일들을 현명하고 똑똑한 이에게는 숨기시고 아이들과 같은 낮은 자들에게

---

163) *Ibid*., 58.
164) Van Dyke, "Revision of the Confession Faith," 1.

> 보여주심을 감사드립니다." 이러한 것을 증명할 다른 성경구절들도 많지만 이것 하나로 충분하다고 생각된다. 두 번째는 그리스도께서 말씀으로만 하신 것이 아니라 그리스도께서 몸소 실천하신 행동에서 하나님의 모든 인간에 대한 사랑과 그의 긍휼은 심지어 자신의 죄로 인해 사라질 자들에게 까지도 미친다는 것이다.… 내가 웨스트민스터 신앙고백서의 개정을 지지하는 궁극적이고 중요한 이유는 그 신앙고백서가 이 두 진리의 관계와 조화를 말하고 있지 않기 때문이다. 그것은 택자들을 선택하시는 하나님의 주권으로 가득하고, 그들을 위한 하나님의 특별한 사랑에 대한 선언으로 넘쳐흐르며, 나는 그 모두를 열렬히 믿는다. 하지만 그것은 그리스도께서 모든 인간의 구세주이시며 누구도 멸망하기를 원치 않으시나 모두가 회개로 나아오기를 바라시는 것을 명백히 가르치고 있는 그 성경들, 그리스도 안에서 하나님의 그러한 행위들과 말씀들에 대한 요약을 전혀 담고 있지 않다. 따라서 일전의 글에서 나는 제의하였다. 우리 신앙고백서에는 인간을 향한 하나님의 무한하신 사랑에 대한 선언이나, 그리스도의 대속의 희생이 모든 이를 위해, 모든 이를 받아들이기에, 또한 모든 이에게 제공되기에 충분하다는 선언이 없다. 이 진술은 무분별하게 된 것이 아니라 신중하며 경건하게, 또한 하나님을 경외함 가운데 만들어진 것이다. … 이러한 연유로, 총회의 요구에 대한 응답으로 나는 감히 우리 신앙고백서의 세 번째 장에 다음과 같은 몇몇 진술을 넣어 개정하고자 제안하는 바이다. "그리스도께서 복음의 구원을 위해 모든 이에게 주어짐으로, 하나님의 영원한 작정은 어느 누구도 그리스도를 받아들이는 데서 막지 않으시며, 또한 그것이 그리스도께서는 온 세상의 죄를 위한 화목제물이시며 하나님께서는 아무도 멸망케 하기를 원치 않으시나 모든 이가 회개하기를 원하신다는 성경의 선언과 모순되는 것으로 해석되어야 하는 것도 아니다.[165]

윗글을 보면 반 다이크는 모든 사람을 위한 구원이 값없이 선포되고 충분히 제공되는 것과 그 구원을 거부하는 데 있어서의 그들의 책임에 대해 "우리 신앙고백서 전체 어디에서도 명확하게 말씀의 가르침을 포괄하

165) Van Dyke, "God's Infinite Love to Men," *Presbyterian*, October 5, 1889, 2.

거나 시사 하는 선언이 하나도 없다"고 불평하고 있다. 이에 대하여 워필드는 두 가지 관점에서 반다이크를 비평하고 있는데 이를 살펴보면 다음과 같다.

> 반 다이크 박사는 하나님의 주권과 그의 사랑을 서로 지나치게 대치시키고 있는 듯하다. 신약의 관점과 같이 (예를 들어 에베소서 1:5와 같이 예정은 하나님의 기뻐하시는 뜻에 따라 이루어지는) 신앙고백서의 관점에서는, 하나님의 택하시는 은혜는 인간을 향한 하나님의 무한한 사랑의 표현이다. 하지만 반 다이크 박사는 하나님의 주권과 인간을 향한 하나님의 사랑을 그 일관성을 나타내기가 힘든 진리들로 매우 날카롭게 대비시키고 있기 때문에, 독자들은 그가 택함의 은혜를 하나님의 사랑에 대한 제한으로 생각한다고 이해하기 쉽다. 따라서 그의 글에서 가장 고귀한 사랑의 실행은 무한한 사랑을 혼탁하게 만드는 역할을 한다. 이 불행한 결과는 일부 "모든 인간에 대한 하나님의 무한한 사랑" 구절 안에 있는 "모든"이라는 단어에 대한 지나친 강조에 기인하는데, 그것은 피할 수 없이 '모든 사람 각각에 대한 공평하고 차별이 없는 분배적인 사랑'이라는 생각을 암시하는 데 이용되었다. 신앙고백서가 "모든 사람을 향한 하나님의 사랑"에 적절한 공간을 주지 않는다는 불평은 따라서 신앙고백서의 구조 안에는 택함 받지 않은 사람을 향한 하나님의 무한한 사랑은 하나님의 은혜를 주심에 있어서의 그의 주권과 공동의 경첩을 이루지 않고 있다는 불평으로 흘러간다.[166)]

워필드의 표현은 하나님의 예정이 하나님의 무한한 사랑의 표현이라는 것이다. 신앙고백서가 마치 죄인들을 향한 하나님의 사랑의 선포인 것처럼 작성되어야 한다고 요구해서는 안되는 것이다. 그것은 설교자가 할 일이다. 반면에, 신앙고백서는 하나님께서 그들을 위해 해 주신 것에 대한

166) Warfield, "God's Infinite Love to Men and The Westminster Confession,"(*The Presbyterian*, November 2, 1889) in John De Witt, Henry Jackson Van Dyke, Benjamin Breckinridge Warfield, *Ought the Confession of Faith to be revised?* 121.

기독교인들의 표현이다. 그러므로 그것이 모든 사람들을 향한 하나님의 사랑에 대한 분명한 인정 이상의 것을 담고 있으리라고 기대해서는 안되며 다만 하나님의 자녀들을 향한 그 사랑의 표현을 더 강조해야 하는 것이다. 계속해서 워필드는 반 다이크의 진술에 대하여 다음과 같이 비판하고 있다.

> 그는 "사람을 향한 하나님의 무한한 사랑"에 대한 명백한 "선포" 외에는 아무것도 만족스럽지 않을 것이라고 고집한다. 반 다이크 박사가 신약의 표면에서 쉽게 찾을 수 있는 것 이상을 신앙고백서에 요구하는 간단한 발언에서 이 요구의 불합리성은 쉽게 드러난다. 신약에는 "인간을 향한 하나님의 무한한 사랑"에 대해 "하나의 명백한 선포"가 담겨 있지 않다. 오해하지 말자. 나는 이 귀중한 진리를 신약의 교리로 만드는 것에 의심을 던지는 것이 아니다. 그러나 이것은 정확한 "선포" 그 자체보다는, 다른 교리적 서술들 안에서 분명한 "함축/암시"에 의해 가르쳐지는 교리이다. 신약은 "하나님은 사랑이시라"고 선포하며, 신앙고백서도 하나님은 "가장 사랑이 많으시고 자애로우며 자비롭고, 오래 참으시며, 선하심과 진리에 풍성하시고, 불의와 죄를 용서하시는 분, 부지런히 그를 찾는 자들에게 상주시는 분"으로 묘사한다. 신약은 한 독특한 구절에서 "하나님은 이 세상을 너무나 사랑하셔서 그의 독생자를 주셨다"고 말하고 있지만, 하나님이 "세상을" 사랑하셨다고 하는 것은 오직 "함축적으로" 하나님께서 "모든 사람을" 분배적으로 사랑하셨다고 말하는 것이다. 또한 이 하나의 구절 외에는, "사랑하셨다"와 "인류"라는 단어들을 직접적인 연결선상에 두는 구절은 아무것도 없다. 내가 말하고자 하는 요지는 신약이 이 근본적 교리를 오직 필요한 "함축/암시"로만 가르치는데 우리가 만족할 수 있다면, 그와 비슷한 신앙고백서의 가르침의 방식(명백한 "선포"보다는 "암시"에 의한)이 참을 수 없는 것이라고 그토록 절박하게 주장할 필요가 없다는 것이다.[167]

167) *Ibid.*, 122-3.

반다이크와 워필드의 신앙고백 개정에 대한 논의는 이후에 발생된 소위 '근본주의 대(對) 현대주의의 논쟁' 의 신호탄으로 간주 될 수 있다.

신앙고백 개정이 왜 문제가 되는지는 워필드와 더불어 신앙고백 개정에 대해 강력하게 반대한 사람이 프란시스 패튼(Francis Landey Patton) 의 언급을 통해 명백히 찾아 볼 수 있다. 그는 당시 프린스톤 신학교 총장으로서 1889년 12월 2일 뉴욕 장로교회 연합회(the Presbyterian Social Union) 에서 한 연설문에서 신앙고백서 개정을 명확히 거부했다.

> 장로교회는 교리와 정치라는 두 개의 기초위에 조직된다. 두 가지 모두 장로교회의 정체성을 보존하는데 필수 요소이긴 하지만 이 둘 가운데 교리는 더욱 중요하다.… 오랫동안 신성하게 사용하던 교회의 공인된 체계들을 바꾸는 것은 신중을 기해야 할 일이다. 그것이 개교단의 교리적인 표준으로 자리를 잡아 영구화하기로 합일돼야 할 경우 그 체계의 변경은 각별히 유의해야만 한다. 그런 변화를 숙고함에 있어서 상당한 관심을 가지고, 그 설득하는 과정과 교단의 정서를 고려해야 한다. 그리하여 헌법에 부합하는 규정들을 절대적으로 평화롭고도 누가되지 않는 상태에서 승낙해야 한다. 이백 여 년 동안 영국과 미국의 그리스도인들이, 그 어떤 위해도 받지 않고, 신학 공부와 설교 강단에서, 영적인 생활과 열성적인 헌신에서, 그 영웅적인 노력과 거룩한 섬김에서 꾸준히 하나의 불변하는 신조로 믿고서 사용하던 것이 바로 웨스트민스터 신학자들의 신학이다.[168)]

패튼은 웨스트민스터 신앙고백은 장로교회의 기초이이며 영적 생활과 경건생활의 영역에서 불변하는 신조로서 최고의 지침서로서 그 위치를 차지하고 있다고 극찬하고 있다. 신앙고백의 개정은 칼빈주의 전통에 기초를 둔 장로교회 뿌리를 흔들리게 하는 위험 요소를 안고 있기에 신중을 기해야 한다는 것이다. 이것은 칼빈주의 신학에 흠집을 내는 것이다. 그러

168) Francis L. Patton, "Revision of The Confession of Faith," Read Before The Presbyterian Social Union New York, December 2, 1889, 4.

면서 당시 유행병처럼 번지는 개정찬성론자들의 주장에 대하여 다음과 같이 반박하고 있다. 먼저 하나님의 우주적인 사랑에 관한 것이다.

> 모세오경의 저자가 다수라는 주장을 펼치는 자들이 최근에 뭘 좀 발견했다고 하면서, 하나님의 사랑이란 주제를 신앙 고백서가 제대로 다루고 있지 않다고 하지만, 이미 고백서는 그 사랑의 존재를 시인하고 있다. 웨스트민스터 신학자들은 이미 이에 대한 교리를 요약하여 대단히 잘 가르쳐주고 있다. 기독교 교리를 서술함에 있어서 유독 하나님의 사랑만을 따로 떼어서 그것만 특별하게 설명할 필요는 없다. 왜냐하면 사랑은 하나님의 속성 가운데 일부이기 때문이다. 하나님에 대하여 언급하는 장에서 그것은 통상 하나님의 의와 거룩성과 더불어 모둠으로 다뤄지게 마련이다. 그것은 웨스트민스터 신앙 고백서 안에서 적절한 위치에 자리잡고 있다. 신적 속성에 대하여는 의론의 여지가 없기에 따로 사랑만 떼어서 논의할 이유는 없다. 그것은 부인하고 자시고 할 성질의 것이 아니기에 정반합의 논리에 따라 무슨 잘못을 따질 사안이 아니다. 신앙 고백서, 혹은 신조가 차지하는 교리적인 비중을 따지고자 할 때, 정작 비평적으로 보아야 할 부분은 그 내용의 분량이 얼마나 많으냐가 아니라, 어떤 척도로 그것을 보아야 하느냐이다.…169)

패튼의 언급을 보면 하나님의 사랑은 신앙고백 곳곳에 충분하게 표현되고 있다. 내용이 분량이 아닌 어떤 척도로 보느냐가 중요하다. 하나님은 사랑이시기 때문에 더 이상 얼마나 많이 하나님의 사랑이 표현되었는가? 아닌가?를 운운하는 것은 의미가 없는 일이다.

두 번째로 "선택된 유아"에 대하여 다음과 같이 말한다.

> "유아의 선택"에 관한 설명을 놓고 보자. 웨스트민스터 신학자들은 그 고백서에서 유아기 때 죽은 유아들 가운데 일부는 선택되지 않았다는 것을 가르치려 했던 것이 아니다.… 고백서는 택자만이 구원을 받게 될

---

169) *Ibid.*, 6-7.

프란시스 패튼

(Francis L. Patton, 1843-1932)

> 것이라고 가르친다. 택자들은 믿음을 수용할 수 있는 능력을 가진 자들이기에 믿음으로 말미암아 구원을 받는다. 선택받은 유아들이 유아기 때 죽었을 경우, 비록 그들이 택함을 받은 자라고 해도, 아직 믿음을 수용할 수 있는 능력을 가지지 못한 상태이기 때문에, 그들은 믿음이 없는 채로 구원을 받는다. 택함을 받은 유아와 택함을 받지 못한 유아를 대조하고 있지 않다. 다만 택함을 받은 유아들 가운데 유아기 때 죽은 아기와 택함을 받은 유아 가운데 유아기 때 죽지 않은 아기를 대조하고 있다. 고백서는 교리적으로 유아기 때 죽은 모든 아기들은 택자라는 식으로 말하지 않는다. 그렇다고 유아기 때 죽은 어떤 아기들은 불택자라고 말하지도 않는다. 그러므로 고백서가 마치 유아들도 지옥에 떨어진다는 식으로 가르친다거나 그런 가르침을 조장한다고 말하는 자들은 온당하지 않다. 나는 원수들이 엄연한 진리의 진술인 우리의 신앙 고백서를 삼진 아웃시키려고 획책하고 있는 것을 우리 교회가 용인하도록 묵과하고 있지만은 않겠다.[170]

세 번째 "영벌의 교리와 타락전 선택설"에 대하여 패튼은 개혁주의적 입장에서 다시 설명한다.

> 그들은 즐겨 유기와 영벌의 교리를 들먹이며 그것을 고백서에서 기필코 삭제해야 한다고 말한다. 그것을 유별난 타락전 선택설(supra-lapsarian)이라고 꼬집어 말하면서 말이다. 그러나 이것은 하나의 잘못이다. 칼빈주의의 가르침에 따르면, 하나님이 개인을 영생을 얻을 수 있도록 선택하시는 것은 오로지 하나님의 그 선하시고 기뻐하시는 뜻에 따른 것이다. 만일 사람들이 구원을 받는 것이 그들이 선택되었기 때문이라면, 하나님이 선택하신 사람 말고는 모두가 유기되었다고 보는 것이 맞을 것

170) *Ibid.*, 7-8.

이다. 유기된 자들을 하나님은 모른 채 하신다거나, 싫어버리신다거나, 혹 구원하지 않으신다고 말할 수도 있다. 신앙 고백서의 내용은 단지 구원에서 배제되는 과정에 대하여 추론 가능한 공식들을 확인해 주고 있을 뿐이다. 논리는 논리일 뿐 실제에는 그대로 적용되기 힘든 것이 사실이다. 만일 어떤 문제를 다룸에 있어서 우리가 불가지론적 태도를 가지고서 세부적인 사안들은 묻어두고 전체만 뭉뚱그려 얼버무리려 했다면, 이제까지 상상해 왔던 것보다 더욱 급하게 우리라도 나서서 서둘러 고백서의 개정을 주도했었을 것이다. 고백서가 기독교 신앙을 고백하지 않는 사람은 다른 어떤 방법으로도 구원받을 수 없다면서 "본성의 빛과 그들이 고백하는 종교의 율법에 따라 그들이 자기 삶을 제아무리 세워 보려고 애를 쓴다고 해도 결코 구원받을 수 없다"라고 가르치는 것에 대해서도 불만을 가지고들 있다. 만일 맘 좋은 몇 몇 칼빈주의자들이 아량을 베풀어 이방인들 가운데 몇 몇 유기된 자들에 관하여 무슨 희망 섞인 말을 했다면 그것을 문제 삼지 않았을지 모른다. 그러나 신앙 고백서가 이 주제에 관하여 성경과 다른 소리를 내고 있다고 보기 힘들다. 바울은 유대인과 이방인이 모두 정죄 아래 있다고 논파하지 않았던가? 행위로 말미암아 구원을 받을 자가 있다고 했던가? 그리스도를 믿어야만 의롭다함을 얻는다고 하지 않았던가? 그가 이방인에게 복음을 전파하는 이유는 이방인들이 위험에 처해있기 때문이라고 하지 않았던가? 이렇듯 바울과 같은 소리를 내고 있는데, 어떻게 고백서에서 오류를 찾아낸다는 말인가? 외국 선교부(Foreign Missions)에 대한 흥미가 크게 일고 있는 이때에, 제 아무리 선교 일선에서 수고하는 선교사들의 강력한 청원이 있었다고 해도, 그런 여파에 휩쓸려 고백서를 개정한다는 것은 크게 잘못된 일이 아닐 수 없다. 고백서를 개정하는 일은 이러한 이유 때문에도 불필요하다.[171)]

계속해서 패튼은 신앙고백 개정에 말하는 자들에 대하여 교단을 떠날 것을 강력히 촉구했다.

---

171) *Ibid.*, 8-9.

> 장로교회가 칼빈주의를 붙잡고 있는 취지는 칼빈주의가 진리라고 믿고 있기 때문이다. 우리의 교리를 좋아하지 않는 자는 우리 교단을 떠나가면 그만이다. 그들을 받아들여야 한다는 명목 때문에 그런 교리들을 거절하게 되느니, 차라리 그들이 다른 종교 단체에 가입하도록 내버려 두는 것이 훨씬 낫다. 어째서 우리의 교리를 바꿔가면서까지 그런 자들을 교단에서 나가지 못하게 붙잡아야만 하는가? 그들은 자신들을 받아달라고 요청하지 않았다. 그들의 요구를 들어주지 않는다 해도 그들은 우리 교단에 소속된 교회들에서 오래도록 예배를 드릴 것이라고 말하기까지 했다. 우리의 탁월하고 명석한 젊은 사역자들이 우리의 완고한 교리들을 받아들일 수 없다며 장로교단을 떠나고 있다는 풍문도 들린다. 이 젊은 사역자들의 일이 사실이라면 그저 안타까울 뿐이다. 우리 교단만이 그들에게 제공해 줄 수 있는 하나님을 섬기며 선한 일을 도모할 기회를 그들이 놓쳐버린 듯하여 못내 아쉽다. 하지만 교단 입장에서 볼 때, 설사 이런 우수한 젊은 사역자들의 섬김을 놓쳐버린다고 해도 진리를 희생시키지 않는 편이 훨씬 낫다. 하지만 나는 그런 근거 없는 주장을 믿지 않는다. 그런 회의론이 퍼지는 것은 전혀 두렵지 않다. 그러나 그런 회의론이 퍼지게 되면 성경이 무엇을 말하고 있는가를 이해하는 어려움보다 차라리 성경권위 자체를 의심하려는 풍조가 만연하게 된다.[172)]

패튼에게 있어서 교단을 지키는 것은 '성경의 사수' 였다. 그는 "하나님의 주권과 인간의 자유의지에 관련된 고백서의 부분을 바꾸자는 제안이 결국 교단마저 영구히 갈라놓자며 그 타당성을 놓고 분분한 논의를 하게 되리라고는 상상도 못했다. 이처럼 작은 발단이 결국은 혁명들을 일으키고 있다. 이제 보수적인 사람들이 고백서가 송두리째 밖으로 내던져지지 않도록 총력을 기울여 교단을 지켜야한다"고 강조하였다. 그러면서 반(反)고백서의 분위기를 떼어내어 표류시켜야 한다고 까지 하였다. 연설의 마지막 부분에서 패튼은 자신의 심정을 불같이 토로하였다.

---

172) *Ibid.*, 11.

> 나는 복음화를 위한 사역에는 범교단이 하나가 되어 서로 협력해야 한다고 믿는다. 나는 장로교단이 재 연합을 이룬 이 마당에 보편적 칼빈주의를 폭넓게 승인해야만 한다고 믿는다. 비록 교파가 다를지라도 그리스도인들은 서로 더욱 사랑해야 하고 서로 더 잘 이해해야 한다고 믿는다. 하지만 나는 통속적으로 제기되고 있는 기독교계 전체의 재 연합을 믿지 않는다. 교파별로 나름의 교리들을 가지고 있겠지만, 그것보다는 그리스도인들이 공통으로 가지고 있는 교리들이 진정 훨씬 더 중요하다. 모두에게 공통이 되는 것을 보존하기 위한 방법은 각 교단이 자기 나름의 독특한 교리에 대한 불신앙을 용납하지 않는 것이다. 거점을 방어하려면 변방부터 튼튼히 사수해야 한다. 그리스도인이라면 누구나 가져야 하는 보편적 신앙을 수호하는 일에 나의 관심이 쏠려있다. 비단 프로테스탄트들만이 아니라 모든 그리스도인들, 곧 로마 가톨릭과 프로테스탄트 전체 말이다. 나에게 바람이 있다면 그것은 장로교회가 진리를 바르게 세웠다는 영광된 역사를 가지는 일이다. 그러기에 나는 교회의 신조를 개정하자는 제안에 반대한다.[173)]

패튼의 연설의 핵심은 교회 연합도 중요하지만 교리는 더욱더 중요하다는 것이다.

결론적으로 반다이크와 같은 개정 찬성론자들은 연합의 차원에서 이를 요구했다. 그러나 워필드와 같은 개정 반대론자들은 성경에 근거한 개혁주의 신학의 차원에서 이를 다루었다. 이것은 W.C.C를 어떻게 평가해야 하고 대처해야 하는가를 명백히 보여준다

2) 논쟁의 폭발-찰스 브릭스의 사건 (The Briggs Heresy Case)

신앙고백서 개정에 대한 각 노회들에 보낸 1889년 총회의 설문지는 전국의 모든 장로교회들을 소용돌이 속에 빠지게 했다. 총회의 설문에 대하

---

173) *Ibid.*, 15.

여 각 노회는 3종류의 반응을 보였다. 어떤 노회는 일부 수정을 원했고, 다른 어떤 노회는 전혀 새로운 신앙고백을 만들자고 주장했으며 일부 노회들은 수정안을 반대했다.[174)]

찰스 브릭스
(Charles Briggs, 1841-1913)

개정을 하자는 편에는 브릭스(Charles Briggs)의 영향이 막대했다. 특히 신앙고백에서 제 3장 하나님의 영원한 작정(Eternal Decree)과 제 10장 효과 있는 부르심(Effectual Calling)은 다른 어떤 부분보다도 더욱더 수정을 요구했다. 또한 교황을 적그리스도 말하는 25장 6조에 대하여는 55개의 노회가 이의를 제기했다. 93개의 노회에서는 하나님의 우주적 사랑 삽입을 강조했고 60개 노회는 교회의 우주적 선교를 강조했으며 21개 노회는 다른 간단한 교리 작성을 요구했다. 전체 213개 노회 중 63%인 134개 노회에서 신앙고백(Confession) 가운데 일부를 개정할 필요가 있다는 반응을 보였다.[175)]

전체 213노회 중 63%인 134노회에서 신앙고백(Confession) 가운데 일부를 수정할 필요가 있다는 반응을 보였다.[176)] 이런 목적을 위해 위원회가 조직되었다. 이러한 분위기가 점점 무르익어 가는 상황에서 미국 북장로교회 안에서는 충격적인 사건이 발생하였다. 역사가들은 이것을 "찰스 브릭스(Charles Augustus Briggs)사건"이라고 불렀다.

찰스 브릭스는 1841년 뉴욕시에서 태어나서 버지니아 대학교, 뉴욕에 있는 유니온신학교, 그리고 베를린 대학에서 교육을 받았다. 장로교 목사

---

174) 신앙고백 수정에 대한 각 노회의 입장은 Presbyterian Church in the U. S. A. Committee on the Revision of the Confession of Faith, *Action of the presbyteries upon the Report of the Assembly's Committee on the Revision of the Confession of Faith*, printed for the Committee by the Secretary, 1891를 참조하라. 258page에 달하는 이 보고서에는 각 노회별로 신앙고백의 어느 부분에 수정을 요구하고 있는지 잘 정리하고 있다.

로서의 단기간의 봉사 후에 그는 뉴욕에 있는 유니온에 초청을 받았으며 이 학교에서 1876년에 히브리어와 같은 어원의 언어를 가르치는 교수가

175) Edwin H. Rian, *The Presbyterian Conflict*, 19-20. 아래 도표는 1889~90년 동안 개정안건에 대한 노회들의 투표 현황으로 교단 내의 보수 성향과 자유주의 성향에 대한 지역별 분포를 예시한다.

〈표 5〉 웨스트민스터 신앙고백 개정 안건에 대한 노회들의 투표현황

지 역	지역내 노회수	찬성	반대	무효	지역노회의 찬성비율	찬성에 대한 지역별 지지비율
뉴잉글랜드	1	0	1	0	0%	0%
뉴욕	25	22	2	1	88%	16%
뉴 저지	8	5	3	0	63%	4%
펜실베이니아	21	4	17	0	19%	3%
남 부(남동부전역과 또한 델라웨어, 매리란드, 켄터키, 미조리, 인디안 지역, 텍사스)	33	12	19	2	36%	9%
중동부(서부 버지니아, 오하이오, 인디안, 일리노이스, 미시간, 위스콘신)	51	43	8	0	84%	32%
중서부(미네소타, 아이오와, 노스 다코타, 사우스 다코타, 네브라스카, 켄사스)	33	25	8	0	76%	19%
로키 산맥	11	11	0	0	100%	8%
태평양 연안	11	8	3	0	73%	6%
해 외	19	4	7	8	21%	3%
총 계	**213**	**134**	**68**	**11**		

교단 내 213개 노회 가운데 134개, 즉 거의 63퍼센트가 개정 착수에 찬성하는 쪽으로 투표하였다. 고백서의 특정 부분을 최종적으로 개정하려면 노회 3분의 2이상의 표를 얻어야 한다. 하지만 이것은 개정을 찬성하는 처음 반응치고는 대단히 인상적인 결과 였고, 이후 행동에 대해서는 거의 대부분 위임을 하였다. 나머지 노회 가운

되었다. 브릭스는 프린스톤의 아키발드 핫지와 함께 1880년에 새롭게 설립된 「*Presbyterian Review*」의 공동편집자였다. 오래 전부터 브릭스 교수는 자신의 성경관 때문에 프린스톤 신학자들로부터 의심을 받고 있었지만 아직 이렇다 할만한 구체적인 견해를 표명하지 않고 있었으므로 다만 긴장상태가 계속되고 있었을 뿐이었다.

뉴욕 소재 유니온신학교(현재)

핫지(A. A. Hodge)가 사망하고 워필드(B. B. Warfield)가 공동편집인에 취임하자 그는 브릭스 교수와 같이 편집인으로 동사하지 못하겠다고 표명함으로써 「*Presbyterian Review*」에서 브릭스교수는 손을 떼게 되었다. 1880년대를 통하여 브릭스는 고등비평 방법을 옹호하고 프린스톤 신학의 정통성. 특별히 성경 무오류성에 대한 교리를 문제삼는 저서들을 출판했다. 여기에 덧붙여서 브릭스는 근대 자연과학의 발견들과 일치되도록 「웨스트민스터 신앙고백서」의 창조의 관한 부분을 개정 할 것을 주장하는 주요 인물이었다.[177]

그는 다음과 같이 언급하였다.

데, 68개 노회는 개정에 반대를 하였고, 11개 노회 중 7개는 외국 선교지에 있어서 전혀 투표에 참여하지 못했다.

도표를 보면 적어도 개정 문제를 거론하던 뉴욕과 중서부 지역(즉, 도표에서 거론하고 있는 "뉴욕"과 "중동부"와 "중서부")에 기반을 둔 자유주의적인 장로교회가 강세였다. 또한 펜실베이니아와 남부 지역이 개정에 강력하게 반대하는 것으로 보인다. L. A. Loetscher, *The Broadening Church*, 44-5.

176) Edwin H. Rian, *The Presbyterian Conflict*, 19-20.

177) Rogers, "Charles Augustus Briggs", 95-6; Bradley J. Longfield, 「미국 장로교회 논쟁」, 44에서 재인용.

> 웨스트민스터 신앙고백서의 개정은 전 세계 장로교회들의 주의를 끌어 당기며 심장을 흥분시키는 주제이다. 개정은 지역적이거나 일시적인 움직임이 아니다. 그것은 금세기 기독교적 삶과 사고의 발전의 결과물이며, 기독교의 진리, 연합, 완성이라는 원대한 이상의 실현을 향해 전진하는 기독교의 조류, 그 파도의 팽창이다. 이는 장로교회뿐 아니라 모든 기독교 교파를 휩쓸고 있다.[178)]

"찰스 브릭스의 사건"은 어쩌면 1920년까지 전개될 미국 북장로교회 내의 교리 논쟁을 예고하는 신호탄이었다. 사건의 발단은 1891년 브릭스가 뉴욕에 소재한 유니온 신학교[179)] 성경신학 교수직을 수락하고 취임하

---

178) Charles A Briggs, "Revision of the Westminster Confession," in *Andover Review*, XIII (January, 1890), 45 브릭스는 이 글에서 정통주의 신학을 비판하면서 웨스트민스터 신앙고백을 개정해야할 여러 가지 이유들을 자세하게 제시하고 있다.

179) 1836년(대분열 前年) 창설 때부터 뉴욕 시에 있는 유니온 신학교는 신학파의 영향을 깊게 받고 있었다. 유니온 신학교와 미국 북 장로교회(P. C. U. S. A)의 정확한 관계는 보수주의적 장로교인들에게는 이 학교가 교단이 관리할 수 없는 학교라는 것이 마침내 발견되었기 때문에 장차 대단한 논란과 관심거리가 될 것이었다. 장로교와 회중교회들이 아닌 오히려 개인들이 공식적인 또는 법적인 교회의 관리를 받지 않고 유니온 신학교를 창설했었다. 드디어 1870년에 (재 합동의 해) 신학교는 자발적으로 장로교 총회 이사회에 유니온 신학교 교수 선출을 거부할 권리를 부여해 주었다. 그러나 이 거부권은 위임된 것이기에 또한 철회될 수도 있었다. 이것이 바로 1891-1893년의 브릭스 논쟁에서 일어난 사태였다. 물론 여러 해를 걸쳐 유니온 신학교의 모든 교수들 전부가 자유주의자였던 것은 아니다. 참으로 헨리 보인튼 스미스(Henry Boynton Smith, 1815-1877)와 윌리암 쉐드(William G.T. Shedd, 1820-1894)같은 몇몇 사람들은 구학파와 신학파의 입장사이에서 중재 적인 자세를 취하였다. 그러나 학문 사회에서 고등 성경 비평이 일반적으로 수용된 분위기가 점진적으로 그들을 더욱 관용적인 태도로 끌고 갔다. 다른 이들로는 찰스 브릭스(C. A. Briggs, 1841-1894)가 있는데 1875년 유니온으로 갔으며 현대주의를 성심적으로 받아 들였다. 이리하여 유니온 신학교는 주요 보수주의적 장로교 신학교인 프린스톤에서 반대쪽 영역의 끝에 처해 있었으며 1920년대의 논쟁들은 어떤 끝으로 향해 교회가 움직일 것인가를 결정하였던 것이다. David O. Beale, 「근본주의역사」, 158.

뉴욕 소재 유니온 신학교 교수진, 가운데 중앙에 서 있는 사람이 찰스 브릭스(1841-1913)

는 연설에서 시작되었다. 취임식 때 아담스 예배실은 꽉 찼었다. 그는 「성경의 권위(*The Authority of Holy Scripture*)」라고 표제를 붙인 연설은 성경에 가한 그의 요란한 공격으로 인해 심지어 그의 몇몇 동조자들에까지 충격을 주었다. 이것은 브릭스가 성경에 대한 프린스톤 교리에 대한 가장 저명하고 명확한 반대자임을 선포하는 행위였다. 그는 사람들의 성경연구에 방해가 된다고 주장하는 여섯 가지 "장벽"을 열거하였는데, 이들은 미신, 축자영감, 성경의 진정성, 무오, 기적, 그리고 예언이었다. 그러나 이 강연 이전에 브릭스는 1889년에 쓴 그의 저서 「현금의 신학적 문제는 사라 질 것인가?(*Whiter? A Theological Question for the Times*, 1889)」에서 성경에 대해 다음과 그의 견해를 피력 하였었다.

> 현재의 성경 본문에 오류가 있다는 것은 널리 인정된 사실이다. 그러나 원본에는 오류가 전혀 있을 수 없다는 주장이 일고 있다. 하지만 어떻게 우리가 이를 알 수 있겠는가? 우리는 원본을 가지고 있지 않을 뿐더러 결코 입 수 할 수도 없다... 원본이 무오하다는 것은 순전한 역설이다.[180]

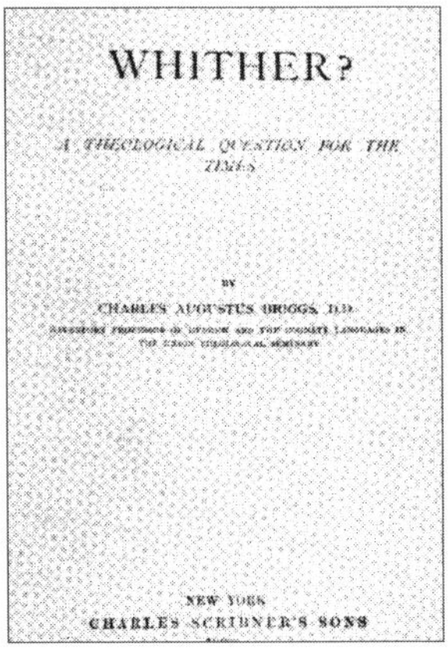
WHITHER?

A THEOLOGICAL QUESTION FOR THE TIMES

BY

CHARLES AUGUSTUS BRIGGS, D.D.

NEW YORK
CHARLES SCRIBNER'S SONS

찰스 브릭스의 저서

이러한 신학적 입장을 가지고 그는 강연을 시작했다. 중요한 네 가지의 장벽을 소개해 보면 다음과 같다.

첫 번째는 미신(이것을 그는 성경숭배라고 불렀음)이었다.

> 성경은 그 속에 마술적인 가치를 가지고 있지 않으며, 그것을 둘러싸고 있는 후광도 없습니다... 그것은 십자가보다 조금이라도 더 낫게 악령들을 막아 주지도 않을 것입니다. 뿐만 아니라 그것은 성수(Holy Water)처럼 반쯤 불길로 뒤덥힌 집을 꺼주지도 않을 것입니다. 성경은 종이에 글씨를 인쇄해서 제본한 책이며 그 이상은 아무것도 아닙니다.[181)]

학생들에게서 큰 박수 갈채가 나왔다. 두 번째 장벽은 축자영감이었다.

> 사람들로 하여금 성경에 이르지 못하게 하는 두 번째 장애물은 축자 영감이론이란 교리입니다.... 본분에는 -문자, 단어들, 혹은 절에 있어서 신적인 것은 아무것도 없습니다.[182)]

학생들은 다시 그에게 대단한 환호를 보냈다.

세 번째 요점에서 브릭스는 "성경이 확실성(진정성)은 거룩한 사람들이 거룩한 성경이 각 책들을 기록했다는 신앙에 근거한 것"이라는 신념을 공

---

180) Charles A. Briggs, *Whither? A Theological Question for the Times* (New York: Scribner, 1889), 68.

181) Maurice W. Armstrong, *The Presbyterian Enterprise: Sources of American Presbyterian History*, 251.

182) *Ibid.*,

격했다.

> 그러나 우리가 성경과는 별도로 성경의 저자들에게 관하여 무엇을 알고 있습니까? 성경과는 별문제로 보면 모세와 다윗을 공자나 혹은 석가모니보다 더 영감 받은 것은 아닙니다. 그들은 인류 지도자들이지만 그들이 우리에게 신적인 말들을 하도록 하나님의 부르심을 받았다는 것을 우리가 어떻게 압니까?... 고등비평의 학문의 분명한 결과로서 모세는 오경이나 욥기를 쓰지 않았으며, 에스라는 역대기, 에스라, 혹은 느헤미야서를 쓰지 않았으며, 다윗은 전체 시편을 쓰지 않았고 단지 몇 편만을 썼으며, 솔로몬은 아가서나 전도서를 쓰지 않았으며, 단지 잠언의 일부분을 썼을 뿐이며, 이사야는 그의 이름이 들어 있는 그 책의 반은 그가 쓰지 않았습니다. 구약의 대부분은 그 저자들의 이름이나 그 글과 관련 있는 저자들을 알 수 없게 기록되어 있습니다.[183)]

그는 계속해서 네 번째 요점으로 나갔다. 그는 성경의 네 번째 장애물은 성경이 무오하다는 거짓 관념이라고 주장했다. 그는 이렇게 말하였다.

> 고등비평은 성경에서 오류들을 발견합니다. 그리고 우리는 반드시 그것이 성경의 권위를 파괴하는지 혹은 그렇지 않은지 하는 문제점에 접근해야만 합니다. ... 나는 감히 성경에서 아무도 설명을 회피할 수 없는 오류들이 있음을 확언합니다. 그리고 원본에도 그런 오류들이 없다는 사상과 이론은 순전히 가정일 뿐입니다. 그런 오류들이 성경의 권위를 파괴한다면 그것은 이미 역사가들 때문에 파괴된 것입니다. 사람들은 진리와 사실에 대해서 눈감을 수 없습니다. 성경이 무오하다는 주장은 성경의 어디에도 없습니다. 교회의 신조들도 성경이 무오하다는 이론은 진실로 어린아이들을 놀라게 하기 위한 현대 복음주의의 환상일 뿐입니다.[184)]

---

183) *Ibid.*,
184) *Ibid.*,

학생들의 박수갈채로 그의 연설을 중단시키기까지 브릭스는 1시간 45분이나 축자영감 믿음을 공격하였고, 성경의 진정성과 무오성을 경멸하였고, 계시된 기적들과 구약윤리를 일소에 부쳤으며, 원죄에 대한 정통적인 견해를 부인하였으며, "죽음 후의 진보적인 성화"를 제창하였다. 그는 로마 카톨릭 교도인 존 헨리 뉴맨(Henry Newman. 1801-1890) 같은 사람들은 교회를 통해 하나님을 발견하였고, 유니테리안주의자인 제임스 마티노(James Martineau. 1805-1900) 같은 사람들은 이성을 통해 하나님을 발견했었으며, 그리고 이들 체험들은 성경을 통해 하나님을 발견한 찰스 스펄젼(Charles H. Spurgeon. 1834-1892)의 체험과 똑같이 진실한 것이었다고 주장하였다.[185)]

브릭스의 마지막 강연은 다음과 같이 끝마쳐졌다.

> 우리가 전통주의의 흉벽들을 파헤쳤습니다. 우리가 그들을 박살냅시다.... 비평주의는 어느 곳에서나 칼로 불로 일하고 있습니다. 쓸모 없고 해되는 모든 것을 버리고 모든 종류의 통설, 모든 종류의 쇠약한 교회주의, 형식적인 모든 도덕, 무의미한 교파주의, 그리고 교회의 통일을 방해하는 이런 모든 마르고 부서지기 쉬운 장벽들을 없애 버립시다.... 하나님의 생명이 기독교 국가의 구석구석까지 전해지고 새시대의 도래가 이제 막 우리에게 임하는 새로운 삶을 위해 열려 있는 도상에서 모든 골칫거리들을 없애버립시다.[186)]

이런 점에서 볼 때 그의 위임 강연은 고등비평주의에 속한 모든 자유주의자들을 자극해서 보수주의를 대항케 하는 선전포고였다.[187)]

---

185) *Ibid.*,

186) *Ibid.*, 252.

187) 여기에서 찰스 브릭스와 벤자민 워필드의 '성경 무오성에 관한 논쟁'을 언급하는 것은 대단히 중요하다고 생각된다. 워필드와 브릭스는 영감교리 문제로 모두가 전력을 다해서 서로를 공격하는 격전을 벌였었다. 아마 영감교리에 대하여 워필드와 브릭스보다 더 치열한 논쟁을 한 사람은 역사상 없을 것이다. 이것은 초대교회의 어

그의 강연은 인쇄되어 전국 교회에 뿌려졌고 그로 인한 파급효과는 실로 대단한 것이었다. 그 대표적인 예는 1891년 총회에 「웨스트민스터 신앙고백」수정이 상정되었다는 점이다. 이것은 교회 안에 있는 많은 사람들이 「웨스트민스터 신앙고백서」를 19세기말의 지적인 조류와 일치하도록

거스틴과 펠라기우스의 구속의 논쟁, 종교개혁시대의 루터와 에라스무스의 자유의지 논쟁과 버금가는 중요성과 함께 학적으로 우수한 싸움이었다. 이들이 다툰 싸움은 지금도 세계의 모든 교회에서 계속되고 있으며, 앞으로도 끝이 나지 않을 것이다. 한국 장로교회도 워필드와 브릭스의 싸움과 비슷한 성경 영감교리 논쟁이 있었다. 1930년대에서부터 1950년대까지 평양신학교로부터 시작하여 장로교 신학교에서 조선신학교로 분리되기 까지의 배경이다. 김재준교수와 박형룡 박사의 투쟁은 다분히 워필드와 브릭스 논쟁과 유사점이 많다. 김재준 교수의 글을 읽어 보면 브릭스의 그것과 통하는 점이 많다. 그래서 영감교리에 대한 이들의 논쟁을 이해하면 한국교회의 분열 배경을 이해하는데도 큰 도움이 된다. 프린스톤의 성경의 영감과 무오에 대한 찰스 브릭스의 공격은 1881년부터 1893년까지 12년간에 걸친 것이었다. 프린스톤의 성경의 교리에 대한 브릭스의 대표적인 주장은 성경의 축자 영감교리였다. 이것은 스콜라주의적 경향의 산물이라는 것이다. 그러면서 완전영감이라는 것은 성경의 사상들만이 영감을 받았다는 말이며 통상적으로 말하고 있는 것처럼 그 단어들 마다 영감을 받은 뜻이 아니라고 했다. 브릭스는 축자 영감교리에 대하여 다음과 같이 표현했다 ."축자 영감은 히브리어, 아람어, 헬라어의 원본 문서들이 각자 그 저자들의 손에서 나온 것임에도 불구하고 영감받은 하나님의 말씀으로 간주하게 만든다. 그 이론은 그 단어들은 영감받았으나 그 사상은 영감을 받았다는 사실을 부정한다. 그결과 영어 성경에도 영감 받은 사상이 있음을 부인하기에 이르렀다. 그것은 그리스도인들을 진정한 하나님의 말씀에서 멀어지게 하고 대신 그들에게 인간의 말을 제공한다고 했다. Briggs, *Whither*, 65. 즉 브릭스는 하나님의 말씀은 단지 "영감 받은 사상들(단어가 아니라)"로만 구성되어있으며 이 사상들 만이 "종교, 교리, 그리고 도덕"에 관련이 있다고 자신의 성경관을 피력한 것이었다. 다시 말해 그는 축자 영감 교리를 거부했던 것이다. 이러한 브릭스에 대하여 워필드는 그의 많은 논문에서 성경의 통일성, 성경의 신적기원, 성경의 완전한 권위, 성경의 신뢰성에 학적이며 명쾌하게 변호했다. 특히 1881년 A. A 핫지와 공동저술한 "영감"(Inspiration)이라는 논문에서 그는 영감교리와 교회의 교리를 대체로 동일시 하였다. 그는 말하기를 "이 교리는 항상 교회의 영감교리였으며 지금도 그렇게 보고 있다. 또한 그것은 문서화된 공식적인 신조들이 가르침으로서 하나님의 백성들이 믿어야 할 지극히 중요한 신앙이었다. 왜냐하면 그것은 그리스도와 그의 사도들에 의해서 주장된 영감교리임을 부인할 수 없으며 우리가 그들의 가르침을 사모하도록

개정하는 운동에 박차를 가하는 사건이었던 것이다. 보수주의자들은 즉각 그 교수를 이단으로 고소했다.

그러나 그 해 동안에 뉴욕노회는 "화평"을 위하여 브릭스에 대한 모든 고소를 취하 하였다. 그러자 고소는 노회를 명하여 그 소송을 심리하게 하였던 총회로 이관되었다. 결국 1892년에 총회는 지금도 유명한 포틀랜드 선언(Portland Deliverance)[188)]을 발표하였는데 이 선언은 모든 목사 후보생들은 성경 원본의 무오성의 믿음을 확인하여야 한다는 것과, 이것이

모든 권위로써 우리에게 명령하고 있기 때문이다; 그리고 그것은 우리 그리스도인들의 사상과 삶의 근본이며 그것이 없이는 우리가 우리 신앙의 비밀과 우리 소망의 확실성을 유지할수 없거나 적어도 어렵게 된다..... 이것은 복음서에 기록된 바와 같이 신약성경의 기자들과 예수님에 의해서 주장되고 있는 영감교리이다. 이것을 참 교리로써 모든 세대의 교회에 선포하고 있음은 명백한 사실이다.... 이 교회의 영감교리가 교회교리이기 이전에 성경의 교리이며 그것이 성경의 교리이기 때문에 또한 교회의 교리임은 당연한 것이다....따라서 절대적으로 무오한 성경을 필요하는 교회의 감정은 모든 세대에 있어서 교회를 참되게 지키고, 완전 영감의 성경교리를 지키기 위하여 성경의 가르침에 대한 교회의 존경과 함께 작용하였다(Warfield, Hodge, "inspiration,"32, 106, 125)라고 하였다. 1889년에 찰스 브릭스는 「*Whither?*」라는 책을 출판했는데 그는 그 책에서 프린스톤이 웨스트민스터 성경교리를 오해하게 만드는 변화를 일으켰다고 주장했다. 같은 해에 워필드도 그 주장에 반박하기 위해 축자 영감과 무오성의 교리를 변증하기 위한 논문을 연속해서 쓰기 시작하였다. 그리하여 그의 소논문 "웨스트민스터 영감교리"(The Westminster Doctrine of Inspiration)가 1889년에 그리고 "웨스트민스터 성경교리"(The Westminster Doctrine of Holy Scripture)"라는 제목으로 1891년에 두 번째 논문을 출판했던 것이다. 이 논문에서 워필드는 브릭스의 견해을 명백하게 반박하고 있다. 이 부분에 대해서는 박희석, "찰스 브릭스와 벤자민 워필드의 무오성에 대한 논쟁" 논문집 6집, 총신대학, 1987. 8월호, 61-84를 보라.

188) 이 선언은 이렇게 선포되어 졌다. "우리 교회들은 영감된 말씀은 하나님에게서 온 것으로 오류가 없다("Our Church holds that the inspired Word, as it came from God, in without error"). 이것은 프린스톤 신학교의 "Hodge -Warfield의 신학"을 만 천하에 공포하는 것이기도 했다. Loescher, *The Broadening Church*, 56. 찰스핫지와 벤자민 워필드는" 성경은 하나님의 말씀을 포함할 뿐만 아니라 하나님의 말씀이며 그러므로 성경의 모든 요소들과 주장들은 절대적으로 오류가 없으며, 사람들의 신앙과 순종을 요구한다." 고 했다.

교회의 역사적 입장이 되어왔다는 것과, 만일 노회가 소속목사 중 아무나 달리 가르치는 것을 발견하거든 목사 안수 서약을 위반한 협의로 고발해야 한다는 공식적인 선포였다. 고소 위원회는 브릭스의 8개항에 대해 특정적인 고발을 강행하였으나 1893년 뉴욕노회가 그를 무죄 선언하였다. 그러자 고소위원회는 총회에 직접 상소를 제기하였고 총회는 마침내 그 사건을 심리하기로 결정하였다.[189] 바로 이 1893년 총회에서 「웨스트민스터 신앙고백」수정에 대한 표결이 이루어 졌다. 그러나 그 수정안은 실패하고 말았다.[190] 그 원인에 대해 크로스(Thomas G. Cross)는 두 가지 이유를 말하고 있는데 첫째 보수주의 진영에 아주 강력한 프랜시스 패턴(Francis Patton)과 워필드(B. B Warfield)의 리더쉽이 결정적인 영향을 미쳤기 때문이고, 둘째, 수정을 강력히 주장한 편의 리이더인 브릭스에 대한 많은 공격[191])이 있었기 때문에 통과되지 못했다고 말하고 있다.

1893년 브릭스는 이단으로 정죄되어 장로교 목사직을 박탈당하였다. 이유는 성경에 대한 고등비평의 무비판적 수용 때문이었다. 그러나 브릭스는 유니온 신학교에 남았는데 이 학교는 전년도(1892)기간 동안 장로교 재판권으로부터 탈퇴해 있던 차였다. 신학교 이사회는 브릭스가 더 이상 신학교 교수를 할 수 없다는 판결을 무시하기로 결정했다. 비록 브릭스는

---

189) 1893년 총회는 워싱턴 D.C에 있는 뉴욕 에비뉴 장로교회(New York Avenue Presbyterian Church)에서 모였다. 거의 2주간이나 지속된 재판 소송 절차 기간동안 좌석이 차고 남아 사람들은 사방 벽에 둘러서 있었다. 방청인들이 관람석을 가득 메웠으며 대강당의 3면 벽둘레에 까지 미쳤다. *Presbyterian Journal*, June 1, 1893, 1-2, 8. David O. Beal, 「근본주의 역사」, 170에서 재인용.

190) 당시 220노회에서 노회마다 의견을 물어 2/3찬성을 얻어야만 통과가 되었다. 그러기 위해서 147노회의 찬성이 이루어 졌다. 그러나 115노회의 찬성만을 얻었고 67노회가 반대했다. 15개 노회는 자신들의 의견을 표현하는 보고가 없었고 13개 노회는 투표에 참석하지도 않았으며 17개 노회는 무관심을 보였다. Lefferts A. Loetscher, *The Broadening Church*, 47.

191) 브릭스(Briggs)에 대한 총회의 최종투표는 116명이 브릭스에게 찬성투표를 하였고, 295명이 완전히 기소자들에게 찬성투표를 하였으며, 84명은 부분적으로 그 기소에 대해 찬성투표를 함으로서 브릭스에게 불리하게 전개되었다.

개신교 감독교회에서 재 안수를 받아 가입하였지만 그는 유니온 신학교에 남아서 계속 장로교 강단을 위해 성직자들을 훈련시키는 것을 신학교는 동조했다. 이와 같은 신학교의 총회에 대한 도전적 태도는 그 신학교가 고등비평을 기초로 하는 독일신학을 보급하기로 결정했다는 의미이며 아울러 이 신학교는 미국의 자유주의의 주요 거점지로 군림하는 것을 의미했다. 그런데 아이러니하게도 총회서는 유니온 신학교 졸업생을 장로교 목사로 계속 받아들이고 있었다. 이와 같은 까닭은 브릭스 재판의 여파로 교단 내에 3가지 별개의 파벌이 등장하였기 때문이다.

(1) 브릭스의 견해를 반대하고 교회의 공식적인 포틀랜드 선언을 철저히 시행하기를 바라는 전투파들, (2) 일치 단결하여 브릭스의 견해를 찬성하는 자유주의자들[192] (3) 브릭스의 견해는 혁신주의적이고 극단적임을 인정하면서도 교단은 그런 견해들을 포괄할 만큼 충분히 폭 넓어야 한다고 생각한 관용적 보수주의자들이었다. 이런 것이 바로 프린스톤 신학교의 보수주의자 윌리암 그린 2세(William B. Green, Jr)가 일컬었던 것 같이 포용주의 (inclusivism)의 철학 또는 "포용적 교회주의"(Broad Churchism)이다. 이러한 "포용적 교회주의"는 유니온 신학교 졸업생을 장로교 목사로 자연스럽게 받아들이게 하는 기초를 제공하였던 것이다.

3) 스미스 소송사건 (The Smith Case)

1891년 3월에 레인 신학교의 헨리 프리저브드 스미스(Henry Preserved Smith. 1847-1927)가 신시내티에 있는 목회자 연합회에게 연설하였다. 스미스는 찰스 브릭스가 교회 내에 성경 비평을 진작시키려는 그의 노력을 지원하겠다고 약속한 일이 있는데 실제로 그는 브릭스가 그의 1월의 취임

192) Briggs의 정직 처분에 곧이어 87명의 장로교 목사들이 클리블랜드에서 회합하여 총회의 조치에 반대하는 항의에 서명하였다. 교회는 이 사람들을 결코 고소하지 않았으며 실은 머지 않아 수백 명이 추가로 같은 항의에 서명하였던 것이다. Loetscher, *The Broadening Church*, 61.

식에서 표현했던 것과 같은 견해를 옹호하였다. 스미스의 연설은 나중에 「성경적 학문과 영감(*Biblical Scholarship and Inspiration*)」제하에 출판되었는데 성경의 축자 영감을 부인하였다. 1892년 12월 총회의 포틀랜드 선언이 있은 직후에 신시내티 노회는 스미스의 그릇된 교훈의 유죄함을 찾아내고 그의 목사직을 정직 처분시켰다. 자유주의적인 레인 신학교 이사들은 1893년 총회가 그들을 견책하기 전까지는 스미스의 사임을 받아들이려 하지 않았다. 스미스가 사임하자 그의 레인 동료 교수들 중 한사람을 빼고는 전원이 함께 사임하여 자기들의 지지 의사를 표현하였다.

1894년의 총회는 스미스의 상소를 연기할 것을 거부하였고, 그는 5년 후에 회중 교단의 목사로서 안수를 받았다. 비록 미국 장로 교회가 그를 목사직에서 추방하였었지만, 스미스 소송사건은 어떤 다른 지역에서였다면 상당히 다른 양상으로 전개되었을지도 모른다. 예컨대 만일 그가 뉴욕에 있었더라면 노회는 필시 그에게 절대로 유죄판결을 내리지는 않았을 것이다. 나중에 자유주의화 된 시카고 내에 있는 맥코믹 신학교와 훗날 합병하게 될 레인 신학교는 보수주의가 판을 치는 신시내티 내에 있는 자유주의적인 학교였던 것이다.[193]

4) 1903년「신앙고백서」에 대한 개정 및 컴버랜드 장로교회와의 통합

1891년 총회에서 「웨스트민스터 신앙고백」개정이 상정되었다가 실패했으나 1900년에 들어오면서 다시 개정해야 된다는 여론이 일기 시작했다. 이것의 발단은 1900년 5월 37개 노회가 웨스트민스터 신앙고백의 변경 혹은 개정, 아니면 변경과 개정을 동시에 하자는 안건을 상정하였기 때문이다.[194] 총회에서는 이를 위해서 위원회를 구성하였는데 그 가운데

193) Loetscher, *The Broadening Church*, 63-68에는 H. P. Smith 소송사건에 대해 자세히 다루고 있다.

194) Edwin H. Rian, *The Presbyterian Conflict*, 18-19.

15인 신조 개정 위원회(1901년)
목사회원 8명, 장로회원 7명으로 구성됨

워필드도 포함되었다. 워필드(Warfield)는 "이러한 헛된 일에 교회의 힘을 낭비하는 것은 최대의 슬픔이 아닐 수 없다."고 했다. 멕코믹 신학교의 윌리스 크레이그(Willis Craig)도 개정을 반대했다. 결국 워필드는 위원회에서 사퇴하였고 게할더스 보스(Gerhardos Vos, 1862-1949)도 개정에 강하게 반대하였다.[195] 그러나 대세는 개정하는 쪽으로 기울어져 돌이키기 어렵게 되었다. 1900년 위원회에서는 모든 노회에 다음과 같은 질문을 던졌다.

1. 신앙고백의 개정을 원하는가? 아니면
2. 신앙고백의 보조 설명서를 원하는가? 아니면
3. 신앙고백의 보조 설명서와 함께 새로운 신앙고백서를 원하는가?
4. 신앙고백의 모든 내용을 모두 없애기를 원하는가?[196]

이 설문 때문에 전국 모든 교회가 많은 논쟁을 하게 되었다. 63개 노회에서 약간의 개정을 원했고, 또 68개 노회에서는 보조 설명서를 원하는 것으로 나타났으나 위원회에서는 개정과 보조 설명서를 동일시하여 개정하는 것을 원하는 것으로 해석하였다. 1901년에는 새로운 위원회를 구성

195) Lefferts A. Loetscher, *The Broadening Church*, 83.
196) *Ibid*., 84.

하여 개정을 본격적으로 착수하였다.

1902년 위원회는 총회에 문제가 되는 신앙고백의 내용을 개정한 후 보고했다. 그것을 요약하면 다음과 같다.[197)]

1. 제3장 – ' 하나님의 영원한 작정(선택)' 을 하나님이 온 인류를 사랑한다는 내용과 조화시켰다.[198)] 결국 이것은 "보편구원설"(Universalism)의 길로 가게 했다.
2. 10장 3항 – ' 유아선택' 에 관하여 즉 모든 유아의 죽음은 지옥으로 가지 않고 천국으로 간다고 개정했다.
3. 16장 7항 – ' 불신자의 선행' 에 대하여 불신자의 모든 행위는 '죄성'(sinful)이라고 했는데 이를 고쳐 "하나님의 표준에 미달"로 하였다.
4. 22장 3항 – "맹세에 관한 것" 인데 이것을 삭제했다.
5. 25장 6항 – 교황을 '적그리스도' (Anti-Christ)라고 하는 부분을 삭제했다.
6. "성령의 역사" 와 "선교와 하나님의 사랑" 이란 제목으로 2장 더 보충하였다.[199)]

---

197) *Ibid.*, 85.

198) 미국 장로교회는 제3장 예정에 대하여 다음과 같이 선언함으로써 정통주의 시대의 산물인 예정론의 입장을 개정하였다. "그리스도 안에서 구원을 받은 사람들에 관한 영원한 결정의 교리는 모든 인류에 대한 그의 사랑과 조화되게, 전세계의 죄를 대속하도록 그의 아들을 주신 하나님의 선물과 조화되게, 그리고 은혜를 구하는 모든 사람에게 구원의 은혜를 주시기 위한 그의 호의와 조화되게 주장되어야 한다. 멸망을 받는 사람들에 관한 하나님의 영원한 작정의 교리는 하나님은 어떠한 죄인의 도움도 원하시지 않고 그리스도 안에서 모든 사람에게 충족하게, 모든 사람에게 적용되게, 그리고 복음 안에서 모든 사람에게 거저 주실 구원을 준비하신 것과 조화되게 주장되어야 한다. 또 하나님의 결정이 이 구원의 제공을 받아들이려는 그 누구도 방해하지 않으며, 또 아무도 자기의 죄 때문에게 아니고서는 정죄되지 않는다는 것과 조화되게 주장되어야 한다." 김영재, 「교회와 신앙고백」(서울: 성광문화사, 1989), 167에서 재인용.

199) *Ibid.*, 87.

이런 개정안과 더불어 동시에 위원회는 '신앙진술서' (Brief Statement)를 제출하였다. 그러나 몇 년 후에 이 진술서는 총회에서 거절당했다.

1903년 총회는 「웨스트민스터 신앙고백서」개정안을 표결에 붙인 결과 238개 노회 가운데 215개 노회가 찬성을 보여 모든 개정안은 쉽게 통과되었다.[200] "기립 투표에 의한 만장일치"로 총회가 그 상정안들을 채택한 후, 그것들이 교회 헌법의 일부가 되었음을 선언하였다. 결국 이 모든 수정된 사항과 첨부된 새로운 내용을 가진 「웨스트민스터 신앙고백」수정안은 미국 북장로교의 교리적 표준서가 되었다.[201]

그러나 개정된 내용은 정통 칼빈주의 입장보다는 약간 알미니안(Arminian)으로 방향이 바꾸게 되었다. 당시 「*Presbyterian Journal*」지는 개정한 신앙고백은 전통적인 신앙을 하나도 침해하지 않는 범위 내에서 하나님의 우주적 사랑을 잘 표현한 고백서이며, 이는 당시 미국의 낙관적인 문화와 칼빈주의적인 교리를 잘 조화한 신앙고백이라고 극찬을 아끼지 않았다.[202]

그러나 실제에 있어서 이 신앙고백의 개정안이 통과된 것은 교회 내 자유주의가 침투한 것을 막지 못하고 자유주의가 점점 더 발판을 구축해 가고 있다는 것을 상징적으로 말하고 있는 것이었다. 그러나 이 개정된 신앙고백서가 칼빈주의적 전통에서 크게 떠나지 않았던 이유는 그 당시까지 칼빈주의적 보수신학이 아주 강하게 작용하고 있었음을 보여주는 것이었다.

---

200) *Minutes of the General Assembly of the Presbyterian Church in the United States of America*, 1903, 123. 「웨스트민스터 신앙고백 개정안」은 신앙고백 제3장에 대한 '선언적 진술문' 은 (찬성 219표, 반대 6표), 10장 3절은 (찬성 221표, 반대4표), 16장 7절은 (찬성 218표, 반대 7표), 22장 3절은 (찬성 215표, 반대 10표), 25장6절은 (찬성 220표, 반대 5표), '성령에 관하여' 는 (찬성 218표, 반대 7표)로 통과되고 '하나님의 사랑과 선교에 대해서' 는 (찬성 222표, 반대 3표)로 통과되었다.

201) *Ibid*.,

202) *Ibid*., 10.

웨스트민스터 신앙고백서 개정 후 나타난 현상들

웨스트민스터 신앙고백서의 개정은 미국 북 장로교회에 자유주의 사상과 신학이 내재해 있었음을 보여 준다. 그런데 이 자유주의 사상은 시간의 흐름에 따라 점점 강해졌고, 보수주의 신학을 가진 학자들의 활동은 점점 약화되었다. 왜냐하면 정통신학자들이 세상을 떠났든지 아니면 정통신학에 대해 예전만큼 표현하지 않았기 때문이다. 그러나 보수주의와 자유주의 간의 긴장이 끝나지 않고 반복되는 동안 총회의 주류는 자유주의자의 손으로 넘어가게 된 것이다. 그러면 신앙고백 개정으로 인해 발생된 현상들은 무엇일까?

첫째 정통신앙의 약화를 가져오는 원인을 제공했다. 이것은 '정통 칼빈주의적 성격, 특히 예정교리' 를 약화시켜 '보편구원설' (Universalism)로 흐르도록 유도하였다.

둘째, 교회연합을 강조하는 데 있어서 신학적 문제를 무시하고 외형적인 기구 통일에만 집중하게 했다. 지금까지는 신학적 통일로 교회 내의 모든 것을 다스리고 일치점을 보였다. 그런데 이제는 신학의 폭이 넓어짐과 동시에 자유주의가 점점 더 큰 세력으로 자리잡게 되어 신학으로는 교단내의 힘을 모을 수가 없게 되었던 것이다. 신학적인 통일이 깨지게 되자 교회의 통일화를 위해 힘과 조직을 통한 외부적 기구의 통일화를 꾀해 나가야만 했다. 이렇게 하려면 수적으로 다수를 차지한 사람이 자연히 주도세력을 잡고 그들의 숫자를 더욱 넓히기 위해 노력하기 마련이다. 이러한 방침을 달성하기 위해서 신학자들이나 교회들은 서로의 신학적인 공통점만을 강조하고 연구 할 뿐, 서로의 이질적인 면은 전혀 고려하지 않는 것이 특성이다. 또 한편으로는 '신학적인 토론' 보다 사회적 활동을 강조하는 것이 특징이다. 왜냐하면 사회적 활동에서 그들의 공통점을 찾아야 하기 때문이다. 공통점은 일반적으로 '사회의 복음화' 내지는 '선교전략' 등의 문제를 강조한다는 점이다. 또한 예배 의식이나 신비주의 같은 사람들의 경험이나 육체적 체험을 중요시하는 것이 또 하나의 특징이다.

셋째 가장 두드러진 것은 컴버랜드(Cumberland) 장로교회와의 통합이

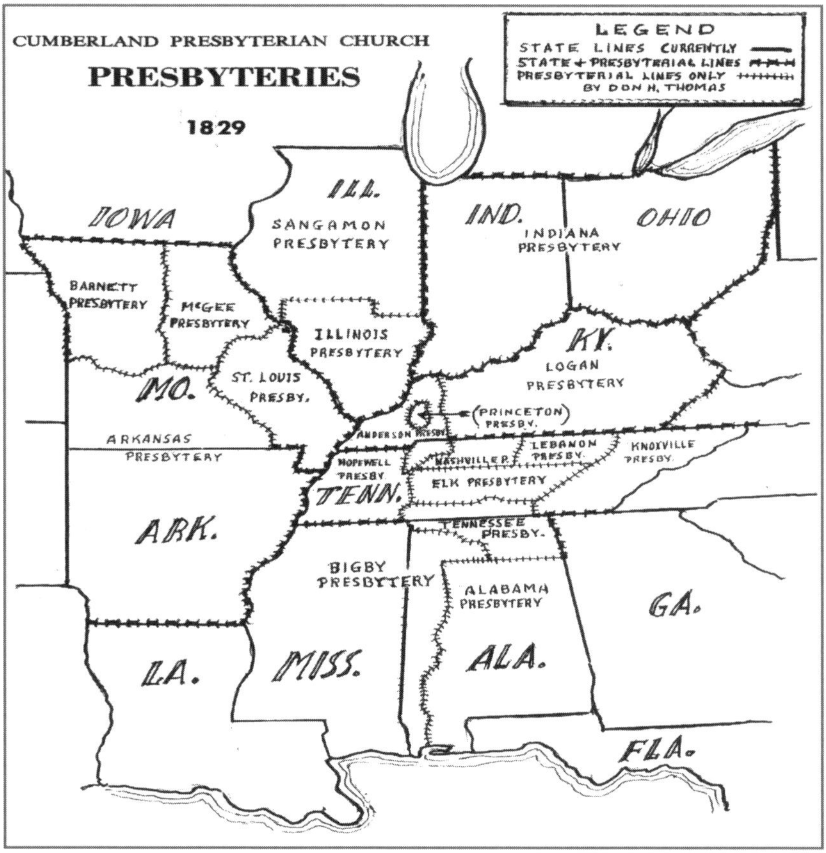

컴버랜드 장로교단의 노회들 분포지역

었다. 컴버랜드 장로교회는 신파의 부흥운동 지지 장로교인들과 구파의 부흥운동 반대 장로교인들 사이에서 화해할 수 없는 차이로 1810년 모체인 북장로교를 떠나 1813년 캔터키 주 변경에서 탄생했다. 이들이 탄생하게 된 가장 중요한 계기가 된 것은 웨스트민스터 신앙고백에 대한 불만이었다. 웨스트민스터 신앙고백서에 대한 컴버랜드 교회의 "역사적 항의(historic protest)"는 4개의 문장으로 만들어졌다.

1) 영원토록 유기된 자들은 존재하지 않는다.

2) 그리스도는 택한 자들이 아닌 온 인류를 위해 돌아가셨다.
3) 유아기에 죽은 모든 유아들은 그리스도와 성령의 성화를 통해 구원 받았다.
4) 하나님의 영은 온 세계 위에 그리스도가 온 인류를 용서할 수 없는 상태에서 구속을 이루신 것과 같은 방법으로 동시적으로 역사하신다.[203)]

이들은 하나님의 작정 즉 선택과 유기의 교리를 숙명의 교리라 하여 거기에 서명하지 않았고 장로교회의 교제로부터 분리되어 나갔다. 선택의 교리는 인간의 자유와 능력의 토대 위에서 만족을 형성해가는 변경지역의 많은 사람들에게 수용되지 못했기 때문이었다. 개혁주의적인 논쟁을 피하기 위해 컴버랜드 노회는 자신의 목사 후보생들에게 그들이 웨스트민스터 신앙고백서가 하나님의 말씀과 일치되는 것으로 생각하는 한에서만 그것에 서명하도록 하였다.[204)] 구학파는 개혁주의 신앙체계에 대한 이러한 엄청난 무시에 경악하였다. 결국 켄터기 대회가 컴버랜드 노회를 해산하는 결과를 가져왔고 결과적으로 정직당한 목사들은 1813년에 컴버랜드 장로교회를 세웠던 것이다.[205)]

그들은 이전의 신파의 선례를 따라서 정규적인 지식에 결점이 있는 사람들에게 자격을 부여하여 목사 안수를 주기 시작하였다. 그런데 약 100여년이 흐르면서 이 장로교회는 크게 성장하게 되었다. 존 앰즈(John T. Ames)에 따르면 "컴버랜드 장로교회는 19세기 말까지 부흥운동과 자유주의 기묘한 혼합이었다"고 평가하였다.[206)]

---

203) Foster, "Cumberland Presbyterians," 303; John T. Ames, "Cumberland Liberals and the Union of 1906," *Journal of Presbyterian History* 52(1974), 9에서 재인용.
204) Olmstead, *History of Religion in the United States*(Englewood Cliffs: Prentice Hall, 1960), 305.
205) Ben M. Barrus, Milton L. Baughn, and Thomas H. Campell ed., *A People Called Cumberland Presbyterian*(Menphis: Frontier, 1974), 305.
206) John T. Ames, "Cumberland Liberals and the Union of 1906," 3.

엠즈의 지적대로 컴버랜드 장로 교회는 교리적으로 알미니안과 칼빈주의가 혼합된 이상한 형태를 취하고 있었다. 그래서 그들의 고백은 칼빈주의적이라기 보다는 알미니안주의적이었다.[207] 그래서 북장로교는 이 교파와 연합을 하기 위한 준비 작업으로 「웨스트민스터 신앙고백」제3장 '영원한 작정' (Eternal Decree)을 개정하였던 것이다. 합병이전 컴버랜드 장로교 총회장이었던 이라 랜드리스(Ira Landirth)는 "백년동안 우리들이 고수하던 필수적이었던 모든 것이 지금 동일하게 모교회의 열성적인 지지를 갖고 있다"[208]고 언급하면서 개정안에 대한 기쁨을 감추지 못했다. 컴버랜드 장로교회교육부 회원이었던 다비(W. J. Darby) 역시 초창기 컴버랜드 교회와 미국 장로교회에서 가르쳐진 신학에 차이가 있었으나 웨스트민스터 신앙고백서에서 예정론과 유아선택 및 제한속죄가 제거됨으로 1814년과 1883년 고백된 컴버랜드 장로교회 신앙고백과 동일하게 되었다고 강조했다.[209]

존 앰즈(John T. Ames)는 "1906년의 통합은 1903년 미북장로교회가 마침내 완성된 웨스트민스터 신앙고백을 개정함으로써 가능했다"고 정확하게 지적했다.[210] 로에춰(L. A. Loetscher)는 이 점을 잘 보여 주고 있다. 그는 다음과 같이 지적했다.

> 컴버랜드 교회와 연합할 가능성은 신앙고백 개정의 행운의 부산물로 증명되었다.… 1902년 장로교 총회가 개정안을 각 노회에 하달하자마자 컴버랜드 교회의 신문과 노회와 지도자 별로 만일 이 개정안이 채택된다면 이것은 장로교 신학에서 '숙명론' 의 오점을 제거하고 재 연합의

207) Edwin H. Rian, *The Presbyterian Conflict*, 25.

208) Ira Landrith, "Why Cumberland Presbyterians Now Faver union," *The Cumberland Presbyterian*, 67(28 April 1904), 520; John T. Ames, "Cumberland Liberals and the Union of 1906," 9에서 재인용.

209) W. J. Darby, "The one Confession and its revisions," *The Cumberland Presbyterian*, 68(14 July 1904), 41; Ibid.

210) John T. Ames, "Cumberland Liberals and the Union of 1906," 3.

문을 열 것이다라고 말하고 있었다.[211)]

1904년 연합을 위한 준비 작업이 시작되었을 때 북장로교 보수주의자들은 상당한 우려를 피력했다. 특히 연합에 강력한 반대는 프린스톤 신학교 조직신학 교수였던 벤자민 B. 워필드, 그리고 신학교 교장이었던 프란시스 L. 패튼에 의해 필라델피아에서 출판된 「장로교인」(*The Presbyterian*)으로부터 나왔다. 그들은 실제적으로 관리의 어려움들을 주장했고 "우리의 교육 수준에 미달되는 수많은 목사들이 하나의 규칙에 의해 도매금으로 넘어오는 것"을 반대했다.[212)] 그러나 실제적으로 반대하는 이유는 신학적인 것이었다.

워필드에 의하면 컴버랜드 장로교회는 명백한 알미니안이었다.[213)] 그것은 "온전하게 일관된 온화한 알미니안 체계의 표현"이며 "알미니안의 또 다른 전형적인 표현들이었다. 사실 그것은 가장 정교하게 발달된 것이고 철저하게 다져진 것이고 완벽하게 조화시킨 현존하는 알미니안 신조"였다.[214)] 워필드의 입장은 분명했다.

> 컴버랜드 장로교회의 시작부터 지금 순간까지의 모든 역사는 우리의 칼빈주의적 신앙고백에 포함된 교리적 체제에 대항한 저항이 있어왔다. 때로는 폭력과 지나친 저항으로-…[215)]

결국 웨스트민스터 고백에서 가르친 교리의 체계들과 컴버랜드 장로교회의 신앙고백은 상호간에 일치하는 같은 체계의 표현들이 아닌 "정확한 모순들(precise contradictories)"이었다.[216)] 워필드는 컴버랜드 장로교회가

---

211) Lefferts A. Loetscher, *The broadening Church*, 95.

212) "The Union," *The Presbyterian*(6 April 1904), 2.

213) Warfield, "The Proposed Union with the Cumberland Presbyterians," *The Princeton Theological Review*, 2(April, 1904), 297.

214) *Ibid.*, 307, 309.

215) *Ibid.*, 305.

웨스트민스터 신앙고백이 1903년 개정에 의해 많이 바뀐 것이라는 "오해"하였다고 했다.[217] 이런 신학적인 이유로 인해 워필드는 연합을 강력하게 반대했다. 그러나 양쪽 교단은 1903년 개정된 신앙고백서 교리에 일치점을 보고, 양 교단 모두 "교리적으로 서로 모순되는 것이 없는 같은 신앙"이라는 선언서를 발표한 후 1905년 241개 노회 중 195개 노회의 찬성을 얻어 1906년에 쉽게 합동을 하였다.[218] 총회에서는 신학적으로 이상이 없이 모두 일치한다고 공식적 발표를 했으나 실제에 있어서 '칼빈주의 신학' 과는 충돌이 불가피했다. 그러나 교단의 자유주의자들은 컴버랜드 장로교회가 교리적 넓은 길을 모색한다는 점에 있어 신학적인 견해의 일치를 보였기에 대단히 환영하였던 것이다.

결국「웨스트민스터 신앙고백」의 개정으로 인해 컴버랜드 장로교회와의 통합은 자유주의자의 수적인 우세와 그 발판을 더욱더 단단하게 만든 계기가 된 것이었다.

〈표 6〉 1906년 미국 북장로교와 합병한 컴버랜드 장로교인들 수(數)[219]

국 가	합병 전 컴버랜드 장로교회 총인원	합병 전 북장로 교인 총 인원	1907년 합병된 컴버랜드 장로교인 총 인원
알라바마	6,445	0	3,706
알카산스	10,248	0	5,036
켈리포니아	1,807	26,578	1,907
콜로라도	578	13,566	619
일리노이스	12,878	75,584	11,621
인디아나	5,147	44,701	4,121
아이오와	909	46,231	967
캔자스	1,419	33,028	1,239
켄터키	11,719	7,970	4,145
미시시피	5,166	0	2,453

미조리	22,203	26,563	14,692
네브라스카	296	18,118	213
오하이오	1,992	106,866	1,738
오클라호마	3,867	8,865	2,697
오리겐	452	7,528	452
펜실바니아	7,462	226,894	7,718
테네시	27,358	4,077	7,227
텍사스	27,358	4,077	18,499
워싱톤	386	8,504	386
합 계(合計)	**144,685**		**89,436**

〈표 6〉를 보면 총 144,685명에 달하는 컴버랜드 장로교인들은 1906년에 거의 90,000명이 미국 북장로교회에 들어갔다. 남아있는 인원 중 54,000명은 역시 컴버랜드 장로교회에 남았다. 그리고 합병 이전에 약 145,000명의 컴버랜드 장로교인들은 다른 교파로 합류했거나 1907년 이전 그 지역의 합병에 참여한 사람들이었다

리안(Edwin H. Rian)은 "이 연합의 결과는 북장로교의 증거와 칼빈주의 신앙고백을 약화시키고자 했다. 더 나아가서 그것은 신앙고백과 교회가 현대화 되기를 바라는 사람들의 입장을 구축하게끔 도와주게 되었다"[220] 라고 평가했다. 퀴크(Charles Evans Quirk)는 "컴버랜드 목사들 1500명 중 약 2분의 1이 장로교에 들어간 것은 신학적 관용을 지지하는 적지 않은 그룹이 되었고 마침내 많은 사람들이(몇 명의 저명한 지도자들은 포함하여) 어번선언을 지지하였다" 라고 언급하였다.[221]

216) *Ibid.*, 307.

217) Warfield, "The Confession of Faith as revised in 1903," 406.

218) Loetscher, *the broadening Church*, 95-6.

219) John T. Ames, "Cumberland Liberals and the Union of 1906," 17-18.

220) Edwin H. Rian, *The Presbyterian Conflict*, 26.

결국 웨스트민스터 신앙고백의 개정으로 보수주의와 자유주의와의 충돌은 불가피하게 되었다. 그 충돌은 19세기 말에서 20세기 초, 미국 장로교회에서 있었던 소위 '근본주의와 현대주의 논쟁' 으로 극렬하게 표현되었던 것이다.

5) 근본주의 진리 증언(*The Fundamental: A Testimony to the Truth*)

브릭스와 스미스의 탈선은 성경에 대한 무비판적 수용을 철칙으로 여겨오던 보수계 기독교지도자들과 신학자들이 고등 비평적 성경관 방어하기 위한 모임으로 형성하는데 촉매작용을 하였다. 1895년 미국 나이아가라(Niagra)휴양지에서 보수주의 신학자들은 성경 진리 수호를 위한 사경회(Bible Conference)를 개최했다. 이 회합은 과학자들과 현대 자유주의자들에게 짓밟힌 성경의 권위를 어떻게 지킬 것인가? 하는 초교파적인 모임이었다. 콜(Cole)은 이 모임에서 다섯 가지의 기독교근본교리를 선정하였다고 말하고 있다.[222] 첫째로 성경의 무오성, 둘째로 예수그리스도의 동정녀 탄생, 셋째로 그리스도의 대속적 죽음, 넷째로 예수의 육체부활, 다섯째 그리스도의 육체적 재림이었다. 그러므로 흔히 이 다섯 교리를 고수하는 자를 '근본주의자' 라고 일컫게 된 것이다. 이 다섯 가지 교리는 당시 현대주의와 대항하는데 기초적인 골격이었다. 물론 이 다섯 가지 교리가 기독교 신앙을 전체를 대변하는 것은 아니다. 그러나 당시에 이 교리가 나타날 수밖에 없었던 상황을 이해하지 않으면 안 된다. 정통 기독교

---

221) Charles Evans Quirk, "The Auburn Affirmation: A Critical Narrative of the Document designed to Safeguard The Unity and Liberty of the Presbyterian Church in the United States of America in 1924," (Ph. D., thesis, University of Iowa, 1967), 24.

222) Stwart G. Cole, *History of Fundamentalism* (New York. 1936) Sandeen은 Niagara선언에서 14개 항목이 선택되었다고 주장하고 있다 Sandeen, *The Roots of Fundamentalism* (Grand Rapids: Baker, 1978), 273.

의 변호는 문서 운동을 통해서 활발하게 전개해 나가게 되었다. 그 대표적인 것이 1909년 1915년까지 출판된「근본주의 진리 증언(*The Fundamental: a Testimony to the Truth*)」라는 12권의 총서이다.

라이만 스튜어트
(Lyman Stewart, 1840-1923)

「근본진리들(*The Fundamentals*)」는 근면하고 관대한 평신도인 라이만 스튜어트[223](Lyman Stewart. 1840-1923)와 형제인 밀턴 스튜어트(Milton Stewart)가 희사한 25만불의 자금으로 성경교사들과 전도자들에 의해 편찬되었다.[224]「근본진리들」의 발행에 있

---

223) 라이만 스튜어트는 캘리포니아 유니온 석유회사를 창립한 후 1894년에 유니온 석유회사의 사장이 되었고 그 해에 나이아가라 사경회에 출석하였다. 강의를 들으면서 스튜어트는 기독교 신앙의 근본교리의 문서 출판에 비상한 관심을 가지게 되었다. 브룩스의 작은 잡지 "진리"(The Truth) 한권이 하나님의 섭리로 그의 손에 들어 왔다. 그 잡지가 특히 대 교단들 가운데 나타난 배교에 대한 경고장에서 굉장히 교육적이고 유용한 것을 발견하고 스튜어트는 근본적인 기독교를 보존하고 현대주의의 침투를 막아야겠다는 충심 어린 부담감이 우러나왔다. 드디어 1909년 8월 딕슨(A. C. Dixon)이 설교하고 있던 주일예배에 참석하고 있는 사이 스튜어트는 자기의 꿈의 기획을 성취시키는데 도움이 될만한 한 사람을 찾아냈음을 깨달았다. 딕슨은 그때 시카고에 있는 무디교회의 목사였다. 근본주의 기독교 문서를 출판하는데 대한 자기의 부담감을 딕슨과 나누면서 스튜어트는 자기의 착상과 그것을 실현시키는 방법이라 생각한 것을 대충 말했다. 딕슨은 "이것은 주님께로부터 나온 것이니 우리 기도합시다"라는 말로 응하였다. 시카고로 돌아오자 딕슨은 유력한 그리스도인들의 위원회를 조직하였는데 이들은 잇달아 증언 출판사(Testimony Publishing Company)를 설립하였다. 그리고 그들은 근본진리들(*The Fundamentals*)을 12권의 한 질로 출판하게된다. David O. Beale,「근본주의역사」, 56-7.

224) 두 형제가 근본주의 운동에 가담한 이유는 그들의 신학적 헌신이었다고 샌딘(Sandeen)은 말하면서 그들에게는 다음과 같은 신념이 있었다고 주장한다.

1. 원본성경의 축자영감(The verbal inspiration of Bible "as originary given")
2. 그리스도의 신성(The deity of Christ)
3. 그리스도의 대리 죽음(The vicarious death of Jesus).
4. 성령의 인격(The personality of Holy Spirit).

밀턴 스튜어트
(Milton Stewart, 1838-1923)

어서 이 운동의 관심은 신앙에 대한 광범위한 변호에 초점을 두고 있었다. 완성되었을 때 그 12권의 반양장의 책들은 64명의 저자에 의해 쓰여진 약 90여 논문들을 담고 있었다. 어떤 것들은 재판물이었고 어떤 것들은 그 시리즈를 위해 특별히 쓴 것이었다. 비록 많은 저자들이 그들의 학문으로 널리 존경을 받는 사람들이었지만 그 논문들은 일률적으로 평신도의 수준에서 쓴 것이었다. 분명히 그 책 전집의 주제들은 미리 계획된 것이 아니었고 각 권이 나올 때마다 위원회에서 결정한 것이었다. 근본진리들의 초점은 정통적인 성경관을 옹호하는 것이었다. 아마 기사 중 3분의 1은 성경의 변호에 할애되었을 것이다. 이때는 으레 고등비평의 약점이 공격을 받았다.

또 다른 3분의 일은 전통적인 신학 문제들, 즉 변증학, 삼위일체 각 위격의 성격과 사역, 죄와 구원의 교리 등에 관한 글이었다. 고등비평과 교리에 비중을 둔 첫 다섯 권은 각각 개인적 간증으로 끝을 마무리하였다. 그 외 다섯권은 현대의 "주의(主義)들", 즉 러셀주의, 몰몬교, 현대 심령술, 로마 가톨릭주의, 에디주의(Eddyism) 등에 대한 논박으로 끝을 맺었다. 제12권은 온통 복음전도와 선교에 충당되었다. 대략적으로 300만권에 달하는 책들이 "모든 목사, 선교사, 신학교수, 신학생, YMCA와 YWCA의 간사, 단과대학 교수, 주일학교 총감독, 그리고 영어를 말하는 세계에 있는 종교 관련 편집자"에게 분배되었다.

「근본진리들(*The Fundamentals*)」의 출판은 근본주의 운동의 방향제시로

---

5. 승리하는 기독교의 삶을 위한 성령의 인격적인 내주의 필요성(The necessity of a personal infilling of the Spirit for victorious Christian Living)
6. 그리스도의 인격적 재림(The personal return of Christ)
7. 세계복음화의 긴급성 (The urgency of speedy evangelization of the world). Sandeen, *The Roots of Fundamentalism*, 192.

서 커다란 공헌을 남겼다. 이러한 작품들은 신학에 대한 기여보다는 상징적인 가치가 훨씬 더 중요했다. 그 책들은 의심할 나위 없이 많은 사람의 확신을 공고히 하고 어떤 이들에게 설득력을 주는데 도움이 되었다. 샌딘(Sandeen)은 그 전집이 현대주의를 억제하려는 그것의 일차적 목적에 실패하였다고 정확히 진술하지만 이러한 평가는 올바른 것은 아니다. 그보다는 말스덴이 주장한 바와 같이 "이것은 거의 연구되지는 않았다 하더라도 이 널리 알려진 책들을 특징 지운 현대주의에 대한 일종의 반대의 폭넓고 연합된 전선을 사람들의 마음에 떠올렸던 것이다.[225]

「근본진리들」의 영향력은 1910년 총회가 가장 중요한 5개의 교리를 장로교의 변함 없는 신조로 확인하고 선언한데서 우리는 찾아 볼 수 있다. 이 5개 조항을 발표하기 전에 총회는 다음과 같이 선언하였다.

> 의심의 현 시대에... 신앙과 복음적인 기독교의 근본들은 공격당하고 있다. ... 총회는 이러한 사실 앞에서 미국 장로교회의 역사적인 기준을 성경에서 가르친 진리의 바른 체계이고 과거와 같이 미래에도 따라야 함으로 엄격히 준수할 것들을 다시 천명한다.[226]

그리고는 5개 조항 즉 성경의 무오, 그리스도의 동정녀 탄생, 그의 대속적 구원, 그의 육체적 부활, 그리고 그의 기적의 실행들을 "본질적이고 필수적"[227](Essential and Necessary)인 것으로 선포하였다.

---

225) Marsden, 「근본주의와 미국문화」, 119.

226) *Minutes of the General Assembly*, 1910, 273.

227) '본질적이고 필수적' (Essential and Necessary) 것을 소개해 보면 다음과 같다.

① 성령께서 성경의 저자들을 오류로부터 지키시기 위해 영감하시고 조명하셨다는 것이 우리의 표준이며 하나님 말씀의 본질적인 교리이다.

② 우리 주 예수그리스도께서 동정녀 마리아에게서 탄생하셨다는 것이 우리의 표준이며 하나님 말씀의 본질적인 교리이다.

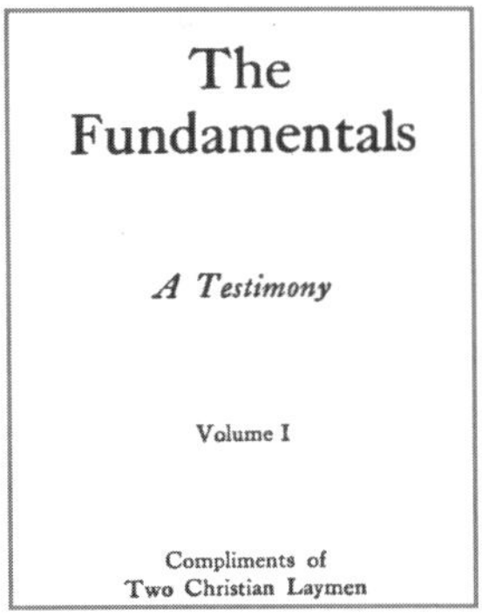

「근본진리들」
(*The Fundamentals*, 1910)

총회는 덧붙여서 "이러한 교리들을 우리의 교회들과 기관들에서 큰 소리로 읽어야 할 필요가 있다"[228]고 결정하였다. 또한 "거룩한 기능을 실행하기 위한 목사 후보생들이 신조와 모든 본질적이고 필수적인 조항들을 동의한다" 라고 말하기까지 목사로 받아들이지 않도록[229] 항상 주의할 것을 교회에 요청하였다.

그런데 성경의 권위와 기독교 신앙의 초자연적인 성격을 유지하기 위해서 세운 5개항은 당연히 교회 내에 논쟁을 불러 일으키게 되었다. 그것은 브릭스(Briggs) 등과 같이 성경의 고등비평을 아주 즐겨하는 현대주의자들이 당시 교회 안에 점점 그 세력을 펼쳐가고 있었기 때문이었다. 이 같은 분위기 속에서 1916년에는 150명 목사들이 "근본적인 것들로 돌아가자" 라는 제목의 글을 현 총회장과 세 명의 전 총회장들의 서명과 함께 총회에 제출되었다. 그들은 5개 조항이 본질적이고 필수적이라고 또 한번 선언하였다. 그리고 목사들이 그 내용을 설교할 것과 교회강단에는 "여기에 근거한 위대한 근본적인 것들을 기꺼이 마음에 받아들이는 목사들만 세울

---

③ 그리스도께서 우리를 하나님과 화해시키기 위해 하나님 공의를 만족시키기 위해 그리스도자신이 희생제물이 되셨다는 것이 우리의 표준이며 하나님 말씀의 본질적 교리이다.

④ 우리 주 예수 그리스도께서 희생당하신 똑같은 육체로 죽음에서 3일 만에 부활하시고 하늘로 오르사 중보자로 그의 아버지 우편에 앉으셨다는 것이 우리의 표준이며 하나님 말씀의 본질적인 교리이다.

⑤ 주 예수께서 이적을 행하심으로 그의 능력과 사랑을 보이셨다는 것은 기적적인 것이 아닌 그것을 능가하는 사역이라는 것이 우리 신앙의 최고의 표준으로 하나님 말씀의 본질적인 교리이다. 이러한 신앙의 다섯 가지 조항이 '**본질적이며 필수적**'(Essential and Necessary)이다. Maurice W. Armstrong, *The Presbyterian Enterprise*, 281.

228) *Minutes of the General Assembly*, 1910, 273.

229) *Ibid.*, 272.

것"230)을 제안하였다.

이러한 결과는 모두 「근본진리들(*The Fundamentals*)」의 영향력이 어떠했는가를 보여주는 실례가 될 수 있다. 그것은 광범위하게 전문화된 주제로 근본주의를 교육하기 위한 제일 초기의 주요 교과서가 되었다. 그 점에 있어서 그 전집은 1920년대의 논쟁과 싸움을 위해 운동을 준비시키는데 큰 도움이 되었던 것이다. 결론적으로 1920년대까지 장로교회는 소전투에 필요한 요소들의 대부분을 가지게 되었다. 엄격한 보수주의자들은 정통신앙을 유지하기로 결정하면서 브릭스와 스미드 교수를 내쫓고 「포트랜드 성명」과 "5대 요점"을 채택하는데 중대한 승리를 거두었다.

6) 해리 에머슨 포스딕(Fosdick case) – 소용돌이의 20년대

피상적으로 1920년 이전의 10년 동안 장로교회 내에 일어난 사건들을 보면 위에서 언급한 것과 같이 근본주의자들이 싸움에 이길 강력한 승산을 가지고 격렬한 논쟁의 시대로 진입했던 것처럼 보인다. 하지만 대다수의 많은 장로교 지도자들은 당시의 경제적, 사회적, 문화적 상황과 당시의 자유주의 신학사상에 마음들이 오염되어 가고 있었으며 정통교리의 중요성이 쇠퇴하고 있었다. 이런 상황 속에서 "해리 에머슨 포스딕 사건"이 일어나게 되었다. 이것은 당시 장로교 교단이 얼마나 정통신학에서 멀리 떠나 약화되었는가를 여실히 보여 주는 사건이다. 문제의 발단은 1922년 5월21일 주일 아침에 뉴욕 제일 장로교회에서 선포되었던 헤리 에머슨 포스딕(Harry E. Fosdick, 1878-1969)의 "근본주의자들은 승리할 것인가?" (Shall the Fundamenalists win?)라는 제목의 설교에서 시작되었다.

포스딕은 그의 목사 위임을 침례교에서 장로교로 이명함이 없이 뉴욕에 있는 제1장로교회의 부목사로 활동하고 있었던 현대주의자였다. 그는 장로교 안에 있는 특별한 편목제도(arrangement)에 의하여 침례교 자유주

230) "Back to the Fundamentals," *The Presbyterian*(April 22. 1915). 7-9.

뉴욕 소재 제1장로교회(First Presbyterian Church)

의자 출신이면서 장로교회 목사로서 설교했던 포스딕은 자유주의적인 기독교인들에 대하여 관용적인 태도를 전혀 보이지 않았던 보수주의자들 때문에 점차로 당혹감을 느끼고 있었다. 제1차 세계 대전 전쟁 종결 이후로 자유주의자들과 보수주의자들은 성경의 권위, 진화, 그리고 외국 선교 등과 같은 문제들에 대하여 싸우고 있었다. 이런 상황 속에서 포스딕의 설교는 장로교회 위에 폭탄처럼 떨어 졌으며 그는 이것을 통하여 장로교인의 신학 논쟁을 촉진시키는 계기를 만들게 된 것이었다. 포스딕은 이 설교에서 자유주의 신학과 근본주의 신학사이의 차이를 대조시켰으며, 침례교회와 장로교회를 분열시키려고 위협하고 있는 긴장에 대한 해결책을 제시했다. 포스딕은 주장하기를 자유주의자들은 역사, 과학, 그리고 종교의 새로운 지식을 옛 신앙과 조화시키려고 노력하는 성실한 복음주의적인 기독교인들이라고 하였다.231)

반면에 근본주의자들은 어떤 전통적인 교리들을 수정하려는 모든 사람들에 대항하여 '기독교적인 상호간의 교제의 문들을 닫으려고' 결정한

231) Harry E. Forsdick, "Shall the Fundamentalist Win?" in *American Protestant Thought in the Liberal Era*, ed. William R. Hutchison (Lanham: University Press of America, 1968), 170-82; Bradley J. Longfield, 「미국 장로교논쟁」, 22에서 재인용.

관용을 전혀 보이지 않는 보수주의자들이었다. 이러한 관점을 갖고 시작된 포스딕의 설교는 당시 교회 안에 일어난 신학적인 분열(자유주의와 근본주의)의 해결책은 단지 관용과 기독교적 인 자유만이 평화에 기여 할 수 있다고 선언했던 것이다. 그러면서 포스딕은 그의 설교에서 ' '그리스도의 동정녀 탄생,' "성경의 영감," "그리스도의 육체적 재림"을 부인했다. "그리스도의 동정녀 탄생"에 대하여 그는 이렇게 설교했다.

해리 에머슨 포스딕
(Harry E. Fosdick, 1878-1969)

> 우리는 시끌벅적하게 논란이 되고 있는 우리 주님(Lord)의 동정녀 탄생문제에서 부터 시작해 봅시다. 저는 기독교 교회 안에서 동정녀 탄생과 같은 문제에 대하여 아주 다른 견해를 가지고 있지만, 주인(Master)에게 인격적인 헌신을 하듯, 주님을 헌신적으로 사랑하고, 복음의 추종자 된 목사들, 선교사들, 평신도들을 알고 있습니다. 예를 들면 여기에 한가지 견해가 있습니다. 그것은 동정녀 탄생이 역사적 사실로 인정되어야 한다는 것입니다; 그 사건은 실제로 일어났습니다. 이 세상에 오신 주님(Master)과 같은 인간성을 갖는데는 특별한 생물학적 기적 외에 다른 방법은 없었습니다. 그것은 한가지 견해이고 자비롭고 아름다운 영혼을 가진 많은 사람들이 그것을 지지합니다. 그러나 그들 곁에는 동정녀 탄생이 역사적인 사실로 받아 들여져서는 안된다고 생각하는 여전히 충성스럽고 존경할 만한 사람들도 교회 내에 있습니다. 위대한 인간성에 대한 설명으로써 동정녀 탄생을 믿는 것은 고대 세계에서 평범하지 않은 탁월성을 설명하는데 자유 사용되었던 익숙한 방법 중 하나입니다. 많은 사람들은 역사 속에서 초자연적 출생에 대한 기록을 단 한 번만 접할 것으로 생각합니다. 그러나 반대로 기적적인 출생은 고대 사회의 가장 보편적인 전통 가운데 속해 있습니다. 특별히 위대한 종교의 창시자인 경우에는 더욱 그러합니다. 그들의 신앙적 기록에 따르면 부

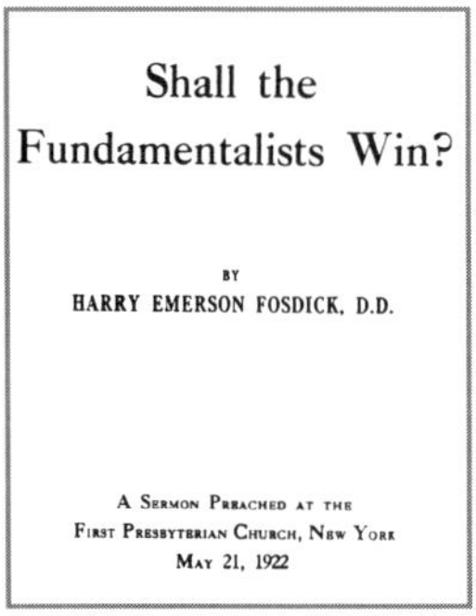
Shall the Fundamentalists Win?

BY
HARRY EMERSON FOSDICK, D.D.

A SERMON PREACHED AT THE
FIRST PRESBYTERIAN CHURCH, NEW YORK
MAY 21, 1922

"근본주의자들은 승리할 것인가?"

처, 조로아스터, 노자, 마하 비라 등은 모두 초자연적으로 태어났습니다. 역사 속에서 위대한 종교의 창시자이지만 기적적으로 출생했다는 말이 없는 사람은 모세, 공자, 모하멧 등에 불과합니다. 다시 말하면 인간성을 드높여서 사람들이 그를 숭배 할 때, 고대세계는 그의 탁월성을 그의 출생에 대한 특별한 신적 영향에 기인한다고 했으며, 그들을 숭배할 때, 고대 세계는 그의 탁월성을 그의 출생에 대한 특별한 신적 영향에 기인한다고 했으며, 그들의 믿음을 기적적 출생의 용어로 진술했습니다. 피타고라스나 플라톤, 아우그스트시이저, 그 외 더 많은 사람들이 동정녀에게서 태어났다고 했습니다. 이것을 알고 있으면서 복음적 교회 내에는 우리 주님의 도래에 관하여 다음과 같은 견해를 가진 사람들이 대단히 많습니다.: 우리가 그렇듯이 처음 제자들은 예수를 숭배했습니다. 우리가 그렇듯이 그들이 예수의 도래에 대하여 생각했을 때 그들은 그가 특별히 하나님으로부터 왔다고 확신했습니다; 이런 숭배와 확신을 그들은 그들의 출생에 있어서 하나님의 특별한 영향과 목적과 연관시켜 생각하였고 우리도 그렇습니다; 그러나 그들은 그것을 우리의 현대적 지성은 사용할 수 없는, 생물학적 기적의 용어로 진술하였습니다. 그들은 예수께 대한 신약성경의 입장에 있어서 어떤 생명적인 것을 포기했다고 생각하는 사람이 있다면, 이런 기독교인들은 그리스도의 신적 의미에 대한 교회의 사상에 가장 크게 기여한 바울과 요한 두 사람을 기억하십시오. 그들은 동정녀 탄생에 대하여 암시적으로라도 결코 언급하지 않았습니다.232)

예수 그리스도의 동정녀 탄생을 부인한 포스딕은 '성경의 영감' 에 대해서도 철저히 부인했다. '성경의 영감' 에 대한 그의 설교는 이렇게 진행

232) H. Shelton Smith, Robert T. Handy, and Lefferts A. Loetscher, *American Christianity: An Historical Interpretation with Representative Documents*(New York: Scribner, 1963), 295.

되었다.

복음적 기독교인들 사이에 존재하는 진정한 의견 차이에 관한 또 다른 문제를 생각해 봅시다. 그것은 성경의 영감 문제입니다. 한가지 관점은 성경의 원본 문서들이 하나님으로부터 사람들에게 오류 없이 구술되었다는 것입니다. 우리가 다루는 것은 창조 이야기든, 에돔의 귀족 명단이든, 솔로몬의 통치에 대한 이야기든 산상 설교든, 고린도전서 13장이든 간에 그것들은 모두 같은 방식으로 주어졌으며, 다른 어떤 책도 그렇게 주어지지 않은 방식으로 주어졌습니다. 그것들은 오류 없이 구술되었습니다; 과학적 견해, 의학 이론, 역사적 판단 등 거기에 있는 모든 것이 영적 통찰력과 마찬가지로 오류가 없습니다. 그것은 성경의 영감에 대한 한가지 생각입니다. 그러나 그들만큼 그 책을 사랑하고 지지하면서도 그 책을 결코 그렇게 생각하지 않는 사람들이 많이 있습니다. 참으로 영감에 대한 정적이고 기계적인 이론이 그들에게는 영적 생활에 있어서 큰 재난으로 여겨집니다. 모하멧 교도들은 코란과 비슷하게 생각하는데, 그것은 세상에 주어지기 전에 하늘에서 오류 없이 기록되었다고 합니다. 그러나 코란은 그것이 기록되던 당시의 아랍의 신학적, 윤리적 사상을 담고 있습니다. 동양적 군주인 하나님, 인간의 큰 의무가 그의 뜻에 대한 전적 복종이라는 것, 믿지 않은 자에 대하여 폭력을 사용하는 것, 일부다처제, 노예제 등 그것들은 모두 코란에 있습니다. 코란은 기록된 당시보다 더 앞선 것이지만 영감에 대한 정교한 사상으로 놀라게 하며 모하멧 교도의 목에 매어진 맷돌이 되었습니다. 어떤 사람이 코란으로부터 성경으로 관심을 돌리며 이와 같이 재미있는 상황을 발견합니다. 우리가 싫어하는 코란에 있는 이런 모든 사상이 성경 어디엔 가도 있습니다. 우리는 모하맷교도를 회심케 하기 위하여 선교사를 파송하는 관념을 이 책에서 발견 할 수 있습니다. 하나님을 동양적 군주처럼 생각 할 수도 있습니다. 거기에는 가부장적 일부 다처제, 노예제도, 믿지 않는 자에 대한 폭력 사용, 역시 있습니다. 성경에 있는 이런 요소들만이 궁극적인 것이 아닙니다. 이 모든 것들은 항상 대체되는 것입니다.[233)]

233) *Ibid.*, 296.

포스딕의 이 설교에는 성경이 영감된 책이라기 보다는 종교적 경전 중의 하나로 취급하고 있는 것이다. 코란이나 성경이나 매 한가지라는 견해이다. 계속해서 그는 '그리스도의 육체적 재림' 을 은근하게 부인하였다.

> 복음적 기독교인 내에서 심각하고도 참되게 의견이 나뉘어 있는 또 다른 문제를 생각해 봅시다. 우리 주님의 재림입니다. 재림은 소망에 대한 초대 기독교인의 표현입니다..... 오늘날 복음적 교회 안에는 그 문제에 대하여 다른 관점이 있습니다. 한가지 관점은 그리스도께서 문자적으로 외관상, 하늘 구름 위로 오셔서 자기 왕국을 이곳에 세운다는 것입니다. 내가 젊었을 때는 그런 가르침을 결코 들어 본적이 없습니다. 그것은 항상 절망적인 상황이 닥치고 사람들의 유일한 소망이 신적 개입에만 놓여질 때 새롭게 부활하였습니다. 이렇게 혼란스러운 마지막 때에 이런 옛날 판 기대가 되살아 나는 것은 이상한 것은 아닙니다. "그리스도께서 오신다" 는 것은 많은 기독교인에게 복음의 중심 메시지로 생각됩니다. 그 힘에 따라 어떤 사람들은 세상을 위한 위대한 봉사를 합니다. 그러나 불행하게도 많은 사람들이 그것을 고대 히브리인들이나 고대 기독교인들이 했던 것보다도 더 지나치게 강조합니다. 그들은 아무 일도 하지 않은 채로 가만히 앉아서 세상이 그리스도가 오시기까지 점점 더 악해져 가기를 기대합니다. 재림을 문자적 기대로 여기는 사람들과 함께 복음적 교회 안에는 또 다른 그룹이 있습니다. 그들 역시 "그리스도가 오신다" 고 말합니다. 그들은 온 마음으로 그렇게 말합니다. 그러나 그들은 구름 위에 외관상 볼 수 있게 오는 것으로 생각하지 않습니다. 그들은 발전이 하나님의 자신의 뜻을 이루시는 방법이라는 현대 세대가 가르쳐 준 즐거운 통찰을 신적 계시의 일부로 이해합니다.[234)]

이러한 설교를 하면서 교회의 평화를 위해 그는 용감하게도 동정녀 탄생과 성경의 영감과 같은 교리들에 대한 자유주의적인 해석이 교회 안에서 관용적으로 받아 들여야 한다고 선포한 것이었다.[235)] 그는 다음과

---

234) *Ibid.*, 299.

같이 설득했다.

> 여기 교회 안에 두 부류의 사람들이 있습니다. 그런데 근본주의자들에게 물을 질문은 다음과 같습니다. 한쪽이 다른 한쪽을 꼭 몰아 내어야 하는 것입니까?... 만약 근본주의자들이 승리한다면 그 시대의 가장 훌륭한 신자의 삶과 헌신의 큰 부분이 교회 밖으로 밀려나야만 합니다.. 즉 교회가 필요로 하는 경건하고 훌륭한 구름처럼 많은 남녀 신자들은 교단을 떠나야만 합니다.[236] "불관용은 누구의 것이든 우리가 지금까지 말한 상태의 해결을 위해서는 아무런 도움이 되지 않습니다.[237]

그러나 이미 포스딕의 설교에 나와 있듯이 그는 이런 자신의 관용주의적 관점을 관철시키기 위해 성경의 영감과 그리스도의 처녀탄생 및 육체 재림과 같은 견해들은 비본질적인 것들이라고 강력히 주장하였으며, 개인적으로 그 모든 것을 부인하게 되었던 것이다. 그는 이같이 울부짖었다. "나는 근본주의자들이 성공하리라고는 한순간도 생각하여 본적이 없습니다."[238]

이 설교가 뉴욕시 제일 장로교회 담장 안에만 머물렀더라면 반동은 작았을 것이다. 그러나 그것은 그렇게 되지 못했다. 조금 변형된 판으로 그리고 새로운 제목 – 「신지식과 기독교 신앙(*The New Knowledge and the Christian Faith*)」라는 새로운 제목 하에 포스딕의 관용에 대한 탄원은 세 종류의 종교 잡지들 속에서 신속하게 인쇄되어 팜플렛 형식으로 지방에 있는 모든 개신교 성직자들에게 배부되었다.[239]

---

235) Bradley J. Longfield, 「미국장로교회 논쟁」 22-23에서 재인용.

236) *Ibid.*, 298.

237) *Ibid.*, 299.

238) *Ibid.*,

239) 이 설교는 섭외 활동을 담당하는 이비 리(Ivy Lee)에 의하여 수정되어 1922년 6월 8일에 「*Christian Century*」에, 1622년 6월 10일에 「*Baptist*」에, 1622년 6월10일에 「Christian Work」에 실렸다. 이에 덧붙여서 존 록펠러 2세(John D. Rockefeller, Jr.)는 분배할 목적으로 이 설교의 13만부의 발행에 필요한 자금을 제공했다. Miller,

7) 불신앙은 승리할 것인가?- 포스딕에 대한 맥카트니의 반박

포스딕의 설교에 대하여 보수주의적 반동은 신속하고 강력했다. 필라델피아에 있는 아취가 스트리트 장로교회(Arch Street Presbyterian Church)의 목사이며 저명한 설교자인 클라렌스 에드워드 맥카트니(Rev. Clarence E. Macarthey, 1879-1957)는 "불신앙은 승리할 것인가?"(Shall unbelief win?)라는 제목을 붙인 자신의 설교로 포스딕에 대한 반박을 했다. 이 설교는 팜플렛과 「장로교인(The *Presby-terian*)」지에 출판되었다. 맥카트니는 포스딕에 의하여 묘사된 견해는 단순히 장로교회의 교리적 입장과 조화될 수 없다고 주장했다. 그러므로 이 양자는 양립할 수 없음을 알리고 신앙을 위하여 싸우는 것 -" 열렬하게, 지성적으로, 그리고 기독교적 정신 속에서" 이 교회와 모든 복음 적인 기독교인들의 의무라고 강조했다. 그는 포스딕의 설교에 조목조목 반박했다.

포스딕의 설교는 장로교 근본 교리를 부인하는 자유주의적인 것이었다. 맥카트니는 조목조목 반박했다.

클라랜스 에드워드 매카트니
(Clarence E. Macartney, 1879-1957)

최근 한 교계 신문에 뉴욕 제일장로교회의 강단에서 해리 에머슨 포스딕 박사가 선포한 "근본주의자들이 승리할 것인가?" 라는 제목의 설교가 게재되었다. 대중의 인기를 한 몸에 받고 있는 포스딕 박사의 그 현란한 말재간이 가득한 설교에는 그의 사상과 의도가 명확하게 담겨져 있다. …하지만 그리스도인들이 이런 설교를 읽게 되면 비탄함과 고통을 가지게 되고, 주 예수 그리스도를 따르면서 기독교 신앙을 견고하게 가

Harry Emerson Forsdick, 115-7; Bradley J. Longfield, 「미국장로교회논쟁」, 23에서 재인용.

지는 것 대신에, 혼란을 야기하는 이런 삶으로 인해 먼지 구덩이에서 헤매게 된다. 그것을 읽은 장로교인들은 개혁교회가 정립해 놓은 신앙적 기준에 절망적일 정도로 불일치하는 그런 설교에 대해 심히 유감스러워 할 터이지만, 한시라도 장로교회의 강단에 그런 따위의 주장이 자리를 잡는다거나, 혹 교회의 한 부서에서, 또는 지교회의 당회에서 그 어떠한 저항이나 의심 없이 수긍될 수도 있는 일이다. 서부 지역에서 목회를 하고 있는 분으로부터 한 통의 편지를 받았는데, 그 발신인은 간절히 소망하기를 포스딕 박사는 마땅히 자기의 견해가 모순된다는 것과 자기의 식견이 비기독교적이란 것을 깨닫고, 방황하던 여타의 많은 사람들이 그랬던 것처럼, 그리스도의 십자가로 되돌아와야 한다고 진술하였다.[240]

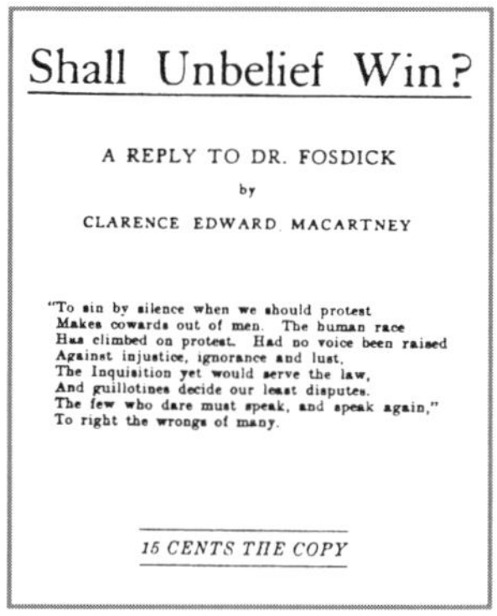
Shall Unbelief Win?

A REPLY TO DR. FOSDICK

by

CLARENCE EDWARD MACARTNEY

"To sin by silence when we should protest
Makes cowards out of men. The human race
Has climbed on protest. Had no voice been raised
Against injustice, ignorance and lust,
The Inquisition yet would serve the law,
And guillotines decide our least disputes.
The few who dare must speak, and speak again,"
To right the wrongs of many.

15 CENTS THE COPY

"불신앙은 승리할 것인가?"

맥카트니는 포스딕에 의하여 묘사된 견해는 단순히 장로교회의 교리적 입장과 조화될 수 없다고 명백하게 주장했다. 포스딕은 "기독교 교리들을 존중하고 있는 척 가장하면서 그것들의 의미를 교묘하게 갈아치우며 변질시킨 잘못에 대한 책임을 져야 한다"고 강조했다. 그러므로 이 양자는 양립할 수 없음을 알리고 신앙을 위하여 싸우는 것 -" 열렬하게, 지성적으로, 그리고 기독교적 정신 속에서" 이 교회와 모든 복음적인 기독교인들의 의무라고 강조했다. 그는 포스딕의 설교에 조목조목 반박했다. 첫 번째로 포스딕의 동정녀 탄생에 대하여 맥카트니는 다음과 같이 비판했다.

포스딕 박사는 동정녀 탄생을 역사적 사실로 받아들이지 않는다. 그는 그리스도께서 세상에 오신 방식을 설명함에 있어 "하나의 특별한 생물

240) Clarence E. McCartney, "Shall Unbelief Win?" An Answer to Dr. Forsdick, part. 1, *Presbyterian*, 13, July, 1922, 8.

> 학적인 기적"이라고 부르며 거절한다. 그에게 있어서 동정녀 탄생은 예수님이 초자연적인 속성과 인성을 가진 분이라고 믿게 해서 종교적인 애착을 가지게 해주는 효과를 주는 것일 뿐이다.…그야말로 말 그대로이다. 동정녀 탄생은 없었다(There was no virgin birth) 마태복음과 누가복음의 처음 몇 장은 단순히 신화이며, 그 내용에 인용되고 있는 요소들과 행적들은 단지 사람들이 예수님의 인성에 관하여 믿을 수 있도록 하기 위해 신앙적으로 경건하면서도 원초적인 노력을 기울였다는 것이다. 그와 똑같은 서술 방식을 석가, 조로아스터, 노자, 마하비라의 추종자들도 상당수 사용했다는 것이다. 그는 동정녀 탄생을 받아들이지 않았을 뿐만 아니라, 주요한 기독교 교리 축에도 들지 않을 정도로 그 주제가 별로 중요하지 않다는 의견을 피력했다. 이와 관련하여, 그는 기독교회의 두 거장인 요한과 바울이 결코 동정녀 탄생에 관하여 간접적인 암시조차 하지 않은 것처럼 합리주의자다운 표식을 확실히 해 두었다.[241)]

계속해서 매카트니는 예수님의 동정녀 탄생을 거부하고 있는 포스딕에 대하여 일침을 가하고 있다.

> 예수 그리스도의 신성은 모든 부분에서 우리 앞에 역력하다. 하나님이 육신을 입으심은 동정녀 탄생이란 것으로 밖에는 달리 부분적으로나마 설명할 길이 없는 일종의 신비란 것을 우리 역시 반드시 인정해야만 한다. 그리고 그것은 복음서에서 들을 수 있는 설명이며, 유일한 해설이다. 만일 우리가 복음서에 등장하는 그 부분을 단순히 신앙을 가지게 하기 위한 신화나 추측으로 여긴다고 한다면, 그 외 다른 것에 대해서도 우리의 관심이 약화되지 않겠는가? 예를 들어, 만일 예수님의 탄생에 대한 기사들이 무흠하신 그분의 인성을 설명하기 위해 단지 인간이 조작한 것이라면, 예수님의 십자가에 달리심에 관한 기록 또한 그저 그분의 추종자들이 그가 영광스럽게 죽으셨으면 하는 바람에서 희생적인 죽음을 상상해낸 것이라는 식으로 누군가 그 결점을 들추려하지 않겠는가? 부

241) *Ibid.*, 9.

> 활에 관한 기록들도 단순히 신앙심과 경외심을 조장하기 위한 것이었다면, 그것은 사실의 기록도 아니고, 그리스도가 역시나 대단하신 분이고, 죽음까지도 주도할 수 있는 거룩한 인간이란 확신을 불러일으키기 위해 꾸며낸 이야기이기에, 위인들의 재출현과 환생에 관해 거론하고 있는 여타의 신화들과 뭐가 다르단 말인가? 승천과 재림 또한 마찬가지 아니겠는가? 동정녀 탄생에 관한 기록에 대한 이러한 관점을 우리가 받아들이는 순간, 우리는 복음서의 다른 기사에 대해서도 거부하면서 과연 어떤 사람이 그렇게 했을지 의문시하게 되지 않겠는가? 242)

그는 성경에 근거하여 동정녀 탄생의 역사성을 강조한다.

> 사실상 요한과 바울은 다른 신약 성경의 기록자들보다도 특출하게 예수님 안에 하나님이 성육신 하신 것과 성자 하나님께서 이 세상에 도래하신 초자연적인 방식에 대하여 가르치고 있다. 예를 들어, 바울이 그리스도가 여자에게서 나셨다는 것을 말하면서 동정녀 탄생을 언급하지 않은 것은 사실이다. 그랬다고 해서 마태나 누가의 권위를 무시하는 식으로 하지 않았다. 동정녀 마리아의 태를 통한 "그 거룩한" 탄생에 관하여 결코 듣지도 못한 것처럼 암시하지도 않았다.243)

결론 부분에서 맥카트니는 신조의 내용을 지지하고 있다.

> 포스딕 박사는 장로교인도 아니면서, 장로교회 강단에 서서 장로교인들이 주는 사례를 받고 있다. 이런 사실로 봤을 때, 예수님의 탄생에 대하여 순전히 자연주의적인 견해를 고수하고 있는 자가, 결코 변할 수 없는 신조를 가지고 있는 교회의 강단에 버젓이 서서 설교하도록 이 어찌 허용할 수 있단 말인가? 신앙고백서 8장 11항의 선언이다. "하나님의 성자께서 때가 차매, 인성을 취하시고, 성령의 능력을 입으시어, 동정녀 마

242) *Ibid.*,
243) *Ibid.*,

> 리아의 태, 곧 그녀의 몸을 통해 오셨다." 이런 신경의 내용은 아마도 "현대주의자"가 그 마음에 받아들이는 것이 불가능할 것이다. 그것을 신화나 부질없는 생각으로 여길 것이다. 그러나 포스딕 박사가 밥줄로나 여기는 교회에게 있어서 그것이 신화냐 사실이냐, 진리냐 쓰레기냐 하는 것은 중차대한 고백이 아닐 수 없다.[244)]

한마디로 맥카트니는 "동정녀 탄생은 신화나 전설적인 이야기가 결코 아니고 역사적인 사실이라는 것이다. 두 번째로 맥카트니는 포스딕의 성경의 영감에 대한 견해를 반박했다.

포스딕은 위에서 살펴본 대로 두 개의 영감설을 제시하고 있다. 그중 하나가 기계적 영감설이다. 포스딕은 기계적 영감설을 말하면서 성경기록은 속기사에서 속기를 시킨 것으로 성경기록을 이해한다. 맥카트니는 이 부분에 대하여 다음과 같이 논평했다.

> 우리는 기분 상해하면서도 이런 설명이 불경스럽다는 것을 지나쳐 버리고 있다. 이는 찝찝한 맛이 나는 정도가 아니라 정통 신앙과 맞서는 것이며, 신약 성경의 영감성을 고수하고 있는 자들에 대하여 비난을 가한 것이다. 고래로부터 성도들이 "그것들은 성령의 감동을 받아 말한 것"이라고 했을 때, 성령께서 모세, 이사야, 혹 바울에게 뭔가를 그대로 받아 적으라는 식으로 했다고 여긴 것이 아니다. 예를 들어, 포스딕 박사가 자기 혼자 극구 주장하듯, 마치 그의 설교들을 속기사에게 받아 적으라고 시킨 것처럼 한 것이 아니다. 대다수의 그리스도인들은 바울이 디모데에게 드로아 가보의 집에 놓고 온 외투를 가져다 달라고 한 것마저 성령의 감동으로 된 것이라는 식으로 여기지 않는다. 로마의 매머틴(Mamertime) 감옥의 그 어둡고 습한데 감금된 기록조차 무슨 영감을 받은 것으로 치지 않는다. 바울의 서신들 속에는 매우 주의해야 하며 진지하게 하나님의 영감이라고 선포해야 할 대목들이 담겨있다. 즉, 그가 선언하는 바, 그리스도의 복음에 대한 중요한 해설은 성령에 의해서 그

---

244) *Ibid.*, 26.

> 에게 계시된 것이다.[245]

맥카트니는 명확하게 기계적 영감설을 거부하고 동력적 영감설을 말하고 있다.

포스딕의 또 하나의 이론은 소위 "합리주의적 이해"이다. 맥카트니는 이것을 이렇게 설명한다.

> 하나님의 자기 계시를 인정하지 않고 그 대신 구시대에 사용된 투박하기 짝이 없는 그릇된 방식으로 인해 하나님의 자기 계시에 뭔가 잘못이 있다는 식이다. 그래서 그 많은 오류들을 밝혀내고 재가(裁可)해야 한다는 것이다. 점차적으로 신약성경에서 그런 잘못 제시된 것들을 찾다 보면 하나님 자신에 대하여 보다 명료하게 알 수 있다고 본다. 그리고 미래의 어느 시점에 이르면 그 표현들은 의심 할 나위없이 개선될 것이 틀림없다고 보는 것이다.[246]

그런데 맥카트니가 강조하는 최고의 핵심은 "이 논지에서 가장 크게 대두되는 문제는 영감성에 대한 어떤 특정 이론이 아니고, 성경에 대한 신뢰성과 권위이다." 그러면서 맥카트니는 근본적인 질문을 던지고 있다.

> 포스딕 박사처럼 성경에 대하여 말하는 자들에게 들어보면, 영감의 방식에 대한 질문은 고사하고, 더 큰 의문이 생긴다. 과연 이 사람들은 성경이 특별한 권위를 가지고 있다는 것을 믿고는 있는 것일까? 그들은 과연 하나님께서 과거에 열조들에게 선지자들을 통하여 말씀하신 것이 소크라테스나, 공자, 혹 석가가 했던 것보다 더욱 명료한 교훈이었다고 믿기는 하는 것일까? 그들은 과연 선지자들을 믿고 있기는 한 것일까? 고어(Gore) 박사가 최근에 쓴 그의 명저 "하나님에 대한 신앙"에 적어 놓은 말들을 인용하겠다. "선지자들은 일반인들과는 달리 실재하시는 하

245) *Ibid.*,
246) *Ibid.*,

> 나님을 실지로 만난 자들이다. 오랜 세월 동안, 지속되는 과정 속에서 크든지 작든지 점차적으로, 그분은 사람이 지킬 수 있는 진리를 그들에게 정말로 알려 주셨다. 신적 속성과 목적에 대하여 그리고 인간의 속성에 대하여 말이다.[247]

성경의 영감에 대하여 맥카트니는 최종적으로 장로교 신앙고백에서 결론을 도출한다.

> 장로교회의 신앙 고백서는 성경에 대하여 이렇게 선언하는 것으로 시작된다. "비록 본성의 빛과 피조물의 활동과 섭리가 하나님의 선하심과 지혜와 권능을 아주 극명하게 나타내어서, 인간들이 핑계치 못한다 할지라도, 그것들은 구원을 받는 데 필요한 하나님과 그분의 뜻에 대한 지식을 가지게 하기에는 불충분하다. 그러기에 하나님은 자신을 계시하시는 것을 기뻐하시어 그의 교회에게 그분의 뜻을 선포하셨다.[248]

맥카트니는 강력하게 언급한다. '포스딕의 설교에 매료되어 그의 학풍에 심취한 자들은 본성의 빛만으로도 사람이 구원을 얻는 데 충분하며, 성경은 그런 본성의 빛이 투영된 것에 지나지 않은 것으로서, 오직 사람에게서 나온 것이지, 하나님에게서 나온 것은 아니라고 여긴다."[249] 그래서 그의 결론은 "성경을 믿기에 그것에 관하여 말하고, 그것을 읽는 신자들이라면, 의당 그가 주장하는 바, 코란에서 가르치고 있는 그 쌀쌀맞은 사상들 거의 대부분이 성경에도 나오는 가르침이라는 것에 대하여 분개하며 거부해야만 한다."[250]라고 말한다. "이렇듯 섬뜩한 설명들에 대하여 우리가 대처할 수 있는 최선의 방책은 논쟁이 아니라 거절이다."[251]

---

247) *Ibid.*,
248) *Ibid.*,
249) *Ibid.*,
250) *Ibid.*,
251) *Ibid.*,

세 번째로 포스딕의 재림에 관한 사상을 맥카트니는 반박한다. 포스딕과 그의 추종자들은 그리스도의 육체적 재림을 전면 부인했다. 그러면서 위에서 포스딕이 언급한 바와 같이 천국은 점진적으로 발전하여 사회정의가 인간의 삶과 기구들 속에서 이루어진다고 보았다. 이부분을 맥카트니는 날카롭게 지적하면서 그리스도의 육체적 재림을 강조했다.

> 그리스도의 재림에 관한 이러한 의견에 대하여 내릴 수 있는 최상의 논평과 우리 교단의 최종적인 판결은 마태복음의 끝 부분에서 예수님이 하셨던 여전히 신비스러운 여러 가지 말씀들이나 혹 바울과 베드로가 했던 역시 신비스럽고 엄청난 말씀들을 그대로 따라야 한다는 것이다. 그리스도나 혹 바울이나 베드로의 의도가 무엇이었든지 간에, 이것만큼은 우리가 확신할 수 있다. 즉, 그분들이 의도했던 점진적으로 발전하다가 마침내 완전함에 이른다는 것은 포스딕 이 달콤하게 주장하는 복잡하게 얽힌 삶에서의 일탈과는 전혀 다르다는 것이다. 성경은 진보하고 발전하다가 마침내 우주적인 평화와 의의 상태에 도달하게 된다고 가르친다. 하지만 성경은 또한 선지자들과 예언자들과 시인들이 그 고통의 와중 속에서도 아주 멀리서 갈채를 보내며 학수고대하던 그 장엄한 목표에 도달하기까지 위기와 대변동으로 세상이 소란스러워질 것도 가르치고 있다.[252)]

맥카트니에 의하면 예수님의 재림에 대하여 합리주의자들이 범하는 가장 큰 잘못은 자기들이 세운 법칙과 원리들에 얽매여서 그 이면에 존재하는 중요한 것을 잊고 있다는 점이다. 그러면서 그는 합리주의자들에게 질문을 던짐으로 예수님의 육체적 재림의 확실성을 드러내 주고 있다.

> 그리스도에 대하여 저들이 하는 말을 들어보면, 그분을 단지 일종의 원리로만 여기지, 도마가 "나의 주님이시오 나의 하나님이시니이다" 라고

---

252) Clarence E. McCartney, "Shall Unbelief Win?" An Answer to Dr. Forsdick, part. Ⅱ, *Presbyterian*, July, 20, 1922, 8.

외쳤던 예수님으로는 알고 있지 않은 것처럼 보인다. 이런 식으로 살다가 정작 그리스도께서 오시면, 저들은 그분을 어떤 낯으로 뵈려고 하는가? 비록 그분의 사역자들이라고는 하지만, 사람들을 믿음으로 이끈다는 명분 아래 그분에 대하여 말하기를, 그분은 성령으로 말미암아 잉태된 것이 아니며, 동정녀의 마리아에게서 난 것도 아니며, 그분이 우리를 대신하여 그 저주받은 나무에서 우리 죄를 담당하신 것이 아니고, 죽은 자 가운데서 그분이 부활하지도 않았으며, 그분이 영광 가운데 다시 오시지도 않을 것이라고 하고 있다. 그분을 그들이 어찌 알현 할 것이며, 또 그분께 뭐라고 말씀드릴 것인가? 회의론적인 우주관을 가지고 있는 자로 받아달라고 할 터인가? 아니면 불신자 가운데 하나로 여겨달라고 할 터인가? 혹은 합리주의에 관한 논문들을 쓰기 위해서 그랬다고 할 것인가? 그리스도의 심판의 보좌 앞에 서게 될 것이 자명하다. 그분 앞에서 그 엄청나게 헷갈리는 단어들인 "점진적인" 계시, "역동적인" 기독교 교리, "근대적인 사고" 등은, 풀썩 주저앉고, 찌그러져서, 자취를 감추고 말 것이다. 단 한 명의 사역자도 사람 세상에 다시 오신 예수님의 손에 기꺼이 올리지도 못할 그 따위 설교나 글을 단 한 편도 내놓지 못할 것이다. 하나님의 영원하신 아들을 자신의 유일한 구원자로 믿고 있는 자들의 신앙을 깡그리 파괴시키는 경향을 가진 이런 합리주의적인 설교들을 가공해 내고 있는 자들이 과연 주님을 만난 자리에서 자신 있게, 사람들 앞에서 그분을 부인하던 그 설교를 그분 손에 올려 드릴 수 있겠는가?[253]

동정녀 탄생은 신화나 전설적인 이야기가 결코 아니고 역사적인 사실이다.… 성경은 하나님의 영감 되고 권위 있는 말씀이다… 자유주의 운동은 교회를 서서히 세속화시키고 있다. 만약 저지되지 않고 분쇄하지 않는다면 우리들의 교회 안에는 전혀 새로운 종류의 기독교가 만들어질 것이다.[254]

네 번째로 속죄론이다. 포스딕는 이 기독교의 중심교리에 대하여 길게

253) *Ibid.*, 9.
254) *Ibid.*

머물러 있지 않았다. 간결한 문장으로 그는 속죄에 대한 전통적인 복음주의 신앙을 이렇게 언급했다. “대속적인 죽음을 위해 뿌려진 우리 주님의 보혈은 불화했던 하나님과 화해하게 해 주었고 돌아온 죄인을 환영할 수 있게 해 주었다.” 그리고 그는 그런 위대하고 신비로운 주제에 대한 신약성경의 교훈을 협오한다고 단호하고 완강하게 밝히고 있다. 매카트니는 그리스도의 대속의 교리를 부인하는 합리주의자들에 대하여 다음과 같은 물음을 던지고 있다.

> 합리주의자들은 요즘 바울 신학이란 것을 기술하면서 지성을 갖춘 한 사람이 진솔한 노력을 기울여 자기가 구원받은 방법과 그리스도의 죽음이 어떻게 죄의 용서를 가능하게 했는지에 대하여 모종의 합리적인 설명을 한 것이라고 한다. 이제 묻겠다. 어째서 합리주의자들은 사람들에게 속죄에 대하여 설명하는 것을 유쾌하게 여기지 않는 것일까? 기독교의 가장 위대한 원초적인 사실(fact)은 죄를 사해주시기 위한 그리스도의 죽음이기에, 자기들이 딛고 서있어야 할 반석이며, 자기들의 피난처요 자기들의 소망이라고 하면서, 어째서 저들은 그러한 사실(fact)의 의미에 대해서만큼은 그리도 유쾌하게 여기지 않는다고 하는 것일까? 역사적인 기독교의 전통적인 견해들을 공격할 때만 유일하게 그들이 속죄에 대하여 말하고 있는 이유는 무엇인가? 어째서 저들은 속죄에 대하여 비트는 것만은 유쾌하게 여기면서, 다른 신자들이 해주는 설명들은 거절하는 것일까?[255]

맥카트니는 그리스도의 속죄의 교리를 대단히 강조했다. 이것은 성경에서 명확히 말하고 있다. “내가 받은 것을 먼저(무엇보다도 먼저, first of all) 너희에게 전하였노니 이는 성경대로 그리스도께서 우리 죄를 위하여 죽으시고”(고전 15:3)라고 하였다. 그는 칼빈주의자인 프란시스 투레틴(Francis Turretin)의 속죄론을 인용하고 있다.

---

255) *Ibid.*,

> 우리 구원의 가장 중요한 부분, 믿음의 닻, 소망의 안식처, 사랑의 법칙, 기독교의 진정한 기초, 그리고 기독교 교회의 가장 풍요로운 보물, 이 교리를 성실하게 간수하고 있는 한, 기독교 자체는 물론 예수 그리스도를 믿는 모든 자들의 평화와 축복은 위협받지 않을 것이다. 그러나 만일 그것을 거부한다거나, 일부라도 손상시킨다면, 기독교 신앙의 구조 전체가 타락과 부패 속에 빠지게 될 것이다.[256]

그러면서 맥카트니는 합리주의자와 현대주의자에 항거하는 우리의 가장 중요한 불만은 우리 주님의 신성, 성경, 재림에 대한 그들의 글들이나 말들에 있는 것이 아니라, 그분의 죽으심으로 말미암아 우리가 죄의 용서함을 받아 하나님께 의롭다하심을 얻게 되었다는 이 기독교의 가장 위대한 진리를 그들이 거부하고 있다는데 있다"[257]는 것을 강조한다.

그는 결론에서 자유주의 신학을 다음과 같이 경고하고 있다.

> 이런 운동은 서서히 교회를 세속화 시키고 있다. 만일 이를 따지지도 않고 회피해 버린다면, 오래지 않아서 우리의 교회들은 전혀 새로운 종류의 기독교를 산출해 낼 것이다. 의견들과 원리들과 선한 목표들만 무성한 기독교, 예배도 없고, 하나님도 없고, 예수 그리스도 없는 그런 기독교 말이다.[258]

이와같이 포스딕에 반대하는 보수주의 신앙의 선봉에 선 맥카트니는 필라델피아 노회를 주도하여 뉴욕 "강단"에 대해 즉각 소송을 제기하도록 1922년 총회에 제의토록 하였다. 건의안은 다음과 같이 표현되었다.

> 필라델피아 노회는 총회가 뉴욕 노회를 지시하여 뉴욕시의 제1장로교회에서 행하는 설교와 가르침이 신앙고백(Confession of Faith)에서 가르

---

256) *Ibid.*, 10.
257) *Ibid.*,
258) *Ibid.*,

친 교리체계에 순응할 것을 요구하는 소송을 제기하기를 바라고 이에 총회에 정중히 건의하는 바입니다.[259]

이러한 건의의 배경은 또 하나의 의도가 숨겨져 있었다. 그것은 필라델피아에 센터를 두고 있던 보수주의자들은 뉴욕노회가 공통적으로 느슨한 행위들에 오랫동안 질려 왔었다. 20세기초부터 '그들은 줄곧 뉴욕노회가 성직 후보자들에게 정통신앙을 요구하지 않는다'라고 불평해 왔던 것이다. 그러나 뉴욕노회는 포스딕의 교회를 처벌하는 일이 내키기 않았기 때문이 아니라 특히 유니온 신학교 졸업생들에게 목사안수를 주는 정해진 관행 때문에 보수주의자들의 옆구리에 위험한 가시노릇을 하게 되었다. 뉴욕노회가 이런 행동을 한 것은 아주 당연한 행위였다.

1923년 포스딕은 다시 한번 폭탄을 근본주의자들에게 집어 던졌다. 그것은 그가 예일 신학교(Yale Divinity Schoo)에서 설교학(Preaching)에 대한 강의만을 평신도인 Beecher에게 주는 것에서 비롯되었다. 「현대인의 성경 사용(*The Modern use of the Bible*)」이라는 제목을 가진 이 강의안은 성경에 대한 '고등비평' 을 전폭적으로 지지하는 것으로 되어 있다. 이와 같은 포스딕의 신학적 입장은 그 시대 그 이전부터 잘 알려진 것이었고 그 시대와 다음 시대를 위한 '기독교의 현대주의화' 를 추진하는 변호사로 지칭되어졌다. 1923년 5월, 총회는 뉴욕노회에게 포스딕에 관한 사항[260]을 다음

---

259) *The Presbyterian*(October 26, 1922), 6-7.

260) 총회가 이런 결정을 뉴욕노회에 하달한 경위에는 다음과 같은 배경이 있다. 1923년 3월 총회가 총회장을 선출할 때 두명의 후보가 있었다. 첫 후보는 자유주의 대변자인 우스터(Wooster)대학의 학장 위샤트(Charles, F. Wishart)였고 두 번째 후보는 윌슨 대통령 당시 국무장관을 역임했던 브라이언(William Jennings Bryan)으로 보수주의의 대표자였다. 위샤트는 교리로 인한 교회의 분열보다는 교회의 연합을 강조하는 편이었고 브라이언은 역사적인 기독교가 고수해온 진리와 웨스트민스터 신앙고백에서 가르치는 교리를 지키려는 사람이었다. 4차 무기명 투표에서 24표차로 위샤트가 당선되었다. 그는 당선 후에 자기의 선출을 "관용의 승리"로 묘사하였다. 그리고는 필라델피아노회에서 건의했던 뉴욕노회 소속 포스딕에 대한 상소문을 기각시키고 뉴욕노회로 하여금 스스로 문제를 해결토록 하여 간접적으로 포스딕을 지

헨리 반 두센
(Henry P. Van Dusen, 1894-1975)

과 같이 지시했다.

> 장로교의 표준에 어긋나는 교리가 상기 강단에서 선포되어 논쟁과 분열의 원인이 되었음을 심히 유감스러움을 표시하며 뉴욕노회의 주도 하에 뉴욕제일장로교회에서 신앙고백서에서 가르치는 교회체계에 부응하는 설교와 가르침이 주어 질 것을 요구한다.[261)]

그리고 1910년에 선언한 대로 5개조항을 "본질적이고 필수적인 교리' 라고 다시 한번 확인하였다. 그러나 이러한 총회의 결의를 뉴욕노회는 순순히 받아들이지 않았다. 1923년 6월11일 뉴욕노회는 총회에 대한 강한 불만을 담은 보고서를 제출했다. 그 내용을 요약해 보면 다음과 같다.[262)]

1. 총회 결정은 증거 불충분이다.
2. 총회는 사건을 총회 앞에서 순리적으로 처리하지 않았다.

실제로 1923년 뉴욕 노회가 모였을 때 그리스도의 동정녀 탄생에 대한 믿음을 확인하기를 거부한 두 젊은이 반 두센(Henry Van Dusen, 1894-1975)과 세드릭 레만(Cedric O. Lehman)에게 강도사 인허를 하였다. 그러자 이런 행위에 반대하여 뉴욕노회 소속의 월터 북맨(Walter D. Buchman)과 그와 동조하는 목사들과 장로들에 의해 반대가 이어지고 결국 총회에

지했다. 그러나 Dr. MacLennan이 개인자격으로 '총회는 뉴욕노회에 모든 설교와 강해는 성경과 신앙고백 내에서만 하라' 는 지시문이 상정되고 그에 따라 격렬한 논쟁이 있은 후에 439:359로 Dr. MacLennan안이 통과되어 뉴욕노회에 하달하게 된 것이다. Edwin H. Rian, *The Presbyterian Conflict*, 32-3.

261) *Minutes of the Gerneral Assembly*, 1923, 253.

262) Edwin H. Rian, *The Presbyterian Conflict*, 33.

까지 상소되었다. 그러나 뉴욕 노회는 노회를 구성하고 있는 대다수의 현대주의자들에 의해 끝내 그들에게 목사 안수를 주었고, 반두센은 나중에 유니온 신학교의 교수와 교장이 되었다.[263] 물론 1923년 4월 9일 뉴욕노회는 제일 장로교회 포스딕 설교 조사위원회를 설치하여 조사케 하였었다. 그런데 1923년 10월 1일과 1924년 1월14일 그 위원회에서는 그 노회에 조사 보고서를 제출하였다. 그 보고서를 살펴보면 다음과 같다.[264]

1. 위원회는 포스딕의 설교에는 은혜의 교리가 설교되었다고 확신했다.
2. 위원회는 "개교회 당회 결정을 최대한 존중한다"고 보고 있다.
3. 위원회는 더 자세한 보고를 듣기 원한다고 했다.
4. 위원회는 성경에 대한 그들의 신앙을 확인하였다.
5. 위원회는 "근본주의자들은 승리할 것인가?"라는 설교는 아마도 당회의 결의를 이해하지 못하여 교회를 약간 소란하게 하였다고 믿었다.

이 보고서는 포스딕을 지지하는 것이었다. 보수주의자들은 즉시 이 보고서에 반대하였으나 총회는 조사보고서를 충분한 보고였다고 여기고 일단락 지었다. 총회가 이런 결정을 내리자 매사추세츠 주 마운트 홀요크 대학(Mount Holyoke College) 학생들 425명과 62명의 교수들이 절대적으로 포스딕을 지지한다는 환영 결의안을 서명 발표했다. 그 골자는 "미국은 과학적 성경 연구하기를 원한다"[265]는 것이었다.

그 다음해에 유니테리안 주의의 주간지 「기독교인 기록부(*The Christian Register*)」의 편집자인 엘버트 디펜바하(Albert C. Dieffenbach)는 해리 에머슨 포스딕에 관해 흥미 있고 의미심장하게 자기의 의견을 다음과 같이 피력했다.

나는 철저한 근본주의자와 철저한 로마 가톨릭신자에 대해 깊은 존경을

263) David O. Beale, 「근본주의 역사」, 177.
264) Edwin H. Rian, *The Presbyterian Conflict*, 39.
265) Lefferts A. Loescher, *The Broading Church*, 112.

> 표한다. 그러나 포스딕의 박사의 태도에는 존경 할 수 없다. 그는 케임브리지에 가면 자유주의 입장에서 말을 하고 뉴욕에 가면 "나는 복음주의적인 기독교인이다"(I am an evangelical Christian) 라고 말한다.[266]

총회 재판국은 1924년에 뉴욕 노회가 포스딕을 장로교인으로 청빙할 것을 권고하였다. 어떤 방도로든지 신앙고백에 서명 수락하고 싶지 않아서 포스딕은 허울 좋은 족쇄를 정중히 사절하고 1925년 3월부로 그의 교회에 사표를 제출하였다. 마지못해 그의 사표를 수리한 교회는 포스딕에게 고정 설교자로서 청빙을 연장하였다. 이와 같이 미국 북장로교내의 근본주의자들과 현대주의자들과의 논쟁은 포스딕 사건을 기점으로 더욱더 강렬하게 전개해 나갔다. 특히 1916년 초에 보수주의자들의 지도자가 된 메이첸(J. Greshm Machen)은 포스딕의 설교를 "무시무시하고 .... 비교리적인 기독교"로서 정죄했다.[267] 그는 근본주의의 대변자로서 자유주의에 대한 철저한 반격을 가했던 사람이었다. 그는 참된 기독교와 현대의 철학적 물질주의 사이에 발생한 이 지적인 싸움에서 "승리 없는 화해"는 있을 수 없다. 반드시 한쪽이 이기든지 반대쪽이 이겨야 한다고 했다.

1923년에 출판된 「기독교와 자유주의(*Christianity and Liberalism*)」에서 그는 자유주의(현대주의)는 기독교의 여러 요소들 중의 하나가 아니라 모든 본질적인 문제에 있어서 기독교로부터 조직이 이탈된다는 사실을 훌륭하게 증명했다. 그는 다음과 같이 역설했다.

> 종교의 영역에 있어서....현재의 시기는 싸움의 시기이다. 언제나 기독교로 알려져 왔던 저 위대한 구속적 종교는 전혀 별다른 유형의 종교 신앙에 대항하여 싸우고 있는데, 이런 유형의 종교는 오직 전통적인 기독교 용어를 사용하고 있기 때문에 그 만큼 그 파괴적일 뿐이다. 이런 현대의 비 구속적 종교는 "현대주의" 또는 "자유주의"라고 불린다.... 기

266) *The Presbyterian*(November 6, 1924), 12.
267) Bradley J. Longfield, 「미국 장로교회 논쟁」, 23에서 재인용.

> 독교의 독특한 진리들에 대하여 과학적인 이의가 제기될 수 있음을 인정하여...자유주의 신학자는 종교의 어떤 일반 원리들을 건지려 하고, 기독교의 독특한 진리들은 단지 그것들의 일시적 상징들이며 이 일반 원리들이 "기독교의 본질"을 구성하는 것으로 간주한다. ... 사실상... 자유주의 신학자가 기독교 교리를 하나씩 하나씩 적에게 내주고 나서 보유하게 된 것은 전혀 기독교가 아니고 별개의 범주에 속하는 전혀 다른 종교인 것이다.[268)]

그레샴 메이첸
(J. Gresham Machen, 1881-1937)

> 현대 자유주의 종교와 역사적 기독교 사이의 차이는 무엇인가? 이 질문에 대한 대답이 이 책에서 시도되어지고 있다. 본인은 자유주의와 역사적 기독교회의 종교는 같은 종교의 두 가지 종류가 아니라 가기 다른 근원으로부터 출발된 분리의 종교들로 확신한다. 이 확신은 하나님과 인간, 성경, 그리스도, 구원, 교회와 신자들의 봉사에 관한 역사적 기독교의 가르침을 진술함으로써 지지되는 바이다. 만약 역사적으로 용납되어 온 기독교가 포기되어진다면, 적어도 사람들은 무엇을 포기하고 무엇을 용납하고 있는지를 알아야만 할 것을 권하는 바이다.[269)]

메이첸은 그의 저서에서 자유주의가 두 가지 기본적인 근거 때문에 비판을 받을 수밖에 없다고 말했다. 첫째로 자유주의는 "비기독교적"이었기 때문이며 둘째로 "비과학적"이었기 때문이었다. 메이첸이 둘 중 후자에 대해서는 그의 저서에 충분하게 다루지 않았지만 이 문제에 관한 자신의 견해를 간략히 약술한 것은 확실하다. 즉 기독교는 사실들에 입각한 종교

268) J. Gresham Machen, *Christianity and Liberalism*(Grand Rapid: Eerdmans, 1977), 2, 6-7.
269) N.B. Stonehouse, *J. Gresham Machen*(Park Press: South Holland, Illinois U.S.A, 1978), 342.

이며 이 사실들은 과학적 탐구에 개방되어 있다는 견해가 그것이다. 반면 그에 의하면 자유주의는 "인간 의지에 대한 호소" 및 "불분명한 형태의 종교적 염원"에 근거를 두고 있는 것이었다. 자유주의자들은 기독교를 현대 과학 문화의 지시에 순응시킴으로써 이를 보존하고자 희망하는 가운데, 기독교를 사실의 영역과 과학으로부터 분리시키고 말았다. 그들은 현대 과학 문명의 공로를 지나치게 과대 평가하였다고 메이첸은 생각했다.

자유주의에 대한 그의 주요한 반론은 자유주의가 비기독교에 불과하다는 주장이었다. 자유주의자들이 현대 과학의 이빨로부터 구출해 낸 인간의 종교적 염원은 결코 기독교가 아니었다. 그러한 염원은 이교도 신앙에 상당하는 것이었다. 만일 기독교가 그리스도께서 죄인들을 구원하기 위해 죽으시고 다시 살아나셨다는 사실을 근거를 두지 않았다면 신약성경은 아무런 의미가 없었을 것이며, 현존하는 종교는 인류애에 대한 단순한 믿음에 지나지 않았을 것이다.

> 만일 교회의 모든 설교가 이미 여러 방면에서 우세해진 자유주의의 지배를 받게 되는 그런 어떤 상황을 상정해 본다면 기독교는 마침내 지상으로부터 사라졌을 것이며 복음은 최후의 종언을 고했을 것이라고 우리는 믿는 바이다.[270)]

메이첸에게는 해결책이 분명하였다. 자유주의자들이 기독교회 밖으로 추방되어야 한다는 것이다. "교회 내 양측의 분리는 이 시대의 긴급한 요망사항"[271)]이라고 그는 선언했다. 흥미롭게도 미국의 보다 급진적인 현대주의 분파들이 메이첸의 자유주의에 대한 평가에 동의하는 경향이 있었다. 세속의 사회 평론가 월터 리프만(Walter Lippman)은 메이첸의 저술을 "훌륭한 책"이라 일컬었다. 즉 "...당신이 복음을 경험의 상징적 기록으로 삼고 이것을 실제적인 사건들의 기록으로서 신봉하지 않는다면 당신의 종

---

270) Machen, *Christianity and Liberalism*, 7.
271) *Ibid.*,

교의 대중적인 토대를 무너뜨린 것이라고 근본주의자가 역설하는 것은 문제의 정곡을 찌르는 것"이라는 데 동의하였던 것이다.272) 1923년 8월 「기독교 세기(*Christian Century*)」의 한 필자는 자유주의자들이 간단히 정복당했다고 말했다. 필자는 그들이 선택한 '근본주의"라는 단어가 "거의 불가항력적인 함성"과 같아서 본질로 되돌아간다는 개념을 좋아하는 일반인에게 호소력이 있다고 보았다. 근본주의자들은 자유주의적이고 지성적인 교회의 지도자들이 성루에서 교회를 저격하는 배교자들처럼 보이도록 만드는데 성공하였던 것이다.273)

메이첸의 영향으로 근본주의자들은 승리의 축배를 기원하고 있었다. 그러나 자유주의자들은 그들의 패배를 결단코 인정하지 않았고 자신들의 아주 노골적으로 표현하게 되었다. 그것이 바로 그 유명한 「어번 선언(Auburn Affirmation)」이다.

8) 어번 선언(Auburn Affirmation)

1923년 12월26일 뉴욕 주 어번에 활동본부를 준 장로교 목사들 149명으로 구성된 위원회는 한 선언(An Affirmation)을 발표하게 된다. 미국 북장로교는 1910년, 1916년, 1923년 세 차례에 걸쳐 5대 근본신앙을 총회적인 차원에서 천명하면서 전통적인 신앙의 노선을 재확인 하였었다. 그런데 1923년 미국 북장로교 총회가 1910년에 1916년에 이미 천명했던 성경의 무오성, 동정녀탄생, 대속적 죽음, 육체적 부활, 기적의 역사성등 다섯 개의 근본진리를 재천명하자 북장로교 내 진보적인 지도자들은 1924년「어번 선언」을 통해 총회가 천명한 다섯가지 교리가 하나의 신학적 이론이지 그것들이 역사적 정통주의 신앙을 대변하는 진리는 아니라고 총회의 입장에 반기를 들었다.

---

272) Walter Lippmann, *A preface to Morals*(1929: rpt. Boston: Beacon Press, 1960). 32-33.

273) Marsden, *Christianity and Liberalism*, 385.

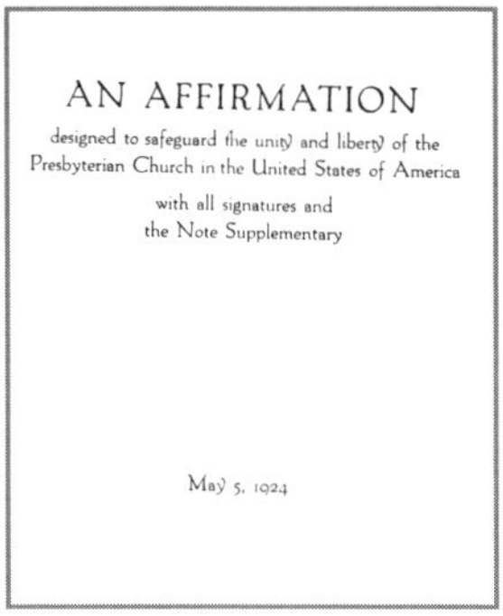
AN AFFIRMATION
designed to safeguard the unity and liberty of the
Presbyterian Church in the United States of America
with all signatures and
the Note Supplementary

May 5, 1924

「어번선언」 책자

1882년 찰스 브릭스가 교단에서 면직 처분을 받은 이후 한동안 침묵을 치키며 상황을 주시했던 북장로교 내 진보적인 세력들은 1923년 북장로교 총회에서 다섯가지 근본교리를 재확인하자 1924년 어번 신학교에 모여 소위 이들 다섯가지 근본교리들에 대항하는 「어번 선언」을 발표한 것이다. 선언문의 작성자들은 1923년 11월에 서명운동을 시작했으며 연말까지 174명이 이 선언문에 서명했다. 그리고 1924년 1월초에 이 선언문은 150명의 서명자를 추가하면서 세속신문과 기독교 신문에 공포되었다. 같은 해 5월에는 1, 274명의 서명이 첨가되었다. 이것이 바로 「어번선언」이다. 이 선언은 “우리 교회의 신앙을 유지하고 통일을 보존하고 목사들과 신도들의 자유를 보존하기 위해서 선언하는 것”이라고 시작된다. 선언문은 다음과 같이 말했다.

> 우리는 온 세계가 통일된 그리스도의 복음을 목마르게 기다리고 있는 가운데 보여지는 우리의 사랑하는 교회의 분열을 증거를 보면서 슬퍼하지 않을 수 없다. 우리는 우리들처럼 예수 그리스도의 제자 된 모든 사람들과 교제하기를 진정으로 원하고 있다. 우리는 이 선언문을 받는 이들이 이것이 어떤 신학 당파의 선언이 아니라 우리 교회의 통일과 자유의 보존을 위해 성경과 우리의 표준에서 나온 진정한 호소임을 믿어 주기를 기도하고 애원한다.[274]

그러나 이 선언의 배후에는 이미 언급한 바와 같이 장로교회의 정통적이고 역사적인 신앙을 거부하는데 그 목적이 있었다. 주요 논점은 두 가

274) M. W. Armstrong, *The Presbyterian Enterprise: Sources of American Presbyterian History*, 284.

지로 전개해 나가는데 첫째로 총회는 대부분의 노회들의 찬성에 의해 규정이 바뀌어 졌음에도 불구하고 목사가 되기 위한 규칙으로 특별한 시험인 양 5개 교리를 주장하는 것을 반대했고, 둘째로 총회에 의해 결정된 5개 교리는 성경에서 가르치고 있는 교리의 체계 중 본질적인 것이 아닌 이론일 뿐이라는 것이었다. 즉 「어번 선언」은 성경도, 역사적 신앙 신조도 무오성을 가르치지 않았고, 그리스도의 동정녀 탄생과 대리 속죄와 육체 부활과 기적과 같은 류의 주장들은 학설이며, 총회가 이들 교리들에 대한 믿음을 강도사 인허와 목사 위임과 또는 교회 신분보장을 위해 필수적인 것으로 선언한 것은 헌법에 위배된 행위라고 과감하게 주장하였다. 또한 선언자들은 노회자체들이 그렇게 가결하지 않는 한 총회가 노회들을 그 어떤 "필수 불가결한" 교리들에라도 속박시킬 권한이 없다고 강력하게 주장하였던 것이다.

> 어떤 총회이건 '잘못된 교리에 대항해서 증거하는 것'(정치12:5)이 합헌적이라해도 그러한 증거는 억제력이 없다. 왜냐하면 우리 교단의 헌법에 의하면 교회의 교리는 총회와 전 노회의 동시적인 행위로 선언되어야 하기 때문이다. 그리하여 교단은 총회나 노회의 성급하거나 잘못 행해진 조치로부터 교단의 교리를 보호할수 있다. 우리 헌법의 이러한 규정에 의하면 어떤 한 총회나 여러 총회나 노회들과 동시적인 조치가 없이는 미국 장로교회가 무엇을 믿고 가르친다고 선언할 권한이 없음이 분명하다. 그리고 어떤 총회가 무엇을 교회가 믿고 가르친다고 권위를 가지고 선언할 수 있는 가정은 근거가 없다.[275]

위에 언급된 선언은 총회가 모든 목사 후보생들에게 1910년, 1916년, 1923년의 5개 근본교리들을 신봉하도록 요구하는 것이 잘못이라는 것이다. 더욱이 선언서 발표자들은 뉴욕 제일 장로교회를 치리하려는 총회의 행동은 "무책임하고, 목회적이지 못하며, 헌법에 위반한 것"이라 역설하

---

275) *Ibid*,. 285.

며 포스딕을 지지하였다.

> 그러므로 총회는 권징의 조항에 따라서 사건을 조사하지 않았고 더 심각한 것은 그 결과 예수 그리스도께서 우리에게 분부하신 대로 토의와 인내와 사랑의 방법을 쓰지 않고 교회의 목사에게 유죄판결을 내렸다는 것이다. 우리는 이번 사건에 대하여 우리교단의 법과 정신을 떠나 취해진 총회의 결정에 반대한다.[276)]

이러한 서술들은 단지 많은 논쟁점들을 제기 했지만 선언문 속에 포함되어 있는 짧은 신학적인 진술을 보수주의자들로부터 가장 큰 반응을 불러 일으켰다. 선언자들은 주장했다.

> 더구나 '다섯 가지 근본들의 승인' 은 우리교회가 성경의 영감, 성육신, 속죄, 부활, 그리고 영생과 우리 주 예수 그리스도의 초자연적인 능력에 대한 몇몇 가지 이론들에 충성하도록 시도한다. 우리 모두는 이러한 중요한 사실들과 교리들을 매우 열렬하게 고수한다. 우리 모두는 진심으로 성경이 저자들이 하나님께 영감 받았다는 것, 예수 그리스도가 육신으로 나타난 하나님이시라는 것, 하나님은 세상을 그 자신에게 화해시키면서 그리스도안에 계시며 그를 통하여 우리가 구원받았다는 것, 우리 죄를 위해 죽으셨다가 그는 죽은 자로부터 일어나셔서 우리의 영원한 구세주라는 것, 그의 초기의 사역에서 그는 많은 권능을 행하셨고 그의 대속적인 죽음과 실패함이 없는 임재를 통하여 그는 최선으로 구원하실 수 있다는 것을 믿는다. 우리 중의 몇 명은 1923년 총회의 선언 속에 포함된 특별한 이론들을 이러한 사실들과 교리들의 만족한 설명이라고 간주한다. 그러나 우리는 이러한 것들이 우리 종교의 이러한 사실과 교리들에 대한 설명으로 성경에서 허용되는 유일한 이론과 우리의 표준이 아니라는 것을 믿는데 연합되어 있으며, 이러한 사실과 교리를 고수하는 모든 사람들은 그들이 그것들을 설명하기 위하여 무슨 이론을 채택하든지 간

---

276) *Ibid.*,

에 신뢰하고 교제할 수 있다고 믿는데서 연합되어 있다.[277)]

그러면 위의 언급된 어번 선언 나타난 신학적인 문제는 무엇일까? 필자는 근본주의 5대 교리를 기초로 「어번 선언」의 오류(Error)를 지적해 보았다. 「어번 선언」의 첫 번째 오류는 "성경 무오 교리"에 대한 곡해였다. 「어번 선언」은 "성경무오"에 대해 이렇게 반박한다.

> 성경에서 성경저자들이 오류가 없다(kept from error)고 기술한 곳은 없다. 신앙고백에서도 그것을 말하고 있지 않다. 그리고 성경무오성이 사도신경, 니케아 신조. 혹은 종교개혁 당시의 위대했던 어느 신조에도 언급이 없다. 무오(Inerrancy)교리는 성경의 권위를 의도하고 있으나 사실 이것은 신앙과 행위를 위한 성경의 권위를 무시하고 또 예수 그리스도를 통한 하나님의 능력으로 이루어지는 교회가 증거 하는 구원의 도리를 약화시킬 뿐이다.[278)]

그러나 우리는 "당신은 신 · 구약 성경이 하나님의 말씀이며 신앙과 행위에 유일 무이한 확실한(infallible) 법칙임을 믿습니까?" 라는 물음에 해명을 해야 한다.[279)] 웨스트민스터 신앙고백 1장 5절(section V)을 보면 "성경에 관하여" 언급하고 있다. 물론 거기에는 "Kept from error"이라는 말을 사용하고 있지는 않다. 그러나 "전체적인 완전성(the entire perfection thereof)" 이라는 표현과 "무오류의 진리에 대한 우리의 충분한 납득과 확신(Our full persuasion and assurance of the infallible truth)"이라는 언급은 성

277) *Ibid.*, 286.

278) *Ibid.*,

279) 성경의 무오성 교리는 영감의 문제와 깊은 연관을 갖는다. 이것은 딤후 3:16, 17. 벧후 1:21, 고전 14:37에서 분명하게 가르치고 있다. 성경의 무오성을 믿는 또 다른 이유는 구약의 기자들이 그들이 기록된 말씀은 직접 하나님으로부터 받으신 것이라고 2.000여번 이상 고백했다. 구약에 보면 "주께서 말씀하시니"와 그와 유사한 구절이 자주 나타난다. 이 부분에 관한 책은 R. L. Harris, 「성경의 영감과 정경」를 참조하라.

경 무오의 교리를 완전히 보여주고 있음에 의심할 여지가 없다.

두 번째 오류는 "예수 그리스도의 동정녀 탄생"에 대해 부인하는 「어번 선언」의 진술이다.

> 우리는 예수 그리스도가 육체로 있는 동안 하나님을 보여 주셨음을 가슴 깊이 믿는다... 그러나 우리는 이 이론들이 성경과 신앙의 표준들에서 우리의 종교의 교리들을 설명하는 이론들로 간주 할 뿐만 아니라 이 교리들이 무엇을 설명하던 믿을만한 가치가 있다고 본다.[280]

여기에서 우리는 「어번 선언」이 동정녀 탄생(the virgin birth)을 성육신의 역사적 사건보다는 한 이론으로 간주하고 있음을 알게 된다. 그러나 마태나 누가 그리고 다른 복음서에서는 그리스도의 동정녀 탄생을 명확하고 분명하게 가르치고 있다. 그는 성령에 의하여 동정녀의 몸(The Womb of the Virgin Mary)에서 탄생되었다(마 1:20, 눅 1:34, 35). 이 두 복음서에 소개하고 있는, 보이는 세계에서 발생된 역사적 진술은 참 아니면 거짓일 것이다. 그러나 복음서 자체가 불합리한 이야기가 넌센스(nonsense)라고 동정녀 탄생을 말하고 있지 않다. 더욱더 로마 가톨릭이나 그리스 정교회, 다양한 개신교 교파에서 명백히 그리스도의 동정녀 탄생을 가르치고 있지 아니한가? 그러므로 동정녀 탄생은 하나의 사변화된 이론이 아닌 역사적인 사실이요, 사건인 것이다.

세 번째 오류는 "죄에 대한 그리스도의 속죄의 사역"에 대해 「어번 선언」이 너무나 간략하게 다루고 있다는 것이다.

> 하나님은 그리스도 안에서 세상과 그 자신을 화해시키고 그를 통하여 우리를 구속하셨다. (that God was in Christ reconciling the world unto Himself and through Him we have our redemption)[281]

---

280) *Ibid.*, 288.
281) *Ibid.*,

「어번 선언」이 그리스도의 속죄 사역에 대한 언급이 매우 적은 이유는 기독교의 핵심이라 할 수 있는 속죄의 교리를 은근히 무시하고 있으며 죄에 대해 약화시키려는 의도가 있음을 짐작하게 한다. 특별히 이 선언의 전체적인 신학적 흐름은 성경에서 가르치는 본질적인 교리보다는 믿을 만한 가치가 있다는 이론으로 보기 때문에 이런 표현이 나왔을 것이다.

신앙고백서 8장 4절에서는 이 부분을 다음과 같이 명확하게 가르친다.

> 주 예수는 그의 완전한 순종과 영원하신 영을 통하여 단번에 드리신 자기 제사에 의하여 아버지의 공의를 충분히 만족시키시고(롬 5:19; 히 9:14; 10:14; 롬 3:25; 26; 엡 5:12. etc) 성부께서 그에게 주신 모든 사람들을 위하여 화해뿐만 아니라 영원한 천국을 유업으로 사셨다.[282](엡 1:11,10: 요 17:2; 롬 5:10, 11; 히 9:12, 15)

네 번째 오류는 '예수 그리스도의 육체적 부활' 에 관한 것이다. 선언문은 "그리스도께서 땅위에서 고난 받으신 그 육체로 부활하셨다는 성경이 가르침에 대해 이렇게 표현했다.

> 우리 죄를 위해 죽으시고 죽음에서 살아나서 우리의 영원한 구원자가 되셨다. (that having died for our sins He rose from the dead and is our everlasting Savior).[283]

이러한 「어번선언」의 표현은 그리스도의 부활이 육체적 부활이었다는 것을 은근하게 배격하고 있음을 알 수 있다. 즉 이 선언문은 이 육체적 부활 역시 많은 이론들 가운데 하나로 취급하고 있는 것이다. 그러면 만약에「어번 선언」에 나타난 바와 같이 그리스도의 육체적 부활이 하나의 이론으로 그친다면 부활장이라 불리는 고린도전서 15장은 오류에 빠지게

---

282) *Confession of Faith*, Chaper Ⅷ. Section Ⅴ.
283) *Ibid*.,

될 것이다. 왜냐하면 이 고린도전서 15장은 특별하게 그리스도께서 육체로 부활 하셨다는 명확한 논리와 증거를 선포하고 있기 때문이다.[284] 또한 예수께서 도마에게 하신 말씀 "내손과 발을 보고 나인 줄 알라. 또 나를 만져보라. 영은 살과 뼈가 없으되 너희 보는 바와 같이 나는 있느니라(눅24:39)" 이 같은 말씀은 전혀 의미가 없어지고 만다. 덧붙여서 말하자면 기독교의 모든 신조(어번선언 제외)에서도 그리스도의 육체적 부활을 가르치고 있다. 여기에는 어떤 다른 질문이 있을 수는 없는 것이다.

다섯 번째 오류는 "그리스도의 이적과 기사"에 관한 어번의 입장이다. "그리스도는 이적과 기사와 그의 신적 능력을 땅위에서 보이셨다"는 전통적인 신앙에 근거한 교회의 가르침에 대하여 「어번 선언」은 한마디로 표현하고 있다.

> 그는 지상에서 많은 일들을 행하였다."(that in His earthly ministry He wrousht many mishty works)[285]

이같은 어번의 표현은 그리스도의 사역에 대해 전적이며 초자연적 요소를 희석시키고 순전히 자연적인 섭리로 이루어지는 것들로 설명하려는 시도이다. 그러나 우리는 다음과 같은 신앙고백을 기억해야만 할 것이다.

> 하나님은 그의 일반 섭리에 방편을 사용하시나(행 21:24, 31:34; 사 55:10, 11) 오히려 그것이 없이(호 1:7) 그것을 넘어서(롬 4:19-21) 또는 그것에 대항해서 그의 기뻐하시는 대로 (왕하 6:6, 단 3:21) 자유로이 역사 하신다.[286]

위에서 살펴본 대로 어번의 현대주의적 성향은 역사적 기독교와 얼마

---

284) 바울은 고전 15장에서 기독교 전승을 물려받았고 이 전승을 불려 주었다는 것은 확실하다. 그가 사용한 용어들 가운데 "받다" 와 "전하다"는 전승의 매개를 가리키는 기술적인 용어들이다.

285) *Ibid.*, 288.

286) *Confession of Faith*, Chapter Ⅴ, Section Ⅲ.

나 다른지를 깨닫게 된다.「어번 선언」이 있은 지 단 며칠만에 자유주의적인 「기독교 세기(*Christian Century*)」 잡지는 근본주의와 현대주의는 두 가지 별개의 종교들이라고 솔직히 시인하는 기사를 다음과 같이 실었다.

> 두 세계가 충돌 사고를 냈다... 여기에는 기독교와 유교 사이에 있는 것과 똑같이 골 깊고, 똑 같이 엄연한 분쟁이 있다.. 근본주의자의 하나님은 한 하나님이요 현대주의자의 하나님과 다른 하나님이다... 그 두 세계의 생득적인 불일치는 상호 관용의 단계를 이미 넘어섰다.[287)]

이 「어번 선언」에 서명한 장로교 목사는 1274명이며 미국 내 개신교 목사의 10%에 해당되는 숫자이었다. 이러한 「어번 선언」에 대한 메이첸은 단호하게 일격을 가했다.

> 영감은 주장하지만 성경이 무오하다는 것을 반대하고, 성육신은 주장하지만 동정녀 탄생은 부정하고, 구속은 주장하지만 그리스도가 희생으로 죽어서 하나님의 공의를 만족시키고 우리를 하나님과 화해시켰다는 것을 말하지 않고 부활은 주장하더라도 주께서 죽었다가 우리의 기준으로 고통 당하던 같은 몸으로 부활하심을 부정하고 그리스도가 위대한 일을 했다는 것은 인정하지만 기적을 행했다는 것은 부정하는 문서였다. 이것은 단지 오늘날 세계의 모든 교단들에게 실질적으로 닥친 기독교의 치명적인 적, 파괴적인 현대주의의 선언문에 하나 더한 것에 지나지 않는다.[288)]

그러나 「어번 선언」의 힘은 실로 막강한 것이었다. 우선 이 선언은 교회가 일단 성경 무오성의 교리를 넘겨주면 다른 근본교리들도 비본질적

---

287) Edotorial, "Fundamentalism and Modernism: Two Religions," *Christian Century*, January 3, 1924, 5-6.

288) J. Gresham Machen, "Modernism and the Board of Foreign Missions of Presbyterian Church in the U.S.A." (January 24, 1933). 23-24.

윌리엄 제닝스 브라이언
(William Jennings Bryan, 1860-1925)

인 것들의 더미 속에 던져 버리는 것은 시간 문제라는 것을 명백히 보여 주었다.

1924년 총회는 그랜드 래피드에 모여 보수주의자 클라렌스 메카트니를 총회장으로 선출하였다. 매카트니는 자유주의자 측 입후보자 찰스 어드만(Charles R. Erdman)에게 겨우 18표차로 이겼다. 윌리암 제닝스 브라이언은 매카트니를 위해 지명연설을 하였으며, 매카트니는 잇달아 브라이언을 부총회장으로 임명하였다. 보수주의자들은 사기 충천하였다. 그런데 어번 선언의 쟁점이 대두되자 헌의부는 이것을 무기 연기시켰다. 이렇게 하여 교단은 자기들의 목사위임 서약을 포기한 목사들에 대해 아무 소송도 제기하지 않았던 것이다. 자유주의자들은 1924년 총회에서 또 다른 승리 하나를 거두었다. 재판부는 교회가 구체적으로 교리적인 요강을 규정한 적이 전혀 없기 때문에 총회가 직분자들에게 구체적으로 교리시험을 실시할 권한이 없다고 판결하였다.[289] 이것은 1892년의 중대한 포틀랜드 선언과 1910년, 1916년의 유명한 5개 신조 선언을 공식적으로 반박한 것이나 다름없었다. 자유주의적인 선언자들이 전쟁에서 이겼던 것이다. 이러한 장로교 교단이 점차로 자유주의 노선으로 채색 되어 가는 현실을 지켜보면서 메이첸은 다음과 같이 그의 마음에 사무친 우려를 피력하였다.

> 이교사상이 기독교 신앙을 붕괴시키려고 무던히 애써 왔지만 그것이 오늘날 보다 더 집요하게 또는 교활하게 애쓴 적은 없습니다. 현재의 투쟁에서 여러분이 취할만한 3가지 가능한 태도가 있습니다. 첫째로, 여러분은 그리스도를 위하여 싸울 수 있습니다. 그것은 최선책입니다. 둘째로

289) Minutes, G. A., 1924, 196-99. David O. Beale, 「근본주의 역사」, 182 재인용.

여러분은 적그리스도적인 현대주의를 위하여 싸울 수 있습니다. 그것은 차선책입니다. 셋째로 여러분은 중립적일 수 있습니다. 그것은 아마 가장 나쁜 태도일 것입니다. 오늘날의 가장 나쁜 죄란, 여러분이 기독교 신앙에 동의하며 성경을 믿는다고 말한 다음 기독교의 기초적 사실들을 부인하는 자들과 제휴하는 것입니다. 그리스도와 함께 하지 않는 자는 그를 반대하는 자라는 말씀이 이보다 더 분명하게 적중한 적은 없습니다.[290)]

메이첸의 이런 진술은 소위 근본주의자들에게는 무오성, 처녀탄생, 속죄, 그리스도의 부활 그리고 성경적 기적들 같은 중차대한 역사적 기독교 교리들은 해석의 문제도 아니었고 철학적 사변을 위한 학설도 아니었음을 명백하게 보여준다. 그것들은 신앙 對 불신앙의 문제였던 것이다. 이제 장로교 안에 '신학적 관용' 관한 이야기는 너무나 자연스럽게 일반화되어 가고 있었다.

9) 원숭이 재판 (Scopes Monkey Trial) – 근본주의의 내리막

1925년 총회가 끝나고 한달 뒤에 일어난 사건은 미국 내 근본주의자들에게 치욕을 안겨다 주었다. 그것은 그 유명한 "원숭이 재판"((Scopes Monkey Trial) 사건이었다. 아직 보수적이었던 미국 사회에서 중. 고등학생에게 진화론을 가르치지 못하도록 법적으로 금한 주가 많았다. 특별히 근본주의자들의 활약으로 테네시주를 비롯하여 오콜라호마, 플로리다. 미시시피, 아카사주 등이 공립학교에서 진화론을 가르치는 것을 주

스콥스 재판의 상징(원숭이)

290) Carl Mcintire, *Outside the Gate* (CoIIingswood, N.J.: Christian Beacon Press, 1967), 285에 인용됨. David O. Beale, 「근본주의의 역사」, 183에서 재인용. '스콥스 재판' 에 좀 더 자세하게 알고 싶다면 다음을 참조하라: Jeffrey P. Moran, *The Scopes Trial: A Brief History with Documents*(New York: Bedford/St. Martin's,

존 스콥스
(John Thomas Scopes, 1900-1970)

법으로 금했다. 특별히 1925년 봄 테네시주에 통과된 법은 가장 강력한 것이었다.

그런데 테네시주의 한 고등학교 교사 존 스콥스(John Scopes, 1900-1970)가 진화론을 가르쳤다고 고발을 당했다. 스콥스는 6월에 그 작은 산지 읍에서 공판에 불려 나갔다. 점점 진보적으로 되어 가는 이 미국 사회에서 이 재판이 유죄로 판결이 날 가능성은 대단히 희박하였다. 그의 변호를 위하여 미국 시민 자유 연맹(American Civil Liberties Union)이 당대의 저명한 법률가 세 사람을 제공하였다. 그 중의 수장이었던 클로렌스 다로우(Clarence Seward Darrow, 1857-1938)는 근본주의의 계몽반대론 입장을 맹렬히 비난하는 자유 사상을 가진 법률가였다. 이 사람이 스코프 진영에 가담했다. 기소자측에서는 세 차례나 대통령의 후보의 자리에 올랐으며, 우드로우 윌슨 대통령아래서 국무 장관을 역임했던 근본주의의 이름난 대변자였던 윌리암 제닝스 브라이언(William Jennings Brian, 1860-1925)이었다.

기독교와 진화론 사이의 "죽음의 결투"라고 브라이언이 명명했던 이 재판은 1925년 6월10일에 시작되었다. 약 1700명이 사는 테네시주의 조그만 마을인 데이톤은 재판이 진행되는 동안 이 나라의 뉴스의 초점이 되었다. 약 150여명이 기자들이 열성적인 독자들에게 매일 전화와 전보로 거의 150,000단어들을 써 보냈다. 그 조그만 마을은 '핫도그 장사들, 레몬 상인들, 설교자들'과 거리를 가득 메운 모든 종류의 흥미 있는 파티들과 함께 축제 분위기를 이루었다.[291] 데이톤은 갑자기 유명해졌다. 법정에서 브라이언은 대로우를 노려보면서 다음과 같이 말했다. "내가 데이톤

2002); Edward J. Larson, Summer for the Gods(New York: Basic Books, 1997); Ray Ginger, *Six Days or Forever?*(London: Oxford University Press, 1974).

291) Arther G. Hays, "The Scopes Trials," in *Evolution and Religion* ed., Kenney, 35-36. Bradley J. Longfield, 「미국 장로교회 논쟁」, 241에서 재인용.

데이턴에 도착한 브라이언(1925)

까지 온 유일한 이유는 미국내의 가장 유명한 무신론자 혹은 불가론자로부터 하나님의 말씀을 수호하려는 것이다."[292] 그러자 법정은 갈채와 환호성으로 뒤덥히게 되었다.

그러나 법정에서의 연기에 가장 능하던 모습을 보였던 대로우는 그의 전성기에 담담하게 된 이 사건에서 창세기의 창조론을 변호하고자 하였던 브라이언을 맹공하여 그를 혼란시키고 창피를 주었다. 브라이언은 대로우의 쉴새 없는 심리하에서 종교영역에서의 그의 피상적인 사고와 부족한 준비를 드러내면서 실수를 연발하였다.

그는 그가 요나와 큰 물고기 사건과 아담의 갈비뼈에서 이브를 창조했다는 성경의 설명들을 받아들인다고 주장하였지만 그는 가인이 그의 아내를 어디에서 발견할 수 있었는가 하는 것 같은 단순한 질문에 답변을 할 수가 없었다. 더욱 중요한 것은 그가 지질학, 비교 종교학이나 고대 문명에 대하여 아무런 지식을 가지고 있지 못하다는 것을 인정하였다. 간단히 말해 브라이언의 연기는 근본주의자들이 교육받지 못하고 무사려하고, 반

292) Bruce Shelley, 「현대인을 위한 교회사」, 549.

스콥스와 그의 변호사들

왼쪽에서부터: John Randolph Neal, Arthur Garfield Hays, Dudley Field Malone, John T. Scopes, Clarence Darrow.

동적인 것이라는 것을 보여준 것이었다. 이러한 브라이언의 말들은 전국에 자세히 중계하였다. 냉정하고 합리적인 대로우의 비판 앞에서 땀에 젖은 채 당황하여 무너져 가는 것으로 묘사된 브라이언의 모습은 유감스럽게도 성경을 신봉하는 미국 기독교 신자들의 상징과 같은 인상으로 세인들의 인상에 깊이 박히게 되었다. 재판 결과는 스콥스의 유죄였으며 100 달러의 벌금을 언도 받았다. 그러나 이것은 명목상의 벌금이었다. 브리이언은 데이톤 법정에서 승리한 셈이었으나, 대로우는 미국 전국에서 승리를 거둔 결과가 되었다.

즉 데이톤이 자리잡고 있는 남부적인 농촌의 배경과 연결되어 브라이언이 증언 석에서 했던 증언은 근본주의 운동은 교육받고 도시적인 문화의 발달과 함께 사리질 농촌 적인 현상이자 사회적 후진 지역의 작용이라

293) Marsden, 「근본주의와 미국문화」, 188-9.

현대주의자들의 계단

윌리엄 제닝스 브라이언의 7가지 쟁점

①성경에 오류가 있다. ② 인간이 하나님의 형상으로 지음 받지 않았다. ③ 예수의 이적 부인 ④ 예수의 동정녀 탄생 부인 ⑤ 예수의 신성 부인 ⑥ 예수의 속죄 부인 ⑦ 예수의 부활 부인

는 지울 수 없는 인상을 남겨 놓았던 것이다.[293] 이 재판으로 인해 근본주의는 무식한 고집쟁이로 인식되었다. 재판 종료 후 브라이언은 그의 개혁 이념을 뒤에 남기고 닷새만에 세상을 떠났다. 닷새만에 세상을 떠난 브라이언의 죽음은 근본주의에게 앞으로 불어닥칠 공허한 승리와 쓰라린 마음의 고통의 조짐이었다. 퍼니스에 의하면 "이 사건은 일차 대전 후 일어난 과학 가운데서 진화론이라는 것과 현대주의 사이의 신랄한 논쟁의 한 부분, 아니 절정이었다"[294]고 표현했다.

제리 폴웰(Jerry Falwell)은 좀더 구체적으로 이 사건을 이렇게 평가하였는데"사실상 이 사건을 계기로 근본주의는 '사멸하는 현상'(abying phenomenon)을 보이고 진화론이 더욱 더 득세하게 되었고 자유주의가 신학에 있어서 왕좌에 앉게되는 결과를 초래하게 되었다."[295]

---

294) Norman F. Furniss, *The Fundamentalist Controversy 1918-1931*. New Haven: Yale University Press. 1954. 179. 윈트롭 허드슨은 "더 요란해진 여론에 공감을 잃어서 결국 근본주의자들이 대표적인 개신교 교단을 움직일 만한 기대는 더 이상 없게 되었다"고 주장할 정도이다. Withrop Hudson, *Religion in America*, 370-1.

295) Jarry Falwell, *The Fundamentalist Phenomenon*(Garden City & Doubled Company Inc, 1981), 80.

Theological Reflections
on
Presbyterian Church History

제3장

근본주의에 대한 해석 및 성격

칼빈이 목회한 성 피에르 교회당 내부(스위스 제네바 소재)

제3장 근본주의에 대한 해석 및 성격

근본주의자(Fundamentalist)란 용어는 1920년 침례교 기관지 「*The Watchman Examiner*」의 편집자인 보수주의자 커티스 로즈(Curtis Kee Laws)가 "근본적인 것들을 사수하기 위한 투쟁을 전개하기 위하여 준비된 자를 묘사할 때" 처음으로 사용된 용어였다. 곧 이어서 이 용어는 19세기 말에 신학에 있어서의 현대주의와 현대주의자들이 찬양해 마지않았던 문화적 변화에 대항하여 교회적이고 신학적인 싸움을 감행할 준비가 되어 있었던 모든 유형의 미국 신교도들을 포괄하는 말이 되었다.[1] 그러므로 근본주의의 형태를 찾아보려면 1870년부터 1925년까지 반세기를 특징 지웠던 미국적 상황에서 그 모습을 찾아 볼 수 있다.

베이커 신학사전(*Baker's Dictionary Theology*)에 기고한 하놀드 쿤(Harold Kuhn) 교수는 근본주의에 대하여 이렇게 말했다.

> 근본주의는 기독교의 기초적 신앙 원리들을 보존하며 현대주의라는 신학운동에 존재하는 위험스러운 신학적 경향들을 저항하여 저지하는 목적으로 근래에 일어난 신학운동이다.[2]

---

1) George M. Marsden, *Understanding Fundamentalism and Evangelicalism*, 홍치모 역, 「미국의 근본주의와 복음주의 이해」(서울: 성광문화사, 1998), 74.

2) *Baker's Dictionary of theology* (Grand Rapids: Baker House, 1975), 233; 박아론,

미국의 역사학 교수 매킨 타이어는 근본주의를 이렇게 정의한다.

> 자유주의 신학과 독일 고등비평, 다윈주의와 기타 미국 교회에 해를 끼치는 신학 사상의 도전에 대항하여 정통적 프로테스탄트 기독교를 재확인하고 방어하기 위해 제1차 세계대전기간과 직후에 미국에서 일어난 운동이다.[3]

근본주의 연구가인 마스덴은 "근본주의는 본래 개혁신학에 뿌리를 둔 그룹들 가운데서 일어났다."[4]고 했다.

학자들의 정의를 종합해 본다면 근본주의는 "19세기 현대주의를 대항하기 위한 개혁신학을 기초한 신학 사조"라고 볼 수 있을 것이다.

1. 해석의 제(諸)유형

근본주의에 대한 해석은 매우 다양하다. 이같이 다양한 이유는 어떠한 역사 해석의 전제를 갖고 있는 가에 따라 해석은 본질적으로 달라질 수 있기 때문이다. 근본주의를 해석하는 데 있어서 몇 가지를 살펴보면 첫 번째 유형은 근본주의를 세대주의와 동일하게 보는 경향이다. 이런 해석이 가능한 이유는 초기 근본주의 운동에 영향을 미친 근본지도자들은 거의 다 세대주의자들이라고 해석하고 있기 때문이다. 두 번째 유형은 근본주의를 성경의 근본진리들을 옹호하는 자들로 해석하는 경향이다. 조오지 달러(George Dollar)가 이 해석에 속하는 대표적 인물이다. 그는 그의 저서

「보수신학은 어디로 가고 있는가?」(서울: 총신대학 출판부. 1985), 13 재인용.

3) *Evangelical Dictionary of Theology* (Grand Rapids: Baker Book House, 1984), 433.

4) George M. Marsden, *Fundamentalism and American Culture: The Shaping of Twentieth-Century Evangelicalism 1870-1925* (New York: Oxford University Press. 1980), 225.

「근본주의 역사(*A History of Fundamentalism*)」에서 근본주의를 역사적 기독교가 견지해 온 근본 진리들, 즉 성경의 무오성, 동정녀 탄생, 그리스도의 대속적 죽음, 육체적 부활, 육체적 재림 등을 전투적으로 옹호하는 자들이라고 보았다. 또한 이들은 이런 근본진리들을 거부하는 자유주의자들과 협력, 교류하는 자들과도 교제하는 것을 적극 반대하는 자들을 말한다. 이것을 영어로는 'Second Degree Separation'이라고 칭한다.[5)]

근본주의 3번째 유형은 근본주의를 연구하는 역사가들에게서 나왔다. 대표적인 인물은 비일(David O. Beale)이다. 그는 「근본주의 역사 (*In Pursuit of Purity*)」라는 책에서 달러와는 달리 근본주의를 미국에 국한된 현상이 아니라 국제적인 현상이라고 보았다. 비일은 근본주의를 해석하면서 성경, 교리, 그리고 삶 등 세 가지를 강조하고 있다. 즉 근본주의란 성경을 무조건 적으로 수용하고(acceptance), 그 말씀에 순종하며(obedience), 또는 교리적 순결(doctrinal purity)과 삶의 순결(purity of life)을 추구하는 자들을 말한다. 비일은 근본주의의 뿌리를 미국의 3차 대각성 운동에서 찾는다. 보통 대각성 운동은 미국의 교회사의 기간을 나누는 기준이 될 만큼 미국 기독교를 이해하는 데 매우 중요하다. 1차 대각성 운동은 1720년부터 1760년까지 일어났다.

2차 대각성 운동은 1780년부터 1840년까지 일어났다. 3차 대각성 운동은 1860년부터 1880년까지로 분류하는 것이 보통이다. 1940년대까지 근본주의, 복음주의, 보수주의는 동격으로 사용되었다. 비일은 근본주의라는 말을 19세기로 거슬러 올라가 당시의 보수주의를 근본주의와 동일한 의미에서 사용한다. 그러므로 비일은 워필드와 같은 보수주의자들을 근본주의자라고 말하고 있는 것이다.

근본주의 해석의 4번째 유형은 전통적인 해석에서 벗어나 새로운 해석을 시도한다고 보기 때문에 이들을 비주류(outsider) 역사가 또는 그들의 해석을 비주류(outsider) 역사 사료라고 본다. 가장 영향력 있는 대표적인

---

5) 박용규, 「장로교회사 강의안」(서울: 총신대학 신학대학원, 1991), 26.

인물은 샌딘(Sandeen)과 마스덴(Marsden)이다. 이들의 해석은 근본주의를 이해하는데 좋은 안내서 역할을 한다.

(1) 어네스트 샌딘(Earnest Sandeen)의 해석

근본주의 연구의 대가인 샌딘(Ernest Sandeen)은 그의 명저 「근본주의의 뿌리(*The Roots of Fundamentalism*)」에서 근본주의 운동은 19세기에 형성된 두 종류의 보수주의 신학 운동인 '세대주의' (dispensationzlism)와 '프린스톤 신학' (Princeton Theology)이 현대주의와 대항하여 공동전선을 이루므로 본격적으로 등장하게 되었다고 하였다. 그는 계속해서 "세대주의적 천년 왕국설은 활기와 형상을 주었고 프린스톤 신학은 구조와 잘 훈련된 국가적으로 존경할 만한 지도력"을 제공하였다[6]고 하였다. 샌딘의 해석에 의하면 1800년대 후반 속에서 다비(Darby, 1800-1882), 무디(D. L. Moody), 토레이(R. A. Torrey, 1856-1928), 스코필드(C. I. Scofield, 1843-1928) 등에 의해 형성된 세대주의 운동이 나이아가라 사경회를 거치면서 좀더 구체적으로 조직되었다고 보았다. 샌딘에 따르면 이들 세대주의자들이 성경관을 정립하면서 프린스톤 신학자들에게 상당한 영향을 받았다고 했다. 즉 프린스톤 신학자들이 당시 현대주의 도전에 직면하면서 정통신앙을 변호하기 위해 원본 무오설(Inerrancy in autographs)이라는 성경관을 정립하였는데 세대주의자들이 이것을 받아들였다고 본 것이다. 그러면서 샌딘은 성경의 무오성 교리가 1881년 핫지(A.A. Hodge)와 워필드(B.B. Warfield)에 의해 처음으로 만들어 졌으며, 이것을 형성하는데는 스코틀랜드 철학사상인 보편 실재론(Common Sense Realism), 베이콘주의(Baconianism), 뉴톤주의(Newtonialism)가 절대적인 영향을 미쳤다고 주장했다.

샌딘의 이런 관점 때문에 근본주의자들이 세대주의자들이고 또한 이들

---

6) Furniss, *The Fundamentalist Controversy 1918-1931*(New Haven: Yale University press, 1954), 179.

은 성경의 절대 권위를 철저히 변호하는 자들이라고 주장하게 된 것이다.

(2) 조오지 마스덴(George Marsden)의 해석

최근에 마스덴(George Marsden)은 운동의 교리적 기원에 관한 내용에 대해 샌딘의 주장을 재확인하였는데 그는 칼빈주의 부흥운동, 성화운동, 천년 왕국설을 근본주의의 뿌리[7])로 밝히고 있다.

그는 그의 저서「근본주의와 미국 문화(*Fundamentalism and American Culture*)」에서 샌딘보다 더 포괄적으로 근본주의를 다루고 있는데 그의 해석은 3가지 특징을 지니고 있다.

첫째, 샌딘의 해석은 1800년대 후반에 지나친 강조를 두었기 때문에 실제로 근본주의 운동이 일어난 1920년대의 '근본주의 대(對) 현대주의 논쟁'을 효과적으로 설명하는 데는 실패하였다고 주장한다. 근본주의 해석은 1920년대의 현상을 적절히 설명하는데 실패한다면 완전한 설명이 될 수 없다는 것이 마스덴의 논지 중의 하나이다. 사실 근본주의 운동이 하나의 운동으로 형성된 것은 1920년대 이후의 현상이었음을 기억해야 한다.

둘째로 샌딘이 세대주의를 근본주의의 열쇠로 제시한 것은 상당한 의미가 있지만 지나치게 교리적인 면으로 치우침으로 근본주의 해석의 폭은 좁아지고 문화와의 관계를 적절히 설명하는데 실패하였다고 보았다. 그는 근본주의는 당대에 나타난 문화적 현상이라고 보았다. 근본주의와 문화와의 관계를 설명함으로 말미암아 근본주의를 반지성주의 관점으로 조명하던 종전의 해석을 극복하였다는 사실이 마스덴의 공헌이다. 근본주의자들은 반지성주의 자들이 아니며 철학과 고등교육, 문화적인 발전을 중요하게 생각하였던 인물들이었다.

셋째로 샌딘처럼 근본주의자들이 성경 무오사상은 1881년 핫지(A.A. Hodge), 워필드(B. B. Warfield) 등 프린스톤 신학자들에 의해 처음 고안되

---

7) Marsden, *Fundamentalism and American Culture*, 225.

었으며 그것을 스코틀랜드 보편 철학의 영향을 받았기 때문이라고 보았다. 이 부분에 대하여 필자는 전적으로 동감하지 않음을 밝혀 둔다.

계속해서 마스덴은 근본주의는 원래 개혁파의 기운을 가진 부류에서 일어났다고 주장하고 근본주의 해석의 4가지 조류를 구별하여 설명하였다. 첫째가 사회 현상으로서의 근본주의, 둘째 정치현상으로서의 근본주의, 셋째 지성적 현상으로서의 근본주의, 넷째 미국의 현상으로서의 근본주의이다.

근본주의에 대한 사회학적 접근은 콜(Stewart G. Cole)과 니이버(H. Richard Niebuhr)에 의해서 1930년대에 최초로 시도되었다. 이것은 근본주의를 '사회 부적응 상태' 로 보는 견해이다. 콜(Cole)에 의하면 근본주의자들이 세 가지 본능적 경향을 나타내었는데 "그들의 행동은 흔들리지 않는 종교적 확실성에 대한 열망과 같은 의식의 기독교 신앙 공동체에 대한 열망, 그리고 그리스도의 교회의 행정 방향에 영향을 주고 싶은 열망에 의해 지배되었다."[8]고 했다. 니이버(H. Richard Niebuhr)는 '촌스런 문화와 도심의 문화 사이의 긴장' 이라는 용어로 근본주의를 설명하였다. 그는 다음과 같이 말하였다.

> 창조적 과정의 역동적 개념을 거부한 것은 소외되고 가난한 사회와 종교집단의 평신도와 성직자 모두를 위한 교육제도가 적절하게 발전되지 못했었다 라고 하는데 한편으로는 이유가 있고 또 한편으로는 그 당시 사회에 편만 했던 문화의 정적 성격 때문이었다.[9]

마스덴(Marsden)은 이 운동을 "국가적 편집병(偏執炳)이며 다른 문화적 적에 대항하는 십자군의 연쇄반응"이라고 묘사한다. 그에게 있어서 근본주의자의 투쟁은 새로운 문화에 맞추려는 노력이 아니라 사회로부터 추방

---

8) Cole, *The History of Fundamentalism* (Richard, R. Smith, 1931), 325.

9) H. Richard Niebuhr, "Fundamentalism," *Encyclopedia of Social Science* vol VI (New York, 1937), 527.

되지 않으려는 노력이었다.[10] 그는 다음과 같이 주장한다.

> 이런 (종교의) 사회적 배경이 심각하게 파괴당하므로 무엇인가가 이 운동에 응집력을 제공해야 했다. 그래서 확실성의 기초로서 개인적 헌신과 신앙에 대한 강조가 더욱 강해졌다. 무오성, 반(反)진화론, 종종 전 천년설과 같은 몇몇 중요 신앙이 이 운동에 속했는지를 판단하는 시금석으로 특별한 중요성을 얻게 되었다.

이런 까닭에 다음과 같은 찬송이 근본주의 자들 속에서 널리 애용되었다고 했다.

나는 이방의 땅에 있는 이 세상의 나그네
(I am a stranger here, within a foreigen land;)
나의 집은 저 멀리 황금 물가에 있도다
(My home is far away, upon a golden strand;)
바다 넘어 왕국의 사신이 되어
(Ambassador to be of Realms beyound the sea-)
나 여기서 나의 왕을 위해 일하노라
(I'm here on business for my king).[11]

결국 사회현상으로서 근본주의는 하나의 종교운동이었다고 보아야 된다. 이러한 종교운동에 대한 콜(Cole)이나 니이버, 마스덴의 입장은 근본주의는 부정적 세력이고 사회 부 적응에서 나타난 것이므로 이런 상황 속에서 교리적 문제에 집착력을 드러냈다고 하는 것이다.

둘째로, 정치현상으로서의 근본주의는 미국 내의 기독교 문화의 생존과 연관되어 해석되어진 것이다. 이 견해의 대표자는 폴 카터(Paul Carter)

---

10) Marsden, *Fundamentalism and American Culture*, 205.
11) *Ibid.*,

로 지명할 수 있는데 이 밖에도 윌리암 매크로크린(William Mcloughlin), 리챠드 호프스타터(Richard Hofstadter) 등이 있다. 기독교 국가로서 미국은 하나님의 말씀과 전통신앙 위에 세워졌다. 그런데 역사는 하나님과 사탄의 싸움 속에서 진행되어왔다. 그러므로 참된 신자들은 사탄의 세력과 싸워야 한다. 이러한 신념에 강하게 집착하므로 근본주의자들의 국가주의나 초 애국적 전 천년설(Super-patriotic Premillenialism)이 생기게 되었다. 마스덴에 의하면 몇 몇 근본주의자들은 사탄의 권세가 교회나 학교에서처럼 정치적인 분야에도 아주 명백히 나타난다고 믿는다. 즉 사탄은 정치적이 세력을 통하여 사람들 전체의 삶의 방향을 자신이 원하는 방향으로 밀고 나가려고 한다고 많은 신자들이 믿는 것처럼 말이다. 그러므로 지상의 권세 중 가장 세력이 강하게 보이는 정치의 분야에 근본주의자들이 최대의 관심을 갖는 것이 당연하다는 생각이다.[12)]

셋째, 마스덴은 근본주의를 지성적 충돌로 보는 견해를 밝혔다. 콜(Stewart G. Cole), 니이버(H. Richard Nibuhr), 퍼니스(Norman Furniss)와 같은 초기의 해석자 대부분은 근본주의자들이 진화론과 근대주의를 전적으로 오해했다고 생각했다. 퍼니스는 "무지가 논쟁 발단의 한 이유이었듯이 새로운 신학적 생물학적 개념을 사람들이 이해하게 되자 논쟁이 끝나게 되었다"[13)]라고 말했다. 여기에서 퍼니스는 근본주의를 반지성적 선입견으로 기술하고 있다. 그래서 그 원인이 소멸하였을 때 그 운동은 시들었다고 생각한 것이다. 그러나 퍼니스와는 반대로 샌딘은 근본주의가 20년대의 근본주의 논쟁 후에도 약화되거나 없어지지 않고 여전히 강하게 살아있다는 사실을 발견했다.[14)] 퍼니스와 그들 동조하는 학자들의 말이

12) *Ibid.*, 211.

13) Furniss, *The Fundamentalist Controversy*, 179.

14) 샌딘은 다음과 같은 심각한 질문을 던졌다. "만약 근본주의가 논쟁시의 한쪽 편에 불과했다면 왜 논쟁이 끝난 뒤에도 그 잔재들이 존재하고 있는가? 만약 근본주의가 보수주의 신자들에 의해서 행해졌던 역할의 이름에 불과 했다면 그러한 역할이 더 이상 필요치 않게 되었을 때 근본주의라는 이름 역시 없어졌어야만 한다. Sandeen, *The Roots of Fundamentalism*, XVII.

옳다면 근본주의 교회들은 사라졌어야만 했다. 옳은 판단은 근본주의자들은 성경이 사실을 묘사한다는 의미에서 과학적이고 진화론은 전적으로 비과학적인 것으로 보아 양자간에 지성적 충돌이 일어났다고 보는 것이 현명하다. 마스덴 조차도 근본주의의 지적현상에 대한 결론에 대해 너무 성급한 판단을 내리고 있다. "비록 이(근본주의자의) 모습 뒤에는 존경할만한 철학적 유산이 있을지라도 대중이 말로 표현한다면 반 지성주의라고 쉽게 말할 수 있다."[15)]

마지막으로 마스덴은 근본주의는 미국적 현상이라고 정의했다. 그는 미국 밖에서는… 그 어느 곳에서도 현대주의에 대한 이처럼 특이한 장로교 반응이 문화에서 유별나고 영향력 있는 역할을 수행하지 못했다고 말하면서 근본주의를 미국의 독특한 문화적 경험과 태도의 맥락에서 이를 말하였다. 바로 이 네 번째 것에 마스덴은 깊은 관심을 보였고 그의 개인적 견해로서 주장을 굳혔다. 이런 까닭에 구 생활양식을 주장하고 그 변화를 싫어하는 사람이나 운동은 또한 20세기 초 새로운 문화가치에 대한 적대자들은 근본주의자이며 근본주의였다. 그래서 그는 근본주의를 '호전적 (反)현대주의' 라고 하였으며 근본주의자를 "그들의 땅에서는 사실상 외국인" 이라고 하였다.

그럼에도 불구하고 근본주의는 '자유주의' 라고 하는 공동의 적을 물리치기 위해 칼빈주의자들, 알미니안 장로교도, 개혁주의자와 세대주의자 등 미국 교계와 신학계의 여러 부류의 인사들이 대거 가담한 20세기 복음주의 형성의 동인이었다. 그러므로 근본주의 운동에는 여러 가지 이즘(ism)들이 유입되었고[16)] 근본주의 운동은 두 가지 성격을 띠게 되었다.

---

15) 이러한 마스덴의 판단에 대하여 1934년에 존 듀이(John Dewey)가 말한 정의를 소개해 보면 마스덴의 결론이 큰 뒷 받침을 해주고 있다. 존 듀이는 말하기를 "The Fundamentalist in religion is one whose beliefs in intellectual content have hardly been touched by scientific developments. His notions about heaven and earth and man, as far as their bearing on Religion is concerned, are hardly more affected by the work of Copernicus, Newton, and Darwin than they are by that of Einstein." John Dewey, *A Common Faith Haven*, 1934, 3.

2. 고전적 근본주의와 신 근본주의

(1) 고전적인 것 – 근본주의 (Fundamentalism)

제리 폴웰(Jerry Fallwell) 박사가 엮은 「근본주의 현상(*The Fundamentalist Phenomenon*)」을 보면 아메리카에서의 근본주의 역사를 둘로 나누고 있는데 첫 시기는 '자유주의와의 투쟁기'(The War with Liberalism)로 1900년에서부터 1930년까지 계속하였다고 했고, 둘째 시기는 '근본주의의 잔존기'로서 1930년으로부터 1980년까지 계속하였다고 하였다.[17] 본 논고는 제리 폴웰의 박사의 구분대로 '자유주의와의 투쟁기'를 제1기로 정하고 '고전적 근본주의' 로, 그리고 1930년도 이후를 근본주의 제2기로 보고 '분리주의적 근본주의(신근본주의)' 라고 나누었다. 간하배(Harvie Conn) 교수 역시 초기의 근본주의 운동과 초기와 달라진 근본주의 운동을 '신 근본

---

16) 일반적으로 근본주의의 4가지 특징을 설명하라고 한다면 (1) 성경의 무오성 (2) 세대주의 전 천년설 (3) 분리주의 (4) 반 지성주의, 반 사회복음을 꼽는다. 이런 여러 특징과 ism중에 하나가 세대주의와 경건주의이다. 세대주의는 영국에서 시작된 플리머스 형제를 (Plymouth Brethren)이라고 불리는 존 낼슨 다비(John Nelson Darby)의 종파로부터 시작되었다. 세대주의는 역사를 일곱 가지 세대로 나누고 있는데 무죄의 시대(에덴동산), 양심의 시대(아담에서 노아까지), 인간 정부의 시대(노아에서 아브라함까지), 약속의 시대(아브라함에서 모세까지), 율법의 시대(모세부터 그리스도의 초점까지), 은혜의 시대(그리스도로부터 현재를 비롯하여 세상의 심판까지) 그리고 천년왕국의 시대로 구분된다. 각 시대 또는 세대마다 각기 다른 방법으로 하나님께서 인류를 구원하고 심판하는 기준이 있다. 세대주의는 성경의 문자적 해석을 고집했고, 드와이트 무리의 부흥회에서 꽃이 되었는데 무리가 창설한 무디 성경학교는 현재 세대주의의 요람지가 되었다. Clarence B. Bass, *Backgrounds to Dispensationalism: Its Historical Implication* (Grand Rapids: Baker, 1960), 27-9. 또 한편, 독일내의 개신교 교회의 냉랭함과 삭막함에 대한 반동으로 나타난 경건주의는 '하나님 말씀의 광범위한 사용, 영적 제사장 직의 부지런한 시행, 믿음전파 및 사랑의 정신 고취, 경건 훈련 및 강한 자제 훈련이라는 구호 아래 카드 노름 삼가기, 댄스와 극장 삼가기, 음식, 음료와 검소한 옷 입기 등을 골자로 하는 운동이었다. 주창자는 필립 야곱 스페너였다.

17) Jerry Falwell, *The Fundamentalist Phenomenon*, 162.

주의 운동' 이라 불러 메이첸의 운동과 구별하고 있다.[18] 결국 고전적 근본주의와 신 근본주의의 분수령은 메이첸 이후에 일어난 것이었다. 그러므로 고전적 근본주의를 제대로 고찰하려면 메이첸이 활동하였던 프린스톤 신학교와 웨스트민스터 신학교와의 상관 관계 속에서 찾아 볼 수 있다.

1) 프린스톤 신학교의 타락

이미 위에서 고찰 했던 바와 같이 프린스톤 신학교는 1812년에 창설되어 정확히 1세기 이상이나 구학파(Old School) 신학의 보루였다. 그리고 "프린스톤 신학" 정확히 말하면 "구 프린스톤 신학"은 정통 칼빈주의, 스코틀랜드 상식철학 그리고 건전한 영성을 가지고 1900년대까지 보수주의 일변도로 칼빈주의를 잘 지켜가고 있었다. 이는 아취발트 알렉산더, 워필드(B. B. Warfield), 찰스 핫지(Charls Hodge) 등의 영향하에서 굳건히 그 모습을 지켜오게 된 것이다. 그러나 미국 북 장로교의 신학 노선이 현대주의화 함에 따라 직영 신학교인 프린스톤 역시 그 조류에 영향을 받지 않을 수 없었다. 이것은 "신학교가 가는 대로 교단도 간다"라는 옛 격언이 프린스톤 사태에는 적용되지 않았음을 의미한다. 역사적으로 볼 때 신학교들이 먼저 자유주의 사상을 받아들이고 그리고 나서 교단의 주류 세력을 현대주의 안으로 이끌어 가는 것이 사실이다. 그러나 미국 북장로교에서는 신학파(New School) 신학교들이 점진적으로 교단을 자유주의로 끌어 들였으며 그리고 나서 교단 자신이 그것을 가지고 프린스톤 신학교를 무너뜨렸던 것이다.

프린스톤 신학교는 이사회가 2원 체제로 되어 있었다. 하나는 운영 이사회요, 또 다른 하나는 재단 이사회였다. 전자는 신학교의 교육과 학사문제를 돌보는 역할을 담당하고 있었고 후자는 재정문제만을 다루고 있었

18) Harvie M. Conn, *Contemporary World Theology* (Nutley, N. J.: Presbyterian and Reformed Publishing Co., 1977), 120.

로스 스티븐슨
(J. Ross Stevenson, 1866-1939)

다. 그런데 운영이사회의 다수와 교수회의 다수는 보수주의자들이었고 반면에 소수의 운영이사들과 소수의 교수들, 그리고 다수의 재단이사들은 미국 북장로교회와 신학교 내에서 포용정책을 추진하고 있는 현대주의자들이었다.

이런 상황속에서 구 프린스톤 신학교의 종말의 시작점은 로스 스티븐슨(J. Ross Stevenson, 1866-1939)으로부터 왔다. 1914년 스티븐슨(J. Ross. Stevenson)이 학장으로 취임하면서 프린스톤의 현대주의화가 시작되었던 것이다.19) 그는 현대화 된 교단의 신학을 신학교에서 대표해야 한다고 믿고 있었다. 1920년 그는 총회 부회장으로 당선되면서 교회의 연합사업 및 프린스톤 신학교의 다변화를 제창하고 나왔다. 프린스톤 교수회의 대다수는 스티븐슨의 회유 적인 견해에 반대하였으나 1920년대 기간동안 몇 몇 교수들이 교장과 행동을 함께 하면서 그 프린스톤의 자세에 반기를 들고 점점 더 시끄러워지는 분파가 되었다.

이 사람들 가운데는 찰스 어드만(Charles R. Erdman, 1866-1960), 프레데릭 로에쳐(Frederick W. Loetscher, 1875-1966), 리치 스미스(J. Ritchie Smith, 1852-1936) 그리고 좀 덜 심한 사람으로 존 데이비스(John D. Davis1854-1926)가 있었다. 이들은 그 당시 새로운 자유주의화 경향에 관용적인 사람들이었다. 스티븐슨 교장의 취임을 계기로 교장의 권한이 종전보다 강화

19) 근본주의자들의 '교단의 지배에 대한 강조와 프린스톤 신학에 대한 집착은 교단내의 갈등의 원인이 되었다. 신학교 교수들은 프린스톤 신학에 대체로 동의하고 있었으나 20세기에 들어와서 소위 "소수파 교수진"에 의해서 폭넓은 신학적 견해가 표현되기 시작했다. 그런데 1914년 스티븐슨의 "프린스톤 신학교 학장 취임"으로 인해 신학교와 교단내의 갈등은 명백화되었다. 이때는 '전통적인 프린스톤의 입장'이 긴장을 일으키고 있었으므로 이 신학교는 이미 교단 내에서 고립된 입장이었다. 스티븐슨이 학장으로 선출된 것은 교단과 신학교간의 이러한 관계를 개선하기 위함이었다. 김기홍, 「프린스톤 신학과 근본주의」, 157-8.

찰스 어드만
(Charles R. Erdmann, 1866-1960)

되었다. 선임(先任)교장은 교수회의 때에 사회자의 역할을 하였으나 신임(新任)교장은 학사문제와 기타 행정에 있어서 사사건건 개입하여 자신의 의사를 관철시키려고 하였다. 그러므로 다수의 교수들은 그의 처사에 반발하였던 것이다.

그런데 워필드(B. B. Warfield) 교수가 서거하기 직전 교수회에서 하나의 과제가 공식으로 제기 되었다. 프린스톤 신학교의 실천신학 교수였던 어드만 박사가 19개의 복음적 교파와 연합하자는 합동안을 지지하는 의사를 공적으로 표시하자 스티븐슨 교장이 전적으로 지지하였다.[20] 이 사실을 목격한 메이첸 교수는 침묵을 지킬 리가 만무했다. 그는 즉각적으로 반대 의견을 제시하였다. 반대하는 첫째 이유는 합동안을 발의하는 제안문의 서론이 신학적으로 애매모호하다는 것과, 둘째 그 합동안에는 목사들이 신조에 서명할 것을 요구하는 조항이 없다는 것이었다. 다행하게도 이 합동안을 각노회에 수의한 결과 150대 100으로 부결되었다.[21] 이 문제를 성공적으로 처리하기까지 메이첸 교수의 역할은 대단하였다. 이로 인해 스티븐슨 교장과 메이첸 교수 사이의 불편한 관계는 깊어만 갔다.

두 번째 사건은 메이첸의 설교 때문이었다. 1923년 「기독교와 자유주의(*Christianity and Liberalism*)」가 간행되자 보수와 진보 사이의 색깔은 보다 선명하게 드러나는 계기가 되었다. 그해 가을 메이첸은 프린스톤 신학교 근처에 있는 제일 장로교회의 설교목사로 임명되었다. 이 교회에는 미국 북장로교회의 목사요 프린스톤 대학의 영문학 교수 듀크(Henry Van Dyke) 교수가 출석하고 있었다. 그런데 메이첸 교수의 설교를 듣고 돌연

20) Ruth Rouse and Stephen C. Neil, *A History of the Ecumenical Movement, 1517-1948*(Philadelphia, Westminster Press, 1967), 445.

21) Stonehouse, Machen, 313.

헨리 반 듀크
(Henry Van Dyke, 1852-1933)

히 메이첸 교수를 비난하면서 교회 출석을 거부하였다. 그는 메이첸 교수를 향해 '분리주의적 비성경적 설교' 를 하는 메이첸 박사라고 비난하였다.[22] 듀크 박사는 메이첸 교수가 복음을 전하기 보다는 근본주의와 자유주의의 무시무시한 논쟁만을 일삼고 있다고 하면서 메이첸 교수의 설교목사 임기가 끝나는 1924년 7월까지 교회 출석을 거부함으로써 메이첸 교수에게 압력을 가했다. 이것이 프린스톤 신학교에서 메이첸의 입을 봉쇄시키는 이유가 되었다. 그러나 메이첸은 굴하지 않았다. 메이첸 교수가 설교목사를 사임한 후 그의 후임자는 어드만 교수가 되었다. 그는 스티븐슨 교장의 대변자요, 오른팔의 역할을 했다. 그런데 어드만 교수는 스티븐슨 교장의 천거로 1924년 미국 북장로교 총회장에 출마했다가 유명한 매카트니(Charles E. Macartney) 목사에게 패배하였다. 그러나 다음 1925년 총회에서 총회장으로 당선되었다. 어드만 교수가 총회장으로 당선된 후 총회적 차원에서 정치적 발판을 강하게 구축하고 교단의 지도력이 있는 인사들을 포섭하는데 성공하였기 때문에 상대적으로 메이첸 교수를 더욱 고립시키는데 성공하였던 것이다. 1925년에 메이첸은 교수회 가운데 점증하는 긴장에 대해 다음과 같이 썼다.

> 어드만 박사는 '교리 문제' 에 관해서 프린스톤 신학교 교수회 가운데 아무 불화도 존재하지 않는다고 말한다. 그런 주장을 나는 전적으로 바르다고 보지 않는다. 어드만 박사와 나 자신 사이에는 사실이지 매우 심각한 교리적 차이가 있다. 관계되는 문제는 이런 저런 교리의 문제가 아니고 그런 교리가 지니고 있다고 생각되는 중요성이 문제이다... 어드만 박사는 우리 교회의 교리 체계를 과연 부인하지는 않으나 여러 경우에

22) 1924년 1월7일자. The New York Herald, 홍치모, "J. Gresham Machen 교수의 생애와 사상(1)," 「신학지남」(1997, 가을호), 98에서 재인용.

> 그것을 뒷전으로 돌리기를 완전히 원하고 있다. 나는 그와는 반대로 그런 것을 뒷전으로 돌리는 것을 결코 찬성할 수 없는 것이다. 나는 기독교 교리는 복음과 연결되어 있을 뿐만 아니라 복음과 동질이라고 주장한다. 내가 항상 특별히 복음이 내게 개인적인 수모를 가져오는 그러한 장소에서 복음을 설교하지 않는다면 나는 나 자신을 그리스도에게 순수한 불충실의 죄를 짓는 것으로 간주해야 한다.[23)]

이러한 메이첸과 어드만의 입장은 구학파와 신학파의 입장이었다. 즉 어드만은 신학에서는 보수적이고, 정신에서 관용적이며, 목적에서 복음주의적 교회 안의 폭넓은 부분을 나타내고 있었던 것이다.[24)] 다시 말해 프린스톤 교수진 안에서 어떤 다른 구성원보다 더욱더 어드만은 19세기 말 신학파의 가치와 신앙들을 요약하고 있었던 것이다. 셋째로 프린스톤 신학교 안에서 보수와 진보의 대립적 양상은 학생들에게서 노출되었다. 1925년 중부 대서양 신학대학 협의회(Middle Atlantic Association of Theological Seminaries)에 참석하고 돌아온 프린스톤 신학교 학생회 대표들은 새로 '복음주의 학생 연맹'(The League of Evangelical Students)을 조직하였다. 그런데 스티븐슨 교장과 어드만 교수는 불화와 분열의 씨가 된다하여 그 조직을 반대하였다. 그러나 다수의 교수들은 전적으로 지지하였다.[25)] 학생들은 어드만 교수가 학생회의 지도교수가 되는 것을 원치 않았으므로 교수회에 상정하여 교수회로 하여금 새로운 지도교수를 선정해 줄 것을 요청하였다. 교수회는 이 문제를 심의한 끝에 메이첸 교수의 동의로 유명한 구약학 교수 로버트 딕 윌슨(Robert Dick Wilson)를 선정하였다. 이같은 결정의 책임을 메이첸 교수가 뒤집어 쓰게 되었다. 메이첸 교수는 학생회가 정식으로 교수회에 요청하였기 때문에 교수회가 단순히 민주적으

---

23) *The Presbyterian*(February 5. 1925), 21-2; Bradley J. Longfield, 「미국 장로교회 논쟁」, 206에서 재인용.

24) Ibid.,

25) Loetscher, *The Broading Church*, 140.

로 새 지도교수를 선출한 것 뿐이라고 대답하였다.[26)]

뿐만 아니라 학생들도 다수가 학장을 반대하면서 교수회의 노선을 지지하면서 신학교 학생회는 대서양 중부 연안 신학교 협회(Middle Atlantic Union)으로부터 탈퇴하였다. 결국 1925년 스티븐슨은 이사회에 현 학교의 현안을 해결하여 달라는 요구를 하자 7명의 수습위원을 주축으로 위원회가 조직되어 조사가 진행되었다. 그 해 10월 위원회에서는 다음과 설명하였다.[27)]

1. 모든 교수진들은 교회의 법률에 절대 순응해야 하며 거기엔 일체의 논의도 있을 수 없다.

2. 교수진 내에 일어나고 있는 분란은 교리에 관한 문제가 아니라 일부 교수들이 교회정치, 즉 교단에 대한 불만이다.

그러나 이런 보고와는 다르게 당시의 미국 북장로교의 행정은 중앙 집권화의 길을 걸으면서 신학적으로는 칼빈주의 신학에서 이탈하여 신학적 분산화를 도모하고 있을 때 프린스톤 신학교의 교수 12명과 학생들은 사상적으로 단결의 모습을 보여주고 있었다는 것이 1925년대의 미국 북장로교회가 그리고 있었던 기상도였다.

이와같은 상반된 상황속에서 스티븐슨 교장은 하나의 음모를 꾸미게 된다.[28)]

1926년 메이첸은 워필드(B.B Warfield)의 후임으로 프린스톤 신학교의 변증학 정교수로 전거를 받아 이사회에 의해 메이첸을 변증학(Apologetic)과 윤리학(Ethic)의 주임교수로 임명 받게 됐다. 그러자 그 해 총회에서 극렬한 보수주의자 메이첸을 주임으로 앉히는 것을 부당하다 하여 거부하

---

26) *The Presbyterian*(1925년 4월 23일); 홍치모, "J. Gresham Machen 교수의 생애와 사상," 99에서 재인용.

27) Edwin H. Rian, *The Presbyterian Conflict*, 76.

28) Loetscher, *Broadening Church*, 151.

였다. 이런 결과가 나오게 될 때까지 결정적인 역활을 담당한 사람이 스티븐슨이었다. 그는 총회에 프린스톤 신학교안에서 교수 상호간에 좋은 교제가 원만하게 이루어 질 때까지 메이첸 교수의 정교수 인준을 보류해 달라고 청원했던 것이다. 그리고 특별 조사 위원회가 구성되어 신학교의 현황을 조사해 줄 것을 요청하였다. 스티븐슨 교장은 말하기를 메이첸 교수는 변증학 정교수에 취임하기에는 기질적으로 적합하지 않다고 하였다. 그런데 언급되지는 않았지만 변증학 교수직에 대한 메이첸의 자격 논쟁에서 중요한 것은 금주에 대한 그의 견해였다. 미국 장로교인들에 있어서 절대 다수는 금주에 찬성했다. 그리고 금주에 대한 반대는 반종교적, 반문화적으로 생각했다. 1926년 4월에 뉴 브런스크 노회는 금주법을 승인하는 혁명을 고려했을 때 메이첸은 금주법을 반대하였다. 그가 반대한 이유는 금주를 반대한 것이 아닌, 금주법으로 인해 교회가 정치와 연루됨을 우려하였기 때문이었다. 결국 총회 총대들은 메이첸의 금주에 관한 입장을 중요하게 생각하게 되었고 총회가 그 당시의 가장 중요한 윤리적 문제에서 교단의 입장을 지지하지 않을 사람을 변증학과 기독교 윤리학의 교수로 지명한다는 것은 문제가 되어 보였다. 결국 총회는 메이첸의 교수직 지명을 다음해까지 연기하는 것이 적합하게 보았던 것이다.[29)]

결국 스티븐슨의 건의로 인해 총회는 별도 위원 5명을 선출하여 프린스톤 신학교 조사 위원회를 조직했고, 신학교에 파견, 문제를 해결토록 위임하고 다음 총회에 보고하라고 했다. 그런데 이 같은 일이 벌어진 근본 이유는 총회와 학장은 신학교가 모든 총회 내 교회들을 대표하는 학교이므로 교단의 신학을 반영해야 한다고 주장하는 반면 신학교내의 다수의 교수들은 교단 내에 만연된 '자유주의' (Liberal Theology)를 따를 수 없다는 입장이었기 때문이었다.

스티븐슨과 스미스(Smith) 교수는 주장하기를 "법적으로 역사적으로 신학교는 반드시 총회 가운데서 총회를 대표하는 신학교임을 역설하고, 신

29) Bradley J. Longfield, 「미국 장로교회 논쟁 」, 255-6.

학교는 총회와 교회에서 분리할 수 없음"을 주장했다. 또한「장로교인 표상(*Presbyterian Banner*)」도 글을 쓰기를 현재의 신학교는 1870년 전의 신학을 가르치고만 있다고 지적하고 만약 그때 신학교가 그 입장에 섰었다면 전진하는 역사 속에서 오늘은 오늘의 교회와 역사 가운데 서 있는 것이 당연하다고 주장하고 그렇게 되어야만 오늘의 문제가 해결될 것이라고 역설했다. 프린스톤 신학교 조사 위원회는 예정했던 대로 교수, 학생, 동창생들을 개별적으로 만나 면담하였다. 그 결과 5명의 수습위원은 1927년 총회에 보고하기를 현 신학교의 근본문제는 재정 이사회와 운영 이사회 2개가 있다는 것이었다. 이 이유는 재정 이사회는 교장과 가깝고 운영이사회는 교수들과 가까우니 자연히 이사회 내에 보수주의와 현대주의와의 충돌이 야기되어 진다는 것이다. 그래서 문제의 해결은 이사회를 하나로 만들어야 한다고 제안했다. 이것은 스티븐슨 교장이 본래부터 바라고 있었던 것이었다. 그에게 있어서 보수주의자들이 압도적 다수를 차지하고 있는 운영이사회를 해체시키는 것만이 신학교를 자기 마음대로 요리할 수 있었기 때문에 거추장스러운 운영 이사회를 없이하는 것만이 승리의 길임을 확신하고 있었다.

이와같은 처사는 메이첸 교수를 향해서 제발로 학교를 떠나가라는 신호였다. 그러므로 메이첸 교수는 분리주의자가 아니라 억울하게 추방당한 교권주의자들의 희생양이 되고 만 것이었다. 그래서 총회는 위원회를 5명에서 11명으로 늘려 그들에게 모든 권한과 대권을 주어 학교를 재구성하자는 안건을 503 : 323으로 통과 시켰다. 11명의 수습위원들은 먼저 이사회를 새로 구성하는데 그 숫자를 33명으로 정하고 1/3은 재정이사에서 1/3은 운영이사에서, 1/3은 총회에서 추천 받은 자로 구성했다. 그러나 이들 대부분은 현대주의 경향을 가진 사람들이었고, 그 가운데 2명은「어번선언」에 서명한 자들이었다. 새로 구성된 이사회는 총회 허락 없어도 학교의 모든 일들을 행사할 수 있는 권한을 위임받았고 1929년 교수회와 총회는 새 이사회를 정식으로 인준하고 그 이사회에 모든 새로운 계획을 위임시켰다. 그 결과 프린스톤 신학교의 신학 노선은 자유주의화 되어 버렸다.[30] 이러한 상황 속에서 결국 메이첸은 3명의 교수와 함께 프린스톤 신학교를 떠나 1929년 필라델피아에 웨스트민스터 신학교를 설립했다. 프린스톤 신학교는 교단이 가는 길로 갔다.

2) 웨스트민스터 신학교의 설립

새로운 프린스톤 행정체계와 진보적인 신학사상 아래 남아있기를 거부하고 웨스트민스터 신학교를 세운 교수들은 4인의 교수들은 신약학 교수 그레샴 메이첸(J. Gresham Machen, 1881-1937), 셈언어학 및 구약비평학 교수 로버트 딕 윌슨(Robert Dick Wilson, 1856-1930), 구약사 및 성경해석학 교수 오스월드 앨리스(Oswald T. Allis 1880-1973), 그리고 변증학 교수인 코넬리우스 반틸(Corneilus Van Til 1895-1987)이었다. 이 네명이 교수 외에 4 사람의 다른 프린스톤 출신들이 그들에게 가담하여 웨스트민스터 신학교 최초의 교수단을 구성하였는데, 곧 셈어학 강사 앨런 매크래이(Allan A. MacRae, 1902-1997), 조직신학 및 후에 실천신학교수가 된 카이퍼(R. B. Kuiper, 1886-1996), 신약학 강사 네드 스톤 하우스(Ned B. Stonehouse, 1902-1962) 그리고 교회사 강사 폴 울리(Paul Woolley, 1902-1984)였다. 이 대의 명분에 대한 중요한 기부금들 – 그 중에 적지 않는 부분이 메이첸, 그의 어머니, 그리고 알리스에게서 나왔던 – 이 신설학교를 위한 재정지불 능력을 보증해 주었다. 그리고 52명의 학생들과 – 이중에는 칼 매킨타이어(Carl McIntire)가 있었는데 이 사람은 프린스톤 신학교에서 전학 왔다가 나중에 근본주의 지도자로서 국제적으로 알려지게 된다. – 필라델피아에 있는 위더스푼 홀에서 웨스트민스터 신학교 개강예배를 드렸다.[31]

제2년째에는 프린스톤 신학교에서 강의했던 존 머레이(John Murray. 1898-1975)가 조직신학교수로서 웨스트민스터 교수단에 가담하였다. 더 나중에 구약학 교수 에드워드 영(Edward J. Young, 1908-1968) 그리고 신약

30) Loetscher, *Broadening Church*, 144.
31) Stonehouse, *Machen*, 456.

1930년대 초 웨스트민스터 신학교 교수진

(앞줄: 왼쪽부터 스톤하우스, 알리스, 메이첸, 울리, 반틸 뒷줄 : 왼쪽부터 존 머레이, 매크레이)

학 교수 스킬턴(John H. Skilton)이 가담함으로써 초창기의 웨스트민스터 교수단은 한층 더 강화되었다. 웨스트민스터 신학교를 설립하면서 이 신학교의 의미에 대해서 메이첸과 그의 지지자들은 3가지로 역설했다.

첫째는 웨스트민스터 신학교는 1929년의 개편에 이전에 존재했던 바와 같이 프린스톤 신학교의 전통을 지속하고 영속화하기 위하여 설립된 학교라는 점이다. 학교 이름을 웨스트민스터로 명명한 이유 역시 전통적인 칼빈주의 신학의 상징인 「웨스트민스터 신앙고백」과 「대 · 소요리 문답」을 신앙으로 고백한다는 다시 말해 구학파의 전통을 이어 나간다는 의미였다. 이 학교의 개강 예배에서 한 설교에서 메이첸은 다음과 같이 열정적으로 선언하였다.

> 프린스톤 신학교는 죽었지만 프린스톤의 고귀한 유산은 살아 있다. 웨스트민스터 신학교가 하나님의 은혜로 이 전통을 손상시키지 않고 지속하

---

32) Machen, *What is Christianity?* 232-3; Bradley J. Longfield, 「미국 장로교회 논쟁」,

려고 노력할 것이다.[32)]

둘째로 더욱 적극적으로 웨스트민스터 신학교는 프린스톤의 전통을 유지하면서 이 나라와 세계에서 보수적인 신학교육을 위한 모범을 보이려고 했다. 메이첸과 그의 동료들은 웨스트민스터 신학교를 전 세계적으로 영향력을 미치는 세계 일류의 신학교를 만들겠다는 비전을 가지고 있었다. 1929년 9월 16일 신학교 지지자들에서 행한 연설에서 로버트 딕 윌슨은 주장하기를 "웨스트민스터 신학교는 스코틀랜드와 독일에 있는 가장 훌륭한 학교들과 어깨를 나란히 해야만 한다. 이 학교는 유니온 신학교와 시카고와 하버드 대학의 신학부들과 같은 강력한 학교들에 의해 존경을 받아야만 한다."[33)] 참으로 "웨스트민스터 신학교가 국제적인 명성을 얻지 못한다면 이 학교는 실패할 것이다."[34)]라고 윌슨은 믿었던 것이다.

메이첸 역시 이러한 비전에 대하여 완전히 동의했다. 그는 웨스트민스터 신학교 개회예배에서 선언하기를 "우리는 신학교가 어떤 지역에서 널리 인정되는 최고의 학문적인 표준보다 열등하지 않은 학문적 수준을 유지하는 고등학문 연구기관이 될 것이라고 믿는다"[35)]고 하였다. 셋째로 웨스트민스터 신학교는 매우 중요한 점에서 전투적인 신학 연구기관이었다. 웨스트민스터의 임무는 당시의 세속적인 경향들에 대항하여 전투를 하려고 준비되고 열성적인 정통주의 군사들을 훈련시키는 것이었다. 이것은 웨스트민스터 신학교가 보수신학을 학적으로 변호하고 보전한다는 목적을 갖고 있다는 것을 의미한다. 뉴욕 타임즈는 1929년 9월26일자 신문에서 새로 발족하는 웨스트민스터 신학교에 대하여 다음과 같은 격려와 호의적인 기사로 축하해 마지않았다.

> 현대주의 경향을 극복하려는 큰 저항운동이 시작되었다. 그리고 그 현대

273에서 재인용.

33) *Presbyterian*, 3 October 1929, 10. Bradley J. Longfield, 274.에서 재인용.

34) *Ibid.*,

35) *Ibid.*,

> 주의 세계를 개혁하려는 것은 16세기 때에 일반적인 상식과 정직으로 돌아가려는 것과 같다.[36)]

이렇게 정통신앙을 사수한다는 의미에서 메이첸은 근본주의자였다. 더 엄밀하게 말하면 전형적인 근본주의자였다. 그러면 근본주의에 대한 메이첸 자신의 견해는 어떠했는가? 그는 결코 자신을 근본주의자라고 부르지 않았다. 실상 그는 그 용어를 싫어하였던 것이다.

> 내 생각에 모순 되지 않는 기독교는 오로지 개혁주의 또는 칼빈주의 신학에서 발견된다. 또한 모순되지 않는 기독교는 가장 보수하기 쉬운 것으로 믿어 진다. 나는 나 자신이 절대로 근본주의자라고 생각하지 않는다. 물론 이 단어에 대한 특별한 반감이 있어서 그런 것은 아니다. 그러나 만약 근본주의와 자유주의 중 하나만 선택해야 한다면 나는 기꺼히 가장 명백한 말로 자신을 근본주의자라고 부르겠다. 그렇다 하더라도 무엇보다도 나는 자신을 근본주의자가 아닌 칼빈주의자로 부르기를 원한다. 즉 개혁신앙을 믿는 한 사람으로서 다시 말하면 나는 자신을 교회 역사의 중심적인 흐름속에 서 있다고 본다. 그 흐름은 하나님의 말씀으로부터 흘러 내려 어거스틴과 칼빈을 통해서 미국에서 주목할 만하게 표현되었는데 찰스 핫지와 벤자민 워필드, 그리고 다른 프린스톤 학파의 대표들에 의해 이루어진 위대한 전통이다.[37)]

메이첸은 근본교리로 표현된 5개 신조 같은 간단한, 그리고 축소된 신조를 싫어했다. 그러면서도 그는 견실하게 근본주의 형제들을 옹호하였다.

> 당신은 내가 제일 싫어하는 용어 곧 '근본주의자' 로 일컬어지는 것을 유감으로 여기지 않는다고 상상하는가? 너무도 분명하게 나는 유감으로 여긴다. 그러나 거대한 공동의 대적 앞에서 나는 하나님의 말씀을 지키

36) C. A. Russell, J., *Gresham Machen*, 64; 홍치모, 「영미 장로교회사」, 279에서 재인용.
37) Stonehouse, *Machen*, 428.

기 위해서 함께 일어선 나의 형제들을 공격할 시간 여유가 별로 없는 것이다. 나는 인기 없는 한 운동(cause)을 계속 지지해야 한다.[38]

3) 메이첸과 독립 장로교 해외 선교부

메이첸 교수가 프린스톤 신학교를 떠나 독자적으로 웨스트민스터 신학교를 설립하고 나서 약 3년 동안 교계는 비교적 잠잠하였다. 학생 수는 얼마 되지 않았지만 웨스트민스터 신학교를 졸업한 학생들은 그들이 소속되어 있는 각 노회에서 강도사 시험에 응시하여 합격하면 목사 안수를 받을 수 있었다. 메이첸 교수 일행은 신학교를 따로 설립했을 뿐 미국 북장로교회를 떠난 것은 아니었다. 그러나 또 하나의 문제가 메이첸의 마음을 상하게 만들었다. 그것은 다름 아닌 「선교의 재고(*Re-thinking Mission*)」라는 책이 발간 되었기 때문이다. 이 책은 한 마디로 무엇을 말하고 있는 것일까? 미국 예일(Yale) 대학교의 교회사가 미드(S. E. Mead) 교수는 다음과 같이 그 책이 간행되기까지의 미국 교회의 역사적 정황을 설명하고 있다.

> 19세기 후반 25년간은 지난 20세기를 걸쳐 세계를 복음으로 개조시키겠다고 주장하는 모든 종류의 충족적인 신앙은 쇠퇴하였다. 적어도 가장 큰 교단의 최고 지도자들이 영적으로나 신앙적으로 쇠퇴하였다. 이 기간 동안에 계몽된 신학교 교수들은 손에 손을 잡고 신 신학(New Theology)과 사회복음(Social gospel)을 외치는 강단의 왕자들이 되었다. 이들의 주장으로 말미암아 교단의 사업과 방향이 변화를 겪게 되었다. 그것은 선교에 있어서도 마찬가지였다. 지금까지 단순하게 생각하고 실천했던 구령(Saving-Soul)사업에 보다 더 복잡한 사업내용이 첨가되어야 했다. 즉 사회의 재건과 개량이라는 아이템이 추가되어 선교사들이 적극적으로 검토해야할 또 하나의 선교 과제로 부상되었다. 처음부터 외국 선교는 그리스도의 복음만을 전하는 것으로 시작하였지만 나중에는

---

38) *Ibid.*, 338.

RE-THINKING MISSIONS

A LAYMEN'S INQUIRY AFTER ONE HUNDRED YEARS

By
THE COMMISSION OF APPRAISAL
William Ernest Hocking
CHAIRMAN

HARPER & BROTHERS PUBLISHERS
New York and London
1932

「선교의 재고」 책자

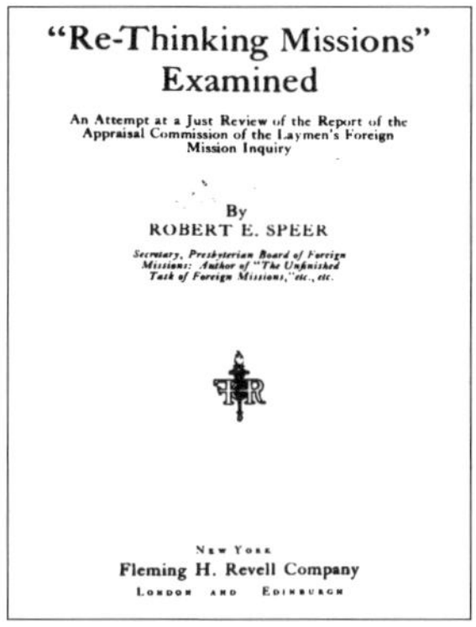
"Re-Thinking Missions" Examined

An Attempt at a Just Review of the Report of the Appraisal Commission of the Laymen's Foreign Mission Inquiry

By
ROBERT E. SPEER

NEW YORK
Fleming H. Revell Company
LONDON AND EDINBURGH

「선교의 재고」 적용 책자

기술적, 의학적, 농업과 교육을 전수하는 것이 더 중요한 과제가 되었다.[39]

농업, 기술선교사, 의료선교사, 교육 선교사를 선교지로 파송함에 있어서 일반 선교사들이 치러야 하는 신학(교리) 시험 같은 것을 꼭 치러야 할 필요가 있을까? 이와 같은 문제는 1921년 미국 북장로교 총회에서 그리피스(W. H. Griffith) 목사가 제기하여 지탄을 받은 일이 있었지만 그로부터 10년 후 이 문제는 교단 안에서 일반적인 화젯거리가 되었다. 이런 분위기 속에서 선교부 논쟁은 1930년대 초반에 본격적으로 거론되었다.

1930년에 북장로교를 포함한 7개 개신교 교단들 출신으로 이룩된 평신도 위원회가 여러 선교지를 실제 답사하였다. 하버드 대학의 교수이자, 자유주의자였던 위원장 윌리암 호킹(William E. Hocking)은 그들의 자료들과 견해들을 묶어서 「선교의 재고」라는 보고서 양식의 책을 출판한 것이었다. 그런데 문제는 「선교의 재고」의 신학적 입장이었다.

이 보고서는 주장하기를 기독교의 유일성은 어떤 특별한 역사적이거나

39) Sidney E. Mead, *The Lively Experiment: The Shaping of Christianity in America* (New York: Haper & Row, !963), 119; 홍치모, 「영미 장로교회사」, 280에서 재인용.

윌리엄 메릴
(William. P. Merrill, 1867-1954)

교리적인 주장에 있는 것이 아니라 오히려 모든 종교에 이용 될 수 있는 진리들의 선택과 그것의 중심적인 교훈들의 단순성에 놓여 있다는 것이었다. 그 자체로서 기독교 신앙은 현대의 세속주의에 직면하여 통합된 종교적 진리를 위한 연구에서 다른 세계 종교와 공통적인 주장을 해야한다.[40]는 입장이었다. 계속해서 호킹은 복음화는 "사랑과 인간적인 봉사에 의해 수행되어야 한다"고 제안했다. 선교사들은 그리스도를 위하여 세계 정복을 꿈꾸는 복음주의자들이 아니라 오히려 "기독교적인 삶과 생활 방식을 나타내고 ... 전통과의 급격한 단절의 긴장을 극소화시키려고 노력하는 대사"이어야 했다.[41]

또한 이 보고서에서 장로교 목사이자 「어번 선언」에 서명한 메릴(William. P. Merrill)이 그의 선교관을 이렇게 피력하였는데 "기독교는 본질적으로 세상 가운데서 연합하여 일을 해야 하므로 우리 주위에 어떠한 종교가 무슨 교리를 갖고 가르치던 기독교 선교는 반드시 그들과 연합하여 그들을 이해하여 함께 일해야 한다."[42]라고 하였다. 이 보고서에 대한 신학적 입장을 고찰하려면 북장로교회의 한국선교에 관한 반응을 보면 잘 나타나고 있다.

> 우리는 '평신도 연구 위원회' (Laymen's Appraisal Commitee)의 보고서를 대단한 관심을 가지고 읽었다. 그러나 우리가 매우 실망했음을 또한 고백하지 않을 수 없다. 우리는 그들이 막대한 자금을 들여서 수많

---

40) Hocking, *Re-Thinking Missions*, 49, 20, 32-33, 44, 47; Bradley J. Longfield, 「미국 장로교회 논쟁」, 317에서 재인용.

41) *Ibid.*,

42) 이 말은 기독교 선교의 목적은 완전히 왜곡시킨 것이다. 기독교 선교는 불신자나 이교도를 전도하여 개종시키는 것이지 그들과 연합 사업하는 것은 결코 아닌 것이다.

펄벅
(Pearl S. Buck, 1892-1973)

은 남녀를 동원하여 고생스럽게 조사한 결과「선교의 재고」라는 명칭으로 나오게된 그 정성스러운 보고서를 재고하지 않을 수 없는 것이다. 이 보고서의 후반부는 선교 사역의 다양한 부분들을 실제적인 관점에서 논하고 있기 때문에 아주 고려해 볼만한 가치가 있는 것이 많다. 그러나 전반부에서는 신학적인 기초가 너무 무시되어 있다. 또한 그 안에 포함되어 있는 전제들은 복음주의 기독교와 우리를 한국이라는 선교지에 오게 한 바로 그 신앙을 거의 고려하지 않고 있다. 그러하기에 우리가 수행하고 있는 선교 사업에 대해 수많은 결론들과 제안들을 하고 있음에도 불구하고 직접적으로 우리가 반대하고 있다는 것은 그리 놀랄만한 일이 못된다. 300쪽이 넘는 이 보고서에서 우리가 발견할 수 있는 한에서 예수그리스도가 결코 주님으로 언급된 적이 없으며, 기도와 죄란 말은 각기 한번씩 언급되었고 그 외에는 그저 통상적으로 사용되었을 뿐이다. 한편 성령과 성경은 전적으로 무시되었다. 이러한 생략(Omission)은 해외 선교 사업을 바르게 평가하려는 사람들에게 치명적인 결함이 되어 바로 평가할 수 없게 만들고 만다.

만일 평신도 해외선교 조사 위원회(Laymen's Foreign Missions Inguiry Commission)가 제의한 수많은 혁신적 변화를 받아들인다면 여러 선교지역에서 복음주의의 토대 위에 세워진 교회들 안에 대대적인 파괴를 일으키게 하는 일밖에는 아무 것도 아니다. 적어도 한국의 경우에는 그 보고서의 첫 장들에서 주장하고 있는 것들을 동조하는 신학 사상을 가진 어떤 새로운 선교사가 파송된다면 그는 우리가 생명을 바쳐 온 그 목적에 말할 수 없는 큰 손해를 입히는 것뿐임을 우리는 확신하고 있다.[43]

43) *Report of the Executive Meeting of the Korea Mission Presbyterian Church*, U. S. A., 1933, 56-7.

위의 글에서 볼 수 있듯이 「선교의 재고」(*Re-Thinking Missions*)라는 보고서의 신학은 완전히 신학파(New School) 입장이었다. 자유주의자들은 주목할 만한 평가를 했으며 보수주의자들은 즉각 정죄했다. 장로교회에서 「선교의 재고」가 공개적인 갈등을 빚어 내는 원인이 된 것은 당연한 것이었다. 이 갈등의 주인공의 역할을 한 사람이 펄벅이었다. 중국에 선교사로 나가 있던 「대지」의 저자 펄벅(Pearl S. Buck) 선교부에 보고하기를 중국에 있는 유교 신봉자들이 높은 윤리관을 보니 선교사 자신이 오히려 감명을 받은 것이 너무 많아 선교하기보다는 그들에게서 배우면서, 연합하여 일하는 것이 바람직하다고 했다.[44)]

또한 그녀는 「기독교 세기(*Christian Century*)」에 실린 「선교의 재고」에 대한 서평에서 그녀는 이 보고서를 "유일한 책이자 위대한 책"이라고 부르면서 아낌없이 칭찬하였다. 감정이 고조되면서 그녀는 계속 의견을 피력하기를 "나는 이 책이 나에게는 모든 관찰에서 문자적으로 진실하고 모든 결론에서 옳은 것 같은 내가 전에 읽었던 유일한 책이라고 생각한다."[45)] 그녀는 「선교의 재고」는 모든 미국 기독교인들이 필독해야 하고 "모든 언어로 번역되어야 하며" 모든 선교부가 채택해야 한다고 믿었다.

이와 같은 자유주의 입장을 갖고 있었던 펄벅은 뉴욕의 아스터(Astor) 호텔에서 해외선교부 구성원들과 여신도들과 그 밖의 많은 청중 앞에서 행한 연설에서 원죄교리, 기독교의 최종성, 선교사들이 교회를 설립할 필요성 등을 부정했다. 결국 펄벅은 장로교 선교사직에서 사퇴했고 스피어

44) 메이첸(Machen)은 선교부에서 펄벅의 불신을 이야기하면서 그녀의 편지 내용을 다음과 같이 인용하였다. "우리 가운데 어떤 자는 여전히 그리스도를 동정녀 몸에서 성령으로 말미암아 탄생한 것과 하나님의 아들로 믿고 있는 자들이 있다. 그러나 또 어떤 자들은 그러한 개념을 없애버리기를 바라고 있다. 원죄에 대해 언급하면서 그녀는 말하기를 "나는 원죄를 믿을 수 없다. 우리도 중국인들과 같이 모든 미신으로부터 탈피해야 한다고 느낀다." Thomas G. Cross, *Historical Background and Development of the Reformed Presbyterian Church Evangelical Synod*, 8.

45) Pearl S. Buck, "The Laymen's Mission Report," *Christian Century*(23 November 1932), 1434, 1436-7; Bradley J. Longfield, 「미국 장로교회 논쟁」, 318에서 재인용.

로버트 스피어
(Robert E. Speer, 1867-1947)

(speer)는 이를 "깊은 유감" 으로 받아 들였다. 그러나 「선교의 재고」가 출판될 당시 이미 북장로교 해외선교부의 선교위원 가운데 상당수가 「어번 선언」에 서명했던 사람들이 포함되어 있었고 교단에서는 선교의 모든 임무를 그들의 손에 넘기려는 것이 뚜렷했다. 펄벅이 사직한 후 메이천과 스피어 사이에 논쟁이 심화 되었는데 결국 메이첸이 속해있는 뉴브런스윅(New Brunswick) 노회에 의해 1933년 총회에 네 가지 헌의한으로 상정되었다. 일명 '메이첸 헌의안' 으로 불려지는 이것은 총회가 해외선교부의 사람들을 선발할 때 "교회에 닥친 위험들에 대해 충분히 알고 있는 인사들만을" 선발할 것과 각각의 선교사들은 누구든지 "성경의 완전한 진정성" 우리 주님의 동정녀 탄생, 하나님의 공의를 충족하기 위한 희생제물로서의 그리스도의 대속, 그리고 육체의 부활과 행하신 이적"을 근본적인 진리로 선언하도록 요구 할 것을 청원했다. 또한 모든 목회자 후보생이 받아 들여야 할 진리의 절대적인 필요성을 부인하는 인사는 선교부의 요직에 맡기지 말 것을 헌의 했다.[46] 그렇지만 이 헌의안은 부결되었고 소수의견 보고서로 다루어졌고 출판마저도 해외 선교부 자문위원회 의장에 의해 거절되었다.[47]

총회는 선교부와 선교부 소속 인사들의 지지를 재확인하면서 선교부에 "전폭적이며, 무조건적이고, 열정적이며, 애정이 넘치는 찬사"를 보냈

---

46) Machen, "Modernism and The Board of Foreigen Mission," 1. See also "The Philadelphia Overture," *Christianity Today*(4 May 1933):32. Cf. *G.A. Minutes*, 1933, 27-8. Kim Kilsung, "J. Gresham Machen's Doctrine of the Church." Westminster Theological Seminary, Ph. D., 1992, 238에서 재인용.

47) "The Minority Report on the Missions Board," *Christianity Today* 4, June, 1933, 10; Kim Kilsung, "J. Gresham Machen's Doctrine of the Church," 238에서 재인용.

다.[48)]

이러한 북 장로교회의 해외 선교 사업이 자유화함에 항거하여 메이첸과 그의 동료들은 1933년에 독립 선교 단체(the Independent Board for Presbyterian Foreign Missions)를 조직하게 된다. 총회가 막 끝난 1933년 6월 27일, 독립선교부를 조직하기 위한 가능성을 타진하는 공식적인 첫모임이 열렸고 10월 17일에는 장로교 해외 독립선교부의 회칙이 채택되었다. 메이첸이 선교부의 의장으로 선출되었다. 그러나 독립 선교단체에 가입된 구성원들은 총회로부터 가혹한 시련을 겪게 되었다. 1934년 클리브랜드(Cleveland)에서 열린 제146차 총회에서 독립 선교부에 대한 다음과 같은 판결을 내려졌다.

> 교회내의 모든 조직과 기구 그리고 상업들은 같은 교리의 기반 위에서 한 방향으로 나가야 하는 것이 원칙이요, 또한 법이므로 독립 선교 단체를 운영하여 선교사를 파송 하는 것은 교회 사업과 역행하는 것이므로 빠른 시일 내에 철거하지 않으면 행정적인 조치를 취하겠다49)

이러한 총회의 결정에 의거하여 뉴 브린스윅노회는 메이첸을 재판할 7인의 재판위원회를 임명했다. 그리고 1935년 3월29일 유죄판결이 내려졌고 대회와 1936년 총회에 상소 했으나 모두 기각되었다. 그리고 1936년 총회는 "1934년 결의"를 지지하면서 총회 재판국은 뉴 브린스윅노회에 메이첸과 그 동료들을 정직시키도록 지시했고 결국 이들은 치리 당했다.[50)]

---

48) *Ibid.*,

49) *Ibid.*,

50) 이때 치리를 받은 자들은 J. Gresham Maden, J. Oliver Buswell, Carl McIntire, H. McAllister Griffiths. Merrill T. Macpherson. Edwin H. Rian, Charles J. Woodbrige, Paul Wolley, Harold S. Laird였다. Thomas G. Cross, *Historical Background and Development of the Reformed Presbyterian Church Evangelical Synod*, 110.

4) 정통 장로교회(Orthodox Presbyterian Church)의 성립

1936년 정직 처분 당한 보수주의자들은 이들을 중심으로 하여 많은 목사 장로들이 동시에 북 장로교를 떠나 1936년 미국 장로교회(Presbyterian Church of America)[51]라는 교단을 만들게 되었다. 새로운 교단이 총회 개막예배에서 메이첸은 그가 분리 속에 발견한 기쁨을 선언했다.

> 1936년 6월 11일 목요일에 여러 해 동안의 희망이 실현되었습니다. 우리는 마침내 참된 장로교단의 구성원이 되었습니다. 우리는 마침내 참된 기독교적인 교제의 축복을 발견했습니다. 이것이 얼마나 즐거운 순간인가! 투쟁의 오랜 기간들은 우리의 마음을 가득 채우는 기쁨과 비교될 때 아무 것도 아닌 것으로 가라앉아 버리지 않은가!... 그 생생한 희망과 함께 우리는 지금 미래를 응시하고 있습니다. 마침내 참된 복음주의가 타협적인 연합들의 족쇄가 없이 진전할 수 있을 것입니다.[52]

2년 후에는 명칭이 유사하다는 이유로 미국 북장로교로부터 고소의 위협을 받았기 때문에 정통장로교회(Orthodox Presbyterian Church)로 명칭을 바꾸었다. O.P.C는 34명의 목사들, 17명의 치리장로들, 그리고 79명의 평신도로 시작되었다. 정통장로교단의 성립은 웨스트민스터 신학교와 마

---

51) 결국 미국 북 장로교와 미국 장로교의 분열은 웨스트민스터 신학교 때문에 교단이 분리된 것이 아닌 독립선교단체 때문에 직접 동기가 되어 분리된 것이다. 1936년 6월 11일, 34명의 목사와 17명의 장로로 구성된 미국장로교회의 총회가 조직되었다. 이들은 교회내의 불신앙을 배격하고 성경과 하나님의 권위를 높이자는데 일치점을 둔 근본주의 자들이었다. 1936년 8월 13일 미국 북 장로교가 교단 이름이 자신들의 것과 비슷하다는 이유로 법에 고소하였다. 결국 법원의 판결에 따라 미국 장로교회는 '정통 장로교회' (Orthodox Presbyterian Church)로 명칭을 바꾸었다. 정통장로교회의 지도자는 메이첸이었고 그는 동년 총회에서 만장일치로 제 1회 총회장으로 당선되었다. 그러나 1937년에 핫지(Casper. W. Hodge)가 "영어권에서 가장 위대했고 신학자"라고 평가되었던 메이첸은 이 세상을 떠났다. *Ibid.*, 10.

52) Bradley J. Longfield, 「미국 장로교회 논쟁」, 334.

찬가지로 구학파의 신학적 전통을 잇는 것이었다. 북장로교와의 분리는 개혁주의 신앙의 정통성을 지키기 위한 몸부림이었던 것이다. 어떤 의미에서 이것은 정통신앙을 고수한다는 의미에서 고전적 근본주의의 전형적인 모습이었다.

(2) 분리주의적인 것-신 근본주의(Neo Fundamentalism)

1) 성경 장로 교회

1930년대에 접어들면서 근본주의 운동은 새로운 양상으로 발전했다. 근본주의 운동 안에 내포되었던 다양한 이질적 신학요소들이 차츰 마찰을 일으키기 시작했던 것이다. 특히 세대주의적 근본주의자들과 칼빈주의적 근본주의자들 사이에 균열이 생기게되어 교단의 분열은 거듭되었고 근본주의 운동은 보다 편협하고 배타적이 분파운동으로 전개해 나갔다. 그 대표적인 예를 미국 장로교(후에 정통 장로교로 바뀜)와 성경 장로교(Bible Presbyterian Synod)의 분열에서 찾아 볼 수 있다.

1937년, 그러니까 조직된 지 이듬 해에 정통 장로 교회(O.P.C)는 분리되었다. 메이첸의 서거로 정통 장로교는 아직 조직으로 체계화되지 않았던 시기에 3가지 주요 쟁점으로 정통 장로교회의 분리가 야기된 것이었다.

그 첫 번째는 정통장로교회가 계속해서 비 장로교파들과 합동하여 독립기관을 통해 그의 해외 선교사업을 추진해 나갈 것인가 아닌가 하는 문제였다. 그 교단은 독립 장로교 해외선교부(Indpendent Board of Presbyterian Foreign Mission. IBPFM)의 지원을 중단 할 것과 해외 선교업무에 관한 자체의 선교부를 창립할 것을 투표로 가결하였다. 그러나 성경장로교쪽은 독립 장로교 해외선교부(IBPFM)을 계속 후원하려 했다.

그 두 번째 쟁점은 도덕적인 것으로서, 교단이 그 회원들에게 알코올 음료의 절대 금주를 공식적으로 권고할 것인가 아닌가 하는 문제에 집중되어 있었다. 1937년 정통 장로교회에서는 알코올 음료를 금하는 아무런 명확한 성경적 금지 명령이 존재하지 않은 이상, 이것은 그리스도인의 자유의 문제라는 원칙하에 적당한 주류 사용을 허가한다는 입장을 취하였다. 성경 장로교회는 절대 금주가 가장 현명한 방법이라고 주장하였다.

세 번째 쟁점은 교리적인 것으로서 종말론에 관한 것이었다. 정통 장로교회 지도자들은 전천년설자들과 무천년설자들 양편을 다 포함하고 있었는데 반하여, 성경 장로교인들은 전천년설 일변도였다. 사실 성경 장로교인들은 전천년설을 교회에서 수용할 만한 종말론적 입장으로 삼기 위하여 「웨스트민스터 신앙고백」을 수정하였다. 메이첸 후계자들은 세대주의를 그 운동에서 제거해야 한다고 강력히 주장했고 매킨 타이어(Garl McIntier)를 포함한 다른 사람들은 세대주의 공격은 궁극적으로 전 천년설에 대한 공격이라고 주장했다. 이러한 문제들로 의견의 일치를 못보고 있다가 결국 1983년 매킨 타이어를 중심으로 하는 성경 장로교[53])가 세워졌고, 그 교단 신하에 새로운 신학교가 조직되었는데 명칭은 '훼이스(Faith) 신학교'라 정해졌다. 이것은 자유주의 대(對) 근본주의의 싸움이 '근본주의 대(對) 근본주의의 싸움'으로 전락되었음을 보여주고 있다는 점에서 의의가 크다.

2) 계속되는 분리 및 이로 인해 형성된 신 근본주의의 특성

20년이 못 가서 훼이스(Faith) 신학교는 행정문제로 분리되어 세인트루이스(Saint Louis)에 버스웰 및 해리스(Laird Harris)를 중심으로 카버넌트(Covenant)신학교가 세워지면서 복음장로교회가 따로 생기게 되었다. 후에 복음장로교회는 개혁장로교회와 합세하여 개혁장로교회(복음총회)로 개명했고, 미국 남북 장로교회의 총회 합동을 계기로 남장로교회에서 분리한 미국 장로교회(P.C.A)와 합동하여 카버넌트 신학교는 미국 장로교회(P.C.A) 총회 직영 신학교가 되었다.

---

53) 성경 장로교회의 슬로건은 아모스서 3장 3절에 따왔다. "Can two walk together, except They be agreed?"

"싸움과 분리"는 1930년대 이후 근본주의의 패턴이나 특징처럼 되어 버렸다. 매킨타이어가 지도자로 부상한 근본주의 운동은 밥존스 대학교와 훼이스 신학교를 중심으로 새로운 양상의 근본주의 운동으로 발전하여 갔다. 그들은 완전 분리를 주장하여 W.C.C계에 속하여 있는 목사들이 관계한 어떠한 회의나 프로그램에 동참하는 것은 그들의 완전 분리 원칙에 위배되므로 빌리 그래햄 전도집회에 참석하는 것을 반대하였다. 그뿐만 아니라 빌리 그래함의 모교인 휘튼 대학이나 그래함을 지원하는 풀러 신학교 및 「*Christianity Today*」 등의 모든 기관을 정죄하였다.

초기의 근본주의 운동과 이렇게 달라진 근본주의 운동을 간하배(Harvie Conn) 교수는 '신 근본주의 운동' 이라 불러 메이첸의 운동과 구별하고 있다.[54)]

이러한 신 근본주의는 새로운 기질과 기운을 형성하였는데 그 특징을 살펴보면 다음과 같다. 첫째, 성경의 절대 권위와 무오성을 강하게 주장하긴 하나 성경의 성경 신학적 유기적 관련성을 무시하고 성경을 단편적으로 문자적으로 취급한다. 이는 세대주의의 영향을 깊이 받았기 때문이며, 또한 성경을 비교적 단편적으로 보고 체계적으로 깊이 보지 못하기 때문에 그들 중에 어떤 부류들은 경건주의로 흘러간다. 기독 신자에 있어서 경건은 중요하지만 그 폐단은 그 경건이란 목적을 달성키 위해 성경에 없는 생활 표준을 세움으로서 일종의 법식주의, 심지어 율법주의로 떨어지는 일이 많다.[55)]

둘째, 복음전화와 진리 옹호에 열의를 가지나 옹호하려는 면에 주력하데 되어 적극적 부정적 자세에서 과도히 부정적이 자세로, 당당한 싸움에

---

54) Harvie M. Conn, *Contemporary World Theology* (Nutley, N. J.: Presbyterian and Reformed Publishing Co., 1977), 120.

55) 박윤선, 근본주의의 약점, 「로고스」, 제7집, 1964, 12. 신앙성장의 척도를 개인의 종교적 영역에 국한시켜 기도, 성경공부, 주일성수, 헌금, 교회 출석 등의 강조가 고조되며 기독교가 말하는 헌신적 신앙생활을 잘 나타내주는 성령의 열매와 다른 미덕들을 강조하지 않고 율법적인 경건 만을 강조한다.

서 사사로운 다툼으로, 은혜로움과 예의에서 질책의 언어로, 운동에서 인물로 그 대체적인 기운이 돌아간다. 이런 상태를 「*Christian Life*」지는 '높은 수준의 신학적 논쟁에서 시작했던 근본주의가 오늘날에는 고양이와 개의 싸움으로 전락했다' 고 비꼬았다.[56)]

셋째, 과학 일반 및 학문에 대한 불신과 경시로 깊은 신학 연구보다는 근본신조들을 개별적으로 강조하는데 그치며 그 자체내의 교리적 편협성 때문에 칼빈주의 인생관, 세계관등의 건설에는 관심이 없다. 한마디로 창조 명령(Cultural Mandate : 창 1:28)에 대해 너무 단편적이다.

마지막으로 교회론에 있어서 교회의 영적인 면을 강조할 뿐 교회의 유기적 교류를 싫어한다. 교회운영 조직에 있어서든 신학중심이 아닌 족보적 교회를 형성하여 능력 위주가 아닌 권력위주이며 신학이 교회 행정의 중추가 아닌 교회 행정 아래서 신학이 연구되므로 편협한 것은 말할 것도 없다.[57)] 성경적 교회론을 외치면서 분리(separation)의 개념에 대한 성경적 근거를 찾아 이를 적극 주장하는데(ex. 시1:1, 고후6:14-16) 여기에서 분리는 불신에서의 분리가 아닌 신 근본주의에 동참하지 않는 자들로부터 분리이다. 그러므로 그들에게 있어서 교회 분리는 대단히 성경적인 것이다. 이와 같은 상태를 보고 칼 헨리(Carl Henry)는 비판하기를 "어떤 이들은 근본주의를 신학 논쟁을 좋아하고 전 기독교의 분열을 조장하며 문화에는 비진보적이며 고학을 무시하고 반 지식적인 편협한 사람들이라고 말한다. 또 어떤 이들은 근본주의를 극단의 세대주의이며 강한 인기주의이며 지나친 감정주의이며 사회적 고립주의이며 음탕한 교회 음악과 같은 것이다"

---

56) 김의환, 「복음과 역사」(서울: 기독교 문서선교회, 1983), 112.

57) O. P. C나 P. C. A같은 교회는 Moderate(총회장)가 돌아가면서 사회만 한다. 노회장은 이름 Alphabet순으로 돌아가면서 한다. 그러나 맥킨타이어는 1930년대부터 지금까지 총회장 자리를 내놓은 적이 한번도 없다. 1960년대에 Faith 신학교에서는 또 다시 수명의 학자가 해고되어 필라델피아에 "Biblical Theological Seminary"를 세웠다. 약 200명 이상의 학생이 있는 반면 Faith 신학교는 3명의 교수와 40내지 50명의 학생 수밖에 되지 않는다.

라고 하였다.

그러나 여기에서 주의할 점은 칼 헨리는 근본주의의 두 가지 양상에 대한 구별 없이 비판하고 있다는 점이다. 다시 강조하건대 원래 근본주의는 하나의 색깔을 지니고 있는 뚜렷한 신학적인 용어로서 기독교의 근본 교리, 즉 다섯 가지 교리를 신학적으로 체계화시킴으로써 다른 어떤 교리와 주장이 있다고 하더라도 결코 그것과 대치시킬 수 없는 확고 부동한 기본 신앙과 교리를 시종여일하게 주장하고 관철시킨다는 불굴의 의지가 내포되어 있었다. 그러나 시간의 흐름에 따라 초기 근본주의 운동에서 볼 수 있었던 연합 정신이나 순수한 진리수호는 사라지고 점차로 편협하고 독선적으로 상이한 양태 즉 비판과 정죄를 일삼는 배타적 분리주의로 발전해 갔던 것이다. 칼 헨리(Carl F. Henry)는 이 부분에 대해 정확한 지적을 하고 있다.

> 역사적으로 근본주의는 하나의 신학적 운동이었다. 그러나 점차 이 운동은 하나의 이상한 생리(生理)와 무드를 조성했다. 이 운동의 초대 지도자들은 균형과 안정을 따른 원숙형(圓熟型)이었으나 호전형(好戰型)은 아니었다. 그런데 후에 지도자들이 근본주의 운동을 자체 분열의 와중(渦中)으로 몰아넣고 말았다.[58)]

그러면 이런 두 가지 양상의 근본주의가 한국장로교회에는 어떤 영향을 미쳤는가? 그리고 그 영향력은 큰 것이었는가 아니면 미세한 것이었는가? 를 고찰해 보도록 하자.

---

58) Carl F. Henry, "Dare We Renew Controversy?" *Christianity Today*, June 24, 1954, 23f; 김의환, 「현대신학과 개혁주의신앙」(서울: 총신대학교 출판부, 1999), 171에서 재인용.

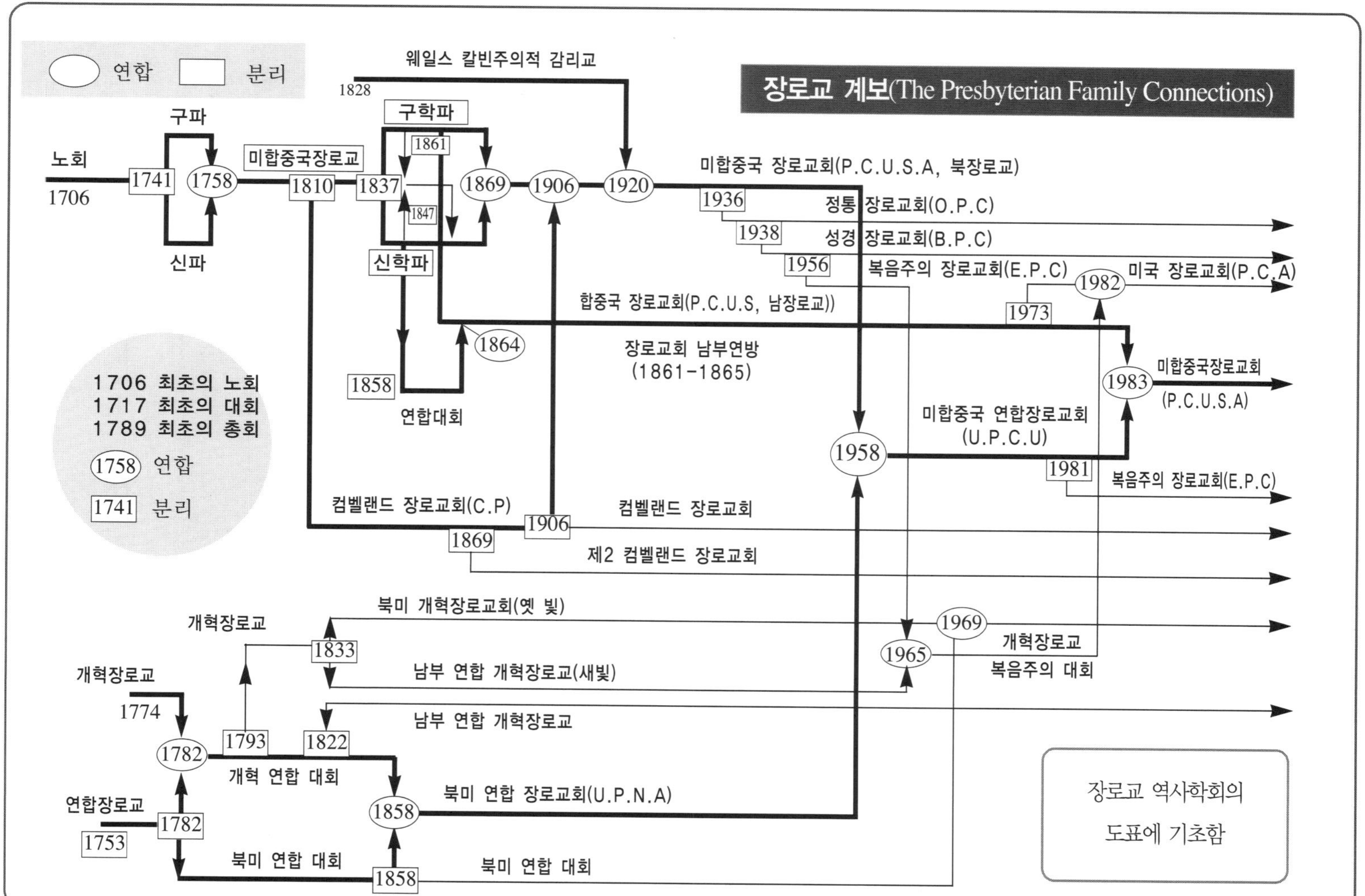

장로교 계보(The Presbyterian Family Connections)
연합
분리
노회
1706
1741
구파
신파
1758
미합중국장로교
1810
1828
웨일스 칼빈주의적 감리교
구학파
1861
1837
1847
신학파
1869
1906
1920
미합중국 장로교회(P.C.U.S.A, 북장로교)
1936
정통 장로교회(O.P.C)
1938
성경 장로교회(B.P.C)
1956
복음주의 장로교회(E.P.C)
1982
미국 장로교회(P.C.A)
1973
합중국 장로교회(P.C.U.S, 남장로교))
1864
장로교회 남부연방
(1861-1865)
1858
연합대회
1983
미합중국장로교회
(P.C.U.S.A)
1706 최초의 노회
1717 최초의 대회
1789 최초의 총회
1758 연합
1741 분리
미합중국 연합장로교회
(U.P.C.U)
1958
1981
복음주의 장로교회(E.P.C)
컴벌랜드 장로교회(C.P)
1906
컴벌랜드 장로교회
1869
제2 컴벌랜드 장로교회
북미 개혁장로교회(옛 빛)
개혁장로교
1833
1969
개혁장로교
1965
복음주의 대회
남부 연합 개혁장로교(새빛)
개혁장로교
1774
남부 연합 개혁장로교
1793
1822
1782
개혁 연합 대회
북미 연합 장로교회(U.P.N.A)
1858
연합장로교
1782
1753
북미 연합 대회
1858
북미 연합 대회
장로교 역사학회의
도표에 기초함

평양 신학교 전경

제 4 장

한국 장로교회의 신학사상

제4장 한국 장로교회의 신학사상

일반적으로 한국 장로교회의 신학은 '청교도적 개혁주의' 혹은 '개혁주의적 정통주의' 라고 일컬어져 왔다. 한국 보수신학의 거두였던 박형룡 박사는 「한국 장로교회의 신학적 전통」이라는 논문을 통해 한국 장로교회의 신학적인 전통을 "웨스트민스터 표준에 구현된 영미 장로교회의 청교도 개혁주의 신학"이라고 하였다.[1] 신복윤 박사는 그의 논문 「한국개혁주의 신학의 어제와 오늘과 내일」에서 한국 장로교회 신학을 "유럽의 칼빈주의와 영미의 청교도 사상이 웨스트민스터 표준문서에 구현된 신학, 즉 청교도적 개혁주의 신학"[2]이라고 하였다. 위의 평가를 종합해 보면 한국 장로교회의 신학은 웨스트민스터 표준문서에 기초한 개혁주의 신학이라는 것이다. 마스덴은 이를 뒷받침하는 개혁주의를 이렇게 소개한다.

존 칼빈
(John Calvin, 1509-1564)

1) 박형룡, "한국장로교회의 신학적 전통,"「신학지남」, 제4권 3집(1976 가을), 11.
2) 신복윤, "한국 개혁주의 신학의 어제와 오늘과 내일,"「신학정론」 제10권 1호, (1992, 3), 115.

쯔빙글리
(Zwingli, 1484-1531)

> 내가(마스덴) 몸 담았던 교단의 정통장로교인들은 '개혁주의'란 무오한 성경에 포함된 기독교 교리를 철저히 고수하는 것을 의미하며, 개혁주의를 웨스트민스터 표준문서들에 의해 정의하고 있다. 오직 그들의 교리가 웨스트민스터 신앙고백, 대소요리문답과 완전히 일치하고 그것들을 절대적인 것으로 찬성하는 그리스도인들만이 완전히 개혁주의 범주 내에 있는 자들이라고 보았다. 다른 요소들, 특별히 하나님의 율법을 웨스트민스터 표준문서를 형성하고 있는 중심적인 구성 원리로서 충실히 강조하는 것이 기독교 생활에 중요하다. 그러나 이 중요한 실천적 단서와 함께 '개혁주의'에 대한 실제적 테스트는 항상 교리였다.[3)]

일반적으로 '개혁주의'라는 이름은 넓은 의미로 16세기 종교개혁자들의 개혁운동과 그 신학을 통칭하는 용어로 볼 수 있다. 그러나 진정한 의미에서 '개혁주의'라는 말은 쯔빙글리(Zwingli, 1484-1531)와 칼빈의 개혁운동과 그 신학사상을 루터의 그것, 곧 루터파(Lutheran)와 구별하기 위하여 붙여진 이름이다. 루터파(Lutheranism)나 개혁파는 다같이 로마 카톨릭의 사제주의(Sacerdotalism)를 비판하고 개혁했지만 개혁파는 루터파보다 더 철저한 개혁을 하였다. 특히 칼빈의 경우는 모든 문제를 성경에 근거하여 철저한 개혁을 시도함으로써 로마교적 잔재를 일소하였던 것이다. 그러므로 개혁주의란 루터주의(Luteranism)보다 더 철저한 성경 중심적 신학이라 할 수 있다. 이런 점에서 미국 칼빈신학교 교수였던 클로스터(Fred Klooster)는 개혁주의의 독특성이란 바로 '성경적 원리'라고 말했다.[4)]

---

3) David F. Wells, 「프린스톤 신학」, 박용규 역, (서울: 도서출판 엠마오, 1992), 11.

4) Fred Klooster, "The Uniqueness of Reformed Theology," *Calvin Theological Journal*, Vol, 14, No. 1(april, 1979), 39.

제네바 아카데미(Geneva Academy)– 개혁주의의 산실

그래서 개혁주의는 성경에 기초하여 신관과 우주관, 신앙관, 그리고 하나님에 대한 인간관계를 규명한다. 개혁주의를 보통 칼빈주의라고 부르는데 이것은 칼빈이 성경적 가르침을 잘 해석하고 보다 선명히 신학을 체계화하였기 때문에 칼빈주의라고 불리게 된 것이다. 개혁주의자들은 그들의 신학체계가 보다 성경적임을 증명하고 다른 신학 활동들과 구별하기위해 그들의 신학을 교리화 하였는데 그것이 바로 신앙고백이었다.

독일의 개혁주의자들은 그들의 신앙과 생활이 루터란과는 다르다는 점을 나타내기 위하여 하이델베르크 요리 문답을 작성하였고 화란의 개혁자들은 그들의 신앙이 알미미안주의자와 다름을 도르트 신조를 통하여 표현하였다.

우르시누스
(Zacharias Ursinus, 1534-1584)

이와 같은 개혁주의 신학은 칼빈의 「칼빈의 기독교 강요」, 칼빈주의자들이었던 우르시누스(Zacharias Ursinus, 1534-1584)와 올레비아누스(Casper Olevianus, 1536-1587)에 의하여 작성된 하이델베르크 요리문답(1563), 벨직 신앙고백서(1561), 도르트 신조(1619), 그리고 웨스트민스터 신앙고백과 그 대소요리문답

(1647) 등에 가장 잘 표현되어 있다. 그러므로 개혁주의자들은 신앙고백을 성경과 같이 절대화 하지는 않으나 신조(信條)의 중요성을 강조하였다. 결국 개혁주의는 성경을 신앙과 생활의 절대적인 그리고 유일한 권위로 삼기 때문에 성경의 권위를 강조하고, 하나님의 주권을 강조하며, 그리스도인의 구체적인 삶을 통해 궁극적으로 하나님의 영광을 드러내고자 하는 신학이라 할 수 있다. 그러므로 한국에 소개된 청교도적 개혁주의는 "하나님의 주권과 성경의 권위를 출발점으로 하고 칼빈주의 5대 강령으로 전개된 개혁주의, 그리고 영국의 많은 교인들에 의하여 이 개혁주의 사상이 경건과 정열로 받아들여지고 여기에 독특한 신학적 특징들이 가미되어 이루어진 청교도주의, 이러한 두 요소가 한국 장로교 신학의 전통이 된 것이다."[5]

올레비아누스
(Casper Olevianus, 1536-1587)

그러면 한국장로교회는 어떻게 개혁주의 신학을 수용하게 되었는가? 이것은 초기 개신교 선교사들의 신학사상은 무엇이었는가를 밝히면 된다. 왜냐하면 어느 교회든지, 교회의 신학은 그 교회에 씨를 심은 자들에 의해 형성되게 되어 있기 때문이다. 그러므로 본장에서는 한국 장로 신학사상에 영향을 준 초기 개신교 선교사들의 신학적 배경과 그 영향력이 어떻게 한국 장로교회를 발전시켜 나아갔는가를 고찰하였다.

1. 한국 개신교 선교사들

초기 재한(在韓) 장로교 선교사들의 신학적 특성

초기 한국 장로교회의 형성과 발전에 지대한 공헌을 한 사람들은 미국

5) 신복윤, "한국 개혁주의 신학의 어제와 오늘과 내일," 116.

과 캐나다 그리고 호주 장로교회로부터 파송된 선교사들이었다. 이들은 청교도 전통의 보수적 복음주의 노선에서 신앙훈련을 받고 또 그와 같은 입장의 신학교에서 신학교육을 받고 파송된 자들이었다. 이 점은 미국 북장로교회 해외 선교부 총무를 역임(1903-1929)하였던 브라운(A. J Brown)의 증언에서 잘 드러난다.

> 이 나라가 문호를 개방한 이후로 25년에 걸쳐 입국한 선교사들의 전형적인 모습은 청교도형의 인간이었다. 그들은 뉴 잉글랜드의 선조들이 지금부터 백 년 전에 안식일을 지켰던 것처럼 엄격하게 안식일을 지켰다. 댄스, 흡연, 카드놀이는 그리스도의 참된 추종자들이 빠져서는 안 되는 죄악이라고 생각했다. 신학과 성경 비평학에 있어서는 강한 보수주의 이었으며 그리스도의 재림에 대한 전 천년설 견해를 아주 중요한 진리로 생각했다. 또한 고등비평학과 자유주의 신학은 아주 위험한 이단으로 생각하였다.[6)]

또한 브라운은 한국이 기독교를 적극적으로 받아들인 배경을 한국인의 민족성에서 찾았다.

> 한국인의 심성은 중국인이나 일본인의 그것과 판이하게 다르다. 감성이 무디고 물질적인 중국인과도 다르고, 빈틈없고 호전적인 일본인과도 다르다. 한국인은 일본이나 중국인 보다 민감하고 믿을 만하다. 한국인은 외부 충격에 민감한 반응을 보인다. 종교적인 가르침에 쉽게 동화되며 믿음은 어린아이와 같고 영적인 환상도 의심치 않고 받아들인다. 자긍심 가득한 중국인이나 오만한 일본인과는 달리 한국인은 깊은 애통에서 기독교를 받아들인다.[7)]

브라운의 말대로 초기 한국 장로교 신앙과 신학 형성에서 선교사들의 영향은 절대적이었다. 특히 한국인의 심성은 선교사의 신학을 절대적으로

6) A. J. Brown, *The Mastery of Far East* (NY: Charles Scribner's Sons, 1919), 540.
7) *Ibid.*, 539.

받아들이게 한 주된 원인이 되었다. 초기 선교사들은 근대 영적 대각성 운동으로 말미암아 형성된 부흥운동과 경건주의적 영혼 구원의 전도 열정을 가지고 해외선교운동의 일환으로 은둔의 나라 한국에 찾아왔다.[8)]

이러한 영적 대각성으로 미국 북장로교와 남장로교 그리고 캐나다 장로교 그리고 호주 장로교회에서는 선교사들을 파송되었고 이들이 한국장로교회의 기초를 마련하였다.

(1) 미국 북장로교

1884년 이후 한국에는 미국장로교 선교사의 시대가 열렸다. 당시 미국 장로교회의 뜨거운 선교열의 영향이었다. 북장로교 선교사로 가장 먼저 이 땅에 입국한 사람은 의사 알렌(Horace N. Allen, 1858-1932)이었다.[9)]

---

8) Kenneth S. Latourette, *A History of the Expansion of Christianity* (New York: Haper & Brother, 1941), Vol. 6, 336; 박응규, 「한부선 평전」(서울: 도서출판 그리심, 2004), 157에서 재인용.

9) 알렌에 관하여 좀 더 상세하게 알고 싶다면 민경배, 「알렌의 선교와 근대 한미외교」(서울: 연세대학교 출판부, 1991)를 참조하라. 한국에 입국한 북장로교 선교사들은 다음과 같다.

〈표 7〉 내한 북장로교 선교사의 시기별 입국 현황(1884-1907)

내한년도	선교사들	내한년도	선교사들
1884. 9. 20	알렌부부(H.A. Allen)	1897. 10. 14	베스트 양(M. Best)
1885. 4. 5.	언더우드(H.G Underwood)	1897. 6. 3	로스 부부(C. Ross)
1885. 6. 21.	헤론부부(J.W.Heron)	1897. 10. 11	쉴즈 양(E. L. Shields)
1886. 7. 4	엘러스양(A. Ellers)	1897. 10. 14	필드 양(E. Field)
1888. 3. 27	호턴 양(L. Horton)	1897. 10. 14	헌트(W. B. Hunt)
1888. 10.27	기포드(D.L.Gifford)	1897. 12. 4	피시 양(A. Fish)
1888. 가을	파 워(C. Power)	1897. 12. 23	존슨 부부(W.O. Johnson)
1888. 12.16	게일(J. S. Gale)	1899. 9. 29	샤록스 부부(A.M. Sharrocks)
1888. 7.	가드너(W. N. Gardner)	1899. 11	사이드보텀 부부(R. H. Sidebotham)
1889. 가을	가드너 양(S. Gardner)	1900. 10. 8	렉크 부부(G. Leck)
1890. 1. 25	마펫(S. A. Moffett)	1900. 10. 8	샤프 부부(C.E. Sharp)

1884년 9월 20일에 입국한 그는 1년 후에 한국 최초의 근대식 서양의학 병원 광혜원(廣惠院)을 세웠다. 광혜원은 1885년 4월 10일에 공식적으로 개원하였고 4월 26일 그 이름을 제중원(濟衆院)[10]으로 바뀌게 되었다. 그러면 역사상 처음으로 한국에 처음 발을 내딛게 된 알렌은 어떤 신앙을 소유하였을까?

해링톤(F. H. Harrington)은 "알렌 박사는 그 조상들로부터 칼빈주의의 신조와 퓨리턴적인 본능과 의무감 그리고 주야를 가리지 않고 일에 몰두

1890. 1. 25	도티 양(S. A. Dorty)	1900. 10. 8	번하이젤(C. F. Beenheisel)
1891. 2. 2	베어드 부부(W.M.Baird, Sr)	1900. 10. 8	스누크 양(V. L. Snook)
1891. 12. 8	브라운 부부(H. Brown)	1901. 9. 10	블레어 부부(W. N. Blair)
1891. 4. 3	빈튼 부부(C. C. Vinton)	1901. 9. 10	베럿(W. M. Barrett)
1892. 9. 21	리(G. Lee)	1901. 9. 10	밀러 부부(E. H. Miller)
1892. 9. 21	무어 부부(S. F. Moore)	1902. 9. 22	클라크 부부(C. A. Clark)
1892. 9. 21	스왈른 부부(W.L. Swallen)	1902. 9. 22	커언즈 부부(C.F. Keams)
1892. 9. 21	밀러 부부(F. S. Miller)	1902. 11. 15	스미스 부부(W. E. Smith)
1893. 7. 16	아비슨 부부(O.R. Avison)	1903. 2. 12	존슨(E. W. Johnson)
1893. 11.9	어빈 부부(C.H. Irvin)	1903. 9. 27	쿤스(E. W. Koons)
1895. 4. 6	야콥슨 양(A. Jacobson)	1903. 11. 24	휘팅 부부(H. C. Whiting)
1895. 4. 6	휘팅 양(G. Whiing)	1904. 9. 13	허스트(J. H. Hirst)
1895. 5. 29	애덤스 부부(J. E. Adams)	1904. 11. 19	맥파랜드(E. F. Mcfarland)
1895. 5	피터스(A.A. Pieters)	1904. 11. 21	블레어(H. E. Blair)
1895. 6. 3	웰스(J. J. Wells)	1905. 9. 12	맥큔 부부(G. S. McCune)
1895. 5. 23	왐볼드 양(K. Wamvold)	1906. 10. 20	어드만스(W. C. Erdmans)
1896. 10. 19	체이스 양(M.L. Chase)	1907. 8. 30	로버츠 부부(S. L. Roberts)
1896. 10. 20	휘트모어(N.C.Whittemore)		

〈표 7〉을 보면 1907년까지 총 57명의 선교사들이 입국했다. 박용규, "초기 장로교선교사들의 배경과 활동," 대한예수교장로회총회,「대한예수교장로회 총회백년사」(서울: 대한예수교장로회 총회출판부, 2006), 198-200.

10) 이름대로 '은혜를 널리 펼치고, 대중을 구하기 위해' 설립된 제중원은 현재 헌법재판소가 있는 종로구 재동의 홍영식(개화사상가; 김옥균과 함께 갑신정변을 일으켰다) 저택에서 시작되었다. 제중원은 명성이 높아 개원 1년 만에 외래 환자와 왕진 환자 수가 거의 1만 명에 달했다. 이 제중원이 1904년 세브란스 병원이 된다.

하는 정력을 물려받았다"[11]고 평가하고 있다. 즉 개혁주의 신앙을 소유했다는 말이다. 알렌이 입국한 후 1년 후에 북장로교 선교사 언더우드(Horace G. Underwood, 1859-1916)가 감리교선교사 아펜젤러와 한국을 시찰하기 위해 입국한 일본 장로교 선교회의 스쿠더 박사(Scudder), 테일러 박사(Tayler)와 함께 1885년 4월 5일 부활절 아침에 인천 제물포 항에 입국하였다.[12]

호레이스 알렌
(Horace N. Allen, 1858- 1932)

1884년 12월에 미국 샌프란시스코 항을 출발한 언더우드 선교사는 다음해인 1885년 1월에 일본 요코하마에 도착하였다. 그곳에서 먼저 일본에 도착하여서 선교 활동을 하고 있던 북장로교의 선교사들에게 환영을 받고 잠시 쉬었다가 최후의 보류지인 한국으로 출발하여 역사적으로 한국에 첫 발을 내딛게 된 것이다.

그리피스(William E. Griffis, 1843-1928)가 표현한 바와 같이 "이 땅에 상륙한 첫 안수 받은 선교사"가 된 언더우드는 4월 7일 서울에 도착하여 4월 10일부터 광혜원에 "약제사"로 들어가 의학생들과 물리와 화학을 가르치면서 한국어 배우는 일에 심혈을 기울였다. 아울러 마가복음 번역과 사전편찬을 착수했다. 그리고 그는 1886년에 고아원을 겸한 학교를 설립하게 되는데 이것이 경신학교의 전신이 되었다.

언더우드의 공로 중 가장 큰 업적 중의 하나는 자기가 설립한 경신학교 대학부에서 출발시킨 "연희전문학교"의 설립이었다. 후에 "연희전문학교"는 한국 교육의 명문으로 자리매김한 "연세대학교"로 성장하게 되

11) F. H. Harrington, *God, Mammon and the Japanese,* 이광린 역, 「개화기의 한미관계」(서울: 일조각, 1973), 3.

12) 한국에 입국하면서 간구했던 '아펜젤러의 기도'가 양화진 아펜젤러 비문에 다음과 새겨져 있다. "우리는 부활절 아침에 이곳에 왔습니다. 그 날 사망의 권세를 이기신 주께서 이 백성을 얽어맨 결박을 끊으사, 하나님의 자녀로서의 자유와 빛을 주시옵소서"

호레이스 언더우드
(Horace G. Underwood, 1859-1916)

었다. 또한 우리나라에서 선교 활동이 어느 정도 허용되자 자신의 집으로 14명의 신자들을 초청해서 1887년 9월 14일 정동교회를 설립하게 되었다. 이 교회는 점차 발전하여서 정동에서 신문내로 옮겨 "새문안교회" 교회로 출발하며 이것은 우리나라의 최초의 조직교회가 되었다.

언더우드는 "한국 선교의 아버지이자 많은 개별 선교사들을 한국에 오게 온 지도자"였다. 그는 실로 한국 선교를 위해 하나님이 특별히 예비하신 시대를 앞서 간 선각자 한국의 근대 선교의 아버지였다. 개신교 선교사로는 한국에서 최초로 세례를 베푼 인물이며 남장로교 선교회와 캐나다 선교회의 한국선교의 문을 열어 준 인물이며 연합선교의 이상을 통해 한국 선교를 성공적으로 이끄는데 중추적인 역할을 했던 한국 선교의 개척자였다. 한국교회 선교 희년을 맞는 1934년 마포삼열은 언더우드에 대해 이렇게 평했다.

> 한글 성경번역에 있어서나 일본어 교재의 준비와 인쇄에 있어서나 맥코믹 신학교와 버지니아 유니온 신학교에서 학생들에게 심금을 울리는 메시지나 도전에 있어서나 미국 선교부와 교회에 대한 호소에 있어서든지 그는 한국 복음화를 촉구하는 일이라면 항상 선두에 있었다. "하나님으로부터 위대한 일들을 기대하라"는 윌리암 케리의 신앙이 그의 신앙이었다.... 한국과 한국 선교에 대한 그의 가장 위대한 업적 가운데 하나는 맥코믹신학교 출신 그레이험 리(Graham Lee), 스왈른(Swallen), 무어(Moore), 그리고 테이트(Tate), 버지니아 유니온 신학교 출신(Reynold), 전킨(Junkin), 뉴욕의 유니온 신학교 출신 밀러(F.S. Miller), 그리고 캐나다 토론토 대학 출신 에비슨(O.R Avison)을 한국 선교사로 확보한 것이었다. 남장로교 선교를 개시하도록 한 것은 언더우드였다... 언더우드 외에 누가 존 로스 신약성경을 전해 받은 한국인들을 찾기 위해 그렇게 깊숙한 강계까지 실제로 위험한 여행을 하겠는가?[13]

언더우드는 뜨거운 열정과 전형적인 복음주의 신앙을 소유한 지도자였다. 한국에 도착하여 복음화를 위해 몸부림치던 모습은 소위 '언더우드의 기도문' 이라고 알려진 글을 통해 그의 열정과 신앙을 엿 볼 수 있다. 하지만 이 기도문이 언더우드의 작품이라고 분명하게 말할 수는 없다. 왜냐하면 이 기도문이 다른 자료에 기록 된 곳이 없고 정연희 작가가 쓴 소설 「양화진」에만 소개되어 있기 때문이다. 이를 소개하면 다음과 같다.

언더우드의 부인
(Lillias Horton Underwood, 1851-1921)

보이지 않는 조선의 마음

주여! 지금은 아무것도 보이지 않습니다
주님, 메마르고 가난한 땅
나무 한 그루 시원하게 자라 오르지 못하고 있는 이 땅에
저희들을 옮겨와 앉히셨습니다

그 넓고 넓은 태평양을 어떻게 건너 왔는지
그 사실이 기적입니다
주께서 붙잡아 뚝 떨어뜨려 놓으신 듯한 이곳

지금은 아무것도 보이지 않습니다
보이는 것은 고집스럽게 얼룩진 어둠뿐입니다
어둠과 가난과 인습에 묶여 있는 조선사람뿐입니다
그들은 왜 묶여 있는지도, 고통이라는 것도 모르고 있습니다
의심부터 내고, 화부터 냅니다

---

13) Samuel A. Moffett, "Missionary Life and Service," 39-40; 박용규, 「한국기독교회사 I」 (서울: 생명의 말씀사, 2004), 404에서 재인용.

조선 남자들의 속셈이 보이지를 않습니다
이 나라 조정의 내심도 보이지를 않습니다
가마를 타고 다니는 여자들을 영영 볼 기회가 없으면 어쩌나 합니다
조선의 마음이 보이지를 않습니다

그러나 주님, 순종하겠습니다
겸손하게 순종할 때 주께서 일을 시작하시고
그 하시는 일을 우리들의 영적인 눈이 볼 수 있는 날이 있을 줄 믿나이다

'믿음은 바라는 것들의 실상이요, 보지 못하는 것들의 증거니'
라고 하신 말씀을 따라
조선의 믿음의 앞날을 볼 수 있게 될 것을 믿습니다
지금은 우리가 황무지 위에 맨손으로 서 있는 것 같사오나
지금은 우리가 서양귀신, 양귀자라고 손가락질 받고 있사오나
저들이 우리 영혼과 하나인 것을 깨닫고, 하늘나라의 한 백성
한 자녀임을 알고 눈물로 기뻐할 날이 있음을 믿나이다

지금은 예배드릴 예배당도 없고 학교도 없고
그저 경계와 의심과 멸시와 천대함이 가득한 곳이지만
이곳이 머지않아 은총의 땅이 되리라는 것을 믿습니다
주여! 오직 제 믿음을 붙잡아 주소서

입국한지 불과 수년 만에 언더우드는 2권의 저술을 준비하였으며 찬양집 번역을 활발하게 진행하였고 전도지와 간추린 기독교 교리를 저술하였으며 소요리문답 번역도 진행하고 있었다. 기독교 교리와 소요리 문답을 번역했다는 사실은 언더우드에게 웨스트민스터 신앙고백이 신앙의 기초가 되고 있었음을 보여준다. 특히 언더우드가 졸업한 뉴브른스윅 신학교는 1784년 화란 개혁교단에서 설립한 신학교로 외형적으로는 프린스톤 신학교와 견줄 수 없었지만 그리피스를 비롯한 수많은 목회자, 선교사, 학자들을 배출한 훌륭한 신학교 였다. 다시 말해 언더우드에게는 화란의 개혁파 경건주의 그리고 화란 개혁교회(RCA) 교단과 뉴 브룬스윅 신학교의

개혁파 복음주의 전통이 일관되게 흐르고 있었던 것이다.

1901년 평양신학교가 개교 되면서 언더우드는 신학교 사역을 지원하게 되었다. 이광린은 평양신학교에 관련하여 언더우드의 역할을 다음과 같이 언급하고 있다

> 언더우드는 신학교 설립 초기부터 마펫(Moffett) 박사를 도와 평양에 직접 내려와 학생들을 가르쳤다. 몇 과목을 하루에 7, 8시간이나 강의를 하는 경우도 있었다. 그러나 처리해야 할 다른 일들이 많아 평양에 내려갈 수 없었을 때에는 게일(Gale) 박사가 대신 강의하였다.[14)]

1916년 세상을 떠날 때까지 선교사로서,[15)] 학자로서,[16)] 그리고 교육가로서,[17)] 성경 번역가로서,[18)] 편집가로서,[19)] 여행가로서,[20)] 정치가로

---

14) 이광린, 「초대 언더우드 선교사의 생애」(서울: 연세대학교 출판부, 1991), 220.

15) 원 목사의 사업이 많았으며 그 활동이 다방면이었지만 그는 철두철미한 선교사요, 전도인이었다. 그의 모든 활동은 이 전도사업의 보조사업으로 간주하였다하여도 과언이 아닐 것이다. 그는 한국내에서 처음 신교의 세례를 받은 「노도사」란 신자에게 1886년 7월 11일에 세례를 베풀었고 황해도 장연, 송천 서울에 교회를 처음으로 세웠으며 그는 서울과 및 경기 서부와 황해도 일대의 목사로 다년간 시무하였고 이 지방에 전도한 선교사였다. 신교도가 하나도 없는 한국에 들어와 그는 교회를 설립하고 그 교회를 조직하였으며 목사를 양성하였고 1913년에는 대한예수교 장로교회 총회장이 되었다. 백낙준, "연세대학교 창설자 원두우박사 소전," 9.

16) 원두우 선교사는 어학에 대한 비범한 재질도 있었지마는 한국인으로 친밀히 교제하는 중에 한국어를 획득하여 대가를 일우웠던 것이다. 회화 설교의 교수에 한국어를 무난히 활용한 것은 물론하고 한의학에도 섭렵한 바와 있어 사서를 인영하기를 능하게 하였고 그 외 서적과 전도서류의 편집과 신문 간행과 성경해석에 그의 어학의 재능을 발휘한 바가 많이 있었다. 특히 하나님을 '신' 이라고 역 할가, 천주라 할가 상제라 할가 하는 등 변론이 극심하였던 것은 유명산 사실이거니와 하나님으로 역하기를 결정함에 원두우의 공헌이 많이 있었으며 더욱 후계 선교사들을 위하여 또한 한국문화를 위하여 1889년에 한국어 문법과 한영자전을 편집 발행하였으나 그 외에도 교회에서 사용하는 문체와 철자법과 해석술의 발전에 원목사의 판단력의 실시된 바 많이 있었다. *Ibid.*,

17) 원목사는 입경 즉시로부터 의학생을 교수하는 교육사업에 착수 하였으며, 그 후에는 현 경신학교 전신인 고아원과 예수교 학교를 설립하였으며, 서울 새문안교회와 같이 협성소학교를 설립하였고 에비슨 박사와 협력하여 세브란스 의학교를 조직하였고 원

선교여행을 떠나는 언더우드 부부

서,[21] 그리고 평화의 사도로서,[22] 그가 이룩한 업적은 가히 경이적이라 할 수 있다.

목사가 시무하는 교회지역마다 초등 교육기관을 설립하였고 교육사역자를 양성하기 위하여 피어신 성경학원을 설립하고 오래 원장의 일을 보았으며 또한 평양신학교를 조직하는 데 협력하였고 다년간 신학교에서 교편을 잡으셨으며 광무 융희년간에는 교회, 각 기관에서 설립한 교육기관들을 연명하기 위하여 선교사들로 구성한 한국교육협회를 조직하고 회장으로 시무하였다. *Ibid.*,

18) 한국 성경번역사에 있어서 공헌한 인사가 많다. 동경에서 된 이수정본, 봉천서 된 로스 역본들이 현역본의 선구들이다. 로스의 공도 크고 이씨의 영도 부소하지마는 본격적인 성경번역에 평생을 노력한 이는 원 목사이다. 성경 번역위원부를 조직였고 핵부의 위원장으로 별세시까지 시무하였다. 루터의 독문 역번이 독일에 여하한 영향을 끼친 것은 우리가 잘 알거니와 우리 교회에 성서를 준 것은 만세불변의 대업이다. 원목사는 이 사업을 중요히 보았음으로 평생의 정력을 다하였으니 비록 완미하지는 못하였다 할지라도 신구약 성경이 우리글로 출판된 것을 본 원목사에게는 무한한 만족이 있었을 것이다. 여기 부기하여 둘 것은 성경번역 이외에도 전도서류 산학서류와 기독교문헌을 많이 번역하고 저술하였으며 천로역정은 그 부인의 손을 거처 우리글로 간행된 것이었다. *Ibid.*, 12.

19) 현 대한기독교서회의 조직이 원두우 씨의 노력으로 실현을 보게 되었고 별세시까지

말년의 언더우드 선교사

언더우드의 뒤를 이어 6월20일 북장로교 의료 선교사 헤론(J. W. Herson)부부가 입국하고 후에 언더우드의 아내가 된 릴리아스 호톤(Lilias Horton)이 입국했다.

사무엘 마펫이 "이상적인 의료선교사," "신실하게 성경을 연구하는 사람"이라고 평했던 헤론은 언더우드와 스크랜톤과 더불어 성경번역위원에도 임명되었던 "가장 성공적인 의사 및 외과의사일 뿐만아니라 동료 선교사들의 건강을 지키는 일에 깊은 책임의식을 갖고 있었다." 하지만 안타깝게도 그는 5년만인 1890년 7월 26일 세상을 떠나고 말았다. 그의 죽음을 전후하여 북 장로교의 여러 선교사들은 한국 땅을 밟았다. 길모어(G.W.Gilmore, 1886), 기포드(D.L. Gifford, 1888), 헤이든(M.E.hayden, 1888), 사이트보텀(R. H. Sidebotham, 1809), 사무엘 마펫(S. A. Moffett), 베어드(A. L. Baird, 1891), 스왈론(W.Swallen. 1892), 그레이험 리(Graham Lee, 1892) 등이다. 이리하여 북장로교 선교회는 한국선교를 주도하는 선교단체가 되었다. 이러한 북장로교 선교사 중 프리스톤 신학교와 맥코믹 신학교 출신의 활약상은 대단히 괄목할 만한 것이었다.

회장으로 시무하였고 교회의 문서 활동을 지도하여 왔으며 한국교회에 교회신문이 없는 것을 안타깝게 생각하여 1897년에 「그리스도신문」을 간행하여 1901까지 연속하여 새로운 학문과 영적교양에 많은 기여를 했다. 또한 자력으로 찬송가 150장을 모아 편집하여 1893년에 간행하였다. *Ibid.*,

20) 원두우의 여행은 주로 벽지 개척과 순회전도와 신체의 휴양을 위함이었다. 교회개척을 위해 평양, 강계, 의주 이외에도 해주, 장연, 욕산 등지와 서울 부근 각처, 그리고 동경방면, 중국, 시베리아를 다녀왔으며 인도양 해로로 근동각처와 성지를 순례한 일도 있었다. 이러한 모든 여행은 한국에 천국건설 사업을 위한 것이었다. *Ibid.*, 1-14.

21) *Ibid.*, 15.

22) *Ibid.*, 9-15.

1) 프린스톤 출신의 선교사들

미국 장로교의 경우 가장 많은 선교사를 보낸 학교가 프린스톤 신학교이고 그 다음이 맥코믹과 파크 대학, 리치몬드 유니온 신학교 순서였다. 이미 제2장에서 살펴본 대로 프린스톤 신학교는 19세기 미국의 보수적 칼빈주의 신학의 보루였다. 그러므로 초기 프린스톤 출신 한국 선교사들은 보수적 전통을 고수하였던 '구(舊) 프린스톤' 신학을 그대로 답습한 사람들이었다. 그들은 성경에 대한 하나님이 권위와 하나님의 절대 주권을 신학의 기초로 삼고 출발하였으며 웨스트민스터 신앙고백이 그들의 신앙에 면면히 흐르고 있었다. 평양 장로회 신학교 교장을 오랫동안 역임한 로버츠(S. L. Roberts, 라부열)가 그 대표적인 인물이었다. 또한 어드만과 함일돈 역시 주목할 만한 선교사들이었다.

로버츠 선교사는 그의 은사였던 워필드의 사상과 동일하게 "성경이 무오하다는 사실은 현존하는 성경을 언급하는 것이 아니라 하나님의 지도 아래 선지자들과 사도들에 의하여 기록된 원본을 가르치는 것"이라고 주장함으로서 성경 무오성을 원본에 국한시켰다.

어드만(Erdman, Walter C, 1877-1948)은 온건주의적 성격을 가진 인물이었지만 상당하게 보수주의적인 성격이 강했고 신학지남을 통해 성경의 무오성은 과학, 역사, 연대기 그리고 고고학 문제에까지 확장된다는 보수주의적인 성경관을 변호했다.[23]

해밀톤(Hamilton, Floyd E 함일돈) 역시 구 프린스톤 신학을 그대로 이어 받아 평양신학교에서 성경의 권위와 무오성을 강력하게 변호했다. 특히 「기독교신앙의 기초」, 「천년왕국 신앙의 기초」, 「진화론의 기초」, 「세계개혁주의 신앙」이란 저술을 통해 한국땅에 구 프린스톤 전통을 심어주는데 결정적인 역할을 했다. 그는 메이첸를 따른 선교사로 개혁신학의 모형이라 할수 있는 메이첸의 신학을 그대로 한국에 심은 선교사였다.

이러한 프린스톤 신학교 출신의 한국 선교사들은 교회가 하나님이 무

---

23) 박용규, 「한국 장로교 신학 사상사 」, 96.

맥코믹 신학교 전경

오하신 말씀과 그것의 바른 해석에 세워져야 한다는 신념을 가지고 있었다. 이것은 웨스트민스터 신앙고백의 내용이며 이러한 그들의 교회관은 한국교회에 그대로 뿌리를 내리게 된 것이다.

2) 맥코믹 신학교와 맥코믹 출신 한국 선교사들

맥코믹 신학교는 19세기 인디애나 주 개척민들이 1830년 1월에 설립한 하노버 대학의 신학부로 출발하였다. 1859년 중북부 지방 일리노이 시카고로 이전하였고 1886년에는 맥코믹 신학교로 교명을 바꾸었다. 1830년대 미국 장로교회는 구학파와 신학파간의 대립과 분열(1839-1869)의 와중에 있었는 맥코믹 신학교는 구학파 사상을 따랐다. 학교의 설립자였던 코로우(John F. Crowe)는 엄격한 구학파 목사였는데 "인디애나 주에서 태어나 성장한 젊은 그리스도인에게 목회정신을 심어주고 나아가 중서부 개척지역 생활을 극복해 나갈 수 있는 강인한 정신력과 체력 그리고 영성을 준비하기 위해서"[24]라는 말로 이 학교의 설립 의지를 천명했다. 1859년

---

24) Samuel H. Moffet, "1829-1954: McComick and Missions-then and Now," *McCormick Speaking* 8(December 1954), 12; 이호우, 「초기 내한 선교사 곽안련의

부터 이 학교를 재정적으로 지원해 온 맥코믹(Cyrus McComick, 1809-1884)씨에 의해 구학파 사상은 강력하게 지지되고 있었다.[25] 사업가이자 구학파 신학을 선호한 장로교인 맥코믹은 맥코믹 신학교가 구학파 장로교 신학을 수호하는 중심지가 되기를 간절이 기도하는 마음으로 재정적 후원을 아끼지 않았다.[26] 그러므로 웨스트민스터 신앙고백에 기초한 맥코믹 대학의 분위기는 "매일 같이 수업이 시작 할 때마다 찬송가를 부르고 성경을 읽고 기도로 시작하고, 또한 주일날 아침에는 주일학교에 교수들이 나가 가르치고, 오후예배에는 학장이 인도하는"[27] 전형적인 기독교 학교였다. 목회자와 선교사 양성을 목적으로 설립된 이 신학교는 "철저한 보수주의에다 청교도적인 엄격성, 그리고 불굴의 기상을 불어 넣어주는 동시에 경건성을 위주 하였다."[28]

특히 구학파와 신학파의 연합(1869년)이후에 구학파 신학을 더욱 강화하기 위해 맥코믹씨는 1872년 패튼(Francis L. Patton, 1843-1932)을 교리와 논증학 교수로 초빙하였다. 패튼은 찰스 핫지의 제자이며 프린스톤 신학교 출신으로 그의 저서 「성경의 영감 (*The Inspiration of the Scriptures*)」(1869)은 구학파 신학을 대변하는 최상의 작품이었다. 1881년 패튼이 프린스톤 신학교 변증학 교수로 떠난 이후 스키너(Thomas H. Skinner) 교수가 1881년부터 1882년까지 조직 신학의 빈자리를 떠맡았다. 그는 구학파 신학자로서 조직 신학 강의를 위해 「신학강의 질의(*Quest-ions in the Theological*

신학과 사상」(서울: 생명의 말씀사, 2005), 68에서 재인용.

25) Daniel Fisher, *McComick Theological Seminary, Historical Celebration: In Recognition of the Eightieth Year of Its Location in Chicago, and the One Hundredth Year of the Birth of Cyrus H. McCormick*(Chicago: the Lakeside Press, R.R. Donnelly and Sons Co.. 1910), 54-55; 이호우, "맥코믹 출신 선교사와 한국장로교회연구," 「개혁논총」 제2권(서울: 개혁신학회, 2004), 90에서 재인용.

26) *Ibid*.,

27) 마포삼열 박사 전기 편찬위원회, 「마포삼열 박사전기」(대한예수교장로회총회교육부: 1973), 51.

28) *Ibid*., 59.

Courses)」라는 강의 교재를 만들어 사용하였다. 1,102개의 질문과 답으로 구성되어 있는 이 교재는 찰스 핫지의「조직신학」책과 웨스트민스터 신앙고백서에 철저하게 기초하고 있었다.[29] 1882년 스키너에 이어 윌리스 크레이그(Willis Craig, 1834-1911)가 1911년까지 조직신학을 가르쳤다. 취임연설에서 크레이그는 '개혁주의 신학의 위대한 체계'와 '성경의 축자영감교리'를 수호할 것을 서약하였으며 웨스트민스터 신앙고백의 개정을 강력히 반대하였다.[30]

물론 맥코믹 신학교가 신학파의 영향을 전혀 받지 않았다고 말할 수는 없다. 미국의 대부분의 신학교와 마찬가지로 맥코믹 신학교 역시 자유주의 물결을 거스릴 수 없었다. 패튼이 프린스톤 신학교로 교수가 되어 맥코믹 신학교를 떠난 3년 후인 1884년에 맥코믹 씨가 세상을 떠나게 되었다. 이때부터 구학파 신학의 맥코믹은 흔들리기 시작했다. 당시 신학교 교장은 맥코믹의 신학교의 양극화 양상을 이렇게 표현하였다.

> 교수들 사이에는 각기 다른 두가지 형태의 사조가 존재하고 있었다. 한편은 과거의 사상을 지키려는 자들이었고 다른 한편은 진보적인 사상을 추구하려는 자들이었다. 이들의 각기 다른 사상은 두 가지 사안에 대하여도 뚜렷하게 구별되어 나타났다. 후자들은 웨스트민스터 신앙고백서 개정에 대한 필연성을 장로교회 내에서 열심히 주장하였고 전자들은 후자파 교수들과 같은 사상을 지닌 찰스 브릭스에 대한 총회 판결을 두고 열띤 반박을 가했다.[31]

이처럼 구학파와 신학파가 맥코믹 신학교내에 공존하고 있었지만 구학파 교수들이었던 스키너와 크레이그 그리고 말키스 교수 등이 재직하는 동안 맥코믹은 구학파 신학이 지배적이었다. 이것을 증명할 수 있는 가장

---

29) Haroutunian, "Then and Now in Theology," 12; 이호우,「초기 내한 선교사 곽안련의 신학과 사상」, 64에서 재인용.

30) McClure, *Presbyterian Theological Seminary*, Chicago, 124; *Ibid.*, 65.

31) Loetscher, *Broadening Church*, 77.

윌리스 크레이그
(Willis G. Craig, 1834 - 1911)

강력한 증언은 초기 한국 장로교 선교를 위해 활동한 맥코믹 출신의 한국 선교사의 신학을 분석해 보면 쉽게 알 수 있다.

한국 선교가 가장 중요한 선교적 토대를 구축한 1888년부터 1902년까지 맥코믹 신학교 출신 선교사들 14명이 한국에 입국했다. 이것은 초기 한국 장로교 선교를 위해 활동한 20명의 선교사들 중 14명이 1888년부터 1902년 사이에 신학수업을 받거나 졸업을 하였음을 보여준다. 이들을 신학을 분석해 보면 그들이 맥코믹 신학교 재학 당시 구학파와 신학파 두 신학적 견해에 어떤 영향력이 보다 강하게 미쳤는가를 알 수 있다는 것이다.

한 가지 주목할 만한 사실은 이렇게 많은 맥코믹 신학교 졸업생들이 한국을 선교지로 택할 수 있는 이면에는 맥코믹 신학교의 구학파의 거두였던 크레이그(Craig) 박사가 상당한 영향을 끼쳤다는 점이다. 로버트 매코휘가 쓴 '맥코믹 출신 한국 선교사들에 관한 논문' 에 의하면 선교지 한국에 지대한 관심을 가지고 있던 크레이그 박사는 한국 선교에 대한 비전을 학생들에게 심어주어 1888년이후 맥코믹 신학교 출신들이 한국 선교에 남다른 관심을 갖도록 만들었다. 특히 1892년 졸업생 가운데 이길함, 소안론, 무어등 세 명이 한국에 올수 있었던 것도 크레이그 박사의 영향력 때문이었다.[32] 여기에서 크레이그 박사의 영향을 받은 초기 내한 선교

32) Robert Culver McCaughey, "A Survey of the Literary Output of McComick Alumni in Chosen," B. D., These, *Presbyterian Theological Seminary*, 1940; 박용규, 「한국기독교회사 I」, 470에서 재인용. 마펫은 1934년 한국 선교 희년을 맞아 기념 논총에 기고한 논문에서 이길함, 스왈른, 무어,테이트가 한국에 입국하는데 언더우드가 결정적인 역할을 하였다고 했다. 그런데 그 이면에는 크레이그 교수의 영향력이 있었음을 간과해서는 안 될 것이다. 크레이그는 뿌렸고 언더우드는 열매를 맺은 것이다.

사들의 신학은 자연히 웨스트민스터 신앙고백에 기초한 구학파 전통을 갖고 있었음을 보여주는 하나의 실례가 된다.

1930년 맥코믹 신학교 설립 백주년 기념 강연에서 당시 미 북장로교 해외 선교부 총무 스피어(Robert Speer) 목사는 "해외선교에 대한 맥코믹 신학교의 공헌"이라는 강연을 통해 이 신학교가 해외선교에 끼친 공헌을 높이 평가하였다. 마치 선교사 양성소라 불릴 정도로 맥코믹 신학교는 1900년을 전후로 하여 수많은 선교사들을 배출하였다. 이렇게 배출된 맥코믹 출신 선교사들은 초기 한국 장로교회를 주도하게 되었다. 적어도 한국 선교 첫 25년 동안 복음전도, 신학교육, 그리고 문서 선교에 이르기까지 평양, 선천, 대구 선교부를 중심으로 선교초기 한국 장로교 형성에 지대한 공헌을 한 대부분의 선교사들은 맥코믹 신학교 출신들이었다. 특히 평양신학교는 설립, 운영, 교수, 건물 건축에 이르기까지 맥코믹 신학교와 매우 밀접한 연계성을 지니며 발전해 왔다. 학교 설립 후 20여년이 넘게 교장직을 수행한 사무엘 마펫, 두차례 임시 교장직을 지낸 편하설, 신사참배 문제로 진통을 겪고 있을 때 교장대행을 지낸 곽안련, 이들 모두 맥코믹 출신들이었다.[33] 미국 맥코믹 신학교의 지대한 공헌을 한 맥코믹 여사

33) 이호우는 그의 저서에서 맥코믹 신학교 출신이 한국 장로교회를 주도해 나갔다는 사실을 맥코믹 출신 한국 선교사의 활동상황을 다음과 같이 도표에 근거하여 자세히 설명하고 있다.

〈표 8〉 맥코믹 출신의 한국 선교사 활동상황

번호	성명 (한국명)	졸업	한국도착과 사역은퇴	사역기간	주사역지
1	Daniel L. Gifford	1888	1888.10.27-1900.4.10(사망)	11년	서울
2	Samuel A. Moffett(마포삼열)	1888	1890.1.25-1934.1.25	44년	평양서울
3	William M. Baird(배위량)	1888	1891.2.2-1931.11.28(사망)	40년	평양부산
4	Graham Lee(이길함)	1892	1892.9.21-1912.4.1	20년	평양서울
5	Samuel F. Moore	1892	1892.9.21-1906.12.22(사망)	14년	서울
6	William L. Swallen(소안론)	1892	1892.11.15-1932.3.24	40년	서울평양
7	James E. Adams	1894	1895.5.29-1921.7.13	27년	대구
8	Cyril Ross	1897	1897.10.11-1937	40년	부산선천

에 의해 신학교 교사가 지어졌고 그 맥코믹 출신 선교사들이 평양신학교의 신학교육을 주도하였으며 그들의 신학사상이 평양 신학교를 통해 한국인들에게 계승되었던 것이다. 이런 까닭에 곽안련 선교사가 1939년 평양신학교를 가르쳐 '한국의 맥코믹 신학교' 라고 불렀던 것이다. 이렇게 초기 한국 장로교회를 주도했던 맥코믹 신학교 출신의 선교사들의 신학이 웨스트민스터 신앙고백에 기초한 구학파 신학이이었다. 이것은 초기 한국 장로교회에 많은 영향을 끼친 마포삼열과 곽안련의 신학을 고찰해 보면 확실히 알 수 있다.

9	C. F. Bernheisel(편하설)	1900	1900.10.18-1942	42년	평양
10	William N. Blair(방위량)	1901	1901.9.10-1946	45년	평양
11	William M. Barrett	1901	1902.9.22-1907.4.15	6년	서울
12	Charles A. Clark(곽안련)	1902	1902.9.22-1948	40년	서울.평양
13	Alex. A. Pieters	1902	1895-1941	46년	서울.선천
14	Carl E. Kearns	1902	1902.9.22-1907.4.25	5년	선천
15	Rodgers E. Winn	1909	1909.9.16-1922.11.22(사망)	13년	대구.부산
16	Roscoe C. Coen	1918	1918.10.1-1948	30년	서울
17	Edward Adams	1921	1921.12.24-1963	42년	대구.서울
18	Benjamin N. Adams	1923	1923.9.4-1930.12.1	7년	안동
19	William B. Lyon	1930	1932.9.26-1954	22년	대구
20	Lewis B. Tate	1888	1892-1925	33년	미남장로교

상기 〈도표〉에서 볼 수 있는 것은 첫째로 맥코믹 선교사들이 한국 장로교 선교 초기에 입국하여 활동한 것을 보이고 있다. 총 20명 안에 1888년 졸업생 4명, 1892년 졸업생3명, 1901년 졸업생2명, 1902년 졸업생3명을 포함한다. 즉 20명 중 16명이 1910년 이전에 들어왔다. 둘째로 1910년이후 부터 맥코믹 출신 선교사들의 유입이 급감했다. 셋째는 전체적으로 맥코믹 출신 선교사들은 장기간 선교 사역을 하였다. 도표에서 보는 것 처럼 20년 이상 선교사역을 한 사람이 13명에 달하며 그중에서 40년 이상 사역한 사람이 무려 9명에 달한다. 넷째로 이들의 선교 주 사역지가 몇 지역에 집중되어 있다는 사실이다. 초기에는 서울과 평양에 집중되었으며 후기에는 대구, 부산등의 경상도지역에 확대되어 있는 것을 볼 수 있다. 이호우, 「초기 내한 선교사 곽안련의 신학과 사상」, 74-75. 합동신학대학원대학교에서 펴낸 「합동신학대학원 20년사」를 보면 곽안련 선교사를 미국 남장로교 출신 버지니아 유니온 신학교 출신으로 적고 있다. 이것은 분명한 오기이다. 합동신학대학대학원, 「합동신학대학원 20년사」(수원: 합동신학대학원 출판부, 2000), 21.

마포삼열(Samuel A. Moffett)

마포삼열 목사
(Samuel A. Moffett, 1864-1939)

한국의 예루살렘을 이룩한 마포삼열은 여러 가지 면에서 잊을 수 없는 한국의 은인이요, 개척자요, 선각자이다. 비단 한국 교회사에 있어서 뿐만 아니라 그는 한국 근대사에도 위대한 공헌을 한 사람이다. 마포삼열 박사는 1864년 1월 25일에 미국 인디아나주 메테슨 시에서 출생하였고 1884년에는 하노버 대학에 이어 시카고의 맥코믹 신학교를 졸업, 1888년에는 다시 모교에서 문학석사 학위를 얻었으며 1901년에는 37세의 나이로 프린스톤 신학교에서 신학 박사 학위를 얻었다. 그는 1890년 1월 25일에 한국에 도착하였다. 처음 3년은 서울에서 교육과 선교사업을 진행하였고, 그 후에는 평양을 중심으로 하여 3백리 주변에 한 사람의 신자도 없는 곳에서 1천여 교회와 십만여 교인들을 얻었고 3백여 소학교와 숭덕(崇德), 숭실(崇實), 숭의(崇義), 숭실대학 등을 세웠다. 그리고 마포삼열은 1902년부터 1924년까지 평양장로회 신학교의 교장을, 그리고 1918년부터 1928년까지는 평양 숭실대 학장을, 그리고 1907년 한국에 최초의 독노회가 설립될 때 당시 노회장을 지냈다. 1907년에 발행한 대한 예수교 장로회 헌법을 마포삼열이 직접 만들었다는 것은 그가 그만큼 한국 장로교회에서 신임도가 컸다는 것을 암시하는 것이다."[34] 특히 1907년 6월20일은 마포삼열에게 있어서 대단히 기쁜 날이었다. 이날 평양 장대현 교회에서 평양신학교 제1회 졸업식이 거행되었다. 이것은 바로 한국인을 위한 한국인 최초의 목사7인[35]

---

34) 「마포삼열박사전기」, 362.

35) 1907년 2월14일자로 마포삼열이 쓴 "한국에 있어서 교육받은 교역자들"이라는 글에서 7인 목사 가운데 자기에게서 전도 받은 한석진, 양전백, 송린서, 이기풍, 길선주에 대하여 다음과 같은 평을 남긴 일이 있다. "**한석진** 목사는 1891년 나에게 세례를 받은 사람으로 신앙경험이 가장 오래 되었다. 내가 그를 의주 통군정(統軍停)위에서

내한 당시 마포삼열 선교사

이 탄생되는 것을 의미하는 역사적인 순간이었다. 의주의 한석진(41세), 서경조(58세), 구성의 양전백(39세), 평양의 길선주(40세), 방기창(58세), 송린서(40세), 이상 일곱 사람이 제1회 졸업생, 최초의 한국 목사의 영예를 차지하게 된 것이다. 1907년 신학교에서 첫 졸업생 7명을 배출하자 1907년 9월 17일 평양 장대현 교회에서 38명의 선교사, 36교회 대표 한국인 장로 40명이 모여 역사적인 독노회 모임을 개최하고 12시에 노회조직을 선포하였다. 노회가 한 첫 일은 신학교 졸업생 7명을 시험하고 목사로 안수 하는 일이었고 이 안수는 신학교의 일을 교회가 인정하는 표였다. 7인의 목사 장립은 1907년 9월 17일 하오 2시에 평양 장대현 교회에서 성대하게 집행 되었다. 대한 예수교 장로회 노회 회록에는

만났을 때에 그는 빛나는 눈으로 나를(마포삼열)을 지켜 보았고 내가 전도하는 말을 듣고는 더욱 호기심이 나서 여러 시간 동안 서로 말을 주고 받았다. 그의 복음에 대한 태도와 열심은 대단한 것이어서 마침내 신약성경을 받아 읽어 보고 진리임을 깨닫고 나에게서 전도지를 얻어 매일 같이 자기 상점에 출입하는 사람들에게 예수를 믿으라고 권하였다. 그의 신앙은 불길처럼 일어나서 마침내 장사를 중단하고 나를 따라 서울로 올라와서 성경을 더 배우기로 결심하였다. 그는 서울에 와서도 그 열심히 조금도 변하지 않았다. 나는 드리어 그를 평양에 새 선교부를 설치하는데 보조자로 채용하기로 결심하였다. 저 유명한 그의 평양에서 겪은 박해에 관한 이야기는 내가 10여년 전에 발간한 「북한에 있어서 교회의 발전」이란 작은 책에 자세히 기록되어 있다. 그는 실로 사형장에서 그의 견고한 신앙을 확증하였다. 그는 나와 이길함 목사와 동역자가 되어 평양 교회를 개최하였으며 저명한 인사를 많이 교회롤 인도하여 교회 지도자 양성에 큰 공을 세웠다. 그는 10년 이래로 평양성 동편 지구에 전도하기 시작하여 지금은 그곳에 일곱교회를 세웠다. 그리고 3백명의 교인을 확보하고 있다. 그러므로 이번에 신학교를 졸업하면 동편지구 담임목사로 취임될 예정이다. **양전백**은 1893년에 나에게서 세례를 받았다. 지금 그는 36세로 일곱 사람 중에서 가장 나이가 어린 편이다. 그러나 학식에 있어서는 아무도 추종하기 어려울 정도로 으뜸이 될 것이다. 그는 선천에서 동북쪽으로 약 60리 떨어져 있는 구성 세당거리에서 북한에서 가장 먼저 세례를 받은 김이련 노인의 서재의 훈장으로 있었다. 내가 선천

대한예수교장로회 독노회 창립기념(1907년 평양)

다음과 같이 기록되어 있다.

> 회장(마포삼열)이 신학교 졸업학사 서경조, 방기창, 이기풍, 길선주, 송린서, 양전백, 한석진 7인의 시재할 강도와 해석을 14인 목사로 검사위원을 정하여 금일 하오 칠시 삼십분에 보고하라 하시고 또한 칠인에게 문답을 허하시매 이눌서씨는 신학을 묻고 안이와씨는 정치를 묻고

에 들렸을 때에 그는 김노인의 권고로 나를 보려고 선천까지 왔었다. 그는 이미 성경을 많이 읽고 신앙심이 깊었으므로 곧 세례를 주었다. 그는 후에 선천으로 내려와서 위대모 목사의 바른 팔이 되어 그곳에 큰 교회를 설립하는데 성공하였다. 그의 고상하고 신실한 성격과 탁월한 학식은 그로 하여금 교회와 사회에서 큰 존경을 받게 하였고 그의 사업을 성공의 길로 이끌어 나갔다. **송린서**는 1895년 내게서 세례를 받았다. 그는 1894년 민병석 감사의 박해 사건에 투옥되어 사형 선고를 받았던 사람 중의 하나이다. 그는 감옥에서 모진 매를 맞고 나왔으나 조금도 변함 없이 널다리골 교회에 출석하였다. 그의 인격과 신앙이 타에 모범이 되므로 1902년 신학생으로 추천 되었던 것이다. 그리고 이번에 영예로는 졸업을 하게 되었다. 그는 수년간 평양 서부 지역에서 열심히 전도하였는데 앞으로도 그 지역의 지도자 및 전도인의 사명을 갖고 일하게 될 것이다. **이기풍**은 1891년 평양거리에서 나(마포삼열)에게 돌을 던지며 박해 하던 사람이었다. 이기풍은 그 때에 영문의 아전이었는데 원산으로 이사가

전위렴씨는 성화 사시를 묻고 기일씨는 성경내력을 물은 후에 우종서씨가 문답 그치기를 동의하여 가로 결정하다. 회장(마포삼열)이 신학사 칠인의 문답이 어떻게 됨을 물으시매, 배위량씨가 문답을 잘하였으니 시재할 강도와 해석의 보고함을 듣고 목사 장립하기를 동의하여 가로 결정하다.[36]

마포 삼열 선교사가 초대 노회장이 되었고 부회장에 방기창 목사, 서기에는 한석진, 부서기에 송인서, 회계에 이길함 선교사가 선출되었다. 이로써 한국 장로교회는 그 산하에 목사 7인 장로 53명 교회 989개처, 세례교인 19,000명, 전체교인 70,000명을 둔 교회로 당당하게 출발하였다.

이 당시의 감격에 대하여 한석진, 길선주 목사가 기록한 노회록 서문은

서 그곳에서 회개하고 1896년에 세례를 받았다. 그는 예수를 믿은 후에 소안론(Swallen) 목사의 밥 짓는 사람이 되어 소안론 목사와 함께 지방으로 순회하고 열심을 다하여 함께 전도에 힘썼다. 너무나도 열심이었기에 나는 그를 매서인으로 지명하였다. 얼마후에는 조사가 되었는데 지금 그는 새로 개설된 재령 선교구의 지도자가 되어 활약하고 있다. **길선주**는 7인의 목사 가운데 가장 마지막으로 세례를 받았다(1897년). 그는 한국교회에서 가장 저명한 설교자요 또한 가장 위대한 성령의 힘을 얻은자이기도 하다. 길선주는 명문의 자손이었고 한학이 박식하여 이 부문에 모르는 것이 없었다. 뿐만아니라 의약에도 정통해 있었다. 그는 소시부터 진리를 탐구하기 위하여 자주 산사에 들어가곤 하였다. 여기서 깊은 명상에 잠기기를 즐겨 하였는데 그는 참선을 방해하는 졸음을 막기 위하여 맨발로 눈 위를 다녔고 얼음물을 어깨에 들어 붓기도 했었다. 그에게는 진리를 찾으려고 같이 헤메던 금단의 친구가 있었는데 그가 바로 김종섭이었다. 김종섭은 먼저 그리스도의 진리를 발견하였고, 길선주를 그 빛으로 인도하였다. 길선주는 지금 한국에서 제일 큰 장대현 교회의 1천6백명 신도 앞에서 설교하고 있으며 또한 성경반을 가르치고 있다. 그는 때로 서울과 지방에서 사경회를 인도하여 큰 성과를 거두고 있다. 그의 눈은 거의 맹인에 가까운데 얼마전에 파이팅 의사의 수술을 받고 한 눈은 시력을 어지간히 회복한 셈이다. 그가 수술을 받을 때에 전 교우는 밤을 세우면서 쾌유의 기도를 드려서 세인을 놀라게 한 일도 있었다. 그는 깊이 생각하는 사람이며 영적 진리에 확고히 선 사람이다. 동시에 고상한 정신의 소유자이며 훌륭한 사고력과 판단력을 가진 사람이다. 우리는 그가 장차 한국에서 가장 큰 장대현 교회의 목사가 될 것을 믿어 의심치 않는다." 채필근 편, 「한석진 목사와 그 시대」(서울: 대한기독교서회, 1971), 136-4.

36) 「대한 예수교 장로회 노회 회록」 (대한 융희 이년 무신, 1908), 8-9.

한국교회가 낳은 최초의 일곱 목사(1907년)
방기창, 서경조, 양전백, 한석진, 이기풍, 길선주, 송린서

이렇게 표현되고 있다.

> 신령하고 크도다. 이 아름다운 노회여! 교회의 머리되시는 주 예수 그리스도께서 일찍이 사도와 문도들을 택정하여 세우사 천국의 복음을 천하에 전하여 만민의 영혼을 구원케 하였으나, 주 예수께 직분을 받은 사도와 문도들이 승천하실 때 특별히 명령하심을 삼가 지켜 예루살렘 다락방에 일제히 모여, 마음을 같이하고 기도를 힘써 하나님의 허락하신 성신의 권능을 충분히 받은 후에, 능히 각국 방언을 말하고, 모든 이적을 베풀며, 천하 각국에 헤어져 복음을 전할 새, 회개하고 주를 믿는 자에게 주의 이름으로 세례를 주어 문도를 삼으며, 믿는 형제 중에 사람을 택하여 장로와 목사를 세워 교회를 치리케 하였으니. 옛적에 안디옥에서 총대로 예루살렘에 올라간 바울과 바나바와 믿는 두어 형제가 예루살렘 본 교회에 여러 목사와 장로들과 한가지로 모여 교회에 마땅히 지킬 규모를 의논하여 작성하였으니, 이것이 실로 노회의 시작이라. 만유의 주재되시는 하나님 아버지의 깊으신 사랑과 교회의 머리되시는 주 예수 그리스도의 넓으신 은혜와 보혜사 성신의 크신 권능을 할렐루야! 찬송하리로다
>
> 우리 대한 인민들이 하나님을 알지 못하고 사신과 우상을 섬기매 장

제1회 대한 예수교 장로회 독노회가 열렸던 평양 장대현 교회

차 하나님의 형벌을 피할수 없더니 자비하신 하나님께서 우리나라 인민을 돌아 보사 미국 북장로회와 남장로회와 오스트렐리아 장로회와 캐나다장로회의 주를 믿는 모든 형제 자매들의 마음을 감동시켜 이 네 곳 교회 총회로 선교사를 택정하여 이곳에 보내시며, 전한지 이십삼년 동안에 회개하고 주께로 돌아온자가 근지 십여만 명이다. 곳곳에 장로를 장립하여 교회를 설립하여 영미 양국 선교사들과 한국 각처 장로들이 모여 교회일의 의논하나, 그러나 아직 한국 목사를 장립하지 못하므로 노회를 이루지 못하더니 하나님께서 은혜를 풍부히 주심으로 수년전에 미국 북장로회와 남장로교와 오스트렐리아 장로회와 캐나다 장로회 이 네 곳 총회에서 특별히 마포삼열 목사께서 네곳 총회의 권한을 얻어 한국 교회에 노회의 취지를 설명하시다. 이 노회는 교회의 머리되시는 주 예수 그리스도를 힘입어 십자가를 튼튼히 의지하고, 견고하여 흔들리지 말고, 세상 사람 앞에 영화로운 빛이 되며, 하나님 앞에 거룩하고 정결한 노회를 이루어야 하겠다 하시고 구주 강생 일천구백칠년 구월십칠일 오전에 한국 노회를 설립한 후에 대한의 신학교 졸업학사 일곱 사람을 목사로 장립하고 대한국 예수교 노회라 하셨으니, 이는 실로 대한국 독립노회로다. 할렐루야! 찬송으로 성부 성자 성신님께 세세토록 영광을 돌리세 아멘.[37)]

제주의 개척자 이기풍 목사
(李基豊, 1868-1942)

또한 마포삼열은 당시 안식년을 맞아 미국에 가 있던 언더우드에게 편지하면서 첫노회 회기 중에 가장 특이할 만한 결정은 남해안에서 60마일(96km) 떨어진 제주도에 선교사를 보내기 위해 전 교회적으로 헌금을 하고 있고 위원회를 조직하여 절차를 밟도록 하자는 것이었다고 했다.[38]새 노회는 일곱명의 목사에게 53명의 장로, 38개의 조직교회에 소속된 989명의 신자와 1만 9명의 통신 강좌 신자. 그 외 7만여명의 신자를 구역을 정해서 위임시켰다.[39] 그로부터 5년 후인 1912년 9월 1일 7개 노회가 모여 한국 장로교회의 첫 총회를 개최했다. 총회장에게 의사봉이 헌정되었는데 7개 노회에서 보내온 7가지 다른 종류의 나무를 삼위일체를 상징하는 3개의 은고리로 연결해서 만든 것이었다. 총회의 총대들은 선교사 44명, 한국인 목사 52명과 장로 125명이었다. 이들의 첫 결정은 해외 선교사를 조직하는 것이었고 한국인 목사 세 가족을 중국의 산동지역으로 파송하자는 것이었다. 한국 교회는 이제 생긴지 불과 25년 만에 선교사를 '받아들이는 교회'에서 (Missionary-Receiving Church) '보내는 교회' (Missionary -Sending Church)로 탈바꿈 했다.[40]

마포삼열은 이들 이외에도 김익두, 함태영, 김선두, 남궁혁, 주기철, 채필근등 8백여명의 목사를 배출하였고, 1936년 한국을 떠나기까지 46년간 일하면서 그의 일생은 "한국 교회 낳은 아버지"의 역할을 담당하였고 "거

37) 대한예수교장로회총회 「독노회록」 명치 45년 1-2. 「장로교신학대학교100년사」(서울: 장로회신학대학교, 2002), 89-90.

38) Martha Huntley, *A History of the Protestant Mission in Korea*, 차종순 옮김,「한국 개신교 초기의 선교와 교회성장」(서울: 목양사. 1995), 256

39) Horace G. Underwood, *Call of Korea*, 293-294.

40) Martha Huntley, 「한국개신교 초기의 선교와 교회성장」, 256-57.

리의 사람으로 불리운 복음의 거인"이었다. 그는 철저한 복음주의 신학과 열정을 가지고 사경회를 열고 성경을 가르치는 일과 자선 사업으로 가난한 자에게 복음을 전하는 일, 각급 학교를 세워 교육사업으로 지도자를 배출하는 일을 그의 선교정책으로 세웠던 것이다. 그러면 마포삼열의 신학을 무엇이었다고 말할 수 있는가? 이 같은 질문은 희년 기념예배 때의 선포했던 '조선 교회에 기함' 이란 설교를 분석해 보면 답변이 나올 줄 믿는다.

> 내가 한국에 처음 왔을 때 복음 전도를 시작하기 전에 하나님 앞에 기도하고 결심한 바 있었다. 그것은 십자가 도 이외에는 전하지 않기로 결심하였으며 만일 다른 것을 전하면 저주를 받으리라 결심하였다.[41]

이러한 결심은 물론 마포 삼열의 결심만은 아니었다. 다른 선교사들도 그 같은 신앙의 전통을 따르고 있었다. 이러한 "다른 것을 전하지 않겠다"는 그의 결심은 강한 신념을 내포하고 있다. 이러한 태도의 배경에는 그의 본국에서 유행되고 있었던 계몽주의 및 진화론적 사고에 대한 반감이 깊숙이 젖어 있음을 느낄 수 있다. 교회에 관한 그의 설교에서 이 점은 좀 더 확실해 진다.

> 근래에 와서 교회에서 종종 이런 말이 들린다. 교회를 좀 변경하여야 한다. 혁신하여야 한다. 예전 같이 전하면 듣는 자가 좋아하지 않는다. 새 시대에 옛적 복음이 적당하지 않는다. 새 세계에서는 새로운 복음을 전하고 자 한다마는 이런 사람들은 바울의 두뇌와 비교하면 적은 자이다....금일에 말하기를 마 목사는 너무 수구적이요 구습을 그치지 않는다고 한다. 옛 복음에는 구원이 있긴 있으나 새 복음에는 구원이 없는 데는 답답하다. 그 옛 복음, 바울의 전한 복음을 전할 때에는 교회가 왕성하였지만 새 복음에는 대단히 조심하시오! 우리는 옛적 복음 그대로 금

41) 「大說教全集(韓國基督教宣教100周年紀念)」(서울: 혜문출판사, 1974), 518; 김건호, 「역대총회장 설교」, 1955, 61; 정성구, 「한국교회 설교사」(서울: 총신대학출판부, 1986), 49.

> 일까지 전한다....조선 모든 선교사가 다 죽고 다 가고 모든 것은 축소한 다 할지라도 형제여! 조선교회여, 형제여! 40년전에 전한 그 복음 그대로 전하자. 나와 한석진 목사와 13도에 전한 그것이 길선주 목사가 평양에서 전한 그 복음, 양전백씨가 선천에서 전한 그 복음은 자기들의 지혜로 전한 것이 아니요 그들이 성신의 감동을 받아 전한 복음이니 변경하지 말고 그대로 전파하라. ...이 복음은 우리가 내 것이 아니요, 옛적부터 전한 복음이다. 이렇게 하므로 신성하고 권능 있는 교회를 세우고 모든 백성에게 십자가의 도로 구원의 복음을 전파하기 바란다. 형제여! 원로 선교 원로 목사님들이 40년 동안 힘쓴 것인데는 우리의 지혜가 아니요, 바울에게서 아니요, 바울에게서 받았고 하나님의 말씀을 전한 것인데는 다른 복음 전하면 저주를 받을 것이고, 말할 기회 많지 않는 데는 딴 복음을 전하지 말기를 간절히 바란다.[42)]

위 설교는 교회가 한창 성장해 가고 있을 때 일부 선교사를 통하여 정통 신앙에 대한 회의가 일기 시작할 그 때에 신앙을 보수하고 참된 신학을 구현하려는 마포삼열의 불타는 호소 바로 그것이었다. 선교 50년을 기념하는 자리에서도 그는 다음과 같은 동일한 확신을 재 강조 하였다.

> 한국 선교의 전도 메시지에 관한 한 항상 명백하였다... 우리는 하나님의 초자연적인 계시인 복음만을 선포하고 하나님이 그 자신의 말씀을 영화롭게 하시고 믿는 자를 거듭나게 하시는 초자연적인 역사를 성취하시도록 기대하는 것이 우리의 할 일이라고 믿었다. 이같은 심정으로 우리는 성경을 가장 중시하였다. 나는 성경을 하나님의 말씀으로 가르치는 것에 독특하고 최우선적인 강조를 한 것이 지난 50년 동안의 한국 복음화의 뛰어난 요인이었다고 주저 없이 말할 수 있다.[43)]

이러한 그의 태도에서 고전적 근본주의의 한 모습을, 더 정확히 말하

---

42) 정성구, 「한국교회 설교사」, 51.

43) *The Fiftieth Anniversary Celebration of the Korea Mission*, 40.

면 구학파 신학을 소유하고 있음을 역력히 볼 수 있다. 주목할 것은 그는 결코 분리주의적 근본주의자는 아니었다는 것이다. 평양신학교 2대 교장이었던 라부열은 마포삼열의 선교원리에 대하여 이렇게 말하고 있다.

(1) 우리 교인은 각 개인이 자력으로 복음을 선전하고 그리스도를 증거할 절대적 의무가 있음.
(2) 성경은 하나님의 말씀이란 점을 고조하고 전 교회에 조직적으로 성경공부를 시킬 것.
(3) 최초부터 각 교회는 경제적으로 자립할 것.
(4) 이렇게 독립된 교회는 또한 반드시 자치 하여야 할 것.
(5) 의료기관은 복음 전파의 가장 유효한 기관임을 깊이 인식 할 것.
(6) 교육 사업은 그 착안점을 신자의 자녀 교육에 두고 동시에 기독교 지도자 양성을 목표로 할 것 .
(7) 처음부터 끝까지 오직 성령의 감화에 의지하여 개인의 중생과 교회의 지도 발전을 도 모 할 것.[44)]

마포삼열의 선교원리에 대한 라부열 박사의 평가의 핵심은 '성경에 대한 강조' 에 있었다. 이러한 선교에 있어서 '성경에 대한 강조' 는 한국 교회의 성장에 지속적인 영향을 미쳤다. 마포삼열의 아들 마삼락 박사 역시 1973년에 한국교회 성장에 대하여 다음과 같이 언급하면서 이 부분에 대해 강력하게 뒷받침하고 있다.

1970년 초에 한국 교회의 신자 증가율이 연 9%정도로 그 당시 인구 증가율의 4배였다. 이같은 한국 교회 성장의 비결이 무엇인가라는 질문에 여러 가지 해답이 있을 것이지만 반세기도 넘는 오래전에 우리 아버지 마포삼열이 한 대답보다 더 좋은 대답은 없다. 그때부터 한국은 세계 선교운동사에서 하나의 기적으로 여겼고 그 같은 위대한 결과를 가져온 선교 방법을 알아 보기 위한 연구 위원회가 파견되었다. 우리 아버지가

---

44) 라부열, "사무엘 마펱(馬布三悅 牧師)," 「신학지남」(16권 5호, 1934), 9, 25.

> 사역했던 서북 지방에서 이 같은 극적 성장은 처음으로 일어났기 때문에 그들이 우리 아버지에게 그 비결을 물었는데 나는 아버지의 대답이 그들을 실망시켰을 것이라고 생각한다. 너무나 간단하고 경건주의적 냄새가 짙었기 때문이다. 그러나 나는 "그동안 우리는 하나님의 말씀만을 가르쳤고 그 외의 모든 일은 성령께서 하셨습니다."라고 한 그의 대답이 옳았다고 생각한다.[45)]

블레어(W. Blair) 박사는 마포삼열의 신학 경향에 대해 다음과 같이 평가한다.

> 그는 진정한 의미의 근본주의자이며, 강한 보수주의자였지만 다른 교회를 비난하려 하지 않았다. 만일 그가교회 연합에 큰 관심이 없었다면, 이는 장로교가 어디에서나 강조되어야 할 참되고 정당한 교리 위에 굳건히 섰다고 믿었던 까닭이다. 그는 처음부터 감리교와 더불어 지역 분배 계획에 참여하였다.[46)]

마삼락 박사는 그의 부친 마포삼열의 신학에 대한 특징을 3가지로 언급한다. 첫째로 그는(마포삼열) 영적인 것을 강조하였다. 두 번째 그는 복음전도를 강조하였다. 끝으로 마포삼열은 "거룩한 삶의 표준인 성경"을 강조했다. 그런데 이 3번째 부분을 설명하면서 마삼락 박사는 마포삼열의 신학을 "근본주의가 아니라 19세기 복음주의 였다"고 강조한다. 그는 다음과 같이 말한다.

> 현대의 수정주의적인 역사가들은 한국에 왔던 초기 선교 선구자들의

---

45) Samuel H. Moffett, "What Makes the Korean Church Grow!" *Christianity Today*, Nov, 23, 1973, 11; 서정운, "마포삼열이 한국교회 성장에 미친 영향" 「장신논단」(서울: 장로회신학대학출판부, 1990, 6), 55.

46) William Blair, "Precious Memories of Dr. Sammuel A. Moffet Uimeographed" by the Author 1963, 130.

신학을 편협하고 관용성이 없고, 배타적이고 감수성이 없는 근본주의라고 조롱할 것입니다. 그러나 그것은 잘못된 사관입니다. 그것은 과거를 현재에 의하여 판단함으로써 역사를 왜곡시킵니다.... 초기 선교사는 근본주의자들이 아니었습니다. 현대의 근본주의는 1900년 이후에 생긴 것입니다. 마펫의 신학은 근본주의가 아니라 19세기 복음주의였습니다. 그의 신학은 18세기 미국에서 일어난 '대각성 운동들' 에서 성장한 미국 개신교의 일치된 신학이었습니다. 그것은 20세기의 근본주의처럼 미국 교회를 분열시키는 신학이 아니었습니다. 마펫의 신학은 부분적으로는 그의 스승인 맥코믹 신학교의 헤릭 죤슨의 중도적 입장에 의하여 형성되었습니다. 이 죤슨 교수의 기본입장은 "뿌리가 건강하면 잎새들의 상이성(相異性)은 하나도 문제가 안된다"는 것이었습니다. 죤슨은 보수적이었으나 관용적이었습니다. 죤슨은 찰스 브릭스의 책을 변호하기까지 했는 바 당시에 이 책은 현대주의 라는 정죄를 받기까지 했던 책이었습니다. 마펫도 죤슨과 비슷하였습니다. 마펫은 이렇게 기록하였습니다. "주께서 그렇게 말씀하셨느니라"가 있을 경우엔 그 어떤 타협도 있을 수 없다. 그러나 비본질적인 것들에 관하여는 최대한의 자유가 있는 것이다... 마펫은 '신앙과 행위의 무오류한 유일한 규범' 으로서의 성경의 권위를 강조하였습니다. 여기서 '신앙과 행위' 라는 구절은 복음주의를 근본주의로부터 구별시키는 중요한 구절입니다. 바로 이같은 성경관이 마펫의 현실참여 신학의 뿌리입니다.[47]

위의 글을 읽어보면 마삼락 박사는 근본주의를 이해하는 데 있어서 고전적 근본주의와 신근본주의에 대한 이해가 매우 약함을 볼 수 있다. 그는 아버지 마포삼열을 그가 표현했던 바와 같이 '미국 교회를 분열시키는 근본주의자'로 낙인찍히는 것을 원치 않았던 것으로 보인다. 그래서 그는 마포삼열의 스승인 헤릭 죤슨이 찰스 브릭스의 책을 변호했다는 실례를 가지고 마포 삼열의 신학을 소위 말하는 "독단주의적 근본주의자" "분열

---

47) Samuel Hugh Moffett, *The Thought of Dr. Samuel Moffett*, "사무엘 오스틴 마펫의 생애와 사상에 대한 자녀들의 기억들", 이형기 역, 「장신논단」(1990, 6), 14-5.

북장로교회 평양지부 (1895)

뒷줄 : Dr. Hunter Wells, Mrs. & Rev. Graham Lee, Mrs Webb(Mrs. Lee의 모친)
앞줄 : Dr. Folwell(감리교), S. A. Moffett(W. Mylo Lee)

주의자"의 신학으로 매도됨을 방지하기 위해 '복음주의'라는 단어를 사용하고 있다. 하지만 분명하게 짚어 볼 것은 찰스 브릭스는 성경의 무오와 권위를 옹호했던 사람이었는가? 그리고 그는 진실로 성경을 "신앙과 행위의 무 오류한 유일한 규범"이라고 보았는가? 제2장에서 살펴본 대로 찰스 브릭스는 결단코 성경에 대해 이러한 입장을 취하지 않았다. 반면에 "성경의 영감과 권위" 그리고 "신앙과 행위의 무 오류한 유일한 규범"이라는 성경의 이해는 전형적인 고전주의적 근본주의자들의 입장이었다. 그러므로 부친의 신학을 옹호하기 위해 근본주의를 분열주의로 매도하고 복음주의 신학을 운운하는 것은 마포삼열의 "성경에 대한 강조"를 도리어 깎아 내릴 수 있는 여지가 있음을 기억해야 할 것이다.

그리고 마포삼열이 말한 "비 본질적은 것들" 역시 성경의 영감과 무오를 무시한 체 마포삼열이 이런 언급을 했다고 생각하지 않는다. 마포삼열에게 있어서의 관용은 "성경의 영감과 무오, 권위"를 간과시켜 버리는 그런 관용은 아니었다. 그의 이러한 경향은 그의 신학 사상이 현대주의를 수용하는 관용적인 성향이 있었다라기 보기는 그의 인품에 있었다고 말하는 것이 적절할 것이다. 그의 신학은 철두철미한 보수주의였다. 그럼에도 불구하고 그의 인품은 사려가 깊었으며 대인관계가 원만했다. 1902년 한국에 도착한 장로교 선교사 곽안련은 마포삼열에 대하여 다음과 같이 회상하고 있다.

> 우리들이 아직 풋내기 이던 젊은 시절에 마펫은 일처리를 위해서 진지하고 신중하게 우리들과 이야기하고 우리들의 의견을 물어 왔으며 마치 우리들의 견해가 참으로 중요한 것인 양 받아들였다는 사실을 회상해 볼 때 조금 쑥스럽기도 하다. 우리들의 의견이 자신의 의사결정에 특별히 도움을 주었을 것 같지 않다. 그러나 우리처럼 젊은 선교사들에겐 중요한 교훈을 주었다.... 그는 마치 한국인 같았다. 그의 연구실에는 교회의 개인 신상의 어려운 문제를 상의하러 오는 목사, 학생, 안수받은 신자들로 들끓었다.[48)]

마서 헌트리는 「한국 개신교 초기의 선교와 교회성장(*A History of the Protestant Mission in Korea*)」에서 마포삼열과 그의 동료들에 대하여 이렇게 쓰고 있다.

> 평양에서 함께 일했던 마펫의 동료들도 대부분 중서부 지역 출신으로 같은 마음씨를 지녔고 당시 지도적인 복음주의 전도자였던 무디(Dwight L. Moody)의 영향을 다분히 받은 사람들이었다. 그들은 비슷하게 조그만 시골 마을 출신으로 소규모 대학에 다녔고 대부분이 맥코믹 신학교 출신이었다. 평양선교부 선교팀은 한국인이든 미국 선교사든지 간에 구분하지 않고 상호간의 협동심을 유지하도록 잘 조정했고 이들의 시간과 재능을 잘 안배하여 조직적으로 팀을 운영하는 일도 마펫

---

48) "A Great Church and a Great Evangelist," *One World A'Building* (New York Board of Foreign Missions of the Presbyterian Church in the U.S.A., 1946), 95-96; Martha Hunthry, 「한국 개신교 초기의 선교와 교회성장」, 308.

이 떠 맡았다. 이렇게 해서 평양팀은 한국 기독교인을 훈련시켜서 한국인 교회를 세워나갈 수 있도록 최대한의 능력을 발휘했다.[49]

위에서 고찰해 본대로 마포삼열은 사려깊은 인물이었고 상대방을 충분히 배려할 줄 아는 따뜻한 마음을 소유한 선교사였다. 그는 다른 사람을 격려하는 천품을 타고 났다. 그는 동료들의 장점을 보고 지적해 내는 천부적 재질이 있었고 선교본부와의 서신 연락에서 동료를 꼬집어 비판 한 적이 거의 없었다.[50] 동료를 칭찬하는 일 말고도 수많은 경우에 선교본부로부터 인정 받지 못한 듯하다는 느낌이 든 동료가 있으면 그는 그 사람을 위해서 선교 본부에다 열심히 칭찬을 했다.[51] 이러한 그의 성품은 소

---

49) Martha Hunthry, 「한국 개신교 초기의 선교와 교회성장」, 312.

50) 1893년 선교본부 총무로부터 다른 사람들이 좋지 않게 평하는 한사람이 있는데 솔직히 마펫 당신을 어떻게 생각하는지 말해 달라는 부탁을 받았다. 그는 이러한 요구를 거절하면서 엘린우드(선교본부 총무)에게 이렇게 쓰고 있다. "단순히 선교보고를 주고 받는 것만으로 이런 상황을 파악하기가 거의 불가능합니다. 선교 보고서만 보내다 보면 그냥 조용히 넘어가기 보다는 더 많은 오해와 그릇된 해석을 불러 일으킬수 있는 문제가 많이 있기 때문입니다. 그러나 저는 선교본부의 편지를 보고서 선교부가 취한 조치를 둘러싼 원인과 이유 중 상당수가 정확히 전달되지 않았음을 알게 되었습니다. 저희에게는 사역과 관련된 선교부의 인사 문제가 가장 어려운 문제입니다. 저희가 이런 문제를 관해 충분히 알려 드리려고 노력하지만 오해를 받게되는 경우가 있습니다. 또 다른 사람들을 부당하게 묘사할수 있으며 선교 보고서가 너무 개인적인 것이 되어서 선교본부는 선교사들에 대해 잘못된 시각을 갖게 될지도 모릅니다.... 저는 동료 사역자들을 심판하기 위해 부름 받았다고 생각하지는 않습니다.... 한국 선교부는 초기부터 매우 민감하고 다루기 어려운 문제를 안고 있습니다. 그래서 아주 당황스럽고 불편한 관계를 형성해 왔습니다. 이 선교부의 초기 회의록을 보면 부끄러운 일들이 있었고 저는 그것들을 폐기하고 싶을 정도입니다. 저는 아마도 항상 어려운 문제를 다루게 될 것이지만 저희 회의의 현재 분위기는 감사할 정도로 좋습니다. 즉 저희가 뚜렷한 의견의 차이를 보이고 있는 장로교인들이어서 고집이 센데도 불구하고 늘 성령의 임재를 경험왔으며 분노, 악의, 상처를 주는 말, 악한 말이 없었습니다."「마포삼열 목사의 선교편지」, 226-7.

51) 본부 총무가 좋지 못한 인상을 받은 것은 대부분 알렌이 악평을 했기 때문이었다. 이러한 오해 가운데 하나는 알렌이 엘린우드에게 보내는 편지에서 조급하게 애정없이 그리고 잘 모르는 상태에서 부정확하게 리(Graham Lee-이길함)을 변덕쟁이라고 보

위 비 본질적면에서의 자유를 말할 수 있었던 것이다. 그러나 그는 자신의 일을 위해서는 타협하는 일 없이 순수한 입장에서 정부 관리들과 좋은 관계를 유지하였다. 그의 지도력을 약화시킬 의도로 일본은 1912년 105인 공모사건에 그를 끌어 들이려고 몇 번이나 시도했었고 그후 1919년 3.1독립운동때에 또 다시, 그리고 신사 참배 문제로 수차례에 걸쳐 연루시키려고 했었다. 그리하여 그의 집을 계속 수색했으나 그를 불리하게 만들 아무런 증거로 발견하지 못했다.[52)]

마포삼열의 신학은 분명히 고전적 근본주의적이었으며 보수주의적이었다. 보다 명쾌한 그의 신학적 경향을 엿볼 수 있는 것은 1937년 총회 종교 교육부에서 출간한「표준 성경 주석」서문을 보면 알 수 있다.

> 이 주석에 있어서의 견해는 우리들이 흔히 보수주의라고 말하는 그것이다. 본 주석의 집필자들은 성경전부가 신의 영감 된 말씀이며 신앙과 행

고하자 엘린우드는 리에게 비난하는 편지를 보냈던 사건에서 볼 수 있다(Martha Huntley,「한국 개신교 초기의 선교와 교회성장」, 307). 마펫은 1895년 11월1일 엘린우드에게 이렇게 썼다." 시간이 좀 있어서 리(Lee)에 대한 제 생각과 그를 동료로 가진 것에 대해 감사하는 마음을 다시 한번 적습니다. 그만큼 진실하고 헌신하며 그리스도의 선한 군사로서 기꺼이 어려움을 감당하려는 사람도 없습니다. 그렇게 선교사 정신으로 투철한 사람도 찾아 보기 어렵습니다. 그가 신뢰를 가지 않은 사람이라고 암시하는 편지들이나 그가 자신의 의무를 다하도록 책망이나 압력을 가해야 한다는 암시가 담긴 편지들을 쓰신 것이 제가 불러 일으킨 오해 때문이라면 저는 정말 마음이 아픕니다. 제가 아는 한 선교부 전체는 그를 전적으로 신뢰하고 있으며 현장에서 가장 힘있는 일꾼이라고 인정하고 있습니다. 수년간 현장에서 사역한 어린 선교사들 중에서 그는 선교부 의장감으로 가장 어울리는 사람으로 지목하고 있습니다. 그의 지휘를 통해 저희는 가장 유익하고 가장 영적이고 도움되는 시간을 보내고 있습니다. 박사님께서 리에게 보내신 최근의 편지들은 그에게 무척 깊은 상처를 주었던 것으로 압니다. 그러나 그가 보여 준 태도는 오래 참는 모습이었습니다. 박사님의 편지가 그에게 상처를 주려는 것이 아니라 사실에 대한 오해에서 비롯되었음을 알았기 때문입니다. 리의 진실성과 성실성과 열정을 지금 인정해 주시기 않으시겠습니까? 시간이 흘러 주님을 위한 그의 사역이 이 사람들 속에 점점 더 깊이 있게 뿌리 내리게 될 때에는 분명 그렇게 될 것입니다."「마포삼열 목사의 선교편지」, 340-41.

52) *Ibid.*, 309.

> 위의 유일무오한 법칙이라고 믿는다. 저들은 성경의 어떤 부분은 신의 말씀이나 다른 부분은 신의 말씀이 아니라고 믿지 않는다. …더욱이 이 주석의 저자들은 모든 성경은 책 중의 책이며 바로 하나님의 말씀이라고 믿을 뿐만 아니라 또한 성경 가운데 가르친 진리의 체계는 웨스트민스터 신앙고백과 장로교 교리문답에서 잘 요약되었다고 믿는다.[53)]

박윤선 박사는 평양신학교 재학 당시에 마포삼열에 대하여 대단히 인상깊게 묘사하고 있다. 박윤선 박사의 소개는 마포삼열의 신학이 어떠했는가 더욱더 확실히 보여준다.

> 마포 삼열 선교사는 한국 초대의 중진 선교사였다. 내가 입학한 그 해에는 그가 소요리문답을 가르치셨다. 그의 관대한 성품과 교부와 같은 무게 있는 신앙 인격으로 많은 감화를 끼쳤으면서, 학문보다는 성경에 대한 그의 굳은 신념과 보수적인 신학 입장이 무언중에 학생들에게 전달되었다고 생각된다.[54)]

진정 마포삼열이야 말로 한국 교회를 위해서 선교사로 왔고 한국 교회를 위해 일하였고 한국 교회를 염려하다가 세상을 떠난 "한국 교회를 낳은 아버지"였으며 곽안련 선교사 말대로 "마포삼열 목사는 선교사의 대명사"였다.[55)]

곽안련(C. A. Clark)

미국 장로교 한국 선교부에서 마포삼열 박사와 더불어 한국 교회 신학의 형성에 강한 영향을 끼친 또 하나의 인물은 곽안련 박사(1878-1961)이다. 그는 1878년 5월 14일에 미네소타 주(州) 남쪽에 자리잡고 있는 스프

---

53) 곽안련(C. A. Clark)이 쓴 표준성경주석-마가복음의 서문(대한예수교 장로회 종교교육부, 1957), 9f.

54) 박윤선, 「성경과 나의 생애」, (서울: 영음사. 1997), 51.

55) 「마포삼열 박사전기」, 220.

링 밸리(Spring Valley)의 중 서부 쪽의 작은 시골 마을에서 태어났다. 곽안련의 조상들에 대하여 알려진 것은 남북전쟁 이후에 뉴 잉글랜드 지역의 많은 백인들이 중서부 지대의 새로운 개척 지역의 시골마을로 이주 했을 때 곽안련의 조부모들도 1850년경에 그들처럼 버몬트(Vermomt)를 떠나서 위스콘신(Wisconsin) 주 랜돌프(Randolph)로 옮겨 갔다[56]는 것 뿐이다. 곽안련의 부친 윌리암 클락(William O. Clark 1850-1921)은 1870년에 릴리언 알렌(Lillian C. Allen 1848-1888)양과 결혼했다. 그리고 미네소타 주의 스프링 밸리의 작은 시골로 이사했다. 바로 곽안련은 그곳에서 태어 났다. 곽안련의 부계는 뉴 잉글랜드지역에서 18세기까지, 모계는 1600년대 초반 메이 플라워의 제2차 이주민들까지 추적해 볼 수 있다. 그렇다면 곽안련은 청교도 혈통을 이어 받았다고 해야 할 것이다. 그의 아버지는 1880년경 미네소타 주 미네아폴리스 시로 이사하고 건축업을 시작했다. 그 시기는 그가 초등학교에 입학할 연령 때였다.[57] 소년시절 10년동안 그는 미네아폴리스의 길거리에서 그리고 각 가정으로 신문을 배달하였다. 그 기간 중 나중의 5년 동안은 대략 150명의 고객들에게 아침 저녁으로 신문을 돌렸다.[58] 그리고 아버지의 공사현장에서 목수, 석공, 배관공, 양철공, 페인트공 등의 조수로 일하였다. 이 당시에는 '이런 상황이 하나님께서 그를 한국의 선교사로 준비시키는 과정임을 알지 그는 알지 못했다' [59]고 술회한다.

1895년 그는 미네소타 대학교에 입학하였으나 중도에 장로교 계통의 대학인 매칼리스트 대학으로 전학으로 1899년에 이 대학을 졸업하였다. 이 대학을 졸업하자 곧 그는 시카고 서쪽에 소재하고 있는 자그마한 개척교회를 맡아 목회 생활을 하였다.

---

56) Allen D. Clark, ed., "All Our Family in the House"(Minneaplis, Privately typewritten, 1875), 1.

57) 김득용, "실천신학자 교수 곽안련 박사에 관한 소고," 「신학지남」(1985, 3), 65.

58) Charles Allen Clark, 박용규 역, 「신학지남」, 제60권 4집, 1993, 196.

59) *Ibid.*,

시러스 홀 맥코믹
(Cyrus Hall McCormick, 1809-1884)

이 교외에서 그는 그 교회 주일학교 교사로 봉사하던 여교사 결혼하였다. 그녀는 성격이 매우 유수하면서도 개척정신이 또한 투철하였다. 매칼리스트 대학을 졸업한후 그는 멕코믹 신학교에 진학하였다. 맥코믹 신학교는 미 북장로교 인디아나 노회의 후원금으로 1830년 1월에 인디아나주의 하노버에 설립되었다. 그래서 처음 이름은 인디아나(Indiana) 신학교 였다. 그런데 1839년에 인디아나 주의 뉴 앨버니(New Albany)로 이전 했다가 1859년에 다시 일리노이주의 시카고로 옮겨서 정착하게 되었다. 그리고 1886년에 이름을 '맥코믹 신학교'로 바꾸고 총회의 인준을 받았다. 학교 이름을 멕코믹으로 바꾸게 된 것은 농업을 기계를 발명하여 큰 부자가 된 시러스 홀 멕코믹(Cyrus Hall McCormick) 씨가 1859년에 100,000달러를 후원한데서 연유되었다.[60] 그가 성직자가 된 데에는 하나님이 직접적인 뜻 외에 다른 이유가 전혀 없었다.[61] 그는 1902년 맥코믹 신학교를 졸업하고 곧 바로 서울 선교부로 왔다. 1908년부터 평양 신학교에서 가르치는 일에 함께 참여하기 시작했고 1922년에는 전임하게 되었다. 마포삼열과는 달리 그는 신학 저술의 분

60) Le Roy Halsey, *History of McCormick Theological Seminary of the Presbyterian Church* (Chicago: McCormik Theological Seminary, 1893), 1-2

61) C. A. Clark, 198. "곽안련 선교사 60년 회고록," 곽안련은 이렇게 술회한다." 사실 나는 14살에 소명을 받았었으나 이는 생각하기 어려운 일이라 느끼고 있었다. 나는 과제 발표시간에 학교의 급우들 앞에서까지 부끄러움을 몹시 탔던 것이다. 그러므로 내가 대중 앞에 서서 이야기를 한다는 것은 생각하기 어려운 일이었다.... 내가 성직에 대해 꺼려한 이유는 또 하나 있었다. 필자는 올리버(Oliver)교회의 기독교 교육부 내에서 해외 선교 위원회에 소속된 일이 있었는데 그 때 나는 각 회원들로부터 매달 2센트씩 선교비를 모금하면서 내가 만일 성직자가 된다면 해외선교사로 나가야 하지 않을까 은근히 두려워 하고 있었다. 가고 싶은 마음이 없었기 때문이다. 나는 이 문제로 10년 동안이나 주님과 싸웠으며 신학교를 졸업하기 4개월 전에야 비로서 항복을 선언하였다. *Ibid.*, 199 -200.

곽안련 목사
(C. A. Clark, 1878-1961)

야에 가장 큰 영향을 끼쳤다.[62] 한국에서 그리스도 사역을 위하여 곽안련 박사와 같이 그렇게 풍부하고 다채로운 공헌을 한 특권이 있었던 사람은 거의 없었던 것이다.[63]

그러면 곽안련 박사의 신학경향이 어떠하였는가? 그가 쓴 대표적인 저서 「한국교회와 네비우스 선교정책(*The Nevius Plan for Mission Work in Korea*)」에서 거의 모든 선교사들은 성경이 하나님의 직접계시이며 신적인 책이고 권의 책으로 받아 들였다고 언급하고 있다. 그는 이렇게 말한다.

> 초기 선교사 가운데 많은 이들은 옛 스코틀랜드 계약파의 후예였다. 그들은 성경을 자기 선조들이 믿고 가르친 대로 믿었으며 지금도 그렇게 믿고 있다. 그들은 그 사상을 확고히 주입시켰다. 오늘날에도 성경을 권위 있는 책으로 받아들이지 않는 한국의 서적은 대부분 그리스도교인들에게 "아나레마(저주거리)"가 될 만큼 그 사상은 확고하다."[64]

선교사들의 영향 속에서 성경에 대한 높은 강조는 한국 기독교인들에게 가르쳐지고 받아들여졌다. 그 결과로 1907년 12신조가 한국 독노회에

62) 그는 평생에 한국어로 50권, 영어로 6권을 저술했다. 설교학과 목회학에 관한 그의 저서는 아직도 재판하고 있으며 신학교재로 쓰이고 있다. 마포박사와 관계를 가졌던 총회의 일련의 주석 총회에서 곽안련은 레위기, 민수기, 사무엘, 에스라, 느헤미야, 욥기, 시편 6권의 소선지서, 그리고 공관복음에 관한 책을 냈다.

63) 미국 연합 장로교 한국 선교지 67주년 연례회 회의록 연차 보고서 1961. 112-113. 이 부분에 관하여는 이호우의 학위논문 "Charles Allen Clark(1878-1961): His Contribution to the Theology Formation of the Korean Presbyterian Church" Ph. D. dissertation. Westminster Theological Seminary, PA., 1999.를 참조하라. 이 논문은 곽안련 박사가 한국 선교사로 40년동안 일하면서 보여주었던 목회사역, 신학교육, 저술활동 등에 대하여 면밀하게 검토하여 한국 교회에 남긴 그의 풍부하고 다양한 공헌과 유산이 어떤 것이었는가를 보여 준다.

64) C. A. Clark, *Nevius Plan*, 121.

의해 채택되었는데 다음과 같이 기술되었다. "신 · 구약 성경은 하나님의 말씀이며, 신앙과 행위에 유일무이한 규칙이다."[65] 선교사들과 한국신자들의 복음사역으로 인해 성경은 직접적으로 가정과, 교회, 학교에서 생활의 중심 "삶, 빛 그리고 진리, 기독교 봉사의 현장, 선행과 모든 종교적인 행위의 중심"으로 자리잡게 되었다.이런 이유로 곽안련은 주저함이 없이 한국 장로교회를 "성경을 믿고 성경을 사랑하는 교회"[66]라고 불렀다. 계속해서 그는 이렇게 말하였다.

존 네비우스
(John Livingston Nevius, 1829-1893)

> 네비우스 정책에서 가장 잘 알려져 있고 가장 많이 언급되는 항목이 자립, 자전, 자치이다. 이러한 것이 확보 될 수 있을 경우 어떤 현장에서든 놀라운 진보가 있으리라는 것은 확실하다. 그러나 필자는 이 세 가지 요소 전부에 동력을 공급하는 또 하나의 네비우스 방식이 그것들의 배후에 존재한다고 믿게 되었다. 그것은 "성경 강조 정책"이다. 이것은 이미 우리가 첫장에서 언급하였다.[67]

곽안련은 이 정책을 열 가지 원칙으로 요약된 형태로 한국교회에 적용시켰다.[68] 이 열 가지 원칙 중에서 "자기(self)정책"과 "성경의 중요성"은

---

65) 한국 장로교 선교 공의회, *Minutes of the Fifteenth Annual Meeting*(1907): 36-37

66) C. A. Clark, "Fifty Years of Mission Organization," 57. Cf Soltau, Hermit Nation, 39; Herbert E Blair, "Fifty Years of Development of the Korean Church," 119; 민경배, 「한국기독교회사」(서울: 대한기독교서회, 1973; 재판, 1992), 174.

67) C.A.Clark, *Nevius Plan*, 270.

68) 열 가지 원칙을 곽안련은 잘 요약하고 있다.
1. 선교사가 개인적으로 널리 순회하며 전도함. 2. 사역의 모든 분야에서 성경이 중심이 됨. 3. 자전(自傳): 모든 신자는 다른 사람을 가르치는 자가 되며 동시에 자기

네비우스 정책의 본질로 알려져 있다. 「한국교회와 네비우스 선교정책」에서 곽안련은 다음과 같이 이 확신을 상술하고 있다. 곽안련의 확신은 다음에 나오는 질문과 답변에 더 함축적으로 반영되어 있다. "당신은 이것을 왜 그토록 중요하게 생각하는가? 그리고 보수주의 형태의 신학 즉 성경에 근거한 신학이 왜 그토록 필요하다고 생각하는가? 이보다 더 자유로운 형태의 신학은 그와 같은 큰 결과를 얻을 수 없는가?" 그의 답변은 다음과 같다

> 성경에 입각한 보수신학이 그런 결과를 낼 수 있는지 없는지에 대해서는 경험만이 증명해 줄 수 있다. 세계 곳곳에서 성경 중심적인 교회는 교인으로 차고 넘치며 그러한 교회의 수많은 사람이 변화되고 있다. 혹은 보수주의자들의 표현대로, 회심하며 중생하고 있다. 반면에 이른바 자유주의 적인 교회들은 그러한 결과를 얻지 못하고 있는 것이 사실이라고 생각된다. 이것은 주의 깊이 연구해 볼 가치가 있는 하나의 과학적 사실일 것이다... 그 때문에 한국 선교사들은 이점이 극도로 중요하다고 믿는 바이다.... 자유주의적 방법들이 옛 방법들보다 나을 경우가 많으나 성경의 내용으로 되돌아가기 전에는 그러한 방법들이 결코 좋은 결과를 얻지 못할 것이다.성경은 기독교 메시지의 핵심이 되어야 한다. 그래야

보다 나은, 다른 사람으로 부터 배우는 자가 된다. 모든 개인과 집단(소수 그리스도 교인의 모임)은 휘문이 법에 의해 사역을 확장시키려고 노력한다. 4. 자치 : 모든 그룹은 선임된 무보수 영수의 관할을 받는다. 순회 교구들은 나중에 목사가 될 유 급 조사들의 관할을 받는다. 순회 집회 시에는 교인들을 훈련시켜 훗날 구역, 지방, 전국의 지도자가 되게 한다. 5. 자립 : 신자들이 스스로 마련한 예배당을 소유한다. 각 그룹은 창립되자 마자 순회 조사의 봉급을 지불하기 시작한다. 학교조차도 부분적인 보조금을 받도록 한다. 이것은 설립 될 당시에만 필요하다. 개교회의 목사에게 외국의 자금으로 사례를 지불하지 않는다. 6. 모든 신자는 그룹 영수와 순회 조사 아래서 조직적인 성경공부를 한다. 그리고 모든 영수와 조사는 성경 연구 모임을 통해 조직적으로 성경을 공부한다. 7. 성경적 형벌을 통해 엄격한 징계를 실시한다. 8. 다른 선교 단체와 협력하고 연합한다. 아니면 최소한, 영역이라도 분리한다. 9. 법정소송 사건이나 그와 유사한 문제에 대해 간섭하지 않는다. 10. 민중의 경제 문제에서 가능할 경우 일반적인 도움을 준다. C. A. Clark, *Nevius Pian*, 42.

곽안련이 가르쳤던 평양 장로회신학교와 학생들

만 인간을 변화 시킬 수 있다.[69]

이와 같이 곽안련은 성경 중심적 선교 사역이 초기 한국교회의 보수신학 형성에 강한 공헌을 하였다고 믿었다.[70] 곽안련의 성경 중심적 복음전도는 그의 목회학을 형성한 본질 중의 하나였다. 그와 그리고 그의 모든 선교 동역자들에게 있어서 성경은 모든 복음전도 사역의 중심이었다. 아울러 이것이 그의 신학이었다.

1934년 북장로교 한국 선교부가선교 50주년을 기념하여 발간한 책에서 그는 다음과 같이 말하고 있다.

선교사들은 그들의 가르침에서 인간의 죄와 죄용서의 필요성, 그리고 오직 예수 그리스도를 통한 구원의 문제에 대해 항상 매우 심도 있게 조정하였다. 그들은 성경안에 제시된 초자연적인 사건을 받아 들였으며 성경을 권위의 책으로 믿었다. 또한 그들은 복음의 메시지가 세상에서

69) *Ibid.*, 275.

70) Conn, "Theology of the Korean Presbyterian Church(1)," 28-29 참조.

> 가장 완벽함과 그리고 기독교는 하나님을 찾는 여러 종교들 중이 하나가 아니고 계시를 통하여 하나님을 찾을 수 있는 유일하고 최종적인 종교임을 믿어왔고, 지금도 믿고 있는 것이다. 그들은 성령의 중생하는 능력과 믿음을 통한 사람의 변화를 여전히 믿고 있다. 그리고 그들은 한국교회의 많은 목사들이 지도자로서 큰 힘을 보여 줄 수 있는 특별한 부흥 시기가 필요하며 그 중요성을 믿고 있다.71)

이러한 주장은 그 자신의 신학적 입장을 대변하고 있음을 보여준다. 그는 미국적 맥락에서 볼 때 근본주의자였다. 「선교의 재고(*Rethinking Missions*)」가 나온 지 5년 후인 1937년에 그는 북 장로교 선교부가 초안을 잡은 1926년 신앙고백서를 보고 인용했던 내용을 살펴보면 그가 얼마나 철저한 근본주의자이었는가를 짐작 할 수 있다.

> 이교 신앙이나 다른 비 기독교적인 종교에도 권할 만한 점이 있다고 인정한다. 그렇지만 기독교에는 역사상 독특한 무엇을 지니고 있다. 기독교는 사람을 영원히 변화시키는 능력이 있는 초자연적인 종교라고 믿는다. 또한 기독교와 타종교와는 타협할 수 없다고 믿는다.72)

이것은 초대 선교사들의 보수주의적인 성향을 개요한 미국 북 장로교 선교부의 말이다. 그런데 그 감정은 곽안련 박사의 감정이기도 하다. 비 기독교 종교에 대한 곽안련의 이러한 태도는 그의 1932년의 저서 「*Religions of Old Korea*」에서 분명히 정의되고 있다. 이 책은 학적으로 대단히 넓은 폭으로 불교, 유교, 샤머니즘, 한국 문화의 다양성, 그리고 마지막으로는 한국의 기독교에 접하게 된 그 최초의 시기 등 제목에 관해서 객관적으로 다루고 있다. 그러면서 그는 기독교의 비 타협성을 강력히 시

---

71) C. A. Clark, "Fifty Years of Mission Organization Principles and Practice," 56. 이호우, "곽안련(Charles Aiien Clark, 1878-1961)의 목회와 신학정신: 한국교회가 기억하는 그의 공헌과 유산", 총신대학교 대학원 강의안, 3에서 재인용.

72) C. A. Clark, *The Nevius Plan for Mission Work in Korea*, 122.

사하고 있다. 교회와 국가에 대한 곽안련의 입장은 「*Korea Information Papers*」에서 잘 표현되어 있다. 그는 다음과 같이 주장했다.

> 교회는 절대적으로 정치와 무관하다. 교회는 영적인 기관이기 때문에 현재의 정부나 미래의 어떠한 정부나 찬반을 막론하고 관여 할 수가 없다. 문자 그대로 우리는 과거 여러 백 번, 사람들이 핍박을 받고 고생 당할 때 일본인들에게 이들을 놓아주라고 하는 말 한마디하기를 거절했던 것이다.[73)]

"교회는 절대적으로 정치와 무관하다." 이 표현은 교회와 국가의 분리에 대한 그의 확고한 입장을 보여 주고 있다. 이 부분에 대하여 이호우 교수는 다음과 같이 평가하고 있다.

> 이러한 선교사들과 교회의 입장은 일제 식민 정부의 통치하에서도 교회의 안전, 자유스런 선교와 전도활동, 그리고 교회의 급속한 성장을 일시적으로나 보장 받을 수 있는 결과를 낳았다...곽안련의 교회와 국가의 분리에 관한 견해는 교회는 영적 기관이라는 그의 신앙정신과도 매우 밀접하다. 이러한 입장을 가지고 있었기 때문에 그의 「목회학」은 목회자와 교인들이 그들의 신앙과 삶에서 영적인 부분에 더욱 관심을 가질 것을 강조하는 것이다.... 그러나 이러한 사상은 한국교회로 하여금 지나치게 이원론적 신앙을 갖도록 만드는 문제점을 가져다 주었다.[74)]

1918년 「신학지남」에 실린 "예수의 평안과 사탄의 평안을 비교함"이란 설교에서도 그는 사탄과 예수님의 평안을 설명하면서 분리주의적 근본주의 특징의 하나인 율법주의적 이원론을 언급하고 있다.

---

73) C. A. Clark, *Korea Information Papers*, 백낙준, 「한국개신교사」(서울: 연세대학교 출판부, 1973), 401.

74) 이호우,"곽안련(Charles Allen Clark, 1878-1961)의 목회와 신학정신: 한국교회가 기억하는 그의 공헌과 유산," 6-7.

> 예수가 명백하게 교훈 하시기를 죄라 하는 것이 패망케 할 뿐이요 소(少)도 이일이 무(無)고 지옥 형벌로 가는 사(事)이니 신행(愼行)하라 하시고 죄에서 구속함을 수(受)하라고도 하시고 세(洗)를 도리로 유(有)하다 하시고 권고 하셨은 즉 패언(言)을 믿고 평안함을 수(受)하는 것은 사단이 진리를 파손함으로 평안을 주는 것과 대개 같지 아니한 예수의 평안이라.[75)]

그러나 그의 주석을 보면 그 역시 개혁 신학자였음을 단적으로 보여주고 있다. 물론 그의 주석들은 「국제 비평주석(*International Critical Commentary*)」에서 쉽게 발견 할 수 있는 복잡한 비평이나 주(註)를 붙이고 있지는 않다. 그러나 이 때문에 그의 학문성의 약화를 표현하고 있는 것은 결코 아니다. 이 같은 현상은 피선교지인 한국인을 위한 세심한 배려로 보아야 한다. 14면에 달하는 누가복음 주석 서론에 보면 저자문제, 초대교회의 증거문제, 명칭, 저술시기, 장소, 저자의 문체 등을 독자에게 제공하고 있고 마가복음 말미의 사본학적 문제도 다루고 있다. 또한 어느 특정한 비평 학자를 언급하지는 않지만 부활기사에 대한 조화 문제, 그리스도의 부활 사건에 대한 성경의 기록이 통일성이 없다고 생각하는 주석가들이 있다고 솔직히 밝히고 있다. 그러면서도 그의 결론은 간단하다. "그렇지만 그것은 옳지 않다."

곽안련에 대한 평가는 참으로 다채롭다. "문서전도의 개척자," "비타협적 보수주의자," "성경의 권위와 무오성에 충실한 옹호자," "한국 교회 강단의 아버지," "한국 장로교회의 설립자"라고 불리워진다. 이런 모든 칭호들과 함께 우리는 곽안련 박사의 신학에 대한 평가를 간하배(Harvie M. Conn) 교수가 표현한 것을 인용한다면 정당한 평가라고 여겨진다. "곽안련 박사는 근본적이지만 불공정하거나 학적으로 가치가 없는 근본주의는 아니었다."[76)]

---

75) 정성구, 「한국교회 설교사」, 44에서 재인용.

76) 간하배, 「한국 장로교 신학 사상」, 18.

(2) 미국 남장로교

남장로교회는 성격상 본질적으로 구학파였다. 남장로교회의 신학은 유니온 신학교와 컬럼비아 신학교를 통해 형성되었다. 특히 유니온 신학교는 당시 구학파 신학의 요람이었던 프린스톤 신학교의 전통을 그대로 따르려고 하였다. 유니온과 프린스톤의 연계성은 라이스(John Holt Rice)가 새로 설립된 신학교(유니온신학교)에 대한 자신의 희망을 담은 알렉산더에게 보낸 편지 속에서 찾아 볼 수 있다.

> 그러나 만일 한 개의 신학교가 남부에 설립될 수 있다면 북부로(Princeton)로 가지 않는 많은 사람들이 그 학교를 다닐 것이다.…그러나 만일 우리가 여기서 학교를 설립할 수 있다면 나의 계획은 프린스톤을 우리의 모델로 삼고 위대하고 가장 가치 있는 프린스톤 신학교와 끊임없이 교류하며, 프린스톤에서 처럼 우리 젊은이들을 유능한 지도자로 키울 것이다. 그리고 한마디로 말해 가능한 당신의 정신이 우리들을 통해 상호 확산될 수 있기 위하여 일종의 프린스톤 신학교의 분교를 만들어 교회의 다른 부분을 한데 묶어 줄 수 있도록 모든 노력을 다할 것이다.[77)]

프린스톤 신학에서 강조한 바와 같이 남장로교회는 교회의 신앙고백과 헌법인 웨스트민스터 표준문서들을 엄격히 따랐다. 즉 칼빈주의 모든 근본적인 원리에 충실한 교회였다. 남장로교회는 이론과 실천 모두에서 웨스트민스터 표준에 기초하여 건설되었으며 그것을 고수하는 교회로 대표되었다. 이런 까닭에 성경을 정확 무오한 하나님의 말씀으로 확신하였다. 성경의 권위를 중요하게 여기는 보수적인 입장의 신학을 소유한 것이다.

---

77) John Holt Rice, Letter to Archibald Aiexander, dated Richmond, March 5th, 1823, in William Maxwell, *A Memoir of the Rev. John H. Rice, D. D.*(Philadelphia and Richmond, VA: n.p.,1835), 223. David F. Wells, *Reformed Theology in America*, 박용규 역, 「남부개혁주의 전통과 신정통신학」(서울: 도서출판 엠마오, 1992), 39에서 재인용.

남장로교 7인의 개척선교사

특히 칼빈주의 신학의 대변자로 말할 수 있는 아키발트 알렉산더, 돈웰, 답네, 워필드, 메이첸과 같은 사람들은 모두 남부 출신이었다. 특히 이눌서를 배출한 리치몬드의 유니온 신학교는 웨스트민스터 신앙고백과 장로교의 구학파 신학전통을 그대로 계승했으며, 부흥운동에 대해 열려 있었다. 남장로교가 칼빈주의 전통에 서 있다는 것은 남부 버지니아 유니온 신학교 출신의 이눌서 선교사의 신학을 고찰해 보면 자세히 알게 될 것이다.

이눌서(W. D. Reynolds)

이눌서 박사(1951년 사망)는 한국 초기 개신교 신학을 형성하는데 많은 공헌을 한 또 하나의 인물이다. 그는 '호남 선교의 기수,' '한글성경번역의 최고의 공헌자' 이자 '초기 한국 장로교 신학을 형성하는 데 결정적인 역할을 담당했던 3인들[78] 중의 한사람' 이다. 리취몬드에 있는 「유니온

78) 3인(人)이란 마포삼열, 곽안련, 이눌서를 말한다. 내한한 남장로교 선교사들은 아래와 같다.

〈표 9〉 내한 남장로교 선교사의 시기별 입국 현황(1892-1907)

내한년도	선교사들	내한년도	선교사들
1892. 10. 18	테이트(L. B. Tate)	1893.	벨 부부(E. Bell)
1892. 10. 18	테이트 양(M. S. Tate)	1896.	오언(C. C. Oween)
1892. 10. 18	데이비스양(L. Davis)	1897.	해리슨(W. B. Harrison)
1892. 10. 18	레이놀즈 부부(W.D. Reynold)	1897.	잉골드 양(M. B. Ingold)
1892. 10. 18	전킨 부부(W. M. Junkin)	1899.	불(W. M. Bull)

버지니아 주(州) 리치몬드 소재 유니온신학교

신학교 역사」(The Days of Our Years)에서 애플바이(Appley) 교수는 이눌서에 대하여 다음과 같이 극찬하고 있다.

> 지금까지 누구를 45년간 한국에서 성공적으로 사역하고 성경을 한국어로 번역하며 한국인의 삶에 감동을 주었던 1892년 졸업생 이눌서의 공로에 견줄수 있겠는가? 그는 성서 번역위원회의 정회원이었고 한국의 「표준성경사전」의 책임 편집인이었으며, 대요리 문답을 포함한 수많은 작품을 번역한 번역자였고 한국 장로교 총회장이었으며, 총회조직 당시

1899.	스트리퍼(F.R. Straeffer)	1904.	다이엘 부부(T. H. Daniel)
1900.	알비 양(L. A. Alby)	1904.	놀런(J. W. Nolan)
1902.	맥쿠첸(L. A. McCutchen)	1906.	윌슨 부부(R. W. Wilson
1903.	프레스턴 부부(J. E. Preston)	1907.	녹스 부부(R. Knox)
1904.	포사이스(W. H. Forsythe)	1907.	니스벳 부부(J. S. Nisbert)

위의〈표 9〉를 보면 1907년까지 한국에 온 남장로교 선교사들은 21명이었고 거의 대부분 버지니아 주(州)리치먼드 소재의 유니온 신학교 출신이었다. 박용규, "초기 장로교 선교사들의 배경과 활동," 202-3.

이눌서 목사
(W. D. Reynolds, 1867-1951)

설교를 하고 사회를 보았던 인물이다.[79]

그는 남장로교 학파 중에서 가장 탁월한 개혁주의 신학자로 손꼽히는 답네(Robert Lewis Dabney, 1820-1898), 톤웰(James Henley Thornwell, 1812- 1862)의 사상적 후예였다.

그의 성장 배경을 살펴보면 이눌서는 1867년 12월 11일 버지니아 노폭(Norfolk)에서 레이놀드 1세와 메배인(Carey Mebane)의 다섯 자녀 중 네 번째로 출생했다. 그의 아버지는 장로교회 장로였다. 그는 성장하면서 라틴어, 히브리어, 독일어 등의 어학에 뛰어난 재질을 보였다. 그는 1884년에 햄든 시드니(Hampden-Sydney) 대학에 입학하여 수석으로 졸업(B.A., B.Lit)하였다. 졸업시에 라틴어, 헬라어, 불어, 독어를 할수 있었고 히브리에서 두각을 나타 내었다. 1890년 버지니아에 소재한 유니온 신학교를 입학한 이눌서는 3년과정을 2년만에 이수했고 어학에 탁월한 재능을 가진 그는 히브리어는 만점을 기록했다. 이러한 어학적 재능은 성경 번역 사업에 꼭 필요한 요소였다.

892년 봄 동 하노버(East Hanover)노회에서 안수를 받고 해외 선교에 관심을 가지고 있는 볼링(Pasty Bolling)과 1895년 5월 버지니아 리치몬드에서 결혼했다. 안수 받은 1892년에 6명의 동료와 함께 미국 남 장로교 한국 선교부를 설립하였다. 한국에서 45년간 일하는 동안에 그는 순회 선교사로, 성경 번역가로, 신학교 교수로 활약했다. 1924년 그가 평양 신학교의 조직신학과 주임으로 초청되면서 그의 신학 사상은 한국 장로교 신학에 막대한 영향을 끼쳤다. 그는 1920년 「신학지남」(제3권 1집, 통권 9호)

79) *The Days of Our Years, 1812-1962: The Historical Convocations Held April 24-27, 1962: As a feature of the Celebration of the Sesquicentennial of Union Theoligical Seminary in Virginia* (Richmond: Union Theological seminary, 1962), 55; 박용규, 「장로교 신학사상사」, 82-3에서 재인용.

성경 번역 위원들
뒷줄: 문경호, 김명준, 정동명 앞줄: 이눌서, 언더우드, 게일, 존스

에 쓴 글에서 그의 사상을 단적으로 밝히고 있다. 신학 변증론 : "세세토록 항존하는 言"에서 그는 성경이 묵시로 이루어진 것임을 다음과 같이 주장한다.

> 옛 사람의 마음을 감동하여 묵시대로 기록하게 하심을 기계적으로 해석할수 없나니 가령 사람의 손에 있는 붓은 자유 자동의 능력이 없고 사람이 임의대로 긋고 점치고 하는 기계 뿐이로되 성경 기술자는 생명과 총명과 지식과 자유와 자동의 능력이 있으나 성령이 저술자의 손을 잡고 기계로 쓴 것이 아니고 오직 저술자의 마음을 감동하여 하나님의 진리대로 무실, 무오, 무결하게 기록한 것이다.... 그런고로 기계로 묵시하신 바라 할 수 없느니라.[80)]

그는 성경의 기록은 기계적이 아니다. 사람은 생명과 총명, 지식과 자유와 자동의 능력이 있어서 성령이 저술자를 기계로 쓰지 않았으면 단 사

80) 이눌서, "신학변증론-세세토록 상존하는 말씀," 「신학지남」 3권 1호, 1920, 4. 65.

람의 마음을 감동시켜 무실, 무오, 무결하게 썼다고 말했다.

반면에 그는 말하길 "만일 성경 해석자가 앞뒤와 좌우의 문맥을 상고치 않고 한마디 말만 뽑아 딴 뜻으로 하여 가르친 자들을 이단으로 지적했으며, 성서 안에는 마귀의 말과, 불신자의 말과, 종보와 세상사기와 흉악한 죄악을 기록한 기사들도 있다"고 말하고 있다. 여기에서 우리는 그가 기계적 영감설을 반대하고 축자영감설을 강하게 주장하고 있음을 알 수 있다. 축자 영감은 성경의 무오와 연결되고 성경 무오성은 근본주의 5대 교리 중 가장 첫째의 교리였다. 또한 그는 중국인 賣玉銘(Chia Yu Ming)의 저서 「*Evidence of Christianity*」를 中心으로 핫지 부자(C. A. Hodge, A.A. Hodge)의 신학을 가르친 바 초기 한국 장로교에 보수주의 신학적 성경관을 확립시켜 주었다. 賣玉銘의 저서는 미국의 정통주의 신학자인 스트롱(A. H. Strong)의「조직신학(*Systematic Theology*)」(3권)과 핫지(A. A. Hodge)의「*An Outline of Theology*」를 토대로 저술 된 것이다. 그 내용은 19세기 미국 장로교의 정통주의 신학의 진수가 담겨진 책이었다. 이로써 이눌서 박사의 신학이 무엇인지를 확실히 알 수 있게 되었다. 또한 그는 1927년「신학지남」에 근본주의 신학자 토레이(R. A. Torrey) 박사의 글을 번역하여 게재 하였다. 이글은 성경의 원본은 무오한 말씀이라고 강력하게 변호 하면서 예수 그리스도가 신구약 성경의 성경 무오성을 말씀하셨다고 한다. 이러한 토레이의 입장, 구체적으로 말하면 고전적 근본주의의 입장이 이눌서의 입장이었다. '종교와 경전' 이라는 글에 나타난 그의 사상은 보다 확실하다.

> 나는 종교와 경전의 관계를 절대적인 것으로 보고 있다. 이런 생각은 심히 보수적이요 고집한 의견이라고 할 이가 많은 줄도 알고 있다. 그러나 내가 아는 범위안에서 모든 종교가 경전과 절대의 관계를 가지고 있다는 사실을 내버릴수 없다... 기독교가 성경을 버리거나 성경을 믿지 아니하면 그때부터 기독교가 될 수 없는 것이다… 경전이 변한다면 종교가 변할 수밖에 없다는 말이다....성경의 문자나 절귀를 고친다든지 그 정신을 덮어놓는다든지 그 의미를 굽힌다든지 그 원형을 그대로 보존하고

그 정신을 그대로 발휘하지 아니하면 아니 된다.[81]

이눌서에 있어서 성경은 곧 하나님의 말씀이었다. 뿐만 아니라 이눌서 선교사는 성경관의 새로운 조류를 비판하면 "근(현)대주의는 배도하는 길," "이단," "사탄의 종교," "반기독교" 그리고 그것의 가르침은 "반기독교의 교리"를 포함한다고 보았다.[82]그는 성경에서 초자연적인 요소들을 제거하여야 한다고 외치는 현대주의 도전 앞에서 그리스도의 동정녀 탄생은 양보 할수 없는 성경의 진리라고 확신하고 있었다. 이눌서 선교사는 '동정녀 탄생'은 구약에 예언된 약속이며 기독교의 근본진리로서 그것이 없이는 "구주가 되지 못하였을 것이다."라고 강조하였다.[83] 의심할 것 없이 '동정녀 탄생'은 근본주의 5대교리 중의 하나였음을 우리는 너무나 잘 안다. 계속해서 그는 "장로교인이 믿는것"이라는 제하의 글을 통해 신앙을 설명하는 첫째로 성경에 대하여 언급한다.

서 문

우리의 믿음에 특별한 교리를 설명하기에 기초로 삼을 것은 곧 신 · 구약 성경은 하나님의 말씀이라 함이라(딤후 3:16) 이 말씀을 믿음과 행실에 유일한 확실한 범례로 믿노니 다 이루기 전에는 폐치 아니하리로다(마 5:18) 무릇 신경과 요리문답과 권징조례 같은 표준은 성경도리를 해석하는 것 뿐이니 로소인으로 하여금 본문을 깨달아 알게 하는 것이라 성경 중에 하나님의 말씀이 있다 할뿐 아니라 성경이 곧 하나님의 말씀인 줄로 믿노라.[84]

이눌서에게 있어서 성경의 중요성은 양보 할수 없는 신앙이었다. "오직

81) 김양선, 「한국교회 해방 10년사」(대한예수교장로회 종교교육부, 1956), 77.

82) 이눌서, "근대주의는 배도하는 일," 6-11, 박용규, 「한국장로교신학사상사」, 88에서 재인용.

83) *Ibid.*, 89.

84) 이눌서, "장로교인의 믿는 것," 「신학지남」(4권 1호, 1921, 10), 12.

주의 말씀은 세세토록 있도다" 라는 설교에서 그는 성경에 대하여 이렇게 말하였다.

> 성경은 문리가 명백하고 범위가 광활하고, 도덕이 성결하여 천 여년 전후의 교리가 동일하고 무형하신 하나님을 나타내 보이며, 인생의 각항 형편에 상당한 이치를 가르쳐 보이고 연약한 자를 담대하게 하고 반대를 이기고 핍박을 찾게 되니 참으로 세세토록 항상 있을 말씀이오, 기이 오묘하고 독일무이한 성경이다.[85)]

1896년 이눌서 박사는 한국의 향토 목회와 그 준비에 대해 말하면서 그의 입장을 강력하게 표현하고 있다.

> 하나님의 말씀에 관한 기초와 기독교의 기본적인 사실과 진리들에 관한 기초를 가르치시오, 나는 나 자신, 성경을 열심히 연구하는 어느 똑똑한 한국 학생이 아무개의 저서는 성경연구를 충분히 강조하지도 않고 또 강조되어 있지도 않으므로 가치가 없다고 말하는 것을 듣고 깊은 감명을 받았습니다. 우리 각자가 그 사람이 누구인가 물어 봅시다. 그것이 저 입니까?[86)]

위 설교에서도 "하나님의 말씀에 대한 기초와 기독교의 기본적인 사실과 진리들에 관한 기초" 의 강조는 근본주의 신학에 있어서 필수적인 것이었다.

한편으로 이눌서 박사는 "교회와 국가와의 관계" 를 곽안련 박사와 비슷한 정교 분리 입장을 취했다. '교회의 목적' 이라는 설교에서 그는 다음과 같이 선포했다.

---

85) 이눌서, "오직 주의 말씀은 세세토록 있도다," 「한국 설교 대전집」1권,(서울: 성서교재 간행사, 1979), 501.

86) W. D. Reynolds, 21; 간하배, 「한국 장로교 신학사상」, 20.

평양신학교 교장 라부열 선교사의 25주년 기념과 신학과 교수 이눌서 선교사 성역 40주년 기념예배 광경(1931. 12.1.)

근대에 여러 사람이 말하기를 더 많은 목적을 잡고 교회가 마땅히 사회를 개조할 것과 금주령을 실행케 할 것과 또한 국제적 전쟁을 종식케 함이 교회의 책임이라 하나 주의할 것 몇 가지가 있으니 교회는 하나님의 신령한 나라요, 세속한 나라가 아니며 재산에 대한 시비와 계급에 대한 투쟁을 교회 머리이신 예수께서 상관치 아니 하셨거든 어찌 그의 교회가 상관하리요. 전도함으로 개인으로 믿고 회개케 하여야 가정과 사회와 국가가 개조될 것이며 믿는 개인으로는 이상에 말한 사회 여러 가지 어려운 문제를 개조함에 힘쓸 것이로되 교회로는 단체의 세력을 의지하고 여하한 사건에 동기를 내면 시비만 말하고 혹 여하한 사물에도 다른 사람의 반감을 상하게 되므로 잘못될 수 있으니 교회는 세상의 일을 할 계기로 삼을 것이 아니요 그리스도의 몸으로 교회의 머리되신 구주의 목적을 이룰 것이니 곧 죄인을 구원하고 신자를 교육하며 진리를 간수하고 모든 교인으로 덕을 세우고 하나님께 영화 돌릴지니라.[87)]

---

87) 이눌서, 「교회의 목적」 대표설교집 제 11권, 511.

위 설교를 보면 교회의 본질에 대한 성경적인 입장을 잘 제시하고 있다. 사회 참여보다는 개인 영혼의 구원에 강조점이 있음을 알 수 있다. 이런 부분에 대하여 사회참여를 거부한 이눌서 박사의 입장을 '분리주의적 근본주의자' 라고 말할 수 있는가? 아니다. 왜냐하면 그는 편협한 신근본주의적 입장에서 교회론을 말한 것이 아닌 교회가 우선 먼저 해야 할 것을 강조하고 있음을 알 수 있다. 이눌서 교수에게 배운 박윤선 박사는 그를 이렇게 소개한다.

> 조직신학 교수 이눌서 박사는 고아(高雅)하고 성스러운 인격자였다. 그는 미국 선교사이면서도 능숙한 한국말로 강의하였는데 그의 강의를 듣는 학생들이 때로는 어떤 수도사 앞에서 설교를 듣는 것 같은 느낌을 받기도 하였다.... 그는 교리의 근거인 성경구절을 성경신학적으로 깊이 해석하는 작업은 하지 않았다. 예를 들면 그가 신학교 경건회 시간에 설교하면서 "천사" 에 관한 말을 한마디 하였다. 곧 "천사가 다른 이가 아니고 나를 도와준 내 아내였다" 고 한 말이다. 그의 뜻한 바는 천사를 사람을 통하여 역사한다는 것이고 문자적 의미에서 그의 아내가 천사라는 것은 물론 아니었다. 그러나 설교에 있어서 천사에 대하여 관설하려면 조직신학자로서는 성경에 있는 천사론을 요약하여 성경 신학적으로 간단하게 나마 해설했어야 할 것이다. 나는 이눌서 박사에게서 배운 것이 많지만 더 깊은 교훈을 요구하였다는 의미에서 이 말을 하는 것이다.[88]

박윤선 박사의 표현대로 고아한 인격의 소유자였던 이눌서는 한국 장로 교회에 많은 것을 남겼다. 특히 한글 성경 번역에 있어서 그의 역할이 가장 컸다.[89] 그는 탁월한 성경 번역가였다. 1895년부터 성경번역에 참여한 그는 1900년의 첫 신약성경, 1906년에 개정판 신약과 1910년의 구약 번역에 이르기까지 번역 작업을 계속했다. 이후 1937년 개역성경이 완

---

88) 박윤선, 「성경과 나의 생애」, 52.
89) 류대영, 옥성득, 이만열, 「대한성서공회사」Ⅱ(서울: 대한 성서공회, 1994), 159.

성되기까지 최고의 한글 성경 번역가인 이눌서는 작업이 계속되었다. 초기에 아펜젤러, 게일, 언더우드, 그리고 후기에는 피터스, 스톡스 등과 협력하였고 때로는 홀로 한글성경이 태어나도록 했던 가장 큰 공헌자였다. 미국 성서 공회의 밀러는 이눌서에 대하여 이렇게 극찬 하였다.

> 우리는 그에게 많은 빚을 졌다. 그는 모든 성경에 손을 대어 초역과 개역을 하였는데게일이 번역한 예레미야서를 제외하면 모두 그의 작업결과이다. 그는 정확한 학문성을 가졌고, 최고의 한국어 실력 소유자이다.[90]

성경번역에 있어서 흔들릴 수 없는 이눌서의 신념은 성경이 하나님의 말씀이며 신앙과 생활의 유일 무일한 법칙이라는 것이었다. 이런 까닭에 번역된 초창기 부터 한국 성경은 보수주의적이며 칼빈주의적 전통을 그대로 표현하게 된 것이었다.

고찰한 바대로 이눌서 박사 역시 고전적인 근본주의자였다. 그리고 브라운이 지적했던 바와 같이 "의심 할 것 없이 그는 미국 남 장로교의 훌륭한 선교사 중의 한 분"[91]이었던 것이다.

(3) 호주 장로교

호주 장로교회는 미국 북장로교에 이어 한국에 선교사를 파송했던 교회로서 미국 남장로교(1892)와 캐나다 장로교(1898)선교부와 함께 한국 장로교회의 형성에 일익을 감당했던 교회다. 호주 장로교의 한국 선교는 1889년 10월 호주 빅토리아 장로교회(1901년 이후에는 '호주 장로교회')선교사 데이비스 목사(Rev. Henry Davis)[92]와 그의 자매 데이비스양(Miss

---

90) H. Miller, "Letter to J. R. Temple." July 15, 1936. 류대영, 옥성득, 이만열, 「대한성서공회사」Ⅱ. 159에서 재인용.

91) Brown G. T, *Mission to Korea* (Board of World Missions, Presbyterian Church in U. S. A.), 233.

Merry T. Davis)이 내한하여 경상남도를 선교구로 정하고 선교 사업을 시작하였다. 호주 장로교회는 1889년부터 1945년까지 78명의 선교사를 1980년대까지는 120여명의 선교사를 파송하였다. 그리고 거의 대부분의 선교사들은 부산, 경남지방에서 선교, 교육, 의료, 사회봉사등 기독교운동에 크게 기여하였다. 1788년 호주 건국 이래로 개척된 각 주들은 영국왕의 직할 하에 있는 독립된 주들이었다.

이런 상황에서 호주에 장로교가 처음 소개된 것은 1803년이었다. 처음에 소수 그룹으로 있었으나 영국 교회의 리차드 존슨 목사가 도착한지 30년이 지난 1820년에 와서 교회의 조직이 갖추기 시작했다. 1820년대부터 스코틀랜드인의 자유 이민이 급증하였는데 이러한 상황에서 장로교인들의 수가 증가하였다. 왜냐하면 스코틀랜드인들의 호주에로의 이민은 모국인 스코틀랜드의 교회적 혹은 교단적 상황을 그대로 호주로 이식하는 결과가 되었기 때문이다. 자연히 호주장로교회는 철저하게 웨스트민스터 신앙고백을 중심으로 성장했고 꽃을 피웠다. 특히 빅토리아 주의 경우에는 장로교회가 다른 주에 비해 강했다.

1850년대에 와서 빅토리아 주에는 크게 3가지 장로교단이 조직되어 있었다. 첫째는 스코틀랜드 장로교회를 계승한 빅토리아 주 대회로 발전해 온 교회, 둘째는 빅토리아대회에서 분리된 빅토리아 자유 장로교회, 셋째는 스코틀랜드 연합장로교회를 계승하여 1850년 조직된 빅토리아 연합장로교회이다. 1859년 이 세 교단은 하나의 교회로 통합되었는데 그것이 바로 빅토리아 장로교회(Presbyterian Church of Victoria, PCV)이다. 이 빅토

92) 데이비스 목사는 원래 인도 선교사였으나 건강상태가 좋지 않아서 귀국하여 있던 중 1888년에 조직된 빅토리아장로교 성경연구 신우협회(The Presbyterian Fellowship Union for Bible Study)의 지원으로 한국에 나온 것이다. 데이비스는 한국에 선교부를 설치한 공로자로서 서울서 5개월간 선교를 하다가 서울이 다른 선교사들이 이미 선교하고 있었기에 선교지역 물색차 경남지방으로 여행 중 천연두와 발병한 폐염으로 인하여 게일(J. S. Gale) 집에서 1950년 4월 5일 별세하였다. 그의 죽음은 호주교회에 한국 선교에 대한 관심을 불러 일으켰고 1891년부터 호주 선교부는 경남지방을 중심으로 선교사업에 착수했다.

리아 장로교회는 교리 표준으로 웨스트민스터 신앙고백을 받아들였다. 이 빅토리아 주 장로교회(PVC)는 다른주의 장로교회들에 비해 가장 교세가 많고 부유하고 가장 영향력있는 장로교단으로 한국선교를 주도하게 된 것이다.[93)]

그러나 호주 연방구성의 필요성이 제기됨에 따라 1901년 1월 1일에는 공식적으로 호주 연방(Commonwealth of Australia)이 구성되었다. 그 동안 각 주별로 독립적인 치리회로 있던 장로교회도 이런 정치적인 변화에 자극을 받아 통합을 추진하게 된다. 이 과정에서 다른 주에 비해 교세가 강했던 빅토리아 주 장로교회가 통합운동을 선도하였다. 그결과 1901년에는 호주 장로교회(The Presbyterian Church of Austalia, PCA)를 구성하게 되었다. 호주 장로교회는 통합을 논의하는 과정에서 작성된 '연합의 기초' (The Basis of Union)에서 이 교회의 교리적 입장을 다음과 같이 표명했다: "연합된 교회의 최고의 표준은 구약과 신약성경에 포함된 하나님의 말씀이다."[94)] 그리고 성경에 종속되는 교리 표준으로 웨스트민스터 신앙고백서와 대 · 소요리 문답, 예배모범과 교회정치 등 5대 문서를 채택했다.

이런 까닭에 19세기 호주 장로교회의 신학은 일반적으로 보수주의 신학으로 통칭되고 있다. 특히 개혁주의적 경향이 강했는데 이러한 신학 경향은 스코틀랜드 자유교회(Free Church of Scotland)의 영향이 컸기 때문이었다. 1900년 이전에 내한했던 호주 선교사들[95)]은 다소 복음적인 신학과 19세기 말부터 유럽의 자유주의 신학이 호주에 영향을 끼치기 시작한 진보적인 신학이 혼재해 있던 신학적 변화기에 신학교육을 받았으나 그래도 이 시기에 내한했던 선교사들은 상당히 복음적이었다.

---

93) 이상규, "호주 장로교회의 신학," 「역사신학 논총」제5집, (서울: 이레서원, 2003), 136.

94) Board of Religious Education, *Presbyterian Church of Australia, Constitution and Procedure and Practice* (Melbourne, 1950), 29. 이상규, "호주 장로교회의 신학", 137에서 재인용.

95) 이상규 박사는 그의 논문에서 내한 호주 선교사들의 명단과 시기별 교육 현황을 다음과 같이 설명하고 있다.

결론적으로 말하면 해방 이전에 내한했던 호주 선교사들도 내한 시기에 따라 차이가 있겠으나 대체적으로 광의의 복음주의 계통의 신학을 견지하였고 웨스트민스터 신앙고백에 표명된 하나님, 인간, 그리스도, 죄와 은혜, 구원에 기초한 복음주의적 신앙의 소유자들이었다고 말할 수 있다.[96)]

<표 10> 내한 호주 선교사의 시기별 신학교육 기관별 현황

내한 시기	Ormond College	기타 신학 교육 기관
1889-1910	Mackay(1891) Lyall(1909) Watson(1910)	Davies(1889, New College, Edin) Adamson(1894, 영국, 학교미상) Engel(1900, 독일, 학교미상) Mackenzie(1910, Trinity Coll, Glasgow) Macrae(1910, Trinity Coll, Glasgow)
1910-1929	Wright(1912) Kelly(1912) Cunningham(1913) Allen(1913) Thomas(1916) Trudinger(1922) Anderson(1922) Borland(1929)	
1930-1935	Cottrell(1933) New(1934) Lane(1935) Stuckey(1935)	
계	**15**	**5**

위의 표를 살펴보면 호주에서 파송 받은 초기 선교사들 대부분은 오르몬드(Ormond) 대학(호주 멜보른 소재) 출신들이었다. 이 학교에 대한 신학사상은 다음을 참조하라. 조경현, 「초기 한국 장로교 신학사상」(서울: 도서출판 그리심, 2011), 78-80. 호주 출신 선교사들은 엥겔(왕길지)를 제외하고는 호주나 장로교 전통의 스코틀랜드에서 교육을 받았다. 왕길지는 복음주의자였다. 이점은 신학지남에 기고한 그의 글에서도 나

멜보른에 위치한 오르몬드(Ormond) 대학

(4) 캐나다 장로교

캐나다 장로회 선교사들은 1898년 공식적으로 한국 선교를 시작하였다. 이미 이전에도(1888년) 이미 한국에 와서 선교하던 캐나다인 선교사들이 있었다.[97] 이들은 캐나다 장로회에서 파송했던 공식 선교사들이 아닌

타나 있는데 그의 아들 프랭크는 아버지에 대해 청교도적 경건을 지닌 엄격한 보주주의자라고 말하면서 미국 북장로교 교사들보다 덜 엄격하면 엄격했지 덜하지는 않았다고 회고했다. 이상규, 호주 장로교회의 신학" 154. 계속해서 이상규 박사는 대체적으로 말해서 호주 장로교 선교사가 한국교회의 신학 형성에 끼친 영향은 타 선교부에 미비한 것으로 평가했다. 현실에 있어서 미국 북장로교가 신학교육을 주도하였고 호주 장로교는 당시 신학사조나 신학의 발전에 특별한 기여가 없었다는 것이다. 그 대표적인 한 예로 평양신학교 10명 중 호주선교사는 오직 엥겔 하나 뿐이었다는 것이다. 그래서 이상규 박사는 이렇게 평가한다. "호주장로교는 한국 장로교회의 신학전통인 보수주의 혹은 개혁주의적 특성을 지닌 정통주의 신학을 유지, 계승하는데 일조했던 것이다." 이상규, "호주 장로교회의 신학" 157.

96) *Ibid.*,

97) 하크니스(Harkness, 1888), 게일(Gale, 1888), 펜윅(Malcolm C. Fenwick, 1889),

존 맥켄지
(Willian John Meckenzie, 1861-1895)

독립 선교사들이었다. 그런데 캐나다 장로회가 한국 선교를 결정한 직접적인 동기는 독립 선교사로 한국에 와서 활동하다가 숨진 맥켄지(William John Mockenzie)의 죽음이었다.

그는 1893년 12월 독립선교사로 내한하여 황해도 소래에서 11개월 동안 선교활동을 하다가 1895년 여름 숨을 거두게 되었다. 그의 헌신적인 활동과 갑작스런 죽음은 그 지역 주민들에게 큰 충격과 감동을 주었고 그리하여 후에 한국 장로교 초대 7인 목사 가운데 한사람이 된 서경조를 대표로 소래 교회 성도들이 그해 말 캐나다 장로회 해외 선교부에 선교사를 파송해 달라는 요청을 하게 되었다.

이러한 맥켄지의 죽음의 소식과 한국인들의 요청을 받고 한국에 선교사를 파송하자는 여론이 일어 캐나다 장로회 동부지역 연합노회인 매리타임 대회에서 1897년 10월7일 한국 선교를 시작할 것을 결의하였다. 이 대회의 요청에 따라 캐나다 장로회 해외 선교부에서는 그 결정을 받아 들여 한국 선교를 하기로 하고 1898년 그리어슨(Dr. Mrs. Robert G. Grierson)의 의사 부부와 , 푸트(Rev. Mrs. W. R. Foote, 부두일)목사 부부, 맥레(Rev.

하디(Robert A. Hardie, 1890), 홀(William J. Hall, 1891), 에비슨(Oliver R, Avison, 1892), 맥켄지(William J. McKenzie, 1893) 등이다.

하크니스 부부는 내한한지 1년이 못되어 일찍이 돌아갔고 게일은 토론토 대학 YMCA의 선교비 지원을 받다가 지원이 끊기자 1895년 미국 북장로교 선교부로 소속을 옮겨 선교활동을 계속하였다. 펜윅은 독립 선교사로 내한하여 선교활동을 하다가 1893년 귀국했다가 1896년 다시 내한하여 독립선교를 계속하여 침례교 계열의 동아 기독교회를 창설하였다. 하디는 토론토 대학 의대 출신으로 YMCA선교회의 지원으로 8년동안 활동하다가 1898년 미남감리회 선교부로 옮겨 계속 활동하였다. 홀은 의료 선교사로 처음부터 미 감리회 소속 선교사로 내한하여 평양지역에서 활동하다가 청일 전쟁 중에 전염병 환자를 치료하던 중 자신도 병에 걸려 죽었다. 에비슨은 토론토 대학 의과 출신으로 그 학교에서 강사로 있다가 미 북장로교 해외선교부에 선교사로 지원하여 내한, 제중원(후에 세브란스병원)에서 의료 선교사로 활약하였다.

D. M. McCrae)목사를 한국에 파송하였다. 이들은 1898년 8월 2일 배로 캐나다 서부 벤쿠버항을 출발하여 일본을 거쳐 9월 4일 부산에 도착하고 7일 제물포를 통하여 입국하여 한국에서 선교 활동을 시작하였다. 이들은 1898년 미국 북장로회 한국 선교부로부터 원산 지부를 인수하여 그곳을 중심으로 함경남북도 지역의 선교를 담당하고 1901년에는 성진 지부, 1904년에는 함흥지부를 설립하였으며, 점차 간도와 연해주 지역으로 선교지역을 확대하였다. 원산지부는 푸트(W. R. Foote) 선교사가 그 책임을 맡고 성진지부는 그리어슨(Robert Grierson) 함흥지부는 맥래(D. M. NcRae) 선교사가 책임을 맡아 복음선교를 물론 교육과 의료선교를 함께 시작하였다. 그렇다면 이들의 신학 사상은 어떠했는가?

캐나다 출신 초기 한국 선교사들의 신학도 보수적이었다. 게일(J. S. Gale), 하디(R. A. Hardie), 펜윅(M. C. Fenwick), 에비슨(O. R. Avison) 등을 파송한 기독청년회(YMCA)와 이들의 선교 동기를 부여한 학생자원운동의 신학 입장은 1846년 런던에서 결성된 反 퓨지주의(Puseyism)[98] 복음주의 연맹(Evangelical Alliance)에서 발표한 '교리적 근본'(Doctrinal Basis)에 잘 나타나 있다. 이 '교리적 근본'의 원문은 다음과 같다.[99]

첫째, 성령의 완전한 권위와 신적인 영감(The Divine inspiration, authority and sufficiency of the Holy Spirit) 둘째, 성경해석에 있어서

98) 옥스퍼드 대학 퓨지(E. B Pusey, 1800-1882) 교수가 주장한 신학적 흐름으로 중세 가톨릭 교회의 신학을 재 해석함으로 영국 성공회 전통과 로마카톨릭 교회 전통의 연합을 모색하였다. 넓은 의미로 '옥스퍼드 운동' (Oxford Group Movement)에 포함된다. R. Buddensieg, "Pusey, Edward Bouverie," *The New Schaff-Herzog Encyclopedia of Religious Knowledge*, Vol., 9 (Grand Rapids: Baker Book House, 1977), 370-1. 이덕주, 「한국 토착교회 형성사 연구」(서울: 한국기독교역사 연구소, 2000), 59에서 재인용.

99) R. Rutt, *James Scarth Gale and his History of the Korean People*(Seoul: Taewon Publishing Company, 1972), 11. 이덕주, 「한국 토착교회 형성사 연구」, 58-9에서 재인용.

> 개인의 판단의 권리와 책임(The right and duty of private judgement in the inter-pretation of the Holy Scriptures) 셋째, 하나님의 통일성과 그 안에 삼위의 위격(The unity of the Godhead, and the Trinity of Persons therein) 넷째, 죄로 인한 인간 본성의 전적인 타락(The utter depravity of human nature, in consequence of the fall) 다섯째, 하나님의 아들의 성육신, 죄인인 인류를 위한 그의 속죄사역, 그의 중보사역과 통치(The Incarnation of the Son of God, his work of atonement for sinners of mankind, and his mediatorial intercession and reign) 여섯째, 오직 믿음으로 인한 죄인의 칭의(The justification of the sinner by faith alone) 일곱째, 죄인을 위한 성령의 회개와 성화의 사역(The work of the Holy Spirit in the conversion and sanctification of the sinner) 여덟째, 영혼불멸 및 육체의 부활, 그리고 의로운자에게 영원한 축복과 사악한 자에게 영원한 징벌을 수반하는 우리 주 예수 그리스도의 심판(The immortality of the soul, the resurrec-tion of the body, the judgement of the world by our Lord Jesus Christ, with the eternal blessedness of the righteous and the eternal punishment of the wicked) 아홉째, 기독교인 목사직의 신성한 제도와 의무, 세례식과 성만찬 예식의 영속성(The divine institution of the christian ministry, and the obligation and perpetuity of the ordinances of Baptism and the Lord's Supper).

게일을 비롯한 캐나다 출신 선교사들은 성경의 영감과 절대성, 인간의 전적 타락, 이신칭의, 영혼의 불멸과 육신의 부활, 그리스도의 심판 등 보수적 '복음주의 원리' 를 담고 있는 이 신앙고백을 공개적으로 밝혀야 했다. 그리고 1897년에 교회 단위로 그리어슨(R. Grierson), 맥레(D. M. MacRae), 푸트(W. R. Foote) 등을 파송하여 한국 선교를 개척한 캐나다 장로회의 메리타임 대회(Maritime Synod)는 전통적으로 웨스트민스터 신앙고백에 충실한 스코틀랜드 교회와 깊은 관련을 맺고 있었다. 왜냐하면 캐나다 장로교회는 스코틀랜드 사람들이 주로 이주하여 정착한 동부 연해주 지역에서 발달하였으며 존 낙스(John Knox)의 종교개혁에 의해서 형성된 장로교회의 전통을 이어 받았기 때문이다. 1817년에서 1870년까지 50

파인힐(Pine Hill) 장로교 신학교(캐나다 핼리팩스 소재)

여년 동안은 캐나다에는 6개 계열의 장로교회가 병존했다. 이들 사이에 통합이 논의되었고 1875년 동부에 있는 두 계열의 장로교회와 서부에 있던 두 계열의 장로교등 4계열의 장로교가 통합하여 캐나다 장로교회(The Presbyterian Church in Canada)를 형성하였다. 따라서 1925년 캐나다 장로회가 상대적으로 진보적이던 캐나다 회중교회 및 캐나다 감리교회와 합동하여 '캐나다 연합교회' (United Church in Canada)를 조직하기까지는 칼빈주의 전통, 특히 「웨스트민스터 신앙고백」 전통에 충실한 선교사들이 파송되었다.[100]

100) *Ibid.*, 61. 1898년부터 1910년까지 내한 했던 캐나다 선교사들은 다음과 같다.

〈표 11〉 내한 캐나다 선교사의 시기별 신학교육 기관별 현황

내한년도	선교사들	참고사항
1898	Foote, W. R. (부두일) 목사	파인힐 장로교 신학교 졸업
1898	Foote, W. R./ Mrs. (부두일 목사의 처)	
1898	Grierson, Robert.(구례선 목사)	파인힐 장로교 신학교 졸업
1898	Grierson, Robert. /Mrs(구례선 목사의 처)	
1898	McRae, D. M.(마구례 목사)	파인힐 장로교 신학교 졸업
1900	McRae, D. M. /Mrs(마구례 목사의 처)	

2. 대한 예수교 장로회 독노회의 12신조

1907년 9월 17일 평양 장대현 교회에서 대한 예수교 장로회 독노회가 조직되었다. 이 독노회에서 이미 위에서 언급한 바와 같이 한국인 목사 7인이 탄생하였다. 이것은 한국 교회의 자립과 자주를 의미하는 것이었다. 노회의 제2일째인 1907년 9월 18일 오전 8시 45분에 다시 개회가 되었다. 회장 마포삼열이 사도행전 15장 6절에서 29절까지 봉독하고 이기풍 목사의 기도로 회의가 계속되었다. 이 회의에서는 대한 예수교 장로교의 신경과 규칙을 제정하자고 한위렴이 동의하면서 7인 위원을 선정하여

1900	McCully, L.H. /Miss	E.A. McCully의 동생
1901	Robb, A.F. (업아력 목사)	파인힐 장로교 신학교 졸업
1901	Robb, A.F. /Mrs(업아력 목사의 처)	
1903	Robb, J. B. /Miss	업아력 목사의 여동생
1904	McMillan, K.K /Miss M. D(맹미란)	볼티모어 여자 의과대학 졸업
1905	Mair, C. F. /Miss(영재영 목사의 처)	
1906	Young, L. L.(영재영 목사)	파인힐 장로교 신학교 졸업
1907	Ross, A. R. (어아력 목사)	
1909	Roger, M. M. /Miss(남존경)	함북 성진에서 활동
1909	McCully E. A. /Miss(이애리시)	고 맥켄지 목사의 약혼녀
1909	McLeod, T. D. /(마기라 목사)	낙스 대학교 졸업
1910	Mansfield, T. D(만수필)	의사, 함북 회령에서 활동
1910	Mansfield, T. D(만수필 목사의 처)	

위 도표에 나타나 있듯이 1910년이전에 한국에 파송된 캐나다 장로회소속 선교사는 남자 8명 여자 11명으로 모두 19명이다. 이 중에서 한국선교에 주도적인 역할을 했던 부두일, 구례선, 업아력, 영재영 등은 캐나다 핼리팩스(Halifax) 소재 파인힐(Pine Hill) 장로교 신학교 출신이었다. 이 학교의 신학사상에 대한 자세한 내용은 다음을 참조하라; 조경현, 「초기 한국 장로교 신학사상」, 90-4. 그리어슨은 신학교때부터 맥켄지와 알고 지냈고 그로부터 직접 한국에 선교사로 나오라는 편지를 받고 한국 선교를 결심하였다. 1900에 내한한 L.H. McCully는 맥켄지의 약혼녀의 동생이며 1901년에 내한한 A. F. Robb은 신학교 학생때 맥켄지의 죽음의 소식과 소래교회의 선교사 파송 호소문을 신학지에 기고하였고 1909년에 내한했던 E.A. McCully는 맥켄지의 약혼녀이자 1903년에 그의 전기를 쓴 사람이었다.

명년 노회시에 보고 하자고 했다. 드리어 마포삼열은 신경과 정치 조사 위원 공천을 회원에게 허락하자 이눌서, 마포삼열, 게일, 방기창, 한석진, 배위량, 양전백 등 7인으로 결정을 보았다. 그런데 신경은 곧 한국 교회의 미래상을 결정짓는 중대한 요청이었다. 이것은 교리 문제와 직결된 아니 바로 교리 문제이기 때문에 장로교회의 신앙 노선과 방향을 결정짓는 행위였다. 더욱이 첫 번째로 제정되는 것이기에 실로 중요한 의의를 그 속에 내포하고 있었다. 마포삼열은 창립노회에서 결정된 사항 중에서 제일 중대한 안건으로 다루었다. 그런데 서문을 제외하고는 12신조에 달하는 신경은 1904년 인도 장로교회가 채택한 신경을 그대로 채용하였다.

주목할 것은 12신조의 연구를 통해 우리는 초기 선교사들의 신학적 배경을 알 수 있다는 것이다. 이미 언급한 바와 같이 북장로교의 언더우드가 1885년에 입국한 뒤에 1889년에는 호주 장로교 선교부가 들어와서 이후로 부산을 중심으로 경상도 지방에서 선교사업을 전개하였고 1892년에는 남장로교 선교부가 입국하여 전라도 일대에서 선교에 종사하였고 1898년에는 캐나다 장로회선교부가 입국하여 함경도를 그 선교지로 삼았다. 이렇게 들어온 장로교파는 새 선교지인 한국에 와서까지 서로 경쟁하며 선교한다는 것이 그들의 선교에 유익하지 못하고 또 선교지 주민에게도 덕이 되지 못한 다고 생각하고 이들은 상호 협력하여 북장로교와 호주 장로교 두 선교부가 1889년 장로회 공의회(The Presbyterian Council)를 조직하였다.[101] 이 공의회의 공식 명칭은 The United Council of Missions of the American and Victorian Churches였고 초대 회장은 헤론(J. W.Heron, M. D), 서기는 데이비스(J.H. Davies)였다. 창립회원으로 언더우드, 알렌, 기포드(D.L. Gifford) 였다.[102] 그러나 이 공의회는 다음해에 호주 장로교의 데이비스 목사가 갑자기 죽음으로 모이지 못하다가 1892년에 남장로교 선교부가 들어오게 되었다. 이를 계기로 1893년 "장로교 정

---

101) 송길섭, 「한국 신학 사상사」(서울: 대한기독교서회, 1987), 66.

102) 곽안련, 「장로교회사 전휘집」 (서울: 조선야소교서회(1918), 14-15

치를 보유한 선교공의회"(The Council of Missions Holding the Presbyterian Forms of Government)는 미국 북장로교와 남장로교에 의해 형성되었고 나중에 호주장로교와 캐나다 장로교선교사가 합류하게 되었다. 이 공의회 설립에 대하여 곽안련은 이렇게 쓰고 있다.

> 1893년에 '장로회 정치를 쓰는 미슌공회라 칭하는 회를 조직하얐는데 이 회는 경성 빈돈의 가(家)엣셔 조직하얐는데 설립자는 남장로회 미슌회원 목사 이눌서, 젼위렴, 최의덕, 쟝씨, 북장로미슌회원 목사 배위량, 낍보, 마포삼열, 리길함, 쇼안론, 민로아, 모삼열, 의사 빈톤제씨러라."103)

이 공의회의 목적은 장로교 정치와 개신교 신앙을 고수하는 하나의 교회를 세우는 것이었다. 1904년에 선교 공의회는 웨스트민스터 표준문서에 근거한 한국 장로교회의 교리적 뿌리가 될 수 있는 한국어 교리문답서를 약 5,000부 출판 할 것을 결정하였다. 그리고 선교공의회는 조선 자유 장로교회 설립을 준비하면서 그 설립에서 쓸 신경을 미리 하게 되었다.

12신조는 1902년 공의회에 선정한 신경준비위원들이 약 3년동안 각국의 신경을 수집하고 비교 연구하던 중에 1905년에 인도 장로교회에서 새로 채택된 신경을 가장 적합하다고 판단하였다. 또한 이 신조가 아시아 각국 장로교회의 공통신경이 되기를 바라는 마음에서 한국교회에서도 채택되기 위해 제출되었다. 이때에 행한 위원 보고는 다음과 같다.

> 새로 신경을 제정하지 아니하고 만국장로회에서 전부터 사용하는 신경과 그 신경에 대한 해석과 신경도리에 대한 공포와 선교 각 지방에서 통용하는 신경을 비교하여 조선 예수교 장로회 형편에 뎍합한 신경을 택하는 거시 가한 줄로 인정하였사오며 이제 뎨출하는 신경은 몇 개월 전에 새로 조직한 인도국 자유장로회에서 채용한 신경과 동일하니 우리가 이 신경을 보고 할 때에 희망하는 바는 이 신경이 조선과 인도 두 나

103) *Ibid.*, 14.

라 장로회의 신경만 될 뿐 아니라 아시아 각국 장로회의 신경이 되어 각 교회가 서로 연락하게 되기를 바라 한다.[104)]

그것은 노회 조직에 필요한 법제적 준비의 일환이었다. 공의회는 그것을 위해 1910년에 만국 장로회 헌법 번역위원을 택하여 번역케 하고, 이듬해엔 조선 자유 장로교회 설립 방침 제정위원의 보고를 따라 헌법 준비위원을 선택하여 공의회에서 먼저 채용했다가 노회 때 제의할 헌법을 준비토록 한 것이다. 그에 따라 각국 모교회로부터 노회설립의 허락을 다 받은 1905년에 공의회는 조선노회를 위한 교회신경을 의정 채용했던 것이다.[105)]

상술한 바대로 독노회가 조직되면서, 그 창립노회는 앞서 공의회에서 선택한 신경위원과 정치위원이 제정 보고한 신경과 정치를 1년 만에 시험적으로 채용하기로 결정했다.[106)]그에 따라 이튿날 회의에서는 대한 장로회 신경과 정치를 조사할 위원 7인을 선정해서 다음 노회 때에 보고하도록 결정했다.[107)] 계속해서 1908년 독노회록에는 정치 조사 위원회의 보고를 통해 선정한 7인 조사위원을 1년 더 연장해서 조사케 할 것과 조사위원 중 마포삼열, 한석진 양씨를 특별위원으로 선정했다.[108)] 1909년 회록에 직원 명부록[109)]중 '정치위원' 항에 기록되어 있는 7인의 위원들이 1907년 창립 노회시에 선정한 '신경과 정치 조사 위원' 과 일치하고 있다.

---

104) 곽안련, "조선야소교 장로회 신경론," 「신학지남」 2권 1호, 1919, 77.

105) *Ibid*, 41-42. 이 때에 조선교회에 적용할 정치는 따로 제출되었으나 1년 유안하였는데, 이듬해인 1906년 공의회에서 정치에 대하여 다시 의논한 결과 다시금 1年을 유안하였다. 그때에 유안된 정치는 웨스트민스터 정치 모범을 따라 완전히 제정한 것이었는데, 1907년 영어 공의회(선교 공의회)에서 이것이 아직 유약한 교회가 감당하기 어렵다고 판단하여 그것 대신에 보다 간단한 정치를 제정해서 노회에 제출했다. *Ibid*., 41-44.

106) <독노회록>, 제1회, 8.

107) *Ibid*., 11-12.

108) *Ibid*., 제2회(1908), 18.

109) *Ibid*., 제3회(1909), 31-34

그리고 그 다음 해인 1910년 회록에서는 하편 부록에 '신경, 정치 규칙'을[110] 싣고 있다. 이것은 위원회의 활동이 2년 더 연장되어 신경과 규칙은 결국 1910년의 노회에서 최종적으로 채택되었고 볼 수 있다.이 부분에 대해서「장로교회사전휘집」과「조선예수교 장로회사기」는 모두, 1908년 노회가 신경과 정치를 완전히 채용했으며,[111] 또한 1910년에는 신경과 정치 규칙을 노회록에 부록으로 발행하게 되었다고[112] 적고 있다.

채필근 목사는「한국 교회의 개척자 한석진과 그의 시대」에서 장로교회 신경의 제정을 이렇게 적고 있다.

> 창립노회에서 결정된 사항 중 가장 중대한 안건은「장로회신경」(*Confession of Faith*)의 채택이었다. 이 신경은 12조로 되어 있는데 그 서문을 제외하고는 1904년에 인도 장로교회가 채택한 신경을 그대로 채용한 것이다. 그것은 인도와 한국 뿐만 아니라 아세아의 장로교회의 신경을 그것으로 통일하여 신앙의 단일화와 선교사업의 유대(紐帶) 강화를 도모하려는 계획에서였다.... 이 12개조의 신경은 2년간 심사위원의 수정을 받았는데 이때 한목사는 다른 6명의 위원과 함께 많은 연구 끝에 수정을 끝내었다. 그리고 1910년에 정식으로 채택되었다.[113]

12신조[114]를 조목별로 검토해 보면 1. 성경은 정확무오한 하나님의 말씀 2. 유일하신 하나님의 성품과 속성(하나님의 절대성) 3. 삼위일체 하나

---

110) 여기의 신조 명칭은 1907년의 '대한 장로교회 신경' 에서 '조선 장로회 신경' 으로 바뀌었다.

111) 차재명,「조선 예수교장로회 사기」(신문내교회당, 1928), 183.

112)「장로교회사전휘집」, 54

113) 채필근,「한석진 목사와 그의 시대」, 152-153.

114) 12신조의 내용은 다음과 같다:

서 언

대한예수교장로회에서 이 아래 기록한 몇 가지 조목을 목사와 강도사와 장로와 집사로 하여금 승인할 신조로 삼을 때에 대한 예수교 장로회를 설립한 모(母) 교회의

님 4. 하나님의 창조사역 5. 하나님의 형상대로 지음받은 인간 6. 인간의 타락과 원죄 7. 그리스도의 속죄(사도신경에 나타난 기독론) 8. 성령과 구원의

교리적 표준을 버리려 함이 아니요, 오히려 찬성함이니 특별히「웨스트민스터」신도게요서(信到揭要書)와, 성경 대 · 소요리문답은 성경을 밝히 해석한 책으로 인정한 것인 즉 우리교회와 신학교에서 마땅히 가르칠 것으로 알며 그 중에 성경 소요리문답은 더욱 우리 교회 문답책으로 채용하는 것이다.

신 조

1. 신 · 구약 성경은 하나님의 말씀이니 신앙과 본분(本分)에 대하여 정확무오(正確戊午)한 유일(唯一)의 법칙이다.

2. 하나님은 한 분뿐이시니 오직 그만 경배할 것이다. 하나님은 신(紳)이시니 스스로 계시고 아니 계신 곳이 없으시며 다른 신과 모든 물질과 구별되시며, 그 존재(存在)와 지혜와 권능과 거룩하심과 공의와 인자하심과 진실하심과 사랑하심에 대하여 무한하시며 변하지 아니하신다.

3. 하나님의 본체(本體)에 세 위(位)가 계시니 성부, 성자, 성령이신데 이 세 위는 한 하나님이시라. 본체는 하나요, 권능과 영광이 동등(同等)하시다.

4. 하나님은 모든 유형물(有形物)과 무형물(無形物)을 그 권능의 말씀으로 창조하사 보존하시고 주장하시나 결코 죄를 내신이는 아니시니 모든 것을 자기의 뜻의 계획대로 행하시며 만유(萬有)는 다 하나님의 착하시고, 지혜롭고, 거룩하신 목적을 성취하도록 역사하신다.

5. 하나님이 사람을 남녀로 지으시되 자기의 형상대로 지식과 의와 거룩하심으로 지으사 생물(生物)을 주관하게 하셨으니, 세상 모든 사람이 한 근원에서 났은즉 다 동포요, 형제다.

6. 우리의 시조(始祖)가 선악간에 택할 자유능(自由能)이 있었는데 시험을 받아 하나님께 범죄한지라 아담으로 부터 보통 생육법(生育法)에 의하여 출생하는 모든 인종들이 그의 안에서 그의 범죄에 동참하여 타락하였으니 사람의 원죄(原罪)와 및 부패한 성품 밖에 범죄 할 능(能)이 있는 자가 일부러 짓는 죄도 있은 즉 모든 사람이 금세와 내세에 하나님의 공평한 진노와 형벌을 받는 것이 마땅하다.

7. 인류의 죄와 부패함과 죄의 형벌에서 구원하시고 영생을 주시고자 하사 하나님의 무한하신 사랑으로 그의 영원하신 독생자 예수 그리스도를 세상으로 보내셨으니, 그로만 하나님께서 육신을 이루었고 또 그로만 사람이 구원을 얻을 수 있다. 그 영원한 아들이 참 사람이 되사 그 후로 한 위에 특수한 두 성품이 있어 영원토록 한

적용 9. 하나님의 예정과 구원 10. 성례론 11. 성도의 건전한 신앙생활의 의무 12. 성도의 부활과 최후의 심판 등이다. 이 신조는 오늘날까지 장로회 신앙의 기본 골격으로 유지되고 있다.

하나님이시오, 참 사람이시라. 성령의 권능으로 잉태하사 동정녀(童貞女) 마리아에게 났으되 오직 죄는 없는 자시라. 죄인을 대신하여 하나님의 법을 완전히 복종하시고 몸을 드려 참되고 온전한 제물이 되사 하나님의 공의를 만족하게 하시며, 사람으로 하여금 하나님과 화목하게 하시려고 십자가(十字架)에 못박혀 죽으시고 죽은 자 가운데 3일 만에 부활하사 하나님 우편에 승좌하시고 그 백성을 위하여 기도하시다가 저리로서 죽은 자를 다시 살리시고 세상을 심판하러 재림하신다.

8. 성부와 성저로 부터 오신 성령께서, 인생으로 구원에 참여하게 하시나니 인생으로 죄와 비참을 깨닫게 하시며, 그의 마음을 밝혀 그리스도를 알게 하시고, 그 의지를 새롭게 하시고, 권하시며, 권능을 주어 복음에 값없이 주마 한 예수 그리스도를 받게 하시며 또 그 안에서 역사하여 모든 의의 열매를 맺게 하신다.

9. 하나님께서 세상을 창조하시기 전에 그리스도 안에서 자기 백성을 택하사 사랑하므로 그 앞에서 거룩하고 흠이 없게 하시고, 그 기쁘신 뜻대로 저희를 미리 작정하사 예수 그리스도로 말미암아 자기의 아들을 삼으셨으니 사랑하시는 아들 안에서 저희에게 두텁게 주시는 은혜의 영광을 찬미하게 하려는 것이로되 오직 세상 모든 사람에게 대하여는 온전한 구원을 값없이 주시려고 명하시기를 너희의 죄를 회개하고 주 예수 그리스도를 자기의 구주를 믿고 의지하여 본받으며 하나님의 나타내신 뜻을 복종하여 겸손하고 거룩하게 행하라 하셨으니 그리스도를 믿고 복종하는 자는 구원을 얻는지라, 저희가 받은 바 특별한 유익은, 의가 있게 하심과 양자(養子)가 되어 하나님의 아들의 수(數)에 참여하게 하심과 성령의 감화로 거룩하게 하심과 영원한 영광이니 믿는 자는 이 세상에서도 구원을 얻는 줄로 확실히 알 수 있고 기뻐할지라. 성령께서 은혜의 직분을 행하실때에 은혜를 베푸시는 방도는 특별히 성경말씀과 성례와 기도다.

10. 그리스도가 세운 성례(聖禮)는 세례와 성찬이다. 세례는 물을 가지고 성부와 성자와 성령의 이름으로 씻음이니 우리가 그리스도와 합하는 표적과 인침인데 성령으로 거듭남과 새롭게 하심과 주께 속한 것임을 약속하는 것이라. 이 예(禮)는 그리스도 안에서 신앙을 고백하는 자와 그들의 자녀에게 베푸는 것이요, 주의 성찬은 그리스도의 죽으심을 기념하여 떡과 잔에 참여하는 것이니 믿는 자와 그 죽으심으로 말미암아 나는 유익을 받는 것을 인쳐 증거하는 표라. 이 예(禮)는 주께서 오실 때까지 주의 백성이 행할지니 주를 믿고 그 속죄제를 의지함과 거기서 좇아 나는 유익을 받음과 더욱 주를 섬기기로 언약(言約)함과 주와 및 여러 교우로 더불어 교통하는 표라. 성례의 유익은 성례의 본덕(本德)으로 말미암음도 아니요, 성례를 베푸는 자의

(1) 12신조와 웨스트민스터 신앙고백

12신조의 서문에 보면 교회 역사에 등장하는 많은 신앙고백서들 가운데 웨스트민스터 신앙고백서와 한국 교회와의 특별한 관계를 맺고 있다는 사실을 보여준다. 백낙준 박사는 이 신조가 개혁파 교리를 아주 분명하게 보여준다고 하였다. "이 신앙고백은 철저한 칼빈주의적 경향을 지닌 12개의 조항으로 이루어졌다."[115] 이것은 한국 장로교회는 그 시작부터 웨스트민스터 신앙고백서와 대 · 소요리문답과 밀접한 관계를 가지고 시작했다는 것이다. 이것을 보여주는 구체적인 실례는 12신조의 유래를 살펴보면 잘 알 수 있다. 한국 교회사 관련 문헌 대부분이 밝히고 있는 바와 같이 12신조는 19세기말 인도에서 활동하고 있는 서구의 여러 장로교회들 소속의 선교사들 및 그들이 개척한 인도교회들이 연합하는 매우 어렵고도 소중한 과정 속에 탄생했다. 1871년 1월 5일 인도 북부의 알리하밧(Alahabad)에서 열린 회의에서 미국 장로교회, 스코틀랜드 교회, 스코틀랜

덕으로 말미암음도 아니요. 다만 그리스도의 복 주심과 믿음으로써 성례를 받는 자 가운데 계신 성령의 행하심으로 말미암음이다.

11. 모든 신자의 본분을 입교(入教)하여 서로 교제하며, 그리스도의 성례와 그 밖의 법례(法例)를 지키며, 주의 법을 복종하며, 항상 기도하며, 주일을 거룩하게 지키며, 주일을 거룩하게 지키며, 주를 경배하기 위하여 함께 모여 주의 말씀으로 강도(講道)함을 자세히 들으며, 하나님께서 저희로 하여금 풍성하게 하심을 좇아 헌금하며, 그리스도의 마음과 같은 심사(心思)을 서로 표현하며, 또한 일반 인류에게도 그와 같이 할 것이요, 그리스도의 나라가 온 세상에 확장되기 위하여 힘쓰며, 주께서 영광 가운데서 나타나심을 바라고 기다릴 것이다.

12. 죽은 자가 끝날에 부활함을 받고 그리스도의 심판하시는 보좌 앞에서 이 세상에서 선악간에 행한 바를 따라 보응(報應)을 받을 것이니 그리스도를 믿고 복종한 자는 현저히 사(赦)함을 얻고 영광 중에 영접을 받으려니와 오직 믿지 아니하고 악을 행하는 자는 정죄함을 입어 그 죄에 적당한 형벌을 받는다.

승 인 식

교회의 신조는 하나님의 말씀에 기초하고 하나님의 말씀과 일치한 것으로 내가 믿으며 이를 또한 나의 개인의 신조로 공포하노라

115) 백낙준, 「한국 개신교사」, 408.

드 연합 장로교회에서 여섯명 모였고 다른 다섯 개의 교회들을 대표하는 이들의 편지가 읽혀졌다.[116] 그 당시 인도에는 열 개의 장로교회에 속한 144명의 목사들이 있었다. 모리슨(Dr. Morrison)은 "웨스트민스터 신앙고백과 요리문답서들을 기초로 해서 형성된 인도장로교회 조직을 요청받았다"고 했다.[117]

두 번째 회의는 11월16일 알라하밧 줌나(Jumna)교회에서 모였는데 "통일된 연합체(Corporate Union)"가 바람직하지만 현재로는 "장로교 목사들과 장로들의 전체 집회를 때때로 갖는 것"이 좋겠다는 의견을 모았다.[118]

1872년 12월30일 인도 북부의 알라하밧(Alahabad)에서 인도 전국적인 장로교 연합기구 구성을 위한 준비모임이 개최되었는데 여기에 참석한 7 교회는 다음과 같다. 스코틀랜드 교회(the Church of Scotland), 스코틀랜드 자유교회(the Free Church of Scotland), 미국 장로교회(the American Presbyterian Church), 미국 개혁교회(the Reformed Presbyterian Church in America), 미국 개혁교회(the Reformed Church in America), 아일랜드 장로교회(the Irish Presbyterian Church), 그리고 미국 연합 장로교회(the United Presbyterian Church in America).[119]

1873년 11월 26일에 모인 제4차 회의에서 인도장로교연합(Indian Presbyterian Confederation)이 제안되었고 1875년 12월 23일에 모인 5차 회의는 공식 명칭을 인도 장로교 동맹(Presbyterian Alliance of India)라고 하고 5개의 규약을 채택했는데 그 중 중요한 3가지 내용은 다음과 같다.

---

116) Kenneth Lawrence Parker, *The Development of the United Church of Northern India*, 20.

117) *Ibid.*, 20.

118) *Ibid.*, 이때 참석인원은 북인도 대회(Synod)에서 29명, 개혁 장로교 선교회에서 5명의 목사, 그리고 미국개혁교회, 스코틀랜드자유교회, 스코틀랜드교회에서 각 1명이 참석했다. 그리고 3개의 다른 교회들은 편지를 보냈다.

119) Presbyterian Alliance of India, *Proceedings of the Meetings of the Representative Committee* (Calcutta: The Edinburgh Press, 1903), 25f; 황재범, "대한장로교회신경 혹은 12신조 작성 및 수용과정에 대한 연구," 「기독교사상」(2006, 9), 221.

1. 장로교 조직체의 이름은 인도 장로교 연맹이 될 것이다.
2. 신 · 구약 성경은 하나님의 말씀이며 신앙과 행위의 유일한 법칙이고 교회정치의 원리는 유럽장로교회나 미국장로교회와 같이 표준문서들의 교리적 체계를 따르는 교회들은 연맹 구성원의 자격이 있다.
3. 이 연맹은 정기적으로 3년에 한번 모일 것이다.[120]

인도 장로교 동맹 규약이 웨스트민스터 표준문서들에 근거하고 있음을 주목해야 한다. 미국 개혁교회는 네델란드 교회들의 고백서와 하이델베르크 요리문답 도르트 신경을 사용했으며 웨일즈 칼빈주의 감리교회는 자신들의 총회에서 만든 신앙고백을 사용했다. 이런 까닭에 그 교회들의 신봉되고 있는 교리들의 합의가 이런 표준들로부터 취해져야 하고 인도인 목사들과 장로들을 안수할 때 사용할 신조가 준비되어야 된다고 제안되었다.[121]

1877년에 인도 장로교 연맹 제1차 회의를 개최하였다. 그 이후 매 3년마다 회의를 하여 1889년 제5차 회의까지 지속했다가 11년 이상을 회집되지 못하였다. 그러나 긴 휴식 후에 1901년 2월 알리하밧에서 모인 인도 장로교회 연맹은 연합을 성취하기 위해 모든 노력을 기울였다. 제6차 회의에서 12신조가 탄생되는 모체가 되었고 이를 바탕으로 1904년 12개의 상이한 장로교 및 개혁파 교회의 연합체인 "인도 장로교회"(the Presbyterian Church in India)를 구성하게 되었던 것이다. 이 과정에서 교리적 표준으로서의 신조에 관한 문제가 제기 되었는데 장로교 연맹은 웨스트민스터 신앙고백을 선호하면서도 '인도교회가 교리를 보다 잘 이해하도록 도움이 되도록' 웨스트민스터 신앙고백의 '요약'(a synopsis)이 필요하다는 결정을 했다.[122] 그리고 신앙고백의 요약으로서 "남인도 회의에서 채택된 것을 따르기로" 합의했다. 남인도 회의의 신앙고백은 3개 스코틀랜드 교회들이

120) Kenneth Lawrence Parker, *The Development of the United Church of Northern India*, 24
121) *Ibid.*, 27.
122) *Ibid.*, 41.

채택한 것을 기초로 하고 있었다.

3개의 스코틀랜드 교회에서 채택한 것은 "교리와 인도 민족 교회의 직원 임직 문제에 관한 진술"(Statement of Doctrine and Questions for the Ordaining of Office-bearers in the Native Churches of India)"이었다. 이 진술은 1878년과 1883년 사이에 그 주제에 관한 범 장로교회동맹(Pan-Presbyterian Aliance)의 관심에서 마련된 것이었다. 이 진술은 웨스트민스터 신앙고백을 짧게 축약한 것이었다.[123)]

초기 단계에서 스코틀랜드 선교회들과 캐나다 선교회들은 짧은 신앙고백을 선호했다. 그러나 알리하밧의 웨일즈 장로교인들과 미국장로교인들은 웨스트민스터 신앙고백에 만족하고 있었다. 긴 신앙고백과 짧은 신앙고백을 두고 논쟁하다가 마침내 짧은 쪽으로 하자고 결정이 되었고 그 기초는 바로 남인도 회의에서 채택한 것이었다.

인도 장로교회 신조의 기초가 된 남인도 연합교회(South Indian United Church)의 신조는 원래는 11개 신조였다. 그 중 10조를 둘로 나누어 앞부분은 인도장로교회 신조의 제10조가 되고 뒷부분은 11조가 되었다. 그리고 원래 남인도 연합교회 신조의 11조는 인도장로교회 신조의 제12조가 되었다. 즉 남인도연합교회 신조에서는 한 조문이었던 성례에 대한 고백과 신자의 본문에 대한 고백이 인도 장로교회에서는 따로 고백되어 있다. 파커(Parker)는 남인도 연합교회 신조와 인도 장로교회의 신조를 비교한 후 인도 장로교회 신조의 우수성을 다음과 같이 언급한다.

> 그것(인도 장로교회 신조)은 웨스트민스터 신앙고백에서부터 더 많은 구절을 인용하고 있으며 성례를 좀더 충분하게 설명하고 있고 그리스도를 좀 더 분명히 드러냈고 그리스도 인격에 대한 니케아신조와 칼게톤 신조의 강조점을 추가했으며 예정(선택)교리를 명백하게 진술하고 있다.[124)]

123) Eugene P. Heideman, *From mission to church: the Reformed Church in America Mission to India*(Wm. B. Eerdmans Publishing, 2001), 369.

커티스(Kennth)는 인도 장로교회의 12신조에 대하여 이렇게 평가하고 있다.

> 웨스트민스터 신앙고백을 확실하게 요약(epoitomize)하고 있는 바 유사한 문장들이 많고, 긍정적이며, 성서적이고 비 논쟁적이며, 선교 상황에 필요한 특정 교리들을 강조하고 있으며 모교회의 표준들, 즉 웨스트민스터 신앙고백 및 요리 문답들, 하이델베르크 요리문답, 도르트 표준들에 충실하다.125)

그리고 이 12신조는 인도 북동부에 있는 알리하밧(Allahabad)에서 개최된 "인도 장로교회 연맹"의 마지막 모임인 제8차 회의(1904년 12월15-17일)에서 채택되었고 결국 이 모임을 이어 받은 "인도 장로교회"(the Presbyterian Church in India)의 제1차 총회(1904년 12월 19일)에서 본 교회의 교리적 표준으로 채택되었다.

이 12신조는 1905년 알라하밧 선교출판사에서 인쇄되었는데 그것은 12신조, 수락 형식, 선언문, 교회헌장, 27개 교칙, 지역조직 등의 일부로서 우리나라 독노회에서 채택할 때에는 12신조 수락형식 만을 받아들이고 서문을 첨부했다.126)

그런데 한국 장로교회 12신조가 인도장로교회 12신조보다 더 강력하게 웨스트민스터 신앙고백, 대 · 소요리 문답을 서문에서 강조하고 있다는 점이다. 한국장로교회는 서문을 제외하고는 인도 장로교회 12신조를 받아들였다. 즉 인도 장로교회의 12신조의 서문을 크게 수정했다는 점이다. 인도 장로교회 서문은 다음과 같다.

> (The South, Indian United Church, in) The Presbyterian Church in

---

124) *Ibid.*, 46.

125) William A. Curtis, *History of Creeds and Confessions of Faith in Christendom and Beyond*(Edinburgh: T&T. Clark, 1911), 284.

126) 임원택, "대한예수교장로회 12신조," 122.

India adopting the following as its Confession of Faith, to be subscribed by ministers, licentiates, and elders,(and deacons) does not thereby reject any of the doctrinal standards of the parent churches(of Scotland and America), but, on the contrary, commends(these ancient symbols)them--**especially(the Westminster and Heidelberg catechisms) the Westminster Confession of Faith, the Welsh Calvinistic Confession of Faith, and the Confession and Canons of the Synod of Dort--** as worthy exponents of the Word of God, and as systems of doctrine(suitable) to be taught in our Churches and seminaries.[127)]

(남부 인도연합교회) 인도장로교회는 다음의 신조들을 본교회의 신앙고백으로 채택하고자는데 이는 목사, 강도사, 장로들(그리고 집사들)이 이를 공적으로 승인하도록(to be subscribed)하기 위함이다. 이렇게 함에 있어서 본 교회는 모 교회(스코틀랜드와 미국)의 교리적 표준을 버리려 하는 것이 아니라 오히려 그것들(고대의 신조들)을 찬성하고자 함이니 특별히(웨스트민스터와 하이델베르그 요리문답) 웨스트민스터 신앙고백, 웨일즈 신앙고백, 도르트 회의의 신앙고백 및 표준서는 하나님의 말씀의 믿을 만한 설명서로서 그리고 우리 교회와 신학교에서 교육되어야 할 (적당한) 교리체계로 인정되어야 할 것이다.

한국 장로교회에서 채택한 수정된 서문은 다음과 같다.

The Presbyterian Church of Korea, adopting the following as its Confession of Faith, to be subscribed by ministers, licentiates, elders and deacons, does not thereby reject the doctrinal standards of the parent churches, which established the Church in Korea, but, on the contrary, commends them **especially the Westminster Confession of Faith, and the Larger and Shorter Catechisms as worthy**

127) Kenneth Lawrence Parker, *The Development of the United Church of Northern India*, 43.

exponents of the Word of God, and as systems of doctrine to be taught in our Churches and Seminaries; and adopts as the catechism of the Church, the Westminster Shorter Catechism.

대한 장로교회에셔 이 아레 긔록한 몃가지 됴목으로 신경을 삼아 목ᄉᆞ와 밋 인허 강도인과 쟝로와 집ᄉᆞ로 ᄒᆞ여곰 텽죵케 ᄒᆞᄂᆞᆫ거시 대한 교회를 셜립ᄒᆞᆫ 본 교회의 ᄀᆞᄅᆞ친바 취지와 표쥰을 ᄇᆞ림이 아니요 오히려 챤셩홈이니 특별히 웨스트민스터 신경과 셩경요리문답 대쇼책ᄌᆞ는 성경을 ᄇᆞᆰ히 해셕ᄒᆞᆫ 책인즉 우리교회와 신학 학교에셔 맛당히 ᄀᆞᄅᆞ칠 거스로 알며 그 즁에 셩경요리문답 적은 책을 더욱 교회문답으로 ᄉᆞᆷᄂᆞ니라.[128)]

이 두 가지 상이한 서문을 비교해 보면 가장 차이를 보이는 것이 웨스트민스터 신앙고백에 대한 부분이다. 인도 장로교 12신조에는 "especially the Westminster Confession of Faith, the Welsh Calvinistic Confession of Faith, and the Confession and Canons of the Synod of Dort"라 되어 있다. 그런데 한국 장로교회에서는 이 부분을 "especially the Westminster Confession of Faith, and the Larger and Shorter Catechisms--as worthy exponents of the Word of God" 라고 수정 번역하였다. 즉 서구 여러 나라의 개혁파 교회의 신조들 웨일즈 칼빈주의 신앙고백, 도르트 신앙고백 및 표준서가 인도 장로교회 12신조에는 있으나 한국 장로교회는 이를 수정하여 "웨스트민스터 신앙고백과 대 · 소요리 문답"이라고 크게 수정하여 받고 있다는 점이다. 이 부분에 대하여 황재범 교수는 다음과 같이 평가하였다.

두 가지 상이한 서문의 비교에서 두러나는 첫 번째 사실은 재한 장로교 선교사들이 12신조 원문에 반영되어 있는 구미 개혁 신학의 다양성을 삭제해 버렸다는 사실이다.…그러므로 재한 장로교 선교사들이 이와 같

128) 제 1차 총회록, 24.

> 은 개혁 신학의 다양성을 무시하고 웨스트민스터 신조만을 독점적으로 인정했던 것은 개혁신학의 협소화에 다름 아니었던 것이다.… 재한 장로교 선교사들이 이유도 밝히지 않은 채 이와 같은 다양한 개혁 신학의 뿌리들을 잘라 버림으로써 한국 장로교회의 개혁주의 신학은 웨스트민스터 신앙고백 중심으로 축소될 수밖에 없는 길을 열었던 것이다.[129]

황재범의 평가는 그동안 미처 발견하지 못했던 12신조에 대한 좋은 시각을 보여준다. 하지만 한 가지 주목할 점은 황재범의 평가속에는 웨스트민스터 신조에 대한 서약에 대한 연구가 조금은 미흡했다는 점을 보여주고 있다. 한국 장로교회가 웨스트민스터 신조만을 고백했다는 것은 구미 개혁신학의 다양성을 삭제하기 보다는 웨스트민스터 신앙고백을 더욱더 신실하게 받기 위해서 즉, 한국 장로교회는 신조에 대한 충실함을 강조하고 있다는 점이다. 바로 이점 때문에 한국장로교회는 초창기부터 '성경중심의 교회' 로 출발할 수 있었다.

한국장로교회는 그 시작부터 웨스트민스터 신앙고백서와 대 · 소요리문답과 밀접한 관계를 가지고 시작했다. 곽안련은 이 신경의 서문 중에서 "조선교회를 설립한 본교회의 가르친바 취지와 표준을 버림이 아니요 찬성함이니라. 특별히 웨스트민스터 신경과 성경 요리문답 대 · 소책자는 성경을 밝히 해석한 책인즉 우리 교회와 신학교에서 의당히 교수할 것으로 알며" 라는 부분을 두고 이 신경 채택이 고대 장로회 모든 신경을 폐하는 것이 아니라 정당히 증거하는 것이요. 미국 교회의 웨스트민스터 신경을 폐지한 것이 아니라 그 신경과 기타 유명한 일곱 신경을[130] 참고건으로 둔다고 확대 해석하고 있다.[131] 그리고 그는 그 당시 신경과 헌법의 개정을 묻는 이들을 의식하면서 이 12신조의 우수성을 다음과 같이

---

129) 황재범, "대한 장로교회 신경 혹은 12신조 작성 및 수용 과정에 대한 연구," 231-2.

130) 사도신경, 니케아 신경, 아타나시우스 신경, 스위스 신경, 도르트 신경, 하이델베르그 요리문답, 39개조 신경을 말한다. 곽안련, "조선야소교 장로회 신경론," 76.

131) *Ibid.*,

변론한다.[132]

> 혹자가 질문 ᄒᆞ기를 죠션 쟝로교회신경이 미국 교회 신경과 부동(不動)ᄒᆞᆫ 것은 문명의 등급으로 인ᄒᆞ야 조선교회를 하대(下待)ᄒᆞᄂᆞᆫ거시 아니냐 ᄒᆞ나 실노 그러치 아니ᄒᆞ도다. 죠션 신경이 간단ᄒᆞ나 유치ᄒᆞᆫ 신경이 아니요 완전ᄒᆞᆫ 신경이며, 이부다 우승(優勝)ᄒᆞᆫ 신경이 세상에 업고 고대 신경중에 우리 신경보다 부족ᄒᆞᆫ 거시 만흐며 웨슷민스터 신경이라도 이 신경보다 우승ᄒᆞ다고ᄒᆞ기 어려오니라 이 신경은 현 시대 형편에도 뎍당(適黨)ᄒᆞ고 셩경에도 뎍합(適合)ᄒᆞ니 귀ᄒᆞᆫ 보물이로다. 회원된 오제(吾儕)는 맛당히 이 신경에 대ᄒᆞ야 깃봉(喜悅)이 성(生우)ᄒᆞ고 강구(講究)ᄒᆞ기를 게을치 아니ᄒᆞᆫ거시니 하ᄂᆞ님께셔 세빗(新光)츨 주샤 이 신경의 실착(失錯)과 부쇽한 거슬 발현(發現) ᄒᆞ시면 개정ᄒᆞ려니와 그 외에는 개정할 리유(理由)가 업ᄂᆞᆫ리라... 장로 감리 양교회 련합문뎨를 인ᄒᆞ야 회집하엿슬 때에 년로(年老)ᄒᆞ 감리교파 선교ᄉᆞ의 말이 두교회가 련합ᄒᆞ게 되면 우리 감리파가 웨슷민스터 신경은 채용ᄒᆞ기가 극난(極難)ᄒᆞ나 이 인도국(印度國)에셔 츌래(出來)ᄒᆞᆫ 신경을 채용ᄒᆞ기가 어렵지 아니ᄒᆞ다 ᄒᆞ엿스니 감리파의 다른 교역자들은 엇더케 성각(思)ᄒᆞᆯ넌지 아지 못ᄒᆞ거니와 가(加)히 알만ᄒᆞᆫ 일이니라.[133]

12신조에 대한 곽안련의 평가를 보면 첫째, 12신조가 간단하고 명백하여 알기가 용이한 점에서 만국 장로회 신경 중에 가장 좋은 것이며 웨스트민스터 신경과 기타 유명한 일곱 신경보다 낫다.

둘째, 동서양 형편의 차를 언급하면서 이 신조가 그러한 상황에 적절하면서도 성경에 부합한 신조이다. 마지막으로는, 감리교와의 연합 문제를 의식할 때 이 12신조가 웨스트민스터 신경보다 장점을 지니고 있다고 강조한다.

그는 두 교회 연합 문제로 인하여 장, 감 연합모임을 가졌을 때에 한

132) *Ibid.*,
133) *Ibid.*,

연로한 감리교 선교사가 “두 교회가 연합하게 되면 우리 감리교파가 웨스트민스터 신경을 채용하기가 극난하나 이 인도국에서 출래한 신경을 채용하기는 어렵지 아니하다.”[134]고 한 말을 빌어 단일한 한국 교회 설립을 고려 할 때도 이 12신조가 웨스트민스터 신앙고백 보다 훨씬 적절한 것임을 지적한다.

그렇다면 웨스트민스터 신앙고백서가 한국 장로교회 신조로 채택되지 못했던 이유가 이러한 곽안련의 강조 때문인가?

김영재는 이 부분에 대하여 좀 더 자세한 설명을 하고 있다. “선교사들이 웨스트민스터 신앙고백서를 한국 장로교회와 신학교에서 가르칠 것으로 인정하게끔 했으나 교회의 신앙고백으로 채택하도록 하지 않은 것은 선교지의 문화적인 상황을 감안하고 선교지 교회의 신앙적인 자율성을 배려한데서 온 것이었다”[135]고 밝히고 있다. 그는 계속해서 “선교사들이 처음으로 조직되는 초대교회와 방불한 한국교회에다 특정한 문화와 시대적인 요소가 담겨있는 웨스트민스터 신앙고백을 교회의 신앙고백으로 그냥 안겨주지 않은 것은 실로 고마운 일이었다”[136]고 말하고 있다.

12신조는 웨스트민스터 신앙고백의 기본골격을 유지하고 있다. 이런 까닭에 12신조 서문은 이렇게 시작되고 있는 것이다.

> 대한 장로교회에서 이아레 긔록한 몃가지 됴목으로 신경을 삼아 목ᄉᆞ와 밋 인허 강도인과 쟝로와 집ᄉᆞ로 ᄒᆞ여곰 텽죵케 ᄒᆞᄂᆞᆫ거시 대한 교회를 셜립ᄒᆞᆫ 본 교회의 ᄀᆞᄅᆞ친바 취지와 표쥰을 ᄇᆞ림이 아니요 오히려 찬셩ᄒᆞᆷ이니 특별히 웨스드민스터 신경과 셩경요리문답 대쇼책ᄌᆞ는 성경을 ᄇᆞᆰ히 해셕ᄒᆞᆫ 책인즉 우리교회와 신학 학교에셔 맛당히 ᄀᆞᄅᆞ칠 거스로 알며 그 즁에 셩경 요리문답 적은 책을 더욱 교회문답으로 ᄉᆞᆷᄂᆞ니라.[137]

---

134) *Ibid.*,

135) 김영재, 「교회와 신앙고백」(수원: 합동신학대학원출판부, 2002), 206.

136) *Ibid.*,

137) 「독노회록」 제 1회(1907), 24.

서문에서 말한대로 12신조는 웨스트민스터 신앙고백과 대 · 소요리문답을 교회와 신학교에서 마땅히 가르칠 것으로 강조함으로써 구학파적인 장로교 특성을 명백히 보여주고 있다. 아울러 이미 밝힌대로 12신조는 웨스트민스터 신앙고백과 깊은 관련이 있음을 보이고 있는 것이다.

12신조에 관련하여 또 한가지 주목할 점이 있다. 바로 신조 제1조의 번역이다. 1910년 출판한 「대한 예수교 쟝로회 신경과 규측」에는 제1조는 "신규약 셩셔는 하ᄂᆞ님의 말숨이시니 밋고 힝ᄒᆞᆯ 본본의 확실ᄒᆞᆫ 법례인ᄃᆡ 다만 이밧게 업ᄂᆞ니라."[138]로 되어있다. 1922년 조선 예수교 장로회 헌법에 나타난 신경 제1조 역시 이렇게 기록되어 있다. "신구약 성경은 하ᄂᆞ님의 말삼(말씀)이시니 밋고 힝ᄒᆞᆯ(믿고 행할) 본분(本分)의 확실(確實)ᄒᆞᆫ 법례(法例)가 다만 이밧게(이밖에) 업ᄂᆞ니라"라고 되어 있다.

그런데 1934년의 헌법은 다음과 같다. "신구약 성경은 하나님의 말삼(말씀)이니 신앙(信仰)과 본분(本分)에 대하야 정확무오(正確無誤)한 유일의 법측(法則) 이니라."[139]

다시 말해서 1922년 헌법의 "밋고 힝ᄒᆞᆯ(믿고 행할) 본분(本分)의 확실(確實)ᄒᆞᆫ 법례(法例)가 다만 이밧게(이밖에) 업ᄂᆞ니라"를 "신앙(信仰)과 본분(本分)에 대하야 정확 무오(正確無誤)한 유일의 법측(法則) 이니라"로 수정하였다. "정확 무오한 유일의 법칙"은 이미 1929년 개정 헌법부터 사용되기 시작하였다. 이렇게 수정 번역된 이유는 웨스트민스터 신앙고백과 연관하여 성경의 무오성 및 성경의 권위를 더욱더 강조하기 위함이다. 특히 1930년 한국장로교회에서 나타난 자유주의 신학에 반대하여 신조에 대한 충실함을 표현하기 위한 것이다. 이러한 신조에 대한 충실함은 목사, 장로, 집사의 임직문답의 수정에서도 알 수 있다. 임직 서약시 두 번째 묻는 내용이 1922년 헌법에는 "본 쟝로회 신경과 요리문답은 신구약 셩경의 교훈ᄒᆞᆫ 도리를 총괄ᄒᆞᆫ 거스로 알고 성실ᄒᆞᆫ 마음으로 수용ᄒᆞ야 자기의 ᄉᆞ용

138) 대한예수교장로회, 「대한 예수교 쟝로회 신경과 규측」(대한예수교장로회, 1910), 2
139) 곽안련, 「朝鮮예수교長老會憲法」(1934), 2

홀(사용할) 거스로 승낙하ᄂᆞ뇨,"140)라고 되어 있는데 1934년의 헌법에서는 "본 쟝로회 신경과 요리문답은 신구약 셩경의 교훈한 도리를 총괄한 것으로 알고 성실한 마음으로 밧아 신종(信從)하나뇨."141)라고 수정하였다. 신조에 대한 충실한 고백을 보여주는 대목이다.

그런데 12신조에 대한 평가에 있어서 민경배 박사는 "우리의 정서가 베이고 거기 배달의 얼이 젖은 한국인의 것을 만들지 못하고 말았다. 한국 교회 스스로의 손을 거쳐 나오지 못한 이 신경, 그때 마침 충천하듯 솟고 거기 다 맑기까지 한 한구인의 신앙의 결정을 다듬지 않고 하필 인도의 신경을 차용한 까닭과 명문은 알 수 없다 고 비판했다."142) 이러한 민경배의 비판은 당시 초기 한국장로교회 형편을 충분히 고려하지 않는 데서 온 것이라 사료된다. 그는 계속해서 12신조의 특색을 "강직한 칼빈주의적 경향에 있다고 하면서 웨스트민스터 신경과 성경 요리문답 대소 책자를 모방하여 편성한 것"143)이라고 하였다.

그러면 12신조와 웨스트민스터 신앙고백을 한번 비교해 보자.

〈표 12〉 12신조와 웨스트민스터 신앙고백 비교

12 신조	웨스트민스터 신앙고백
1조 성경이 정확무오한 하나님의 말씀	제1장 성경
2조 유일하신 하나님의 성품과 속성 3조 삼위일체 하나님	제2장 하나님과 삼위일체
4조 하나님의 창조사역	제4장 창조
5조 하나님의 형상대로 지음 받은 인간	제7장 하나님의 인간과의 언약

140) *Ibid.*, (1922), 152.
141) *Ibid.*, (1934), 131.
142) 민경배, 「한국기독교회사」(서울: 대한기독교서회, 1982), 272.
143) *Ibid.*,

12 신조	웨스트민스터 신앙고백
6조 인간의 타락과 원죄	제6장 인간타락과 죄와 형벌 제9장 자유의지
7조 그리스도의 속죄(사도신경에 나타난 기독론)	제8장 중보자 그리스도
8조 성령과 구원의 적용	제14장 구원에 이르는 믿음 제15장 생명에 이르는 회개 제17장 성도의 궁극적 구원
9조 하나님의 예정과 적용	제3장 하나님의 영원하신 작정 제5장 섭리 제10장 유효한 부름 제11장 칭의 제12장 양자 삼음 제13장 성화
10조 성례론	제27장 성례 제28장 세례 제29장 주의 성찬
11조 성도의 건전한 신앙생활의 의무	제16장 선행 제18장 은혜와 구원의 확실성 제19장 하나님의 율법 제20장 신자의 자유와양심의 자유 제21장 종교적 예배와 안식일 제22장 율법에 합당한 맹세와 서약 제23장 국가 위정자 제24장 결혼과 이혼 제26장 성도의 교제
12조 성도의 부활과 최후의 심판	제32장 사람의 사후 상태와 죽은 자의 부활 제33장 최후의 심판

민경배 박사의 언급대로 12신조는 웨스트민스터 신앙고백의 순서를 따라가고 있으며 내용을 거의 함축하고 있다. 이런 까닭에 12신조 서문은 이렇게 시작된다.

> 대한장로교회에서 이 아래 기록한 몇 가지 조목으로 신경을 삼아 목사와 및 인허 강도인과 장로와 집사로 하여금 청종케 하는 것이 대한 교회를 설립한 본 교회의 가르친 바 취지와 표준을 버림이 아니요, 오히려 찬성함이니 특별히 웨스트민스터 신경과 성경 요리문답 대소택자는 성경을 밝히 해석한 책인즉, 우리 교회와 신학교에서 마땅히 가르칠 것으로 알며 그 중에 성경 요리 문답책을 더욱 교회 문답으로 삼느니라.[144)]

서문에서 말한대로 12신조는 웨스트민스터 신앙고백과 대 소요리문답을 교회와 신학교에서 마땅히 가르칠 것으로 강조함으로써 구학파적인 장로교 특성을 명백히 보여주고 있다. 그리고 12신조는 웨스트민스터 신앙고백과 깊은 관련이 있음을 보이고 있는 것이다.

물론 12신조와 웨스트민스터 신앙고백을 내용면에서 서로 비교해보면 웨스트민스터 신앙고백이 풍성하며 깊이가 있다. 또한 12신조에는 신앙고백에서 언급하고 있는 제25장 교회, 제30장 교회의 권징, 제31장 총회와 공의회등이 나타나있지 않는다.

이런 까닭에 김영재 박사는 12신조의 아쉬운 점을 다음과 같이 표현하였다.

> 12신조가 성경이 가르치는 교리의 기본적인 내용을 간명하게 말하고 있어서 우리의 교회 및 사회생활과는 별로 관련이 없는 내용이 담겨 있지 않다는 점은 장점이기는 한데 정작 교회가 자라면서 직면하는 그런 문제에 대하여 어떤 지침이 될 만한 내용을 주지 못한다는 점은 단점이

---

144) 「독노회록」 및 「제1회 총회록」, 1907-1912년에 수록한 예수교 장로회 노회 회의록, 마포삼열전기편찬위원회, 254에서 재인용

라 하겠다.[145]

이러한 김영재 박사의 평가는 12신조가 신학적으로 문제가 있는 것이 아니라 점점 다원화되어 가는 현실 세계속에서 교회가 처한 현실의 문제들을 조명해 줄 수 있는 신앙고백으로는 아쉬운 점이 있다는 것이다. 계속해서 그는 "교회에 관한 고백은 사도신경에도 하는 가장 기본적인 교리에 속하는 것이다. 왜 교회에 관한 말이 누락되어 있는지 알 수가 없다"[146]고 하였다. 이러한 교회에 대한 고백의 누락으로 인해 교회에 대하여 신학적으로 잘못 이해하여 무분별한 교회 분열이 이루어졌다[147]고 평가한다.

이에 반해서 한철하 박사는 12신조의 신학에 대하여 이렇게 언급한다.

> 하나님의 말씀으로서의 성경관, 삼위일체 신관, 만유에 있어서 보이는 하나님의 창조와 섭리, 하나님이 형상으로서의 인간관과 특히 세상 모든 사람이 동포형제라는 신앙, 타락과 하나님의 금세와 내세의 심판, 독생자 예수 그리스도를 통한 구원의 역사, 구원을 실현하시는 성신의 역사, 구원의 예정과 회개와 복종에의 권고, 구원의 유익과 성신의 은혜의 역사의 수단, 신자의 본분, 내세의 부활과 심판등, 특히 여기서 예정론을 구원론 속에 예속시키고 있으며, 또 죄의 회개와 복종에의 권고로써 보완하고 있고 세상 모든 사람들이 한 근원에서 난 동포형제로 보는 세계동포주의 등 성신의 마음을 밝히시고 의지를 새로 보게 하시고 그리스도를 받게 하여 의의 열매를 맺게 하시는 역사가 큰 조목으로 들어 있는 것등, 그 균형과 단순성과 깊은 신앙을 볼 수 있으며 신조로서 나무랄 데 없다.[148]

145) 김영재, 「교회와 신앙고백」, 190.
146) *Ibid.*, 192.
147) *Ibid.*,
148) 한철하, "보수주의 신학의 어제와 오늘: 한국교회의 경우를 중심으로," 「기독교사상」 7 (1970), 98.

12신조는 '웨스트민스터 신앙고백의 축약판'이라고 보는 것이 타당할 것이다. 이러한 12신조에 나타난 칼빈주의 신학은 평양신학교에서 효과적으로 배양되었다. 또한 한국장로교회는 이 12신조를 신앙고백으로 채택하고 웨스트민스터 표준문서들과 함께 50년동안 성경중심적인 신앙을 가지고 장로교 위상을 지켜왔다. 1963년에 와서 합동 교단은 웨스트민스터 신앙고백서를 장로교 신조로 채택하게 되었다. 1963년 제48회 총회록에 이렇게 기록되어 있다.

> 웨스트민스터 대 · 소요리문답과 웨스트민스터 신도게요서를 우리의 신앙표준서로 수납하도록 하여 달라는 것은 표준서로 수납함이 좋은 줄 아오며.."[149]

연이어 1968년 통합 교단에서 웨스트민스터 신앙고백서를 채택하였고 고신 교단은 1972년 제 22회 총회에서 신앙고백으로 선포하였다.

3. 평양 장로회 신학교

초기 한국 선교의 교육적 골격은 성경학교와 신학교였다. 특히 초기 한국 장로교회의 힘은 "평신도들이 갖고 있는 성경지식과 성경학교와 신학교를 통해서 교회지도자들이 받은 훈련에 있었다.[150] 그러므로 한국 장로교 신학자들의 신학이 무엇이었는가를 알아 보려면 그들이 받은 신학교육이 어떠한 것인가를 살펴 보는 것은 대단히 중요한 일이다. 그러므로 한국 장로교 최초의 신학교인 평양 신학교의 신학사상이 무엇인가를 고찰해 보았다.

평양 신학교는 마포삼열(Samuel A. Moffett) 선교사와 이길함(Graham Lee)선교사가 장로교 공의회(Presbyterian Church Council)의 허락[151]을 얻

149) 대한예수교 장로회 제48회 총회록, 1965, 29.
150) 김광수, "한국교회의 성경공부 운동사,"「기독교사상」25(1981.10), 21.

평양 장로회신학교 전경

어 1901년 1월에 학생 두사람 (평양 출신 방기창과 김종섭) 과 성경공부반을 운영함으로 탄생하였다.[152] 이는 급속도로 발전하는 한국교회 신자들의 요구에 부응하기 위함이었다. 몇 명의 선교사들이 전국의 교회를 다 목회하는 것은 불가능하다는 사실이 분명해졌다. 게다가 능력도 있고 사명감도 있는 토착 전도자들이 일어나기 시작하였다. 평양 신학교의 설립은 진정한 한국인의 교회를 형성하게 되는 시초였다.[153]

---

151) 1901년 9월에 열린 대한예수교장로회 연합공의회는 평양공의회가 헌의한 신학교 설립안을 의결하였다. 「장로교회사 전휘집」은 이 사실을 "공의회가 신학위원을 선정하야 신학생의 예비과정을 준비케 하였다고 기록하였다. 「장로교회사전휘집」, 조선야소교서회, 명화 10년, 21. 평양 장로회 선교부는 6인의 신학교육위원을 두어 '신학반'(Theological Class)을 지도하게 하였고 설립장소를 평양으로 결정하고 학교 이름을 "대한 야소교 장로회 신학교"라고 하였다. 개교 후 마포삼열 목사가 교장으로 임명되었고, 평양에 개교하였기에 "평양신학교"라고 부르게 되었다. 「장로교신학대학교 100년사」, 79-80.

152) 송길섭, 「한국신학사상사」(서울: 대한기독교출판사, 1994), 125.

153) 마포삼열은 신학교가 왜 서울이 아닌 평양에 세워 져야 하는지에 대하여 다음과 같이 말한다. "서울은 지리적으로 조선의 중심일 뿐 아니라 정치적 음모와 야망의 중심지이기도 하다. 이러한 사실은 학생들의 영적 성장에 전혀 도움이 되지 않는 나쁜 영향만 줄 뿐이다. 우리의 신학교는 전국 유일의 신학교이므로 어디에 위치하느냐가 매우 중요한 문제이다. 돈이나 건물과 같은 것들은 교육기관 설립에서 가장 중요한 요소가 아니다. 우리는 영적인 조건들이 자연적인 성장을 보장해 주지 않는 곳에

마포삼열은 최초의 신학교육에 대해 그의 선교편지에서 다음과 같이 기술하고 있다.

> 우리는 목회 후보생으로 두 명을 저희 아래 두게 해 달라고 협의회에 요청했습니다. 그들 중 하나는 지금 저희에게 있는 유일하게 안수 받은 장로로서 현재의 부교역자입니다. 다른 한 사람은 장로 선출자로서 3년간 배어드씨와 헌트씨의 지방 사역을 돕는 조사였습니다. 저희는 이 사람들을 안수하기 전에 몇 년간의 과정을 거치게 할 예정입니다. 안수 받는 시기에 관한 문제는 그 사람들이 충분한 자격이 있다고 여겨 질 때 결정되도록 남겨 둘 것입니다. 저희는 중대한 조치를 취했다고 여겨집니다. 이것은 교회에 큰 의미를 줄 것입니다. 이를 통해 신자들은 어떤 자질을 갖춘 사람이 목사가 되어야 하는 지에 대한 저희의 견해를 알게 되며, 적절한 때가 되었다고 생각되면 곧 전적인 책임과 특권을 그들에게 부여하려 한다는 사실을 알게 될 것입니다.[154)]

1901년까지 신학교육은 12월 중순경에 시작하여 한달동안 교육을 실시했던 동계 신학 수업의 형식을 취했다. 초기의 학생들은 모두 "조사"(助師)들이었기에 1년에 석달은 평양에 거주하면서 교육을 받고 나머지 아홉달은 지역의 교회를 목회하였다. 숙제를 받아갔고 시험은 후에 학교에서 치렀다.[155)] 신학교 1901년이 되어서야 잠정적이나마 커리큐럼이 계획되고 학기 제도가 규칙적으로 운영될수 있게 되었다. 신학교 개교 다음해는 학생이 4명이 늘어 6명이 되었고 1904년에 이르러 19명이 되었다. 1905년에는 반이 3학급이 되고 학생수도 40여명을 상당히 많아 졌다. 1906년부터는 한국에 들어와 있는 네 개의 장로교 선교부[156)]에서 모두 교수를

서 그리고 보장해 주지 않은 때에 성장을 강요하는 것을 보기를 원치 않는다"(마포삼열이 브라운에게 보내는 편지) 이종형, "Samual Austin Moffet," 140; 서영일, 「박윤선의 개혁 신학연구」(서울: 한국기독교역사연구소, 2000), 82에서 재인용.

154) 「마포삼열목사의 선교편지」, 1016.

155) Chang Yup Kim, "Protestant Theological Education in Korea," STM thesis, *Biblical Theological Seminary*, New York, 1960, 51. *Ibid.*,

지원하면서 학교의 행정에 참여하였다. 1907년에 평양신학교는 공식적으로 장로교 신학교로 인준되었다. 그리고 동년 6월 20일 드디어 첫 일곱 졸업생이 배출되었고 곧이어 그 해 9월 최초로 조직된 조선 예수교 장로회 독노회에서 안수를 받았다.[157] 그날 "신학반"이라 불리던 것이 "장로회 신학교"로 명칭이 바뀌었다.[158] 1908년 미국 시카고에 거주하는 멕코믹(McCormick) 여사로부터 11,000원의 기부금을 받아 평양 하수구리(下水口里) 100번지 언덕의 약 5,000평 대지 위에 건축을 시작하였다. 1908년 5월15일에 정초 예배를 드린 신학교는 머릿돌을 기일(J. Gale)이 놓았고, 교장 마포삼열은 이곳에 손수 각종 나무를 심었다. 한국식 큰 기와집으로 된 건물은 불과 몇 달 만에 완공되어 예배

맥코믹 여사
(Nettie F. McCormick, 1835-1923)

156) 이 4개 선교부는 미국 북장로교회, 미국 남장로교회, 호주 빅토리아 장로교회, 카나다 장로교회이다. 초기 몇 년동안의 교수진은 대부분 가르칠 동안만 전도의 의무에서 면제된 선교사들이었다. 3년의 교과과정이 시작되면서 전임 교수제가 생겼다. 간하배, 「한국 장로교 신학사상」, 12-13. 교수진들은 아래와 같다. 첫째, 북장로교 선교사 소속의 선교사들인데 마포삼열(Samuel A. Maffet. Th. D), 이길함(Grahan Lee. Th. D) 언더우드(H. Underwood, Th. D), 소안론(W. L. Swallen, Th. D), 배위량(W. B. Baird, Th. D), 편하설(C. F. Bernheisel), 곽안련(A. D. Clark), 한위렴(W. B. Hunt, Th. D)이었고 둘째, 남장로교 선교사는 이눌서(W. D. Reynolds. Th. D) 셋째, 호주장로교 선교사는 문학 박사였던 왕길지(J. Enge)였다. *Report of the 50th Anniversary Celebration of the Korea Mission*. 121. 1903년 개교 당시의 교수와 담당 과목을 살펴보면 "신학 일반 및 소요리문답 - 마포삼열, 구원론 - 배위량, 유대사기 - 소안론, 목회학 - 이길함, 마태복음 및 고대사 - 헌트, 모세오경 - 배위량, 소안론, 산수 - 편하설 등"이었다. 위의 과목 중 주목할 것은 산수 과목인데 이것은 그만큼 당시 신학생들의 과학교육이 일천(日淺)했다는 증거가 되고 또한 아무리 성경을 가르치는 목사가 된다 해도 기초 학문은 알아야 한다는 것과 특히 영적인 것에 치우쳐 세상 학문이나 과학적 사고 내지는 합리적 판단을 가볍게 생각하는 경향을 미리 차단하려고 했던 의도가 있었다고 생각된다. 「장로회 신학대학교 100년사」, 83.

157) 간하배, 「한국 장로교 신학사상」, 11.

158) 서영일, 「박윤선의 개혁 신학연구」, 82.

미국인 맥코믹 여사의 희사금으로 신축된 평양 장로회신학교

당, 교실 5개 그리고 사무실이 있었고 위층에는 1천명이 앉을 수 있는 강당이 들어섰다.[159] 그후 맥코믹 여사가 1922년 다시 35,000달러(7만여원)의 거금을 기부하여 새 교사를 건축하는데 큰 힘이 되었다.[160] 1921년 9월에 경창리에 있던 기존 교사를 헐고 새 건물을 짓기로 결의하고 1922년 5월 기공식을 하였다. 새로 건축된 이 건물은 단연 이채로운 모습으로 부각되었으며, 평양에서 회집되는 대소 집회는 여기에서 모였고 때로는 전국적인 집회가 모이기도 하였다.[161]

신학생의 숫자도 꾸준히 증가하였다. 1907년 당시 76명의 학생이 네 반으로 나뉘어서 공부하였다. 특히 1907년 최초의 졸업생 7인을 안수하여 목사로 장립시킨 다음 노회는 신학교 이름을 정식으로 "조선 장로교회 신학교"(The Prebyrerian Theoligical Seminary of Korea) 라는 공식 명칭을 부르기로 했다.[162] 이러한 과정을 요람은 다음과 같이 기록하였다.

159) 「장로교 신학대학교 100년사」, 94, 96.

160) 김광수, 안광국, 「장로교 신학대학 70년사」, 48.

161) 「마포삼열 박사 전기」, 238.

162) *Minutes of the Council of Presbyterian Missions in Korea*, 1907, 36. 「장로교신학대학교 100년사」, 93에서 재인용.

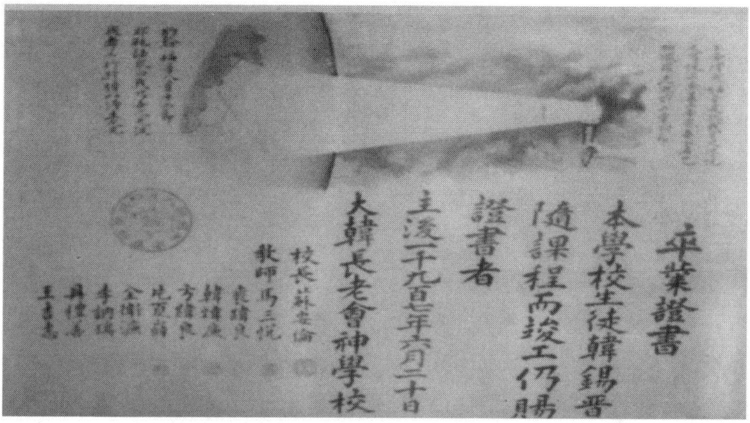

제1회 졸업생 한석진의 졸업증서

(교장이 마포삼열이 아닌 소안론인 것은 1907년 마포삼열이 안식년으로 귀국했기 때문이다)

> 동년(同年) 구월분(九月分)에 창설된 조선 장로회 노회에서 차 졸업생 7인을 안수하야 목사로 장립하였으니 본교의 최선의 결과로 성립된 자라 조선 교회가 자립의 력(力)으로 노회를 조직한 초에 자유활동의 기기(其機)를 제우(際遇)하야 기인(其人)을 득진(得眞)케 하였으니 전무(專務)의 부담을 필기(筆機)한 시국이라 할지라 시세(時歲) 종교 공회가 차로 인하여 공식으로 본교를 조선장로회 신학교라 명호(名號)를 지정하고 자금 이후로는 평양공회위원의 관리하에 재(在)치 아니하고 공회가 주관하기로 작정하니라.[163]

이에 따라 평양신학교는 장로회 공의회가 직접 관리하는 한국 장로교회의 신학교로 출발하였다. 평양신학교는 1915년 학생수가 230명이었고 이 학교는 "세계에서 가장 큰 장로교 신학교"가 되었다.[164] 1921년부터는 입학 시험이 실시되었다. 1922년 매년 아홉달씩 공부하고 3년에 모든 과정을 마치는 프로그램이 정착되었다. 1938년 신사참배에 대하여 반대의

---

163) 「장로교회 신학교 요람」, 1916, 10.

164) Chang Yup Kim, "Protestant Theological Education in Korea," 53.

장로회 공의회 조직(1893, 서울)

입장을 취함으로 문을 닫게 되기까지 675명의 졸업생을 배출하였다.[165] 당시에는 외국에 유학하는 사람이 극소수였고 또한 평양 신학교가 신학을 가르치는 유일한 고등교육 기관이었다. 그러므로 이 평양 신학교는 초기 한국 장로교회 신학적 방향을 구축해 나갔던 것이다. 그렇다면 평양 신학교의 신학사상은 무엇이었는가? 블레어(Herbert E. Blair) 목사는 평양신학교의 신학을 다음과 같이 약술하고 있다.

> 성경만이 강조된 교과서이며, 연구 교과서이다. 모든 목사들에게 한결같이 신학적 영향을 끼친 이신학교는 선교사 교수들의 손에 달려 있었다. 그러나 이제 서서히 총회의 권한으로 넘어가기 시작했다. 역사적 칼빈주의의 배경을 지니고 웨스트민스터 신앙표준(Standards)을 수납하며, 장로 정치를 채용한 장로교인들은 구(舊) 프린스톤 처럼 성경을 하나님의 말씀으로 의심치 않고 받아 들였다. 이러한 입장에서 그리스도의 십자가에 그 중심이 있는 복음 이야기와 이에 대한 바울의 초자연적 해석을 선교사들이 가르쳤고 한국교회는 서슴없이 받아들였다.[166]

---

165) 남영환, 「한국교회와 교단」(서울: 소망사, 1988), 149.

166) *Report of the 50th Anniversary Celebration of the Korea Mission*, 121.

이 신학교의 교리적 기초와 목적에 대하여 1920년에 채택한 문건은 다음과 같이 말한다.

> 우리는 성경이 하나님의 영감된 말씀이며, 따라서 모든 행위의 기본이 됨을 신실하게 받아들인다. 또한 성경을 진실로 신뢰하고, 성경을 제대로 이해하며, 성경을 진심으로 사랑하고, 이를 명확하게 설명하고 이 안에 있는 복음 구속을 완전하고 단순히 전파하려고 열정적으로 노력할 복음 사역자들을 훈련시키는 것이 이 신학교의 목적이다. 또한 그리스도의 참된 사도로서, 양들을 먹이고, 인도할 목자로서 그리스도를 위한 영혼의 승리자로서 그리고 주 안에 거룩한 성전을 공교하게 짓는 미장이로서, 영적, 도덕적, 지적, 사회적 책임을 깊이 인식하는 목회자의 임무를 수행할 수 있도록 사람들을 훈련시키는 것이 이 신학교의 목적이다. 또한 자국민과 타국민을 복음화시키기 위해 헌신적 노력을 기울 일수 있도록 하게 하고, 이땅에 그리스도의 교회를 굳게 설립하도록 학생들에게, 복음전도의 참된 영혼과 개인적 책임감을 가르치고 복돋아 주는 것이 이 신학교의 목적이다.[167)]

이 신학교의 목적에 관한 설명은 대한 예수교 장로회의 12신조와 그 맥을 같이 하고 있다. 이는 성경을 "하나님의 말씀"이며 "신앙과 본분에 대하여 정확 무오한 유일한 법칙"으로 고백한다.[168)]

또한 12신조의 그 다음 항들인 하나님, 삼위일체, 창조, 타락, 구속, 성례, 종말 등에 관한 고백이 가지고 있는 철저하고도 엄격한 칼빈주의적 성향과도 일치하고 있다.[169)] 평양 신학교의 교육목적에 관하여 앞에서도

167) Chang Yup Kim, "Protestant Theological Education in Korea," 51.

168) 「대한 예수교 장로회 신조」 제 1항.

169) 예를들어 제 9항은 다음과 같다. "하나님께서 세상을 창조하시기 전에 그리스도안에서 자기 백성을 택하사 사랑하므로 그 앞에서 거룩하고 흠이 없게 하시고 그 기쁘신 뜻대로 저희를 미리 작정하사 예수 그리스도로 말미암아 자기의 아들을 삼으셨으니 그 사랑하시는 아들 안에서 저희에게 두텁게 주시는 은혜의 영광을 찬미하게 하려는 것이로되 오직 세상 모든 사람에게 대하여는 온전한 구원을 값없이 주시려고 하여 명하시기를 너희 죄를 회개하고 주 예수 그리스도를 자기의 구주로 믿고

언급하였는데 이 학교를 설립한 선교사들의 진의는 급격히 팽창해 가는 지역 교회들에 목회자을 공급해 주고 아직 복음이 들어가지 못한 지역 주민들의 영혼을 구원하는 전도자를 배출하는 것이었다. 그런데 남장로교 선교사 이눌서 박사가 기초하였다고 하는 "한인 교역자 양성이념"은 근래들어 비판의 대상이 되고 있다. 이눌서 박사는 그가 쓴 논문 「The Native Ministry」에서 장로교 신학교육을 다루고 교역자 양성 이념을 세 가지 소극적 원칙과 네 가지 적극적 원칙으로 제안해 놓았다. 일곱가지 이념은 다음과 같다.

소극적 원칙 170)

1. 어떤 특정인을 교역자로 양성할 저의를 가지고 있더라고 상대방에게는 오랫동 안 그 생각을 알리지 말 것.
2. 외국 재정을 가지고 그를 강도사나 전도사로 채용치 않도록 최선을 다할 것.
3. 선교사업의 초창기에 있어서 만은 그를 교육시키기 위하여 미국에 보내지 말것.

적극적 원칙 171)

1. 그로 하여금 하나님의 말씀과 기독교의 기본적인 진리와 사실을 철저히 통달하게 할 것.
2. 그로 하여금 높은 경지의 영적 체험을 가지는 사람이 되게 할 것, 무엇보다도 성령의 사람이 되기를 추구하게 할 것.
3. 젊은 목사 지원자를 예수 그리스도의 정병으로서 고난에 참을 수 있도록 훈련시킬 것.

의지하여 본받으며 하나님의 나타내신 뜻을 복종하여 겸손하고 거룩하에 행하라 하였으니 그리스도를 믿고 복종하는자는 구원을 얻는지라"

170) W. D. Reynolds, "The Native Ministry," *The Korean Repository for May*, 1986. 200.

171) *Ibid.*, 201.

4. 한국 기독교인의 교양과 현대 문명의 향상됨에 따라서 한국인 목회자의 교육정도를 높일 것. 그의 교육은 일반에게 존경을 받고 권위가 설 수 있도록 한국인의 평균 교육 수준 보다 약간 높으리 만큼하고 너무 지나쳐서 일반이 경계심이나이탈감을 갖지 않도록 할 것.

선교사들의 이러한 정책은 한국 교회사가들에 의하여 끊임없는 비판의 대상이 되어왔다. 1927년에 이미 백낙준 박사는 다음과 같은 통렬한 비판을 가했다. "그 정책 전체가 선견지명에서 나온 것이라 볼 수 없다.... 선교사들이 한인 교역자들의 지식 정도를 낮추잡아 놓은 것은 이해하기 어렵다."[172] 백낙준 박사는 이 정책 때문에 한국의 교역자들이 "자존심과 자존감"을 갖지 못하였다고 한다.[173] 감리교 대학 학장이었던 송길섭도 이 정책을 "신학적 지적 훈련에는 이렇게 인색하고 그 대신 영적 훈련에만 치중한 파행적 신학 교육이념"이라 혹독하게 비판했다.[174] 민족주의적인 색채를 지니고 있는 교회사학자 민경배도 이런 비판에 보조를 함께 한다.[175]

그러나 성급한 결론을 내리기 전에 우리는 이눌서가 신학교육의 이념을 작성할 때의 배경과 환경에 대하여 더 깊이 따져 보아야 한다. 가장 중요한 것은 언제 이를 작성했느냐 하는 것이다. 바로 1896년이었는데 이때는 한국교회가 아직 영아기일 때 였다. 1895년 한국에는 단 하나의 조

172) 백낙준, 「한국 개신교사」, 217.

173) *Ibid*,.

174) 송길섭, 「한국 신학사상사」, 126.

175) 민경배, 「한국기독교회사」(서울: 대한기독교출판사, 1984), 274. 민경배는 이렇게 표현하고 있다. "요컨대 교회 목사의 지적 훈련에 인색했고, 이 목사들도 선교사의 주택 주변에 늘 살게 하여 늘 접촉시킴으로써 그 간섭아래 두었다는 인상이 여기 강하게 풍기고 있다. 그리고 보수적이고 만일 근본주의 신학과 엄격한 섹트적 윤리관을 배경으로 가진 미국계 선교사들은 인문계 지식이나 일반 세속 학문의 기초적 소개에도 쉬쉬하며 조심했고, 따라서 교역자의 지적 후진성이라는 비극적 요소를 한국 교회에 뿌리고 말았다.

직교회가 있었고 13개의 교회가 개척 중이었으며 세례교인의 숫자를 다 합하여도 141명에 불과 하였다.[176)]

1896년 교회의 숫자와 세례교인의 숫자가 배가하여 각각 26교회와 236명이 되었다. 그러나 아직은 한국인 성직자를 교육시키는 일은 긴급한 일이 될 정도로 크지는 않았다. 당시 사회전반의 수준을 기억해야 하는 것이다. 그 당시 한국에는 14대의 자전거가 있었다 한다.[177)] 급하게 성장하는 교회를 지도하기 위하여 한국인 직원들의 조력이 필요하였다. 권사, 집사, 영수, 장로, 조사등이 선교사들과 함께 사역하면서 1년에 한 두 차례 집회를 인도하기도 하고, 성경을 가르치며, 기도와 교회 행정에 조력하였다. 이들을 훈련시키는 일은 매우 필요한 일이었다.[178)] 이 선택된 직원들을 위하여 좀 더 긴 기간의 교육이 필요하게 되었고 그래서 곳곳에 한국 목회자들을 양성하기 위한 기관들이 생겨났다. 바로 이때 평양 신학교가 설립된 것이다.[179)]

이것은 자연스런 과정이었다. 더 높은 수준의 신학교육은 1896년 당시 교회의 우선 순위에서 뒤로 밀리는 것이었다. 당시에 필요한 것은 신학자가 아니라 전도자. 교회개척자 등 신도들과 자신을 동일시 할 수 있는 일꾼들이었다. 만일 선교사들이더 높은 수준의 신학교육을 목표로 가졌다 할지라도 당시 학생들의 낮은 교육 정도를 고려해 볼 때 얼마나 실효를 거둘수 있었겠는가 하는 의문도 든다.[180)] 또한 이미 김양선이 지적한 바 처럼 선교사들이 모든 신학교육을 담당해야 하는 상황에서 더 높은 수준의 교육을 기대한다는 것도 무리한 일이다.[181)] 소극적인 면이 제3항

---

176) 남영환, 「한국교회와 교단」, 141.

177) Rhodes, *History of the Korean Mission*, 85; 서영일, 「박윤선의 개혁신학 연구」, 90에서 재인용.

178) *Ibid.*,

179) *Ibid.*,

180) *Ibid.*, 90.

181) 김양선, 「한국기독교해방십년사」, 175.

에서 "선교 사업의 초창기에서만은" 이라는 단서를 붙임으로써 '이념'이 잠정적인 것이었음을 기억하면서 공정한 판단을 내려야 할 것이다. 이눌서의 이 이념이 영속적인 것이 아니었다는 사실은 그가 얼마 지나지 않아 발표한 글을 보면 알 수 있다. 후에 이눌서 선교사는 다음과 같이 발표하였다.

> 금일 한국교회의 주력하여야 할 일은 성경을 전문적으로 양성하는 유능한 성경학자를 양성하는 일이겠다. 과거의 교역자들과 같이 무비판, 몰이해의 문자적 암송에 그쳐서는 안된다. 이제부터는 성경 원문도 알고 역대의 저명한 신학자와 성경학자의 해석도 참고하고 과학과 철학의 관계를 이해하는 해석이 아니면 안된다....바라건대 우리 한국에 많은 유능한 성경학자가 하루 빨리 나와야 겠다.[182)]

백보 양보하여 정말로 선교사들의 마음속에 양질의 신학 교육을 한인 교역자들에게 시키려는 마음이 없었다고 해도, 후일 한국 장로교회 신학의 정체의 원인은 다른 곳에서 찾아야 할 것이다. 한국인들이 유교의 영향으로 학문과 교육의 면에 치중하는 것은 사실이지만 한가지 예외가 있다. 즉 전통적인 한국인들에게서 종교적 소명의 분야의 교육과 지식은 필수적인 것은 아니었다. 예를 들어 무속 종교에서 무당이 되기 위하여 필수적인 것은 신내림을 받는 것이지 세속적 교육을 많이 받는 것과는 아무 상관이 없다.[183)]

유교를 지배 이데올로기로 가지고 있었던 조선시대에 민간 신앙은 미신적인 것으로 치부되어 있었고, 승려나 무당은 광대나 백정과 더불어 천민 계급에 속하였다. 이와같은 전래의 영향이 교회 안에도 들어와서 반지성주의 내지는 세속적 지식에 대한 무관심 등의 성향을 낳았던 것이다.

---

182) 전호진, '한국교회 신학교육의 문제점과 제안,' 교회문제 연구 제5집 「오늘의 한국교회 무엇이 문제인가?」(서울: 도서출판 엠마오, 1988), 9에서 재인용.

183) 유동식, 「한국 종교와 기독교」(서울: 기독교문사, 1965), 17.

이 모든 것과 더불어 한국 교회의 또 하나의 특징 즉 타계성(otherworldliness)이 반(反) 지성주의에 영향을 미쳤다고 생각한다. 기독교가 한국인의 심성을 통과하면서 세속적 지식을 추구하는 것을 경멸하는 태도가 생겨나게 되었다. 그러므로 "신앙이 중요하지 배우는 것이 무슨 의미가 있는가?"라는 태도의 원인은 선교 정책보다는 뿌리 깊은 한국인의 종교성에서 찾아야 할 것이다.[184)]

한국 교회 지도자들의 비 지성적 태도를 부추기는 또 하나의 문화적 환경은 바로 일제 36년과 한국교회에 대한 핍박이라는 점이다. 한국교회에서는 박해 가운데 순교 당하는 것이 가장 큰 영광이었다. 이와 같은 마음의 자세는 신학교에 입학하려는 한 신학생의 입학 식사에서 상징적으로 나타난다.

> 우리는 이 학교에 장대한 건축술을 배우러 온 것도 아니며 화려한 장식법을 바라지도 않는다. 우리는 그리스도의 복음을 위해 생명도 불사한 순교자들의 정신을 선생님들께로부터 배우며..[185)]

영과 지성을 나누는 전통과 더불어 일제의 핍박이라는 물리적 현실도 놓여 있었다. 일제 말, 한국에 거주하면서 한국 신학의 상황화와 발전에 기여해야할 학자들은 신사참배냐? 순교냐? 라는 양자 택일을 피하여 외국으로 망명할 수밖에 없었다.

해방 후에도 분단, 좌우의 대립, 한국전쟁 등의 재난을 겪으면서 깊이 있는 신학을 공부할 수 있는 기회가 많이 주어지지 않았다. 이와 같은 여러 가지 상황과 환경이 원인이 된 것이다. 그러므로 평양신학교의 수준에 대해 함부로 평가하는 것은 학문적 소양이 결여된 무식의 소치라 표현할 수 밖에 없다. 평양신학교의 가장 두드러진 특징은 성경지식을 통하여 학생들을 교육시키고 그러한 노선에서 목회를 하도록 이끌어 주는데 있

---

184) 서영일, 「박윤선의 개혁신학 연구」, 91.
185) 간하배, 「한국 장로교 신학사상」, 137.

었다.[186]

「한국에서의 생생한 경험(*Vivid Experiences in Korea*)」에서 윌리암 키솔름(William H. Chisholm)은 다음과 같이 기록했다.

> 한국에서의 선교사역은 하나님의 말씀 위에 세워졌다 그리고 제1세기 교회형태를 따랐다... 초기부터 사역은 성경 중심이었다. 따라서 불신앙과 잘못된 접근에 반대하여 기독교를 변호했다.[187]

이글을 보면 평양신학교의 보수주의가 신학교에만 국한되지 않고. 모든 장로교에 확산된 현상이었음을 보여준다. 이러한 평양신학교 보수주의가 미친 영향력의 범위에 대해 탁월한 미국 선교사인 소열도(T. Stanley Soltau)는 1932년 다음과 같이 표현했다.

> 장로회 신학교 그리고 실제적으로 전국에 걸쳐있는 장로교 사역에서 성경은 항상 하나님의 무오하고 영감된 말씀(the infallible and inspired Word)으로 존경되어 왔고 그리고 인정되어 왔다. 그곳에서의 가르침은 매우 강력한 복음주의 그리고 보수주의에 의해 특징지어진다. 그것은 미국의 프린스톤 신학교의 역사적 입장과 비슷했다.[188]

신학지남(神學指南)

여기서 한가지 더 언급할 것은 평양 신학교의 잡지인 「신학지남」에 대한 것이다. 사람의 사상은 반드시 글로 표현되기 마련이다. 시간이 흐를수록 평양신학교 지원자가 증가하고 20세기 초 현대주의가 몇몇의 선교사

---

186) *Report of the Fiftieth Anniversary Celebration*, 47.

187) William H. Chisholm, *Vivid Experience in Korea*(Chicago: The BIble Institute Colportage Association, 1938), 7; 박용규, 「한국장로교사상사」, 134에서 재인용.

188) T. Stanley Soltau, *Korea: The Hermit Nation and Its Response to Christianity* (Toronto: World Dominion Press, 1932), 56-7.

신학지남 창간호(1918년)

들[189])을 통하여 유입되자 보수신학의 고수를 위한 일련의 조치가 필요하게 되었다. 이에 평양 신학교 이사회는 신학교 화보 또는 잡지를 발간하기로 결의하였다. 이때 탄생한 것이 「신학지남」이다.

1918년 3월 22일에 창간된 「신학지남」은 이 땅에 복음이 전파된지 24년 만이고 신학교가 설립된지 17년 만의 일이었다. 초창기에는 호주 장로교회 선교사 왕길지(G. O. Engel)가 편집을 담당하여 1910년부터 1920년까지 수고하였고, 1921년부터 1927년까지는 북장로교회 선교사인 배위량(W. M. Baird)이 담당하였다.

처음 「신학지남」을 발간 할 때는 목회자들과 신학생을 위한 성경공부와 설교학에 관한 내용이 그 대부분을 차지하고 있었다. 즉 목회 위주로 준비되었다는 점이다. 이런 편집 방침은 「신학지남」의 창간호에 실린 이 잡지의 발간 목적에도 분명히 나타나 있다.

> 神學의 참 指南은 聖經이어늘 엇지하야 此期報의 名稱은 神學指南이라 하나뇨. 此雜誌는 聖經과 갓흐냐 決斷코 아니라. 此期報는 聖經으로 眞南을 삼아 의지하여 每期에 特別히 吾長老敎會의 牧師와 神學生들에게 神學의 廣海에 方向을 指南하년는 目的이 잇나니라. 吾神學教는 學生들의게 神學이 諸課程을 教授하여도 時期가 不足함으로 滿足하게 教授하지 못하는 故로 吾卒業生들이 神學에 關한 問題를 더 工夫하려면 或

189) 대표적인 사람으로 1908-1919년까지 황해도 지역에서 사역한 월리함 커(William C. Kerr)목사로 그는 미국에 귀국하여 「어번 선언」에 서명하였고, 1926년 카나다 선교회 회장으로 활동한 서고도(William Scott)도 역시 자유주의 신학을 교육하여 문제를 일으켰다.

每年 平壤으로 가서 卒業後 別科를 工夫할 수가 잇기는 잇으나 萬一敎會의 事務나 私事形便나나 遠相距나 旅行하기를 禁하는 境遇에는 他方法으로 用하야 神學知識을 增加할 必要多하니라.[190]

「신학지남」 창간호는 1918년 3월18일에 인쇄되어 3월 20일에 발행되었으며 조선야소교서회 발행으로 전화 125번과 진체구좌 경성 4081번으로 정하였다.[191] 당시에 적당히 읽을 만한 책이 없었던 이유도 있었겠지만 이 책이 발간되자 마자 구독자 수가 무려 2,500명이 넘는 인기를 얻었다. 1920년에는 지대를 50전에서 80전으로 인상하였고 당시 독자는 1250명이라는 총회회록은 기록하고 있다.[192] 창간호에서 밝혔듯이 목회적 측면에서 출발한 잡지였으나 「신학지남」의 신학적 입장이 칼빈주의적이고 보수주의적이라는 것은 편집인, 발행인 또는 기고자들의 신학적인 배경에서 찾아 볼 수 있다.

물론 「신학지남」에서 칼빈 또는 칼빈주의란 말을 쓰기 시작한 것은 창간 후 상당한 기간이 흐른 1934년과 1936년대 부터이다. 그렇다면 우리는 초창기 「신학지남」의 신학적 배경이 고전적 근본주의 신학이라 말 할 수 있을 것이다. 왜냐하면 평양신학교의 2대 교장이었던 나부열(S. L. Roberts) 박사는 「신학지남」 1권 2호에 "삼위일체에 관한 예수님의 교훈"란 논문을 통해 보수주의적 입장을 분명히 교리적으로 입증했다. 그러나 그 보다는 2대 교장이 되었을 때 "평양신학교의 교리적 근거와 목적"이란 글에서 성경의 영감과 무오, 초자연적 기독교에 대하여 강하게 변증하고 있다.[193]

---

190) 「신학지남」 제1권, 1918, 1.

191) 「평양노회사」, 259, 「장로교 신학대학교 100년사」, 107에서 재인용.

192) 「조선예수교장로회총회 제9회(1920년) 회록」, 53-4.

193) *Catalogue of the Prebyterian Theological Seminary of Korea, For the Year ending* (Pyeng Yang, 1923), 12-13. "The Purpose and Doctrinal Basis of the Seminary" 이 글은 교장인 나부열박사가 직접 작성하였으며 장로교 신학의 골격을 제공해 준다. 이 글은 선언문의 성격을 띄면서 7개 항목의 교리적인 요점이 정리되어 있다.

그리고 많은 자유주의적 신학사조가 한국 장로교회에 몰려올 때 이를 거부하는데 주도적 역할을 한 것이 「신학지남」이었다. 미국 장로교회에서는 「근본진리들」이 있었지만 한국 장로교회는 「신학지남」이 있었다. 또한 이 잡지에는 칼빈주의적 신학사상이 가장 많이 기고 되었는데 칼빈 혹은 칼빈주의란 주제로 다룬 것은 약 60회나 되었다.

고찰한 바와 같이 평양신학교는 미국의 舊 프린스톤의 신학을 그대로 전수 받은 신학교였다. 이미 전장에서 평양신학교를 주도했던 마포삼열, 곽안련, 이눌서의 신학에 대해 고찰한 바 있다. 그들은 정통적 신앙을 소유 했던 보수주의자였다. 또한 기독교의 기본 진리를 고수한다는 의미에서 모두 고전적 근본주의자들이었다.

이러한 선교사들의 보수주의 신학은 12신조와 더불어 평양 신학교에서 아주 효과적으로 배양되었던 것이다. 특히 1936년까지 선교사들은 평양신학교의 신학을 좌우했고 지도했다. 당연히 선교사들의 개혁주의 신학은 평양신학교가 받기에 충분한 시간이 있었다. 그리고 한국 지도자들은 이 전통을 바탕으로 한국 교회는 성장해 갔다. 단언하건대 평양 신학교는 '보수주의 신학의 요람지' 가 되었다.

4. 한국 장로교 신학자들

초기 선교사들의 보수주의 신학을 한국인들이 어떻게 이해하고 수용했느냐 하는 점은 매우 흥미있는 일이다. 다간(C. Dargan)은 "교회사는 설교사이다."[194]라고 정의하였다. 이 같은 명제는 설교를 분석해 보면 그 시대의 신학과 사상을 엿볼 수 있다는 뜻을 함축한다. 교회의 성패는 그 당시에 어떤 설교가가 무슨 메시지를 전하였는가에 달렸다고 볼 수 있다. 그러므로 우리는 한국 장로 교회를 주도하였던 몇 몇 인물들을 생각함으로써 그들의 신학이 선교사들의 것과는 공통점은 무엇이고 차이점은 무엇

194) C. Dargan, *A History of Preaching* (Baker Book House, 1954), 14.

평양 장로회신학교를 배경으로 촬영한 창립총회 기념(1912년)

인지 고찰해 보아야 한다. 이렇게 할 때 우리는 한국 교회의 신학과 신앙을 분명히 정의 할 수 있기 때문이다.

(1) 길선주 목사 - 보수주의 신앙의 거장

1907년 1월 6일의 평양의 대 부흥운동은 한국 기독교의 오순절이라고 할 수 있다. 이것은 한국교회가 "말씀"을 토대로 해서 개혁된 교회로서 건설된 대 사건 일뿐 아니라 세계 민족이 잊고 있었던 은둔의 나라 한국을 국제 무대에 발돋움하게 한 획기적인 사건이라 할 수 있다. 길선주 목사는 한국교회의 오순절이라고 할 수 있는 평양 대 부흥운동의 주역이었다. 그는 한국 장로교회의 아버지요 평양신학교 개교이래 처음으로 졸업한 목사였다. 강단에서 쓰러지던 1935년까지 전국을 순회하며 부흥회를 통해 전도함으로써 그의 일생을 마치었다. 그의 전도 운동은 한국의 부흥회뿐만 아니라 한국교회 신앙의 몇 가지 특성을 형성하는데 공헌하였다.

첫째로 새벽 기도회 운동이다. 그는 새벽마다 일찍 일어나서 교회에 나가 기도를 하고 묵시록을 암송하는 것으로써 하루의 생활을 시작했다. 부

1907년 성령운동의 시발점이 되었던 평양 장대현교회(1900년)

흥회 때면 교인들로 하여금 새벽 기도회에 참석하도록 권유하게 되었고 이것이 한국 교회의 한 특성을 이루게 했다. 둘째, 성경 연구에 대한 강조였다. 그는 요한 계시록을 만독(萬讀)하고 요한 1서를 500독하였고 성경을 매일 한 시간씩 읽고 외우려고 힘썼으며 성경 연구와 집필에 하루 평균 세 시간, 그리고 하루에 빠짐없이 두 시간의 독서를 계속하였다[195]고 했다. 한국 교인들이 반드시 자기의 성경을 찬송가와 함께 들고 다니게 된 전통 수립에 그의 영향은 적지 않았을 것이다.[196]

그의 성경 이해는 성경을 성경으로써 해석한다는 방법이었다. 이러한 성경 무오설을 중심한 길선주 목사의 사상 아래 1907년 부흥회는 성경적 사경회였던 것이다. 셋째 말세론에 대한 신학의 확립이었다. 그의 사상의 중심은 내세론이었다. 주님이 재림과 세계의 종말을 강조하고 사태의 긴박성을 주장하는 것이 그의 말년의 설교였다. 이것은 "주 재림에 대한 연구"라는 설교에서 잘 드러나고 있다.

---

195) 이성호 편, 「길선주 목사 설교사」(서울: 혜문사, 1977), 225f.
196) 유동식, 「한국신학의 광맥」(서울: 전망사, 1982), 58.

> 말세학은 성경을 근거로 한 기독교 교리 가운데 하나로서 인간과 세계의 종말 상태를 연구하여 학적으로 논하는 것을 의미하는 것이다…우리의 신앙은 예수 그리스도의 십자가에 터를 닦고 우리의 소망을 내세 영원한 안식 세계를 바라보는 만큼 주의 재림은 말세학의 중심이요 또한 논점이다.[197]

길선주 목사
(吉善宙, 1869-1935)

그는 예수님의 재림을 열거하는데 그 내증으로 29건, 외증으로 6건을 들고 있다. "전화와 라디오의 증거"라는 선교에서 "이와 같이 근래에 물질 문명이 그토록 발달됨은 주님의 재림을 촉진하는 것이니 결코 우연한 일이 아니오 주께서 재림하실 날이 멀지 아니한 것을 알아야 한다"[198]고 강조하고 있다. 그런데 그는 말세론을 언급하면서 세대주의적 전 천년설을[199] 강조했음이 눈이 뜨인다. 말세에 대한 너무나 강한 집착은 그를 세대주의자로 만들어놓은 것이다. 그는 이방 기약 곧 이스라엘이 죄로 말미암아 이방 민족의 세력 밑에 억압당하는 기간이 차는 연도를 가산하여 1974년이라 하고 그 해에는 예수께서 재림한다고 하고 또한 모세에게 명한 희년을 계산하여 2002년에는 그리스도와 함께 안식하는 지상 청년 왕국이 시작되리라고 했다.[200] 이러한 그의 재림 신앙에 대한 강조는 당시 일제 치하에 있었던

---

197) 「영계 길선주 목사 저작전집」제1권(서울: 대한기독교서회, 1969), 23.

198) *Ibid.*, 23. 그는 이외에도 "여자의 권세가 돌아옴으로 증거," "장갑자동차의 증거," 개화기의 문명에 까지도 말세의 한 징조로 이해한다.

199) 세대주의에서는 종말론에 크게 관심을 두고서 예수님의 재림과 천년 왕국의 시기를 알아내려고 하여 천년 왕국의 시기에 일어날 일을 상세하게 설명하려고 한다. 계시록과 다니엘서 에서 말하는 사건들을 역사에서 일어난 사건들과 맞추어 해석함으로써 미래의 사실도 알아낸다는 것이다. 세대주의는 그리스도를 구속사의 중심으로 생각하는 사상이 희박하게 때문에 이스라엘의 정치적인 회복에 큰 의미를 두고 말세에 이스라엘이 구속사의 중심 역할을 하는 것으로 보려고 한다. 김영재,「교회와 신앙고백」, 215.

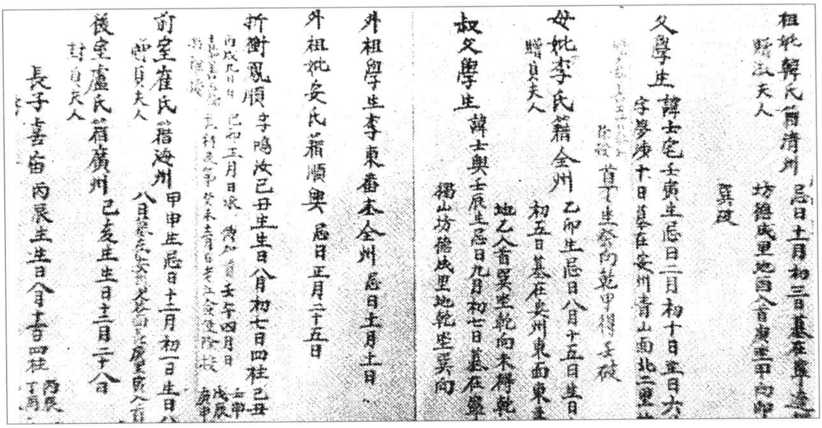

길선주 목사의 「가계 명심록」

조국의 슬픈 현실을 극복하는데 대한 강한 열정으로 여겨진다. 그러나 길선주 목사의 이러한 신학 사상은 초기 선교사들의 보수주의 신학을 한국인이 어떻게 이해하고 수용했는가를 단적으로 보여주는 한 예이다. 김양선에 의하면 길선주 목사(1869-1935)는 "대 전도자요, 대부흥가요, 대성경학자"로서 한국교회의 지도적 인물이었는데 그의 설교와 성경강해는 상당한 신뢰를 얻었고, 그의 신앙과 신학은 한국 교회의 표준으로 인식되었는데 그의 신학사상은 선교사들의 그것보다는 더 극단의 보수주의 였다고 지적하고 있다.[201] 길선주 목사의 성경무오설과 말세론은 한국 장로교 신학에 큰 영향을 미쳤다. 그러나 그는 성경에 대한 철저한 믿음 혹은 축자영감설을 강조했다는 이유만으로 세대주의 신학을 거부감 없이 수용하게 된 것이었다. 결과적으로 이러한 세대주의적 전천년설은 후에 일제 신사참배를 거부하는데 막대한 공헌을 하였다. 그러면 길선주 목사에게서 발견 할수 있는 '세대주의'는 어디에서 유입되었는가? 간하배 교수는 이렇게 말하고 있다.

---

200) 「영계 길선주 목사 저작 선집」, 23.

201) 김양선, 「한국 기독교 해방 십년사」, 176-177.

> 서구로부터 선교사들을 통하여 온건한 형태의 세대주의가 유입되었다. 세대주의가 전천년설의 중요한 일면으로 간주 되지만, 대개 이 세대주의를 추종하는 사람들은 이 세대주의를 명확하게 이해하지 못했다. 또한 서구에서 다양하게 발달된 내용이 전부 받아 들여지지 못하였다.[202)]

그러면서 그는 서구 문서의 번역 및 출판에 힘입어 한국교회에서 세대주의가 왕성해졌는데 단 서구적 형태 그대로가 아니라약간 변형된, 수정된 것이라고 지적하고, 일반적으로 한국에 소개된 세대주의는 고도로 형식화된 것이 아니라 초기 형태의 세대주의라고 지적하고 있다.[203)]그러면서 일제하에서 신도(神道)와 교회와의 투쟁에 강력한 역할을 한 것도 바로 '천국에 대한 미래성의 강조' 에 있었다고 말하고 있다.[204)]이것이 세대주의 신학의 해석 방법이었고 이 세대주의는 일제 치하에서 길선주 목사에게서 구체적으로 드러났던 것이다. 또한 길선주 목사에 있어서 성경 무오는 성경의 여자적 해석과 맞물려 있다는 점이다. 1935년 장로회 총회에서까지 문제시되었던 아빙돈 단권 주석에 대해 자유주의 신학자들의 글이라 하여 이를 정죄, 치리할 것을 주장했던 이는 바로 길선주 목사였다.

이 같은 성경에 대한 여자적 해석은 천년왕국 설에서 꽃피게 되어지고 일체 하에 교회가 핍박을 당하는 가운데 길목사의 활약으로 넓은 층의 신자들 사이에 정착이 되어 버렸다. 이렇듯 한국 교회 초창기에 있어서 근 30년에 걸친 길선주 목사의 목회활동과 부흥 사경운동은 초기 한국 교회의 신앙 형태와 그 유산을 형성하는 데 적지 않은 영향을 미쳤던 것이다. 송길섭 교수는 길선주 목사에 대하여 다음과 같이 평가하고 있다.

> 선교사들에게서 받은 그의 청교도적 보수적 신앙과 특히 성서의 압도적 권위에 대한 부동의 신앙, 이 신앙은 성서의 무오와 축자 영감, 성서의

---

202) 간하배,「한국장로교 신학사상」, 34.
203) *Ibid.*, 51-52.
204) *Ibid.*,

내용을 일점 일획이라도 의심없이 그대로 믿어야 한다는 확신에 기초한 신앙이었다.[205]

이러한 그의 평가는 매우 적절하다고 느껴진다. 그러나 계속해서 송길섭은 영계 길선주 목사에게서 "이런 신앙과 다른 신앙이나 이설 또는 성서에 대한 자유스러운 해석에 대한 가차 없는 정죄와 경직성이 일찍부터 영계에 의하여 장로교 안에 자리를 잡게 되었다"고 하면서 이런 배타적 보수주의 경향은 박형룡에 의해 계승되면서 그에 의하여 장로교의 보수주의 신학으로 집대성 되게 되었다고 했다.[206] 이부분에 대한 송길섭 교수의 평가는 문제가 있어 보인다. 즉 '정죄'와 '경직성'이란 색깔있는 단어를 사용해 장로교가 정죄와 경직성을 일삼는 공동체로 표현하려는 그의 의도는 한국 장로교회가 폐쇠적이라는 것을 은근히 강조하려는 것으로 보인다. 이 부분의 평가는 대단히 적절하지 못하다. 길선주 목사의 신학은 성경의 무오성, 축자 영감을 강조한다는 의미에서 그는 고전적인 근본주의자였다. 그러나 길선주 목사의 신학을 개혁주의 신학이라고 보기에는 미흡하다. 그에 대한 보다 정확한 평가는 '보수주의 신학' 혹은 넓은 의미의 복음주의적 신학의 소유자라고 보는 것이 타당 할 것이다. 이것이 1920년대를 전후한 한국 장로교 신학의 한 모습이었다.

(2) 박형룡 박사[207] – 청교도적 보수주의 정통신학자

1930년대 초기부터 한국교회는 자유주의와 보수주의의 양대 신학 사상

205) 송길섭, 「한국신학사상사」, 278.

206) *Ibid.*,

207) 박형룡 박사의 신학에 대한 연구서로는 다음을 참조하라. 박용규 엮음, 「죽산 박형룡 박사의 생애와 사상」 (서울: 총신대학출판부, 1996)과 장동민 저, 「박형룡의 신학연구」(서울: 한국기독교역사연구소, 1998); 한숭홍 저, 「한국신학사상의 흐름(下)」(서울: 장로회신학대학교출판부, 1996).

박형룡 박사
(朴亨龍, 1897-1978)

사이에 충돌이 표면화[208]되기 시작했다. 간하배 교수(Harvie M. Conn)는 1930년대 이후의 자유주의 신학의 침투 요인을 다음과 같은 4가지로 설명하고 있다.[209]

(1) 카나다 연합 장로교 선교부를 중심으로 한 자유주의적 선교사인 서고도(W. Sott), 프레지어(Frazier) 등의 영향.
(2) 미국 북 장로교의 신학적 좌경에서 오는 점차적인 자유주의 신학적 영향.
(3) 일제의 조선 통치 기간중의 일본을 통한 바르트, 부른너등의 자유주의 사상의 유입 및한국인의 일본 유학을 통한 자유주의 신학의 영입.
(4) 초기 선교사들의 선교지 분할정책(Comity arrangement)의 조정으로 일부 지역이 자유주의 신학의 성역화 가 되어 버린 점등이다.

---

208) 정통적인 보수신학과는 성격을 달리하는 신학적 문제들이 1930년 이전에도 간간이 있었다. 예를 들면 1916년 황해도에서 김장호 목사가 성경해석상의 문제로 물의를 일으킨 적이 있었다. 황해 노회 편찬 위원회 편. 황해노회 백년사 (1971), 214 참조. 1925년에는 선교사 기일(Gale)이 의역한 성경이 출판되어 문제화된 일도 있으며 1926년에는 '서고도 사건' 이 있었다. 카나다 연합교회 선교사인 서고도(W. Stott)는 그 해에 함흥에서 개최된 사경회에서 성서 비평학을 용납했기 때문에 당시 한국인 목회자들과 논쟁한 일이 있었다. 즉 그는 성경에는 역사적, 지리적 오류가 있다고 주장했고 미국 유학에서 돌아온 김관식, 조회염등은 이 주장에 동조했었다. 그러나 1930년 이전까지는 자유주의 운동은 부분적이며 지역적(주로 카나다 선교부 영향하에 있는 지역)이었으나 1930년대에 와서 선교사 중심의 신학에서 한국인에 의한 신학적 논구가 시작되었고 강력한 보수주의적 아성이 공격을 받기 시작한 것이다. 이때에 나온 신학 서적 3권이 중요한데 백남준 박사의 *The History of Protestant Misson in Korea 1832-1910* (예일대 박사학위 청구논문, 1929년)과 박형룡의 「기독교 근대 신학난제 선평 (1935)」 감리교 정경옥의 「기독교 신학 개론」(1939)이 각각 발간되었다. 이상규, "한국에서의 자유주의 신학의 기원과 형성,"「이데올로기 비판 Vol. Ⅱ」(고신대학 논문집 , 1983, 6), 62.

209) 간하배, 「한국 장로교 신학사상」, 137-148.

평양 신학교에서 변증학을 가르치던 교수 시절의 박형룡 박사와 자리를 같이한 평신 교수 일동 (1936년)

- 앞줄 왼쪽 - 라부열 박사
- 앞줄 오른쪽 - 박형룡 박사
- 뒷줄 오른쪽에서 두 번째 -권세열 교수
- 뒷줄 오른쪽 끝 - 남궁 혁 박사

이와 같은 지적은 매우 심도 있는 고찰이다. 이러한 1930년대 한국 장로교회에 있어서 보수주의와 자유주의 신학의 대립 속에서 보수주의의 대변자 역할을 한 사람이 박형룡 박사였다. 한국 장로교회에서 박형룡 박사(1297-1978)의 영향력은 과소 평가 될 수 없다. 왜냐하면 그는 '한국 장로교 신학의 정초를 놓은 인물' 이자 '장로교 신학의 보수주의적 전통을 엮어간 인물' 이기 때문이다. 그는 1926년에 프린스톤 신학교에서 공부를 마쳤는데(Th. B. Th. M.) 특히 메이첸(J. Gresham Machen)과 로벗슨(A. T. Robert-son) 하에서 더 공부하고 난 후 한국에 귀국했다.(1933년에 이 학교에서 Ph. D.학위 받게 된다).

1931년부터 평양신학교가 폐교되는 1938년까지 교수로 있었고, 1942년에는 만주 동북 신학원 교수 및 교장으로, 1947년에는 부산 고려 신학교 교장으로, 1948년에는 남산의 장로교 신학교 교장으로, 1952년 이래로는 총회 신학교 교장으로 1972년까지 활동하고 은퇴하였다. 그는 흔히 개혁주의 정통신학을 한국에 소개하는데 기여한 인물이라고 불리우고 있다. 1931년 그가 평양 신학교의 교수가 되었고, 자기 본국에서 점차 강력해져 가고 있는 자유주의 세력에 주의를 기울이기 시작했다. 제2장에서 언급했던 바와 같이 프린스톤 신학교는 20세기 개혁주의 신학을 대변하는 학교로서 특별히 상식철학에 근거하여 성경 원본의 문자적 영감과 무오성을 철저히 강조하는 다시 말해 성경의 절대 권위를 강조하는 정통주의 신학의 대명사였다. 이러한 프린스톤 신학의 영향을 받은 박형용 박사는 개신교 신앙의 유일한 신앙 기준인 성경의 권위를 한국에 확립하는데 결정적인 공헌을 했다.

한국 장로교회는 실로 성경을 토대로 한 교회라는 전통을 만들게 한 것이다. 그런데 이런 박형룡의 신학이 무엇이었는가? 라는 물음에 대하여는 이견이 있다. 한국 장로 교회의 대부분 학자들은 보수신학자로서 박형룡 박사를 묘사한다. 특별히 총신과 고신, 합신 등 개혁주의 노선에 선 학자들은 그를 개혁주의적 보수 신학의 대부로 생각한다. 가령 박아론 박사는 박형용의 신학에 대해 "변증 신학자로 시작하여 조직 신학자가 된 분, 또는 구주 대륙의 칼빈 개혁주의에 영미의 청교도 사상을 가미하여 「웨스트민스터 표준」에 구현된 신학" 이다.[210]라고 표현했다. 뿐만 아니라 박형룡의 신학은 "다양 중에 통일성이 있는 지도적 신학"[211]이라 평가하였다. 또한 신복윤 박사는 한국 보수 신학사에 있어서의 박형룡 신학의 의의를 논하면서 "청교도적 개혁주의 신학의 전승," "한국 개혁주의 신학의 기수"란 표현을 쓰면서도 박형용 박사가 근본주의와 개혁주의 혹은 칼빈주의라는 말을 혼돈한 것 때문에 우리에게 많은 혼란을 가져다 준 것이 사실이지만 그러면서도 칼빈주의 신학에서 전혀 이탈하지 않았다는데 그의 사상의 특징이 있고 또한 거기에서 의의를 찾게 된다고 표현했다.[212] 유동식 교수는 한국 신학계의 자유, 보수, 양파의 신학적 싸움을 역사적으로 고찰하면서 "무너지지 않는 보수주의적 정통신학의 보루를 이루고 있는 이는 박형룡이다."[213]고 단언하였다. 그런데 또 하나의 평가는 박형룡 박

---

210) 「신학사상」 Vol. 25 (서울: 한국신학연구소, 1979, 여름), 209.
211) *Ibid.*, 211.
212) *Ibid.*, 215.
213) 유동식, 「한국 신학의 광맥」, 186.

사를 '근본주의자'로 묘사하고 있다는 점이다. 정경옥 교수는 "직업적 칼빈주의자"란 말을 들으리 만치 소위 "미국 근본주의의 대언자"라고 평하였다.[214] 그런데 1960년에 들어와서 박형룡에 대한 부정적인 평가가 시도되기 시작하였다. 연세대학교 민경배 교수는 박형룡에 대하여 이렇게 평하였다.

> 박형룡 박사는 저 유명한 미국의 설교가 포스딕(H. Fosdick)을 이단으로 정리하던 프린스톤 신학교에서 보수 진영의 영수인 메첸(G. Machen) 박사의 영향을 결정적으로 받았던 전형적인 근본주의자였다. 그는 한국 교회의 신학이라는 것은 우리 나름의 신학의 '창작'이 아니라 사도적 전통의 정신앙(正信仰)을 그대로 보수하는 신학이라고 믿고 있었다. 그래서 성서 무오설과 축자 무오설에 든든히 서서, 성서에 대한 비판적 해석을 단죄하고 1935년 5월 이후로는 김재준 목사의 글을 평양신학교의 「신학지남」에 더 이상 싣지 못하게 함으로써 정면으로 대결했다.[215]

여기에서 민경배 교수는 메첸파를 따르는 이들을 근본주의자라고 표현했고 박형룡을 근본주의자로 말했다. 그러면서 그는 이 부분에 주(註)을 이렇게 달았다.

> 당시 메첸파로서는 한국의 박형룡, 박윤선 두 목사였고, 선교사로는 함일돈, 한부선, 허대전 등 몇사람에 불과했다. 메첸 지지자였던 김인서도 이 몇 사람을 제외하고는 다 메첸파에 대하여 반감을 가진다고 분석한바 있다.[216]

여기에서 보면 민경배 교수는 메첸과 근본주의, 그리고 그를 따르는 동료들에 대해 대단히 부정적인 시각으로 보고 있으며 박형룡에 대하여 '반

---

214) 「기독신문」, 제20호, 1938; *Ibid*.,

215) 민경배, 「한국 기독 교회사」, 412-3.

216) 「신앙생활」, Vol. 5, No.11, 1936, 12, 33; 민경배, 「한국 기독교회사」, 413.

지성주의,' '고립주의,' '패쇄주의' 라고 세간에 알려진 근본주의라는 용어로 낙인을 찍고 있는 것이다.

이와 비슷하게 송길섭도 이렇게 평가하였다.

> 보수 신학과 결탁한 장로교회의 교권은 선교사들의 후광을 받으며 자체 내의 자유주의적사상의 소유자들에게 가혹한 철추를 가하며 이들을 도태하기 시작하였고 이런 작업 중에서 한국인으로서는 박형룡이 그 중심적 역할을 하였다. 장로교는 초기부터 미국의 청교도적 근본주의 선교사들에 의하여 그 신앙과 신학 사조가 통제되면서 자유주의적 성서 해석이나 신학 활동은 허락하지 않았다. 이런 경직된 장로교의 수구적 경향은 1930년대에 오면서 한국인 보수주의 신학자 박형룡에 의해 계승되었다.[217]

이종성 박사는 더 한걸음 나가 박형룡 박사에 대해 "메이첸의 근본주의적 사고 방식의 영향을 받아 극단적인 배타주의와 비타협적인 태도"를 취하였고 '알렉산더-핫지- 워필드-메이첸'의 '고도의 교리적이고 사변적인 칼빈주의적 정통주의'를 반복하는 테이프 레코더라"고 혹평하였다.[218]

그렇다면 이들의 평가가 정말 올바른 것인가? 본 논고에서는 근본주의 대하여 다루면서 근본주의의 긍정적 면을 강조해 왔다. 특히 고전적 근본주의를 강조해 왔다. 그런데 박형룡 박사에 대해 '근본주의자' 라고 평하는 3인의 교수들의 평가를 어떻게 볼것인가? 이들의 평가를 그대로 수용해서는 안된다. 왜냐하면 그들의 평가는 이 논고가 지향하고 있는 근본주의와는 많은 차이를 보이고 있기 때문이다. 그러므로 우리는 한국 신학 사상 처음으로 낸 박형룡 박사의 「교의 신학」을 살피고 또한 자유주의와 싸울 때의 그의 사상이 무엇이었는가를 고찰하면서 3인의 교수의 평가에 대해 그 정당성을 논의해야만 할 것이다.

---

217) 송길섭, 「한국 신학 사상사」, 319-320

218) 이종성, '박형룡과 한국 장로교회' 「신학사상」 25(1979 여름), 55-6.

대한예수교장로회 총회신학교 교수 일동(1962)
앞줄: 왼쪽부터 이상근, 백남조, 박윤선, 박형룡, 노진현, 명신홍
뒷줄: 왼쪽부터 최의원, 오병세, 차남진, 홍반식, 안용준, 한철하

박형룡 박사는 1957년에는 기독론, 1960년에는 「기독교 변증학」을 출판했다. 1964년에는 한국 신학계의 한 획기적인 출판인 「교의신학」 제 1권(서론)이 출판되었고 1968년에는 「교의 신학」제 2권 (신론)이 그의 소천에 이르기까지 「교의신학」 전 7권(인죄론, 기독론, 구원론, 교회론, 내세론)이 2,908페이지에 달하는 큰 분량으로 완성되었다. 그의 신학적 입장은 「교의 신학」 서문에 분명히 나타나고 있다.

> 필자의 본의는 칼빈주의 개혁파 정통 신학을 그대로 받아서 전달하는데 있고 감히 무엇을 창작하려는 것이 아니다. 팔십 년 전에 이 땅에 서양 선교사들이 와서 전하여 준 그대로의 바른 신학을 새 세대들에게 전달하는 것이 필자의 염원이기 때문이다.[219]

위와 같은 언급은 이미 1953년 복고된 장로교 신학교 교장으로 취임하는 연설에서 피력되었었다.

---

219) 「박형룡 박사 저작전집」, 교의신학 서문 (1967년판).

우리는 우리 교회의 신학적 자아 의식의 발현에 호응하여 한국 교회 신학의 수립에 정신(挺身)할 것이다. 한국 교회 신학의 수립이란 결코 우리가 어떤 신학 본체를 창작함이 아니라 사도적 전통의 정신앙(正信仰)을 그대로 보수하는 신학, 우리 교회가 70년 전 창립되던 당시에 받은 그 신학을 우리 교회의 영구한 소유로 확보함을 이름이다.[220)]

이와 같이 그의 신학은 개혁주의 전통의 화원에서 모든 꽃다발과 같다. 이 중심에는 벌코프의 조직 신학(Louis Berkhof, Systematic Theology)이 자리잡고 있고 그 주위에는 핫지(Charls A. Hodge)와 워필드(B. B. Warfield)의 신학이 있다.

이와 같은 신학 사상을 소유하고 있기에 자유주의 세력에 대한 반응은 실로 대단한 것이었다. 박 박사 자신이 초기 시대에 관하여 다음과 같은 논평을 하고 있다.

> 지난 초기 50년 동안을 한국 장로교회가 정통신학을 고수하는데 성공을 했지만 이제는 스며들고 있는 자유주의의 침투를 더 이상 면할 수 없게 되었다. 다른 교파에서 공공연히 유행되고 있는 자유주의 운동과 호응하여장로교회 안에서도 정통 신앙에 반대하는 자들이 슬며시 생겨나게 되었다. 그들은 외국에서 자유주의 신학을 배워 와서 우리 교회의 정통 신학에 불평을 품는 그런 자들이다.[221)]

그러면 그가 말하는 정통 신학이란 무엇인가? 그는 정통적 보수 신학이란 성경의 무오성과 문자적 영감을 믿는데 있으며 이것은 모든 신학과 신앙을 판단하는 척도라고 말하고 있다. 1976년 가을 초「신학지남」에 기고한 "한국 장로교회의 신학적 전통"이라는 글에서 한국 장로 교회의 신학적 전통을 "청교도적 개혁주의 신학"[222)]이라고 규정하고 있다.

---

220)「박형룡 박사 저작전집」Ⅷ (서울: 한국기독교교육연구원, 1981), 1.

221) 박형룡, "한국 교회에 있어서의 자유주의,"「신학지남」, 31권 1호(1964, 9), 8-9.

222) 이 논문에서 그는 청교도적 개혁주의 신학의 특징을 다섯 가지로 지적하고 있다. ①

사당동 초창기의 원로 교수들과 함께(1969년 봄)

위 좌로부터 뒷줄: 안영준, 이상근,
앞줄: 박윤선, 박형룡, 명신홍

그렇다면 그는 근본주의를 어떻게 이해하고 있는가? 박형룡 박사 자신은 근본주의를 자신의 신학적 정체성 혹은 한국 장로교회의 신학적 정체성으로 이해하고 있다. 그는 근본주의에 대하여 이렇게 언급하고 있다.

> 근본주의는 별 다른 것이 아니라 정통주의요 정통파 기독교다. 한 걸음 더 나아가서 근본주의는 기독교의 역사적 전통적 신앙을 그대로 믿고 지키는 것 , 즉 정통신앙과 동일한 것이니만치 이것은 곧 기독교 자체라고 단언하는 것이 가장 정당한 정의일 것이다. 근본주의는 기독교 자체다.... 메이첸 박사의 명저「기독교와 자유주의(*Christianity and Liberalism*)」는 기독교와 자유주의는 근저에서 서로 다른 두 가지 사상체계라는 것, 자유주의는 기독교가 아니라는 것을 주장하였다. 이러므로 나는 근본주의야말로 유일한 기독교 자체라고 정의한 것이다.[223)]

여기에서 박형룡 박사의 근본주의 이해에 3가지 일관된 전제를 발견할 수 있다. 첫째는 근본주의가 기독교의 역사적, 정통적 신앙을 그대로 보수

성경의 신성한 권리를 믿는 신앙 ② 하나님의 주권과 유효소명(구원에 이르게 하는 하나님의 사역) ③ 안식일의 성수와 경건 생활의 치중 ④ 복음전도의 중요성을 모든 신도들에게 강조하는 '직접 전도주의', 걸으면서 외치는 신학 ⑤ 평양신학교에서 청교도적인 신앙을 가진 미국인 선교사들에 의해 가르쳐진 천년기전 재림설이다. 박형용, "한국 교회에 있어서의 자유주의," 16-18.

223) 박형룡, '근본주의'「신학지남」(1960, 9), 16.

하려는 정통주의 라는 사실, 둘째는 근본주의는 새로운 운동이 아니라 사도들과 개혁자들로부터 받은 초자연주의 기독교를 보수하려는 운동이라는 사실이며, 마지막으로는 근본주의가 기독교 자체라는 것이다.

박형룡 박사는 그후 5개월 후인 1961년 1월 고려파에서 출간하는 잡지「파수군」에「신학지남」에 실렸던 내용과 유사한 "근본주의 신앙"이라는 글을 기고해 자신의 근본주의 입장을 또 다시 변호하였다.

> 그러나 근본주의의 정의와 유래를 적당히 고찰하면 이것은 근대 자유주의에 대항하여 성경의 무오와 신경이 고귀한 권위를 인정하는 정통신학을 고수하는 노력 외에 다른 것이 아니다. 이것은 교리적 혼란기에 성경에 의한 기독교 신앙의 근본원리들을 재진술, 재긍정, 재 추종하려는 동기를 가지고 출발한 노력뿐이다. 이것은 기독교의 본래의 신앙 입장을 시대 환경이 변천에도 불구하고 그대로 고수하려는 노력일 뿐이다. 우리 대한 예수교 장로회는 70여년전 선교사들을 통하여 받은 성경적인 기독교 본연의 정통신앙을 그대로 지키기로 노력하오니 자연이 근본주의 입장이라는 것을 자타(가) 공인하게 된다. 과연 우리 교회는 성경을 무오한 하나님의 말씀으로 믿고 그대로 살기에 노력하므로 평시에 장족 진보하여 세계선교사상이 특례라는 말을 듣고 환난 핍박 중에는 신앙을 지키며 보존하여 붕괴를 면한 것이다. 다시 말하면 우리 교회는 성경의 숭고한 권위를 믿음으로 성경공부, 경건치중, 직접전도, 자급연보에 노력하여 교세에 왕성하였고 일인의 신사참배 강요에 핍박에 순교자와 옥중 순교의 적지 않은 수가 있었고 공산군의 핍박과 전란 중에 순교자가 많았으며 피난지에서도 교인들이 천막을 치고 예배 봄으로써 외인의 이목을 놀라게 했다."224)

여기에 보면 박형룡은 초대교회 선교사들이 심어 주었고 한국 교회에서 소중히 간직되어온 장로교의 신학적 전통을 '근본주의 입장' 으로 이해했던 것이다. 흥미로운 점은 미국에서는 근본주의와 자유주의가 1920년

224)「파수군」106(1961, 1), 25-26.

대 치열한 공방전이 붙어 정통 개혁 신학자인 메이첸이 신앙 변호의 주도 역할을 하였는데 1930년 대 초반기부터 한국에서는 박형룡 박사가 보수주의 대변자로서 자유주의를 공략했다는 것이다. 아마도 이러한 모습은 박형룡 박사가 미국에서 유학하던 시절에 받은 교육적 배경과 무관하지 않다고 본다. 메이첸 박사가 "내가 만나 본 동양 학생 중 가장 탁월한 학생 중의 한사람[225)]"이라 칭하였던 박형룡 박사가 프린스톤을 유학하던 1923년부터 1928년까지는 근본주의 대(對) 현대주의 논쟁이 절정에 달하던 시기였다. 따라서 그런 시대적 배경은 자연히 박형룡의 신학을 형성하는데 중요한 역할로 작용한 것이었다. 특히 근본주의 진영을 대변하는 메이첸 밑에서의 교육과 당시의 프린스톤과 북장로교 내의 구학파와 신학파의 갈등과 마찰은 박형룡 박사에게 전투적인 근본주의경향을 심어 주는데 결정적인 역할을 미쳤던 것이다.

이런 면에서 박형룡 박사는 '한국이 낳은 메이첸'이었다. 그는 자유주의의 대표자 김재준과 대결했고 1934년 김영주 목사의 '창세기 저작권 부인에 대한 문제,' '여권문제'[226)] 1935년 '아빙돈 단권 주석문제'들도 해박한 지식과 명쾌한 답변으로 자유주의의 발흥을 막을 수 있었다. 그런데 한가지 주목할 점은 교회 연합에 대한 그의 입장이다. 「현대신학 비평」

---

225) T. Stanley Saltue. *Yin Yang: Korean Voices*(Wheaton: Key Publishers, 1971), 66; 박용규 역음,「죽산 박형룡 박사의 생애와 사상」(서울: 총신대학 출판부, 1998, 356에서 재인용.

226) 1934년 총회는 이 두 문제를 위한 연구위원회를 설립하여 그것을 보고케 하였는데 박형룡 박사는 그 연구 위원 중 일원이었다. 결국 모세의 창세기 저작권을 부인하는 목사는 "우리 교회 신조 제 1조를 위반하는 자이므로 우리 교회의 교역자 됨을 거절함이 기합니다." 라고 보고하였고 여권 문제에 대하여는 "성경은 여자들의 교권을 불허함에도 불구하고 여권운동이 대두되는 현시대의 조종에 영합하기 위해서 성경을 자유롭게 해석하는 것은 그 정신태도가 파괴적 성경 비평의 정신태도와 다름이 없습니다…그런 교훈을 하거든 노회가 그 교역자를 권징조례 제 6장 제 42조에 의해서 처리케 할 것입니다" 하였고 "성경의 파괴적 비평을 가르치는 교역자들은 우리 교회 교역계에서 제의하기 위하여" 라는 결정을 내리고 있다. 김양선,「한국 기독교 해방 십년사」, 179-185.

하권에서 "빌리 그래함 전도 운동의 비참한 결과들"이란 제목 하에 빌리 그래함(Billy Graham)운동은 (1) 보수주의와 자유주의 사이의 역사적 분계선을 파괴하려는 고의적 조직적 시도이다. 이 전도 운동은 헤겔의 정, 반, 합의 원리에 따라 보수주의와 자유주의의 종합의 상징이다. (2) 빌리 그래함 정책은 모든 분리 운동에 직접적 반항이 되어 왔다.[227]라고 표현하고 있다.

혹자는 이러한 입장에 대해 박형룡 박사가 신 근본주의 노선 다시 말해 분리주의적인 노선을 따르고 있는 것이 아닌가 반문한다. 최근에 장동민 교수가 미국 웨스트민스터 신학교에서 박사학위를 받은 논문이 「박형룡의 신학 연구」라는 제하의 책으로 출판되었다. 그는 이 책에서 박형룡 박사의 신학을 맥킨타이어와 일치한다고 기술하고 있다.[228] 그러면서 그는 모든 교단 분열의 원인이 박형룡 박사에게 있는 것처럼 서술한다. 그리고 박형룡 박사의 후기에 대해 극단적인 근본주의 성향을 나갔다고 비판하고 있다. 논문 서론에서 그는 이렇게 기술하고 있다.

> 자유주의 학교들은 속속 인가를 받고 정식 대학으로 승격하는데 단 하나 남은 보수주의의 아성은 아직도 교사(校舍)문제를 해결하지 못하여 전전긍긍하고 있었다. 시대가 점차로 변하면서 한국의 지성적인 분위기도 변하여 역사 상대주의, 실존주의 등이 학계의 주류를 이루고 있을 때에 상식주의적 반 진화론 등을 주로 공부한 박형룡이 그 새로운 학문에 대하여 두려움을 느낄 뿐이었다. 이러한 이유들 때문에 점차로 그의 마음속에는 아웃사이더의 정서가 강해져 있는 모습을 본다. 자기 의(義), 분리주의적 경향, 문화적 패배주의, 반지성주의등이 그의 후기 신학의 특징을 이룬다. 그는 자신을 근본주의자와 동일시하고 W.C.C 에큐메니칼 운동과 신복음주의를 가혹하게 비판하였다. 이러한 후기 박형룡의 모습은 자신의 찬 초기의 모습과는 상당한 차이가 있다.[229]

227) 「박형룡 박사 저작전집」 Vol. IV, 123-4.

228) 장동민, 「박형룡의 신학연구」(서울: 한국기독교역사연구소, 1998), 387.

그러나 이러한 장동민 교수의 평가가 적절한 것이라고 보기는 어렵다. 장동민 교수의 말대로 박형룡 박사가 자기 의를 드러냈던 사람이었던가? 아무 이유도 없이 분리주의적인 성향만 가졌단 말인가? 새로운 학문에 대한 두려움으로 인해 그의 후기 신학에 반지성주의가 표현되었는가? 장동민 교수의 평가는 박형룡의 신학에 대한 일관성, 마지막까지 정통신학을 지키려고 하는 그의 열심과 신앙을 평가 절하시켰다고 본다. 보다 적절한 평가는 박형룡 박사는 분리주의적 신근본주의자, 반지성주의자 라기 보다는 '청교도적 개혁주의 신학을 지키기 위한 그의 귀한 몸부림'이라 평가하는 것이 더 타당하다고 여겨진다.

계속해서 장동민 교수는 박형룡 박사가 쓴「현대신학비평」하권 '교회연합 운동' 에 대해 다른 장(13장)에서 인용된 책자들은 모두 신 근본주의 노선을 따르고 있다고 평가한다.[230] 그가 인용했던 서적들은 William E. Ashbrook의 *The New Neutralism*, Ronald H. Nash의 *The New Evangelicalism*, Millard Erickson의 *The New Evangelical Theology* 등이 그 예이다. 그러나 이러한 시각은 대단히 잘못된 것이다. 한가지 주목할 점은 박형룡 박사가 인용했던 신복음주의자들에 대한 비판서들은 그 당시 밥존스 신학교에서 얻은 것이었다. 그리고 당시에 신복음주의에 관련된 서적들이 미국 내에서도 풍성하지 못했던 시기였고 한국에서는 자료가 더욱더 부재했다. 이런 상황 속에서 박형룡은 그 당시 일어났던 신 복음주의에 대해 처음으로 비판하는 비판서적을 밥존스에서 얻을 수밖에 없었던 것이다. 또 한가지 주목할 것은 박형룡 박사의 연령이다. 이미 연세가 고령이 되었던 것이다. 새로운 사조에 대한 깊은 연구를 할수 있는 육신적인 상태가 아니었다. 그런데 그것을 무시한 채 평생토록 이루어 놓은 박형룡의 신학을 말년에 사용한 몇몇 자료들을 근거로 해서 지성주의자나 분리주의자라는 평가하는 것은대단히 잘못된 것이라 할 수 있다. 박형룡

---

229) *Ibid.*, 16.

230) 장동민,「박형룡의 신학연구」, 390.

박사는 '분리주의적 근본주의' 노선을 동조하지 않았다. 물론 칼 맥킨타이어와 교류는 했으나 매킨타이어와 같은 '신(Neo)근본주의' 노선을 취하지는 않았다는 것이다. 단지 그의 마음속 깊은 곳에서는 '교회연합 운동으로 인한 순결한 교회에 그릇된 신학이 유입되지는 않을 까?' 하는 '정통 신학을 지키려는 마음' 만 있을 뿐이었다. 이러한 간절한 그의 염원을 신근본주의로 몰아 붙이는 것은 문제가 있는 것이다. 정통신학을 지키려 그의 마음은 그의 비판 논문 마지막 부분에서 잘 말해 주고 있다.

> 성경적인 정통신앙을 지키기에 천신만고를 무릅써 온 한국보수주의 교회들은 결코 이 「신자유주의」에게 자리를 내어 줄 수 없다. 우리 교회의 모든 지도자들과 신도들은 우리의 신앙의 조상들이 눈물과 피로 지키고 전해준 바른 신앙의 노선을 버리고 이 새로이 일어난 신사상의 노선에 한 걸음이라도 따라서는 안 된다.[231)]

이같은 사상은 그의 설교에도 깊이 박혀 있다.

> 그런데 현금 조선교회에 신앙을 지도하는 지위에 있는 이들 중에 더러는 현대 사상을 검토하여 정통신앙의 진정함을 변증하지 않고 현대사상과 화합하기 위하여 정통신앙은 버린다. .... 이것은 과연 상당히 철저한 자유주의이며 신신학이다.성경적 사실을 진리로 신봉한다 하면서 그리스도의 처녀탄생, 신성, 대속, 재림 같은 성경의 기사를 기각함은 어떤 까닭인가?[232)]

결론적으로 박형룡 박사의 신학은 "구학파 전통을 그대로 계승한 청교도적 한국의 보수주의 정통신학자"라고 평가하는 것이 적절하다. 그러므로 3인 교수의 평가는 정당한 평가가 될 수 없다. 박형룡 박사에 대한 색

---

231) 「박형룡박사저작전집」 IX, 125.

232) 박형룡 박사 설교집 제1집 '믿음을 지키라' (1941), 206; 정성구, 「한국교회 설교사」, 322에서 재인용.

깔 있는 3인 교수(민경배, 송길섭, 이종성)의 이런 평가는 고전적 근본주의를 이해하지 못한데서 비롯된 것이다. 그래서 우리는 이렇게 표현할 수 있다. 근본주의에 관련하여 그는 한평생 동안 고전적 근본주의에 서 있는 분이었다.

(3) 박윤선 박사 – 한국의 개혁 신학자[233)]

한국에서 개혁주의 신학의 정초를 놓은 인물은 박윤선(1906-1988)박사이다. 그는 한국의 대표적인 주경 신학자로서 그의 신학은 박형룡보다 앞선다고 볼 수 있다. 특히 박윤선 박사의 저작들, 특히 성경 주석은 일반 목회자들에게 광범위하게 읽혀졌으며 그의 방대한 저술과 30여 년간의 신학 교육과 목회적 활동을 통해 개혁주의 신학을 공표하고 가르치고 대중화하는 데 결정적인 영향을 주었다. 1931년 평양신학교에 입학하여 1934년 신학교를 졸업하고 두 차례 웨스트민스터 신학교에 유학하였다(1934-36, 1938-1939). 특히 이 기간 동안에 메이첸의 문하에서 헬라어와 신학 연구에 주력하였다.[234)] 2차 미국 유학 시에는 반틸(C. Van Til)의 문하에서

---

233) 「박윤선의 개혁신학 연구」라는 제하에 서영일 박사의 웨스트민스터 신학교에서 박사학위 받은 논문을 장동민 교수가 번역하여 한국 기독교 역사 연구소에서 출판되어 나왔다. 이 책은 박윤선의 개혁신학에 대해 아주 세밀하고 명쾌하게 소개되어 있는 것이 매우 큰 장점이다. 박윤선의 개혁신학에 대해서 고찰하려면 이 책을 참조하면 좋을 것이다. 이밖에도 「박윤선 신학과 한국신학」(서울: 기독교학술원편, 1993)과 「박윤선의 생애와 사상」(수원: 합동신학교 출판부, 1995) 이 두 권의 책은 박윤선을 연구하는데 매우 귀중한 자료이다.

234) 이 부분에 대하여 박윤선 박사는 이렇게 기술하고 있다. "메이첸 박사는 위대한 신학자로서 하나님의 말씀대로 사는 진실한 신앙가였다. 그는 평생 결혼하지 않고 독신으로 지내면서 불철주야 하나님의 말씀을 연구하는 성경학자였으며, 모든 신학생들을 자기 자식처럼 사랑하면서 신앙적으로 지도해 주었다. 그의 교수법은 자기 분야에 있어서 깊이 있고 능숙하여서 학생들에게 산지식을 심어 주었다. 강의시간마다 성경을 확신하고 증거하는 그는 열정이 넘쳐서 한자리에 앉아 있지 못하고 때로는 탁자위에 올라 앉아서 이리저리 걸으면서 간혹 이마를 벽에 대로 강의를 계속하

변증학을 배웠는데, 반틸의 영향으로 신학이란 어떤 자연적인 유추나 철학적 사변에서 출발하지 않고 삼위일체 하나님을 전제한 성경계시에서 출발하는 전제주의(Presuppositionalism)에 기초해야 한다는 사실을 배우게 된다.[235]

박윤선 박사
(朴允善, 1906-1988)

박윤선 박사가 박형룡 박사와 다른 한가지는 박형룡은 미국의 구 프린스톤 신학을 한국 장로교회의 전통으로 보수하고 파지하려는 입장이었으나 박윤선은 화란의 개혁주의 신학도 적극적으로 수용하였다는 점이다. 즉 그는 구 프린스톤 신학에서 웨스트민스터 신학교로 이어지는 미국 장로교 전통의 개혁주의 신학과 19세기 화란에서 설명된 개혁주의 신학, 이 두 흐름을 적절히 종합하였다. 그는 고려 신학교 학우회가 발간한 소책자 「우리의 신앙노선」에서 "우리가 진리를 지키려면 옳은 신학 사상을 지켜야 한다. 신학이란 성경에 대한 체계적 지식을 의미한다"고 정의한 후 그의 신학적 입장을 이렇게 천명하였다.

곤 하였다.... 나는 그의 문하에서 신약학을 전공했는데, 특별히 주경신학을 배우는 가운데 그의 도움을 많이 받았다. 예를 들면, 누가복음을 공부시키면서 학생들로 하여금 그 책 한부분을 읽고 주석을 참고해서 발표하도록 한 것이다. 그는 학과 시간에 학생들로 하여금 먼저 발표하도록 한후에 질문하기를, "읽은 부분에 있는 문제점이 무엇인가? 그리고 그 문제에 대한 여러 학자들의 의견을 진술해 보라"고 한다. 그리고는 거기에 대한 비판을 요구하였다. 다시말하면, 어느 해석이 옳은가 하는 것이다. 물론 이 연구 작업은 원문 성경을 근거로 한 것이었다.... 나는 신학자들의 학설에 대한 비판을 이때로부터 제대로 하게 되었다. 이에 따라서 성경의 권위도 깨닫게 되었고, 그 권위는 하나님의 말씀이라는 것을 확신케 되었다. 그리고 이때에 나는 성경해석 방법도 배우게 되었다. 성경해석을 바로만 한다면 기독교는 어디까지나 초자연주의라는 사실이 나에게 명백히 알려진 것이다. 박윤선, 「성경과 나의 생애」, 72-3.

235) 이상규, "한국에서의 개혁주의 신학," 「역사 신학 논총」, 한국 복음주의 역사신학회 엮음(서울: 도서출판 이레서원, 1999), 418.

한상동, 박윤선, 한부선, 박형룡(1947. 10. 14)

> 우리는 개혁파의 신앙노선을 따른다. 그것이 우리의 주장이다. 따라서 우리의 신학이 칼빈주의 신학을 주장함에 손색이 없어야 한다. 신학은 여러 가지가 있다. 즉 자유주의, 발트주의, 알미니안 주의, 우리는 위의 모든 신학을 반대한다. 우리는 복음주의이란 이름으로 나오는 중간주의 신학도 좋게 보지 않는다. 우리는 성경을 바로 깨달은 성경주의라고 할 수 있는 칼빈주의 신학을 강력히 파수한다.[236)]

계속해서 그는 개혁주의를 복음주의와도 엄격한 구별을 하고 있다.

> 소위 복음주의라는 간판 밑에서 정통신학을 믿는다고 하면서도 명확하게 개혁파 신학을 깨닫지 못한 관계로 계약신학을 강력히 주장하지 않는 자들이 많다. 이들은 복음주의자들이라고 말한다.이들은 알미니안을 주장하지 않으나 계약신학도 그리 고조하지는 않는다. 이들은 타협적인 성격을 가지고 실상 진정한 열매있는 개혁주의 신앙은 안 가진다.[237)]

고찰한 바와 같이 박윤선 박사는 한국에서의 개혁주의 신학의 재확립과 계승을 위해 중요한 기여를 한 인물이었다. 그는 한국 교회의 칼빈주의

236) 박윤선, 「우리의 신앙노선」(고려신학교 학우회) 2, 이상규, "한국에서의 개혁주의 신학" 416에서 재인용.

237) *Ibid.*, 4.

에 있어서 보강되어져야 할 분야들이 있음을 알게 되었다. 1939년 그는 이런 분야에 글을 썼다.

> 한국교회는 이제 보다 높은 단계 – 성경을 올바로 이해하는 단계로 도약해야 한다. 이러한 발전은 칼빈주의를 통하여 가능하며 다른 어떤 것으로도 이루어 질 수 없다. 과거에도 그랬듯이 칼빈주의는 성경의 진리를 참으로 인간의 심령에 체계 있게 전달해 줄 것이다.[238]

이러한 사고 위에서 그는 개혁주의 신학을 설명하고 구체화하였을 뿐 아니라 개혁주의 신학 위에서 신정통주의나 자유주의 신학을 비판하고 성경의 절대적 권위, 하나님의 주권, 그리고 하나님의 영광을 추구한 진정한 개혁신학자였다. 그는 한편으로는 개혁주의가 아닌 신학을 비판했고, 다른 한편으로는 개혁주의 신학을 정착시키려 노력했다. 평양 장로회 신학교에서 공부할 때를 회상하면서 박윤선 박사는 이렇게 표현했다.

> 이 신학교가 개혁주의(Reformed) 신학을 제시하는데 있어서는 명확하지 못했다. 나는 신학교 재학 중에 "칼빈주의"(Calvinism)란 말을 별로 들어 본적이 없으며 교수들로 부터 "성경신학" 이란 말도 들어 본적이 없다.성경 신학이 없었던 그 시대에 교리들을 성경적으로 단맛 있게 가르쳤으리라고 생각되지는 않는다. 그리고 이 신학교의 교육이 순수하기는 하였지만 대체로 비판을 경유하지 못한 주입식 교육이어서 그 결과는 그리 만족스럽지 못하였다. 물론 교수진이 성경의 권위를 칼빈주의적으로 믿었다고 나는 생각한다. 그러나 그때의 신학생들이 교수들로부터 근본주의를 받으면서 그들이 칼빈주의 차원에서 신학을 해득하지 못하였다.[239]

---

238) 박윤선, "The Korean Church and Westminster Seminary," *The Presbyterian Guardian*, 1939, 4월, 71; 간하배, 「한국 장로교 신학 사상」, 138에서 재인용.

239) 박윤선, 「성경과 나의 생애」, 56.

이런 까닭에 간하배 교수는 박윤선 박사가 진정한 의미에서의 개혁주의 신학자였음을 지적했다.

> 박 박사는 옛 평양 신학교가 너무나 제한된 분야에만 집중한 나머지 그로 말미암아 일반 은총의 여러 방면들을 인식하지 못한 교회가 세워질 것을 걱정했다. 그는 단순한 근본주의의 차원을 넘어가기를 원했다.240)

그렇다면 박윤선 박사는 '근본주의'에 대하여 어떤 시각을 갖고 있었는가? 1964년 12월「로고스」잡지에 "근본주의의 약점"이라는 제하에 박윤선 박사는 근본주의를 평가하고 있다. 그는 "근본주의가 초자연주의를 존중시하는 경향에 대하여 고맙게 여기지만 그렇다고 해석 근본주의가 모든 교리에 대하여 적당한 고조(高調)를 하는 가에 대하여는 의문이다"241) 라고 평가하였다. 그러면서 다음과 같이 근본주의의 약점을 지적하였다.

> 근본주의에서는 하나님의 주권과 관계된 교리 같은 것을 고조(高調)하지 못한다. 하나님의 주권에 속하는 예정교리의 신앙은 우리에게 유익하다. 칼빈이 말하는 것 같이 예정교리는 "교회의 심장"(Corecclesiae)이라고 할 수 있다. 그러나 근본주의 지도자들이 그것은 만족히 보여주지 못한다.
>
> 또 한가지는 근본주의에서 깊이 보지 못하는 것은 구약과 신약의 연속성 교리이다. 근본주의에서는 잘못 생각하기를 구약시대의 신자들 중엔 율법에 의하여 구원을 얻고 신약시대의 신자들은 그리스도의 보혈에 의하여 구원받는 다고 하는 이들이 많다. 그들은 심지어 산상 보훈도 구약의 성격을 띈 듯이 잘못 말한다. 위에 말한 것과 같이 구약과 신약의 연속성에 대한 근본주의자들의 몰 이해는 그들이 구약과 신약을 계약관계의 것으로 확신 있게 보지 못한 까닭이었다.242)

---

240) 간하배,「한국 장로교 신학사상」, 139.

241) 박윤선, "근본주의의 약점,"「로고스」(1964, 12), 5.

242) *Ibid.*,

신구약 성경의 유기적인 해석은 칼빈의 해석 방법이요, 개혁주의 성경 해석 방법이었다. 즉 "성경이 가는 곳까지 가고 성경이 머무는 곳에 머문다." 라는 것이다. 박윤선은 이것을 근본주의가 간과하고 있음을 지적하고 있는 것이다. 계속해서 그는 근본주의 약점을 지적해 나갔다.

> 근본주의는 종종 자연 은총에 대하여 이해가 부족하여 이 세상 학문에 대한 신자들의 노력을 강조하지 않는 경향이 있다. 그리하여 그들은 종종 반지식주의로 흘러간다.... 우리는 하나님의 말씀의 지도하에서는 얼마든지 자연을 옳게 취급할 수 있으니, 자연 과학에 대하여 불신자들로보다 더욱 힘있게 또한 올바르게 장려 할 수 있는 것이다... 근본주의는 성경을 비교적 단편적으로 보고 체계적으로 깊이 보지 못하기 때문에 그들 중 어떤 층계에서는 경건주의로 흘러간다. 기독 신자에게 있어서 경건은 중요하나 경건주의는 폐단을 가져온다. 그것은 신자가 하나님 앞에서 경건하게 살아야 된다는 것을 강조하는 점에서 좋으나 그 목적을 달성하기 위하여 성경에 없는 생활 표준을 세움으로 혹종의 법식주의(法式主義); 심지어 율법주의로 떨어지는 일이 많다. 경건주의로 흐르게 되면 성경적으로 밝히 정할 수 없는 문제 건에 대하여 사람의 생각대로 규칙을 세우게 된다. 그러나 그런 규칙이 성경처럼 보편성 있는 표준은 될 수 없으니 만큼, 결국은 논쟁을 가져오게 되고 덕을 세우지 못한다. 신자들의 생활을 성화 시키는 비결은 성령에게 있고 사람들이 경건하다고 생각하는 어떤 규칙에 달린 것은 아니다.[243)]

이 글에 통해 우리는 박윤선 박사의 개혁주의 신앙을 다시 한번 엿볼 수 있다. 그는 칼빈주의 신학은 하나의 신학체계에 그치지 않고 하나님 중심적 뜨거운 신앙의 원리로 나타남을 보여 주었다. 그리고 소극적 분리주의가 아닌 적극적 포용과 교제의 삶이며 세상에 무관심한 반 문화주의가 아니라 사회문제와 구제 사역 등에 적극적 관심을 나타내는 문화 변혁주의인 것을 보여주고 있는 것이다.

---

243) *Ibid.*, 9-11.

그런데 박윤선의 이런 신학에 대하여 한숭홍교수는 다음과 같이 평가하였다.

> 그는 또한 박형룡 박사와 더불어 한국 교회의 메이첸- 반틸의 근본주의와 변증론을 전파하여 한국 교회의 정통 보수주의 신앙을 형성하는 데 한몫을 했다. 그러나 그의 이러한 신앙은 결국 초기에는 박형룡식의 정통 보수주의, 미국 유학시절에는 갈빈주의, 해방 후에는 형식주의적 성결주의(=독단적 배티주의) 후기에 와서는 관용적 개혁주의로 변했고 그래서 다양성을 갖게 되었다.[244)]

한숭홍 교수는 박윤선 박사의 신학을 평가 절하하고 있다. 더 나아가 그는 다음과 같이 말한다.

> 그러나 그가 한국교회에 끼친 부정적 영향도 있다. 첫째로 그는 칼빈주의를 성서를 성서로 해석하는 성서 해석에서만 깊이 주장할 뿐, 칼빈주의의 개혁정신, 즉 칼빈의 5대교리를 현재적인 삶의 자리에서 새롭게 해석, 수용해야 하는 과제에는 전혀 무관심했다. 그는 복음과 문화의 관계성에 관한 신학의 궁극적 관심을 거의 방관하는 자세로 넘겨 버리고 오직 성서주의에 몰두하여 복음의 의미만을 캐내는데 역점을 두었다. 그는 자기 신학을 갖지 못한 신학자라고 분류 될 수 있을 것이다.[245)]

이러한 한숭홍 교수의 평가가 옳은 것인가? 필자는 이에 동의하지 않는다. 왜냐하면 한숭홍 교수가 말하고 있는 칼빈주의의 개혁정신은 한숭홍교수 자신만의 개혁정신이지 칼빈의 것은 아니다. 칼빈은 성경을 중심으로 그의 신학을 전개해 나갔는데 그 신학의 이전에는 어거스틴이 있었고, 그 이전에는 바울이 있었다. 즉 하나님의 말씀이었다. 즉 칼빈주의의

---

244) 한숭홍, "박윤선의 신학사상(Ⅱ)"「한국 신학사상의 흐름」(서울: 장로회신학대학출판부 1996), 195.

245) *Ibid.,*

개혁정신은 성경을 중심으로 시작되고 열매 맺은 것이다. 박윤선 신학 역시 그러하였다. 박윤선은 자기 신학을 갖지 못한 신학자가 아닌 철두철미하게 칼빈의 신학이요, 어거스틴의 신학이요, 바울의 신학이었다. 한숭홍 교수는 컨텍스트(Context)를 강조한 나머지 텍스트(Text)를 잃어 버린 누를 범하고 있는 것이다.

한숭홍 교수는 두 번째로 성서 주석의 문제를 들었다. 그는 계속해서 이렇게 주장했다.

> 둘째로 그는 성서 주석에 몰두 했고 성서 66권을 주석하였지만 그의 독창적인 주석 방법론이나 주석 신학의 본질 등에 관한 이론을 논문으로 남기지 못했다. 이것은 그가 성서 해석학의 원칙을 어떤 입장에서 수용 활용 했으며 그의 해석학 이론은 어떤것인가 하는 학문적 관심을 보여주지 못한 단점이라고 할수 있다. 그가 늘 말하는 성서의 절대성과 성서의 정경성을 어떤 해석 방법론으로 증명할 수 있는지 분명하게 밝히고 있지 않다는 것은 엄밀히 말해서 학문성의 결여라고 말할 수 있을 것이다. 그는 성서 주석을 영감받은 사람만이 할수 있다고 말하면서 그 스스로 늘 기도하는 자세로 그리고 사실 기도하면서 써 나가갔다고 했다. 그러나 이런 태도는 주석가의 몸가짐일 뿐이며 학술 행위에 속한다고 보기 어렵다.[246)]

두 번째 평가 역시 잘못되었다. 박윤선 박사의 성경해석 원리는 칼빈의 해석 방법이었다. 성경이 성경을 해석한다는 것이다. 그러므로 자유주의적 성경 비평에서 사용하는 성경해석학을 사용하지 않았다고 해서 박윤선 신학이 학적으로 가치 없는 것인가? 그의 성경해석은 칼빈의 것과 동일하였다. 이런 까닭에 그는 굳이 성경의 절대성에 대한 어떤 해석도 하지 않았다. 그는 개혁신학자였다. 그러면서도 그는 기도하면서 주석을 했다. 마치 칼빈의 「기독교 강요」가 학적이면서도 따뜻함이 그 글 속에서 배어 나

---

246) *Ibid.*, 196.

박윤선 박사 성경주석 전질

오듯이 박윤선은 그런 주석을 쓰기를 원했다. 이런 의미에서 박윤선의 신학은 개혁신학이며 그의 주석은 독창성이 있으며 자신의 신학의 집대성이라 볼 수 있다. 세 번째로 한숭홍 교수는 박윤선의 신학을 이렇게 문제 삼는다.

> 셋째로 그는 상황 신학을 거부하며 항상 1930년대 웨스트민스터 신학교의 신학 풍, 곧 메이첸식 신학 이념을 뛰어 넘지 못하고 신학하였다. 그러나 이것은 사실 항상 개혁 되어야 하는 신학(Theologia semper reformanda), 그리고 그러는 과정을 거쳐 항상 개혁되어야 하는 교회(Ecclesia semper reformandate)의 본질을 역설하는 칼빈의 개혁주의를 제대로 따르고 있지 않음을 말해 주고 있다. 하나님은 항상 새로운 상황에서 새롭게 말씀하신다. 그리고 그 말씀을 듣는 사람들로 항상 새로운 삶의 자리(*Sitz im Leben*)에서 새롭게 듣곤 한다. 그러므로 복음은 상황에 따라 새롭게 해석되고 이해 되어야 한다. 이것이 진정 칼빈의 정신이며, 개혁교회의 주장이다. 박윤선이 성서의 시대적 해석보다 19세기말의 근본주의를 따라 계속 파수하는 자세로 해석해 갔기 때문에 그의 신학적 영향과 신학 반경은 극히 일부분에 제한 될 수 밖 에 없었다.[247]

247) *Ibid*,. 196.

The Bulletin
OF WESTMINSTER THEOLOGICAL SEMINARY • PHILADELPHIA

1988, NO. 5

Yune-Sun Park (WTS '36): 1905-1988

Piety and scholarship

웨스트민스터 신학교 신문에 실린 박윤선 박사 (1988년)

한숭홍 교수가 윗글에서 말하고 있는 "개혁교회는 항상 개혁되어야 한다."는 원리는 대단히 의미있고 공감할 수 있는 말이다. 그리고 복음이 새로운 삶의 현장에서새롭게 해석되고 이해 되어야 하는 것도 공감한다. 그러나 한숭홍 교수는 가장 큰 토대를 하나 제거해 버린 상태에서 이 말을 하고 있음이 심히 유감이다. 그것은 도대체 개혁을 하는데 개혁의 도구가 무엇이냐 하는 것이다. 말할 것도 없이 '살아 있는 신앙과 행위의 유일무이한 규칙인 영감된 성경' 이다.

그런데 이 성경을 자유주의적 고등비평을 취하여 성경의 영감도 권위도, 성경의 무오성도 부인하고 있는 상태에서 무슨 개혁을 운운할 수 있을까? 기초와 뼈대를 없애버리고 현대문화의 옷만을 입혀 화려하게 보이게 하는 것이 신학이며 개혁인가? 박윤선은 바로 이것을 제대로 간파했기 때문에 개혁주의 성경관의 시각을 가지고 한국 사람들이 이해하기 쉬운 뜨거운 기도를 가미한 한국사람들이 쉽게 이해할 수 있는 성경 주석, 그 주석 속에 한국의 개혁주의 신학을 탄생시켰던 것이다. 박윤선의 신학에서의 개혁은 "근본주의를 뛰어 넘어 진정한 개혁주의 무엇인가"를 우리에게 보여 준 것이었다. 그에게 와서야 개혁신학의 진수를 맛볼 수 있게 되는 것이다. 그래서 그는 개혁 신학의 대원칙은 성경을 붙들었고 성경의 진리를 파수해 나갔던 것이다. 박윤선 박사와 더불어 같이 강단에서 가르쳤던 신복윤 교수는 박윤선 박사가 좋아하는 개혁주의 신학의 내용에 대하여 다음과 같이 설명하였다.

첫째, 하나님의 주권을 인정하는 것이다. 하나님은 우주의 절대적인 최고 통치자이시며 작정, 창조, 섭리, 구속에서 주권자이시다. 하나님은 절대 지배자 이기 때문에 최고의 입법자요 통치자일 뿐만 아니라 도덕적 영역과 진리, 과학, 예술 등 모든 영역에서도 자존하시는 지배자이시다. 이처럼 개혁주의의 본질적 원리는 하나님 중심사상이다.

둘째, 성경의 절대 권위를 인정한다. 성경은 신학의 유일한 원리이며 유기적으로 영감되었고, 신적권위를 가진다. 이 교리는 교회보다도 권위를 가지는 동시에 모든 인간들의 사상이 성경의 말씀으로 판단되어야 한다고 믿는다....개혁주의는 성경이 하나님의 말씀이며, 이 말씀만이 우리를 하나님에게로 올바로 인도 할 수 있다고 믿는다. 그러므로 성경은 우리의 삶은 절대적으로 필요한 책이다. 개혁주의는 성경의 명백성을 주장한다.... 또한 개혁주의는 성경 그것만으로 우리의 신앙생활을 교도하기에 충족하다고 믿는다. 그것은 그리스도께서 육신이 되셔서 구원을 완성하신 것 만큼 그가 계시자로서 그 계시를 완성하셨기 때문이다. 개혁주의는 성경을 성경대로 믿는 사상이다. 이것은 은혜로 되는 것이지만 또한 우리에게 책임을 주신 것 만큼 역시 연구로 되어지기도 한다. 그것이 올바로 해석된다면 이것은 은혜이다. 이러한 과정으로 성경을 바로 해석하고 그대로 믿는 것이 개혁주의 사상이다. 셋째로, 개혁주의는 일반은총을 등한히 하지 않는다. 일반은총도 역시 하나님의 은총이기 때문에 일반은총을 등한히 할수 없는 것이다. 일반은총은 곧 문화 활동이다. ... 개혁주의는 영적 구원을 위해서 만이 아니라 현세 생활에 있어서도 그리스도인은 성경을 통하여 하나님의 음성을 듣기 원하며 또 그대로 실현하기를 원한다. 그러므로 하나님 앞에서의 생활을 위주하는데 게을리 하지 않은 것이 개혁주의이다. 박윤선 목사는 이러한 개혁주의 사상을 보급하시기 위하여 평생을 바치셨다. 그는 이 개혁주의 운동을 위해서 불철주야 힘쓰게 된 이유를 다음과 같이 말한다. "근본주의나 일반복음주에서는 성경을 명확하게 해석하는데 힘쓰지 않았던 것 같다. 그러나 만큼 성경은 반드시 올바로 해석되어야 한다고 확신 하였기에 개혁주의 전파의 필요성을 느꼈다. 또한 앞으로 장로교회가 문화활동에 적극 협력하는 경향이 없으므로 이러한 점이 안타까왔다. 일반은총은 감사하

> 게 누리면서 문화활동에서도 역시 하나님과 함께 하는 생활을 가져야 되기 때문이다." 이 개혁주의 사상은 그의 몸에 깊이 배어 있어서 설교와 저술과 생활과 그의 모든 생활영역에서 물씬하게 풍겨 나오곤 하였다. 우리는 그 냄새를 맡으면서 그의 그늘에서 살아왔고 앞으로도 그의 냄새는 계속 사라지지 않을 것이다.[248)]

이제 우리는 한가지 질문을 던져야 한다. 박윤선 박사는 근본주의자이었던가? 이런 질문에 대해 이렇게 답하고 싶다. 그분에게 '근본주의' 라는 용어를 반드시 사용해야 한다면 '박윤선 박사는 박형룡 박사와 더불어 근본주의 5대 교리를 믿는다는 의미에서, 그리고 현대주의를 배격한다는 의미에서 고전적 근본주의자였다' 라고 평가해야 할 것이다. 그리고 박윤선 박사는 '구 프린스톤 신학의 전통을 계승한 고전적 근본주의 노선에 서 있는 분' 이었다. 박윤선 박사는 개혁주의를 고수하며 살았고, 일생을 하나님의 말씀을 붙잡고 살았으며, 성경을 올바로 가르치려는 열정으로 살아간 '진정한 한국의 개혁 신학자'였다.

---

248) 신복윤, "성경의 사람, 한국의 나다나엘," 「박윤선의 생애와 사상」(서울: 합동신학교출판부 편 1995), 89-91.

Theological Reflections
on
Presbyterian Church History

평양 신학교 전경

제5장

한국 장로교회에 미친 영향

제5장 한국 장로교회에 미친 영향

우리는 위에서 미국 장로교회와 한국 장로교회 신학사상의 흐름에 대하여 고찰해 왔다. 그러면 직접적이든 간접적이든 간에 한국 장로교회는 미국 장로교회에 나타난 신학사상의 영향을 받았다. 그러면 구체적으로 어떤 영향을 받았는가? 가장 구체적인 실례는 신사참배 거부 항쟁에서 찾아 볼 수 있다.

1. 한국 장로교회와 신사참배

한국교회는 1930년대 중반기부터 1945년 해방을 맞이하기 전 까지 "일제의 신사참배 강요"라는 혹독한 시련을 겪었다.

신도(神道)[1]는 일본인들이 말하는 신인 '가미'(神)에 대한 신앙이다. 이것은 일본이 정치권력을 중앙집권화하면서 만들어낸 일본의 국수사상의

1) 신도에 대한 참고자료는 다음을 참조하라: Kun Sam Lee, *The Christian Confrotation with Shinto nationalism, 1868-1945* (Philadelphia: presbyterian and Reformed Publishing, 1965); Eui Hwan Kim, "The Christian Conflict with Shinto in Korea," Th. M. thesis, Westminster Theological Seminary, 1963; M. L. Young, *The Two Empires in Japan* (Philadelphia: presbyterian and Reformed Publishing, 1961).

핵심이라 볼 수 있다. 1882년 일본 정부는 신사신도(神社神道)를 '국가의 제사'로서 일반 종교로부터 분리시킨다고 선언하여 일반제사와 종교의 분리를 선언하였다. 이러한 의도는 신사신도를 초종교적이고 절대적인 것으로 만들어 그 우위를 확립하려는 것이었다. 1899년에 공포한 '제국헌법'과 1900년에 반포한 '교육칙어'(教育勅語)를 통하여 천왕을 절대화하는 국가신도(State Shinto)를 형성하고 법적 조치를 통해 완벽을 기하였다. 그리하여 신도는 신교 자유와 정교 분리 원칙을 위배하지 않으면서도 사실상 모든 종교 위에 군림하는 초종교적 특권을 갖게 된 것이다.[2]

국가신도는 일본인들의 정신적 지주가 되어 천황중심의 국가관을 만들었고 군국주의 일제의 외국 침탈 및 식민지 통치의 정신적 원리가 되었다. 1910년 8월 한국을 무력으로 강제 합방 시킨 이후, 일본은 한국에 대한 식민 정책을 다음의 두 가지 방향으로 집중하여 나갔다. 첫째는 한반도를 중국 대륙, 나아가 동남아 국가 침략을 위한 병참 기지화하는 정책이다. 1931년 일본은 만주 사변을 일으켰다. 그리고 1937년에 중일 전쟁을 통해 중국 대륙을 침입해 들어갔다. 마침내 1941년 태평양 전쟁을 도발하였다. 그리고 1945년 8월 15일, 일본 제국이 전쟁의 패전국이 될 때까지 15년간의 긴 전쟁을 하였다. 이러한 오랜 기간 동안 일본은 그들의 침략 전쟁을 수행하게 위하여 한국을 노골적으로 병참 기지화 한 것이다. 공업화를 통해 군수품등을 생산하였고, 전쟁을 위한 물자와 인력을 징발해갔다. 태평양 전쟁을 일으킨 후에는 놋 숟가락, 젓가락, 밥그릇까지, 심지어 교회의 종까지도 전재의 물자로 징발하였으며, 많은 젊은이들까지도 강제 징병하여 갈 수밖에 없었던 것이다.

둘째는 한국민을 일본 황국 신민화 시키려는 정책이었다. 황국 신민화 정책의 특성은 '천황신앙'을 중심으로 한민족의 정체성을 빼앗아 한국민의 민족성을 철저히 말살하려는 것이었다. 이러한 일본의 식민 정책들은 그

---

2) 戸村 博, "근대 일본의 천황제국가와 기독교," 「국가 권력과 기독교」(서울: 민중사, 1982), 339.

들의 식민 통치 후반기에 속하는 1930년대에 더욱 현실화적으로 드러났다.

이 신사참배 정책은 곧 바로 교회에 대한 공격으로 이어질 수밖에 없었다. 1930년대 초부터 일제는 만주를 삼키고 중국을 넘보기 시작하면서 내선일체(內鮮一體)를 강조하여 '신사참배 강요 정책'을 강화하기 시작했다. 내선일체란 "한국 민족은 일본 민족과 운명을 같이하는 일부이며 소위 흥아(興亞)적 민족 해방의 대상이 아니라 일본 민족과 함께 아시아 제 민족을 서구 제국주의의 압제로부터 해방시켜야 할 주체"라고 주장한 것이다. 내선일체에 대하여 관동군 사령관 출신인 미나미(南次郎) 총독은 다음과 같은 망언을 하였다.

> 내선일체는… 형상도, 마음도, 피도, 살도 모두가 일체가 되지 않으면 안된다.… 내선은 융합에 있는 것이 아니고 악수하는데 있는 것이 아니고 심신 함께 일체가 되지 않고는 안 되는 것이다.… 내선 일체의 최후는 안으로부터 멀리까지 차별 없는 평등에 도달하는 데 있다.[3)]

이러한 내선일체로 한민족을 일본 황국 신민으로 만들려는 일본의 정책으로 신사 건립 및 신사 참배 강요를 시작했던 것이다. 그리하여 1912년 조선 총독부는 조선 신사 건립을 위한 예산을 책정한 후 1918년 서울 남산에 조선 신사 조영(造營) 공사에 착수하였다. 착수한지 8년의 세월과 총공사비 1,570,000원을 들여 마침내 1925년 10월 25일 건물을 완성하여 '조선 신궁'이라 개칭한 후 전국 방방곡곡에 신사를 건립하도록 하였다.[4)]

1930년대의 일제의 신사 참배 강요는 먼저 기독교 학교로 부터 시작되었고 나중에 교회까지 파급하게 되었다. 1932년 평양 9월, 평양에 있는

---

3) "국민정신총동원 조선연맹역원 총회석상 총독애찰"(1939, 5). 飯招二朗, 한석희, 「일제통치와 일본기독교」(서울: 소망사, 1989), 255 주 39참조; 김인수, 「일제의 한국교회 박해사」(서울: 대한기독교서회, 2006), 88 재인용.

4) 최 훈, 「韓國敎會迫害史」(서울: 예수교문서선교회, 1979), 19; 김인수, 「일제의 한국교회 박해사」(서울: 대한 기독교서회, 2006), 87.

기독교 각급학교의 출석을 요구하였데 기독교 학생들에게 '일본 천황과 1931년 만주 사변에서 죽은 전몰 장병을 참배' 하는 신사 의식에 참여하도록 강요 한 것이다.[5] 이것은 평양 서기산(端氣山) 에 있는 충혼탑 앞에서 거행되었다. 이때 학교 책임자들은 기독학교로서 교리와 신앙상 위반되는 참배의식에는 참석할 수 없다고 거부하자 일제는 제례(制禮) 직후에 있는 국민의례에만 참석해도 좋다는 것으로 허락하여 숭실 전문 및 숭실 중학교 학생들과 숭의여학교 학생이 의식에 참여하게 되었다. 이것이 '신사참배 강요의 도화선' 이 되었다.

이리하여 동년에 전국 각급학교에 신사참배 명령을 내린 것이다. 이때 전국 기독교계의 학교들은 그것이 교리와 신조에 관계되는 문제이므로 상회의 지시가 있을 때까지 기다리기로 하고 장로교 총회 학무부(學務部)에 이를 자문하였다. 그리고 장로교 총회 학무부(學務部)에서는 "교회 학교 학생이 신사(神社) 및 여러 제식(祭式)에 참석할 수 없다는 것을 총독부(總督府) 당국에 교섭하기로 할 것"을 제안 결정하였고 차재명(車載明), 유억겸(俞億謙), 마펫(馬布三悅) 3氏를 교섭위원으로 설정하여 그 교섭을 일임시켰다.[6] 그뒤 이 문제의 교섭은 부진 상태에 빠져 있었으므로 1933년 전북노회장과 1934년 황해 노회장의 기독교계 학교의 신사참배 여부에 대한 문의와 평남 순천 자산교회목사의 지방관청의 신사 건축비 징수문제에 대한 문의 등이 계속 총회에 제안되었다.[7]

총회는 1934년 10월1일 교섭위원들을 선정하여 조선총독부 사회과장을 방문하고 "기독교 신자의 자녀들이 신사에 참배하는 것은 기독교 교리상 위반되는 일이므로 특별히 양해가 있기를 바란다.[8]"는 내용이 청원서를 조선총독에게 제출하려 하였으나 사회과장이 권고하기를 "총독은 기독교에 대한 이해가 깊으며 항숙이 청원서를 제출할 필요가 없다.[9]"고 하여

5) 김양선, 「韓國基督教史研究」(서울: 기독교문사, 1971), 177.

6) 朝鮮예수教長老會總會, 第21回 會錄, 1932, 34.

7) *Ibid*., 9.

8) 朝鮮예수教長老會總會, 第23回 會錄, 1934 , 11, 65.

청원서를 일단 철회하였다.

그러나 지방관청들의 신사참배에 대한 독촉과 강요가 심해지자 동년 12월6일 총독부 교섭위원을 통하여 "총회 산하에 있는 幼稚園, 簡易學校, 普通學校, 中學校, 專門學校 또는 聖經學校 또는 神學校 학생의 紳士不參拜허용"에 관한 청원서를 다시 조선 총독에게 제출하고자 하였으나 아무리 교회 경영의 학교들이라 하더라도 조선 총독의 교육 행정에 의하여 운영되는 학교들이므로 반드시 조선 총독의 교육 정책에 따라야 하며 신사참배를 불원하는 학생이 있다면 그들의 이름을 지명하며 청원해야 된다는 총독부 종교과장의 까다로운 이유와 언명에 결국은 다시 퇴각하고 말았다.[10)]

그러다가 1935년 11월 평안남도 도지사 야스다께(安武 直夫도)가 도내 공 · 사립학교 교장 회의를 소집하면서 교장 회의가 개회전에 먼저 신사참배하도록 지시함으로서 문제가 심각하게 발전되었다. 기독교 학교인 평양 숭실 전문학교 교장 맥큔(G. S. McCune)과 숭의여중 교장 스눅(V. L. Snook), 장로교가 연합하여 세운 숭인상업학교 교장 김항복, 안식교 계통인 순안(順安) 의명학교 교장 리(H. M. Lee)는 신앙 양심상 참배할 수 없다고 거절하였다. 야스다게 도지사는 신사 참배는 "종교적 행사의 차원에서 가부를 말할 성질의 의례가 아니고, 국민으로서의 충성의 책임과 관련된다"[11)]고 통고함으로써 일반 학교 및 모든 기독교 학교들의 학생들과 교사들이 이 신사 참배에 순응할 것을 재지시하였다.

그러나 맥큔(McCune)은 "신사의 제식에 있어서 종교적인 여러 가지 요소가 포함되어 있는 것과 또한 신사에서 신들을 경배하고 있는 사실이 확실함으로 기독교 신자인 나로서는 신앙 양심상 신사에 참배할 수 없다"[12)] 라고 불응의 뜻을 표하였다. 이때 일본의 조선 총독부는, "신사는 우리 제

---

9) 朝鮮예수敎長老會總會, 第24回 會錄, 1934, 119.

10) 김양선, 「韓國基督敎史硏究」, 178.

11) 「기독신보」, 1932년 12월14일자; 참조, 민경배, 「한국기독교회사」, 426.

12) 1935년12월14일 "맥큔(McCune)교장이 평남도지사에게 보낸 서한"(한국기독교문화

국의 국조와 국가를 위하여 헌신한 원훈들의 신을 봉헌한 곳이며 국민들이 그들의 국가와 조상에 대한 존경과 성의를 표시하는 공적 기관"[13]이라고 맥큔(McCune)에게 통고함으로서 야스다게 도지사를 지지하였다. 결국 이 사건으로 말미암아 맥큔(McCune)과 스눅(Snook)은 1936년 1월 교장직에서 물러나고 그해 3월 본국으로 강제 귀국하게 되었다. 기세등등한 일본 총독부는 1936년 1월부터 전국의 모든 기독교 학교에 경찰력을 동원하면서까지 신사 참배를 강요하기 시작했다. 결국 1937년 9월에 미국 북장로교 선교회 산하의 8개 학교를 폐쇄, 남 장로교 산하의 10개교를 폐쇄하였다.

신사 참배를 강요하는 일본 총독부는 신사 참배가 종교 의식이 아니라 순전히 국민의 애국적인 의식이라는 주장이었다. 1936년 1월, 조선 총독부는 윤치호과 감리교 총리사 양주삼외 7명의 장로교 및 감리교 지도자들을 초청하여, "신사 참배는 종교적 의식이 아니라 국민 의례이며, 예배 행위가 아니고 조상에게 최대의 경의를 표하는 것일 뿐이다"라고 설명한 바 있다.[14] 이것은 신사참배의 당연성을 표명한 조선 총독부의 공식적 입장이었다. 그러나 신사참배가 '국민의례' 라고 주장하는 이 조선 총독부의 공식적 표명은 문제가 있다. 왜냐하면, 그 당시 조선 총독부의 위촉으로 「신사와 조선」이라는 책을 쓴 오야마(小山文雄)가 신사에 대하여 이렇게 기술하였기 때문이다.

> 우리들의 조선(祖先)은 조신(祖神)에 대한 열렬한 신앙을 그대로 황실 존숭 위에 옮겼다. 씨족 조신의 존숭은 바로 황실 존숭에 귀일되었다. 이리하여 천황은 현인신(賢人神)이 되었다. 이 국민적 감격, 국민적 신

연구소 소장); 참조, 김양선, 「韓國基督敎史硏究」, 179-83.

13) 1935년 12월 30일 조선 총독부 학무국장이 Drs. McCune, Holdcorft, and Soltau에게 고한 경고문(한국기독교문화연구소 소장); 참조, 김양선, 「韓國基督敎史硏究」, 180.

14) *Statement Presented to the Executive Committee of the Board of Foreign Mission*

> 앙이 있어서 비로소 세계에 절관하는 만세일계 체제를 확립할 수 있었다. 이 신념이야말로 금일의 국운 홍융의 기초를 열었다. 누구가 선인의 위업을 추앙치 않고 누구가 조신의 위덕을 찬양치 않으랴. 이것을 종교라고 칭할 수 있다면 이야말로 참으로 세계에 비류 없는 위대한 종교가 되지 않으면 아니된다.[15]

오야마의 글은 신사가 다분히 종교적인 특성을 지니고 있음을 시사해 주고 있는 것이다.

이렇게 일본인조차 종교적인 특성이 신사 참배에 있다고 주장함에도 불구하고, 일본 총독부는 신사참배가 국가 의식임을 주장하며, 학교에서 행했던 것과 마찬가지로 교회에도 강요를 시작했다. 신사참배를 제일 먼저 수용한 교회는 로마 카톨릭이었다. 처음에 카톨릭은 신사참배를 강경히 반대하는 입장[16]이었다. 그러나 독일, 이탈리아, 일본이 3국 동맹을 맺게 되자 갑자기 태도를 바꾸어 로마 교황청은 1936년 5월 26일 일본의 천주교 신자들에게 신사는 국가적 예식임으로 참배하여도 무방하다는 교지[17]를 내렸고, 따라서 한국의 천주교도 신사 참배에 응하게 되었다. 안

M.E. Church, June 17, 1937, 3; 참조, 김영재, 「한국교회사」(서울: 합동대학원출판부, 2009), 250.

15) 小山文雄, 「神社와 朝鮮」, 13-14; 참조, 김양선, 「韓國基督敎史硏究」, 174.

16) 가톨릭교회는 1918년 "신사는 다른 신들을 위하는 곳이므로 참배 할 수 없다."는 한국 천주교 장정(章程)을 작성하였고 신사는 종교임을 명시하였다. 1925년 조선 신궁 진좌제(鎭座際) 때만 해도 개식교와 더불어 신사참배를 이단으로 규정하고 일제에 저항하였다. 「교구연보 1878-1940」(천주교 부산교구, 1984), 132-4; 김인수, 「일제의 한국교회 박해사」, 98재인용. 또한 1920년대에 발간된 천주교 교리서인 「天主敎要理」에서는 "일본 예절로 말하더라도 신사 참배라 하는 것은 확실히 異端이나 아주 禁하는 것이고 살아있는 님금의 御眞앞에 절함은 이단이 아니오"라 하여 신사 참배를 이단으로 명백하게 규정하고 있다. 최루수 편, 「天主敎要理」大問答 2권, 45; 한국기독교사연구회 著, 「한국 기독교의 역사」(서울: 기독교문사, 1990), 300 재인용.

17) 교황청의 교지는 다음과 같다: "일본 제국 안에서 의식서는 신자에게 다음과 같이 가르친다. 즉 신사에서 행하는 의식은 국민으로서의 의무이다. 교육받은 자의 상식에 의하면 신사의식은 단순한 애국의 표현이며 황족과 국가의 훈공자(勳功者)에 애친

식교에서는 1936년 12월 신사참배 승인을 가결하였다.

1937년 조선 총독부는 안창호의 흥사단 계열의 국내 조직인 수양동우회 회원을 일제히 검거하여 장로교계 민족주의자들을 굴복시켰다. 나아가 1958년 5월에는 이승만이 설립한 동우회의 국내 조직인 흥업구락부 회원들을 대거 검거하여 감리교계 및 조선 중앙 YMCA계 민족주의자들을 글복시켜갔다. 이로 인해 한국에서 두 번째 큰 교회였던 감리교회에는 1938년 10월 5-13일 제3차 연회에서 양주삼의 효과적인 지도[18] 아래 신사참배가 종교적 의식이 아니라 국가적인 국민의례에 지나지 않는다는 조선총독부의 말을 수용하여 신사 참배를 실행할 것을 결의하였고 구세군, 성공회등도 감리교의 뒤를 따랐다. 성결교에서는 신사참배를 승인하고 1943년 12월 29일 강압에 못 이겨 해산하고 말았다.

그러나 장로교의 경우는 그리 간단하지 않았다. 그것은 위에서 언급한 바와 같이 기독교계의 학교의 신사참배에 대해 장로교는 이미 교리적으로 고전적 근본주의 입장에서 절대 불가를 표명하고 강경하게 거부하고 있었

(愛親)의 마음을 표현하는 것이다. 그러므로 이같은 의식은 시민으로서 가치를 갖는 것 뿐이며 가톨릭 신자는 이들에 참가하는 것을 허용한다"(「大 每日新聞」조선판, 1936. 8, 2일자; 「노기남회고록」, 1972년 11월, 133; 김인수, 「일제의 한국교회 박해사」, 99재인용, "신사참배는 비록 그 시작은 종교적이라 할지라도 지금은 일반의 認定과 관계당국의 聲明에 의하여 국가의 한가지 예식으로 되어 있으니 저것(유교식 제사)과 혼동할 것이 아니며 천황폐하의 御眞앞에 예함도 이단이 아닌 즉 국민된 자가히 행할 것이오," 최루수 편, 「天主敎要理」, 1권, 1932, 274; 한국기독교사연구회 著, 「한국 기독교의 역사」, 300재인용.

18) 당시 총리사 양주삼 목사는 총독부 초청 좌담회를 다녀온 후 1936년 6월 개최된 연회에서 신사참배를 하기로 결정하였다. 이에 대한 감리교내에서 반발이 일어나자 1938년 9월에 다음과 같이 통고문(通告文)을 발표하여 신사참배 원칙을 고수하였다: "연전(年前) 총독부 학무국에서 신사참배에 대하여 조회한 바를 인쇄 배부한 일이 있거니와 신사참배는 국민이 반드시 봉행할 국가의식이오, 종교가 아니라고 한 것을 잘 인식하셨을 줄 압니다. 그런고도 어떤 종교를 신봉하든지 신사참배가 교리에 규칙에 위반이나 구애됨이 추호도 없는 것은 확실히 알 수 있습니다. 소화 13년 9월 3일, 기독교 조선 감리회 총리사 양주삼," 김양선, 「한국기독교사연구」, 180-190 각주 32 참조.

기 때문이다. 조선총독부는 1938년 2월에 신사참배에 대한 확고한 방침[19]을 정하고 1938년 9월 장로교 총회 때 어떤 수단, 방법을 동원해서라도 신사참배 결의를 하도로 계획을 세운 일제는 우선 각지에서 모이는 노회에서 신사참배를 결의하도록 하는 공작을 수행하였다. 이러한 일제의 공작에 의하여 가장 먼저 신사참배를 결정한 노회는 평북노회였다. 평북노회는 1938년 2월 전국에서 가장 교세가 강한 노회로 전 일본 헌병 보조원 출신의 친일파 목사 김일선[20]이 노회장으로 선출되고 난 후 그의 주동으로 선천남교회에서 모인 노회에서 신사참배를 결정하였다.[21] 평북노

---

19) 조선총독부의 방침은 다음과 같다: "1. 시국 인식에 철저를 기하게 위하여 기독교 교역자 간담회를 개최하여 지도 계몽에 힘쓸 것 2. 시국 인식에 철저를 기하기 위한 지도 및 시설 1)교회당에 국기게양탑을 설치할 것 2)기독교인에게 국기 경례, 동방요배, 국가봉창, 황국신민서사 등을 제창하게 할 것 3)일반 신도의 신사참배에 대한 바른 이해와 려행(勵行)에 힘쓸 것 4)서력연호 사용을 삼갈 것 3. 찬송가와 기도문, 설교에 있어 내용이 불온 한 것은 엄중 취재할 것 4. 당국의 지도에 따르지 않는 신자는 법적 조치를 취할 것 5. 국체에 맞는 기독교의 신건설운동은 이를 적극 지원할 것," 朝鮮總督府, 「朝鮮總督府施政三十年史」, 1939. 833; 참조, 양현혜, 「근대 한일 관계사 속의 기독교」(서울: 이화여자대학교출판부, 2009), 196-7.

20) 김일선은 본래 일제 헌병보조원 출신으로 평양장로회신학교 29회 졸업생이이며, 동서 성서 학원 출신으로 목사된 후 유명한 부흥사로 전국을 다니기도 했다. 그러나 그는 후에 친일파로 변절하여 행세하다가 해방 후 교인들이 배척하자 밤중에 자기가 목회하던 예배당(평북 철산군 서림면)에 불을 지르고 평안북도 인민위원회 도청직원이 된 자였다. 김인서, 「김인서저작전집」, 제5권, 146.

21) 평북노회사에는 신사참배 강요와 결의에 대하여 아주 소사하게 기록되어 있다; 1938년 2월 평북노회가 제53회로 선천읍 북예배당(北禮拜堂)에 회집하였다. 개회 전일부터 경찰서 고등계에서는 비상 경계를 펴고 타서(他署)에서 응원을 얻고 그것도 부족하여 평북 도경찰부에서도 지원을 하였고 사복경관이 예배당 안과 밖에 내외(內外)에 깔려서 삼엄한 분위기속에서 지냈다. 증경노회장님들은 밤이면 4,5명씩 선천 경찰서로 불려가 철야 시국 간담과 신사참배가 국가 의식이요 절대로 종교가 아니라는 설득을 받으며 밤새 지냈으며 성경을 자기들 멋대로 해석해서 권력에 복종해야 된다는 식으로 설득 공작을 폈다. 사일째 되는 날은 이른 아침부터 사복 형사들이 예배당 주위에 깔려 있었고 이날을 신사참배 결의를 가결하는 날로 정했다고 했으며, 이미 누가 동의하기로 하고 누가 재청하기로 경찰에서 지시했고 합의를 보았다는 풍문이 떠돌았다. 당시 회장은 김일선 목사님으로 평신(平神) 29회 졸업생이시며 철산

회를 시작으로 9월 총회까지 23개 노회 중 17개 노회가 일제의 신사참배 강요에 굴복하고 말았다.

1938년 9월 9일 오후 8시, 조선예수교장로회 제28차 총회가 평양 서문밖 교회당에서 총회장 이문주 목사의 사회로 개회되었다. 이날 저녁 임원선거가 있었는 데 회장에 홍택기, 부회장에 김길창, 서기에 곽진근, 회계에 고한규가 선출되었다. 이튿날 9월 10일 신사 참배안이 상정되던 날 일본 경찰들이 예배당을 삼엄하게 에워싸고 일체의 방청객 출입을 막았으며 예배당 강대상 전면에는 평남 경찰부장을 위시하여 고위 경관 수십 명이 긴 검을 차고 버티고 앉아 있었다. 또한 총대들 사이사이에 지방에서

화탄(化炭)교회에 시무하시어 동양 성서 신학원 출신으로 각 교회에 부흥강사로 유명한 분이었다. 기독교를 믿기 전에는 한국 헌병 보조원으로 독립 지사를 많이 괴롭힌 인물이었고, 자신의 증언으로는 33인 중의 한분인 정주 이명용장로님 가정을 친히 일본 헌병과 동행하여 수사했노라고 했다. 예정 시간대로 북예배당에 모여서 회의를 진행하는데 회원 한 사람에 경관 세명이 앞뒤로 경호했으며 회장의 동의로 회의는 시작되었다. 회장은 말하기를 "신사참배는 종교가 아니오 국가 의식이라는 설명과 대일본제국 국민으로서 마땅히 참배하여야 된다"는 것을 말하고 동의가 있었고 제청이 있었고 가부를 물으니 몇사람이 '예'라고 하고 '아니다'는 말에는 응답이 없었다. 이어서 가결된 것으로 선언하였다. 이때에 방청석에서 회장에게 발언권을 허락해 달라는 한 젊은 청년이 일어섰으나 회장은 묵살하고 말았다. 이어서 가결된 것으로 선언하였다. 이 청년은 울분한 표정으로 퇴장하고 이어서 정회가 되었다. 모든 회원들은 풀이 죽어 감기에 앓아 땀을 많이 흘린 사람처럼 퇴장하였다. 이 시간에 선천경찰서 고등계 중에 김정옥이라는 노인 형사가 있었는데 이분은 교회에 와서 새벽 집회시부터 각방을 다니며 검찰하고 노회 장소에 와서는 각부서회(各部署會)까지 따라 다니며 자기도 교인이라고 하면서 목사님들은 경찰서로 소환하였고 모든 만행을 자행하였디. 선천 경찰서에서는 고참이요 선천 교회를 잘아는 고로 서장이 모든 것을 맡겼다고 했다. 신사참배를 의결시키는데 가장 수훈(?)을 세웠던 것이다. 해방되어서 공산당을 피해서 월남했다고 하는데 악질분자(惡質分子)의 말로는 비참했던 모양이다. 회장이었던 김일선씨도 해방되어 공산당에 들어가서 그들의 앞잡이로 행세하였다고 하는데 그 후로는 비참한 말로를 보냈으리라고 상상된다. 김일선씨가 평양 신학 교정에 졸업 기념식수를 하였는데 신사 참배 결의가 행하여지자 선천 가물남(嘉物南) 교회의 젊은 목사가 의분에 못 이겨 평양신학교에 가서 김일선씨가 심은 나무를 찍어 버렸다. 거의 모든 노회원들이 이러한 심정으로 울분을 참지 못하였다. 최석숭 편, 「평북노회사」(서울: 기독교문사, 1979), 219-20.

총대들을 따라 올라온 사복 경찰들이 끼어 앉아 있었고 양편 좌우에도 무장경관이 완전히 둘러싸고 있었다. 이미 신사참배 반대의사를 가진 총대는 이곳에 당도하기 전 이미 감금되었다.[22)] 오전 10시 40분 회장이 찬송가 416장을 인도 합창하고 기도한 후 회의는 속개되었다. 일제의 강요에 의해 짜여진 각본에 따라 회의는 진행 되었고,[23)] 신사참배를 국가 의식으로 인정하자는 동의가 나왔고, 재청이 나왔으며, 총회장 홍택기는 동의에 찬성을 물으니 몇 명이 '예'[24)]라고 대답했다. 총회장은 반대의사(否)도 묻지 않고 그냥 만장일치로 가결되었다고 선포하였다. 이는 불법선포[25)]였다. 이와 동시에 선교사들의 항의가 이어졌다. 한부선은 이때에 일어났던 일을 이렇게 술회하고 있다.

---

22) 일제는 총회가 개회 되기전에 신사참배를 반대하던 주기철, 채정민, 이기선, 김선두 목사등을 미리 투옥시켰고 선교사 총대들에게는 신사참배안이 상정되면 침묵을 지키라고 압력을 가했으나 선교사들은 이를 거절하였다. 그러나 친일파 목사 이승길과 평북노회장 김일선등이 주동이 되어 신사참배 결의의 분위기를 만들어 나갔다. 이 총회에 참석한 총대의 수에 대하여 김양선은 27노회(만주 4노회 포함) 목사88명, 장로88명, 선교사 30명 합계 206명이라고 계수했다. 김양선, 「한국기독교사연구」, 188. 그러나 이때 총대의 목사 86명, 장로85명, 선교사 22명, 합계 193명이었다. 「대한예수교장로회 제27회(1938년) 회록」, 1.

23) 김양선은 이렇게 쓰고 있다: "총회 개일 전에 평양 경찰서장은 평양, 평서, 안주 3노회의 대표를 불러 평양노회장 박응률은 신사참배는 종교의식이 아니고 애국적 국가의식이므로 기독교인들은 솔선여행해야 된다는 것을 제안하고, 평서노회장 박임현은 신사참배의 결행을 동의하고 안주노회 총대 길인섭은 제청 할 것을 강요하여 내락을 받았다… 10시30분 이미 조작된 각본대로 평양, 평서, 안주 3노회 연합대표 평양노회장 박응률 목사의 신사참배의 결의 및 성명서 발표의 긴급제안이 있었고 박임현 목사와 길인섭 목사의 동의와 제청이 있었다." 김양선, 「韓國基督敎史硏究」, 188.

24) 안광국은 이때 '가'에 '예'라고 대답한 이들은 이승길, 김응순, 장운경, 박응률, 박임현, 김일선등 수인에 불과하였다고 언급한다. 「韓國敎會宣敎 百年秘話」安光國牧師遺稿集(대한예수교총회교육부, 1979), 237. "두어 사람이 '예'라고 대답하니 마귀의 예였다" 金麟瑞, 「金麟瑞著作全集」 제 5권, 149. '10명 미만이 떨리는 목소리로 "예"라고 대답했고 그들 외에 전원은 침묵을 지켰다" 김양선, 「韓國基督敎史硏究」, 188.

25) 이 사건을 들어서 김인수는 "장로교회 총회는 신사참배안을 가결한 것이 아니고 회장에 의해 불법적으로 선포된 것 뿐이었다"고 분석하고 있다. 김인수, 「일제의 한국교회 박해사」, 105.

> 신사참배를 허용하자고자 하는 동의안이 제기 되었을 때 정부의 지시에 따라 행동했던 사회자는 그 동의안을 지지하는 내용 외에는 아무런 발언도 하지 않았다. 킨슬러(Kinsler)목사 및 힐(Hill) 목사와 마찬가지로 블레어 박사도 발언권을 얻고자 시도했다. 그 시도가 실패하자 그들을 함께 항의를 표했다. 필자 역시 의사진행 규칙을 항의하기 위해 발언권을 얻으려고 시도했으며 임원으로서 발언 할 수 있는 기회를 그에게 허용해 줄 것을 요구했다. 그러나 나는 강당 주위에 배치되어 있던 경관들에 의해 강제 제지를 당했으며 그들은 상관들의 지시가 있자 나를 비로소 풀어 주었다.[26)]

이런 불법 선포에 항의하는 선교사들의 강력한 규탄[27)]을 일본 경찰이 제지한 후에 총회 서기가 성명서를 낭독하였다.

> 아등(我等)은 신사(神社)는 종교가 아니고 기독교 교리에 위반하지 않는 본의(本義)를 이해하고 신사참배가 애국적 국가 의식(儀式)임을 자각하며, 이에 신사참배를 솔선려행(率先勵行)라고 추(追)히국민정신 총동원에 참가하여 비상시국하(非常時局下)에서 총후 황국신민(銃後皇國臣民)으로서 적성(赤誠)을 다하기로 기(期)함.
>
> 소화 13(1938)년 9월 10일
> 조선 예수교 장로회 총회장 홍택기[28)]

---

26) Willam Blair & Bruce Hunt, *The Korean Pentecost*, 김태곤 옮김, 「한국의 오순절과 그 후의 박해」(서울: 생명의 말씀사, 1995), 109.

27) "이때에 이런 사태가 있을 것을 예상한 선교회는 약속해 두었던 대로 방위량 선교사를 선두로 2, 3명이 선교사들이 회장의 불법선포에 항의하는 한편 신사참배의 부당성을 주장하려고 했으나 경찰관의 강력한 제지로 발언이 막히자 선교사 30명 전원은 차례로 기립하여 "불법이요" "항의합니다"라고 외쳤다. 봉천노회 소속 헌트(B. F. Hunt, 한부선) 선교사는 무술 경관의 제지를 뿌리치고 불법에 대하여 항의를 외치다가 그들에게 붙들려 옥외로 축출당하기까지 하였다." 김양선, 「韓國基督敎史研究」, 189.

28) 제27회 총회록, 9. 당시 경무국 보안과 사무관 이었던 일본인 하야시는 제27회 장로

이것은 한마디로 신사참배가 국가적인 의식이기 때문에 기독교 교리에 전혀 저촉되지 않기 때문에 교회가 솔선수범해서 애국해야 한다는 것이다. 이것이 가결되자 회의를 잠시 중단하고 부총회장인 김길창 목사를 비롯한 23명의 총대들이 평양의 신사에 직행하여 참배하였다. 이와같이 일제의 신사 참배 강요에 한국 장로교회는 굴복하게 되었다. 홍택기 목사는 강력한 어조로 신사참배 거부는 "총회의 결의를 경멸하는 행동일 뿐만 아니라 주님의 뜻에 위배되는 유감 천만의 행동이다. 이런 비상시국하(時局下)에서 만일에 아직도 옛 습관으로 해서 이를 보류하거나 주저하는 자가 있다면 저들은 결코 신민으로 인정될 수 없으며 교인으로도 인정될 수 없을 뿐 아니라 교회의 입장으로 볼때도 이러한 반대하는 무리나 요소는 마땅히 처벌되어야 한다"[29]라고 했다.

또한 총회는 신사참배 결의안을 총독, 총감, 정무국장, 학무국장, 조선군 사령관, 총리대신, 척무대신(拓務大臣) 제 각하에게 전보를 발송하기로 가결하였다. 이에 반대하여 선교사들은 그날 오후 1시에 따로 모여 총회에 항의서를 제출할 것을 결의 하였다. 동월 12일에는 권찬영외 25명의

회 총회의 신사참배 결의에 대하여 크게 기뻐하며 다음과 같이 기록하였다: "실로 특수한 분위를 가진 조선의 기독교 가운데서 자라난 사람들이지만 국가 비상시를 만나서는 역시 일본인으로서의 본래 보습으로 돌어서서 지성을 가지고 있다고 하는 것은 이번 총회의 결의에서 현실로 실증 될 수 있는 바였다. 이제야 기독교 최후의 아성은 무너진 것이다. 50만 신도 모두 스스로의 손에 의하여 스스로의 자원함과 열성으로써 이 숙정 공작을 감행하고 명랑한 기운을 교내에 초치하여 제반 애국적 행사로 매진할 수 있기에 이르렀다고 하는 것은 교도 자신에게 그치지 않고 국가로서도 크게 기뻐하는 것이며 또한 더 없는 수확이라고 생각하는 바이다." 하야시, "사변하에서의 기독교", 조선총독부, 「조선」 1938년 11월호, 70; 참조, 김승태 편역, 「일제 강점기 종교정책사 자료집」(서울: 한국기독교역사연구소, 1996), 281.

29) 간하배, 「한국 장로교 신학사상」(서울: 도서출판 실로암, 1984), 84. 이러한 홍택기 목사의 발언은 소외 교회지도자로서 기독교 진리 가운데 핵심 내용가운데 하나인 첫 계명에 대해 무지 했다는 것을 보여주며 진리를 모호하게 만들었다는 점을 보여준다. 아울러 그는 애국과 신앙과의 관계가 무엇인지를 잘 알지 못하고 있음을 보여준다. 이 부분에서 홍택기목사는 신조에 대한 서약이 매우 느슨했음을 보여주고 있다.

연서로 "총회의 결의는 하나님의 계율과 조선예수교장로회 헌법에 위반될 뿐아니라 우리들에게 발언을 허하지 않고 강제로 회의를 진행한 것은 일본 헌법이 부여한 신교 자유의 정신에도 어긋난다."[30]는 요지의 항의서를 총회에 제출하였다.

김양선은 신사참배 가결에 대한 항의서 내용의 대강은 "1. 하나님말씀에 위반함이요 2. 장로회 헌법과 규칙을 위반함이요. 3. 일본 국법인 종교자유 헌장에도 위반함이요 4. 통용회의 법에도 위반"[31]이라 되어 있다고 했다. 김양선의 지적 중에 하나님 말씀에 위반과 장로회 헌법과 규칙을 위반한다는 내용이 있는데 이 속에는 신조 즉 신앙고백에 대한 충실한 서약이 함축되어 있음을 알아야 할 것이다. 즉 신사참배 가결은 신앙고백에 대한 충실함이 없었기 때문에 나온 결론이라는 것이다. 이렇게 신사 참배가 가결되자, 9월 28일 이후 남장로교 선교회, 북장로교 선교회, 호주 장로교 선교회는 신사참배 강요에 굴복한 조선 예수교 장로회에서 탈퇴하였다. 장로교회 총회를 마지막으로 조선 기독교의 각 교파가 신사참배에 굴복한 이후 조선 기독교계는 총체적으로 대일 협력 조직으로 재편성되어 갔다. 그러나 이러한 조선 기독교회의 총체적인 대일 협력 상황속에서도 강력한 저항들이 일어났다. 신사참배를 비교적 용이하게 결의한 감리교나 천주교의 경우에도 신사참배 거부하는 자들은 있었으나 가장 규모가 크고 조직적인 거부운동이 일어난 것은 장로교였던 것이다.[32] 장로교회에서는 신사 참배를 반대한다는 이유로 각 노회에서 제명당한 목사들을 지지하기

30) 김양선, 「韓國基督教解放十年史」, 189.

31) *Ibid.*,

32) 감리교에는 이영한 목사, 신석구 목사 등이 있다. 천주교에서는 신사참배를 거부하여 수난을 받은 신부가 35명이나 되며, 장로교에서도 조직적 운동과는 무관하게 개별적으로 신사참배 거부 운동을 벌인 사람들이 있었다. 손양원 목사(전남 순천 나병원 애양원교회), 이원명 목사(경북 안동 안기교회) 등이 그들이다. 자세한 내용은 다음을 참조하라: 김남식, 「신사참배와 한국교회」1, 「신학지남」, 215호, 1988, 195; 노종해, 「한국 감리교의 새시각」(도서출판 풍만, 1988), 235-40; 임희국, 「선비목 회자 이원영 연구」(기독교문사, 2001).

에 이르렀다.

그리고 한국 보수주의의 중심지로서 신사참배를 반대 입장을 가진 평양 장로회 신학교가 드디어 1938년 9월 30일 폐교되었다. 「신학지남」이 1940년에 폐간되었고, 거의 같은 시기에 감리교의 「신학세계」와 성결교의 「활천지」가 폐간되었다. 신사참배 반대운동이 계속되자, 1940년 7월, 조선 총독부는 경찰력을 동원하여 신사 참배 반대자를 검거하였다. 약 2천여명의 기독신자가 투옥되었고, 70여명이 장기 복무를 하다가 50여명의 교역자들이 감옥에서 순교하였으며, 나머지는 해방과 더불어 출옥하였다. 그리고 2백여 교회가 폐쇄되는 시련을 당하였다. 결국 일본의 신사참배 강요는 한국인을 황국 신민화한다는 명분하에 한국 기독교를 철저히 핍박한 일련의 종교 탄압 정책이었다.

(1) 신사참배 거부 운동

국외에서 신사참배 거부운동의 실례는 만주에서 한부선 선교사가 평신도 지도자들과 함께 작성한 "장로교 언약문서(A Presbyterian Covenant)"[33] 에서 찾아 볼 수 있다. 한부선 선교사는 장로교 언약문서에 작성하고 서약함으로 신사참배 반대 운동을 펼쳐 나갔던 것이다. 한국에서와 마찬가

---

33) 한부선이 영어로 번역한 내용이 *Presbyterian Guardian 11*(January 25, 143), 19-20; Presbyterian Guardian 11(February 10, 1943), 37-40에 수록되어 있다. 이 문서가 지니는 신학적 의미와 역사적 중요성에 대해서는 다음을 참조하라. Park Ung Kyu, "The Significance of Bruce F. Hunt's Ministry in Korea and Manchuria(1928-1952):With Particular Attention to Shinto Shrine Worship"(Th. M. thess, Westminster Theological Seminary, 1992), 126-134. 언약문서는 7개 조항으로 구성되어 있다. 그 주된 내용은 신사참배는 명백한 우상숭배이므로 기독교인들은 절대로 참여해서는 안되며 우상숭배를 행하는 교회는 기독교의 본질을 상실하고 참된 교회를 포기한 교회이기에 이로부터 분리하는 것은 지극히 당연하다는 것이다. 이러한 배교의 상태는 성경적인 신앙에서 뿐만아니라 장로교의 신경과 헌법에서도 떠났음으로 우상숭배자들과 교제를 단절하고 새로운 교회를 형성하는 것은 그리스도의 제자로서 당연한 의무라고 주장하였다.

지로 만주에서도 기독교 학교의 모든 학생과 기독교회는 공적으로 신사참배를 의무적으로 실시해야 했다. 이런 가운데 만주의 장로교인들을 중심으로 언약 문서가 작성되어 신사참배는 우상숭배이므로 수용할 수 없을 뿐만 아니라 오직 하나님만이 교회의 머리이며 국가가 그 자리를 대치 할 수 없다는 입장을 분명히 했다. 이런 신학적 입장을 미 정통 장로교 선교부와 장로교 독립선교부가 전적으로 지지하였다.[34] 한부선은 당시의 상황을 다음과 같이 술회하고 있다.

> 누가 그러한 모임의 지도자로 초청되어야 하는 지에 대한 문제가 부가되었다. 타협한 교회의 공식적으로 단절하지 못한 자들 가운데 모임에 참석하고 있는 자들이 모임을 인도하도록 요청할 수 있는가? 나중에 옥에 갇힌 김윤섭, 전도부인 김신복과 박명순등이 우리집에 며칠씩 모여 금식하며 기도하면서 이 문제에 대해 토의 하였다. 스코틀랜드 언약파들의 모범을 따라 우리도 신사참배와 우상숭배를 인정하는 자들과 철저하게 단절해야 할 필요성에 대한 성경적 교훈을 기초로 하여 장로교 언약 문서를 작성하였다. 그후부터 이 문서에 동의하지 않는 자들에게는 세례를 베풀지 않았으며 이 문서에 서명을 하지 않은 자들은 누구도 예배를 인도 할 수 없었다.[35]

위에서 언급한 바와 같이 스코틀랜드 언약파의 모범을 따라 작성된 "장로교 언약 문서"는 하나님께 대한 신앙의 표현이요, 또 위기속에서 만주에 거주하고 있는 성도들을 잘 인도하기 위하여 한부선의 인도하에 충분한 성경적 근거를 토대로 만들어진 하나의 신조였다. "그들은 무엇보다도 성경의 가르침에 집중하고 장로교 교리와 웨스트민스터 신앙고백을 참조하면서 이 언약 문서를 작성하였다.[36]" 또한 그들은 웨스트민스터 신앙

34) *Independent Board Presbyterian Foreign Mission*(October 1942), 23; 박응규,「한부선 평전」(서울: 도서출판 그리심, 2006), 297 재인용.

35) Bruce F, Hunt, "Korean Martyrs: Part Ⅱ," *Reformed Bulletin of Missions*(December 1968:11. 박응규, 299에서 재인용

고백과 대 · 소요리 문답은 전적으로 하나님의 말씀에 기초해 있다고 간주했고 이 신앙문서가 제시하는 교리 체계를 성경적인 교훈으로 인정하면 신앙의 표준으로 삼는다는 고백을 하면서 개혁 신학의 전통에 충실하고자 하였다.[37] 이 문서는 신사참배에 대한 부당성을 알리는 간단하고도 명료한 주장을 한 후에 그 입장의 성경적 근거가 되는 구절들을 나열함으로서 누구든지 쉽게 이해하도록 하였다. 이렇게 함으로 신사참배에 대한 반대가 개인적인 견해나 주관적인 성경해석에 근거한 것이 아니라 성경에 명백하게 가르치는 사실이며, 기독교인의 근본적인 신앙에 속하는 것임을 천명하기 위한 목적을 달성하고 있었던 것이다.[38]

박응규는 "장로교 언약문서"에 대하여 이렇게 평가하고 있다

> 만주에서의 한부선과 한인성도들에 의한 "장로교 언약문서"는 위기에 처한 한국 민족과 교회가 어떻게 대응했어야 하는지를 제시하는 귀중한 신앙고백이 아닐 수 없다. 이 문서는 한국 장로교회의 신앙고백 운동의 이정표라고 할 수 있으며 그 작성 자체로서도 의미가 있을 뿐만 아니라 일본의 군국주의자들에 대항하여 교회의 순수성과 민족의 정체성을 지켜나가는 데 지대한 공헌을 하였다. 북만주의 성도들이 펼쳐나간 순교자적 신앙이 행로는 당시 한국 교회와 세계교회를 향한 살아 있는 신앙의 지표와 증거가 되었다.[39]

하지만 무엇보다도 이 '장로교 언약문서'가 중요한 것은 이것이 웨스트민스터 신앙고백에 근거한 충실한 서약으로 신사참배 반대 운동을 이끈 주역이었다는 점이다. 만주 뿐만 아니라 평양 지역 장로교 교역자 회의

---

36) 박응규, 「한부선 평전」, 300. "아래에 서명한 우리들은 신구약 성경에 계시된 모든 진리를 수납하며 성령께서 이 성경들을 통해 말씀하신다는 것을 천명한다. 우리는 이것이 참종교 곧 하나님이 기뻐하시고 인간에게 구원을 줄수 있고 구원을 주는 유일한 종교, 유일한 진리라 믿는다. "A Presbyterian Covenant,"1. *Ibid.*, 301.

37) *Ibid.*, 301.

38) Bruce F. Hunt, "Korean Covenanters," 19; 박응규, 「한부전 평전」, 303에서 재인용.

39) *Ibid.*, 309.

에서도 신사 참배 반대를 결정했다. 그리고 이유를 이렇게 설명했다 "신사에 가서 잡신을 섬긴다는 것은 하나님의 계명을 어기는 일임은 우리가 다 알고 있습니다."[40] 남장로교 선교부는 신사 참배 문제에 가장 강력하게 반대하는 입장을 취했다. 당시 남장로교 선교부의 총무였던 플톤(C. Darby Fulton) 도 신사 참배의 부당성을 지적하면서"신사참배는 결코 사소한 문제가 아니라 기독교 신앙의 근본문제과 관계가 된 것이데 유일신이냐? 다신론이냐를 결정하는 중요한 문제"[41]라고 강조했다.

호주 장로교 선교부 역시 신사참배 문제에 부딪쳐 결국은 학교를 폐쇄해야만 했다. 그들의 입장 역시 남장로교 선교부 입장과 크게 다르지 않았다.

> 우리 선교부는 기독교인의 양심에 저촉되지 않은 한 정부의 요구에 응하려고 했다. 각인의 양심이 허락하는 한, 교사이건 학생이건 개인으로서 신사에 참배하는 권리는 침해되지 않는다... 그러나 우리는 한 神만을 섬기기 때문에 다른 영들(spirits)에게 봉헌된 신사에 참배 할수 없고 학교 학생들이 그렇게 하도록 허용 할 수 없다.[42]

그러나 캐나다 선교부의 입장은 완전히 달랐다. 이들을 처음부터 신사

---

40) 곽안전,「한국교회사」개정증보판(서울: 대한기독교서회, 1973), 185.

41) 그의 언급은 다음과 같다; 'The mission was uanimously of mind that We could not participate in the Shrine ceremonies without compromising vital Christian principles. We were not dealing with something that lies in the realm of nonessentials, but with basic beliefs of the Christian Faith : something so elementary as to be a simple question between montheism and polytheism."(C. Darby Fuiton, *Star in the East*, Presbyterian Committee of Publication, Presbyterian Church, U.S., 1938, 210); 참조, 간하배,「한국장로교 신학사상」(서울: 도서출판 실로암, 1983).

42) E. A. Kerr, G Anderson, ed, *The Australian Presbyterian Mission in Korea*(1889-1914), Australian Presbyterian Board of Mission, 1970, 57. 이진구, "신사참배에 대한 조선 기독교계 대응양상연구," 김승태 엮음,「한국 기독교와 신사참배 문제」(서울: 한국기독교역사연구소, 1991), 333재인용.

주기철 목사
(朱基徹, 1897-1944)

참배를 국가의식으로 받아 들였고 따라서 캐나다 소속의 기독교 학교들은 해방될 때 까지 별탈없이 계속 운영되어 나아갔던 것이다. 선교사들은 치외법권을 가지고 있었으므로 일본 정부는 그들을 강제로 참배 시킬 수는 없었다. 따라서 선교사들에게 있어서 신사 참배문 제에 대한 대처는 학교 패쇄냐 학교 유지냐의 문제로 나타났다. 그런데 캐다나 선교부 소속 학교는 패쇄 당하지 않았다. 이것은 이미 위에서 살펴보았던 것처럼 캐나다 선교부는 웨스트민스터 신앙고백에 대하여 매우 느슨한 입장을 가지고 있었던 것이다.

(2) 주기철 목사의 일사각오 신앙

한국교회의 지도자로서 신사참배 거부의 가장 대표적인 인물은 1936년부터 평양의 산정현 교회에서 목회하던 주기철이었다. 주기철은 장로교 신사참배 거부자들 중에 최초로 투옥되어 이 운동의 상징적인 인물이 된 사람이었다. 그는 1931년 마산 문창교회와 부산 초량교회의 목회 시절부터 신사 참배를 반대하던 목사였다. 기독교계 학교에 신사참배가 강요되기 시작한 1936년 8월경에 이미 산정현 교회의 제직들에게 신사참배는 하나님의 계명 중 제1계명과 제2계명을 동시에 범한 것이므로 이에 호응한 신도는 지위나 신분을 불문하고 공개 제명, 출교 하여야 하며, 이러한 조치에 대한 모든 책임을 스스로 지겠다는 목회 방침을 밝혀 반대의 입장을 분명히 했다.[43] 그러던 중 1938년 2월 전국에서 가장 교세가 강하던 평북노회가 신사참배를 공식적으로 결정하자 이에 격분한 평양신학교 학생들이 항의하는 사건이 일어났다. 경찰은 이일에 주기철을 연루시켜 그

43) 김요나, 「일사각오」, 한국교회 뿌리찾기 선교회, 1987, 18.

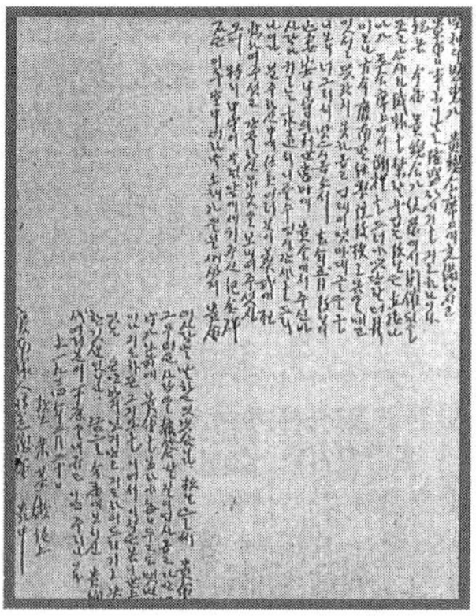

경남 부인전도 총회에 보낸
주 목사의 친필

를 체포하였고 그해 가을에 두 번, 1939년에는 세 번이나 검속되었다. 1940년 5월 최후로 검속되어 평양 감옥에서 혹독한 고문을 당하는 등 7년의 옥고를 치르면서도 신사참배 거부에 대한 그의 신앙은 변함이 없었다. 그러다가 1944년 4월 21일 옥중 순교 당했다. 일반적으로 주기철의 신앙을 '일사각오의 신앙' 이라 부른다. 그런데 일사각오의 신앙의 중심에는 성경의 가르침의 요체인 '신조'가 있었다. 이만열은 "주기철 목사의 신앙: 평양 이전 생애를 중심으로"라는 논문에서 주기철의 신앙형성에 영향을 미친 요소를 분석하면서 4가지를 거론하고 있다. 첫째로 기독교 수용초기에 사용된 전도 문서에 대한 검토, 둘째, 장로교가 채택한 신경, 셋째 초기의 선교사들을 통해 들어온 신학 사조, 넷째 그의 신학교 진학에 결정적인 영향을 미친 김익두의 신앙등이다.

주목할 것은 장로교가 채택한 신경이 주기철에게 영향을 주었다는 점이다. 이미 위에서 언급한 바와 같이 12신조를 교단이 채택하기에 앞서 언더우드는 1888년에 장로교 교리의 핵심이라 할 「웨스트민스터 요리문답」을 번역, 출간하였고 이어서 1890년에 「성교촬리(*Salient Doctrines of Christianity*)」를 간행하여 신자들의 교리적인 정체성을 확립하려고 하였다. 이들 교리서들은 장로교 신자들이 믿어야할 중요한 내용을 제시하고 있다. 그리고 12신경이 장로교 신조로 채택되었다. "주기철이 주일학교 시절부터 체계적인 교회 교육을 받았다면 당시 책자로 소개되고 있었을 웨스트민스터 신경과 장로교단에서 채택한 12신경을 중심으로 하여 교육 받았을 것이다. 따라서 그가 교육받은 신앙은 장로교 교리속에서 터득한 것을 그 중요한 내용으로 하고 있었을 것이다 생각된다."[44] 신조에 대한 충실한 태도를 주기철을 소유하고 있었음을 보여주는 대목이다. 이것은

1938년 10월24일 초량교회 400명 이상 성도들 앞에서 "현정부는 신의(神意)에 위반한 우상인 신사참배를 강요하니 오등(吾等)은 굴하지 말고 이것에 절대로 참배해서는 못쓴다[45]라고 설교에서 찾아볼 수 있다. 문창교회에서 "신(神)이 선의로 창조한 만물을 국가가 악의로 사용하기 때문에 만물이 탄식한다"라고 내용은 이런 사실을 뒷받침해 준다. 특별히 주기철 목사의 「일사각오」 설교가 신학과 신앙에 있어서 파급적인 효과를 가지고 있기 때문이다, 이곳에서 주기철 목사는 3가지를 언급하고 있다. 첫째, 예수를 따라서의 일사각오, 둘째, 남을 위해서의 일사각오, 셋째, 부활의 진리를 위한 일사각오 였다. 그리고는,

> 예수를 버리고 사느냐? 예수를 따라서 죽느냐? 예수를 버리고 사는 것은 정말 죽는 것이요, 예수를 따라 죽는 것은 정말 사는 것이다... 예수를 환영하던 한 때도 지금 지나가고 수난의 때는 박도하였으니, 물러갈 자는 물러가고 따라갈 자는 일사를 각오하고 나서라.... 내세를 부인하는 공산당 무리도 그 주의을 위하여 목숨을 버리거늘 영생을 믿고 부활을 소망하는 신자들은 왜? 죽음을 두려워 하느냐? ... 신학을 말함으로 제군의 사명이 다 되는 것인가? 피로써 전하여온 부활의 복음을 우리 또한 피로 지키고 피로 전하사이다.[46]

라고 했다. 주기철 목사의 설교는 시종 일사각오의 신앙을 가졌다. 이런 신앙으로 주기철 목사는 누구보다도 투철하게 신사 참배 문제와 싸워 목숨을 바친 한국 교회의 영광이었다. 그런데 주기철 목사의 '일사각오' 신앙은 바로 성경을 사수하는 신앙이요 성경에 나타난 예수를 그대로 따라가는 신앙이었다. 바로 주기철 목사의 사상 속에 고전적 근본주의 신학의

---

44) 이만열, "주기철 목사의 신앙: 해방이전의 생애를 중심으로," 「역사에 살아 있는 그리스도인」, 313-4.

45) 민경배, 「한국교회사」, 393.

46) 김인서, 「주기철 목사의 순교사와 설교집」(서울: 신앙생활사, 1958), 144.

영향이 있었던 것이다. 이런 까닭에 그는 신사참배 운동을 강력하게 반대했던 것이다. 세 차례의 옥고를 치르고 잠시 자유의 몸으로 임시 석방되었을 때 주기철 목사는 산정현 교회의 강단에서 「5종목의 나의기도」라는 제목으로 설교를 하였다. 이것이 그의 최후 고별 설교였다. 마태 5장 18절, 로마서 8장 18절, 31-39절을 본문으로 그는 열정적이며 피맺힌 설교를 선포했다.

순국선열 주기철 목사의 묘

1. 죽음의 권세를 이기게 하옵소서.

나는 바야흐로 죽음에 직면하고 있습니다. 죽음에 직면한 나는 "사망의 권세를 이기게 하여 주시옵소서" 기도하지 아니 할 수 없습니다. 무릇 생명이 있는 만물이 다 죽음 앞에 탄식하며 떨고 슬퍼 하고 있습니다. 죽기가 무서워서 의를 버리고 죽음을 모면하려고 믿음을 버린 사람이 얼마나 많습니까?... 오 주여! 이 목숨 아껴 주님께 욕되지 않게 하시옵소서. 이 몸이 부서져 가루가 된다 하여도 주님의 계명을 지키게 하옵소서...... 나의 사랑하는 교우 여러분, 그리스도의 사람은 살아도 그리스도인 답게 살고 즉어도 그리스도인 답게 죽어야 합니다.... 이 주목사가 죽는다고 슬퍼하지 마십시오, 나는 내 주님 밖에 다른 신 앞에 무릎을 꿇을 수는 없습니다.

2. 장기간 고난을 견디게 하여 주소서.

3. 노모와 처자를 주님께 부탁합니다...

나의 늙으신 어머님과 나의 병든 아내를 주님께 부탁하고 나의 어린 자식들과 그리고 나는 마지막으로 이 산정현 강단을 떠나지 않을 수 없습니다 주님을 따라 주님의 발자취를 따라 가려 합니다. 나의 사랑하는 교우 여러분, 나는 내 어머니, 내 아내, 내 자식을 여러분께 짐되게 할 마음 없습니다. 다만 무소 불능하신 하나님께 부탁합니다. 사람이 제 몸의 고통은 견딜수 있으나 부모와 처자를 생각하고 철석같은 마음도 변절하는 경우가 많습니다. 어린 자식이 목메어 우는 소리에 순교의 길에서 돌아선 신자도 허다합니다. 인간의 얽히고 얽힌 인정의 줄로 나를 얽어 매지 말라. 주님 따라가는 나를 얽어 매지 말라, 부모나 처자를 예수보다 더 사랑하는 자는 주님께 합당치 아니합니다.

4. 의에 살고 의에 죽게 하소서.....

못합니다. 못합니다. 그리스도의 신부는 다른 신에게 정절을 깨뜨리지 못합니다. 그리스도의 신부는 신사에게 절을 하지 못합니다. 이 몸이 어려서부터 예수 안에서 자랐고 예수께 헌신하기로 열번 백번 맹세했습니다. 예수의 이름으로 밥얻어 먹고 영광을 받다가 하나님의 계명이 깨어지고 예수의 이름이 땅에 떨어지게 된 오늘 이몸이 어찌 구구도생이 말이 됩니까? 아, 내 주예수의 이름이 땅에 떨어 지는 구나! 평양아, 평양아! 예의 동방 내 예루살렘아! 대동강아, 천백세 흘러가며 나와 함께 울자! 드리리다. 드리리다. 이 목숨이나마 주님께 드리리다.....

5. 내 영혼을 주님께 부탁합니다.(하략)[47]

결국 1938년 첫 검속 이래 4차 7년간 일본의 천조 대신과의 오랜 싸움에 한치도 양보하지 않고 용사같이 순교자의 길을 걸었던 것이다. 이밖에도 신사참배 문제를 일본 정부와 합법적인 방식으로 타결해보려는 노력도 행해졌다. 영변의 박관준 장로는 신사참배의 강요는 신교의 자유을 허락한 일본 헌법에 위배되는 위법 행위임은 물론 신의에 불복종하는 오만한 행위로 이러한 국가는 신의 형벌을 받아야 한다는 장문의 진정서를 작성하여 안이숙, 박영창을 대동하고 일본 의회 단상에 투하하는 항의 사건

47) 정성구, 「한국교회 설교사」, 292-3.

을 일으켰다. 또한 장로교 증경 총회장이며 봉천신학교 강사였던 김선두 목사도 동경 유학생 김두영의 알선으로 신사 참배 문제를 합법적으로 해결하려고 노력했다. 1938년 8월 일본 중의원 의원이자 일본 정우회 외무부장인 마츠야마 츠네지로(松山常次郎)장로, 일본 정계와 군부의 원로인 히비키 신료, 그리고 궁내성 차관이며 조선협회 이사장인 세키아 테사부로를 방문하여 신사참배 문제로 인한 한국교회의 수난상을 진정했던 것이다.[48] 북쪽 지역에서는 이기선, 채정민 목사등이, 남부지방에서는 한상동, 주남선, 황철도, 이인재 등이 신사 참배 반대 운동을 주도했다.

(3) 신사참배 거부 운동자들의 신학

김양선은 신사참배의 내면에는 철저하게 신학적인 요소가 포함되어 있다고 강조하고 있다. 그는 "보수진영이 붕괴되매 저들의 손에 유지되어 오던 교권은 자연히 종래 일본에서 신학 혹은 고등교육을 받은 교역자들에게 옮겨가게 되었고 따라서 자유주의 신학 내지 일제의 탄압에 따르는 일종의 변질된 신학 사상이 출현하게 되었다"[49]고 하였다. 이 '변질된 신학 사상'이 일제에 대한 한국교회의 굴종에 일조 했다고 보는 것이다. 이것은 보수주의적인 선교사들과 정통주의 신앙을 가진 교회 지도자들은 이에 저항하고 투쟁했으며 진보주의적 성향을 가진 선교사들과 한국인들은 이를 용인하고 수용했다는 것이다. 다시 말해 신사참배 문제가 정통신학과 자유주의 신학을 구분하는 분명한 표지였다는 것이다. 그래서 김양선은 신사참배 거부운동을 이렇게 평가하고 있다.

> 이렇게 신사참배의 목적이 일본 신들에 대한 봉제와 민족정신의 말살에 있음이 명백함으로 유일신 여호와 하나님을 신봉하는 기독교인들로서는

---

48) 김양선, 「한국 기독교 해방 십년사」, 35-7.

49) 김양선, 「韓國基督教史硏究」(서울: 기독교문사, 1971), 192.

신사에 참배 할 수 없었고 민족정신을 고수하려는 애국 지사들로서 결코 거기에 허리를 굽힐 수 없었다.[50)]

김양선과 동일한 입장으로 신사참배를 바라본 이근삼은 보다 더 세밀하게 4가지의 신학적 입장이 신사참배를 거부하게 했다고 분석했다. 첫째는 '하나님의 계명과 절대 복종'[51)] 둘째는 '종말론적 희망과 그리스도의 왕권에 대한 인격적 위탁'이다. 신사참배 저항자들의 담력 있는 행위는 그리스도 재림에 대한 확실한 신앙적 희망과 그리스도의 우주적 왕권에 절대적 신뢰와 위탁에서 이루어진 것이었다. 그리스도께서 재림하실 때 모든 세상의 왕들을 다 굴복시키고 모든 권세를 가진 만왕의 왕으로 임하심을 믿었다. 이런 신앙으로 현재의 환난을 극복하되 인간 천황을 신으로 섬길 수 없다는 것이었다. 이 부분을 설명하면서 이근삼은 손양원 목사와 심문관의 일문 일답의 예를 제시[52)]하고 있다.

---

50) 김양선, 「한국 기독교 해방 십년사」, 176.

51) "이들의 성경관은 "신앙과 본분에 정확 무오한 영감으로 계시된 하나님의 말씀"이다. 교회와 신자는 먼저 하나님의 말씀에 절대 복종해야한다. 신사참배는 하나님의 계명을 범하는 우상숭배이니 먼저 이것에 굴하지 않고 신앙의 정조를 굳게 지켜야 한다고 다짐했다. 이근삼, "신사참배 거부에 대한 재평가," 「기독교 사상」, 1972, 9.

52) 손양원 목사는 1943년 5월 17일 1년 6개월의 형기를 마치고 구속된지 3년 만에 출옥할 예정이었으나, 신사참배를 비롯한 이른바 "전향(轉向)"을 거부하여 다시 무기 구금 언도를 받게 되어 석방이 취소되었다. 1943년 5월 17일 형 만기 며칠 전 심문 내용이다; "요다검사: 저 사람 사상이 개준할 희망이 있는가? 요사이 그 사람의 태도가 어떤가? 신사참배는 잘 하는가? / 간수: 예 신사참배도 할 뿐 아니라 요사이는 성적이 대단히 양호합니다. / 손양원 목사: 아니오. 신사참배는 해본 일이 없습니다...나를 가둔 당신들이 헛수고 한 것이오. / 요다검사: 잔소리 마시오.그렇게 방종스런 소리하면 만기되어도 출옥은 고사하고 구금소 신세를 하게 될 것이오. 전향(轉向,뎅코)해야 나간단 말이야. / 손양원 목사: 검사는 전향(뎅코)이 문제지만, 나는 신앙(信仰,싱고)이 문제외다." 손양원 목사가 감옥에 있을 때 1943. 9. 25일자, 부친 손종일 장로에게 보낸 편지를 소개해보면 "아버님이시여! 오늘은 때마침 9월 25일을 맞이하였습니다. 지금부터 4년 전 이날 밤 9시 본가(本家)를 떠나 여수 유치장에 들어가니 0시 45분이었나이다. 그래서 오늘까지 옥에 갇힌(囹圄) 죄수의 몸(囚人)이 되었나이

셋째, 하나님의 진리를 타협 없이 증거하고 교회와 국가에 대한 신자의 책임을 다하고자 했다는 것[53] 넷째, 순교에의 열정과 하나님의 영광[54]이다.

김영재는 이들의 신앙의 특징을 알기 쉽게 4가지로 정리했다. 첫째는 하나님의 계명에 대한 순종, 둘째는 천년 왕국에 대한 강한 신앙, 셋째는 정교 분리의 원칙을 고수, 넷째는 조국에 대한 강한 애국심이다.[55]

일제의 신사참배 강요에 대해 한국 장로교회는 두가지 대조적인 양상

다. 또한 이제는 구금소로 갈 결정서를 받아 며칠 사이에 광주를 떠나게 되었나이다. 그러나 주 안에서 안심하시기를 바라나이다." 손양원목사가 옥중에서 지은 시를 살펴보기로 한다. "遠離本家入獄中하니 / 본가를 멀리 떠나 옥중에 들어오니, 夜深獄深滿愁深이라 / 밤도 깊고 옥도 깊고 마음에 가득 찬 수심도 깊다, 夜深獄深滿愁深이나 / 밤도 깊고 옥도 깊고 마음에 가득 찬 수심도 깊으나, 與主同居恒喜滿이라 / 주와 함께 동거하니 항상 기쁨이 충만하도다, 獄苦四年果多日이나 / 옥중 고생 4년은 아주 많은 날이나, 與主同樂如一日이라 / 주와 함께 동락하니 하루 같도다. 過去四年安保主는 / 과거 4년 동안 평안히 보호사신 주는, 未來確信 亦然主라 / 미래에도 그 같으실 주님이심을 확신하노라.

53) "한국교회는 가족들에게, 이웃에게, 가난한 자들에게 열심히 전도하였지만 민족이 다른 지배자적 위치에 있었던 가난한 자들에게 열심히 전도하였지만 민족이 다른 지배자적 위치에 있었던 일본인들에게나 관헌들에게 그리 전도를 하지 못한 편이었다. 그런데 신사참배 반대로 잡혀서 영어의 신세가 되었을 때 그들은 원망과 저주 보다 오히려 새로운 사명을 깨닫게 되었으니 그것은 그들에게 주어진 기회에 숨김없이 복음을 전하는 것이었다.… 박관준 장로의 유명한 이야기는 다 말할 필요가 없으니 그의 복음적 열심은 총독이나 일본 국회에까지 위험을 무릅쓰고 국가적 과오를 범하지 못하도록 타협없는 증거를 해 주는 것이었다." 이근삼, "신사참배 거부에 대한 재평가," 10.

53) 박관준 장로의 유명한 이야기는 다음을 참조하라; 박영창, 「순교자 박관준 장로 일대기」(서울: 도서출판 두란노, 1998); 임영옥, 「성령의 사람 박관준」(서울: 좋은씨앗, 2006); 심군식, 「한국교회 순교자들의 생애」(서울: 영문, 1994); 염명수, 「한국이 낳은 하나님의 사람들」(서울: 도서출판 예루살렘, 1999); 이만열, 「역사에 살아 있는 그리스도인」(서울: 한국기독교역사연구소, 2007).

54) "죽도록 충성하라"는 주의 말씀은 그들에게 최고의 명령이고 약속이고 희망이었다. 이왕에 주님위하는 당하는 고생일 바에는 순교의 반열에 참여하기를 원했다. 주기철, 박관준 장로 같은 분들이 참으로 그러했다.

55) 김영재, 「한국교회사」개정3판(수원: 합신대학원 출판부, 2009), 264-270참조.

을 보였다. 강압과 회유에 굴복하지 않고 항거하고 투쟁한 사람이 있는가 하면 배교에 앞장서고 솔선수범하면서 불의와 타협한 자들이 있었다. 그런데 거부 항쟁자들은 대부분 웨스트민스터 신조에 대해 철저하고 충실한 서약을 하는 개혁파 정통주의를 자신의 신념으로 가진 사람들이었다. 반면에 적극적인 수용자들은 일본, 미국 등지에서 자유주의 신학, 진보주의 신학을 공부한 자들이 많았고 친일 행각에 앞장 선 사람들이었다. 선교사들도 예외가 아니었다. 신사 참배 거부 운동에 3개의 장로교(미국 북장로교, 남장로교, 호주 장로교)는 적극적으로 항거했고 웨스트민스터신앙고백에 느슨한 태도 혹은 거부감을 갖고 있었던 조선신학교(현 한신대학교)를 후원한 카나다 연합교회 선교사들은 타협적이었다. 그리고 카나다 연합교회 선교사들과 교제를 나누거나 도움을 받은 장로교 신학자와 목사들은 거의 신사참배를 지지했다.[56)]

물론 정통주의 신앙을 가진 자 가운데도 변절한 사람도 있었고 자유주의 신학을 소유한 사람들 가운데 저항한 사람들도 있었다. 그러나 두 신학의 신사참배에 대한 태도는 너무나 차이가 났다. 이러한 뚜렷한 차이의 중심에는 성경관에 있었다.[57)]

간하배는 자유주의적 경향을 지닌 외국 선교부는 “대세가 기울어지는

---

56) 한국교회사를 연구한 일본인 구라타 마사히코는 자유주의 신학이 일본에서 천황제를 기독교 신앙으로 수용하는 역할을 한 것과 같이 한국에서도 자유주의 신앙이 신사참배를 받아들인 반면 보수주의 신앙은 이를 거부한 것으로 본다. 그는 이렇게 평가하고 있다: “재림사상을 핵으로 하는 근본주의 신앙이 천황제와 충돌하고 구약적 신앙이 민족주의적 경향을 내포하고 일제 탄압속에 민족의 희망을 제시하는 힘을 가지고 있었다. 이런 상황속에서 자유주의 신학자가 말하는 성서의 고등비평을 취하여 모세에 의한 모세오경의 저작성을 부정하는 것은 반일의 하나의 에너지 원을 빼앗는 일이 된다. … 박형룡목사와 논쟁했던 김재준 목사의 자유주의 신학역시 한국교회의 신학을 지배해 왔던 선교사에 대한 반발이 그 밑바닥에 있었다고 하더라도 그의 신사참배에 대한 이해와 불참배자에 대한 태도는 천황제와 신도에 대한 몰이해를 보여준다.” 구라타 마사히코, 「일제의 한국 기독교 탄압사」(서울: 기독교문사, 1991), 59.

57) 신사참배 반대 운동자를 교단별로 정리해 보면 다음과 같다.

대로 잘 적응했고" 58) "일제의 강압에 따른 "일종의 변질된 신학을 창출했다"59)고 했다. 이 "변질된 신학" 은 바로 "정통주의 신학에 대한 거

〈표 13〉 교단별 신사참배 반대 운동자 명단

교파	지역		신사참배 반대운동자
장로교	평북	목사	고홍봉 이기선
		전도사	김기성 김승룡 김영락 김의홍 김인희 김창인 김화준 서정환 심을철
		집사	박신근 양대록 오영은 이광록 이병희 장두희
		성도	안이숙 선생
	평남	목사	김의창 이약신 주기철(옥사) 채정민 김선두(만주로 이거)
		장로	박관준(출옥 후 사망)
		전도사	방계성 오윤성 이주원
		사모	오정모(주기철 목사부인)
	황해	목사	방경구 이종근
	황남	목사	이계실
		성도	신의균 신필균 안승주 위병언 이창수 한복현 한상몽 한윤몽 한치상 홍종선 홍종현
	경남	목사	박성근 주남선 최상림(옥사) 한상동
		장로	강문서
		권사	이봉은
		강도사	조경우
		전도사	김정룡 박경애 손명복 이찬수 이현속(옥사) 조수옥 최덕지 한영원
		집사	강창주 김묘년 김여원
		성도	김두석 김야모 김영숙 염애나 이술연
		영수	조용학(취조 후 사망)
	충북	목사	소용희 허서도(일명 허원훈)
	전북	목사	김가전 배은희
		성도	최양서
	전남	목사	강순명 구피덕 김상두 김순배 김용하 김정복 김형모 김형재 나덕환 박연세(옥사) 박용희 백영흠 선재연 손양원 양용근(옥사) 오동옥 오석주 이남규 조상학
		장로	김남수 김원식 김창옥(출옥 사망) 박차귀 박팽동

부”에서 나온 것이다.

신사참배에 항거한 자들의 신앙은 초기 선교사들이 전해준대로 청교도적 신앙 속에서 당시 평양신학교의 사상 그대로 하나님의 말씀에 대해 절대 순종하는 신앙과 신학에 철저했던 고전적 근본주의자들이었다.

2. 오직 성경(Sola Scriptura) 및 청교도적 경건생활의 확립

고전적 근본주의는 초창기 한국교회내의 자유주의적 신 정통주의의 정착을 강력히 부인하고 건전한 보수신학이 정착하는데 큰 공헌을 하였다. 특히 한국 장로교회에 있어서 정확 무오한 하나님의 말씀으로 성경의 권위를 높였다는 점은 근본주의의 귀한 유산이었다. 이것의 실례는 「아빙돈

		 전도사 집사 성도	배은덕 선춘근 오동환 오정환 황두현 김여갑 나옥매 박동환 박병근 이용선 장현경 조용택 유재학 정인세
	만주	전도사 집사 성도	김순복 김양순 김윤섭(옥사) 김응필 김형락 박의흡(옥사) 신옥녀 전봉성 전준덕 전회선 정치호 한수환 김택영 박명순 박인지 계성수 김성심 최용삼
감리교		목사 전도사	강종근(옥사) 신석구 이영한(옥사) 이진우 권원호 최인규(옥사) 최한호
성결교		목사	김연(최조중 사망) 박봉진(출옥 사망)
동 아 기독교		목사	김영관 김용해 김재형 노재천 박기양 박성도 백남조 신성균 이종근 이종덕 장석천 전치규(원사, 옥사)
안식교		성도	최태현(출옥 사망)

자료출처: 한국기독교사 연구회, 「한국기독교의 역사Ⅱ」(서울: 기독교문사, 1990), 336-7. 위의 〈표 13〉을 살펴보면 장로교인의 숫자가 압도적으로 많음을 알 수 있다. 이것은 오직 성경에 근거한 신앙의 영향이 결정적이었음을 단적으로 보여준다.

58) 간하배, 「한국장로교신학사상」, 78

59) *Ibid.*, 88

단권 주석」 사건에서 명백하게 찾아 볼 수 있다.

(1) 아빙돈 단권주석 사건

「아빙돈 단권 주석」은 한국 감리교가 선교 50주년을 기념하여 1934년 발행한 주석으로 F. C. Eiselen, Edwin Lewit, D. G downey 등이 편집, 1924년경에 Abingdon 출판사에서 출판된 *Abingdon Bible Commentary* 이었다. 이것을 한글로 번역, 출간한 것이다.

당시 미국과 유럽의 성경학자들에 의해 공동 집필된 이 주석은 문서비평학, 고등비평학, 역사비평학 등의 현대적 비평학적등을 총동원하여 쓰여진 새로운 주석이라는 특징을 가지고 있었다.[60] 이 주석의 한글판 출판을 위해 감리교 유형기 목사가 편집책임자가 되었다. 유영기 목사는 단권주석의 서문에 다음과 같이 출판동기를 설명하고 있다.

> 교세의 왕성을 따라 성경의 진리를 일목요연하게 보여줄 단권주석의 필요는 일반 교계에 자못 컸습니다. 구미에는 우수한 단권 주석이 많이 있어 교역자는 물론이어니와 성경을 공부하려는 일반 신도에게도 큰 도움을 주어 오는지 벌서 오랐으나 조선에는 아직도 완전한 단권 주석이 없음을 크게 유감으로 여겨 오십 여인의 협동으로 본 주석을 우리 교계에 내어보내게 되었습니다. 본서는 1930년 미국에서 출간된 「아빙돈 성경주석(*The Abingdon Bible Commentary*)」을 우리 교계 52 명사의 집필로 역술한 것인바 원본은 영국, 미국, 가나다, 호주, 인도등 각 대학에서 교편을 잡은 각 교파의 屈指(굴지)하는 성경학자 66인의 심혈을 경주한 복음적이오 학구적인 세계적 최신 명저입니다. 이제 선교 50주년을 기념하는 조선교회에 국경과 교파를 조월한 이 국제적 단권성경주석을 우리 말로 내놓게 된 것은 의미 깊은 일이며 크게 欣幸(흔행)할 일입니다. 더욱이 赤蓼(적료)한 우리 성경연구계에 모름직이 이 책이 一臂(일비)

60) 「한국 기독교의 역사Ⅱ」, 159.

의 도움이 될까 생각할 때에 스스로 기뻐하기를 마지 않습니다.

번역자들을 구체적으로 살펴보면 다음과 같다.

〈표 14〉 아빙돈 단권주석 번역진

제1편 성경 전체에 대한 논문(유형기 목사 번역)
제2편 구약에 대한 논문(유형기 목사 번역)
제3편 구역전서주석
• 창세기(유형기목사), 출애굽기(전영택 목사), 레위기(김정식 목사), 민수기(김종만 목사) • 신명기(정경옥 교수), 여호수아(최상현 목사), 사사기(김창준), 룻기(신영숙 여사) • 사무엘상하(문재린 목사), 열왕기상하(안명도 박사), 열왕기상하(임영빈선생) • 에스라, 느헤미야(이규용 목사), 에스더(홍에스더 선생), 욥기(전영택 목사) • 시편(1-77편, 변홍규 박사, 78-150편, 정경옥 교수), 잠언(서고도 목사) • 전도서(서고도 목사), 아가(김보린 선생), 이사야(유형기 목사), 예레미야(유형기 목사) • 애가(김건 선생), 에스겔(임영빈 선생), 다니엘(김인영 목사), 호세아(김영의 박사) • 요엘(부오난 목사), 아모스(김관식 목사), 오바댜(임영빈 선생), 요나(사월 목사) • 미가(김재준 선생), 하박국(김재준 선생), 학개(김익용선생), 스가랴(임영빈 선생) • 말라기(유형기 목사)
제4편 신약전서에 대한 논문 (유형기 목사) • 신약의 편집(유백희 목사), 신약의 용어(이대위 선생), 예수의 일생(김활란) • 예수의 교훈(오천석), 예수의 비유(박마리아),

바울의 일생과 사업(조희염 목사)
제5편 신약전서 주석 • 마태복음(변성옥 목사), 마가복음(채부인 목사), 누가복음(채부인 목사) • 요한복음(채필근 목사), 사도행전(정경옥), 로마서(유형기 목사) • 고린도전후서(한경직 목사), 갈라디아서(양주삼 목사), 에베소서(천실라 목사) • 빌립보서(임두화 목사), 골로새서(홍인기 박사), 데살로니가전후서(송창근 목사) • 디모데전후서(문요한), 디도서(장석영), 빌레몬(구성서 목사) , 히브리서(유형기 목사) • 야고보서(도마연 목사), 베드로전서(정태희 목사), 베드로후서(임영빈 선생) • 요한1,2,3서(윤인구 목사), 유다서(윤인구 목사), 계시록(윤인구 목사)

위에서 살펴보면 감리교의 양주삼, 정경옥, 김창준, 전영택, 변홍규 등과, 장로교의 송창근, 채필근, 김재준, 김관식, 윤인구, 문재린, 한경직, 조희염, 서고도 등을 비롯한 53명이다.

바로 아빙돈 단권주석의 출판이 문제가 되었다. 이 문제는 1935년 장로회 24차 총회에서 황해노회장 김응순(金應珣김)이 “경성 신생사 발행 단권 성경주석은 구독치 않도록 장로교회에 선포하고 장로회 각 기관으로 동서 선전 편의을 불허할 것[61]”을 헌의함으로 정치 문제가 되었던 것이다. 그 주석의 번역에 참여한 장로교 목회자들이 총회에서 문제시되었던 것이다. 그러면 왜 아빙돈 성경주석이 큰 문제가 되었을까? 이 책은 무려 1146쪽이나 되는 두툼한 책이지만, 출판된 지 1년 내에 초판이 매진될 정도로 한국 교계로부터 대대적인 환영을 받았다. 이것은 상당히 낙후된 당

61) 「조선 예수교 장로회 총회24회 회록」, 1935, 9.

시의 출판계의 사정으로 미루어 볼 때 상당히 예외적인 일이다. 출판과 제본의 질에 있어서도 상당히 우수한 편이다. 본 주석이 그렇게 호평을 받았던 것은 한글 주석이 전무한 그 시대 "주님의 양들을 치시는 교역자 제위와 성경의 진리를 아시려는 평신도 제씨와 종교교육에 힘쓰시는 사역자" 모두를 그 대상으로 하고 있었기 때문으로 풀이된다.

그러면 아빙돈 단권주석 무엇이 문제인가? 문희석은 아빙돈 단권주석에 대하여 다음과 같이 평가하고 있다.

> 이 주석책은 그 당시에 세계적으로 통용되었던 성서 비평학을 사용하여 일반 독자들에게 성서 주석의 현대성(1930년대)을 밝혀 주어 미국 교계에서 크게 환영을 받고 있었다. 거기에는 이미 벨하우젠(Wellhausen)의 문서 비평, 궁겔(Gunkel)의 구전, 올브라이트(W.F. Albright)의 성서 고고학, 역사신학, 그리고 전승사 등이 채용되어 있으며 특히 그러한 학적인 연구가 성서 해석에 총동원되어 독자들로 하여금 성서의 새롭고 깊은 메시지를 이해하는데 큰 도움을 주었다.[62]

감리교 목사였던 문희석의 입장에서는 아빙돈 단권주석에 극찬을 하고 있는 셈이다. 그러나 김린서는 이 주석에 대해 다음과 같이 평가하였다.

> 단권주석은 원저(原著) 본래의 특색도 읽은 듯하고 자기 본래의 학적 양심을 가리우고 자기의 교회적 입장을 현념(懸念)하여 신신학설을 정통화(正統化)하려하고 전통적 교리를 현대화하려는 이중(二重)신학이다. 신신학 정신에 정통(正統) 외의(外衣)을 입힌 회색(灰色) 신학이다. "구약의 초자연적 기사들은 역사 사실이 아닌 종교문학이라"는 비판적 태도와 "예수는 처녀에게서 난 사생자(私生子)"란 파훼적(破毁的) 사상을 구사상 가진 신자에게 납득케 하려하여 설명이 정직하지 못하였고 "예수의 부활이란 육체가 일어난 것이 아니요 영적 부활이라"라는 말과 예

62) 문희석, 「한국교회 구약성서해석사 1900-1977」(서울: 기독교문서선교회, 1985), 73.

수의 재림이란 예수 공중(空中)으로 하강(下降)하는 것이 아니라 그 시대 종교 사상뿐이라"는 말을 자기의 교회 입장을 현념(懸念)하여 분명(分明)히 말하지 아니하고 자기와 독자를 속이는 것이다. 이런 요령부득(要領不得)의 회색신학(灰色神學)은 신앙의 금물(禁物)이다. 사상 통일에 유해(有害)하다. 차라리 선명(鮮明)한 신신학에서 배울 것이 있을지언정 애매한 저서와 설교의 해독은 막대하다. 고로 단권주석은 신앙이 굳지 못한 평신도가 읽기에는 위험성이 있고 교역자가 참고서로 읽기에는 내용이 너무 빈약하다.[63]

김린서의 평가대로 아빙돈 단권주석은 정통교리에서 멀리 떠나 있다. 이를 분석해 보면 첫째, 성경의 무오성에 관한 부분이다. 이 주석의 신학적 성격을 잘 대변해 주는 부분이 이 주석 서론에 있는 "영감으로 된 성경"이다. 여기서 기고자는 이렇게 밝히고 있다.

교회의 머리되신 그리스도는 완전무결하시나 그의 몸되는 이 교회는 아직까지 그러하지 못하다는 것이 우리의 믿는 바이다. 성경은 교회의 산물이다. 그러므로 성경에도 인간적 오류가 다소 섞이어 있다. 비록 불완전한 교회나마 신의 구원적 활동의 기관임 같이 다소의 오류가 섞이어 있는 성경도 신의 성지를 인생에게 보여주는 영감 깊은 성록(聖錄)이다. ... 이제 성경 말씀이 종교적 견지에서 진리라 하여 반듯이 자연과학, 역사, 고고학에 있어서도 절대무오류 하다고는 단언할 수 없다. 또한 그렇게 주장할 필요도 없다. 성경에 기록된 과학설은 성경이 씌여질 적에 유행되는 것이오, 성경에 있는 종교적 진리와 같이 영원성을 가진 것은 아니었다.[64]

이 글의 기고자 밴더빌드 대학교 신학부 윌버 틸렛(Wilbur F. Tillett) 교수는 한마디로 교회의 산물인 성경은 무오할 수도 없고 무오할 필요도 없

63) 김인서, "아빙돈註釋問題", 「金麟瑞著作全集 2」(서울: 신망애사, 1974), 204-5.
64) 유형기 목사 編輯,「單券聖經註釋」, 21.

다는 것이다. "성경의 역사, 식물, 생물, 천문에 대한 모든 기사는 다 일점 일획도 그릇됨이 없이 절대로 무오하다"고 보기보다는 성경에서 "신령적 도덕적 교훈을 찾음으로써 성경의 영감을 확신"하는 것이 바람직하다. "그러므로 우리가 비록 성경의 자자구구를 다 절대로 오류 없는 진리요 사실이라고는 주장하지 않으나 그러나 우리의 그리스도를 믿는 생활의 경험으로 보아 성경은 신의 묵시하신 바라 아니할 수 없다.[65]" "교회 개인이 성경의 절대무오류를 주장한다 하여 성경이 절대로 완전하여 질 것이 아니오, 그 가운데 있는 하나님과 그리스도와 인생에게 대한 진리만이 성경의 영감을 증명할 것이다. 그러므로 우리가 성경을 대할 때에 무슨 기적적, 신비적, 초자연적 서적으로 생각하여 연구나 비판이 불가 한 것으로 여길 것은 아니다."[66]

이것이 아빙돈 성경주석의 신학적 입장이다. 성경이 영감으로 기록된 오류 없는 하나님의 말씀이라는 구 프린스톤의 입장을 떠나 성경이 오류가 있지만 권위가 있다는 새로운 신학조류에 맞추어 기술된 주석이었던 것이다. 프린스톤 신학자들이 주장한 바, 성경이 구원뿐만 아니라 역사, 지리, 과학에 있어서도 오류가 없는 하나님의 말씀이라고 보는 견해를 마치 필기사가 받아쓰듯이 성경을 기록했다는 "구수설"로 치부해 버리고 영감을 경험론적으로 이해해야한다는 당시의 세계적 자유주의 조류를 받아들이고 있음이 나타난다.[67]

둘째 예수의 동정녀 탄생 교리이다. 아빙돈 단권주석은 이렇게 주석하고 있다.

> 다수의 신도들을 생각하기를 진정한 기적은 동정녀적 생산보다 예수의 동정녀적(순전하신)인격이라 한다. 만일 성신이 여인에게서 난 사람을 깨끗이 한다면 부부에게서도 난 사람도 물론 깨끗이 하실 수 있을 것이

65) *Ibid.*, 25.
66) *Ibid.*, 26.
67) *Ibid.*, 24.

다.[68])

이 기적적 탄생설은 기독교가 시작된 후 만기(晩期)에 속(屬)한 것이라는 학자가 다수다.[69])

그리스도의 동정녀 탄생이 그다지 중요하지 않음을 강조하고 있다. 셋째 예수의 육체적 부활에 관하여 아빙돈 단권주석은 이렇게 표현하고 있다.

그러면 예수는 참으로 부활하셨는가 하는 데는 그 기사(記事)의 부조화(不調和)로 부인(否認)할 이도 있을런지 모른다.… 부활하신 주께서 잡수셨다는 것도 좀 미숙(未熟)한 생각 같다.… 또한 우리에게 중요한 것은 부활하신 그리스도의 나타나신 방법보다 그리스도는 주검을 이기시고 부활하사 우리가운데 살아계시며 일하시되 영원까지 하신다는 그 확고한 신념이다.[70])

위의 내용을 보면 역사적인 예수그리스도의 육체적 부활을 소홀히 하며 부활이 주는 영적인 교훈에만 초점을 맞추고 있다.

이는 사건에 대한 역사(Geschichte)의 가치는 보전하려고 하면서 그 사건의 역사성(histonicity, Historie)을 부정하고 있는 것이다. 부활에 대한 마태복음의 주석을 보면 "유대인들은 인격적 부활을 육체적 생활과 동일시하였으므로 부활설화에 물질적 요소가 많이 들게 된 것이다"[71]) 라고 했다. 요한복음 주석에서도 예수그리스도의 육체적 부활에 대해 "신령한 몸만 쏙 빠져 나갔던 모양이다"[72])라고 주석하면서 육체적부활을 명백히 거부하고 있다.

셋째, 아빙돈 단권주석은 예수님의 이적에 대하여서도 의구심을 자아내

68) 유형기 목사 編輯,「單券聖經註釋」, 694.
69) *Ibid.*, 747.
70) *Ibid.*, 721-2.
71) *Ibid.*, 782.
72) *Ibid.*, 887.

고 있다.

> 어떤 이적의 기록에는 의문되는 것도 혹 있으며 또한 상당히 보수적이라는 신약학자들도(Sanday, Noltoth, Denney, Garvie, Tillett) 그것을 인증한다. 그들의 견해의 실례를 든다면 (1)갈릴리 바다의 급격한 변동으로 보아 예수의 풍랑을 꾸짖어 잔잔케 하신다는 것은 우연한 부합일 수도 있다 (2)물 위로 걸어가신 것은 강안(江岸) 혹 천뢰(淺瀨)로 행보(行步)하신 것일 수도 있다. (3)백부장의 종(요4:4-6)의 병이 낫은 것은 마침 낳을 때가 되었을 수도 있다…. 우리가 어떤 이적에 대하여 문제를 일으킬 수 있다하여 이적 전부를 거부할 이유는 없다.[73]

즉 "이적 전부를 믿지는 않지만 이적을 인정하지 않은 것은 아니다"라는 말로 예수그리스도의 완전한 이적을 거부하고 있는 것과 마찬가지이다. 이와 같이 정통주의 신학을 은근히 깍아내리는 이런 표현들이 아빙돈 주석의 특성이다.

마지막으로 그리스도의 육체적 재림이다. 이 부분은 사도행전 주석에 나타나는데 아빙돈 단권주석은 이렇게 말하고 있다.

> 승천에 대한 말을 문학적으로 보자면 이는 당시 유대사람들의 통속적인 종교사상에 의한 것이며 예수께서 재림하신다는 생각도 역시 이때 사람들이 일반으로 가지고 있는 신념이었다.[74]

그리스도의 육체적 재림을 유대인들의 일반적인 신념을 치부하고 있다. 요한계시록에서도 재림을 부인하는데 이렇게 주석하고 있다.

> 그리스도의 재림에 관하여는 바울에 의하면 혈육으로 오심이 아니오. 영체로 오심이니 우리의 오관으로는 분명히 알 수 없을 것이라고 스위트 박사는 말하였다. 우리 안에 변화가 생기면 이는 곧 그리스도가 오신 것이다. 사람의 마음가운데 그리스도께서 좌정하시며 사회의 조직 가운데

73) *Ibid.*, 718-9.
74) *Ibid.*, 891.

> 그리스도께서 군림하시면 진실로 그리스도는 오신 것이다.[75)]

그리스도의 재림은 영적이라는 것이며 마음속에 그리스도께서 좌정하시면 진실로 그리스도가 오신 것이라고 주석하면서 그리스도의 육체적 재림을 완강히 부인하고 있다.

그런데 한경직 목사는 문제가 된 아빙돈 단권주석에 대하여 다음과 같이 말하고 있다.

> 유형기씨가 발간한 아빙돈 주석, 그것이 문제가 되었다 그러더군요. 그런데 저는 그때 신의주 제이교회에서 담임목사로 있을 때에요. 저는 그것이 문제가 된 줄은 몰랐는데 그 후에 총회에서 내가 아빙돈주석을 집필한 것을 조사해 보라고 그랬던 모양입니다. 그래서 그때 노회에 모였을때 그 일을 물어 봅디다. 아빙돈 주석은 장로교에서 송창근 목사로 참여했고 김재준목사도 참여했는데 모두 그 주석을 번역할 때 집필자예요. 유박사가 그걸 번역할 때 각각 번역할 부분을 뜯어서 줍디다. 그래서 나는 아빙돈 주석 전체를 보지 못했어요. 저 한테 번역할 달라고 두권을 보냈는데 고린도 전후서예요. 내용도 물론 들어갔지만 어째서 전후서를 쓰게 되었는지 서문 같은 것도 다 있지요. 저는 그것만 번역해서 모아 두았거든요. 그때 내가 번역한 부분은 장로교 교리에 어긋나는 부분은 하나도 없단 말이예요. 사실 그래요, 고린도 전후서는 단순히 교회내의 여러 가지 문제를 다루는 소식이거든요. 그래서 노회에서 의논하다가 한 목사에 대해선 기대할 것도 문제될 것도 없다고 해서 무사히 넘기고 말았어요[76)]

번역진에 참여한 한경직 목사는 자신이 번역한 고린도전후서 부분에는 전혀 문제될 것이 없었다는 것이다. 김재준 교수도 자신역시 평양노회

---

75) *Ibid.*, 1146.

76) 한경직 목사 인터뷰, 1993년 6월 30일; 서정민, "한국교회와 자유주의: 한국 교회사적 입장" 한국교회사학연구원 편, 「한국 기독교사상」(서울: 연세대학교출판부, 2001), 174.

심사위원들에게 불려가 심사받을 때에 상황을 다음과 같이 말하고 있다. 이때 위원장은 곽안련이었다.

> 이 책을 집필하게 된 동기를 말씀해 주시오. /편수가 유형기씨가 부분적으로 뜯어 맡기는 대로 그 부분에 대하여 쓴 것 뿐입니다. / 이책의 원본이 어떤 성질의 것이라는 것을 알고 그 일에 승낙했습니까? / 잘 알고 있습니다. / 이 책이 재판될 때에는 귀하의 집필한 부분을 뺄 생각이 없습니까? / 뺄 생각이 없습니다. / 그 이유를 말하시오/ 여러분은 내가 쓴 부분을 읽으셨습니까? / '위원들은 이사람 저사람 두루 살피다가 결국 말하였다' 읽은 사람이 없는 모양입니다. / 읽어 보시면 아시겠지만, 내가 쓴 글에는 여기서 문제가 되어야 할 아무것도 없습니다. 그리고 나는 전체 편집에는 아무 관련도 없는 사람이기 때문에 결국 내가 쓴 부분에 대해서만 내가 책임 질 것이라고 생각합니다. / '그때 곽안련 선교사가 가로 막아 이야기하기 시작했다' 김선생은 그 책이 어떤 성질의 것인 줄 알면서 거기 집필했으니까, 김선생이 쓴 글뿐 아니라 그 책 출판 전체에 대하여 공동 책임을 져야 할 것이요. / 미국법은 그런지 모르겠습니다만 우리나라에서의 상식대로 말한다면 집필자는 집필한 자기글에만 책임을 지고 전체 책은 전체 편집자가 지도록 되어 있는 것이 사실인 줄 압니다. / 이렇게 문답이 옥신각신 하니까 다른 한국 위원들이 가로 막아서 좋도록 결말을 내려 버렸다. / 성명서를 내시겠습니까? / 내겠습니다. / 그러면 이것으로 끝마칩시다. 좋습니다. 나가십시오.[77)]

김재준 교수 역시 이 번역한 부분에는 전혀 신학적인 문제가 없다고 밝히고 있다. 그러나 실제로 아빙돈 주석을 읽은 장로교의 길선주 목사나 당시 평양신학교 교수 박형룡 박사는 견해를 달리하고 있다.

> 그때에 감리교 유명한 목사의 편수로 출판된 단권 성경주석은 아빙돈 성경주석을 국내 여러 인사들에게 분담시켜 번역한 것으로서 모든 자유

---

77) 김재준, 한국교회의 신학운동- 그 회고와 전망, 「基督教思想」, 1960년 1월, 14-5.

주의 신학사상의 집대성이라 할만하였다. 동서는 성경을 파괴적 고등비평의 원리에 의하여 해석하였으며 계시의 역사를 종교진화론의 선입견을 가지고 고찰하였다. 그러므로 성경 제권의 전통적 작자와 연대를 의문 혹은 부인하며 도처에서 후인의 가필을 지적하고 성경의 신관에 변천이 있다는 것, 성경의 계시는 이적적이 아니라 인생의 경험에 의하였다는 것을 역설하였다. 그리고 성경에 기재되어 있는 이적의 다수는 부인하거나 혹은 자연론의 원리로 해석하여 그 허황함을 지적하였다. 그뿐 아니라 그리스도의 처녀탄생을 부인하고 그의 신성을 의문하였으며, 그의 자식은 제한되어 있어 구약 어떤 책들의 저자와 역사적 사실에 대하여 그릇된 교훈을 하셨다는 것, 그의 메시야 의식은 가이사랴 빌립보에서의 베드로의 신앙고백이 있은 때에 발생하였다는 것, 십자가의 대속론은 바울의 신학임에 불과하고 십자가는 보낼 중심에서 나오는 통회의 방법으로 그리하여 사죄를 얻게 하는 재료로만 여겼던 것(도덕적 감화의 속죄론)이라는 것을 역설하였다. 예수의 육체적 부활을 부인하고 육체적 부활의 관념은 유대인의 묵시문학에 의하여 최초로 소개되었다는 것, 천국은 유형한 것이 아니요, 개인의 선한 생활과 사회의 하나님의 통치를 의미할 뿐이라는 것을 주장하였다. 이 밖에도 정통교회에 반대하는 자유 사상의 진술을 얼마든지 거기서 찾아 낼 수 있다."[78]

견해를 달리하는 것은 비단 박형룡 박사뿐이 아니었다. 아빙돈 단권주석이 출판된 후 끊임없이 문제가 제기되자 드디어 이 문제가 1935년, 제24회 대한예수교 장로회 총회에 정식 안건으로 상정되었다. 길선주목사의 제의에 따라 총회는 주석의 신학적 입장 때문에 장로교 목회자들은 아빙돈 주석을 사거나 읽지 말도록 충고하기로 결정했다. 총회는 또한 다른 문제와 더불어 이 문제를 조사하기 위해 라부열 선교사를 위원장으로 한 조사위원회를 결성한 후 "신생사 발행 성경주석에 대해서는 우리 장로회의 도리에 불합한 고로 우리 장로회에서는 구독치 않고 그 주석에 집필에

78) 박형룡, "한국 교회에 있어서의 자유주의," 「神學指南」 31, 1964년 9월, 10; 「朴亨龍博士 著作 全集」, V, 384.

참여한 장로회 사역자에게는 소관된 각 교회에서 살핀 후에 그들로서 집필한 정신 태도를 기관지를 통해서 표명케 함이 가한 줄[79]"로 보고하였다.

그리고 총회는 주석 번역에 참여한 이들이 총회의 결정에 제대로 순응하는지를 확인하도록 그들이 속한 노회에 통보하였다. 총회의 결정에 순응하여 채필근 목사는 총회 석상에서 즉시 집필의 과오를 사과하였다. 그러나 송창근 목사와 다른 집필자들은 아빙돈 주석이 교리에 위배되지도 않을 뿐만 아니라. 총회가 신학의 자유를 지나치게 억제하려한다고 반박하였다.[80] 총회의 결정에 따라 송창근, 한경직, 채필근, 김재준이 소속되어 있는 평양노회에서 이 문제를 조사하기 위해 조사위원회가 조직되었다. 평양의 원로급 지도자 길선주는 이책을 '이단서'로 까지 정죄하였다.[81] 총회와 노회는 사과 성명과 다시는 집필하지 말것을 요구했다. 성경주석의 번역에 참여한 장로교 네 명의 목회자들은 총회와 노회의 결정을 놓고 견해를 달리했다. 채필근 목사는 번역에 참여한 것에 대해 사과하고, 다시는 집필하지 않을 것과 재판 시 자신의 글을 빼겠다는 약속을 했으나 김재준, 송창근, 한경직 세 사람은 교단의 압력이 심해지자 당시 「신학지남」의 편집장 남궁혁의 권유로 "내나 마나한 성명"을 「신학지남」에 성명서를 발표했다.[82]

聲明書

今番 問題된 新生社發行 單券 聖經註釋에 對하야 本人等은 總會의 勸告를 따라 左와 如히 聲明함.

(一) 本人 等이 執筆한 部分은 長老教信經에 違反됨이 無함.

(二) 本人 等이 執筆한 部分이나 全體 編輯에 對하야는 本人等 常談惑關與한 事가 無함.

---

79) *Ibid.*, 53.

80) 김양선, 「韓國 基督教解放 十年史」, 177.

81) 「조선예수교장로회 총회24회 회의록」, 1935, 53.

82) 「神學指南」, 1935, 11, 53.

(三) 本註釋의 內容에 對하여는 이미 第二十四總會에서 決定된 것인 바 本人等은 執筆者의 一員으로서 遺憾의 意를 表함.

一九三五年 十月 十九日
宋昌根 金在俊 韓景職

이 사과문으로 인해 이 사건은 일단락 되었다. 그러나 이 내용을 살펴보면 신학적인 문제에 대해서는 전혀 책임이 없으며, 다만 이 문제로 교계에 소란을 피워 유감이라고만 말하고 있다. 신학적인 문제도 없는데, 자신들에게 지나치게 반응하고 있는 총회와 교계에 대한 다소의 불만이 섞여 있다. 이것은 김재준이 초안하고 한경직과 송창근이 연명한 것이었다. 이 사건에 대하여 연규홍은 “선교사들에 의해 정착된 근본주의적인 성서관과 보수적 정통주의 의 신학과 전통에 어긋나는 모든 신학과 사상은 자유주의 사상으로 매도되어 배척되었던 사건이었다[83]고 평가했다. 그러면서 그는 단순한 장로교회 안의 교회 정치적 사건이 아니라고 ‘식민 신학기에서 자주적인 한국 신학의 형성기로 넘어서는 시대구분적 의미를 갖는 역사적 사건’ 이라고 평가했다.[84]

반면에 김영재의 이렇게 평가했다. “그것은 신학적인 양극화로 가는 예비논쟁의 종식에 지나지 않았다.”[85] 김영재의 평가대로 1935년 아빙돈

83) 연규홍, “아빙돈 단권주석사건,”「韓國基督敎會史硏究」29호, 1990, 1, 15.

84) 연규홍은 두가지 면에서 단권사건의 의미를 말하고 있다. 첫째는 ‘성경단권주석’ 에 관여한 유학한 젊은 신학도들과 폭넓게 서구적 신학의 신학들의 결과들을 수용하면서도 주체적으로 한국교회와 민족 현실 내 부합되는 신학적 작업을 추구하였기 때문이라는 것이다. 둘째로는 교파와 신학적 차이를 넘어 함께 공동 학술 작업을 추진한 것은 나름으로 성숙한 일체감이 작용하였기 때문이라는 것이다 (*Ibid*., 15) 연규홍의 이러한 평가는 한국적 신학을 강조하는 자들에게는 긍정적이며 의미있는 일이라 생각할 수 있다. 그러나 보다 정확한 평가는 웨스트민스터 신앙고백에 대한 그들의 서약이 핵심이었다는 것을 연규홍은 간과하고 있다.

85) 김영재,「韓國敎會史」, 203.

단권 주석 사건은 성경해석 방법에 따른 신학적 갈등이 축적되어 해방 이후에 신학교와 교단 분열의 한 계기가 되었다. 이 분열의 중심에는 공교롭게도 둘 다 프린스톤 신학교를 나온 박형룡과 김재준이었다. 이 둘은 모두 프린스톤 신학교에서 수학한 동문이었지만 박형룡은 종교 개혁 이후에 형성된 정통주의 신학에 입각하여 자유주의나 성경의 고등비판을 맹공하던 소위 미국의 근본주의 신학의 노선을 그대로 수용하여 한국적 기수가 되었고 반면에 김재준은 근본주의 신학에 정면으로 도전하여 신정통주의를 수용하고 에큐메니칼운동에 적극 참여한 미국의 진보주의 신학을 수용하여 그 노선을 대변하는 한국적 기수가 된 것이다. 해방 이후 한국장로교회는 이 두 진영의 신학적 입장의 차이에 따라 기독교 장로회와 예수교 장로회로 분열하게 되었다. 이 분열의 중심에는 성경에 대한 관점이었고 더욱더 정확하게 표현하자면 웨스트민스터 신앙고백에 대한 서약의 문제였다. 또한 이 사건은 장로교와 감리교의 신학적 분위기 차이를 실감케 한 사건이기도 했으며 이후에 진행될 "장감 양교 충돌의 위기[86]"를 내포

86) 김인서는 그 심각성을 이렇게 지적했다: "아빙돈 주석(註釋)문제(問題)는 장감양교(長監兩教)의 감정문제화(感情問題化)하게 된다. 주일학교연합회(主日學校聯合會)에서 감리교(監理教) 유형기(柳瀅基) 목사(牧師)를 세계주일학교대회조선대표(世界主日學校大會朝鮮代表)로 선정(選定)한데 대(對하)야 장로회(長老會) 평서(平西), 평북(平北), 황해제노회(黃海諸老會)에서 유목사(柳牧師)는 아빙돈 주석(註釋) 편집자(編輯者)란 이유(理由)로 대표권(代表權)을 부인(否認) 하엿고 감리회(監理會) 충청(忠淸) 경성북지방회(京城北地方會)에서는 장로(長老教)에 항의(抗議)하기로 결정(決定)하여스니 찬송가(讚頌歌)가 갈니우고 연합공의회(聯合公議會)가 깨여진 뒤를 니여 주일학교(主日學校聯合會)도 깨여질 염려(念慮)가 잇는바 장감양교(長感兩教)의 관계(關係)는 파열(破裂)이 될 위기(危機)에 잇스니 실(實)노 유감(遺憾)스럽은 일이다. 동(同) 주석문제(註釋問題)로 일본신학교(日本神學界)에서 조선장로교(朝鮮長老教)의 시대지(時代遲)를 비웃는다 함을 드럿거니와 이번(番)에는 세계(世界)의 조소(嘲笑)를 바들넌지 모른다. 세계(世界)가 웃던지 말던지 조선교회(祖先教會)는 조선독자(朝鮮獨自)의 주장(主張)이 잇서 부인(否認)할 거슨 부인(否認)함이 가(可)하다. 여배(余輩)도 세계신학계(世界神學界)의 추세(趨勢)를 모르는바 아니나 여배(余輩)의 신앙입장(信仰立場)에서 동(同)주석(註釋)을 부인(否認)하는 자(者)이다. 장로교총회(長老教總會)는 동서(同書)를 금지(禁止)함으로 족(足)한 거시다.

한 것이기도 했다.

이와같이 「아빙돈 단권주석 사건」은 장로교 내에서 발생한 논쟁이지만 이 사건으로 감리교의 신학적 입장과 장로교의 신학적 입장이 확연하게 드러나게 되었다. 감리교에서는 아빙돈 주석을 선교 50주년 기념으로 발간함으로써 아빙돈 단권주석의 신학적 입장이 자신들과 같다는 사실을 천명한 것이며, 그것이 감리교의 신학적 입장임을 간접적으로 말해준 것이다. 장로교는 그 신학적 입장을 받아들이지 않음으로 말미암아 장로교는 감리교보다 상당히 보수적이었다는 사실을 말해주는 것이다.

분명히 그 주석의 입장은 평양신학교에서 선교사들이 견지해 오던 신학적 입장과도 차이가 있었고, 오랫동안 한국장로교회가 견지해 오던 입장과도 차이가 있었던 것이다. 몇 년 전만해도 신학적인 면에서는 동질감을 형성했던 장로교도 이제 서구의 신학적 조류의 변천에 따라 변천을 맞게 된 것이다. 아빙돈 단권주석 논쟁은 그것을 예시해 주는 하나의 사건이 되었던 것이다.

1935년 총회는 「신학지남」에 김재준, 송창근, 채필근 목사의 기고권을 박탈함으로써, 자유주의 사상을 일소하려는 정통주의 신학의 입장을 강하게 전국 교회와 교계에 천명하였다. 뿐만 아니라 장로교 정통주의 성경관을 재천명하는 과정에서 박형룡 박사가 항상 중심적인 역할함으로써, 1930년대 이후로 박형룡 박사는 한국 장로교회의 대표적인 보수주의 학자로 그 명성을 얻게 되었다. 박형룡 박사의 활약에 힘입어 내린 이 총회의 판결은 정통주의의 승리일 뿐아니라, 어떠한 자유주의적 고등비판과 성경해석을 용납하지 않으며, 오직 성경이 축자적으로 영감되고, 무오한

또 금서(禁書)씀은 감리회(監理會)에 대(對)한 모욕(侮辱)도 아니엇다. 그러나 일개 번역서(一個飜譯書)를 가지고 차이상인신핍박(此以上人身逼迫)에까지 이른다든지 동역서(同譯書)가 감(敢)히 장로교회(長老敎會)의 신앙(信仰)을 흔들 위력(偉力)이 업는 금일(今日) 장감양교(長監兩敎)가 정면충돌(正面衝突)에 이르기까지 싸흘 필요(必要)는 업다. 교리문제(敎理問題)도 중(重)하지만 이 때문에 사랑을 깨트리는 것도 두려운 일이다. 김인서, "장감양교충돌위기," 「信仰生活」(1936, 4), 36.

하나님의 말씀인 것으로 믿는 보수주의적이고 개혁주의적인 성경관을 강력히 옹호한 교회사적 신학적 의의가 있는 것이다. 나아가 이 판결은 지금까지 한국 장로 교회가 "오직 성경" 이라는 종교개혁자들의 성경관을 갖는데 크게 이바지 하였다.

(2)「표준 성경 주석」

한가지 주목할 점은 '아빙돈 단권주석 논쟁' 이 한국교회에 부정적인 영향만 가져다 준 것은 아니었다는 점이다. 이 논쟁은 결국 한국교회에 유익을 주는 결과를 가져다 주었던 것이다. 선교 희년을 맞아 한국교회 신학이 선교사 중심에서 한국인들에게로 전이되어 오면서 한국교회는 신학적으로 성숙하기 시작했다. 이제는 단순히 답습하는 신학이 아니라 우리의 것을 찾아 우리의 현실에 적용하려는 움직임이 일어났던 것이다. 그 결과로 나타난 것이「표준 성경 주석」을 들 수 있다. 감리교의「아빙돈 성경 주석」과는 신학적으로 아주 대조되는「표준 성경 주석」은 장로교 총회 교육부에 의해서 1935년 5월 3일 편집부가 구성되어 박형룡외에 위원으로 나부열, 곽안련 등 6인이 선정되었다. 평양신학교 교수진과 총회 종교교육부가 주관하고 박형용 박사가 발간 위원장이 되어 집필자는 아빙돈 단권 주석 번역 집필에 참여하지 않은 총회 산하 유능한 신학자 28명(선교사와 한국인 신학자)을 집필자로 선정하였다. 그리고 성경 관계 논문 50여편을 준비하기 위하여 구미 각국에 칼빈주의 신학자와 성경학자들에게 원고를 부탁하는 서신을 발송했다.「표준성경주석」의 집필진은 대부분이 평양 장로교 교수들이었으며 1937년부터 출간되기 시작하였다.[87] 대부분의 자유주의 학자들이 이 주석의 발간에 대하여 거의 소홀히 취급하고 있

87) 1937년 10월 30일 제1차로 곽안련 선교사의 욥기, 시편 주석이 나왔고, 1939년 10월 30일 나부열 교수의 잠언주석, 박형룡 박사의 전도서 주석, 이성휘 박사의 아가서 주석, 박형룡 박사의 로마서, 고린도전 · 후서, 갈라디아서 주석이 발간되었다.

지만, 이주석은 총회적 차원에서 시작된 작품이기에 총회의 신학적 입장을 잘 대변해 주고 있는 중요한 총서였다. 이 주석의 편집장 직임을 맡은 박형룡은 이 주석의 신학적 의의를 다음과 같이 말하고 있다.

> 본 주석은 폭풍우를 만난 배와 같이 사상 상 동요가 가위한 우리 교계에 대하여 칼빈주의 정통 신학의 확립을 사명으로 삼는다. 서중에 각종의 이색 견해가 참고를 언급하더라도 칼빈주의 정통신학의 입장을 중심위치에 고수하여 좌로나 우로나 일탈되지 않는다. 그리하여 본서는 조선교회에 있어서 성경 해석의 유일한 표준, 따라서 교회 대중의 신앙을 지도하는 유일한 표준이 되려는 희망을 품고 출세한다. 본서는 학구적, 비판적, 실용적, 제 방면에서는 감히 충분하기를 희망하지 못할 지라도 통일된 정통신앙의 보수를 위한 성의에서 우리교계의 표준문서가 되기를 희망한다.[88]

이처럼, 박형룡 박사는 이 주석의 목적이 다양한 신학 사조를 견제하는 바, 칼빈주의 정통 신학을 고수하고, 성경해석의 "표준"을 삼고자 함 이라고 강력히 표현하였다. 또한 마포 삼열 선교사는 「마가복음 서문」의 글을 통해 「표준성경주석」이 신봉하는 성경관을 다음과 같이 명백히 밝혔다.

> 본 주석의 집필자들은 성경전부가 신의 영감된 말씀이며 신앙과 행위의 유일무오(唯一無誤)한 법칙이라고 믿는다. 저들은 성경의 어떤 부분은 신의 말씀이나, 다른 부분은 신의 말씀이 아니라고 믿지 않는다. 저들은 성경의 어떤 부분은 다른 부분보다 더 가치 있으니, 원 저자들의 쓴 대로의 모든 부분이 다 참되며, 모든 부분이 다 신께서 자기 인민에게 주시고자 하신 바라고 믿는다.[89]

---

88) 박형룡, 「표준성경주석-잠언, 전도, 아가」(1939), 18-20.

89) 곽안련, 「표준성경주석-마가복음」의 서문(대한예수교장로회 종교교육부, 1937), 5. 간하배, 「한국 장로교 신학사상」, 36-37.

이 주석의 저자들은 성경이 하나님의 계시에 의해 씌여 진 권위 있는 책으로서, 완전 축자 영감설을 주장했다.[90] 그리고 그들은 구 프린스턴 신학적 전통을 따라, 성경의 영감과 무오를 원본에만 국한하였다. 이처럼 「표준 성경주석」은 장로교 신조 제1항에 따라 정통주의 성경관을 따르고 바르트적 신정통주의 신학을 반대하는 단호한 총회의 입장을 대변하였던 것이다. 이것이야 말로 오직 성경(Sola Scriptura)의 승리였다.

(3) 청교도적 경건 생활의 실례(實例)

고전적 근본주의는 한국 교회의 교인들이 청교도적 경건 생활을 고취시키는데 영향을 미쳤다. 영국인으로 1897년에 일본에 선교하러 왔던 파켓 윌크스(Paget Wikes)는 1911년 서울에 도착하여 한국 선교사들을 만나보고 한국 교회 특징을 다섯 가지로 파악했다.[91]

1. 한국 교인은 철저한 주일성수를 한다. 주일에는 상점을 휴업하고 모든 기독교인은 교회에 출석한다.
2. 한국교인은 성경을 사랑하고 성경을 열심히 읽는다.
3. 한국 교인은 하나님의 사업을 위해 자립 운영하며 정성껏 바칠 헌금으로 교역자생활을 보장하고 교회를 운영한다.
4. 한국교회는 복음 전하는 전도열이 왕성하다.
5. 한국교회는 주님의 재림에 대한 기대가 왕성하다.

위에 기록된 한국교회의 특징의 대부분들은 전형적인 청교도 경건생활의 요소들이 많이 포함하고 있음을 알 수 있다. 박형룡 박사 역시 한국교회의 청교도적 경건생활에 다음과 같이 평가하고 있다

90) 박용규, 「한국 장로교 신학 사상사」, 92.
91) 김광수 "초기 한국교회 과면상(課面像)" 「복된 말씀」, 제24권, 1977.

> 한국에서의 청교도적 경건생활을 언급하면서 평안북도 선천 같은 곳에서는 장날이 안식일이 되면 기독교 신자들이 철전(撤廛)하고 매매에 참여하지 않기 때문에 폐장이 된다고 서양에까지 소문이 났다. 교회에서 새벽 기도회를 매일 열며 통성기도와 철야 기도를 자주 드리는 것은 이 교회 경건 생활의 특징이었다. 서양의 여행객이 세계를 편답하다가 한국에 와서 평양 같은 도시에서 한 안식일을 지나며 교회의 예배에 참관하면 큰 감동과 은혜를 받는 다고 증언하였다.[92)]

윗글을 보면 박형룡 박사는 한국 장로교회가 경건생활을 위하여 '새벽기도'를 강조하였으며 '통성기도'와 '철야기도'를 경건 생활의 하나의 표준으로 평가하고 있다. 선교사 데이비스는 한국교인의 이러한 기도모습이 너무 진지하고 열심인지라 부끄러움을 느낄 정도 였다고 술회한다

> 한국 교인들은 영혼을 위하여 매우 열심히 기도하고 있다. 그들의 독실하고 진지한 신앙은 기독교국의 우리를 부끄럽게 한다. 지난 겨울 송도에서 부흥회가 몇 차례 있었는데 교인들은 밤 집회 후에는 으레 산에 올라가서 얼어붙은 맨땅에 엎드려 성령강림을 위하여 하나님께 올려 기도하였다. 재령에서는 매일 새벽 5시 반이 되면 몇몇 한인들이 내가 유숙하고 있던 선교사 집에 찾아와 한 시간 동안 기도하였다. 평양에서는 길목사와 장로 한사람이 교회당에 와서 새벽기도를 드리는 습관을 가졌다. 길목사는 "누구든지 원하면 며칠 동안 새벽 4시반에 모여 기도할 수 있다'고 알렸다. 그 이튿날에는 새벽 1시반부터 사람들이 모이기 시작하였고 2시에는 사람들이 더 많이 모이더니 4시반에 가서는 400명에 이르렀다.[93)]

이같은 뜨거운 기도생활은 한국 교회를 전도하는 교회로 만드는 원동

---

92) 박형룡, "한국교회의 신학적 전통,"「신학지남」제 43권 3집, 1976, 19.
93) *The Missionary*, Vol. 43. No. 5, May, 1910, 212-3; 백낙준,「한국개신교사」, 394-5.

력을 제공했다. 특히 선교사 로즈(H. A. Rhodes, 盧解理) 는 한국 교인들이 "교회를 처음 조직할 때부터 '시간 연보' 를 장려했다고 언급했다. 1907년 평양 대 부흥운동이후에 2, 3년이 지난 후 한국 교회는 백만인 구령운동을 전개하게 되었다. 이때 "날 연보"(Day offering)라고 하는 특이한 전도방법이 나타났다. 날 연보는 헌금을 할 수 없는 가난한 그리스도인들이 자신의 시간을 연보로 드리는 것이었다. 하나님과 약속한 날은 모든 생업을 뒤로하고 전도하는 일에 사용했다. 평양에서는 1천명의 교인들이 연 2만2천일의 날 연보를 드렸고, 황해도 재령에서는 1만일이 연보 되었다. 비록 북쪽에서처럼 큰 호응은 없었지만 남부 지방에서도 이 운동이 일어나 군산 지방에서는 850날이 전주에서는 3,349날이 연보 되었다.[94] 전국적으로 10만일의 날 연보가 드려졌다. 이를 통해 수백만매의 전도지와 70만권의 마가복음이 배포되었다.[95] 이와같이 "날 연보"는 주님을 위한 뜨거운 헌신의 표현으로서의 경건생활을 보여주는 구체적인 실례가 되었다.

빠트릴 수 없는 또 하나의 실례는 술 · 담배 · 아편의 금지이다. 한국교회는 초창기부터 경건한 신앙생활을 위해 술과 담배 및 아편을 금지했다. 「대한 크리스도인 회보」의 기사를 보면 다음과 같이 언급하고 있다.

> 개화를 크게 해하는 물건은 술인 고로 옳게 생각하는 사람마다 이것을

---

94) A.M. Nisbet, *Day in and Out in Korea*, 91; 김인수, 「한국 기독교회의 역사」(서울: 장로회신학대학교출판부, 2000), 265.

95) "The Million Movement and its Results," *The Korea Mission Field*(January 1911), 5; "고되고 가난한 생활을 하는 한국 사람들은 도급 10만 날을 이 사업에 바쳤는데 지난 겨울에 개인 전도에 사용한 일 수는 7만 6천 날이었고, 금년 가을에도 수백 명의 한인 전도인들이 가가호호를 심방하는 활동과 대집회에 출석한 구도(求道)인들과의 개인적 접촉을 위하여 한 달을 온통 바쳤다. 수백 만매의 전도지와 한인 신자들이 대금을 내고서 믿지 아니하는 동포들에게 70만권의 마가복음을 무료로 배부하면서 복음을 읽고 믿으라는 간곡한 권고와 간절한 기도들 드렸다. 한국인 가정치고 심방 받지 아니한 가정이 거의 없었고 심방의 결과를 얻기 위하여 수천 명의 한국인들이 매일 기도를 올리고 있다." 김인수, 「한국 기독교회의 역사」, 266.

> 없이 하기에 힘쓸지니 술은 바른 생애로 수고하여 모은 재물을 빼앗으며 걸인과 죄인을 만들고 집을 망하며 협잡과 뇌물과 사정을 성행케 하여… 국재를 남용하며…경제상으로나 도덕상으로 보면 술은 없이할 물건이어늘…[96)]

음주와 더불어 흡연을 금하였는데 「그리스도회보」에는 "흡연의 해가 되는 증거가 무엇이뇨?" 라는 제목 하에 다음과 같은 논설이 실렸다.

> 대저 흡연하는 것은 사람에게 백 가지로 해롭고 한 가지도 이한 것은 없는 고로 우리 교회 중에 진실히 믿는 자와 교회 밖에도 정결함과 존절함을 지키는 자는 비록 장성한 사람이라도 십상 팔구는 거절하는데… 만일 어떤 학도가 흡연의 해되는 이유가 무엇이뇨 물으면 본 기자가 마땅히 이 아래 여러 가지 이유로써 대답할지니…①흡연이 신체에 해됨이니… ②흡연이 총명에 해됨이니… ③흡연이 도덕에 해됨이니… ④흡연이 경제에 해됨이니… 그럼으로 향일 북감리교 연회에서도 금지회를 조직할 때에 흡연하는 것을 금지하기로 작정하였다 하니 이 회보 보시는 여러 형제와 자매는 각각… 이런 무익한 관습을 거절하여….[97)]

아편 금지에 대하여도 「그리스도 신문」에 "아편금할론" 이라는 논설이 실렸다.

> 우리가 기왕에도 아편 피해를 여러 번 말한 바이어니와 대저 아편이라는 것은 사람에게 비상보다 더 독한 것이라. 이것으로 집안이 패하고, 몸이 죽고 나라이 망하는 것이니 사람이 가까이 할 것이 아니라.[98)]

이렇게 한국 교회 교인들은 예수를 믿고 난 후 주변의 좋지 않은 생활

---

96) 「죠션 크리스도인 회보」, 22호, 1897년 6월 30일, 계주론: 이만열, 「한국 기독교사 특강」(서울: 성경읽기사, 1987), 106에서 재인용.

97) 그리스도 회보, 1권 2호, 1911년 2월 15일; *Ibid*., 106.

98) 「그리스도신문」, 1권 9호; *Ibid*.,

습관을 솔선하여 개선하는데 앞장섰으며, 이러한 모습은 경건한 기독교인의 모습을 돋보이게 하는 요소로 작용하였다. 이것이 한국 장로교회가 전수받은 '신앙과 생활의 유일한 법칙인 성경에 근거한 청교도적 경건의 모습들'이었다.

3. 근본주의의 부정적 영향

간하배(Harvie M. Conn)교수는 그의 저서 「현대 신학 해설」에서 근본주의에 대해 아쉬운 점을 말하고 있다. 그것을 요약해 보면, 첫째, 근본주의가 신학적으로 광범하게 다양한 견해의 융합이었기에 정세한 기독교 교리의 작성에 대한 무관심을 권장하고 그 결과 신학 연구에 깊은 몰두하는 일이 결여되었고, 둘째 경건주의와 세대주의의 영향으로 근본주의 운동은 '하나님의 뜻 전체' 를 축소시키고 기독교 계시를 문화와 사회생활에 연관시키려하는 경향이 있었고 단순히 기독교 신앙을 개인적인 경건에만 국한시키려는 위험이 여실하였으며, 셋째, 근본주의가 주장하는 교회내의 불신에 대한 성경적인 징계의 요구 및 교회의 순결심에 대한 성경적 호소는 비 성경적인 부정주의와 독고주의를 악화될 위험성이 있었다.[99]라고 표현하고 있다. 이런 까닭에 근본주의는 자유주의와 신 복음주의 학자들에게 비판의 제목으로 남아 있게 된 것이다. 간하배 교수의 말대로 근본주의는 한국 장로교회에 간접적으로 부정적인 영향을 미쳤다.

첫째 분리주의적 근본주의는 한국인의 국민성과 잘 맞물려 "한국 장로교회의 분열의 원인"을 제공하였다. 그 예를 1930년대부터 시작한 한국 장로교회 내에서 자유주의와 보수주의의 대결이 파벌주의로 등장했다는 점을 들 수 있다. 브라운(G. T. Brown)은 1930년대 초기에 처음으로 대두하기 시작한 파벌주의에 관해 언급하고 있다.[100] 그는 또한 1933년 한국

99) 간하배, 「현대신학해설」(서울: 개혁주의신행협회), 160.

100) G. T. Brown, *Mission to Korea*, Board of world Mission, Presbyterian Church

장로교 총회의 모습을 묘사하면서 말하기를 "북쪽파는 남쪽출신의 사람들을 현대주의적이라고 딱지를 붙였고 반면에 이남 사람들은 총회에서 퇴장하면서 협박하면서 하는 말이 이 총회는 이북파에서 장악하고 있다고 하였다. 총회가 폐회되자 그 분위기는 마치 이남에서는 그 다음해에 따로 회집하여 자신들의 총회를 구성할 것 같이 보였다[101]라고 하였다.

이와 같은 충돌은 조용하고 사소했던 마찰이 전 교회적으로 문제화된 최초의 사건이라고 김양선 목사는 표현하고 있다.[102] 그러나 한가지 분명한 사실은 1930년대부터 '분리주의적 근본주의'의 한 모습이 한국 장로교회 내에서 드러내기 시작했던 점이다. 미국 북 장로교회에서는 '근본주의와 근본주의의 대결'에서 분리주의적 근본주의가 나타나게 되었지만 한국교회에서는 '보수주의와 자유주의'가 충돌하면서 양자에서 모두 분리주의적 기질들을 나타내 보인 것이다. 이같은 기질은 근본주의 신학의 영향을 간접적으로 받지 않았다고 단언할 수는 없다. 보다 정확한 분열에 대한 평가는 분리주의적 근본주의 기질이 한국의 전통적인 국민성(특히 지방색)과 연합되어 이런 결과를 나오게 했다고 평가하는 편이 나을 것이다. 이러한 판단이 확실한 이유는 오늘날 여러 갈래로 나누어진 한국 장로 교회의 모습에서 그 답을 찾을 수 있다고 확신한다.

둘째로 분리주의적 근본주의는 한국 장로 교회가 보수주의 신학을 고수하는데 있어서 영향도 주었으나 지연의 역할도 하였다는 점이다.. 이 예는 미국 북 장로교 극동 총무(J. S. Smith)씨는 1961년 7월 국제 선교지에 기고한 "한국 선교정책에서 배운 점"이란 글에 나타난 그의 평가에서 찾아 볼수 있다. 그는 여기서 한국 장로교 분열 원인을 묘사하면서 이렇게

---

in the U. S. A. 1962. p. 147ff. 그는 세 가지 문제 즉 종파적 차이, 정치적 요소, 신학사상이 분열운동에 기여했다고 간파했다. 신학적인 요소는 "해외 유학을 한 교회 지도자들과 그리 학식이 많지 못한 국내의 목사들과 평신도 사이의 간격을 둘러싸고 일어났다. 외국에서 교육받을 목사들과 학자들 중 더러는 "현대주의자" 라고 비난을 받았다. 간하배, 「한국 장로교 신학사상」, 57에서 재인용.

101) 간하배, 「한국 장로교 신학사상」, 6.

102) 김양선, 「한국 기독교 해방 십년사」, 178.

표현하고 있다. 그것들을 열거해 보면,

첫째 한가지 신학만 가르쳤기 때문에 자유주의 신학이나 극단적 정통 신학이 적응 못하게 되었으니 교회의 분열이 생겼고, 둘째 성경만 가르쳤기 때문에 일반 문화적 교양 지식의 부족으로 잘못 해석하도록 되었고, 세째 교회가 영적으로만 성장하니 일반 사회와 유리된 공동체가 되었고, 넷째 신학 교육을 지방교인 정도 이상으로 했으니 유능한 지도자의 대치가 없게 되었다."[103]라고 하였다. 이러한 그의 묘사는 교파 분열이 지적 미성숙과 배타적 독선주의 요소에서 시작되었다는 것이다. 이러한 그의 평가를 근거로 진보주의 그룹에 있는 사람들은 "반 지성주의" "무식쟁이"라는 비판을 서슴치 않게 하였다. 그런데 한가지 언급하고 싶은 것은 스미스의 평가는 그 접근 방식에 있어서는 타당성이 있는 평가라고 볼 수 있긴 하지만 이미 위에서 평양 장로회 신학교를 소개하면서 언급했던 바와 같이 한국적 상황을 전혀 고려하지 않고 있다는 면에서 그 약점이 있다. 왜냐하면 이 보고서는 당시 선교사들이 선교할 때의 한국 내의 환경 및 일제 시대를 경험했던 한국 교회에 대한 이해와 경험의 부족성을 보이고 있기 때문이다.

1910년대에 이광수는 교역자의 무식을 호되게 비판하기를 "선교사들이 신학 교육 정책은 교회 복사의 지적 훈련에 인색했고 인문계 지식이나 일반 세속 학문의 기초적 소개에도 쉬쉬하며 조심했고 따라서 교역자의 지적 후진성이라는 비극적 요소를 한국 교회에 뿌렸다."[104]라고 했다. 이 같은 평가에 대해 진보그룹에 있는 사람들은 대단히 환영하고 있는 듯하다. 그러나 우리에게 던져야 할 하나의 물음은 당시의 상황이 우리에게 고등교육의 높은 지식을 요구하는 형편이었는가? 라는 것이다. 앞에서 이미 구체적으로 언급했다시피 차라리 선교사들이 신학 교육에서 지적수준을 제외한 것이 아닌 오히려 시대에 따른 변화를 구하였다는 편이 훨씬

103) 김찬국, "한국선교 정책의 과거와 미래," 「신학논단」(1968, 10), 147.
104) 민경배, 「한국기독교회사」, 272-3.

더 객관적 평가이다. 또한 한가지 신학만을 운운하며 배타적 독선주의를 암암리 말하는 스미스씨의 평가는 너무 지나친 평가가 아닌가 생각된다.

그러면 스미스씨가 주장한 내용이 장로교 분열 원인의 일부분이었다면 가장 원초적인 원인은 어디에 있는 것인가? 그것은 바로 선교사들에 의해 가르쳐진 보수주의 복음주의 신학을 바로 인식하지 못하고 한국의 암울한 상황과 한국인들만이 갖고 있는 독특한 성격, 그리고 여러 가지 잡다한 신학사조(샤머니즘, 세대주의, 신비주의, 자유주의)등과 혼합되어 한국적인 분리주의적 근본주의의 양태로 변모해 나갔기 때문이었다. 이런 이유로 많은 교파 분열이 생기게 된 것이다.

셋째로 근본주의는 한국 교회안에서 그 용어 사용에 있어서 감정이 섞인 단어로 잘못 오용되었다는 점이다. 일반적으로 '근본주의,' 혹은 '근본주의자' 라는 말을 사용할 때는 '반 지성주의,' '폐쇄주의' 혹은 '부정적 사고 방식' 이라는 개념과 거의 동일시해서 사용한다. 그리고 근본주의를 표현할 때 이것이 고전적인 것인지 분리주의적인 것인지 구분하지 않고 사용하고 있다. 그래서 근본주의자라는 말은 일종의 신학적 독설로 변해왔던 것이다. 독설이라 하면 중요한 것이 그 말의 의미보다는 그것을 표현하는 감정에 더 비중을 둔다. 그리고 그 말이 지닌 경멸 적인 맛이 점점 더 강해짐에 따라 가일층 광범위하고 완만하게 일반적인 남용어로 사용된다는 것이다. 그래서 깊은 의미로서의 표현적 가치는 상실되고 마는 것이다. 이것은 모욕적인 용어가 갖는 불변률이라 할 수 있다.

그런데 사실에 있어서 '칼빈주의' 란 용어 역시 처음부터 좋은 뜻에서 사용된 것이 아니었다. 그 말은 하나의 욕으로 쓰여지던 것이었다. 마치 '그리스도인'(Chirstian)이란 말이 처음에는 박해자들의 빈정거림과 욕설로서 시작됐듯이 말이다. 로마 카톨릭 교회는 프로테스탄트를 박멸하기 위하여 갖은 수단과 방법을 동원하였다. 그 좋은 예가 헝가리 개혁교회를 들수 있다. 당시 헝가리 교회는 95%가 칼빈주의자였으나 로마 카톨릭이 성주를 앞세워 무참히 박해를 가하면서 개혁교회 성도들을 '칼빈주의' 란 비공식 명칭으로 조롱하였다.[105] 이렇게 욕설로 시작된 칼빈주의 명칭이 세월이 흐름에 따라서 어떤 신학과 신앙체계를 설명하는 용어로 굳어진 것이다. 그래서 칼빈주의라는 말은 칼빈주의자들이 원치 않았지만 카톨릭 교도들이 박해할 목적으로 썼던 오명이 굳어져서 되어진 말이다.

또 다른 한가지 실례를 들어 보면 거지떼들(Beggears)이라 불린 네델란드의 개신교도에 관한 것이다. 1555년에 스페인의 필립2세는 네델란드의 통치자가 되었다. 그는 곧 인기를 잃게 되었는데 그것은 그가 귀족들에게 폭정을 하고 프로테스탄트들을 숙청했으며 그 지방이 경제 생활의 번창에 결정적인 타격을 입힌 정책을 수행했기 때문이었다. 그 땅은 이러한 냉혹한 정치 밑에서 점차 견디어 낼 수 없는 땅이 되었고 1566년에 약 5백여 명의 귀족들은 필립의 섭정자인 파르마 공작 부인에게 정의로운 통치를 간청하기에 이르렀다. 이런 만만치 않은 요청에 파르마 공작 부인은 크게 놀랬으나 항상 그의 편에 서서 그를 지지해 온 그의 조언자이자 필립왕의 앞잡이 였던 발리몽트(Barvlaymont)가 "부인, 거지떼들을 두려워 하십니까? 궁중밖으로 내몰아야 합니다."라고 자문하였다. 그러자 브리드로도 백작이 일어나 "그들이 우리를 거지들이라 불렀는데 우리는 그 이름을 받아 들입니다. 우리는 종교재판을 항거 할 것 을 간청합니다. 그리고 왕은 진실할 것과 거지들은 바랑(Wallet)를 멜 것을 간청합니다." 하면서 그는 가죽을 된 방랑자들의 부대자루를 메었으며 나무로 된 컵에 찬술을 들어 건배하였다. 이때부터 거지떼들이라는 이름이 유행처럼 이들을 지칭하는 대명사로 사용된 것이다.[106] 거지떼라는 말은 감정이 썩인 단어요, 모욕적인 단어이다.

이와 같은 사실과 비근한 또 하나의 예는 18세기의 "감리교도"란 말의 내역에서 찾을 수 있다. 이 이름은 1730년 웨슬레가 조직한 옥스퍼드의 홀리 클럽(Holy Club)의 규칙적이고 엄격한 경건생활을 비꼬는 말로 처음

---

105) 정성구, 「칼빈주의 사상대계」(서울: 총신대학 출판부, 1998), 21.

106) Lefferts A. Loetscher, *A Brief History of the Presbyterians*, 김남식 역, 「세계장로교회사」(서울: 성광문화사, 1983), 34-5.

생겨났다. 그 후에 그 말은 웨슬레 단체의 회원들에게 전반적으로 사용되었다. 18세기 말엽까지 감리교도란 말은 비난의 오명으로서 처음에는 웨슬레와 화이트필드 그리고 그들의 추종자들에게 적용되었고 드리어는 영국 각 교파의 복음주의자들(영국 교회의 신경이나 기도문에 나타나 있는대로 개혁교리를 설교하거나 고백하는 모든자들)을 향한 통례적인 경멸조의 말로 통하게 된 것이다. 스코트는 감리교도에 대한 지신의 편견적 심리를 이렇게 표현하고 있다.

> 나도 그 파급되고 있는 감정에 합세를 했다. 최상의 멸시로 그들을 대했다. 그들에 관한 이야기를 비웃어 가면서 해댔다. 강단에서는 그들을 향하여 고집과 열심과 영적인 교만으로 가득찬 것들이라고 퍼부어 대었다. 난처한 일이 생기면 그들의 책임으로 돌려 버렸다. 그들은 하나님을 욕돌리는 자들이요, 도덕상으로는 파괴적인 자들이라는 사실을 교리적으로 증명하느라고 애를 썼다. 왜냐하면 나는 그들의 책을 도무지 읽어 보지 못했으니 말이다.[107)]

스코트는 감리교인 이라는 것이 나쁜것으로만 확신하고 있었기 때문에 그들이 실지로 믿고 있었던 것이 무엇인가를 직접으로 조사해 보고자 하는 수고마저 하지 않았던 것이다. 이러한 감리교도에 대한 편견을 갖고 있는 것처럼 '근본주의' 라는 용어도 마찬가지라는 점이다. 감리교 신자들 말 대신에 근본주의자란 말을 대치보면 오늘날에도 어떤 사람들에게는 영락 없이 들어 맞지 않을 수 없을 것이다.

바로 이렇게 근본주의에 대한 오해가 다시 말해 근본주의는 '분리주의' 로 동일시되는 곡해가 한국장로 교회 뿐만이 아닌 교파를 초월한 한국교회안에 팽배해 있는 것이다.

---

107) "진리의 힘" 연대 미상. 22f, J. I. Packer, *Foundamantalism and the Word of God*, 옥한흠 역,「근본주의와 성경의 권위」(서울: 개혁주의신행협회, 1992), 36-7.

4. 한국 장로교회가 나아갈 길

앞에서 말하듯이 한국 장로 교회는 '근본주의' 라는 악평을 자유 진영에 있는 사람들에게서 듣고 있다. 물론 그들이 고전적 근본주의와 분리주의적 근본주의 이 양자의 구분 없이 무분별하게 사용했기에 비평이 더욱더 혹독한 것은 사실이다. 그러나 그런 비평이 왜 나오게 되었는가? 좋게 표현한다면 그들의 본심에서 나온 것이다. 한국 장로 교회가 기독교 교육과 학문 및 한국 상황 속에서의 여러 불합리한 문제를 해결하고 교회의 사회에 대한 책임에 대한 강조로 나온 것이다. 둘째 이 비평들이 더욱 더 깊어지고 있다는 사실이다. 특별히 '민중신학' 혹은 '성(誠)신학' 등과 같은 토착화 운동이 활발하게 전개되면서 더욱더 그러하다. 이러한 그들의 요구에 한국 장로교회는 답변을 해줘야 한다. 그들은 지금도 한국 장로교회를 감정이 섞인 "근본주의" 용어를 사용해 장로교회를 매도하고 있다. 이런 상황에서 우리는 1960년대 이후로 나타난 한국교회에서 시작되었던 복음주의 온동에 관심을 가져야 한다.

복음주의 운동은 처음 태동할 때부터 두가지의 분명한 목적을 가지고 있었다. 근본주의자들의 신학적 전통은 계승하면서도 그들이 간과하여온 대 사회적 책임을 회복하여 기독교의 균형잡힌 성장을 추구한다는 것이었다. 처음부터 복음주의 운동을 주도했던 복음주의자들은 근본주의 운동이 본래의 의도와는 달리 분리주의와 반 지성주의로 변질되어 전통적인 복음주의 신앙에서 이탈하자 우려하지 않을 수 없었던 것이다.[108] 즉 복음주의 운동은 변질되기 전의 근본주의의 전통을 잇는 운동이라는 것이다. 로버트 웨버는 이 부분에 대해 이렇게 고찰하고 있다.

> 20세기 복음주의가 성장하게 된 모체는 20세기 초엽 30여년 간에 있었던 미국내에서의 근본주의자와 자유주의 사이의 논쟁이었다. 성경적 기

108) 박용규,「한국교회를 깨운 복음주의 운동」, 43.

제네바의 종교개혁 기념상
(좌로부터 파렐, 칼빈, 베자, 낙스)

독교의 확실성에 대한 부정이 점증하게 되자. 어떤 개신교 사람들이 과거에서 처럼 재 결합하여 그들이 믿는 바가 원초적인 복음이라는 사실을 확인하였다.109)

웨버에 의하면 그는 복음주의를 근본주의에서 찾았고 이 근본주의는 다시 원초적인 믿음의 근거로 한 것이라 말하고 있다. 김영한 교수 역사 같은 맥락에서 이 노선을 따르고 있다.

이러한 상황에서 1940년대로부터 온건한 근본주의자들은 전통적인 용어인 '복음주의'로 돌아가게 되었다. 후기 근본주의의 분파적이고 배타

109) Robert Webber, *Common Roots*, 홍성국 역, 「복음주의란 무엇인가?」(서울: 생명의 말씀사, 1981), 33.

빌리 그래함
(Billy Graham, 1918-)

적인 기질을 거부하면서 전통적인 복음주의 신앙을 재 천명하고 복음화의 작업과 아울러 복음주의적 연합을 강조하는 운동이 형성되었다.[110)]

김영한 교수는 배타적이고 분파적인 후기 근본주의와 1920년대의 근본주의 원형과 구분하면서 복음주의는 전통적인 복음주의 즉 근본주의의 원형으로 돌아간 운동이라고 설명하고 있는 것이다. 한국교회에서도 이러한 복음주의 운동이 일어나게 된 것이다. 즉 극단적인 좌익에 흐르는 기독교의 토착화 운동에 우려를 나타내면서 다른 한편으로 지나친 패쇄주의로 흐르는 한국 보수주의를 염려하기 시작했던 것이다. 그래서 한국의 보수주의가 지나치게 분리주의, 반지성주의, 패쇄주의로 흐르고 있음을 염려하면서 신학적 보수주의를 계승하면서도 그리스도인의 사회적 문화적인 책임을 완수하려는 공동체 형성을 추구한 것이다. 그래서 이 복음주의 운동을 선도하는 복음주의자들은 신앙을 교회라는 울타리 속에만 가두어 두거나 하나님의 임재를 교회에만 가두어 두려고 하지 않았다.[111)] 미국의 복음주의 자들처럼 한국의 복음주의자들과 사회와 문화에 대해 무조건 비판적이고 부정적인 입장을 취하지 안했던 것이다.

이러한 복음주의 운동에 불을 지펴준 것이 초교파 선교단체 빌리 그레이엄 전도집회였고, 체계화 시켜 준 것이 한국복음주의 신학회와 한국 복음주의협의회였다. 한국 대학생 선교회(CCC)와 기독학생회(IVF), 네비게이토와 같은 학생 선교 단체는 복음주의 운동을 젊은이들에게 확대시켰으며 특히 CCC는 1974년 '엑스폴로 74' 를 개최하여 복음주의가 한국 기

110) 김영한 "21세기 복음주의 신학의 전망," 「성경과 신학」 제21권(서울: 도서출판 횃불, 1997), 374.
111) 박용규, 「한국교회를 깨운 복음주의 운동」, 94, 208.

독교의 주도 세력으로 부상하게 만들었다. 물론 이 대회의 성공 이면에는 1973년 서울 전도 대회를 행한 빌리 그래함이 있었다. 이미 미국에서 전도운동을 일으켜서 복음주의 운동을 전국화 시켰던 빌리 그래함이 한국에서도 복음주의 운동이 불붙게 만들었다. 또한 1947년에 풀러신학교를 설립했던 것 처럼, 한국에서도 1974년에 아세아 연합신학대학원을 설립하여 아시아에 복음주의 운동을 확대시키는데 기여하였다. 그리고 1970년에 들어 서면서 복음주의 신앙을 표방하는 출판사들이 생겼는데 생명의 말씀사, 두란노 서원, 엠마오, 기독교 문서 선교회, 크리스찬 다이제스트 등의 출판사들이 생겼는데 이들은 복음주의 서적을 출판하여 국내에 보급하였다. 1972년에 조직 되었다가 1981년 재 조직된 한국 복음주의 신학회는 미국의 복음주의자들처럼 기독교의 근본적인 교리를 지킬 뿐만 아니라 사회에 대한 책임도 강조하였다.[112] 이들의 노력으로 오늘날 복음주의가 한국 기독교의 주도권을 장악하게 되었다. 어디에서 그렇듯이 한국 복음주의 내에도 여러 가지 문제들이 없지는 않지만 전체적으로 볼 때 한국 복음주의의 미래는 매우 밝다고 할 수 있다. 첫째는 전 세계적으로 근본주의나 WCC보다는 복음주의가 주도적인 힘을 가지고 있고, 둘째는 역사적으로 볼 때 복음주의 운동은 초대교회에서부터 오늘날까지 생명력을 유지하고 있으며, 셋째로 한국에서도 복음주의가 근본주의와 토착화운동을 극복하고 주류를 형성하고 있기 때문이다.[113] 따라서 21세기에 한국 교회가 나아갈 방향이 복음주의라는 믿음을 가져야 할 것이다.

그러나 한가지 짚고 넘어 갈 것은 한국 장로교회의 신학을 복음주의 신학으로 지향해 가야 하는 문제이다. 한국 장로교회는 개혁주의 신학을 표방한다. 개혁주의는 일정한 신학적 체계를 가리킨다. 반면에 복음주의란 신학적 체계 라기보다는 신학적인 운동, 신학적인 성향을 가리키는 말이다. 그러므로 복음주의는 너무 폭이 넓고 다양하기 때문에 복음주의 안에

---

112) *Ibid.*, 96-100.
113) *Ibid.*, 347-8.

칼 헨리
(Carl Henry, 1913-2003)

서 개혁주의 신학의 내용을 희석시킬 수 있는 요소들이 존재한다. 그러므로 한국 장로교회는 개혁주의 신학의 특성을 잃지 않으면서도 현대 기독교의 주도적인 운동으로 자리잡아 가는 복음주의 운동에 동참할 수 있는 방안을 적극적으로 모색해야 한다. 특히 진보주의 그룹에서 비판하는 "한국 장로교 신학이 근본주의" 일색이었다는 평가를 제거하기 위해서는 개혁주의 신학 정립이 대단히 중요하다. 이를 위해서는 첫째 개혁주의적인 삶의 체계, 곧 개혁주의적인 세계관을 확립하고 그것이 일상의 삶속에 드러 나도록 해야한다. 개혁주의는 교회를 위한 신학인 동시에 개인의 삶을 위한 지도적 체계이다. 한국에서 개혁주의를 말하는 장로교회는 개혁주의적인 삶의 추구에 무관심했다. 이것을 위해서는 개혁주의 세계관, 인생관에 대한 이해가 선행되어야 하는 데 그것은 신학 교육의 질적 성숙을 반드시 요청하게 된다.

칼 헨리(Carl Henry)는 "미국의 근본주의가 그 자체의 정체성에 빠져서 더 이상 학문적 발전을 못하게 되었으므로 신 정통주의가 20세기 신학의 주도권을 잡게 되었고 근본주의는 현대 신학의 주류에서 소외되었다[114]고 지적했다. 이와 같은 지적이 한국 장로교회에 나타나지 않기 위해서는 개혁주의 사고에 기초한 신학교육의 향상이 요구되며 이런 개혁주의 사상을 가진 훌륭한 지도자들이 많이 배출되어야 한다. 그리고 여기에 한가지가 꼭 첨가 될 것이 있는데 '청교도적 경건' 이다. 독일에서 유학하는 프린스톤 신학교 교수인 찰스 핫지에게 교장인 알렉산더가 보낸 편지를 보면,

114) Carl Henry "Dare we renero the Controversy," *Christianity Today*, June, 1951, 김영한, 「현대신학의 전망」(서울: 대한기독교서회, 1982), 304에서 재인용.

> 바라건대 땅의 친구와는 떨어져 있는 동안 하늘과 계속 교통을 유지하는데 유의하시기 바랍니다. 당신은 독한 공개를 마시고 있음을 명심하십시오. 만약 당신이 생생하고 깊은 인상의 심적 진리를 망각하고 또 회의주의와 냉담으로 같아진다면 독일의 교수와 도서관에서 얻는 것보다 잃는 것이 더 많은 것입니다.[115]

위 내용을 보면 알렉산더는 찰스 핫지에게 신학의 정통성만큼이나 경건을 강조하고 있음을 알 수 있다. 우리의 모습도 이런 방향으로 진행 되어야 한다.

둘째 오늘의 현실에 문화적 소명을 가져야 한다. 이상근 박사는,

> 한국 교회는 사회를 뒤따라 살지도 않고 사회와 함께 하지도 않는다" 한국 교회는 사회에서 무슨 일이 벌어지든 상관하지도 않고 자신의 갈 길만 간다. 한국 교회는 따로 혼자 서 있으며 사회와는 전혀 상관하지도 않으며 사회를 위해서는 아무 것도 하지 않는다.[116]

라고 평한 적이 있다. 이와 같은 이상근 박사의 평은 한국 보수교단이 사회적 상황에 대한 무관심을 잘 표명한 말이다. 한국 보수주의는 신학체계나 그 내용 면에 있어서 가장 우수한 신학을 소유하고 있으면서도 시대 변화에 대해 너무나 둔한 것이 큰 탈이다. 이런 까닭에 한국의 개혁주의는 반지성적 근본주의로 오인되었고 그 사고로부터 탈피하지 못했다. 이것은 개인의 회개와 구원에만 관심을 둔 경건주의나 복음주의의 영향 일 수 있다. 그러나 하나님의 우주적인 주권과 통치는 사회와 문화에 대한 관심을 배제하지 않는다. 이러한 기독교의 사회증거의 책임에 대한 무관심으로 그 책임은 사회 복음 전달자들(자유주의 진영)에게 넘어 가 버린 것이 한국 장로교회의 실정이었다. 메이첸 역시 가장 개탄했던 근본주의 양

---

115) 전호진, 「오늘의 한국교회 무엇이 문제인가?」, 78.
116) 이상근, “합동의 윤리”「장로교 신앙」 No. 3 (대구신학교: 1961, 6), 10.

상들 가운데 문화면에 도외시했던 점을 생각해 봐야 한다. 그러므로 한국 장로교회는 지역 사회 및 한국이라는 국가 내에서의 기독교 문화 창달의 주역이 되어야 하며 전 국민의 복음화를 위해서 힘쓰고 전도해야 할 것이다. 이와 같은 귀한 사명을 이루기 위해서는 개혁주의 신학에 입각한 말씀운동, 뜨거운 기도운동, 충만한 성령운동 등이 시급하게 요청된다.

셋째로 교회 정치의 개혁이 이루어 져야 한다. 한국 장로교회, 특히 개혁주의를 말하는 교회에서 가장 개혁적이지 못한 한가지가 교회정치이다. 교회정치의 개혁이란 비 개혁주의 적인 정치적 관행과 그 요소를 개혁하는 것을 의미한다. 한국장로교회내에 나타난 계급구조, 교회 제도의 계급화는 불식되어야 할 비 개혁적인 요소이다. 만약 오늘의 한국 장로교회의 계급적 구조를 개선하지 않는다면 로마교회와같이 계급구조화가 되기 쉽고, 이미 그런 현상이 심화되고 있다. 이런 까닭에 개혁주의 신학에 대한 바른 이해와 함께 개혁주의적 실천은 우리 시대의 시급한 과제가 아닐 수 없는 것이다.

평양 신학교 전경

제 6 장

나가는 말

제6장 나가는 말

지금까지 개혁주의 신학의 입장에서 미국 장로교회와 한국 장로교회의 신학 사상의 흐름을 역사적 맥락에서 검토해 보았다. 특히 미국 장로교회 역사에서 표현되었던 '근본주의 신학,' 이것을 한국 장로교회 신학과 어떤 연관성이 있는지도 살펴보았다. 그 근간은 바로 '오직 성경(*Sola Scriptura*)' 이란 개혁주의 신학의 깃발을 천명하는 것이었다. 그러나 자유주의 진영에 서 있는 제임스 바(James Barr)는 근본주의의 두드러진 특징에 대하여 (a) 성서 안에는 어떠한 오류도 있을 수 없다는 성서의 무오성에 대한 특별한 강조, (b) 현대 신학이나 방법론 및 비판적 성서 연구의 결과나 해석에 대한 반발, (C) 자신들의 종교적 견해와 일치 될 수 없는 자들을 모드 " 진정한 기독교인"이 아니라는 확신 등[1])을 들었다. 그러면서 그는 자신의 저작물 「근본주의(*Fundamentalism*)」에서 근본주의는 '극도로 자신을 올가미로 둘러싸는 이념'으로 결국 이것은 '부정적 반지성주의'로 갈 수 밖에 없다는 결론을 내리고 있다.[2]) 제임스 바와 같이 자유주의 진영에 있는 학자들은 근본주의를 다음과 같이 평가하고 있다.

---

1) James Barr, *Fundamentalism*, 장일선 역, 「근본주의 신학」(서울: 대한기독교출판사, 1984), 7-8.

2) *Ibid.*, 351-7를 참조하라.

> 근본주의란 19세기의 성경 영감설('축자영감설' 을 의미한다-필자 註)를 회의하는 자들에 대한 반항적 운동이다. 이 운동의 양대 산맥에는 프린스톤 신학교를 중심한 구학파 칼빈주의자들이 있고 세대주의자들로 구성된다.[3)]

이러한 평가를 내린 자유주의자들의 내면을 살펴보면 첫째로, 전통적으로 강조해 오고 있는 개혁자들의 오류 없는 성경의 영감과 권위를 강조하고 있는 축자영감설을 은근히 부정하고 있다는 점이다. 이러한 평가의 기준은 그들이 선호하는 '자유주의적 성경 고등비평' 이다.

그러나 스톤하우스(Ned B. Stonehouse)는 이러한 현대주의자들의 주장을 반박하며 다음과 같이 언급하고 있다.

> 근본주의자들은 우주의 창조주이자 통치자로서의 하나님의 주권, 성경의 무오류성, 그리스도의 신성과 그의 성육신의 실재, 구원의 초자연론, 장차 임할 종말의 확실성 등의 교리들을 강조하고 있었던 만큼, 그들을 진심으로 유서 깊은 기독교를 옹호하고 있었다. 이런 의미에서 근본주의 對 현대주의자의 논쟁은 해묵의 투쟁의 한 양상에 불과했다. 그것은 기독교와 이교 사상과 통합을 위한 노력들 이 양자 간의 대립에 뿌리를 두고 있었는데.... 좀 더 가까운 배경은 종교개혁의 하나님 중심사상과 삶과 역사에 관한 인간 중심적 사고와의 갈등에 있다. 이러한 인간 중심적 사고는 18세기 소위 계몽주의 운동에서 두드러졌다. 그러나 교회에 끼친 직접적인 영향은... 장로교회에서 구학파와 신학파의 연합, 스윙재판(the Swing Trial: 패튼이 기소자였음), 총회와 결별을 초래한 유니온 신학교 사태의 진전, 웨스트민스터 신앙고백에 대한 개정운동, 마지막으로 교회 연합운동에서 두드러지게 나타났다.[4)]

---

3) *The Westminster Dictionary of Church History*(Philadelphia: the Westminster Press, 1971), 348.

4) Ned B. Stonehouse, *J. Gresham Machen: A Biographical Memoir*(South Holland, Illinois U. S. A.: Park Press 1978), 336.

계속해서 스톤하우스는 그가 쓴 메이첸의 자서전에서 메이첸의 입장을 다음과 같이 설명하였다.

> 그들이 부인하고 있었던 바로 그 유서 깊은 기독교에 제도적으로 헌신하는 교회 내에 자유주의가 현존하고 있다는 것이었다. 교회 임원들은 성경을 하나님의 말씀이며 신앙과 행위에 절대 무오한 유일한 법칙이라고 믿는 다는 것을, 그리고 웨스트민스터 신앙고백을 성경에서 가르치고 있는 교리 체계를 담고 있는 것으로 받아들이고 채택한다는 것을 확언하는 충실(엄격)한 서약을 했지만 이런 입장들과 일치하지 않는 견해들을 전파하는 자유를 요구하기 시작했다.[5]

결국 스톤하우스가 보여주고 메이첸이 강조하고자 했던 것은 자유주의를 대항하여 근본주의자들이 지키고자 했던 것, 그것은 바로 개혁주의 성경관이었던 것이다.

둘째로, 진보주의자들은 근본주의 운동에 참여하였던 세대주의자들을 언급하면서 '문자주의' 를 고집하는 신학의 깊이가 없는 '반 지성적 운동' 으로 근본주의를 평가하고 있다. 근본주의 운동에 세대주의자들의 참여 한 것은 사실이다. 그러나 주목해야 할 점은 '세대주의자들이 왜 근본주의 운동에 열정적으로 참가하였는가?'에 있다.

마스덴은 이에 대한 답변을 다음과 같이 언급하고 있다.

> 세대주의 그 자체가 놀라운 만큼 반 현대주의적이었다. 여러 가지 관점에서 세대주의는 현대주의의 반사체였다. 현대주의는 현대문화에 대하여 낙관적이었으나 세대주의는 비관적이었다. 더 중요한 것으로는 두 운동이 모두 성경과 역사와의 관계에 대한 해석을 중심으로 전개 되었다는 점이다. 현대주의는 인간 역사라는 렌즈를 통하여 성경을 해석했으나, 세대주의자들은 오직 성경이라는 렌즈를 통해서만 역사를 해석했다.

---

5) *Ibid.*, 337.

> 현대가 사회적 힘을 종교로 이해하는데 중요한 요소로 보면서 자연주의적인 요소를 강조한 바로 그 지점에서, 세대주의자들은 초자연인 것을 강조하면서 하나님의 간섭을 역사적 변화를 해명하는 현대의 문제에 대한 직접적인 해결책으로 보았다.[6)]

세대주의자들은 예언의 문자적 해석을 강조하는 그룹이었다. 하지만 이들의 신학의 중심에는 현대주의를 배격하는 '오직 성경'이 자리 잡고 있었다. 이런 연유로 그들은 성경의 무 오류성을 진정한 신앙의 시금석으로 삼았던 것이다. 이것이 세대주의자들이 근본주의 운동에 참가한 이유였다.

그런데 한국 교회 내에 진보주의 신학자들은 한국 장로교회에서 보수주의 신학을 고취하고 있는 그룹들에게 "문자주의자" 들 "반지성적 근본주의자들"로 몰아 부치고 있다. 이것은 근본주의에 대한 세밀한 고찰의 부족함에 나오게 된 것이다. 이런 까닭에 그들은 '고전적 근본주의' 와 '분리주의적 근본주의' 의 구분 없이 무분별한 비판을 하고 있는 것이다.

그러므로 이제 본서 서두에서 소개하였던 '한국 장로교회가 반지성적이며 몰지각한 근본주의 신학이다' 라고 독설하고 있는 진보주의 신학자들의 평가가 왜 잘못 되었는가를 진단해야 한다. 초기 선교사들의 신학과 1930년대 이후의 한국 보수주의 신학자들 사이에는 단절이 있는 것이 결단코 아니다. 근본신앙을 지킨다는 의미에서, 즉 성경에 나타난 개혁주의 교리들을 고수한다는 의미에서 초기 선교사들과 한국 신학자들의 신학은 동일하였던 것이다. 사실 근본주의라는 용어는 듣기 좋은 말은 아니다. 거기에는 강한 감정적 색채가 섞여 있기 때문이요, 그 용어는 복음주의 보

---

6) George M. Marsden, *Understanding Fundamentalism and Evangelicalism*, 홍치모 역, 「미국의 근본주의와 복음주의 이해」(서울: 성광문화사, 1992), 57. 1990년대에 들어와 세대주의 안에 새로운 사고를 하는 학자들이 일어나고 있다. 미국 달라스 신학교를 중심으로 점진적 세대주의를 주창하는 새로운 세대의 대표자들은 크레이그 블레이징(Craig A. Blasing)와 대럴 박(Darrell L. Bock)을 들 수 있다. 자세한 것은 다음을 참조하라: Craig A. Blasing & Darrell L. Bock, *Progressive Dispensationalism*, 곽철호 옮김, 「하나님 나라와 언약」(서울: 기독교문서선교회, 2005).

다 좀 못한 느낌을 주고 그 말속에는 확실히 편견적이요, 모호하고 감정적인 근대적 감각을 지녔기 때문이다. 그래서 진보주의 학자들은 이 용어를 보수주의자들에게 사용하기를 주저하지 않는 것처럼 보인다. 메이첸 역시 그의 건전한 기독교적 주지주의 학구적 변증을 위한 그의 주장 때문에 자신이 근본주의자라고 불리는 것을 좋아하지 않았다.[7] 우리들 모두 한국 장로교 신학을 이러한 감정이 섞인 용어로 표현하는 것을 원치 않는다. 그러나 근본주의가 오해되어 현 실정에서 우리는 이 용어를 분명히 정의해야 한다. 왜 한국 장로교 신학을 근본주의의 범주에 넣을 수 있는가? 왜냐하면 보수주의와 자유주의를 구분 짓는 근본적인 문제 즉 기독교의 근간인 성경을 대하는 태도에서 이를 찾아 볼 수 있다. 이것은 미국 장로교회의 구학파의 전통, 다시 말해 구 프린스톤에서 강조했던 성경의 전통을 한국 장로교회는 이어가고 있다는 것이다. 결국 성경에 대한 입장이 보수적이냐, 아니면 관용적(혹은 비평적)이냐에 따라 두 개의 신학사상(근본주의와 현대주의) 으로 갈리게 된다.

살펴본 바 와 같이 미국 장로교회 역사에서 표현된 근본주의 운동과 그 신학은 한국장로교회에 큰 영향을 미쳤다. 특히 보수주의 진영에 있는 청교도적 개혁신학을 고수하는 사람들에게 성경을 사수하는데 결정적인 역할을 미쳤던 것이다.

우리는 구학파의 전통을 이어 받는 다는 면에 있어서 그리고 성경에 나타난 5개의 근본교리를 신봉한다는 의미에서 우리는 고전적 근본주의자(Classic Fundamentalist, the Old School Calvinist)이다. 그러나 꼭 기억할 점은 이유 없는 분열만 내세우는 신 근본주의자(Neo Fundamentalist)가 되어서는 안 된다. 전통적인 기독교 신앙의 기본적 진리들을 굳게 믿으며 지키고 있다는 점에서는 한국 장로교 신학은 얼마든지 '고전적 근본주의' 라고 불리기를 즐겨 해야 한다. 그러나 우리는 변화하는 세계 속에서 과거의 특정시대와 문화에 의해 형성된, 성경을 거부하는 방법론과 지성

---

7) Ned B. Stonehouse, *J. Gresham Machen: A Biographical Memoir*, 338.

(Mentality)들(ex, 19세기 독일신학)을 있는 그대로 답습하는 폐쇄주의적 입장은 거절해야만 한다. 이것은 장로교 근본주의는 오켕가(Ockenga)가 지적하듯 "하나의 부정적 사고 방식"[8]으로 변질되어서는 안 된다는 것을 의미한다.

우리는 초기 한국 교회의 선교사들의 고전적이고 건전한 근본주의 후예들임에는 자부심을 느껴도 좋을 것이다. 그러나 진리 안에 안에서의 창조적 노력을 애써 회피하는 소극적인 신 근본주의자로 우리를 변질시켜서는 안되는 것이다. 이런 점에서 우리는 우리의 신학적 입장인 '풍요한 개혁주의 신학' 으로 더욱더 발전시키기 위해서 성경적으로 쇄신해 가는 개혁의 과정 속에 늘 있어야 한다.

결론적으로 간하배 교수(Harvie M. Conn)의 말을 빌리자면 미국 장로교 근본주의 싸움 결과와는 다르게 한국의 근본주의는 전체적으로 볼 때 훨씬 더 확고히 성경 말씀을 사수하고자 싸워 왔다고 하겠다.[9]

---

8) Herold Ockenga, *Can Fundamentalism win American Christian Life & Times*, Vol. No 6, 3-5; 김영한, 「현대 신학의 전망」, 304에서 재인용.

9) 간하배, 「한국 장로교 신학 사상」, 199.

Theological Reflections
on
Presbyterian Church History

부 록

신앙고백서의 개정

칼빈이 목회한 성 피에르 교회당 내부(스위스 제네바 소재)

부록 : 신앙 고백서의 개정

프란시스 랜디 패튼(Francis Landey Patton)
<프린스톤 대학 총장>

<1889년 12월 2일 뉴욕 장로교 연합회(The Presbyterian Social Union)에서 한 연설문>

장로교회는 교리와 정치라는 두 개의 기초 위에 조직된다. 두 가지 모두 장로교회의 정체성을 보존하는데 필수 요소이긴 하지만 이 둘 중 교리는 더욱 중요하다. 우리는 우리의 정치 형태가 하나님의 말씀에 부합해야함을 고수하고 있기에 고위 성직자 제를 불허한다. 하지만 우리의 정치가 아주 사소한 부분에 이르기까지 하나님의 주권(jure divino)에 따라야 한다고 고집할 필요는 없다. 우리 누구나 공감하듯이 조직은 가시적 교회의 본질이 아니기 때문이다. 그랬다면 웨스트민스터의 신학자들이 교리보다 정치에 더 치중했을 것이다. 그러나 그렇지 않았다. 만일 그들이 그렇게 했더라면 그것은 잘못이다. 장로교회는 현명하기에 그것이 동조하지 않았을 것이다. 장로교회를 정통 보수주의라고 하는 것은 그 교리적인 신조 때문이다. 사실에 있어서 정치헌장(Form of Government)은 반복 수정되어 왔고, 권리장정(Book of Discipline)은 다시 써져왔으며, 혼인 성사 같은 것이 옳지 않다고 밝혀주는, 신앙 고백서(Confession of Faith)도 1788년에 그것이 채택된 이래 개정에 개정을 거듭하고 있다.

오랫동안 신성하게 사용하던 교회의 공인된 체계들을 바꾸는 것은 신중을 기해야할 일이다. 그것이 개교단의 교리적인 표준으로 자리를 잡아 영구화하기로 합일 돼야 할 경우 그 체계의 변경은 각별히 유의해야만 한다. 그런 변화를 숙고함에 있어서 상당한 관심을 가지고, 그 설득하는 과정과 교단의 정서를 고려해야 한다. 그리하여 헌법에 부합하는 규정들을 절대적으로 평화롭고도 누가되지 않는 상태에서 승낙해야 한다. 이백 여 년 동안 영국과 미국의 그리스도인들의 몸이, 그 어떤 위해도 받지 않고, 신학 공부와 설교 강단에서, 영적인 생활과 열성적인 헌신에서, 그 영웅적인 노력과 거룩한 섬김에서 꾸준히 하나의 불변하는 신조로 믿고서 사용하던 것이 바로 웨스트민스터 신학자들의 신학이다. 그렇지만, 그것의 개정에 대한 요구로 다툼이 일어난 상황에서, 그 소송의 결과 엄청난 피해가 따를 것이 우려된다. 그 개정 운동을 우려만 하고 있다고 해서 위기가 말끔히 사라질 것인가? 이미 착수된 일에 대한 그 심각성을 예견하고 적합한 평가와 더불어 경고를 해야만 하지 않겠는가? 나는 추호도 의심치 않는다.

1. 무엇보다도 먼저, 개정이 효과가 있을 것이란 의견에 대하여 교단 내에 그 어떤 공식적인 동의도 없었다. 의심할 여지없이 법적인 구속력을 가지는 의안이 되기 위해서는 총대 3분의 2의 동의를 얻어야만 한다. 그러나 몇 몇 사람들이 '정치 형태' (Form of Government) 제 2장 6조의 규칙을 적용하여 총대들의 다수결에 의한 동의만 득하면 신앙 고백서를 얼마든지 개정할 수 있다고 고집하고 있다. 총회는 헌법 개정의 의안에 대하여 연구하도록 위원회를 임명하였다. 개정 작업에 들어가기에 앞서 그런 위원회의 보고를 청취하는 것은 교회를 위하여 잘된 일이다.

2. 게다가 총회의 합법적인 권위에 관련한 이견이 교단 내에 존재한다. 몇몇 사람이 총회가 가지는 법 제정권을 행사하는데 있어서, 법을 승인하는데 필요한 총대들의 정족수를 의제로 내 놓았다. 또 다른 이들은 총회는 총대들의 표를 집계하여 그 결과를 발표하는 기능만 할 뿐, 헌법의 개정을 관장할 수는 없다고 제기하였다.

이런 이견들이 교단 내부에서 표출되고 있는 상황에서 표준문서들을 개정한다면 심각한 문제가 생길 수밖에 없다는 것은 거의 의심할 나위가 없다. 그러므로 총회의 합법적인 권위에 대하여 원만한 이해에 이를 때까지 개정 작업을 뒤로 미루는 것이 좋을 듯하다. 총회의 헌법적 절차에 관련하여 야기되는 모든 문제들을 처리하는데 있어서, 월너트 스트리트 교회의 사례에서처럼, 몇몇이 신속하고 쉬운 결정을 보겠다며 미합중국 대법원에 소원을 제기했던 것 같은 방법은 안전하지가 않다.

3. 교리채택안(Adopting Act)에 분명하게 명시되어 있듯이 신앙 고백서에 유효한 수정을 가하려면 반드시 총대 3분의 2의 동의에 의해 그 안건이 총회에서 통과되어야 한다. 그러므로 규칙들을 개정하자는 운동을 총회 산하 노회가 주도할 수는 없다. 그런데 '정치형태' (Form of Government) 제 2장 6조에 의거하면 총회가 헌법 개정을 제안할 권한을 가지고 있는데, 그렇다면 총대들에게 제출하기에 앞서 총회가 그 개정안들에 대한 상세한 진술을 받고, 충분히 논의하는 것이 가장 중요한 급선무이다. 그런데도 지난 총회에서는 그 건의안들을 소수 의견이라며 기각시켰고 논의조차 하지 않았다. 미결상태가 되어버린 그런 건의안들은 교단의 내분을 조장할 뿐 아니라, 차기 총회에서 총대들에게 기필코 제출하기 위해 편법적 안전책을 강구하게 할 것임이 자명하다. 신학적으로 불안한 이 시기에 제 2의 헌의 사태를 촉발시켜, 교의신학 전반에 걸친 분분한 논의를 교단 내부로 끌어들이는 것은 총회를 위해서 옳지 않은 일이다. 총회가 가지고 있는 권한들에 대해서 모든 이가 공감할 수 있도록 딱히 뭐라고 유권해석을 내리기는 곤란하다. 하지만 총회란 "모든 지교회들의 연합, 화평, 조화, 그리고 상호 신뢰의 합일"을 이룰 수 있도록, 교단 전체가 동의하는 교리적인 신조를 가지도록 촉진하기 위해 존재하는 것이다. 그 건의안들에 대하여 반대표를 던지는데 다른 이유를 댈 필요조차 없다. 이것만으로도 충분할 터이다.

개정에 대한 안건은 반드시 조목조목 다루어져야만 한다. 나는 이들 헌법적 문제들에 대하여 일단 그 서두만이라도 언급하고자 한다. 신앙 고백서는 오류가 있는 사람들에 의해서 작성되었기 때문에 틀릴 수 있다. 부

적절한 표현, 서술의 결함과 과도함, 잘못된 강조 등 굳이 흠을 잡자면 얼마든지 있다. 그것은 격렬한 논쟁 하에 작성되었고, 그 당시에 당면한 긴급한 신학적 문제에 대처하기 위해 기안된 것이었다. 따라서 거기에는 강점과 약점이 존재한다. 그것의 강점은 뜨겁게 달궈진 신학적 논쟁 속에서 그 교리적 진술들이 작성된 것이기 때문에, 교회가 오류에 대하여 논쟁할 때 해당 용어들에 대하여 제대로 정의할 수 있게 해준다는 것이다. 그것의 약점은 세대 차이에 따른 변화로 인한 것인데, 특정 시대에 거론되었던 신학적 논쟁의 화두가 후 세대에 와서는 별로 중요한 것이 되지 못한다는 것이다. 신앙에 대한 어떤 고백은 세월이 지남에 따라 그것이 차지하는 비중과 관심이 약화되기도 한다. 각 세대별로 맞게 되는 문제들이 다르기에 과거에는 매우 중요한 주제였지만 이제는 아닐 수 있다.

고백서가 개선될 수 있다는 점을 부인하는 것이 아니다. 어떤 시대에는 교황이 대단한 관심사였지만, 근대에 들어서는 헤겔이나 슐라이어마허가 기독교 교리 논쟁의 화두이다. 증거하시는 성령님에 관한 교리가, 성경의 영감성에 대하여 토를 달고 있는 합리주의적 주관론을 정당화 하거나 이를 장려하기 위해 정립된 것은 아니라고 일침을 가할 수 있는 기제가 있어야 한다. 로마 가톨릭이 칭의에 대한 교리를 도덕 감화설로 대치한 것에 대하여, 그렇게 하는 것은 참으로 잘못된 것이라고 꼬집을 수 있어야 한다. 신(新)로마주의가 내세론을 말하면서 신자가 죽었을 때, 불완전한 성화 상태일 경우 그가 들어갈 적절한 장소가 있다는 식으로 연옥설을 수정한 것을 지적할 수도 있어야 한다. 이런 역할을 하는 고백서를 개정한다면서, 이들 중요 교리에 손을 대게 해서는 안 된다. 제기되고 있는 의견들의 위험성, 기존에 정착된 것들에 대한 파손 정도, 애초에 그렇게 할 수밖에 없었던 당위성, 우리의 의도보다는 그것으로 인해 초래될 여파 등을 고려해 봤을 때, "기존 틀을 유지하라"(Quieta non movere)는 옛말대로 하는 것이 최선이다.

지금 우리의 현실에는 새로운 신경이나 옛것에 대한 개정이 요구되는 그 어떠한 상황도 존재하지 않는다. 우리는 현재 신학적으로 불안한 시기를 통과하며 살고 있다. 지금은 무슨 획기적인 저술이나 사건 발생이 필요한 때가 아니다. 무슨 교리적인 위기가 닥쳐서 신학을 재정립하고 새로운 정의를 내려야 할 정도도 아니다. 그와는 반대로 교의신학을 그대로 두어야 할 때이다. 우리 측에 속한 사람들이 고백서에 기재된 기존의 내용들을 자유롭게 활용할 수 있도록, 좀 더 간결하고, 좀 더 논리적으로 다듬어서 누구나 고백서를 제대로 숙지할 수 있도록 도모하는 그 같은 일을 부정하는 것이 아니다. 그 고백서 안에 지나 온 200년간의 역사가 담겨져 있지는 않다. 그 고백서에는 미국인이 얻은 시민의 자유와 신앙의 자유에 대하여 길이 기념할만한 어떤 만족스런 이야기가 담긴 것도 아니다. 하지만 그 고백서가 작성되어야 했던 이유를 생각해 보라. 그 고백서가 어떻게 이 미국 땅까지 들어오게 되었는지 생각해 보라. 다시 반복되어 봤자 그리 좋을 것이 없는, 프로테스탄트의 종교 개혁, 영국의 장기의회(1640~60), 청교도들의 미국 이주를 상기해 보라.

이것들이 개정을 반대하는 가장 우선적인 이유들이다. 신앙 고백서란 규범화된 어떤 의식서도 아니고 신앙 모범서로 의도된 것도 아니란 사실에서 더욱 그러하다. 그것은 사람들에게 강요할 성질의 것이 아니다. 그것은 교회의 목사들과 장로들이 자기들의 신앙에 대한 고백으로 수용하고 채택한 것이다. 개정에 반대하는 이러한 추론들은 '고백서' 라는 용어 그 자체만 놓고 보더라도 더욱 설득력이 있다. 고백서란 무슨 선언문에서처럼, 그것의 일부를 개정하려면 상당한 양심적 중압감을 져야 하는 그야말로 '글자 그대로 고수하기' (in ipsissimis verbis) 위해서 받아들여진 것도 아니다. 그것이 받아들여지고 채택된 것은 그것이 하나님의 말씀에서 가르치는 교리의 체계를 그대로 담고 있기 때문이다. 이를 조금도 오해할 필요 없다. 고백서가 교리를 체계적으로 가르친다는 점을 의심할 사람은 하나도 없다. 누구나 그 교리적 체계가 무엇인지 알고 있다. 안수식에서 서약을 할 때, 신앙 고백서를 받아들이도록 하는 것은 칼빈주의적인 체계가 하나님의 말씀에서 가르치고 있는 바라는 것을 인정케 하려는 것이다. 고백서를 받도록 하는 것은 모든 그리스도인들에게 통용되는 교리들에 단순히 동의하게 하려는 것도 아니고, 칼빈주의적인 교리의 위상이 다른 것들에 비해 우월하다는 것을 받아들이도록 하려는 것도 아니다. 신앙 고백서를 인정하고 있다는 것을 보여줌으로써 교회가 수행하는 일반적인 사역, 재연합을 위한 협안들, 총회의 결정들, 그리고 공인된 신조가 (1) 칼빈주의적 체계를 따르고 있다는 것과 (2) 그런 체계 안에 머무는 것은 신앙의 자유에 따른 것임을 암시하는 것이다. 이러한 신앙 고백서에서 일탈하려는 조짐이 있다는 것은 의심할 나위 없다. 아직은 준비 단계에 지나지 않아 보이지만 이것이 교단 내에 확산되면 결국 교회 법정에서 벗어나 세상 법정에 그 결정을 의뢰하는 사태로 번질 것이다. 역사 속에서 배울 수 있는 교훈은 교회가 문제에 휘말리게 되었을 때, 교의 신학자들이 교회가 어떻게 생각해야 마땅한지 말해 주었다는 것이다. 총회는 단지 상소 사건에 대한 사법적 심리를 하여 확정해 주고, 이를 차후 법률적 구조(救助)가 필요한 사건들 처리에 있어서 선례 구속의 원칙(stare decisis)에 따라 적용할 수 있게 해주는 것이기에, 그저 일탈을 도모하는 자들이 있다는 것을 규정해 줄 수 있을 뿐이다.

개정을 반대하는 이런 추정들이 있음에도 불구하고, 고백서의 내용들에 오류가 있다거나, 현실의 요구에 부합되지 않으니 그것의 일부 개정은 불가피하다고들 한다. 많은 사람들이 아무런 의심도 없이 그렇게 말한다. 그러나 그런 의견에 대하여 그 가치를 따져보는데 있어서, 그런 말을 하는 사람들의 교리적인 성향을 반드시 집고 넘어가야 한다. 개정을 옹호하는 사람들을 파악해 보면 대개 이렇게 세 가지 부류이다.

1. 칼빈주의자들로서, 순수 칼빈주의적 체계를 손상하지 않는 가운데 일부에 대해서만 약간의 변경을 요청하는 자들이다.
2. 의식적이든 무의식적이든 칼빈주의자가 아닌 자들로서, 순수 칼빈주의적 체계에 손상을 가져올 수도 있는 개정을 요구하는 자들이다.
3. 칼빈주의자이든 아니든 간에, 포용주의자들로서, 보편성에 관심을 가지면서 신앙고백서를 간략한 신조로 대신하거나 그 교리적 영역을 대폭 축소시키자는 자들이다.

I

첫 번째 부류에 속한 자들이 요구하는 신앙 고백서 수정안은 (1) 하나님의 사랑에 관하여 좀 더 명확한 설명을 해야 하며 (2) (a)유아들의 선택 (b)불택자의 유기 (c)기독교적 신앙을 고백하지 않는 자들의 구원에 관련된 설명들을 삭제하거나 교정해야 한다는 것이다.

모세오경의 저자가 다수라는 주장을 펼치는 자들이 최근에 뭘 좀 발견했다고 하면서, 하나님의 사랑이란 주제를 신앙 고백서가 제대로 다루고 있지 않다고 하지만, 이미 고백서는 그 사랑의 존재를 시인하고 있다. 웨스트민스터 신학자들은 이미 이에 대한 교리를 요약하여 대단히 잘 가르쳐주고 있다. 기독교 교리를 서술함에 있어서 유독 하나님의 사랑만을 따로 떼어서 그것만 특별하게 설명할 필요는 없다. 왜냐하면 사랑은 하나님의 속성 가운데 일부이기 때문이다. 하나님에 대하여 언급하는 장에서 그것은 통상 하나님의 의와 거룩성과 더불어 모둠으로 다뤄지게 마련이다. 그것은 웨스트민스터 신앙고백서 안에서 적절한 위치에 자리 잡고 있다. 신적 속성에 대하여는 의론의 여지가 없기에 따로 사랑만 떼어서 논의할 이유는 없다. 그것은 부인하고 자시고 할 성질의 것이 아니기에 정반합의 논리에 따라 무슨 잘못을 따질 사안이 아니다. 신앙 고백서, 혹은 신조가 차지하는 교리적인 비중을 따지고자 할 때, 정작 비평적으로 보아야 할 부분은 그 내용의 분량이 얼마나 많으냐가 아니라, 어떤 척도로 그것을 보아야 하느냐이다.

브릭스(Briggs) 박사는 그의 근간에서 "신앙 고백서는 하나님의 긍휼을 경시하지 않는다"라며 매우 정확하게 표현하고 있다. 그는 말을 잇는다. "이렇게 설명하면 그것이 분명해 진다. 어디든, 어떤 일에서건, 하나님의 사랑은 의(義)보다 크게 확대되어 나타난다. 지극하신 사랑, 은혜로우심, 긍휼하심, 오래 참으심, 선함과 진리의 풍성하심, 부정과 허물과 죄를 용서하심이 그러하다. 그분은 자기를 성실하게 찾는 자들에게 보상하여 주신다.... 이러한 하나님의 사랑에 대하여 신앙 고백서는 경시하지 않는다. '하나님은 사랑이시다' 라고 명시하고 난 다음, 그것을 입증하게 위해 '그 지극하신 사랑' 에 대하여 설명한다. 무엇에 대한 정의를 내려놓은 다음, 그것을 입증하기 위하여 몇 가지 문장들을 명시하는 이런 전통적인 방식을 통해 하나님의 긍휼에 대해서 상세하게 해설한다. 여기 죄용서의 교리를 보더라도, 하나님의 사랑, 은혜, 긍휼이 차고도 넘칠 정도로 엄청나게 등장한다." 이로 보건데 브릭스 박사 역시 하나님의 사랑에 대하여 확고하게 인식시키기 위해서라는 명목이라면, 굳이 고백서를 개정할 필요까지는 없다고 여기고 있는 듯하다. 이러한 부분에서 나는 그와 생각이 같다.

고백서를 개정한답시고 좀 전에 언급했던 대목들을 삭제하거나 수정할 이유는 어디에도 없다. 그렇다 손치더라도 순수 칼빈주의의 체계를 손상시키지 않을 수만 있다면 개정이 가능할 수도 있다. 그 대목들에 대해서 만큼은 다음과 같은 이유로 개정이 불필요하다.

1. 그들이 가지고 있는 취지가 이미 칼빈주의 체계 안에 제대로 담겨있기 때문이다.

"유아의 선택"에 관한 설명을 놓고 보자. 웨스트민스터 신학자들은 그 고백서에서 유아기 때 죽은 유아들 가운데 일부는 선택되지 않았다는 것을 가르치려 했던 것이 아니다. 그들의 저술들이나 웨스트민스터 총회의 논의 사항들에는 우리가 고백서를 해석하는데 있어서 악영향을 끼칠만한 인용 가능한 구절들이 없다. 고백서의 어휘는 명료하기에, 우리의 해석은 그 기본적인 법리에 반드시 부합되어야만 한다. 따라서 해당 어구를 해석할 때, 반드시 그 문안이 특정하고 있는 범위를 벗어나지 않는 한도 내에서 우리가 가진 자료들을 사용하여야 한다. 이런 원칙을 잘 따른다면, 고백서에 대한 해석상의 문제를 제기하며 제아무리 대단한 가치를 가진듯한 역사적인 연구를 버린다 해도 그것은 무위로 돌아가고 말 것이다. 고백서는 택자만이 구원을 받게 될 것이라고 가르친다. 택자들은 믿음을 수용할 수 있는 능력을 가진 자들이기에 믿음으로 말미암아 구원을 받는다. 선택받은 유아들이 유아기 때 죽었을 경우, 비록 그들이 택함을 받은 자라고 해도, 아직 믿음을 수용할 수 있는 능력을 가지지 못한 상태이기 때문에, 그들은 믿음이 없는 채로 구원을 받는다. 택함을 받은 유아와 택함을 받지 못한 유아를 대조하고 있지 않다. 다만 택함을 받은 유아들 가운데 유아기 때 죽은 아기와 택함을 받은 유아 가운데 유아기 때 죽지 않은 아기를 대조하고 있다. 고백서는 교리적으로 유아기 때 죽은 모든 아기들은 택자라는 식으로 말하지 않는다. 그렇다고 유아기 때 죽은 어떤 아기들은 불택자라고 말하지도 않는다. 그러므로 고백서가 마치 유아들도 지옥에 떨어진다는 식으로 가르친다거나 그런 가르침을 조장한다고 말하는 자들은 온당하지 않다. 나는 원수들이 엄연한 진리의 진술인 우리의 신앙 고백서를 삼진 아웃시키려고 획책하고 있는 것을 우리 교회가 용인하도록 묵과하고 있지만은 않겠다.

그들은 즐겨 유기와 영벌의 교리를 들먹이며 그것을 고백서에서 기필코 삭제해야 한다고 말한다. 그것을 유별난 타락전 선택설(supralapsarian)이라고 꼬집어 말하면서 말이다. 그러나 이것은 하나의 잘못이다. 칼빈주의의 가르침에 따르면, 하나님이 개인을 영생을 얻을 수 있도록 선택하시는 것은 오로지 하나님의 그 선하시고 기뻐하시는 뜻에 따른 것이다. 만일 사람들이 구원을 받는 것이 그들이 선택되었기 때문이라면, 하나님이 선택하신 사람 말고는 모두가 유기되었다고 보는 것이 맞을 것이다. 유기된 자들을 하나님은 모른 채 하신다거나, 싫어버리신다거나, 혹 구원하지 않으신다고 말할 수도 있다. 신앙 고백서의 내용은 단지 구원에서 배제되는 과정에 대하여 추론 가능한 공식들을 확인해 주고 있을 뿐이다. 논리는 논리일 뿐 실제에는 그대로 적용되기 힘든 것이 사실이다. 만일 어떤 문제를 다룸에 있어서 우리가 불가지론적 태도를 가지고서 세부적인 사안들은 묻어두고 전체만 뭉뚱그려 얼버무리려 했다면, 이제까지 상상해 왔던 것보다 더욱 급하게 우리라도 나서서 서둘러 고백서의 개정을 주도했었을 것이다.

고백서가 기독교 신앙을 고백하지 않는 사람은 다른 어떤 방법으로도 구원받을 수 없다면서 "본성의 빛과 그들이 고백하는 종교의 율법에 따라 그들이 자기 삶을 제아무리 세워보려고 애를 쓴다고 해도 결코 구원받을 수 없다"라고 가르치는 것에 대해서도 불만을 가지고들 있다. 만일 맘 좋은 몇 몇 칼빈주의자들이 아량을 베풀어 이방인들 가운데 몇 몇 유기된 자들에 관하여 무슨 희망 섞인 말을 했다면 그것을 문제 삼지 않았을지 모른다. 그러나 신앙 고백서가 이 주제에 관하여 성경과 다른 소리를 내고 있다고 보기 힘들다. 바울은 유대인과 이방인이 모두 정죄 아래 있다고 논파하지 않았던가? 행위로 말미암아 구원을 받을 자가 있다고 했던가? 그리스도를 믿어야만 의롭다함을 얻는다고 하지 않았던가? 그가 이방인에게 복음을 전파하는 이유는 이방인들이 위험에 처해있기 때문이라고 하지 않았던가? 이렇듯 바울과 같은 소리를 내고 있는데, 어떻게 고백서에서 오류를 찾아낸다는 말인가? 외국 선교부(Foreign Missions)에 대한 흥미가 크게 일고 있는 이때에, 제 아무리 선교 일선에서 수고하는 선교사들의 강력한 청원이 있었다고 해도, 그런 여파에 휩쓸려 고백서를 개정한다는 것은 크게 잘못된 일이 아닐 수 없다.

고백서를 개정하는 일은 이러한 이유 때문에도 불필요하다.

2. 개정을 주장하는 자들이 꾀하고자 하는 실제 목적은 고백서의 문안들을 명료하게 구체화하자는 뜻에 있는 것이 아니라 그들의 근저가 되는 칼빈주의 교리들을 손보자는데 있다.

진정 우리가 하나님이 어떤 이들을 영생을 주시기 위해 선택하셨다는 것을 믿을진대, 로마서 9장의 권위를 무시해가면서까지, 하나님이 나머지 사람들을 간과하셨다는 내용을 삭제해 버리자는 식의 논리를 펼침으로써 교리를 애매모호하게 만들지 말아야 한다. 오로지 택함 받은 사람만이 구원을 받는다. 택함을 받은 자가 어른들일 경우 그들은 믿음으로 말미암아 구원에 이르게 된다. 고백서에 따르면 택함을 받은 자가 유아 때 죽게 될 경우, 믿음이 없어도, 세례를 받지 못했어도, 성령의 새롭게 하심에 의하여 구원을 받는다고 한다. 우리는 이것에 대해 흠결을 발견할 수 없다. 하나님이 구원할 사람들을 정해 놓으셨다는 것을 믿지 않기 때문에, 고백서가 우리에게 가르치고 있는 바, 하나님은 자기가 선택하신 자들이 복음 전파로 말미암아 그리스도를 아는 지식을 가질 수 있게 계획하셨다는 것에 대하여 화를 내는 것이다. 이 대목들을 삭제하자는 것은 고백서를 자기들 멋대로 좌지우지하겠다는 심사 아니냐며 우리의 대적들에게 아주 작은 안목이라도 가지게 해 주어야 한다. 이 문제를 다루는 가장 최상의 방법은 그 의론의 최종 목적이 과연 뭔지 제대로 간파하는 것이다. 우리가 접하고 있는 몇 몇 비판들이 칼빈주의의 근간을 흔들고자 하는 것이라면, 그런 의도에서 튀어나온 여러 가지 추론들에 대하여 관심조차 가질 필요가 없다.

본인들이 이런 것을 자각하든 못하든 간에, 개정을 옹호하는 자들이 과연 칼빈주의자들인가 하는 의구심이 든다. 그러므로 개정을 바라는 자들은 순수 칼빈주의 체계에 해를 주려는 자들로 보인다고 추정하는 것이 가하다.

II

개정이 단순한 문제가 아니란 것을 발견하는 것은 낯설지 않다. 개정의 절차가 시작되었을 때, 그것이 어디서 끝날지 거의 모를 일이다. 시간을 두고 꼼꼼히 따져보면 개정하자는 자들은 더 이상 칼빈주의자가 아니라는 것을 틀림없이 발견할 수 있을 것이다. 이미 내가 말한 바와 같이 우리의 교리적 체계에 해를 주지 않는 범위에서 개정이 이루어질 수도 있을 것이다. 그렇다면 작정과 유효적 소명에 대한 각 장들을 손볼 때, 고백서 안에 담겨있는 칼빈주의의 그 "완고하고, 호전적이며, 위협적인" 대목을 그대로 남겨두어야 할 것이다. 그런 식으로 개정이 된다면 주권적이고 무조건적인 선택을 문제 삼는 자들은 만족하지 못할 것이다. 계쟁(係爭) 건들에 대한 논의를 하다보면 개정을 주창한 자들은 우리의 표준 신조에서 가르치는 핵심 교리 체계를 믿고 있지 않다는 것이 환하게 드러날 것이다. 그들은 계속해서 거룩하기 때문에 선택하신 것이라느니, 믿을 것을 예견하고 선택하신 것이라느니 하면서, 웨스트민스터 신학자들을 모일 수밖에 없게 만들었던 알미니안주의의 그 '혀 짧은 소리들' (shibboleths)을 무의식적으로 사용하고 있다. 찰스 핫지(Charles Hodge)와 헨리 스미스(Henry B. Smith)를 위대한 교리 신학자로 존경하는 교단에서 총대들이 들고 일어나 공식적으로 알미니안주의의 가르침을 전적으로 받아들여야 한다고 설득하고 나선다면 이는 감리교 신학자들이 포복절도하며 웃을 일이다. 우리를 어째서 칼빈주의자라고 하는지 스스로 물어볼 필요가 있다. 프로테스탄트 교회는 로마 교회에 반기를 들었다. 기억해야 한다. 성경은 무오하며, 개별적으로 심판을 받으며, 믿음으로써 의롭다함을 받는 것이기에 봉기했다. 프로테스탄트 교회에는 두 가지 형태가 있다. 루터교회와 개혁교회이다. 루터교회는 인간론과 성찬을 중시한다. 개혁교회는 신학적인 것과 예정론을 중시한다. 루터교회는 전적인 타락과 세례를 통한 중생을 강조한다. 개혁교회는 하나님의 뜻을 강조하며 원죄에서 구원된 것을 주권적인 중생케 하심에서 찾는다. 개혁교회 신학자들 사이에서 일었던 하나님의 작정에 대한 논의는 결국 알미니안주의자들이 떨어져 나감으로 종식되었다. 칼빈주의자들은 선택은 하나님께서 오로지 개인에게 영생주시는 것을 선하고 기쁘게 여기셨기 때문에 하신 것이란 점을 고수한다. 알미니안주의자들은 선택은 일개인이 장차 믿음을 가지게 될 것을 미리 보시고(foreseen faith) 영생을 주기로 한 것이라고 한다. 따라서 어찌 보면 알미니안주의자들도 역사적으로는 개혁주의에 속한다고 볼 수 있다. 그러나 그들은 칼빈주의자들은 아니다. 칼빈주의자들의 진수(眞髓)는 선택을 하나님의 주권에 돌린다는데 있다. 칼빈주의 체계는 사안에 대하여 매우 또렷한 정의를 내리는 능력이 있다. 교리는 다양하다. 타락전 선택론(supra-lapsarianism)과 타락후 선택론(sub-lapsarianism)이 있다. 살무리안 학파(Salmurian school)라는 칼빈주의도 있다. 칼빈주의 이긴하지만 원죄에 대하여, 그것이 유전된다고 설명하는 이들도 있고, 사실주의에 입각하여 그것을 풀이하는 자들도 있으며, 언약의 대표성을 말하는 자들도 있다. 죄인의 무능함에 관하여, 또한 속죄의 범위에 관하여 각기 다른 의견들이 칼빈주의 신학자들 사이에 있다. 이런 모든 다양성의 기저에는 공통이 되는 명료하고, 일반적이며, 또렷하게 정의가 되어 있어서 이해가 잘되는 교리의 몸통이 버티고 있다. 그런 공통이 되는 몸통을 가리켜 칼빈주의 체계라고 말하는 것이다. 모든 프로테스탄트들이 믿고 있는 타락에 대하여 말해보겠다. 구속의 문제를 처리하는데 있어서, 알미니안주의자들은 풍성하게 넘치는 은혜를, 루터교회는 세례를 통한 중생을, 칼빈주의자들은 주권적인 선택을 거론한다. 주권에 의한 중생이 이루어지려면 논리적으로 주권적인 선택이 선행되어야 한다, 주권적인 선택이 있고 나서 주권에 의한 중생이 이루어지는 것이다. 성경에서 확인해 보면, 이 각각은 서로로부터 공제할 수 있기도 하고, 서로에게 보탬이 되기도 한다. 민족적 선택, 별도의 특례가 적용되는 개인의 선택, 믿음을 예견하여 영생을 주신다는 개인의 선택은 모두가 반(反)칼빈주의적이다. 칼빈주의적인 선택은 개인적이며, 영생을 주시기 위함이며, 하나님의 주권적인 사랑에 따른 것이다.

이제 묻겠다. 유기에 대한 부분을 삭제하고 이런 선택의 교리를 떼어내어서 우리가 엄청나게 얻을 수 있는 것이 과연 있겠는가? 나는 없다고 생각한다. 이것이 곧 영벌의 교리를 떼어내도 칼빈주의 체계가 아무런 영향을 받지 않는다면 그리해도 좋다고 내가 말했던 진의이다. 이것이 곧 확고부동한 선택의 교리를 없애버리기로 작정하지 않는 한 개정을 해본댔자 아무런 성과도 없을 것이라고 내가 이야기했던 이유이기도 하다. 이는 개정의 과정이 그들의 손에서 놀아나고 있다고 누군가 알아차린 것이 옳았다는 것을 말해준다. 그들이 제아무리 좋다며 주권과 무조건적인 선택에 대한 교리를 배제하려 해도, 마치 아킬레스의 방패에 새겨진 미네르바의 형상과 같이, 아예 그 신조를 파기하지 않는 한, 고백서에 얼기설기 엮여 있는 그것을 배제하는 일은 불가능하다는 것을 깨닫게 될 것이다. 장로교회는 이렇게 멀기만 한 개정을 착수할 요량인가? 그렇게 하지 않을 것이라고 내가 말하는 것이 절대로 그릇된 판단이 아니길 고대한다.

교회가 가지는 헌법적 권리가, 신조를 개정하여 심지어 칼빈주의 노선을 배제시키는 데까지 이른다는 것은 부인할 수 없다. 따라서 총대 3분의 2가 결의하여 그 같은 개정을 요구한다면, 그들의 길을 막아설 법적인 방책은 전혀 없다. 그나마 신앙심이 남아있는 잔존 세력들 가운데 돈 있는 자들이 한편에서는 우리 신학교들에 기부를 하고, 다른 한편에서는 배우는 자들이 이 신학교들을 미국의 명문학교로 만드는 수밖에 없을 것이다. 그래서 범 교단 속에 묻혀서, 의심할 것도 없이 그들에 대하여 관대하게 참으면서, 조용히 지내는 것이 지혜일 수 있다. 아니면 탈퇴하여 따로 독립하려고 하니 부동산을 좀 나누어 달라고 겸허하게 요청할 수도 있다.

재결합(Reunion) 이후 20년 동안, 고백서를 "역사적 산물, 곧 어거스틴이나 칼빈적 견해에 맞춰 써진 것"으로서 하나의 보편적인 신조로 수용하였을 때에는, 장로교회가 신조에 있어서 벗어나지 않았었다고 확신한다. 그 사반세기 동안에는 세 가지 걸쭉한 교의 신학적인 체계가 책으로 출판되었다고 자신한다. 찰스 핫지(Charles Hodge), 헨리 비 스미스(Henry B. Smith), 그리고 윌리엄 쉐드(William G. T. Shedd)의 작품 말이다. 장로교회는 이런 체계들 안에서 그토록 강력하고 충분하게, 그 같이 명료하고, 당당하게 자세히 설명해 오던 신조를 등 뒤로 던져버릴 추호의 조짐도 보이지 않았다. 한 때, 하비스(Hobbes)가 "사상이 급변하고 있다"라고 말했지만, 이처럼 급속하게 의견이 달라지는 일은 흔치 않다.

칼빈주의 교리의 근본은 선택론이라고 나는 칭한다. 굳이 꼽으라면 다른 것들도 있겠지만 어쨌든 다른 이름들은 교리화 할 때 붙여진 것들이다. 교리를 분류할 때 반드시 성경의 지지를 받아서 구분해야 한다. 교리를 어떤 식으로 단위별로 묶느냐에 따라서 그 체계가 달라 보인다. 하지만 그것이 교리를 바꾸지는 못한다. 죄론에서 시작하여, 예정론, 혹 그리스도의 위격 순으로 배열할 수 있다. 하지만 전혀 다른 형태의 신학적 체계를 채택하여 교리를 변경해서는 안 된다. 이 말은 중요하다. 왜냐하면 누군가 자기들은 얼마든지 칼빈주의를 고수할 수 있다고 장담하면서, 그와 동시에 신학화 하는 과정에서 그것의 딱딱한 내용들을 빼내 버리고 그 대신에 어찌되었든 그리스도를 중심으로 하는 방식만 취하면 되지 않느냐고 여기는 자들이 보이기 때문이다. 그들은 오류를 범하고 있다.

장로교회가 칼빈주의를 붙잡고 있는 취지는 칼빈주의가 진리라고 믿고 있기 때문이다. 우리의 교리를 좋아하지 않는 자는 우리 교단을 떠나가면 그만이다. 그들을 받아들여야 한다는 명목 때문에 그런 교리들을 거절하게 되느니, 차라리 그들이 다른 종교 단체에 가입하도록 내버려 두는 것이 훨씬 낫다. 어째서 우리의 교리를 바꿔가면서까지 그런 자들을 교단에서 나가지 못하게 붙잡아야만 하는가? 그들은 자신들을 받아달라고 요청하지 않았다. 그들의 요구를 들어주지 않는다 해도 그들은 우리 교단에 소속된 교회들에서 오래도록 예배를 드릴 것이라고 말하기까지 했다. 우리의 탁월하고 명석한 젊은 사역자들이 우리의 완고한 교리들을 받아들일 수 없다며 장로교단을 떠나고 있다는 풍문도 들린다. 이 젊은 사역자들의 일이 사실이라면 그저 안타까울 뿐이다. 우리 교단만이 그들에게 제공해 줄 수 있는 하나님을 섬기며 선한 일을 도모할 기회를 그들이 놓쳐버린 듯하여 못내 아쉽다. 하지만 교단 입장에서 볼 때, 설사 이런 우수한 젊은 사역자를 놓쳐버린다고 해도 진리를 희생시키지 않는 편이 훨씬 낫다.

하지만 나는 그런 근거 없는 주장을 믿지 않는다. 그런 회의론이 퍼지는 것은 전혀 두렵지 않다. 그러나 그런 회의론이 퍼지게 되면 성경이 말하는 바가 무엇인지 제대로 파악하려 들지 않는다는 것은 차치하고 성경의 권위 자체를 의심하려는 풍조가 만연하게 된다. 성경을 믿는 사람은 성경에 대한 칼빈주의 가르침을 의심하게 만드는 현대의 과학이나 철학이 별거 아니란 것을 발견한다. 비록 과학적인 사고를 하는 사람일지라도 그가 초자연성을 믿고 있다면 쉽게 칼빈주의적 초자연성을 믿을 수 있을 것이다. 비록 의학과 생물학을 공부한 사람이라도 자연의 통일성, 인류의 하나됨, 형질의 중요성, 유전의 영향을 믿고 있다면, 그는 칼빈주의에서 멀리 있지 않다. 그런 사람은 섭리하시는 하나님께 보좌를 내어 드리거나, 아니면 자신이 가지고 있는 우주관의 전제(前提)나 결론을 영구히 갈아치우기만 하면 된다. 칼빈주의는 과학과 성경이라는 이중 잣대의 검증을 거쳐야하는 종교 철학에 불과하다. 헨리 스미스는 옳았다. 그는 이렇게 말했다. "한 가지는 틀림없다. 무신론적 과학은 철두철미한 정통 기독교만 빼놓고는 모든 것을 완패시켜 버릴 것이다. 모든 유연한 이론들과 연체동물 같은 조직들은.... 더 이상 존립 가능하지 않다. 싸움은 완고하고 철두철미한 정통 기독교와 완고하고 철두철미한 무신론 사이에서 벌어질 것이다. 그것은 예를 들면, 어거스틴 대 꽁트, 아다나시우스 대 헤겔, 루터 대 쇼펜하우어, 존 스튜어트 밀 대 칼빈이 될 것이다. 아리안주의는 둘 사이에 끼어서 불타 버릴 것이고, 그 다음은 알미니안주의가, 그 다음에는 보편구원론이 소진되어 버릴 것이다."

칼빈주의는 다소 난해한 체계일수도 있지만, 그것은 성경적이다. 바울이 그것을 가르쳤다. 바울이라는데도 불구하고 그것을 거부하는 사람 대부분 역시 바울이 그것을 가르쳤다는 것은 인정한다. 그것이 어렵다는 것을 나도 수긍한다. 그렇지만 그리스도인은 자기가 소유한 믿음이 하나님의 선물이며, 자기는 하나님의 능력으로 보호함을 받으며, 하나님의 사랑에서 자기를 끊을 것이 없다고 말하는 것을 어려워하지 않는다. 그는 페이버(Faber)와 함께 찬송을 부른다.

오, 선물 중에 선물, 오, 믿음의 은혜!
나의 하나님! 이 어찌된 일인지요
당신께서 그 사랑 깨닫게 하시다니요
나에게 그런 선물을 다 주시다니요

그는 성찬을 받으며 왓츠와 함께 찬송을 부른다.

어찌하여 내가 당신의 목소리를 듣게 되었고,
잔칫방으로 들어오게 되었나요
수천 명이 그 참혹한 선택으로 인해

들어올 엄두조차 내지 못하였는데요

잔치까지 베풀어주신 한결 같은 사랑
그 사랑이 나를 들어오게 하셨네
나 맛보아 알기 여전히 거절하였다면
내 지은 죄로 인해 멸망 받았을 것이라네

이 찬송을 부르는 동안, 아마도, 그는 자기가 칼빈주의적인 선택과 영벌의 교리를 수납하고 있는 중이란 것을 알아차리지 못했을 것이다. 그러나 그는 그러고 있는 중이다. 칼빈주의에는 난해한 면이 있다. 어떤 이는 구원을 위해 선택이 되고, 다른 이는 자기의 죄로 인한 형벌을 받도록 버려진다는 교리가 그러하다. 그 형벌은 끝도 없는 고통이라는 교리도 그러하다. 그러한 교리에서 자유롭고 싶은 희망을 가지고 성경을 탐구하는 자들이 있다는 것은 놀랄 일도 아니다. 로테(Rothe)가 했고, 민톤(Minton), 콘스타블(Constable), 에드워드 화이트(Edward White)가 하고 있는 것처럼, 어떤 이들이 지상에서 죄인들이 점진적으로 사라지게 될 것이라며 안도하고 있다고 해도 놀랄 것이 없다. 그들의 견해는 제대로 된 성경 주경 작업 앞에서는 방어력을 유지하기 힘들 것이다. 의심할 나위 없이 그들의 사상 기저에는 합리적 신정론(神正論)이 깔려 있다. 소위 '적자생존론'을 구원론의 비유로 삼는다.

III

칼빈주의를 진리로 믿고 있는 장로교회는, 복음 전하는 것을 교회의 의무로 믿는 것을 그치지 않는 한 신앙 고백서에서 그것을 삭제하는 것을 거절할 것이다. 이것은 자체만으로도 상당히 중요한 질문이다. 신조주의 시대도 아닌데 우리가 너무 지나친 것은 아닌가? 오늘날의 통합과 평화를 추구하는 시대정신 하에서 신조를 간소화시키는 것이 공격적인 교회의 실천적 요구들에 과연 보다 잘 부응하는 것인가? 옛 것을 개정하는 것보다는 새로운 신조를 만드는 것이 좀 더 쉽지 않을까? 이런 질문들은 현재의 논점과 연계하여 반드시 논의되어야 한다. 보라 하나의 작은 불씨가 이 얼마나 큰일을 터뜨리게 하는지! 하나님의 주권과 인간의 자유의지에 관련된 고백서의 부분을 바꾸자는 제안이 결국 교단마저 영구히 갈라놓자며 그 타당성을 놓고 분분한 논의를 하게 되리라고는 상상도 못했다. 그처럼 작은 발단이 결국은 혁명들을 일으키고 있다.

이제 보수적인 사람들이 고백서가 송두리째 밖으로 내던져지지 않도록 총력을 기울여 교단을 지켜야할 것으로 여겨진다. 이렇듯 엄청난 논제를 아주 작고 사소한 문제로 분류하는 것은 지혜롭지 못한 것으로 보인다. 우리가 원했던 원하지 않았던 간에, 우리는 지금 장로교단의 미래를 좌지우지할 문제에 직면하였다는 것을 피할 수 없다. 기독교인들은 연합해야 한다. 반(反)고백서의 분위기를 떼어내어 표류시켜야 한다. 원만한 이해에 이르도록 하여 알맞은 개정 운동이 되도록 탄력 있게 대응해야 한다. 소수 의견이라는 것은 하나의 형식일 뿐, 그것이 제출되었다는 것만으로도 이는 아주 거대한 논제이다. 이런 거대한 의제가 제출됨에 따라, 고백서를 알맞게 개정하자는 요구가 일고 있지만 정작 그 중요성에 대하여는 대부분 간과하고 있다. 교회가 유아의 선택에 대하여 말하고 있는 고백서의 조항을 수정하자며, 그것이 최선의 의견이나 되는 것처럼 하고 있다. 그렇게 해야 할 이유는 어디에도 없다. 그렇게 하는 것은 좋지 않다. 고백서에 선언적 진술을 첨부하여 이방인을 복음화 하는 것이 교회의 임무라고 믿고 있는 교회에 영향을 주도해 해야 한다.

내 의견에, 최선의 선언적 진술은 외국 선교부(Board of Foreign Missions)의 것이다. 복음 전파의 의무에 대한 그 최선의 고백으로 인하여 매년 성과를 내고 있다. 이런 한심스러운 논의로 말미암아 부흥되는 것을 싫어하게 될까봐 두렵다. 칼빈주의적 견지에서 주창한 알맞은 개정이 심의부의 권한만 증폭시키고, 그 대신 교회가 증인이 되는 것을 의무로 믿고 있는 자들의 손을 약하게 만들게 된다면 이는 잘못이다. 그들이 자기들의 변화에 대한 갈망을 채우기 위해, 별로 중요하지도 않은 조항들에 대해서는 적시에 승인해야 한다고 여기고 있는 모양인데 이것 또한 잘못이다. 그토록 많은 자들이, 고백서에 하나님의 사랑에 관하여 보다 많은 장광설을 늘어놓도록 하자는 안건으로 내놓고 그것의 타당성에 대하여 기꺼이 논쟁하고 싶어 한다니 나는 그저 놀라움을 금치 못할 뿐이다. 마치 오랜 시간 기다려 온 것처럼 말이다. 논의를 주도하고 있는 사람들의 마음속에 자리 잡고 있는 진짜 속셈은 어떻게 하면 교단 전체를 결국 더 이상 쓸모가 없는 상태로 만들 수 있는가에 있다는 사실에는 눈을 감고서 말이다. 나는 이에 대하여 말하면서 브라우닝의 싯구를 떠올리고 싶다.

당신은 항해를 하기 위해 배 목수를 고용하세요.
파도를 넘어 바다를 지나려면, 쥐구멍들을 막아야 해요.
약한 부분들은 망치로 두들겨서 탄탄히 해야 되겠죠?
조이고 끼워서 전체를 단단하고 안전하게 만들어야죠!
그래야 여기, 저기, 거기, 당신이 바다를 항해하게 되죠.
새는 데와 조그만 구멍 때문에 당신이 멈춘다면 좋지 않잖아요.

포용주의자들의 구미에 맞추기 위해 옛것을 축소시키는 것보다 차라리 신조를 새롭게 만드는 편이 훨씬 쉬울 것이다. 장로교회는 신앙 고백서를 교리적 신조로 보수(保守)해야 할 헌법적 의무를 가진다. 연합의 원칙(the Basis of Union)의 조항에 보면 "신앙고백서는 계속해서 진지하게 수납되어야 하며 그 교리의 체계는 성경의 가르침을 내포하고 있는 것으로 승인해야 한다"라고 되어 있다.

그렇다면 만일 포용주의자들의 취향대로 개정 작업이 계속될 경우, 어디에서 그것이 멈출 것인가? 과연 우리는 복음적인 그리스도인들이 공유하고 있는 그 모든 것을 삼진아웃 시켜야만 할 것인가? 그것은 있음직한 일로 보인다. 그런데 복음적인 면에서 합일된 교리를 끌어 낼 준비가 되어 있는 자가 과연 몇이나 있을까? 그것을 시도하는 사람은 그가 누구라도 그 일이 쉽지 않다는 것을 발견할 것이다. 당신은 기독교 신앙 고백서만으로 목회가 가능하리라고 오지랖 넓게 생각하고 있는가?

예를 들어, 당신은 사도신경을 당신의 교회론적 신조로 받아들이겠는가? 그것은 좋을 수도 있다. 그러나 어떤 뜻에서 당신은 그렇게 받아들이는 것인가? 그것이 사도들의 신경이라고 하기에 그런 것인가 아니면 그것이 하나님의 말씀의 가르침을 담고 있는 교리 체계라서 그런가? 그 뜻이 후자일 경우, 십중팔구, 지옥 강화에 대하여 반대하는 사람들이나, 아니면 몸의 부활에 관한 교리를 특이한 방식으로 보고, 이야기하고, 설명하는 자들을 납득시키느라 애를 먹어야 할 것이다. 그 결과 무슨 일이 벌어지겠는가? 우리는 여러 차례 다투느라 도덕적 체면조차 다 구겨야 할 것이다. 우리는 교리를 포기하게 될 터이다. 교단의 분열을 막기 위해 무엇을 할 것인가? 분명히 정치 체제나 성례전, 아마도 두 가지 모두를 강화시키려 들 것이다.

우리는 고위직 교직자와 전문 성례 주관자가 되어야 할 것이다. 그리고 하나님이 계시하신 모든 진리를 위해 교회가 해오던 일체의 일들을 중단한 채, 대학들을 건립하고 신학교에 기부하는 것 대신에, 완성된 복음을 전파하도록 사람들을 훈련하는 대신에, 신학자들과 성경 주경학자들을 양성하는 대신에, 그 때부터 장로교회는 세상에 이르기를, 하나님이 나를 보내어 세례를 주며, 당회를 다스리라는 복음을 전하라고 했다고 할 것이다. 이것이 바로 포용주의가 가져올 결과일 수 있다. 우리는 기독교계 전체의 재연합을 도모하기 위해 존재하는 것이 아니다. 우리의 우편에는 영국 국교회가 여전히 있을 것이며, 우리의 좌편에는 회중교회가 있을 것이다. 가시적인 연합이라는 유토피아적인 계획은 성경이 지지하고 있는 바가 아니다. 경험으로 유추해 보아도 그러하다. 그런 영광스런 유업은 고작 초대교회 300년 만에 다 사라지고 말았다.

모두가 축소하는 분위기이니 거기에 편승하여 우리도 사도신경, 주기도문, 십계명만 가지고도 목회를 할 수 있다고 확신하는가? 영감성의 교리를 수호하고 구약과 신약을 한데 묶어 그 권위를 확증해야만 하는 것 아닌가? 의심할 것도 없이, 이것은 우리 교단에서 가장 큰 몫을 차지해야할 소원이다. 그런데도 그런 교리마저 의심하고 있는 것은 어찌된 일인가? 영감성을 별거 아닌 것으로 여기는 기독교인들이 있다. 다른 교리들의 경우 기독교인들끼리 티격태격할 것 없이 문제시되는 교리들은 본안에서 삭제해 버리자고 하는 이 시기에, 이미 논쟁거리로 떠올라 다수의 사실들을 내세우며 이것저것 따져대고 있는 이 영감성의 교리를 현상 그대로 유지시킬 것으로 보기는 어렵다. 각종 논리적인 방법들을 적용하며 달려드는데 버틸 재간이 있을 것 같지 않다. 성경이 가르치는 것을 믿는 것만큼이나, 어떻게 성경이 쓰이게 되었는지 아는 것도 중요하지 않겠는가? 포용주의의 논리는 결국 성경의 권위를 존중하는 우리의 관점들을 서서히 잃게 만들 것이다. 장로교단도 바다 저편에 널리 분포되어 있는 교회들처럼 될 날이 멀지 않은 듯하다. 그들 교회는 리츨(Ritschl)과 립시우스(Lipsius), 헤르만(Hermann)과 루더르트(Luthardt)를 용인하였으며, 카프탄(Kaftan)을 도르너(Dorner)의 계승자로 선택하여, 카프탄과 플라이데러(Pfleiderer)가 같은 대학교에서 강의하도록 하였다.

결국 우리는 신신학과 고등비평마저 존중하기에 이르게 될 것이다. 소설에서처럼 로버트 엘스미어(Robert Elsmere)가 안수를 받고자 할 때, 그의 말에 홀린다면, 우리도 심의조차 하지 않고 그에게 안수를 하고 말 것이다. 현재 누군가 그런 제안을 하고 있다는 것이 아니다. 포용주의가 가져올 결과가 논리상 그러하다는 것이다.

그럼 이제 묻겠다. 과연 이 같은 교회가 천주교와 맞서기에 적합하겠는가? 그런 교회가 과연 불신앙의 홍수를 막는 방파제의 역할을 제대로 수행할 수 있겠는가?

나는 오해하고 있는 것이 아니다. 나는 복음화를 위한 사역에는 범교단이 하나가 되어 서로 협력해야 한다고 믿는다. 나는 장로교단이 재연합을 이룬 이 마당에 보편적 칼빈주의를 폭넓게 승인해야만 한다고 믿는다. 비록 교파가 다를지라도 그리스도인들은 서로 더욱 사랑해야 하고 서로 더 잘 이해해야 한다고 믿는다. 하지만 통속적으로 제기되고 있는, 나는 기독교계 전체의 재 연합을 믿지 않는다. 교파별로 나름의 교리들을 가지고 있겠지만, 그것보다는 그리스도인들이 공통으로 가지고 있는 교리들이 진정 훨씬 더 중요하다. 모두에게 공통이 되는 것을 보존하기 위한 방법은 각 교단이 자기 나름의 독특한 교리에 대한 불신앙을 용납하지 않는 것이다. 거점을 방어하려면 변방부터 튼튼히 사수해야 한다.

그리스도인이라면 누구나 가져야 하는 보편적 신앙을 수호하는 일에 나의 관심이 쏠려있다. 비단 프로테스탄트들만이 아니라, 모든 그리스도인들, 곧 로마 가톨릭과 프로테스탄트 전체 말이다. 나에게 바람이 있다면 그것은 장로교회가 진리를 바르게 세웠다는 영광된 역사를 가지는 일이다. 그러기에 나는 교회의 신조를 개정하자는 제안에 반대한다. 열띤 논의가 벌어지고 있다니 유감스럽다. 그분의 선하신 섭리 가운데, 이번 기회에 하나님께서 여태껏 우리 교단이 그처럼 엄청난 축복을 받을 수 있게 해준 그런 교리적 체계를 더욱 공고하게 공인할 수 있도록 해 주시리라 믿는다. 나는 폭풍이 이는 것을 바라지 않는다. 오로지 약간의 산들바람이 불어 쾌쾌 묵혀 두었던 언약의 푸른 깃발이 펼쳐지도록 흔들어서, 그것이 새로운 위업들을 이루고야 말겠다는 맹세와 더불어, 칼빈주의라는 군대 행렬의 맨 앞에서 선두를 이끌며 펄럭였으면 한다. 의심할 나위 없이, 그 군대는 하나님이 선택하신 거룩한 군사들 가운데 가장 용맹스러우며 유능한 자들로서 기존에 세웠던 빛나는 무훈과 더불어 역전의 용사들이 되고야 말 것이다.

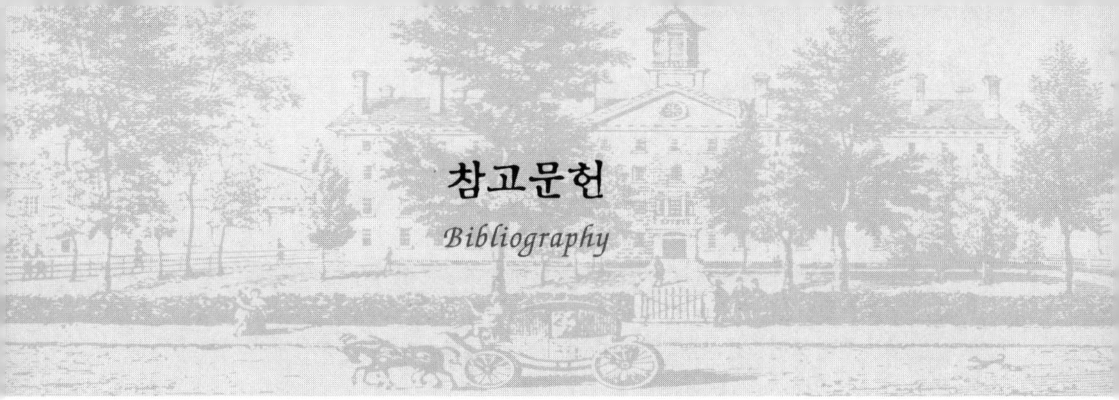

참고문헌
Bibliography

국내서적 및 간행물

곽안전. 「한국교회사」. 서울: 대한기독교서회, 1972.

「관주개혁성경전서」. 서울: 대한성서공회, 1956.

간하배. "한국장로교 신학에 관한 연구." 「신학지남」 33권 4호(1966).

_____. "한국장로교회에 있어서의 세대주의." 「로고스」 제 7집.

_____. 「현대 신학 해설」. 서울: 개혁주의 신행 협회, 1973.

_____. 「한국 장로교 신학사상」. 서울: 도서출판 실로암, 1988.

기독교 학술원 편. 「한국교회와 신학은 어디로」. 서울: 백합출판사, 1988.

_____. 「박윤선 신학과 한국신학」. 서울: 백합출판사, 1993.

개혁주의성경연구소. 「웨스트민스터 신앙고백서와 한국 보수주의의 뿌리」. 서울: 개혁주의성경연구소, 1999.

郭安蓮. 「長老敎會史典彙集」. 서울: 조선야소교서회, 1918.

_____. 「長老敎會史典彙集」. 서울: 조선야소교서회, 1935.

김광수. "초기 한국교회 과면상(課面像)." 「복된 말씀」제24권, 1977.

김길성(Ezra Kilsung Kim). "J. Gresham Machen's Doctrine of the Church." Ph. D. dissertation. Westminster Theological Seminary, PA., 1992.

_____. 「메이천 박사 저작 선집」. 서울: 총신대학교 출판부, 2002.

_____. "구 프린스톤 신학 전통의 연속성과 불연속성." 「신학지남」 236호(1993).

_____. "장로교 표준 문서에 대한 서약." 「신학지남」237호(1993).

_____. "존 그레스앰 메이천의 교회론." 「교회와 문화」9호(2002).

_____. "프린스톤 신학교의 재편성과 종교 다원주의의 수용" 「신학지남」 242호(1995).

_____. 「개혁신학과 교회」. 서울: 총신대학교 출판부, 1996.

_____. 「개혁신앙과 교회」. 서울: 총신대학교 출판부, 2001.

_____. "J. Gresham Machen's Ecclesiological Concern in His Lather Years." *Chongshin Theological Journal* 2(1997).

______. "메이천의 초기 작품들에 나타난 신학과 사상."「신학지남」 262호(2000).
______. "메이천의 후기 신학과 사상."「신학지남」 263호(2000).
______.「구 프린스톤 신학 전통과 메이천의 신학」. 미간행 총신대학 신학대학원 강의안.
______. "The Relationship Between Theology and Culture in Machen's Theology." *Chongshin Theological Journal* 6(2001).
김대성. "이눌서(W. D. Reynold)의 선교활동에 관한 연구." 석사학위논문. 장로회신학대학교대학원. 1998.
김명혁.「교회사강의」. 수원: 합동신학교 강의안.
김양선.「한국 기독교 해방 십년사」. 서울: 대한예수교장로회종교교육부, 1956.
______.「韓國 基督教史 研究」. 서울: 기독교문사, 1980.
김영한. "한국신학의 진단과 진로."「개혁사상」 창간호(1989).
______.「현대 신학의 전망」. 서울: 대한기독교출판사, 1983.
김의환.「현대 신학과 개혁주의 신앙」. 서울: 총신대학출판부, 1998.
______.「도전 받는 보수신학」. 서울: 성광문화사, 1970.
______.「복음과 역사」. 서울: 기독교 문서 선교회, 1979.
______.「성경적 축복관」. 서울: 성광문화사, 1988.
______.「현대 신학 개설」. 서울: 개혁주의신행협회, 1989.
______. "프린스톤 신학과 메이첸."「신학지남」218호(1998).
김영재.「교회와 신앙고백」. 서울: 성광문화사, 1989.
______.「되돌아 보는 한국기독교」. 수원: 합신대학원출판부, 2008.
______.「한국교회사」(개정3판). 수원: 합신대학원출판부, 2009.
______.「교회와 예배」.수원: 합신대학원출판부, 2000.
______.「한국기독교의 재인식」. 서울: 도서출판엠마오, 1994.
______.「기독교교리사」. 수원: 합신대학원출판부, 2009.
김재준. "한국교회의 신학운동, 그 회고와 전망."「기독교사상」(1960).
______. "내가 영향 받은 신학자와 그 저서."「기독교사상」(1964).
김진경. "개혁되어져야 할 한국(개혁주의) 교회." 기독교 학술원 :「개혁신학의 과거와 미래」. 4차 학술 심포지움(1989).
김찬국. "한국 선교 정책의 과거와 미래."「신학논단」제 9, 10집(1968).
남영환.「한국교회와 교단」. 부산: 도서출판 소망사, 1988.
노진현.「진실과 증언」. 서울: 도서출판 하나, 1995.
대한예수교장로회총회.「대한예수교장로회총회백년사」. 서울: 대한예수교장로회 총회출판부, 2006.

「독노회록」 제1회 (1907). 제2회(1908). 제3회(1909).
류대영, 옥성득, 이만열. 「대한성서공회사」(Ⅰ. Ⅱ). 서울: 대한성서공회, 1994.
마포삼열박사전기편찬위원회 편. 「마포삼열박사전기」. 서울: 대한예수교장로회총회 교육부, 1973.
문희석. 「韓國敎會舊約聖書解釋史 1900-1977」. 서울: 대한기독교출판사, 1984.
민경배. 「한국기독교회사」. 서울: 대한기독교서회, 1974.
_____. 「교회와 민족」. 서울: 대한기독교출판사, 1981.
박근원. "프로테스탄티즘에 있어서의 근본주의의 위치." 「기독교사상」(1960).
박아론. 「현대신학은 어디까지 왔는가?」. 서울: 기독교문서선교회, 1986.
_____. 「보수신학은 어디로 가고 있는가?」. 서울: 총신대학출판부, 1985.
_____. 박형룡의 신학사상. 「신학사상」 25집(1979).
박영환. "프로테스탄티즘에 있어서의 근본주의 위치." 「기독교사상」(1960).
박용규. 「죽산 박형룡 박사의 생애와 사상」. 서울: 총신대학 출판부, 1996.
_____. 「한국교회를 깨운 복음주의 운동」. 서울: 두란노, 1998.
_____. 「한국 장로교 신학 사상사」. 서울: 총신대학출판부, 1992.
_____. 「한국 기독교회사」1, 2. 서울: 생명의말씀사, 2005.
_____. 「장로교회사 강의안」. 서울: 미간행 총신대학교신학대학원강의안.
박윤선. "근본주의의 약점." 「로고스」16(1964).
_____. 「성경과 나의 생애」. 서울: 영음사, 1977.
박응규. "구원론을 중심으로 본 미국 북장로교 내의 근본주의 對 현대주의 논쟁 연구." 「ACTS 신학과 선교」 4호(2001).
박형룡. "근본주의." 「신학지남」 119(1954).
_____. "복음적 신학의 권위." 「로고스 」17(1965, 11).
「박형룡 박사 저작 전집」. 한국 기독교 교육 연구원, 1977.
Ⅰ. 교의 신학 서론.
Ⅳ. 교의 신학 인죄론.
Ⅷ. 신학난제 선평(上).
Ⅸ. 현대 신학 비평(下).
Ⅳ. 교의신학 기독론.
박형용. "20세기 초 미국 장로교 근본주의에 대하여." 「성경과 신학」. 한국 복음주의 신학회(1984).
박희석. 「장로교회사 강의안」. 미간행 총신대학교 강의안, 1986.
백낙준. 「한국 개신교사 1832-1910」. 서울: 연세대학출판부, 1974.

서정운. "마포삼열이 한국교회성장에 미친 영향." 「장신논단」(1990)
손봉호. 「윗물은 더러워도」. 서울: 샘터, 1988
신복윤. "박형룡 신학의 한국보수신학사적 의의." 「신학사상」 25집(1979, 여름).
신종철. "한국개신교 초기 선교사들과 근본주의 신학." 「로고스」 35집 (총신대학신학대학원, 1988).
_____. "한국 장로교회에 있어서의 근본주의." M. Div 학위논문. 총신대학신학대학원, 1989.
_____. 「한국장로교회와 근본주의」. 서울: 도서출판 그리심, 2003.
_____. "웨스트민스터 신앙고백서 개정 논의(1887-1893년)에 관한 고찰." 「신학지남」 (2012, 가을호).
송길섭. 「한국 신학 사상사」. 서울: 대한기독교서회, 1994.
「승동교회 백년사 1883-1993」. 서울: 대한예수교장로회 승동교회, 1996.
「영계 길선주 목사 저작전집」 제1권. 서울: 기독교서회, 1968.
오병세. 「교회, 교육, 신학」. 서울: 개혁주의 신행협회, 1989.
유동식. 「한국신학의 광맥」. 서울: 전망사, 1982.
이광린. 「초대 언더우드 선교사의 생애」. 서울: 연세대학교출판부, 1992.
이근삼. "한국장로교회와 신앙고백의 정착화." 「논문집」. 고신대출판부, 1978.
이근삼전집편찬위원회 엮음. 「개혁주의 신학과 한국교회」. 서울: 생명의양식, 2007.
_____. 「기독교와 신도국가주의의 대결」. 서울: 생명의양식, 2008.
이눌서. "신학 변증 정론: 세세토록 상조하는 글." 「신학지남」(1920).
이덕주. 「한국 토착교회 형성사 연구」. 서울: 한국기독교역사연구소. 2000.
이상규. "한국에서의 자유주의 신학의 기원과 형성." 「논문집」(이데올로기 비판 Vol. Ⅱ.) 고신대(1983. 6).
이상근. "합동의 윤리: 詩論." 「장로교 신앙」(대구신학교 발행 신학 계간지), 1961. 6. No. 3.
이성호 편. 「길선주 목사 설교사」. 서울: 혜문사, 1977.
이영헌,「한국기독교사」. 서울: 컨콜디아사, 1985.
이장식. "근본주의의 역사." 「기독교 사상」(1960).
_____. "복음의 자유, '하나님의 선교' 주장 - 한국 기독교 장로회 발전사와 그 전망" 「基督教信條史 제Ⅱ집」. 서울: 컨콜디아사, 1980.
이정호. 「신사참배와 맞섬의 신앙」. 대구: 누름돌, 2010.
이장식 · 이형기 · 김홍기 · 정용석 · 황정욱. 「기독교사상사Ⅲ」. 서울: 대한기독교서회, 2002.
이종성. "근본주의의 5대 기본 교리." 「기독교 사상」(1960).

______. "박형룡과 한국 장로교회."「신학사상」 25집 (1979, 여름).
______. "한국 신학의 과제."「기독교사상」(1982. 1).
______. "현대신학의 동향."「신학논단」. 5. 1959. 9.
이종윤 편.「한국교회와 종교개혁」. 서울: 도서출판 엠마오, 1983.
이종형. "마포삼열의 생애와 사역." 「장신논단」. 서울: 장신대학출판부, 1990. 6.
장동민.「박형룡의 신학연구」. 서울: 한국기독교역사연구소, 1998.
「장로회신학대학교100년사」. 서울: 장로회신학대학교, 2002.
장로회신학대학 기독교 교육 연구원 "마포삼열박사에 대한 새로운 조명" 「교육교회」 (1990, 6).
전택부. "한국 교회사상의 지도자상." 「기독교사상」(1964. 6).
전호진. "한국교회 신학교육의 문제점 제언." 「교회문제 연구 제5집 : 오늘의 한국교회 무엇이 문제인가?」. 서울: 도서출판 엠마오. 1988.
정두영. "한국장로교회의 분열과 보수주의 장로교회의 재연합에 관한 연구." 학위논문. 고신대학 신학대학원, 1984.
정성구.「한국 교회 설교사」. 서울: 총신대학출판부, 1987.
______.「총신과 박형룡」. 서울: 총신대학출판부, 1989.
조경현.「초기 한국장로교 신학사상」. 서울: 도서출판 그리심, 2012.
「조선예수교장로회총회회록」 23회(1934), 24회(1935), 25회(1936), 27회(1938), 제29회(1940).
주재용. "한국 기독교 역사에 있어서 박형룡의 위치."「신학사상」 25집(1979, 여름).
한용상.「서울 예수」. 서울: 동광출판사, 1986.
한완상.「저 낮은 곳을 향하여」. 서울: 뉴스엔조이, 2003.
홍치모.「영미 장로 교회사」. 서울: 개혁주의 신행협회. 1998.
홍현설. "근본주의 신학에 대한 비판."「기독교사상」(1960. 2).
기독교사상편집부.「한국의 정치 신학」. 서울: 대한기독교서회, 1983.
______.「한국의 신학 사상」. 서울: 대한기독교서회, 1983.
______.「한국 교회와 이데올로기」. 서울: 대한기독교서회, 1983.
한숭홍.「한국신학사상의 흐름 (상), (하)」. 서울: 장로회신학대학교출판부, 1996.
함석헌, 서남동, 안병무 외.「한국 역사 속의 기독교」. 서울: 기민사.
합동신학교 출판부 편.「박윤선의 생애와 사상」. 수원: 합동신학교출판부, 1995.
「한국 기독교의 역사 I」. 서울: 한국기독교사연구회, 1989.
「한국 설교 대전집 (1)」. 서울: 성서교재간행사, 1979.

영문서적 및 번역서

Alexander, Archibald. *The Log College: biographical sketches of William Tennent and his students, together with an account of the revivals under their ministries*. Birminhham: Solid Ground Christian Books, 2008.

Ahlstrom, Sydney E. A. *Religious History of the American People*. New haven and London: Yale University Press, 1972.

An Affirmation: Designed to safeguard the unity and Liberty of the Presbyterian Church in the united states of America. New York: The Jacobs Press, May 5. 1924.

Armstrong, M. W, and Loetscher . L. A., eds. *The Presbyterian Enterprise: Sources of American Presbyterian History*. Philadelphia : Westminster, 1955.

Balmer, R. & Fitzmier, J. The Presbyterians. 한성진 옮김. 「미국장로교회사」. 서울: 기독교문서선교회, 2004.

Baumer, Franklin L. *Modern European Thought-Continuity and Change in Ideas, 1600-1950*. 조호연 옮김. 「유럽 근현대 지성사」. 서울: 현대지성사, 1999.

Briggs, Charles A. "Authority of the Holy Scripture" Inaugural address delivered at the Occasion of his Inauguration to the Chair of Biblical Theology in Union Theological Seminary, January 20. 1981.

_______. *Whither? A Theological Question for the Times*. New York: Charles Scribner's sons. 1889.

_______. *How shall We revise the Westminster Confession of Faith?*: a bundle of papers. New York: Charles Scribner's Sons, 1890.

Calhoun, David B. Princeton Seminary. Vol 1. The Banner of Truth Trust, 1994.

_______. *Princeton Seminary*. Vol 2. The Banner of Truth Trust, 1996.

Catalogue of the Presbyterian Theological Seminary. at Pyengyang, Chosen Japan, 1916.

Machen, John Gresham. *Christianity and Liberalism*. 조동진역. 「메이첸의 신학」. 서울: 크리스챤헤럴드사, 1989.

The Minutes of General Assembly of the P. C. U. S. A.

The Westminster Confession of Faith.

Nestle-Aland ed. *NOVUM TESTAMENTUM GRAECE.*

Bainton, H. Roland. Christendom. 이길상 옮김. 「기독교의 역사」. 서울: 크리스찬다이제스트, 1997.

Baker. William S. "Subscription to the Westerminster Confession of Faith and Catechisms" *Presbyterion : Covenant Seminary Review*. Spring-fall 1984. Vol. X. Numbers 1-2

Barr, James, *Fundamentalism*, Philadelphia: Westminster, 1977. 장일선 역. 「근본주의 신학」. 서울: 대한기독교출판사, 1984.

Barrus Ben. M, Baughn, Milton Land Campell, Thomas H, ed. *A People Called Cumberland Presbyterian*. Menphis: Frontier, 1974.

Bass. Clarence B. *Backgrounds to Dispensationalism : Its Historical Implications*. 황영철 옮김. 「세대주의란 무엇인가?」. 서울: 생명의 말씀사, 1988.

Blasing A. Craig & Bock L. Darrell. *Progressive Dispensationalism,* 곽철호 옮김. 「하나님 나라와 언약」. 서울: 기독교 문서 선교회, 2005.

Brown. A. J. *The Mastery of the Fareast*. Scribners, 1919.

Brown. G. T. *Mission to Korea*. Board of World Missions, Presbyterian Church in U. S. A.

______. "Dr. Samuel Moffett and The Nevius Plan." 이광순 역. "마포삼열과 네비우스 선교방법." 「장신논단」. 서울: 장신대학 출판부, 1990. 6.

Charles Evans Quirk, The "Auburn" *Affirmation: A Critical Narrative of the Document Designed to Safeguard The Unity and Liberty of the Presbyterian Church in The United States of America in 1924*(Ph. D. University of Iowa). 1967.

Clark. Charles, Allen. *The Nevius Plan for Mission Work Illustrated in Korea*. 곽안련, 김춘섭 옮김. 「한국교회와 네비우스선교정책」. 서울: 대한기독교서회, 1994.

Cole. Stewart G. *The History of Fundamentalism*. Richard, R. Smith, 1931.

Cross, Thomas G. *Historical Background and Development of the Reformed Presbyterian Church Evangelical Synod*. Greenville. Sout Caroling.

David Beale. *In Pursuit of Purity American Fundamentalism Since 1850*. 김효성 譯. 「근본주의의 역사」. 서울: 기독교문서선교회, 1994.

Dictionary of Christianity in America. I.V.P, 1990.

Duncan, Ligon. ed. *The Westminster Confession into the 21st Century*, Vol. 2. Geanies House: Mentor, 2004.

Furniss, Norman. F. *The Fundamentalist Controversy, 1918-1931*. New Haven: Yale University Press, 1954.

Grasper, Louis. *The Fundamentalist Movement*. The Hague: Mouton, 1963.

Halsey, Le Roy. *History of McCormick Theological Seminary of the Presbyterian Church*. Chicago: McCormik Theological Seminary, 1893.

Handy, T. Robert. *A History of the Churches in the United States and Canada*. Oxford: The Clarendon Press, 1976.

Hetherington, William. *History of the Westminster Assembly of Divines*. Edmonton, AB: Still Waters Revival Books, 1991.

Hodge, Charles. *The Constitutional History of the Presbyterian Church in the United States of America*. part 1. Philadelphia: Presbyterian Board of Publication, 1851.

Hoffecker. W. Andrew. *Piey and princeton Theologians.* 홍치모 역. 「프린스톤 신학의 3대 거성」. 서울: 이구출판사, 1985.

Horden, William. *A Laymans Guide to Protestant Theology*. 신태웅 옮김. 「현대신학 이해」. 서울: 풀빛목회, 1987.

Houghton, Sidney, M. *Sketches from Church History*. 「기독교 교회사」. 서울: 도서출판 나침반, 1988.

Huntley, Martha. *A History of the Protestant Mission in Korea*. 차종순 옮김. 「한국 개신교 초기의 선교와 교회성장」. 서울: 목양사, 1995.

Jong Hyeong. Lee. *Samuel Austen Moffett: His Life and work in the Development of the Presbyterian Church of Korea, 1890-1936.*

Jun Sung Chun. *Schism and Unity in the Protestant Church in Korea.*

Kim Ki Hong, *Presbyterian Conflict in the early Twentieth Century Ecclesiology in the Princeton Tradition and the Emergence of Presbyterian Fundamentalism.* 김기홍 著. 「프린스톤신학과 근본주의」. 서울: 도서출판 창조성, 1989.

Knight III, George W. "Subscription to the Westerminster Confession of Faith and Catechisms" *Presbyterion: Covenant Seminary Review*. Spring-fall 1984. Vol. X. Numbers 1-2.

Leith, John. *An introduction to the Reformed Tradition*. John Knox Press, 1997.

Lindsell, Harold. *The Battle for the Bible*. 김덕연 옮김. 「교회와 성경 무오성」. 서울: 기독교문서 선교회, 1987.

Loetscher, Lefferts A. *The Broading Church: A Study of Theological Issues in the Presbyterian Church since 1869*. Philadelphia: University of Pennsylvania Press. 1954.

Longfield B. J. *The Presbyterian Controversy: Fundamentalist*, Modernists, and Moderates. 이은선 옮김. 「미국 장로교 논쟁」. 서울: 아가페출판사, 1998.

Manschreck, L. Clyde. *A History of Christianity in the World*. 심창섭 · 최은수 역. 「세계교회사」. 서울: 총신대학출판부, 1991.

Marsden, George M. *Fundamentalism and American Culture : The Shaping of Twentieth Century Evangelicalis 1870-1925*. 박용규 역. 「근본주의와 미국문화」. 서울: 생명의말씀사, 1997.

______. *Understanding Fundamentalism and Evangelicalism*. 홍치모 역. 「미국의 근본주의와 복음주의 이해」. 서울: 성광문화사, 1998.

Mecklin, M. John. *The Story of American Dissent*. New York: Harcourt, Brace and Company, 1934.

Meeter, John E. *Selected Shorter Writings of Benjamin B. Warfield*. Presbyterian and Reformed Publishing Company, 1970.

Minutes of the General Assembly of the Presbyterian Church in the United States of America. 1903.

Moffett, Samuel. H. "The Thought of Dr. Samuel Noffett." 이형기 역. "사무엘 오스틴 마펫의 생애와 사상에 대한 자녀들의 기억들." 「장신논단」. 서울: 장로회신학대학 출판부, 1990. 6.

Moran, Jeffery P. *The Scopes Trial: A Brief History with Documents*. New York: St. Martin's, 2002.

Murphy, Thomas. *The Presbytery of the Log college : or the cradle of the Presbyterian Church in America*. Philadelphia: Presbyterian Board of Publication and Sabbath School Work. 1889.

Noll, Mark A. *The Princeton Theology 1812-1921*. Grand Repid: Baker Book House, 1983.

______. *America's God*. Oxford University Press, 2002.

O, Collins. Gerald. S. J. *Fundamental Theology*.

Olmstead. *History of Religion in the United States*. Englewood Cliffs: Prentice Hall, 1960.

Packer. J. T. *Fundamentalism and the word of God*. 옥한흠 역. 「근본주의와 성경의 권위」. 서울: 개혁주의신행협회, 1968.

Patton, Francis L. "Revision of The Confession of Faith." *Read Before The Presbyterian Social Union New York*, December 2, 1889.

Preasma, L. *The Church in the Twentieth Century*. 박종칠 역. 「20세기의 교회」. 서울: 개혁주의신행협회, 1986.

Presbyterian Church in the U. S. A. Committee on the Revision of the Confession of Faith. *Action of the presbyteries upon the Report of the Assembly's Committee on the Revision of the Confession of Faith*. printed for the Committee by the Secretary, 1891.

Ramm, Bernard. *The Evangelical Heritage*. 권혁봉 역. 「복음주의의 신학의 흐름」. 서울: 생명의말씀사, 1985.

Records of the Presbyterian Church in the United States of America, 1758

Reynolds, W. D. *The Native Ministry*. The Korean Repository for May, 1896.

Rian, Edwin H. *The Presbyterian Conflict*. Grand Rapids, Michigan: Eerdmans, 1940.

Rosebrook, Frank. Symmes. *History of the Old Tennent Church*. G. W. Burroughs, Printer, 1904.

Sandeen. Ernest R. *The Roots of Fundamentalism : Vritish and American Millenarianism, 1800-1930*. Chicago: University of Chicago Press, 1970.

Schaffer, Francis A. *The Great Evangelical Disaster*. 윤두혁 역. 「위기에 처한 복음주의」. 서울: 생명의말씀사, 1987.

Selden, William K. *Princeton Theological Seminary : A Narrative History, 1812-1992*. Princeton University Press, 1992.

Shelley, Bruce. *Church History in Plain Language*. 박희석 역. 「현대인을 위한 교회사」. 서울: 크리스찬다이제스트. 1993.

Smile, James. H. *A Brief History of The Presbyterians*. 김인수 역. 「간추린 미국 장로교회사」. 서울: 대한기독교서회, 1998.

______. *American Presbyterians: A Pictorial History*. Philadelphia Presbyterian Historical Society, 1985.

Smith, H. Shelton, Handy, Robert. T and Loetscher, Lefferts A. *American Christianity : An Historical Interpretation with Representative Documents*. New York: Scribner, 1963.

Stonehouse, Ned B. J. *Gresham Machen : A Biographical Memoir*. Grand Rapids, Michigan: Eerdmans, 1954.

Warfield, Benjamin B. *The Westminster Assembly and Its Work*. Mack Pub, 1972.

______. *On the Revision of the Confession of Faith*. New York: Anson D. F. Randolph & Co, 1890.

White, William. *Jr. Vantil-Defendes of the Faith*. Thomas Nelson Publisher, Nashville, 1979.

영문 간행물

Ames, John T. "Cumberland Liberals and the Union of 1906." *Journal of Presbyterian History* 52, 1974.

"Back to the Fundamentals." *The Presbyterian*(April 22. 1915).

Bradbury, John W. "Curtis Lee Laws and the Fundamentalist Movement." *Foundations*, January, 1962.

Briggs, Charles A. "Revision of the Westminster Confession." *Andover Review*, XIII, January.

Conn. H. M. Studies in the Theology of the Korean Presbyterian Church Part I-IV. *The Westminster Theological Journal*. Vol. XX : X. No. I (Nov, 1966), Vol XX : X. No. 2(May 1967), Vol. XXX. No3 (Vol 67 to May 68). Vol XXX. No. 4, May, 1968. *Westminster Theological Seminary*.

Darby, W. J. "The one Confession and its revisions." *The Cumberland Presbyterian*, 68(14 July 1904).

Edotorial. "Fundamentalism and Modernism: Two Religions," *Christian Century*, January 3, 1924

"Korean Covenanters." *Presbyterian Guardian*. 11 January 25, February 10, 1943.

Landrith, Ira. "Why Cumberland Presbyterians Now Faver Union." *The Cumberland Presbyterian* 67(28 April, 1904).

McCartney E. Clarence. "Shall Unbelief Win?" An Answer to Dr. Forsdick, *Presbyterian*. July 20, 1922.

Murray, John. "Shall We Include the Revision of 1903 in Our Creed?." *The Presbyterian Guardian*. September 26, 1936

Quirk, Charles E. "Origins of the Auburn Affirmation." *Journal of Presbyterian History*, 1975.

Van Dyke, H. J. "Revision of the Confession Faith," *Presbyterian*. August 17, 1889.

______. "God's Infinite Love to Men." *Presbyterian,* October 5, 1889.

Warfield. "The Proposed Union with the Cumberland Presbyterians." *The Princeton*

Theological Review, 2(April, 1904).
Schaff, Philip and Prime, Samuel Ⅰ. *History, Essays, Orations and Other Documents of the Evangelical Alliance*. New York: Harpers, 1874.
Speer, E Robert. "Princeton on the Mission Filed." in *The Centennial Celebration of the Theological Seminary of the Presbyterian Church in the United States of America*. Princeton: Princeton Theological Seminary, 1912.
Stonehouse, N B. "Have We Dropped the Love of God?." *The Presbyterian Guardian*. December 26, 1936.
"The Princeton Issue." *The Presbyterian*. March. 1928.
The Biblical Repertory and Princeton Review. Vol. 41 No. 1, 1869.
The Presbyterian and Reformed Review. 1892.

학위논문

김대성. "이눌서(W.D. Reynold)의 선교활동에 관한 연구." 장로회신학대학교대학원, Th. M., 1998.
문백란. "남궁혁의 신학사상연구." 연세대학교 연합신학대학원, Th. M., 2004.
박노철. "캐나다선교사들이 한국장로교회에 끼친 영향." 총신대학교대학원, Th. M., 1998.
소재열. "51人 信仰同志會와 自由主義神學과의 鬪爭에 關한 硏究: 1945-1959." 칼빈대학교대학원, Ph. D., 2006.
신종철. "근본주의가 한국장로교회에 미친 영향." 총신대학교대학원, Th. M., 2000.
조경현. "韓國 初期 北長老敎宣敎師들과 平壤 長老會神學校." 총신대학교대학원, Ph. D., 2005.
Chi Young Kay. "A Study of Contemporary Protestant Preaching in Korea: Its Exegesis, Hermeneutics, and Theology." The School of Theology at Claremont. Ph. D., 1990.
Davis, Bradford E. "Albert Barnes 1798-1870: An Erponent of New School Presbyterianism." Princeton Theological Seminary, Ph. D., 1961.
Ezra Kilsung Kim. "J. Gresham Machen's Doctrine of the Church." Westminster Theological Seminary, Ph. D., 1992.
Hee Suk, Park. "Korean Resistance to shintoism and its Legacy." Westminster Theological Seminary, Ph., D. 1998

Howoo Lee. "Charles Allen Clark(1878-1961): His Contribution to the Theology Formation of the Korean Presbyterian Church." Westminster Theological Seminary, Ph. D., 1999.

Holley, Larry J. "The Divines of Westminster Assembly: A Study of Puritanism and Parliament." Yale University, Ph. D., 1979.

Martin, L Steven. "The Doctrine of Man, Reason and Holy Spirit in the Epistemology of Charles Hodge." Trinity Evangelical Divinity School, M. A. 1984.

Pope A. Earl. "New England Calvinism and The Disruption of the Presbyterian Church." Brown University, Ph. D., 1962.

Quirk, Charles E. The "Auburn Affirmation: A Critical Narrative of the Document Designed to Safeguard The Unity and Liberty of the Presbyterian Church in The United States of America in 1924." University of Iowa, Ph. D., 1967.

Smith, Gary Scott. "Calvinism and Culure in America, 1870-1915." The Johns Hopkins University, Ph. D., 1981.

Ung Kyu, Park. "The Significance of Bruce F. Hunt's Ministry in Korea and Manchuria(1928-1952): With Particular Attention to Shinto Shrine Worship." Westminster Theological Seminary, Th. M. thess, 1992.

노회사

「황해노회 100회사(1911. 12. 8-1971. 4. 16)」. 서울: 은성문화사, 1971.

「평북노회사」. 서울: 기독교문사, 1979.

「평양노회사」. 서울: 대한예수교장로회평양노회, 1990.

「동평양노회사」. 서울: 대한예수교장로회동평양노회 역사편찬위원회, 2003.